개정판

헌법소송론

정 연 주

법 영 사

개정판 서문

초판 발행 이후 이루어진 헌법소송제도에 관한 판례의 변경 또는 새로운 판례를 보완할 필요성을 느꼈다. 예컨대 박근혜 대통령 탄핵결정, 권한쟁의심판의 당사자의 범위에 관한 결정, 가처분에 관한 결정, 재심이 허용되는 대상소송종류의 확대에 관한 결정, 재판헌법소원과 관련한 추가적 결정들, 통합진보당 해산 이후 이루어진 소속 지방의회의원들에 대한 중앙선거관리위원회의 의원직 상실 결정에 대한 법원의 퇴직처분취소판결 등이 그것이다. 아울러 초판에서 이론적 규명이 부족한 부분, 소개나 설명이 부족한 관련 법령과 판례 등의 보완이 이루어졌다.

2019년 8월 정연주

서 문

이 책은 헌법재판제도에 관한 책이다. 즉 헌법소송에 대한 규정과 판례 및 이론을 다룬 것이다. 주지하는 바와 같이 헌법은 국민의 기본권과 통치구조에 관한 정치적 근본규범이다. 헌법은 한 국가의 최고법이자 국가와 사회의 가장 중요한 핵심적 가치와 방향을 제시하고 구체화한 문서이다. 그런데 이러한 헌법을 구체화하고 실현하는 것이 바로 헌법소송이다. 따라서 헌법강의와 연구 및 실무에 있어서 헌법소송에 대한 이해는 필수적이며, 각종 국가시험에서 헌법소송에 관련된 문제가 상당수 제출되는 것도 그 때문이라고 하겠다. 이에 따라 오늘날 헌법소송에 대한 이해와 지식 없이 법을 공부하고 각종 국가시험에 응시한다거나 법조실무에 종사하는 것은 불가능하게 되었다.

그동안 헌법재판소는 1988년 후반에 설치된 이후 수많은 판례를 남겨 헌법의 규범력 강화와 기본권보장 및 헌법이론의 발전에 많은 기여를 해 왔고, 아울러 대법원 등 일반법원의 판례에도 심대한 영향을 미쳐, 명실상부 헌법의 수호자로서의 역할을 충실히 이행해 왔다고 평가할 수 있다. 이는 실로 과거에는 상상하기 어려웠던 커다란 업적이라고 할 수 있다. 다시 말해 헌법재판소는 법학과 법조실무에서 그동안 별 기능을 못했던, 심하게 말하면 장식적 기능만을 행사했다고도 볼 수 있는 헌법을 명실상부 최상위의, 그리고 가장 핵심적이고 근본적인 규범으로 자리매김 시켰다고 평가할 수 있을 것이다. 그런데 이러한 헌법재판소의 기능과 역할은 구체적으로 헌법소송절차를 통해 실현된다. 따라서 헌법소송 내지 헌법재판제도를 이해하는 것이야 말로 헌법을 이해하고, 법치주의를 구현하기 위한 가장 기본적인 출발점이라고 할 수 있다.

따라서 이렇게 중요한, 그러나 문제점도 함께 내포하고 있는 우리의 헌법재판제도에 관한 규정과 관련 판례 및 이론을 분석하고, 비판하며, 대안을 제시하는 과정을 통해 헌법소송의 이론체계를 정리하고 구축하는 것은 헌법과 헌법판례의 발전, 헌법재판소의 권위와 위상제고, 기본권보장과 권력통제 및 헌법수호라고 하는 헌법재판제도의 기능 확립을 위해 매우 긴절히 요구된다고 하겠다. 그리고 이는 학자나 법조인 등의 법률전문가 뿐 아니라, 실무자나 학자의 길을 걷고자 계획하는 법학전문대학원생과 일반대학원생 및 각종 국가고시를 준비하는 일반대학생들에게도 필수적으로 요구되는 매우 긴요한 작업이라고 생각된다.

이러한 목적하에 집필한 것이 바로 이 책이다. 저자는 전문가 뿐 아니라 학생과 일반인 등 누구나 쉽게 헌법소송에 접근하고 이해할 수 있도록 이 책의 내용을 간명하고 쉽게 기술하고자 했다. 그리고 관련 규정과 판례를 간단하게나마 많이 소개하고자 했다. 이 책을 집필하는데 있어서 헌법재판소의 헌법재판실무제요를 많이 참고하였다. 특히 헌법재판실무를 이해하고 판례를 소개하는 과정에서 커다란 도움을 받았다. 이 책에 실린 법령과 판례 및 문헌은 2015년 5월 28일까지의 것이 반영되었다. 아무쪼록 이 책이 전문가 및 학생들의 효율적이고 체계적인 헌법재판제도에 대한 연구와 수험준비 및 강의 등에 다소나마 도움이 되길 바란다.

끝으로 이 자리를 빌어 이 책의 출판을 기꺼이 맡아준 법영사에게 감사의 말씀을 드린다.

2015년 7월 저자 정연주

차 례

제 I 편 헌법소송총론

제1장 개 설

제 2 장 헌법재판의 기관

제 3 장 헌법재판의 종류

제 3 편 일반심판절차

제 1 장 서 설

제 2 장 재판부

제 3 장 소송당사자와 대표자 및 대리인

제 4 장 심판의 청구

제 5 장 일사부재리

제 6 장 심판대상의 확정

제 7 장 사건의 심리

제 8 장 평 의

제 9 장　가처분

제 10 장 종국결정

제 11 장 재 심

제12장 기 타

제4편 특별심판절차

제1장 위헌법률심판

제 2 장 탄핵심판

제 3 장 정당해산심판

제 4 장 권한쟁의심판

제 5 장 헌법소원심판

부 록

일러두기

Ⅰ. 법령의 표시

법: 헌법재판소법

심판규칙: 헌법재판소 심판규칙

Ⅱ. 판례의 표시

1. 헌법재판소판례

(1) 판례집에 수록된 예: 헌재 2004. 12. 16. 2002헌마579, 판례집 16-2 하, 568, 574-575

헌재: 헌법재판소
2004. 12. 16.: 선고일자
2002: 사건이 접수된 연도
헌마: 사건부호 (헌가: 위헌법률심판, 헌나: 탄핵심판, 헌다: 정당해산심판, 헌라: 권한쟁의심판, 헌마: 헌법재판소법 제68조 제1항의 헌법소원, 헌바: 헌법재판소법 제68조 제2항의 헌법소원)
579: 사건접수번호
2002헌마579: 사건번호
판례집 16-2 하: 헌법재판소 판례집 제16권 2집 하권
568: 판례가 시작되는 쪽
574-575: 판례의 내용 중 인용되는 쪽

(2) 공보에 수록된 예: 헌재 2005. 5. 26. 2005헌마22, 공보 제105호, 727, 728

공보 제105호: 헌법재판소 공보 제105호
727: 판례가 시작되는 쪽
728: 판례의 내용 중 인용되는 쪽
나머지는 위의 판례집에 수록된 예의 경우와 동일

2. 독일 연방헌법재판소판례

BVerfGE 90, 286(342ff.)

(1) BVerfGE: Entscheidungen des Bundesverfassungsgerichts(독일 연방헌법재판소판례)
(2) 90: 판례집 제90권
(3) 289: 해당 판례의 시작 면
(4) (342ff.) : 판례의 내용 중 인용되는 면 (ff.: 이하)

제 I 편

헌법소송총론

제1장 개 설

제1절 헌법재판의 의의

헌법이란 국가의 조직과 작용 및 기본권에 관한 정치적 근본규범이다. 즉 헌법은 국가권력의 범위와 한계를 형성하고 정당화시키며 동시에 국민의 기본권을 보장하는 국가의 최고규범이다. 헌법재판은 바로 이러한 헌법의 분쟁을 해결하는 국가작용이다. 다시 말해 헌법재판은 헌법을 운용하는 과정에서 헌법의 규범내용이나 기타 헌법문제에 관한 분쟁이 발생한 경우에 이를 유권적으로 해결함으로써 헌법의 규범력을 지키고, 헌정생활의 안정을 유지하는 헌법의 인식 내지 실현작용이라고 할 수 있다.

제2절 헌법재판의 법적 성격

헌법이 일반규범과는 다른 정치적 규범으로서의 특성을 가지고, 따라서 헌법재판의 본질이 이러한 정치적 규범인 헌법상의 분쟁을 해결하는 국가작용이라면, 헌법재판은 다른 일반 재판작용과 구별되는 특성을 가질 수밖에 없는데,[1] 여기서 헌법재판의 법적 성격이 문제된다.

---

1) 이러한 정치적 근본규범으로서의 헌법의 의의와 정치적 규범으로서의 헌법의 분쟁을 다루는 헌법재판의 특성에 대하여는 정연주, 헌법규범에 대한 위헌심사, 공법연구 제19집, 1991. 6, 127쪽 이하; 정연주, 헌법소원심판청구취하의 효과, 공법연구 제28집 제4호 제2권, 2000. 6, 191쪽 이하 참조.

1. 사법작용설

헌법재판의 법적 성격을 사법작용이라고 이해하는 입장이다. 이에 따르면 헌법재판도 헌법규범에 대한 법인식작용을 그 본질로 하는 만큼 다른 법률해석작용과 마찬가지로 전형적인 사법적 법인식작용에 지나지 않는다고 한다. 이 견해는 헌법의 해석과 일반법률의 해석이 방법상 아무런 차이가 없다는 입장에 따른다. 즉 사비니(Savigny)의 해석법학적 사상을 그 바탕으로 하는 이 입장은 헌법과 일반법률이 규범구조적으로 동일하다는 생각을 가지고, 헌법해석이 일반법률의 해석과 크게 다를 것이 없다는 전제하에서 출발한다.

그러나 이 사법작용설은 일반법률의 해석에 관한 사비니의 이론을 일반법률과는 그 규범구조와 성격이 다른 헌법의 해석에 그대로 적용시키려고 하고 있으며, 일반법률과는 다른 헌법의 구조적·정치적 특성으로 인해 사비니의 해석방법 이외에 헌법에 특유한 다양한 해석방법이 존재한다는 사실을 간과하고 있다는 비판이 제기된다.[1)]

2. 정치작용설

헌법재판의 법적 성격이나 본질을 사법작용과는 다른 정치작용으로 이해하는 입장이다. 이 견해에 따르면 헌법재판은 헌법문제에 관한 다툼을 전제로 하는 것인데, 헌법문제에 관한 다툼은 그 본질상 법적 분쟁이 아닌 정치적 분쟁이기 때문에 정치적 분쟁을 해결하는 것은 어디까지나 정치작용이지 사법작용일 수 없다고 한다. 이 정치작용설은 헌법을 정치적 결단이라고 보는 입장에 서기 때문에 헌법재판이 비록 사법적 형태로 이루어진다고 하더라도 그것은 사법작용이 아니고 사법적 형태의 정치적

---

1) 예컨대 허영, 헌법소송법론, 2019, 18쪽.

결단에 불과하다고 한다.

그러나 헌법이 가지는 정치적 결단으로의 성격만을 강조하고 헌법의 규범적 성격을 소홀히 하는 정치작용설은 헌법재판이 본질적으로는 헌법해석을 통한 법선언작용이라는 점을 간과하고 있다는 비판이 제기된다. 헌법재판은 본질상 헌법해석을 통해 헌법의 규범적 의미와 내용을 밝히는 법적인 인식작용이지 정치적 형성작용은 아니라는 것이다.

3. 입법작용설

헌법재판을 입법작용이라고 이해하는 입장에 따르면 헌법재판은 헌법해석을 통한 헌법의 실현작용인데, 헌법을 해석한다는 것은 헌법이 가지는 규범구조적인 특성 때문에 결국 헌법의 보충 내지 형성적 기능을 뜻하게 된다. 그런데 이와 같은 헌법의 보충 내지 형성적 기능은 규범보충적 성격을 가지는 것으로 일종의 법정립작용에 해당한다고 볼 수 있기 때문에 결국 헌법재판은 입법작용이라고 보는 입장이다.

그러나 일반법률의 해석에서도 정도의 차이는 있지만 어느 정도의 법률의 보충 내지 형성적 기능을 가지고 있다는 점을 감안한다면 설령 헌법의 해석이 입법작용의 성격을 가진다고 해도 이는 어디까지나 하나의 부수적·결과적 효과에 해당하는 것이지 그렇다고 헌법재판의 법적 성격을 바로 입법작용으로 볼 수는 없다는 비판이 제기된다.

4. 제4의 국가작용설

헌법재판을 제4의 국가작용이라고 이해하는 입장에 따르면 헌법재판은 국가권력행사가 언제나 헌법정신에 따라 행해질 수 있도록 입법·행정·사법 등의 국가작용을 통제하는 기능이기 때문에 사법작용일수 없고, 입법작용일 수도 없으며, 그렇다고 행정작용일 수도 없는 독특한 성격을 가진 제4

의 국가작용이라고 한다.[1]

5. 결 어(정치적 사법작용)

헌법재판의 본질은 사법작용이라고 하겠다. 다만 정치적 규범으로서의 헌법적 분쟁을 해결하는 헌법재판의 특성에 비추어 볼 때 헌법재판의 법적 성격은 다른 일반 사법작용의 경우와는 달리 정치적 사법작용이라고 보아야 할 것이다. 즉 정치적 규범으로서의 헌법의 특성, 헌법재판이 가지는 정치적 평화보장기능, 입법권·행정권·사법권에 대한 총체적 통제기능 등을 고려할 때 헌법재판은 일반 사법작용과 구별되는 정치적 사법작용이라고 볼 수 있다는 것이다. 물론 입법·행정·사법을 통제하는 기능을 갖기 때문에 입법·행정·사법의 어느 작용에도 속하지 않는 제4의 국가작용으로서의 성격도 갖는다고 볼 수는 있으나, 아무래도 헌법재판은 그 본질과 기능 및 형식과 절차 등이 넓은 의미의 사법작용에 속한다고 보아야 할 것이며, 다만 헌법의 정치규범성, 헌법재판의 권력통제 및 정치적 평화보장기능 등의 헌법재판의 특성에 비추어 정치적 사법작용으로 보는 것이다.

헌법재판을 넓은 의미의 사법작용에 속한다고 보는 이유는 다음과 같은 사실에 기인한다.

첫째, 헌법재판과 일반 사법작용은 공히 마찬가지로 법규범의 해석·적용·선언이라고 하는 법인식작용을 본질로 하고, 또한 구체적인 분쟁해결을 그 목적 또는 목적의 하나로 하고 있다.

둘째, 양자가 기본권보호(권리보호)를 그 목적 또는 목적의 하나로 하고 있다.

셋째, 양자가 권력통제를 그 기능 또는 기능의 하나로 하고 있다.

넷째, 법률은 헌법의 구체화이기 때문에 법률해석(일반재판의 법률심)은

---

1) 예컨대 허영, 전게서, 20쪽.

결국 헌법해석(헌법재판의 헌법심)의 구체화라고 할 수 있다.

다섯째, 헌법재판을 특별한 독립적 헌법재판기관에 맡기는 경우도 있지만 일반 사법기관에 맡기는 경우도 있는데, 이는 양자의 본질과 기능에서의 원칙적 동질성을 전제로 한다.

여섯째, 우리 헌법상 헌법재판소가 아닌 대법원이 명령·규칙 등에 대한 위헌·위법심사(규범통제)와 기관소송(권한쟁의의 일종), 선거소송(특별한 헌법재판의 일종) 등을 담당하고 있는데, 이는 대법원이 담당하는 일반 사법작용과 헌법재판작용의 본질과 기능상의 동질성을 전제로 한다.

결국 상기 언급한 이유로 헌법재판은 본질상 넓은 의미의 사법작용에 속하나, 다만 헌법이 가지는 정치적 규범으로서의 특성 및 이러한 헌법의 정치규범성에서 유래하는 헌법재판이 가지는 일반 사법작용과 구별되는 정치적 특성과 기능을 감안하여 정치적 사법작용으로 보는 것이다.

제 3 절 헌법재판의 기능

헌법재판의 기능은 헌법을 수호하는 것이다. 헌법이 국가권력의 범위와 한계를 설정하고 정당화시키며 국민의 기본권을 보장하는 규범이라는 점에서 결국 헌법재판은 이러한 헌법의 이념을 실현하는 기능을 가진다고 볼 수 있다.

1. 헌법보호

헌법재판은 헌법을 보호하는 기능을 가진다. 즉 헌법재판은 헌법에 대한 다양한 침해로부터 헌법을 보호함으로써 국가의 최고규범으로서의 헌법의 규범력을 지키고 헌법을 수호하는 기능을 가진다. 헌법을 위협하는 세력으로서는 일반적으로 국가권력을 거론할 수 있겠으나, 개인이나 단체 또는 정당 등 비국가권력도 이에 해당할 수가 있다. 위헌법률심판제도, 권한쟁의심판제도, 탄핵심판제도, 헌법소원심판제도 등이 전자로부터 헌법을 보호하기 위한 제도라면, 위헌정당해산제도와 기본권실효제도는 후자로부터 헌법을 보호하기 위한 제도라고 하겠다.

2. 권력통제

헌법이 국가권력의 범위와 한계를 형성하고 정당화시키는 규범이라는 점에서 헌법재판은 국가권력이 이러한 한계를 일탈하지 않도록 통제하는 기능을 가진다. 즉 헌법재판은 정치생활을 법적인 영역으로 끌어들임으로써 정치생활을 규범화하는 작용이기 때문에 헌법의 테두리를 벗어나려는 정치의 탈헌법적 경향에 대한 강력한 제동장치로서 기능함과 동시에 통치권행사가 언제나 헌법적 가치질서와 조화될 수 있도록 감시하고 견제하는 권력통제기능을 갖게 된다. 이처럼 헌법재판은 입법권·행정권·사법권을 다양한 관할권을 통해 통제하는 강력한 권력통제기능을 가진다. 헌법재판이 오늘날 권력분립제도의 한 수단으로 간주되는 이유도 그 때문이다. 특히 사회구조의 변화와 정당정치의 발달로 인해 고전적 3권분립이론이 제기능을 발휘하기 어려운 오늘날의 정치상황에서는 헌법재판이야말로 국가권력으로부터의 헌법침해를 방지할 수 있는 효율적인 제도적 장치라고 할 수 있다.

3. 기본권보호

헌법은 기본권보장을 그 이념으로 하고 있다. 따라서 헌법을 실현하는 헌법재판은 기본권보호기능을 가진다. 헌법재판은 앞서 언급한 강력한 권력통제기능을 통해 헌법수호와 통치권의 기본권 기속성 및 절차적 정당성의 확보를 가능케 하고, 이로써 국민의 기본권을 보호하는 기능을 가진다. 위헌법률의 제정과 위헌·위법한 행정작용에 의한 기본권 침해를 비롯해서 법원의 위헌적 재판작용을 통해 기본권을 침해하는 경우 헌법이 보장하는 기본권의 직접적 효력을 담보하는 마지막 제도적인 장치가 헌법재판이다. 따라서 헌법재판은 법리상 입법·행정·사법 등 모든 국가작용에 의한 기본권 침해를 구제하는 기능을 가진다. 규범통제제도와 헌법소원심판제도가 가장 핵심적인 기본권보호를 위한 제도이다.

4. 소수보호

오늘날의 민주주의는 다원적 민주주의를 핵심내용으로 하고 있다. 또한 이러한 다원적 민주주의는 소수보호를 전제로 한다. 헌법 제8조 제1항이 복수정당제를 보장하는 것도 바로 소수의사의 국정에의 반영을 염두에 둔 것이다. 따라서 국민의 의사를 대표하는 의회의 운영도 이러한 소수의 의사도 대변하고 반영하기 위하여 대화와 타협을 바탕으로 이루어져야 한다. 그런데 의회의 다수파가 이러한 소수의 의사를 무시하고 다수결원리에 따라 위헌적인 입법행위를 할 경우 이를 통제하는 대표적 국가작용이 바로 규범통제제도, 헌법소원심판제도, 권한쟁의심판제도 등을 내용으로 하는 헌법재판이다. 따라서 헌법재판은 결과적으로 소수보호의 기능을 가지게 된다.

5. 정치적 평화보장

헌법재판은 국가기관 상호간의 헌법적 분쟁을 유권적으로 해결함으로써 헌정생활의 안정과 정치적 평화를 보장하는 기능을 가진다. 헌법재판은 국가기관들 상호간의 권력남용과 악용을 억제하여 정치적 분쟁을 해결하는 한편, 기본권의 남용과 악용에 의한 헌법침해가 발생하지 않도록 사회적 분쟁을 조정함으로써 민주적 기본질서를 지키고 헌정질서의 평화를 보장하면서 사회통합을 촉진시키는 기능을 가진다. 연방국가적 쟁의와 권한쟁의심판제도 및 위헌정당해산제도와 기본권 실효제도 등이 이러한 기능을 담당한다고 볼 수 있다.

제 2 장 헌법재판의 기관

헌법재판기관에는 일반법원형과 독립한 헌법기관형의 두 가지가 있다.

1. 일반법원형

헌법재판을 사법작용이라고 이해하는 입장에서는 헌법재판도 일반법원에 맡기면 된다는 결론에 도달할 수 있다. 즉 사법작용설에 따르면 헌법재판은 마땅히 일반법원의 관할사항에 속할 뿐 아니라 사법기관은 헌법재판을 담당할 수 있는 가장 이상적인 기관이라고 볼 수 있다는 것이다. 이는 다음과 같은 이유에서 주장된다.

첫째, 사법기관의 중립성과 그 조직의 안정성이다. 즉 헌법재판이 정치권력의 통제기능을 제대로 발휘하기 위해서는 정치와 단절된 중립적인 사법부가 이를 담당하는 것이 바람직 할 뿐 아니라, 독립된 헌법재판기관을 따로 설치하는 것보다 전국적이고 비교적 안정된 조직을 가지고 있는 일반 사법부에게 헌법재판기능을 맡기는 것이 통치권력에 대항해서 헌법을 보호하는데 효과적이라고 한다.

둘째, 사법권강화 내지 사법권독립에 도움이 된다고 한다. 즉 일반 사법부에게 헌법재판기능을 맡기는 것이 사법권을 강화시키고 이것이 결국 권력분립을 보다 효과적으로 실현하게 된다고 한다.

셋째, 비교헌법적 관점에서 외국의 예를 든다. 예컨대 미국의 연방대법원이 헌법재판기능을 담당하면서 헌법재판의 실효를 거두고 있다고 한다.

2. 독립한 헌법기관형

헌법재판을 정치적 사법작용 또는 제4의 국가작용이라고 이해하는 입장에서는 헌법재판의 특성상 헌법재판을 일반법원의 관할사항으로 할 것이 아니라, 독립기관에 맡기는 것이 바람직하다고 볼 수 있다. 다만 헌법재판기관이 필요로 하는 강한 민주적 정당성의 요청 때문에 이 독립기관의 구성에는 특별히 민주적 정당성의 관점이 존중되어야 한다고 한다.[1)]

3. 결 어

일반법원형으로서 비교적 성공적으로 헌법재판을 수행하고 있다고 평가되는 미국의 경우에는 사실 오랜 전통속에서 제도와 의지가 함께 뿌리를 내리고 있어 가능한 것이라고 볼 수 있다. 따라서 이러한 전통과 다양한 여건이 확립되지 못한 국가의 경우에는 일반법원에 헌법재판기능을 맡기는 것이 득보다 실이 많은 결과를 초래할 수 있다. 또한 헌법재판기능을 담당함으로써 사법권과 사법부의 독립이 강화되기 보다는 오히려 사법부가 정치투쟁의 장소로 전락되거나 정치의 시녀가 될 가능성도 크다고 볼 수 있다.

따라서 정치적 사법작용으로서의 헌법재판이 가지는 다양한 특성을 감안할 때 일반법원이 아닌 독립한 기관에 맡기는 것이 바람직하다고 하겠다. 특히 입법·행정권 뿐 아니라 사법권에 대한 통제(재판에 대한 헌법소원 등)기능을 담당하는 헌법재판제도의 특성(다양한 권력통제기능)을 고려할 때 이를 일반사법부에 맡기는 것은 적절치 않다고 본다. 다만 이를 위해 다른 헌법기관에 못지않은 강력한 민주적 정당성과 절차적 정당성에 바탕을 두고 구성되는 것이 필요하다고 하겠다.

---

1) 예컨대 허영, 전게서, 68쪽.

우리나라의 경우 제3공화국에서만 대법원을 중심으로 한 일반법원에 헌법재판기능을 맡겼었고, 나머지의 경우에는 독립한 기관을 설치해서 헌법재판기능을 맡겨 왔는데, 제2공화국과 현행 헌법은 헌법재판소를, 기타의 경우에는 헌법위원회를 설치했었다. 현행 헌법은 헌법재판소의 구성에 있어서 입법·행정·사법부가 같은 비율로 재판관을 선출 내지 지명하도록 하고 있는데, 이는 앞서 언급한 민주적 정당성의 요청과 입법·행정·사법권에 대한 통제기능을 가지는 헌법재판의 취지에 부합된다고 보기 어렵다. 따라서 가장 민주적 정당성이 강한 대의기관인 국회에서 재적 2/3 이상의 찬성으로 모든 헌법재판관을 선출하도록 하는 것이 바람직하다고 할 것이다. 또한 이것이 소수의사의 반영과 재판관 구성의 다양성 및 이념적 균형성, 그리고 야당 등 소수보호의 취지에도 부합된다고 하겠다.

제 3 장 헌법재판의 종류

헌법재판의 종류는 다양하게 분류될 수 있는데, 대체로 다음과 같이 구분될 수 있을 것이다.

Ⅰ. 규범통제제도

규범통제제도는 법률 등 법규범의 위헌여부를 심사하여 그 효력을 상실시킴으로써 헌법의 최고규범성을 지키는 헌법재판의 가장 핵심적인 제도이다. 이는 구체적 규범통제와 추상적 규범통제로 나눌 수 있다.

1. 구체적 규범통제

구체적 규범통제는 법률의 위헌 여부가 구체적 재판의 전제가 된 경우에 소송당사자의 신청 또는 해당 법원의 직권에 의해서 해당 법원 스스로 또는 별도의 헌법재판기관이 법률의 위헌 여부를 심사·결정하는 제도이다. 1803년의 미국 연방대법원의 위헌심사(Marbury v. Madison)가 이 제도의 효시로 간주된다.[1)]

우리나라는 제헌 이래 이 제도를 채택해 왔고, 독일을 비롯한 다른 많은 나라에서도 운용되고 있다.

---

1) 5 U.S. (1 Cranch) 137(1803). Marbury v. Madison 판결의 내용과 의의에 대하여 자세한 것은 정연주, Marbury v. Madison 판결의 재조명, 공법연구 제32집 제3호, 2004. 2, 199쪽 이하 참조.

2. 추상적 규범통제

법률의 위헌 여부가 재판의 전제가 되지 않은 경우라도 법률의 위헌 여부에 대한 다툼이 생긴 경우에 일정한 국가기관의 신청에 의해서 독립한 헌법재판기관이 이를 심사·결정하는 제도이다. 추상적 규범통제의 신청권을 어떤 기관에게 줄 것인가는 국가마다 다르지만 법률제정에 관여하는 헌법기관들에게 부여하는 것이 관례라고 할 수 있다. 특히 의회의 야당 내지 소수에게 그와 같은 신청권을 부여하는 것은 여당 내지 다수의 횡포와 전제를 견제한다는 의미도 갖게 되어 현대 정당민주주의에서는 매우 바람직한 제도로 평가된다.

우리 현행 헌법은 이 제도를 채택하지 않았고, 독일이 이 제도를 성공적으로 운영하고 있다고 평가된다.

Ⅱ. 탄핵심판제도

탄핵심판제도는 국가의 고위공무원이 직무집행에 있어서 헌법이나 법률을 위배한 때에 그 공무원에 대하여 법적 책임을 추궁함으로써 권력을 통제하고 법치주의를 실현하고자 하는 헌법재판이다.

우리 현행 헌법 제65조와 제111조 제1항 제2호가 대통령을 비롯한 고위공직자에 대한 탄핵심판권을 헌법재판소에 부여하고 있다.

Ⅲ. 정당해산심판제도

정당해산심판제도는 정당의 목적이나 활동이 헌법의 민주적 기본질서에 위배될 때에 정부의 제소에 따라 그 정당의 강령이나 활동 등의 위헌성 여부를 심판해서 위헌으로 판단될 경우 그 정당을 해산함으로써 헌법을 수호하는 헌법재판이다. 이는 위헌정당에 의한 헌법적 가치질서의 침해로부터 헌법을 보호하는 방어적·투쟁적 민주주의의 실현수단의 하나이다.

우리 현행 헌법과 독일 기본법 등이 이 제도를 채택하고 있다.

Ⅳ. 권한쟁의심판제도

권한쟁의심판은 국가기관이나 지방자치단체들 상호간에 그 헌법 내지 법률적 권한과 의무에 관해서 다툼이 생긴 경우에 이를 조정·해결하는 헌법재판을 말한다. 권한쟁의심판은 국가기관이나 지방자치단체들 상호간의 권한과 의무의 한계를 명백히 함으로써 국가기능의 수행을 원활히 하고 권력 상호간의 견제와 균형을 이루게 함으로써 정치적 평화를 유지시키며 헌법적 가치질서를 보호하는 의의와 목적을 가진다.

권한쟁의심판의 소송당사자능력과 관련해서 권한쟁의의 소송당사자 상호간에는 독자적인 권한과 의무가 전제되어야 하고, 또한 구체적인 권한보호의 이익이 있을 때에만 허용되는 것이기 때문에 어떤 헌법기관의 일정한 작위 또는 부작위에 의해서 타 헌법기관의 헌법 내지 법률상 권한과 의무가 침해되었거나 직접적이고 현실적인 위협을 받는 경우에만 그 소를 제기할 수 있다.

우리 현행 헌법에서 이 제도를 채택하고 있고, 독일 기본법도 이 제도를 채택하고 있다.

Ⅴ. 헌법소원심판제도

헌법소원은 국가의 공권력(입법·행정·사법권)에 의해서 헌법상 보장된 기본권이 위헌적으로 침해되었다고 주장하는 국민이 헌법재판기관에 직접 권리구제를 소청하는 제도이다. 가장 소송제기 빈도수가 높은 헌법재판유형으로서 우리 현행 헌법에서 이 제도를 채택하고 있고, 독일 기본법도 이 제도를 채택하고 있다.

Ⅵ. 기 타

1. 선거소송제도

대의기관의 구성을 위한 선거의 합헌성을 보장하기 위한 제도로서 주로 대통령선거와 국회의원선거 또는 국민투표의 실시와 관련하여 그 합헌성과 합법성에 대한 다툼이 생긴 경우에 해당 헌법재판기관이 이에 대한 최종적인 결정을 내리는 제도이다. 그 예로서 독일을 들 수 있는데, 연방의회의원선거에 대하여 다툼이 있는 경우에 선거무효나 당선무효에 관한 심사권을 연방의회가 가지고, 연방의회의 결정에 대해서 이의가 있는 사람은 연방헌법재판소에 그 심사를 요구하는 소송을 제기할 수 있으며, 연방헌법재판소가 최종결정을 내린다.

우리나라의 경우에는 전통적으로 각급선거소송을 일반법원의 관할사항으로 하고 있는데, 현행법에 따르면 대통령선거와 국회의원선거, 시·도지사선거 및 비례대표시·도의원선거 등에 있어서 선거의 효력 및 당선의 효력에 관한 소송은 대법원의 전속관할로 단심이고, 지역구시·도의원선거, 자치구·시·군의원선거 및 자치구·시·군의 장 선거 등에 있어서 그 선거의 효력 및 당선의 효력에 관한 소송은 그 선거구를 관할하는 고등법원에 소를 제기할 수 있다.

2. 기본권실효심판제도

기본권실효심판제도는 기본권을 남용 또는 악용해서 헌법적 가치질서를 파괴하는 사람을 대상으로 그의 기본권행사의 위헌 여부를 심사해서 위헌이라고 판단되는 경우 그 당사자의 해당 기본권의 효력을 일정기간 상실시키는 헌법재판이다. 이는 민주주의의 이름으로 민주주의를 파괴하려는 개인 등에 대항해서 민주주의를 지키기 위한 방어적 내지 투쟁적 민주주의를 실현시키기 위한 수단의 하나라고 볼 수 있다.

독일 기본법 제18조가 채택하고 있으나 우리나라는 채택하고 있지 않다.

3. 연방국가적 쟁의

연방국가적 쟁의란 연방국가 내에서 연방과 주, 또는 주 상호간의 권한과 의무에 관한 다툼을 조정하고 해결하는 헌법재판을 말한다. 연방국가적 쟁의는 그 성격과 기능이 권한쟁의와 유사한 점이 많기 때문에 권한쟁의에 관한 절차규정이 준용되는 경우가 많다. 연방정부와 주정부가 소송당사자가 된다. 연방국가적 구조를 가지는 독일, 오스트리아, 스위스 등에서 중요한 의미를 가지는데, 우리나라는 중앙집권적 단일국가이므로 문제가 되지 않는다.

제 4 장 우리 헌법재판제도의 역사

1. 제헌헌법(제1공화국헌법)

1948년 제헌헌법은 헌법재판기관으로서 헌법위원회를 설치하여 위헌법률심판권을 부여하였다. 동 헌법 제81조 제2항이 “법률이 헌법에 위반되는 여부가 재판의 전제가 되는 때에는 법원은 헌법위원회에 제청하여 그 결정에 의하여 재판한다.”라고 규정한 것이 그것이다. 이에 따라 국회는 1950. 2. 21. 법률 제100호로써 헌법위원회법을 제정하였다. 헌법편제상 헌법위원회는 제5장 법원편에 규정되어 있었는데, 헌법위원회는 그 권한이 위헌법률심사에만 한정되어 있었다. 한편 동 헌법 제46조 제1항은 “대통령, 부통령, 국무총리, 국무위원, 심계원장, 법관, 기타 법률이 정하는 공무원의 그 직무수행에 관하여 헌법 또는 법률에 위배한 때에는 국회는 탄핵의 소추를 결의할 수 있다.”라고 규정하고, 동 헌법 제47조는 “탄핵사건을 심판하기 위하여 법률로써 탄핵재판소를 설치한다.”라고 규정하여 탄핵심판제도를 도입하면서 헌법위원회와는 별도의 탄핵재판소를 설치하였다.

헌법위원회는 10여년간 운영되었지만 활동은 미미하여 6건을 심사하는데 그쳤다. 그 중 농지개혁법 제18조 제1항 후단 및 제24조 제1항 후단, 비상사태하의범죄처벌에관한특별조치령 제9조 제1항에 대하여 위헌결정을 내렸다.

2. 1960년헌법(제2공화국헌법)

1960년헌법은 독립된 헌법재판소를 설치했다. 헌법재판소의 구성은 심판관 9인으로 하고, 대통령·대법원·참의원이 각각 3명씩 선출하며, 임기는 6년으로 2년마다 개임하도록 했다(동 헌법 제83조의4). 헌법재판소장은 심판관 중에서 호선하여 대통령이 이를 확인하도록 했는데, 소장선거에서는 재적심판관 과반수의 투표를 얻도록 했다(헌법재판소법 제5조 제2항, 제3항).

구 헌법위원회와는 달리 헌법재판소는 상설적인 기구로 하였다. 헌법재판소는 법률의 위헌여부 심사, 헌법에 관한 최종적인 해석, 국가기관간의 권한쟁의, 정당의 해산, 탄핵재판, 대통령·대법원장·대법관의 선거에 관한 소송 등을 관할하고 있었다(동 헌법 제83조의3). 그러나 1961. 4. 17. 헌법재판소법이 제정된 지 1개월만에 5·16 쿠데타가 발생하여 헌법재판소는 구성되지 못했다.

3. 1962년헌법(제3공화국헌법)

1962년헌법은 일반법원에 위헌법률심판권을 부여함으로써 미국식의 사법심사제도를 도입하였다. 즉 동 헌법 제102조 제1항은 "법률이 헌법에 위배되는 여부가 재판의 전제가 된 때에는 대법원은 이를 최종적으로 심사할 권한을 가진다."라고 규정하여 위헌법률심판에 있어서의 최종적인 구체적 규범통제권을 대법원에 부여한 것이다. 이러한 위헌법률심사권과 더불어 헌법재판에 속하는 사항 중 정당해산심판(동 헌법 제7조 제3항, 제103조)과 선거소송 등을 대법원이 관장하도록 했다.

또한 탄핵심판을 위해 별도의 탄핵심판위원회를 설치했는데, 동 헌법 제61조 제1항이 "대통령·국무총리·국무위원·행정각부의 장·법관·중앙선거관리위원회위원·감사위원 기타 법률에 정한 공무원이 그 직무집행에 있어서 헌법이나 법률을 위배한 때에는 국회는 탄핵의 소추를 의결할 수 있다."라고 규정하고, 이에 따라 탄핵심판위원회를 헌법상 국회편에서 규정하면서, 대법원장을 위원장으로 하고 대법원판사 3인과 국회의원 5인 등 9인의 위원으로 구성하되, 대법원장을 심판할 경우에는 국회의장이 위원장이 되도록 했다(동 헌법 제62조 제2항). 한편 권한쟁의심판제도는 도입하지 않았다.

제3공화국에서 대법원은 국가배상법 제2조 제1항 단서와 법원조직법 제59조 제1항을 위헌이라고 판결하였다. 그리고 군형법 제47조와 국가배상법 제3조, 반공법 제4조 제1항, 형법상의 사형제도, 강간죄의 객체를 여자에 한정하는 규정 등에 대해서는 합헌판결을 내렸다.

4. 1972년헌법(제4공화국헌법)

1972년헌법은 미국식의 일반법원에 의한 사법심사제도를 폐지하고 헌법재판을 담당하는 기관으로 다시 헌법위원회를 설치하였다(제8장). 즉 동 헌법 제105조 제1항은 “법률이 헌법에 위반되는 여부가 재판의 전제가 된 때에는 법원은 헌법위원회에 제청하여 그 결정에 의하여 재판한다.” 라고 규정하여 헌법위원회에 의한 구체적 규범통제를 다시 도입한 것이다. 헌법위원회는 위헌법률심판 이외에도 탄핵심판, 정당해산심판을 관할했다(동 헌법 제109조 제1항). 헌법위원회는 9인의 위원으로 구성하고 대통령이 임명하는데, 3인은 국회에서 선출하는 자를, 3인은 대법원장이 지명하는 자를 임명하도록 하였다(동 헌법 제109조). 헌법위원회 위원 중에서 대통령이 임명하는 위원장과 상임위원 1인을 두고, 나머지 위원은 비상임 명예직으로 하였다(헌법위원회법 제6조, 제7조, 제10조).

제4공화국에서 위헌법률심판은 한 건도 행해지지 않았다.

5. 1980년헌법(제5공화국헌법)

1980년헌법은 1972년헌법상의 헌법재판제도를 거의 그대로 답습하였다. 즉 1972년헌법의 헌법위원회제도를 그대로 계승하여 구체적 규범통제권, 탄핵심판권, 정당해산심판권을 관장하도록 하였다. 다만 동 헌법 제108조 제1항은 “법률이 헌법에 위반되는 여부가 재판의 전제가 된 경우에 법원은 법률이 헌법에 위반되는 것으로 인정할 때에는 헌법위원회에 제청하여 그 결정에 의하여 재판한다."라고 규정하여 위헌법률심판의 제청사유로서 '법률이 헌법에 위반되는 것으로 인정할 때에는'이라는 문구를 추가하여 법원이 법률이 헌법에 위반되는 것으로 인정할 때에만 헌법위원회에 그 심사를 제청할 수 있도록 개정하였다.

또한 하급법원에서 위헌여부심판제청서를 헌법위원회에 송부할 때에는 대법원을 경유하도록 했고, 대법원은 위 제청서를 받아 헌법위원회에 송부할 때에는 대법원의 의견서를 첨부하여야 했는데, 이 경우 대법원은 하급법원의 위헌여부제청에 대하여 대법원판사 전원의 3분의 2이상으로 구성되는 합의체에서 당해 법률의 헌법위반여부를 결정하고 헌법에 위반되는 것으로 인정될 때에만 그 제청서를 헌법위원회에 송부할 수 있도록 했으며, 이는 대법원에서 위헌여부를 제청하는 경우에도 적용되도록 함으로써(헌법위원회법 제15조) 위헌법률심사를 더욱 어렵게 했다.

이러한 상황속에서 1980년헌법하에서도 위헌법률심판은 한 건도 이루어지지 않았다.

6. 1987년헌법(현행 헌법)

현행 헌법은 헌법재판제도를 채택하면서(제111조 제1항) 헌법재판을 전담할 기관으로 대륙형의 헌법재판소를 설치하고 있다. 현행 헌법상의 헌법재판소와 헌법재판제도는 1960년헌법(제2공화국헌법)의 그것과 유사하다. 헌법재판소는 구체적 규범통제제도(제107조 제1항), 탄핵심판제도(제65조), 정당해산심판제도(제8조 제4항, 제111조 제1항 제3호), 권한쟁의심판제도(제111조 제1항 제4호), 헌법소원심판제도(제111조 제1항 제5호)를 관장사항으로 하고 있다. 1960년헌법과 다른 것은 선거소송이 헌법재판소가 아닌 대법원 등 일반법원의 관할에 속한다는 점과 새롭게 헌법소원제도가 도입되었다는 것이다. 한마디로 현행 헌법상의 헌법재판은 과거의 경우와는 달리 헌법보호와 권력통제 및 자유와 정치적 평화보장의 장치로 기능할 수 있도록 제도화되었다고 볼 수 있다.

제2편

헌법재판소

제1장 총 설

제2장 헌법재판소의 구성과 조직

제1장 총 설

제1절 개 요

현행 헌법은 독립한 헌법재판기관으로서 헌법재판소를 설치하고 있는데, 헌법재판소의 조직에 관한 기본적인 사항을 제6장에서 정하고 있다. 그에 따르면 헌법재판소는 법관의 자격을 가진 9인의 재판관으로 구성하며, 재판관은 대통령이 임명한다(제111조 제2항). 재판관 중 3인은 국회에서 선출하는 자를, 3인은 대법원장이 지명하는 자를 임명한다(제111조 제3항). 헌법재판소의 장은 국회의 동의를 얻어 재판관 중에서 대통령이 임명한다(제111조 제4항). 헌법재판소 재판관의 임기는 6년으로 하며, 법률이 정하는 바에 의하여 연임할 수 있다(제112조 제1항). 헌법재판소 재판관은 정당에 가입하거나 정치에 관여할 수 없다(제112조 제2항). 헌법재판소 재판관은 탄핵 또는 금고 이상의 형의 선고에 의하지 아니하고는 파면되지 아니한다(제112조 제3항). 또한 소장과 재판관은 다른 공직과 영리를 목적으로 하는 사업을 영위할 수 없으며, 각각 대법원장과 대법관에 준하는 보수와 대우를 받는다(헌법재판소법 제14조, 제15조).

헌법재판소는 법률에 저촉되지 아니하는 범위안에서 심판에 관한 절차, 내부규율과 사무처리에 관한 규칙을 제정할 수 있다(제113조 제2항). 헌법재판소의 조직과 운영 기타 필요한 사항은 법률로 정한다(제113조 제3항). 이 헌법의 수권에 따라 1988년 헌법재판소법이 제정되었다. 이에 따라 헌법재판소 재판관의 구체적인 자격기준과 헌법재판소의 사무조직 기타 필요한 운영사항은 헌법재판소법(이하 '법'이라 한다)으로 정한다.

헌법재판소에는 재판관 전원으로 구성되는 재판관회의를 두어 헌법재판소규칙의 제정과 개정, 법 제10조의2에 따른 입법 의견의 제출에 관한 사항, 예산요구, 예비금지출과 결산에 관한 사항, 사무처장, 사무차장, 헌법재판연구원장, 헌법연구관 및 3급 이상 공무원의 임면에 관한 사항, 기타 특히 중요하다고 인정되는 사항으로서 헌법재판소장이 부의하는 사항 등을 심의·의결한다. 재판관회의는 재판관 7인 이상의 출석과 출석인원 과반수의 찬성으로 의결한다(법 제16조 제2항).

헌법재판소에는 행정사무를 처리하기 위하여 사무처를 두고 사무처장과 사무차장을 임명하는데 사무처장은 헌법재판소장의 지휘를 받아 사무처의 사무를 관장하며, 소속공무원을 지휘·감독하고, 국회에 출석하여 헌법재판소의 행정에 관하여 발언할 수 있다. 또 헌법재판소의 사무처장은 헌법재판소장이 행한 처분에 대한 행정소송의 피고가 되어 소송업무를 수행한다(법 제17조).

헌법재판소에는 헌법연구관 또는 헌법연구관보를 두고 헌법재판소장의 명에 따라 사건의 심리 및 심판에 관한 조사·연구에 종사케 한다(법 제19조, 제19조의2).

제 2 절 헌법재판소의 지위

헌법재판소는 헌법재판을 전담하기 위해서 헌법 제6장에 의하여 설치된 헌법기관이다. 그런데 헌법재판은 헌법보호, 기본권보호, 권력통제, 정치적 평화보장 기능을 가지기 때문에 헌법재판소는 이에 상응하는 헌법상의 지위를 가진다. 즉 헌법보호기관, 기본권보호기관, 권력통제기관, 정치적 평화보장기관으로서의 지위를 가진다. 또한 헌법재판소는 국회·정부·법원과 병렬적인 지위에 있는 제4의 국가기관이라고 할 수 있다.

1. 헌법보호기관

헌법재판은 헌법적 분쟁을 유권적으로 해결함으로써 헌법의 규범력을 지키는 헌법실현작용이다. 즉 헌법재판은 헌법적 가치를 수호하는 기능을 가진다. 이 점에서 헌법재판을 담당하는 헌법재판소는 바로 헌법보호기관으로서의 지위를 가진다고 하겠다. 이에 따라 현행 헌법상 헌법재판소의 관장사항에 속하는 헌법재판제도들은 모두 국가권력 등 다양한 세력에 의한 헌법침해로부터 헌법을 수호하는 기능을 가지는 것이다.

2. 기본권보호기관

주지하는 바와 같이 헌법은 기본권보장의 마그나카르타다. 따라서 헌법을 보호하는 기능을 가지는 헌법재판은 바로 이러한 헌법의 가장 핵심적 가치인 기본권을 보호하는 것이다. 그러므로 가장 중요한 헌법재판소의 지위는 바로 기본권보호기관으로서의 지위라고 하겠다. 이에 따라 헌법재판소는 위헌법률심판이나 헌법소원심판제도 등을 통해서 국민의 기본권을 보장하는 최후의 보루로서의 역할을 담당한다.

3. 권력통제기관

위에서 언급한 바와 같이 헌법이 국가권력의 범위와 한계를 설정하고 정당화시키는 규범이라는 점에서 이러한 헌법의 이념을 실현시키는 헌법재판은 국가권력이 이러한 한계를 일탈하지 않도록 통제하는 기능을 가진다. 즉 헌법재판은 정치생활을 법적인 영역으로 끌어들임으로써 정치생활을 규범화하는 작용이기 때문에 헌법의 테두리를 벗어나려는 정치의 탈헌법적 경향에 대한 강력한 제동장치로서 기능함과 동시에 통치권행사가 언제나 헌법적 가치질서와 조화될 수 있도록 감시하고 견제하는 권력통제기능을 갖게 된다. 이 점에서 헌법재판을 담당하는 헌법재판소는 바로 권력통제기관으로서의 지위를 가진다. 특히 오늘날 사회구조의 변화와 정당정치의 발달로 인해 고전적 3권분립이론이 제 기능을 발휘하기 어려운 정치현실을 감안할 때 헌법재판소야말로 가장 효율적인 권력통제기관이라고 할 수 있다.

4. 정치적 평화보장기관

헌법재판은 국가기관 상호간의 분쟁을 유권적으로 해결함으로써 헌정생활의 안정과 정치적 평화를 보장하는 기능을 한다. 헌법재판은 국가기관들 상호간의 권력남용과 악용을 억제하여 정치적 분쟁을 해결하는 한편, 민주적 기본질서를 지키고 헌정질서의 평화를 보장하면서 사회통합을 촉진시키는 기능을 가진다. 권한쟁의심판제도 및 위헌정당해산제도 등이 이러한 기능을 담당한다고 볼 수 있다. 이에 따라 헌법재판을 담당하는 헌법재판소는 바로 정치적 평화보장기관으로서의 지위를 가진다고 하겠다.

제 3 절 헌법재판소의 관장사항

헌법 제111조 제1항 및 법 제2조에 따르면 헌법재판소는 다음 사항을 관장한다.

① 법원의 제청에 의한 법률의 위헌여부 심판

② 탄핵의 심판

③ 정당의 해산 심판

④ 국가기관 상호간, 국가기관과 지방자치단체간 및 지방자치단체 상

호간의 권한쟁의에 관한 심판

⑤ 법률이 정하는 헌법소원에 관한 심판

1. 위헌법률심판

헌법상의 위헌법률심판제도는 헌법재판소가 법률이 헌법에 위반되는지의 여부를 심사하고, 그 법률이 헌법에 위반되는 것으로 인정하는 경우에는 그 법률의 효력을 상실시키는 제도이다. 헌법 제107조 제1항은 "법률이 헌법에 위반되는 여부가 재판의 전제가 된 경우에는 법원은 헌법재판소에 제청하여 그 심판에 의하여 재판한다."라고 규정하고 있고, 법 제41조 제1항은 "법률이 헌법에 위반되는 여부가 재판의 전제가 된 경우에는 법원은 헌법재판소에 제청하여 그 심판에 의하여 재판한다."라고 규정하고 있는 것이 그것이다.

현행 헌법상의 위헌법률심판제도는 구체적 사건에 있어서 법률의 위헌 여부가 재판의 전제가 된 경우에 이루어지는 사후적·구체적 규범통제를 그 내용으로 하는 것으로 '법률의 위헌심사권 및 위헌제청권'과 '위헌결정권'을 분리해서, 전자는 일반법원이 후자는 헌법재판소가 담당하도록 하고 있다.

2. 탄핵심판

탄핵심판은 대통령을 비롯한 공위공직자를 대상으로 직무집행과 관련한 법적 책임을 추궁함으로써 헌법을 보호하는 제도로서 권력통제와 법치주의원리를 실현하는 기능을 가진다. 헌법 제65조 제1항은 "대통령·국무총리·국무위원·행정각부의 장·헌법재판소 재판관·법관·중앙선거관리위원회 위원·감사원장·감사위원 기타 법률이 정한 공무원이 그 직무집행에 있어서 헌법이나 법률을 위배한 때에는 국회는 탄핵의 소추를 의결할 수 있다."고 규정하여 탄핵심판에 관하여 그 소추기관과 심판기관을 나누어 국회에게는 소추권을, 헌법재판소에는 심판권을 부여하고 있다.

3. 정당해산심판

헌법 제8조 제4항은 "정당의 목적이나 활동이 민주적 기본질서에 위배될 때에는 정부는 헌법재판소에 그 해산을 제소할 수 있고, 정당은 헌법재판소의 심판에 의하여 해산된다."라고 규정하고 있다. 이러한 정당해산심판제도는 현대 정당민주주의하에서 헌법상 설립과 활동의 자유가 보장된 정당이라도 그 목적과 활동이 민주적 기본질서에 위배될 때에는 헌법재판소에 의하여 해산될 수 있도록 함으로써 헌법을 수호하는 기능을 가진다. 이는 민주주의의 이름으로 민주주의를 침해하는 정당이나 세력으로부터 민주주의를 수호하려는 방어적·투쟁적 민주주의의 실현수단이다. 따라서 이는 일차적으로 위헌정당으로부터 헌법을 보호하는 수단이지만, 다른 한편 헌법재판소의 결정에 의하지 아니하고는 어떠한 경우에도 그리고 어떠한 다른 국가기관에 의해서도 정당을 해산시킬 수 없도록 함으로써 정당을 부당한 권력이나 정치세력으로부터 지키고자 하는 정당과 정당민주주의 및 복수정당제의 보호수단이자 소수보호의 수단이기도 하다.

4. 권한쟁의심판

헌법 제111조 제1항 제4호는 권한쟁의심판에 대하여 '국가기관 상호간, 국가기관과 지방자치단체간 및 지방자치단체 상호간의 권한쟁의에 관한 심판'이라고 규정하고 있고, 법 제61조 제1항은 "국가기관 상호간, 국가기관과 지방자치단체 간 및 지방자치단체 상호간에 권한의 유무 또는 범위에 관하여 다툼이 있을 때에는 해당 국가기관 또는 지방자치단체는 헌법재판소에 권한쟁의심판을 청구할 수 있다."라고 규정하고 있다. 이러한 권한쟁의심판제도는 국가기관들이나 지방자치단체들 상호간의 권력남용과 악용을 억제하여 권력을 통제하고 정치적 분쟁을 해결하며 헌정생활의 안정을 도모하는 기능을 가진다.

5. 헌법소원심판

헌법 제111조 제1항 제5호는 '법률이 정하는 헌법소원에 관한 심판'을 헌법재판소에 부여함으로써 우리 헌정사상 최초로 헌법소원제도를 채택하고 있다. 헌법소원심판제도는 위헌적인 공권력으로부터 헌법상 보장된 국민의 기본권을 보호하려는 헌법재판제도로서 가장 효율적이고 가장 이용빈도수가 높은 기본권보호수단이자 권력통제수단이라고 하겠다.

법 제68조 제1항은 "공권력의 행사 또는 불행사로 인하여 헌법상 보장된 기본권을 침해받은 자는 법원의 재판을 제외하고는 헌법재판소에 헌법소원심판을 청구할 수 있다. 다만, 다른 법률에 구제절차가 있는 경우에는 그 절차를 모두 거친 후에 청구할 수 있다."라고 규정하고 있고, 법 제68조 제2항은 "제41조 제1항에 따른 법률의 위헌 여부 심판의 제청신청이 기각된 때에는 그 신청을 한 당사자는 헌법재판소에 헌법소원심판을 청구할 수 있다. 이 경우 그 당사자는 당해 사건의 소송절차에서 동일한 사유를 이유로 다시 위헌 여부 심판의 제청을 신청할 수 없다."라고 규정하여 두 가지 종류의 헌법소원절차를 채택하고 있는데, 전자를 일반적이고 전형적인 권리구제형 헌법소원이라고 하고, 후자를 위헌법률심사형(규범통제형) 헌법소원이라고 한다. 후자는 우리나라의 독특한 제도라고 볼 수 있다.

제 2 장 헌법재판소의 구성과 조직

제 1 절 헌법재판소의 구성

Ⅰ. 구성방식

헌법재판소는 대통령이 임명하는 법관의 자격을 가진 9인의 재판관으로 구성되는바, 그 중 3인은 국회에서 선출하는 자를, 3인은 대법원장이 지명하는 자를 임명한다(헌법 제111조 제2항, 제3항). 따라서 대통령이 고유의 권한으로 직접 임명하는 재판관은 3인이며, 국회에서 선출하는 자나 대법원장이 지명하는 자에 대한 대통령의 임명은 형식적인 것에 불과하고 대통령이 임명을 거부할 수는 없다고 할 것이다.[1])

헌법재판소장은 국회의 동의를 얻어 재판관 중에서 대통령이 임명한다(헌법 제111조 제4항). 헌법재판소장은 재판부의 재판장이 된다(법 제22조 제2항).

Ⅱ. 재판관의 임기와 정년

재판관의 임기는 6년이며 연임할 수 있다(헌법 제112조 제1항). 연임횟수의 제한은 없다. 헌법은 헌법재판소장의 임기를 따로 규정하고 있지 않지만(대법원장의 경우에는 헌법 제105조 제1항에서 규정하고 있다), 헌법재판소장도 재판관이므로 재판관의 임기에 관한 규정이 적용되어 헌법재판소

1) 김하열, 헌법소송법, 2016, 75쪽.

장의 임기는 6년이다.

재판관의 정년은 70세이다(법 제7조 제2항). 이러한 정년규정 때문에 재판관은 임기 전이라도 정년에 도달하면 퇴임한다. 재판관의 임기가 만료되거나 정년이 도래하는 때에는 임기만료일 또는 정년도래일까지 후임자를 임명하여야 한다(법 제6조 제3항). 임기 중 재판관이 결원된 때에는 결원된 날부터 30일 이내에 후임자를 임명하여야 한다(법 제6조 제4항). 그런데 국회에서 선출한 재판관이 국회의 폐회 또는 휴회 중에 그 임기가 만료되거나 정년이 도래한 때 또는 결원된 때에는 국회는 다음 집회가 개시된 후 30일 이내에 후임자를 선출하여야 한다(법 제6조 제5항).

재판관의 임기를 정하는 문제는 헌법정책적으로 결정할 사항이다. 그런데 우리의 경우 6년의 임기는 전문적인 헌법재판의 업무를 효율적이고 연속적으로 수행하기에는 짧다고 하겠다. 참고로 미국 연방대법관의 경우에는 종신직이고, 독일 연방헌법재판관의 경우에는 12년으로 하고 있는데, 우리의 경우에는 약 8년에서 9년의 경우가 적절하다고 본다. 우리의 경우 재판관의 연임을 허용하고 있는데, 아마도 이는 재판관의 임기가 너무 짧다는데 기인해서 업무의 연속성을 감안한 것으로 보이나 재판관의 연임은 재판의 독립성이라는 측면에서 문제가 있다. 따라서 재판관의 임기를 늘이고 연임을 불허하는 것이 바람직하다고 하겠다.

Ⅲ. 재판관의 자격과 겸직금지

1. 재판관의 자격

재판관으로 임명되기 위해서는 40세 이상이어야 하고, 15년 이상 ① 판사·검사·변호사의 직에 있었거나, ② 변호사 자격이 있는 사람으로서 국가기관, 국영·공영 기업체, 「공공기관의 운영에 관한 법률」 제4조에 따른 공공기관 또는 그 밖의 법인에서 법률에 관한 사무에 종사한 사람,

③ 변호사의 자격이 있는 자로서 공인된 대학의 법률학 조교수 이상의 직에 있어야 한다. 이들 중 둘 이상의 직에 있던 자의 재직기간은 합산한다(법 제5조 제1항).

이러한 자격요건을 갖추었어도 ① 다른 법령에 의하여 공무원으로 임용하지 못하는 사람, ② 금고이상의 형을 선고받은 사람, ③ 탄핵에 의하여 파면된 후 5년을 경과하지 아니한 사람은 재판관으로 임용될 수 없다(법 제5조 제2항).

재판관의 자격요건으로 법관의 자격을 요구하고 있고(헌법 제111조 제2항), 법관은 10년 이상 ① 판사·검사·변호사, ② 변호사의 자격이 있는 사람으로서 국가기관, 지방자치단체, 「공공기관의 운영에 관한 법률」 제4조에 따른 공공기관, 그 밖의 법인에서 법률에 관한 사무에 종사한 사람, 또는 ③ 변호사의 자격이 있는 사람으로서 공인된 대학의 법률학 조교수 이상으로 재직한 사람 중에서 임용하도록 되어 있어(법원조직법 제42조 제2항), 결국 변호사의 자격이 절대적인 요건으로 되어 있다.

그런데 이는 우리의 사법시험 및 변호사시험 등 법조인 양성제도에 비추어 바람직하다고 보기 어렵다. 즉 현행 자격요건은 기술적이고 절차적 성격이 강한 일반재판과는 다른 정치성, 이념성, 역사성, 철학성, 문화성 등을 지닌 가치판단적인 정치적 사법작용으로서의 헌법재판의 특성을 감안할 때 타당하지 않다는 것이다. 따라서 현행 법관선발제도하에서는 법관의 자격과 무관하게 헌법전문가를 재판관으로 임명하는 길을 열어 놓아야 할 것이다.[1] 예컨대 전문가 집단인 대학의 헌법학교수들을 법관의 자격을 갖지 않았다는 이유만으로 재판관의 임명에서 배제하는 것은 옳지 않다. 아울러 헌법재판의 본질과 특성에 비추어 볼 때 재판관의 자격으로 법학 관련 직업인만을 요구하는 것도 문제라고 하겠다. 비법학의 전공자도 재판관으로 임명될 수 있도록 하는 방안도 검토할 필요가 있다고 하겠다. 이처럼 재판관의 자격요건을 완화하는 것이 헌법재판의 특성에 부합되고, 재판관 구성의 다양성과 이념적 다양성의 제고를 위하여 바

1) 동지 성낙인 외, 헌법소송론, 2012, 68쪽.

람직하다고 하겠다.

2. 재판관의 겸직금지

헌법재판소의 독립성을 위해 재판관은 정당에 가입하거나 정치에 관여할 수 없다(헌법 제112조 제2항, 법 제9조). 아울러 법 제14조(재판관의 겸직금지)는 재판관이 ① 국회 또는 지방의회의 의원의 직, ② 국회·정부 또는 법원의 공무원의 직, ③ 법인·단체 등의 고문·임원 또는 직원의 직에 해당하는 직을 겸하거나 영리를 목적으로 하는 사업을 영위할 수 없도록 규정하고 있다.

Ⅳ. 재판관과 헌법재판소장의 선임절차

재판관은 모두 대통령이 임명하지만, 3인은 국회에서 선출한 자를, 3인은 대법원장이 지명한 자를 임명하기 때문에 대통령이 고유의 권한에서 직접 임명할 수 있는 재판관은 3인이다(헌법 제111조 제2항 및 제3항, 법 제6조 제1항). 재판관은 국회의 인사청문을 거쳐 임명·선출 또는 지명된다. 이 경우 대통령은 재판관(국회에서 선출하거나 대법원장이 지명하는 자를 제외한다)을 임명하기 전에, 대법원장은 재판관을 지명하기 전에 인사청문을 요청한다(법 제6조 제2항). 이 경우 대통령이 임명하는 재판관과 대법원장이 지명하는 재판관은 국회의 상임위원회, 즉 법제사법위원회의 인사청문을 거치고(국회법 제65조의2 제2항), 국회에서 선출하는 재판관은 국회의 인사청문특별위원회의 청문절차를 거친다(국회법 제46조의3 제1항).

그런데 이처럼 대통령과 국회 및 대법원장에게 재판관의 선임권을 부여한 것은 3권분립의 원칙에 따른 것으로 보이지만, 대통령제하에서의 정치적 역학구도나 헌법재판소의 독립성, 재판관의 지위와 신분상의 동질성 및 체계정당성의 요청에 비추어 볼 때 타당하지 못하다. 특히 이론상 대법원 등 사법부를 통제해야 할 기능을 포함한 3권에 대한 기능적 권력통제의 역할을 담당하는 헌법재판의 특성을 감안할 때 대법원장에게 재판관 3인의 지명권을 부여한 것은 대단히 잘못된 것이라고 하겠다.[1] 따라서 독일처럼 9인의 재판관을 모두 국회에서 선출하되 국회 재적의원 2/3 이상의 찬성을 얻은 사람을 재판관으로 선임하는 것이 보다 더 큰 민주적 정당성의 요청과 여·야가 함께 찬성할 수 있는 보다 적절한 인물을 선임할 수 있다는 점에서 바람직하다고 하겠다.[2]

헌법재판소의 장은 국회의 동의를 얻어 재판관 중에서 대통령이 임명한다(헌법 제111조 제4항). 이 경우 처음부터 헌법재판소장인 재판관으로 지명해서 국회의 동의를 얻어 임명할 수도 있고, 이미 재임중인 재판관 중에서 국회의 동의를 얻어 헌법재판소장으로 임명할 수도 있을 것이다. 후자의 경우 해당 재판관의 잔여임기 동안만 헌법재판소장으로 재임한다고 보아야 할 것이다. 왜냐하면 헌법에 재판관의 경우와는 달리 헌법재판소장의 임기를 따로 정하지 않고 있기 때문이다.[3] 반면 대법원장의 경우에는 대법관과 같이 임기를 6년으로 정하고 있다(헌법 제105조 제1항). 헌법재판소장은 국회의 인사청문특별위원회의 청문절차를 거친다(국회법 제46조의3 제1항).

V. 재판관의 신분보장과 대우

재판관은 탄핵 또는 금고 이상의 형의 선고에 의하지 아니하고는 파면되지 아니한다(헌법 제112조 제3항). 그러나 자발적인 의사에 의한 재판관의 사임은 허용된다고 하겠다. 특히 재판관의 중대한 심신상의 장애로 직무를 수행할 수 없을 때에는 법관의 예에 준해서 헌법재판소장의 제청

1) 동지 김하열, 전게서, 78쪽; 성낙인 외, 전게서, 70쪽.

2) 동지 허영, 전게서, 111쪽.

3) 허영, 전게서, 112쪽.

으로 대통령이 퇴직을 명할 수 있다고 할 것이다(법원조직법 제47조 참조).

헌법재판소장의 대우와 보수는 대법원장의 예에 따르며, 재판관은 정무직으로 하고 그 대우와 보수는 대법관의 예에 따른다(법 제15조).

Ⅵ. 재판관의 수

헌법재판소의 재판관은 9인이다. 외국의 경우 미국 연방대법원의 대법관이 9인이고, 프랑스의 헌법위원회도 9인의 위원으로 구성되어 있는 반면, 독일의 연방헌법재판소는 각각 8인의 재판관으로 구성된 2개의 원으로 구성되어 있다. 재판관의 수를 홀수로 하는 것은 짝수로 하는 것에 비해 장단점을 가지고 있다. 가부동수가 발생하지 않는 것이 장점이라면, 1인의 차이로 결정될 수 있다는 단점이 있다. 반대로 독일처럼 재판관의 수를 짝수로 정하고 다수결에 따라 결정할 경우 가부동수의 경우가 발생할 수 있다는 단점이 있다면, 최소한 2인 이상의 차이로 결정된다는 장점이 있다. 결국 재판관의 수는 각각의 장단점을 고려해서 결정할 헌법정책적 사항이라고 하겠다. 다만 재판관의 수는 헌법에서 직접 정해야지 법률로 정하도록 해서(예컨대 우리 대법원의 대법관의 수는 법률로 정해진다) 입법자가 임의로 그 수를 조정할 수 있도록 하는 것은 바람직하지 않다. 왜냐하면 입법자가 재판관의 수를 정치적으로 조정해서 결국 사법권 내지 헌법재판권의 독립성을 해칠 수 있기 때문이다.[1)]

Ⅶ. 재판부

1. 전원재판부

헌법재판소법에 특별한 규정이 있는 경우를 제외하고는 헌법재판소의

1) 동지 허영, 전게서, 106쪽.

심판은 재판관 전원으로 구성되는 재판부에서 관장한다(법 제22조 제1항). 재판부의 재판장은 헌법재판소장이 된다(법 제22조 제2항). 전원재판부는 재판관회의(법 제16조)와는 구별된다. 두 기관 모두 재판관 전원으로 구성되고 재판소장이 재판장 또는 의장이 되며, 각각 7인 이상의 출석으로 심리 또는 심의하지만, 재판부는 헌법재판을 담당하는 심판기관인데 반하여, 재판관회의는 헌법재판소의 행정업무를 심의·의결하는 행정기관이다. 그리고 재판부 심판절차의 중요사항은 원칙적으로 헌법재판소법에서 직접 규정하고 있지만, 재판관회의의 운영에 관한 필요한 사항은 대부분 헌법재판소규칙으로 정한다(법 제16조 제5항). 또한 재판부의 결정정족수는 과반수결정을 원칙으로 하고 6인 이상의 찬성을 요하는 경우는 법에 정해진 경우에 한하지만, 재판관회의의 의결정족수는 언제나 과반수이다(법 제16조 제2항).

2. 지정재판부

헌법재판소장은 헌법재판소에 재판관 3인으로 구성되는 지정재판부를 두어 헌법소원심판의 사전심사를 담당하게 할 수 있다(법 제72조 제1항). 지정재판부는 헌법재판소장이 필요에 따라 구성할 수 있지만 지정재판부의 구성과 운영에 관하여 필요한 사항은 헌법재판소규칙으로 정한다(법 제72조 제6항). 지정재판부에서 헌법소원심판을 각하하려면 지정재판부 재판관 전원의 일치된 의견에 의한 결정으로 한다(법 제72조 제3항).

제 2 절 헌법재판소의 조직

헌법재판소가 재판을 제대로 수행하기 위해서는 재판업무를 지원하기 위한 조직과 행정기구를 가져야 한다. 먼저 헌법재판소의 중요한 행정업무를 심의·의결하기 위하여 재판관회의를 두고 있다(법 제16조). 재판관회의는 헌법재판소 행정업무의 최고의결기구이다. 또한 헌법재판소의 행정업무를 처리하기 위하여 헌법재판소장의 지휘를 받는 사무처를 둔다(법 제17조). 그리고 재판업무를 보조하는 헌법연구관(법 제19조)과 헌법연구관보(법 제19조의2)를 두고 있다. 헌법연구관 등은 헌법재판소장의 명을 받아 사건의 심리 및 심판에 관한 조사·연구에 종사한다. 또한 사건의 심리 및 심판에 관한 전문적인 조사·연구에 종사하는 헌법연구위원을 둘 수 있도록 했다(법 제19조의3). 한편 헌법 및 헌법재판 연구와 헌법연구관, 사무처 공무원 등의 교육을 위하여 헌법재판소에 헌법재판연구원을 둔다(법 제19조의4). 헌법재판소장과 재판관들은 각각 비서실장과 비서관들에 의한 사무지원을 받는다(법 제20조).

Ⅰ. 헌법재판소장

헌법재판소장은 헌법재판소를 대표하고 헌법재판소의 사무를 총괄하며, 소속공무원을 지휘·감독하는 헌법재판소 행정업무의 최고책임자이다(법 제12조 제3항). 헌법재판소장이 궐위되거나 사고로 인하여 직무를 수행할 수 없을 때에는 다른 재판관이 헌법재판소규칙이 정하는 순서에 의하여 그 권한을 대행한다(법 제12조 제4항). 「헌법재판소장의 권한대행에 관한 규칙」에 따르면 헌법재판소장이 일시적인 사고로 인하여 직무를 수행할 수 없을 때에는 헌법재판소 재판관 중 임명일자 순으로 그 권한을 대행한다. 다만, 임명일자가 같을 때에는 연장자순으로 대행한다(동 규칙 제2조). 그러나 헌법재판소장이 궐위되거나 1개월 이상 사고로 인하여 직무를 수행할 수 없을 때에는 헌법재판소 재판관 중 재판관회의에서 선출된 사람이 그 권한을 대행한다(동 규칙 제3조 제1항).

헌법재판소장의 행정사무처리는 소장의 재량이지만, 후술하는 바와 같이 법에서 특별히 정한 사항에 대하여는 재판관회의의 의결을 거쳐야 한다(법 제16조 제4항).

Ⅱ. 재판관회의

헌법재판소의 중요 행정사항을 심의·의결하기 위하여 재판관 전원으로 구성되는 재판관회의를 두는데, 헌법재판소장이 의장이 된다(법 제16조 제1항). 헌법재판소장은 회의를 주재하고 의결된 사항을 집행한다(「헌법재판소 재판관회의 규칙」 제3조). 재판관회의는 헌법재판소장이 필요하다고 인정하거나 재판관 3명 이상의 요청이 있는 때에 헌법재판소장이 소집한다(동 규칙 제2조).

재판관회의는 재판관 7인 이상의 출석과 출석인원 과반수의 찬성으로 의결한다(법 제16조 제2항). 의장은 의결에 있어 표결권을 가진다(법 제16조 제3항).

한편 ① 헌법재판소규칙의 제정과 개정, 법 제10조의2에 따른 입법의견의 제출에 관한 사항, ② 예산 요구, 예비금 지출과 결산에 관한 사항, ③ 사무처장, 사무차장, 헌법재판연구원장, 헌법연구관 및 3급 이상 공무원의 임면에 관한 사항, ④ 특히 중요하다고 인정되는 사항으로서 헌법재판소장이 재판관회의에 부치는 사항에 관해서는 재판관회의의 의결을 거쳐야 한다(법 제16조 제4항).

Ⅲ. 사무처

헌법재판소의 행정사무를 처리하기 위하여 헌법재판소에 사무처를 둔다(법 제17조 제1항). 사무처에 사무처장과 사무차장을 둔다(법 제17조 제2항). 사무처장은 헌법재판소장의 지휘를 받아 사무처의 사무를 관장하며, 소속공무원을 지휘·감독한다(법 제17조 제3항). 사무처장은 국회 또는 국무회의에 출석하여 헌법재판소의 행정에 관하여 발언할 수 있다(법 제17조 제4항). 헌법재판소장이 행한 처분에 대한 행정소송의 피고는 헌법재판소 사무처장으로 한다(법 제17조 제5항). 사무처장은 정무직으로 하고, 보수는 국무위원의 보수와 동액으로 한다(법 제18조 제1항).

사무차장은 사무처장을 보좌하며, 사무처장이 사고로 인하여 직무를 수행할 수 없을 때에는 그 직무를 대행한다(법 제17조 제6항). 사무차장은 정무직으로 하고, 보수는 차관의 보수와 동액으로 한다(법 제18조 제2항). 사무차장은 헌법연구관의 직을 겸할 수 있다(법 제19조 제10항).

사무처에 실·국·과를 둔다(법 제17조 제7항). 실에는 실장, 국에는 국장, 과에는 과장을 두되 사무처장·차장·실장 또는 국장 밑에 정책의 기획, 계획의 입안, 연구·조사, 심사·평가 및 홍보업무를 보좌하는 심의관 또는 담당관을 둘 수 있다(법 제17조 제8항). 실장은 1급 또는 2급, 국장은 2급 또는 3급, 심의관 및 담당관은 2급 내지 4급, 과장은 3급 또는 4급의 일반직국가공무원으로 보한다. 다만, 담당관 중 1인은 3급 상당 또는 4급 상당의 별정직국가공무원으로 보할 수 있다(법 제18조 제3항). 사무처 공무원은 헌법재판소장이 임면한다. 다만, 3급 이상의 공무원의 경우에는 재판관회의의 의결을 거쳐야 한다(법 제18조 제4항). 헌법재판소장은 다른 국가기관에 대하여 그 소속공무원을 사무처 공무원으로 근무하게 하기 위하여 헌법재판소에의 파견근무를 요청할 수 있다(법 제18조 제5항).

Ⅳ. 헌법연구관 등

1. 헌법연구관

헌법재판소에 헌법재판소장의 명을 받아 사건의 심리 및 심판에 관한 조사·연구에 종사하는 헌법연구관을 둔다. 헌법연구관은 주장의 정리나 자료의 제출을 요구하거나, 조사기일을 여는 방법 등으로 사건의 심리 및 심판에 관한 조사를 할 수 있다(심판규칙 제11조의2). 헌법연구관은 특정직국가공무원으로 한다(법 제19조 제2항). 헌법연구관은 다음 각 호의 어느 하나에 해당하는 사람 중에서 헌법재판소장이 재판관회의의 의결을 거쳐 임용한다. 즉 ① 판사·검사 또는 변호사의 자격이 있는 사람, ② 공인된 대학의 법률학조교수 이상의 직에 있던 사람, ③ 국회·정부 또는 법원 등 국가기관에서 4급 이상의 공무원으로서 5년 이상 법률에 관한 사무에 종사한 사람, ④ 법률학에 관한 박사학위 소지자로서 국회·정부·법원 또는 헌법재판소 등 국가기관에서 5년 이상 법률에 관한 사무에 종사한 사람, ⑤ 법률학에 관한 박사학위 소지자로서 헌법재판소규칙이 정하는 대학 등 공인된 연구기관에서 5년 이상 법률에 관한 사무에 종사한 사람 등이다(법 제19조 제4항). 그러나 ① 국가공무원법 제33조 각 호의 어느 하나에 해당하는 사람, ② 금고 이상의 형의 선고를 받은 사람, ③ 탄핵결정에 의하여 파면된 후 5년이 경과되지 아니한 사람은 헌법연구관으로 임용될 수 없다(법 제19조 제6항). 헌법연구관이 이러한 임용체척사유에 해당할 때에는 당연히 퇴직한다(법 제19조 제8항).

헌법연구관의 임기는 10년으로 하되, 연임할 수 있고, 정년은 60세로 한다(법 제19조 제7항). 헌법재판소장은 다른 국가기관에 대하여 그 소속공무원을 헌법연구관으로 근무하게 하기 위하여 헌법재판소에의 파견근무를 요청할 수 있다(법 제19조 제9항). 헌법재판소장은 헌법연구관을 사건의 심리 및 심판에 관한 조사·연구업무 외의 직에 임명하거나 그 직을 겸임하게 할 수 있다(법 제19조 제11항).

2. 헌법연구관보

헌법연구관보는 헌법재판소장이 재판관회의의 의결을 거쳐 임용한다(법 제19조의2 제2항). 헌법연구관을 신규임용하는 경우에는 3년의 기간 헌법연구관보로 임용하여 근무하게 한 후 그 근무성적을 참작하여 헌법연구관으로 임용한다. 다만, 경력 및 업무능력 등을 참작하여 헌법재판소규칙이 정하는 바에 따라 헌법연구관보 임용을 면제하거나 그 기간을 단축할 수 있다(법 제19조의2 제1항). 헌법연구관보는 별정직국가공무원으로 하고, 그 보수와 승급기준은 헌법연구관의 예에 의한다(법 제19조의2 제3항). 헌법연구관보가 근무성적이 불량한 경우에는 재판관회의의 의결을 거쳐 면직시킬 수 있다(법 제19조의2 제4항). 헌법연구관보의 근무기간은 헌법재판소법 및 다른 법령에 규정된 헌법연구관의 재직기간에 산입한다(법 제19조의2 제5항). 헌법연구관보의 자격·제척사유와 임무 등은 헌법연구관과 본질적으로 동일하다.

3. 헌법연구위원

헌법재판소에 사건의 심리 및 심판에 관한 전문적인 조사·연구에 종사하는 헌법연구위원을 둘 수 있다(법 제19조의3 제1항). 헌법재판소장은 현직 교수 등 각계의 관련 전문가의 다양한 지식과 경험을 헌법재판 사건의 심판과 한법재판제도의 발전을 위해 3년 이내의 범위에서 기간을 정하여 헌법연구위원을 임명한다(법 제19조의3 제2항). 헌법연구위원은 2급 또는 3급 상당의 별정직공무원이나 국가공무원법 제26조의5에 따른 임기제공무원으로 하고, 그 직제 및 자격 등에 관하여는 헌법재판소규칙으로 정한다(법 제19조의3 제3항). 헌법연구관의 취약한 전문성을 보완해서 헌법재판의 질적인 향상을 기하려고 도입한 제도이다.

V. 헌법재판연구원

헌법 및 헌법재판 연구와 헌법연구관, 사무처 공무원 등의 교육을 위하여 헌법재판소에 헌법재판연구원을 둔다(법 제19조의4 제1항). 헌법재판연구원의 정원은 원장 1명을 포함하여 40명 이내로 하고, 원장 밑에 부장, 팀장, 연구관 및 연구원을 둔다(법 제19조의4 제2항). 원장은 헌법재판소장이 재판관회의의 의결을 거쳐 헌법연구관으로 보하거나 1급인 일반직국가공무원으로 임명한다(법 제19조의4 제3항). 부장은 헌법연구관이나 2급 또는 3급 일반직공무원으로, 팀장은 헌법연구관이나 3급 또는 4급 일반직공무원으로 임명하고, 연구관 및 연구원은 헌법연구관 또는 일반직공무원으로 임명한다(법 제19조의4 제4항). 연구관 및 연구원은 다음 각 호의 어느 하나에 해당하는 사람 중에서 헌법재판소장이 보하거나 헌법재판연구원장의 제청을 받아 헌법재판소장이 임명한다. 즉 ① 헌법연구관, ② 변호사의 자격이 있는 사람(외국의 변호사 자격을 포함한다), ③ 학사 또는 석사학위를 취득한 사람으로서 헌법재판소규칙으로 정하는 실적 또는 경력이 있는 사람, ④ 박사학위를 취득한 사람 등이다(법 제19조의4 제5항). 그 밖에 헌법재판연구원의 조직과 운영에 필요한 사항은 헌법재판소규칙으로 정한다(법 제19조의4 제6항).

제3편

일반심판절차

제1장 서 설

헌법재판소법은 심판절차를 일반심판절차(제3장)와 특별심판절차(제4장)의 둘로 나누어 규정하고 있다. 전자는 각종의 심판절차에 공통적으로 적용되는 심판절차이고, 후자는 헌법재판소의 5가지 관장사항, 즉 위헌법률심판, 탄핵심판, 정당해산심판, 권한쟁의심판, 헌법소원심판에 각각 적용되는 개별적 심판절차를 말한다.

그런데 헌법재판의 심판절차는 헌법과 헌법재판소법에서 불완전하게 규정되어 있다. 그래서 헌법재판의 심판절차에는 헌법재판소법에서 특별히 정한 사항 이외에는 헌법재판의 성질에 반하지 않는 범위내에서 민사소송에 관한 절차를 준용한다(법 제40조 제1항 전단). 그리고 탄핵심판의 경우에는 형사소송에 관한 법령을, 권한쟁의심판 및 헌법소원심판의 경우에는 행정소송법을 준용하는데(법 제40조 제1항 후단), 이 경우 민사소송에 관한 법령은 형사소송에 관한 법령 또는 행정소송법과 저촉되지 않는 범위내에서만 준용한다(법 제40조 제2항).

심판절차의 보다 세부적이고 구체적인 사항은 「헌법재판소 심판규칙」(이하 '심판규칙'이라 함)에서 정하고 있다. 그런데 심판규칙에 특별한 규정이 없으면 다시 법 제40조의 규정에 따라 관련 법령이 준용된다고 하겠다.

그러나 헌법재판소는 심판절차에서 이들 다른 소송에 관한 법령조차 준용할 수 없는 법적인 공백상태에 직면할 수도 있다. 이 경우 헌법재판소는 스스로 필요한 절차를 규칙이나 판례를 통해 자율적으로 규율할 수 있다고 하겠다.

여기서는 각종 심판절차에 공통적으로 적용되는 일반심판절차에 대하여 설명하기로 한다.

제 2 장 재판부

제 1 절 재판부의 구성

1. 전원재판부

헌법재판소법에 특별한 규정이 있는 경우를 제외하고는 헌법재판소의 심판은 재판관 전원으로 구성되는 재판부에서 관장한다(법 제22조 제1항). 전원재판부의 재판장은 헌법재판소장이 된다(법 제22조 제2항).

2. 지정재판부

헌법재판소장은 헌법재판소에 재판관 3인으로 구성되는 지정재판부를 두어 헌법소원심판의 사전심사를 담당하게 할 수 있다(법 제72조 제1항). 지정재판부는 헌법재판소장이 필요에 따라 구성할 수 있는데 지정재판부의 구성과 운영에 관하여 필요한 사항은 헌법재판소규칙으로 정한다(법 제72조 제6항). 이에 따른 「지정재판부의 구성과 운영에 관한 규칙」에 의하면 헌법재판소에는 제1지정재판부, 제2지정재판부 및 제3지정재판부를 두고, 각 지정재판부는 재판관 3인으로 구성한다(동 규칙 제2조). 각 지정재판부의 구성원은 재판관회의의 의결을 거쳐 헌법재판소장이 가열, 나열 및 다열로 편성한다(동 규칙 제3조). 각 지정재판부의 재판장은 주심재판관 바로 앞열의 재판관으로 하되, 가열의 재판관이 주심재판관이 된 경우에는 다열의 재판관이 재판장이 된다. 다만, 제1지정재판부의 재판장은 헌법재판소장이 된다(동 규칙 제4조).

지정재판부는 다음의 어느 하나에 해당되는 경우에는 지정재판부 재판관 전원의 일치된 의견에 의한 결정으로 헌법소원의 심판청구를 각하한다. 즉 ① 다른 법률에 의한 구제절차가 있는 경우 그 절차를 모두 거치지 아니하거나 또는 법원의 재판에 대하여 헌법소원의 심판이 청구된 경우, ② 법 제69조의 청구기간이 지난 후 헌법소원심판이 청구된 경우, ③ 법 제25조에 따른 대리인의 선임 없이 청구된 경우, ④ 그밖에 헌법소원심판의 청구가 부적법하고 그 흠결을 보정할 수 없는 경우 등이다(법 제72조 제3항).

지정재판부는 전원의 일치된 의견으로 법 제72조 제3항의 각하결정을 하지 아니하는 경우에는 결정으로 헌법소원을 재판부의 심판에 회부하여야 한다. 헌법소원심판의 청구 후 30일이 지날 때까지 각하결정이 없는 때에는 심판에 회부하는 결정이 있는 것으로 본다(법 제72조 제4항).

제 2 절 심판정족수

헌법재판의 심판정족수에는 심리정족수와 결정정족수가 있다.

1. 심리정족수

헌법재판사건을 심리하기 위해서 필요한 정족수를 심리정족수라고 한다. 재판부는 재판관 7명 이상의 출석으로 사건을 심리한다(법 제23조 제1항). 그렇기 때문에 재판관 3명 이상이 궐위되거나 사고로 직무를 수행할 수 없는 경우(재판관 제척·기피·회피 포함)에는 심리정족수 미달로 심리를 할 수 없게 된다.

2. 결정정족수

헌법재판사건을 결정하기 위해서 필요한 정족수를 결정정족수라고 한다. 헌법재판사건을 결정하기 위해서는 종국심리에 관여한 재판관의 과반수의 찬성이 있어야 한다. 다만 법률의 위헌결정, 탄핵의 결정, 정당해산의 결정, 헌법소원에 관한 인용결정, 종전에 헌법재판소가 판시한 헌법 또는 법률의 해석적용에 관한 의견을 변경하는 경우에는 재판관 6명 이상의 찬성이 있어야 한다(헌법 제113조 제1항, 법 제23조 제2항). 이들 경우에 다른 일반정족수보다 가중하여 재판관 6인 이상의 찬성을 요구하도록 규정한 것은 법적 안정성, 법률의 합헌성 추정, 및 헌법재판의 인용결정이 국가와 사회에 미치는 영향력 등을 고려한 것이라고 볼 수 있다. 따라서 재판관 과반수의 찬성으로 결정할 수 있는 사항은 권한쟁의심판결정, 헌법재판의 적법성 요건의 구비 여부에 관한 결정, 가처분결정, 재판관의 제척·기피신청의 결정 등이다.

외국의 입법례를 보면, 독일의 경우 결정정족수는 재판관 과반수를 원칙으로 하되(가부동수인 경우 기본법 또는 기타 연방법에 위반하는 것으로 확인할 수 없다) 기본권의 실효, 정당의 위헌 여부, 대통령과 법관의 탄핵결정에 있어서는 재판부 소속 재판관 3분의 2 이상으로 규정하고 있다(연방헌법재판소법 제15조 제3항). 오스트리아, 스페인의 경우에는 과반수로 규정하고 있다. 미국 연방대법원의 경우에는 9인의 대법관 중 6인 이상의 출석으로 사건을 심리하고, 그 중 과반수로 결정한다.[1)]

---

1) 헌법재판소, 헌법재판실무제요(이하 '실무제요'라 함), 2008, 19쪽 이하.

제 3 절 재판관의 제척 · 기피 · 회피

I. 서 설

재판관이 자신과 밀접한 관련이 있는 사건의 심판에 직접 관여하면 재판의 공정성에 문제가 발생될 수 있다. 따라서 재판관이 자신이 담당하는 사건과 특수한 관계에 있을 때 그 재판관을 해당 사건에서 배제시킬 필요가 있다. 이처럼 헌법재판의 공정성을 담보하기 위한 제도가 재판관의 제척 · 기피 · 회피제도이다(법 제24조). 이 제도는 헌법재판 뿐 아니라 민사 · 형사 · 행정소송 등 모든 소송절차에서 일반적으로 인정되는 제도인데, 헌법재판에서 특히 중요한 의미를 가진다. 왜냐하면 헌법재판소의 결정은 법적으로 더 이상 다툴 수 없을 뿐 아니라, 그 결정의 파급효와 중요성이 다른 소송의 경우보다 훨씬 크기 때문이다. 그래서 재판관의 제척 · 기피 · 회피에 관한 기본적인 사항은 헌법재판소법에서 헌법재판의 특성에 맞게 직접 규정하고 있다. 그리고 헌법재판소법이 직접 규정하지 않은 사항은 민사소송법의 규정을 준용한다(법 제24조).

그러나 다른 한편 헌법재판은 일반적으로 개별적 · 구체적 이해관계를 다루는 것이 아니라 헌법수호, 권력통제, 기본권보장, 정치적 평화유지, 중요한 헌법적 해명 등 객관적 · 일반적 · 거시적인 사안을 다루는 재판이다. 아울러 헌법재판소는 지정재판부가 아닌 한 단일의 재판부를 구성하므로 재판부의 교체가능성이 없으며, 예비재판관제도도 없다. 이런 특성에도 불구하고 민사소송법상의 제척 · 기피 · 회피에 관한 규정을 그대로 적용하는 것은 문제가 있을 수 있다. 특히 위헌결정이나 인용결정의 정족수가 6인 이상의 찬성을 요하는 현행 제도하에서는 제척 · 기피 · 회피로 재판관이 심판에서 배제될 경우 위헌결정의 가능성이 더욱 작아지는 점도 고려해야 할 것이다. 따라서 헌법재판의 제척·기피·회피의 사유는 일반재판의 경우보다 좁게 이해할 필요가 있다.[1)]

Ⅱ. 제 척

1. 의 의

제척은 재판관이 구체적인 사건에 관하여 법률이 정하는 특수한 관계에 있는 경우 법률상 당연히 그 사건에 관한 직무집행으로부터 제외되는 것을 말한다(법 제24조 제1항).

2. 사 유

법(제24조 제1항)이 정한 제척사유는 ① 재판관이 당사자이거나 당사자의 배우자 또는 배우자이었던 경우, ② 재판관과 당사자가 친족관계이거나 친족관계였던 경우, ③ 재판관이 사건에 관하여 증언이나 감정을 하는 경우, ④ 재판관이 사건에 관하여 당사자의 대리인이 되거나 되었던 경우, ⑤ 기타 재판관이 헌법재판소 외에서 직무상 또는 직업상의 이유로 사건에 관여하였던 경우 등이다.

그런데 상기 ①에서 '당사자'라는 개념은 제척제도의 본질상 넓게 해석해서 분쟁의 해결에 관하여 실질적인 이해관계가 있는 사람까지도 포함하는 것으로 해석해야 할 것이다. 예컨대 보조참가인, 선정당사자, 파산관재인이 당사자인 경우에 파산자 본인 등도 포함된다고 할 것이다. 그리고 ②에서 '친족·가족'의 개념은 민법에 따른다. 그러나 ⑤에서 '직무상 또는 직업상의 이유로 사건에 관여하였던 경우'는 좁게 해석해야 할 것이다. 이 경우 사건 그 자체에 관여한 경우로 한정해야 할 것이다.

---

1) 실무제요, 21쪽.

따라서 예컨대 재판관이 되기 전에 국회의원으로서 규범통제의 대상이 된 법률의 입법에 관여했었다거나, 학술논문을 통해서 사건과 관련된 법률문제에 관한 견해를 밝힌 일이 있다는 사정 등은 제척사유가 된다고 보기 어렵다고 하겠다. 따라서 이러한 사유들은 기피사유의 유무의 문제로 판단해야 할 것이다.

3. 절 차

(1) 신청방법

제척의 원인이 있는 때에는 재판부는 직권 또는 당사자의 신청에 의하여 제척의 결정을 한다(법 제24조 제2항). 따라서 재판부가 직권으로 제척결정을 하는 경우를 제외하고는 당사자가 제척신청을 한다. 제척신청의 방식은 민사소송법(제44조)의 관련규정을 준용한다(법 제24조 제6항). 그에 따라 재판관에 대한 제척신청은 해당 재판부에 해야 하는데 지정재판부 재판관에 대한 제척신청은 해당 지정재판부에, 전원재판부 재판관에 대한 제척신청은 전원재판부에, 수명재판관에 대한 제척은 그 재판관에게 사유를 밝혀서 한다. 제척신청의 사유는 소명으로 밝히는데 제척신청한 날부터 3일 내에 서면으로 제출해야 한다(민사소송법 제44조 제2항).

제척신청을 할 수 있는 당사자는 헌법재판의 당사자의 개념과 같다. 다만 보조참가인은 제외된다. 이는 후술하는 기피신청의 경우에도 같다고 하겠다.

(2) 소송절차의 정지

제척신청이 있는 경우에는 그 신청에 대한 재판이 확정될 때까지 소송절차를 정지해야 한다(법 제24조 제6항, 민사소송법 제48조 본문). 소송절차가 계속 진행된다면 제척제도를 인정한 취지가 무시되기 때문이다. 다만 제척신청이 각하된 경우 소송절차는 정지되지 아니한다. 그리고 종국결정을 선고하거나 가처분결정과 같이 긴급을 요하는 행위를 하는 경우에도 소송절차는 정지되지 않는다(법 제24조 제6항, 민사소송법 제48조 단서).

(3) 제척신청의 각하

제척신청이 법이 정한 방식에 따르지 않았거나 재판지연을 목적으로 하는 것이 분명한 경우에는 신청을 받은 재판부 또는 수명재판부는 결정으로 이를 각하해야 한다(법 제24조 제6항, 민사소송법 제45조 제1항). 제척신청의 남용을 방지하기 위한 불가피한 규정이다. 각하결정을 한 때에는 결정서 정본을 신청인에게 바로 송달해야 한다. 제청신청의 각하결정에 대하여는 다툴 수 없다.

제척을 당한 재판관은 그 제청신청이 각하된 경우를 제외하고는 그 제척신청에 대한 의견서를 작성하여 제출하여야 한다(법 제24조 제6항, 민사소송법 제45조 제2항).

(4) 제척신청의 심판

제척신청에 대한 심판은 신청을 받은 재판부에서 결정으로 한다(법 제24조 제6항, 민사소송법 제46조 제1항). 헌법소원사건의 전심절차에서 지정재판부 재판관에 대한 제척신청도 전원재판부에서 하고 있는 것이 재판실무이다. 제척신청을 받은 재판관 자신은 제척신청에 대한 심판에는 관여하지 못하지만 의견은 진술할 수 있다(법 제24조 제6항, 민사소송법 제46조 제2항). 제척신청에 대한 결정을 한 때에는 결정서 정본을 신청인에게 바로 송달하여야 한다(심판규칙 제51조 제2항).

4. 효 과

재판관에 대한 제척사유가 있는 경우에는 그 재판관은 해당 사건의 심판업무에서 제외된다. 제척사유의 유무가 객관적으로 분명하지 않은 경우 그대로 심판업무를 개시한 뒤에 당사자의 신청이나 직권으로 제척의 심판을 한다. 제척사유가 있는 것이 분명한 경우에는 당해 재판관 스스로 재판장의 허가를 얻어 해당 심판업무를 회피할 수 있다(법 제24조 제5항).

Ⅲ. 기 피

1. 의 의

기피는 특정한 재판관에게 제척사유 이외에 재판관에게 심판의 공정을 기대하기 어려운 사정이 있는 경우에 당사자의 신청에 따라 해당 재판관을 재판부의 구성에서 배제하는 것을 말 한다(법 제24조 제3항). 제척제도에서는 제척사유가 유형적으로 법률에 특정되지만, 기피의 사유는 비유형적인 것으로 제척제도를 보충하는 의미를 갖는다.

2. 사 유

제척원인을 제외한 다른 사유로 심판의 공정을 기대하기 어려운 사정이 기피의 사유가 된다. 공정한 심판을 기대하기 어려운 사정이란 객관적 사정을 의미하고 당사자의 주관적인 의혹만으로는 기피사유에 해당한다고 볼 수 없다. 따라서 재판관이 당해 사건과 실질적인 특수관계에 있어 심판권의 행사가 공정하게 행해질 수 없다는 추측이 객관적으로 성립

될 수 있으면 기피사유가 된다. 따라서 특수관계도 없고 단지 다른 사건의 심판태도로 보아 현저하게 불리한 심판을 행할 가능성이 있다거나, 증거조사 등 소송절차의 진행에 관한 불만만으로는 기피사유가 되지 않는다고 할 것이다. 그러나 어쨌든 기피사유는 구체적인 사건에서 개별적으로 판단할 수밖에 없다고 하겠다.

3. 절 차

당사자가 기피신청을 한다(법 제24조 제3항). 제척은 직권으로도 할 수 있지만, 기피는 반드시 당사자의 신청이 있어야 한다. 재판관에 대한 기피는 그 이유를 명시하여 신청하여야 하며, 기피하는 이유와 소명방법은 신청한 날로부터 3일 이내에 서면으로 제출하여야 한다(법 제24조 제6항, 민사소송법 제44조 제2항). 당사자는 동일한 사건에 대하여 2명 이상의 재판관을 기피할 수 없다(법 제24조 제4항). 재판부의 심리정족수를 충족하기 위한 불가피한 규정이라고 하겠다.

그 밖의 절차는 전술한 제척신청의 경우와 같다.

4. 효 과

재판관의 기피는 기피사유의 존재에 의해 당연히 효력을 발생하는 것이 아니고, 기피신청에 대한 심판의 확정으로 비로소 해당 재판관은 심판업무로부터 배제된다.

Ⅳ. 회 피

회피는 재판관 스스로 제척·기피사유가 있다는 것을 인정하고 자발적으로 특정 사건의 심판에 관여하지 않으려고 피하는 제도를 말한다(법

제24조 제5항). 소송당사자에게 알려지지 않은 기피사유가 있거나 기피신청을 할 수 있는 당사자가 없는 헌법소송의 경우 회피는 중요한 의미를 갖는다고 하겠다. 이 경우 별도의 심판을 요하지 않으나 재판장의 허가를 받아야 한다(법 제24조 제5항).

그런데 재판관 7인 이상의 출석이 있어야 사건을 심리할 수 있으므로 제척의 경우와 마찬가지로 한 사건에서 3인의 재판관이 회피하는 경우에는 문제가 발생할 수 있다. 따라서 제척사유가 있는 경우를 제외하고는 재판부를 구성할 수 없을 경우의 회피는 허용되지 않는다고 보아야 할 것이다.[1)]

---

1) 실무제요, 24쪽.

제 3 장 소송당사자와 대표자 및 대리인

제 1 절 소송당사자

Ⅰ. 의 의

당사자라 함은 헌법재판에 있어서 자기의 이름으로 심판을 청구하는 자와 그 상대방을 말한다. 자신의 이름으로 심판청구를 하는 사람이 청구인이고, 그 상대방이 피청구인이므로 소송당사자는 청구인과 피청구인이다. 소송당사자에게는 심판절차에 참여해서 변론과 진술을 하는 등 적극적으로 소송을 수행할 수 있는 절차상의 권리와 의무가 주어진다. 그런데 헌법재판은 심판유형별로 목적과 기능이 다르므로 구체적인 사건에서 누가 당사자가 되는지는 헌법소송 유형별로 다르다.

Ⅱ. 소송유형별 당사자

1. 위헌법률심판

위헌법률심판의 경우 당사자를 특정하기가 어렵다. 즉 법원의 제청에 의해서 법률의 위헌 여부를 심판하는 절차에서 제청법원을 청구인, 심판대상인 법률규정의 입법기관을 피청구인으로 보기에는 어려움이 있는 것이다.

법원은 재판의 전제가 된 법률이 위헌이라고 볼 경우 재판을 중지하고 헌법재판소에 위헌여부심판을 제청하는 것일 뿐, 비록 그 심판절차가 법원의 제청에 의하여 개시되지만 실무상 법원이 위헌제청결정서 제출 이외에 적극적인 당사자로서 심판절차에 참여하는 것은 아니다. 또한 법상(제24조, 제25조 제1항, 제30조, 제31조) 당사자에게 부여된 권리 내지 지위를 제청법원에게 적용하기 어렵다. 따라서 제청법원을 당사자로 보기 어렵다. 다만 법원은 결정서의 송달 대상이 되고 있을 뿐이다(법 제46조).

아울러 위헌법률심판에서 당해 사건의 당사자도 위헌제청신청권만 있을 뿐 이 심판절차에서 직접 사건을 청구한 주체가 아니므로 당사자로 볼 수 없다. 다만 이해관계가 있으므로 그 당사자에게 제청서 등본을 송달되도록 하였으며(법 제27조 제2항), 의견서를 제출할 수 있도록 하고 있다(법 제44조).

독일의 경우 구체적 규범통제절차에 있어서 제청법원이나 당해 사건의 당사자를 위헌법률심판의 당사자로 보지 않는다.

한편 위헌법률심판절차에서 피청구인은 존재하지 않는다고 할 것이다. 이론상 법률의 제정권자인 입법부가 피청구인이 된다고 할 수도 있겠으나 실무상 그렇게 보지 않고 있다.[1]

2. 탄핵심판

탄핵심판의 경우 그 심판절차는 소추인 대 피소추인이라는 대립적 소송구조로 되어 있고, 따라서 청구인과 피청구인이 비교적 분명하게 표시되기 때문에 소송당사자가 명백히 정해진다. 탄핵소추를 의결한 국회가 청구인이 된다고 하겠다. 물론 탄핵결정을 구하는 적극적 당사자가 구체적으로 국회인지, 소추위원인 국회 법제사법위원회 위원장인지가 문제될 수도 있다. 헌법재판소는 대통령(노무현) 탄핵사건에서 결정문 첫머리의 '청구인'란에 '국회'라고 표시하고, 이어 줄을 바꿔 그 밑에 '소추위원 국회 법제사법

1) 실무제요, 26쪽.

위원회 위원장'이라고 표시했고,[1] 대통령(박근혜) 탄핵사건에서는 '국회소추위원 국회 법제사법위원회 위원장'이라고 표시한 바 있다.[2]

한편 탄핵소추 대상자가 피청구인이 된다(법 제49조).

3. 정당해산심판

정당해산심판의 경우에도 탄핵심판의 경우와 마찬가지로 그 심판절차는 대립적 소송절차구조로 되어있는데, 청구인은 정부이고(법 제55조), 피청구인은 해당 정당이라고 할 수 있다.

4. 권한쟁의심판

권한쟁의심판도 대립적 소송구조로 되어 있는데, 피해기관 대 가해기관의 대립구조라고 할 수 있다. 따라서 청구인은 자신의 권한을 침해받았다고 주장하는 기관이고, 피청구인은 청구인의 권한을 침해한 것으로 지목된 기관이다.

5. 헌법소원심판

(1) 권리구제형 헌법소원심판(법 제68조 제1항)

청구인은 '공권력의 행사 또는 불행사로 인하여 헌법상 보장된 기본권을 침해받은 자'가 될 것이다.

피청구인의 경우에는 침해의 원인이 된 공권력작용의 내용에 따라 달라진다고 하겠다. 즉 공권력작용이 행정작용일 경우에는 당해 작용을 한 공권력 주체 또는 불행사의 경우 당해 작용의 의무가 있는 공권력 주체

1) 헌재 2004. 5. 14. 2004헌나1, 판례집 16-1, 609, 620.

2) 헌재 2017. 3. 10. 2016헌나1, 판례집 29-1, 1, 8.

가 피청구인이 된다. 그러나 법령에 대한 헌법소원의 경우처럼 침해의 원인이 된 공권력작용이 입법작용인 경우에는 피청구인을 상정하기가 위헌법률심판의 경우와 마찬가지로 어렵다.

실무상으로는 일반적인 공권력의 행사 또는 불행사를 다투는 헌법소원심판의 경우에는 피청구인의 존재를 상정하고 절차를 진행하지만, 법령을 심판대상으로 하는 헌법소원심판의 경우에는 위헌법률심판의 경우처럼 청구의 상대방이 되는 당사자를 상정하지 않고 절차를 진행한다.[1]

(2) 위헌법률심사형 헌법소원심판(법 제68조 제2항)

이 심판절차의 청구인은 위헌제청신청을 했던 신청인이다. 이 절차는 위헌법률심판절차와 유사하므로 피청구인은 따로 없다.

Ⅲ. 소송당사자의 지위와 권리

1. 지 위

소송당사자는 심판절차의 주체로서 헌법재판을 청구하고 심판절차에 참여할 수 있는 지위를 가진다. 이러한 소송당사자의 지위는 헌법상의 재판청구권에 근거하여 당연히 인정되는 한편, 재판의 공정성과 정당성을 부여하는 것이기도 하다. 이에 따라 소송당사자에게는 심판의 주체의 지위에서 다양한 절차상의 권리를 부여받는다.

그러나 다른 한편 주관적 권리구제 뿐 아니라 권력통제, 헌법수호, 정치적 평화보장, 중요한 헌법적 해명 등 객관적 헌법질서의 보장을 목적으로 하는 헌법재판의 특성상 헌법소송에서는 직권심리주의가 강하게 적용되므로 당사자주의가 적용되는 민사소송과 달라서 처분권주의와 변론주

1) 실무제요, 27쪽.

의가 제약을 받고 재판부의 직권심리가 가능해서 소송당사자의 지위는 민사소송에서보다 약화된다고 할 수 있다. 그리고 원칙적으로 서면심리로 심판하는 위헌법률심판과 헌법소원심판에서는 재판부가 필요하다고 인정해서 변론을 여는 경우가 아니면 소송당사자가 진술할 기회를 갖지 못한다(법 제30조 제2항). 그러나 구두변론에 의해 심판하는 탄핵의 심판, 정당해산의 심판 및 권한쟁의의 심판에서는(법 제30조 제2항) 소송당사자가 대립적인 변론주체로서 소송절차에 대등하게 참여하는 지위를 가진다.

2. 권 리

먼저 소송당사자는 심판절차에 참여하고, 자기의 이익을 위하여 필요한 소송법상의 권리를 가지는데, 예컨대 재판관의 제척·기피신청을 하고(법 제24조), 대리인을 선임하고(법 제25조), 청구서를 제출하고(법 제26조), 청구서를 송달받고(법 제27조), 심판청구를 보정하고(법 제28조), 답변서를 제출하고(동법 제29조), 변론기일의 소환에 응해서 변론 및 진술을 하고(법 제30조), 증거조사를 신청하고 증거조사에 참여하며(법 제31조), 종국결정서를 송달받고(법 제36조 제4항), 심판청구를 취하할 권리를 갖는다.

또한 심판의 내용에 관하여, 예컨대 청구서 또는 답변서의 내용을 주장·정리하고 보완하며 추가로 의견을 제출하는 등 자기 주장을 뒷받침할 수 있는 재판이 실체적 사항에 대하여 자료를 제출하고 의견을 진술할 권리 등을 가진다.

Ⅳ. 이해관계인 및 참가인

헌법재판은 개인의 권리구제 뿐 아니라 객관적 헌법질서의 수호기능도 가지므로 헌법재판의 결과는 당사자 뿐 아니라 여러 기관이나 단체 및 개인에게 광범위한 영향을 미친다. 따라서 헌법재판의 심리 및 결과와 관련하여 당사자 이외에 다양한 이해관계자가 존재할 수 있다. 그러므로 이러한 이해관계인에게 심판절차에 참여할 기회를 부여할 필요가 있다.

이에 따라 헌법재판소법은 다양한 이해관계인의 심판절차참여를 보장하고 있다. 예컨대 위헌법률심판과 헌법소원심판에서 재판부의 필요에 따라 열리는 변론절차에 참여해서 진술하게 되는 이해관계인 기타 참고인(법 제30조 제2항), 위헌법률심판에서 법률의 위헌 여부에 대한 의견서를 제출할 수 있는 법무부장관(법 제44조), 헌법소원심판에서 그 심판에 관한 의견서를 제출할 수 있는 이해관계 있는 국가기관 또는 공공단체와 법무부장관(법 제74조 제1항) 등이 그것이다.

그러나 법상 이해관계인이나 참고인은 독자적인 의견진술권을 가지는 것은 아니고 단지 헌법재판소의 허용에 따라 심판절차에서 의견진술을 할 수 있을 뿐이라고 하겠다.

헌법재판절차에 있어서 이해관계인은 자기 이름으로 결정을 구하거나 재판을 청구하는 것이 아니므로 진정한 의미의 소송당사자라고는 할 수 없으나, 재판에 참가하는 절차에 있어서는 의견서를 제출하고 변론에 참여하는 등 당사자에 갈음하는 지위를 가지므로 종된 당사자라고 볼 수 있다. 예컨대 위헌법률심판, 법 제68조 제2항에 의한 헌법소원, 법 제68조 제1항에 의한 헌법소원 중 법령에 대한 헌법소원의 경우처럼 피청구인을 상정하기 어려운 심판절차에서는 당해 법령 시행의 주무관청으로 하여금 이해관계인으로서 당사자에 준하여 실질적으로 심리에 관여하게 하는 것이 실무이다.[1])

헌법재판소의 심판절차에 관하여 법에 특별한 규정이 있는 경우를 제외하고는 민사소송에 관한 법령이 준용되므로 이해관계인은 보조참가 등 소송참가를 할 수 있다(법 제40조 전단, 민사소송법 제66조, 제76조). 따라서 이해관계인은 새로운 사실의 주장과 증거의 제출 및 참고인 신청 등과

1) 실무제요, 32쪽.

같이 재판내용에 따라 당사자가 아니면 할 수 없는 것을 제외하고는, 재판에 관하여 공격·방어·이의 등 기타의 절차적 소송행위를 할 수 있다고 하겠다.

또한 행정소송법 제16조(제3자의 소송참가) 제1항은 "법원은 소송의 결과에 따라 권리 또는 이익의 침해를 받을 제3자가 있는 경우에는 당사자 또는 제3자의 신청 또는 직권에 의하여 결정으로써 그 제3자를 소송에 참가시킬 수 있다."라고 규정하고 있고, 제17조(행정청의 소송참가) 제1항은 "법원은 다른 행정청을 소송에 참가시킬 필요가 있다고 인정할 때에는 당사자 또는 당해 행정청의 신청 또는 직권에 의하여 결정으로써 그 행정청을 소송에 참가시킬 수 있다."라고 규정하고 있으므로 행정소송법이 우선적으로 준용되는 권한쟁의심판 및 헌법소원심판의 경우(법 제40조 후단)에는 제3자 또는 피청구인이 아닌 다른 행정청의 소송참가도 가능하다고 하겠다.

제2절 대표자 및 대리인

I. 대표자

각종 심판절차에 있어서 정부가 당사자(참가인을 포함한다)인 때에는 법무부장관이 이를 대표한다(법 제25조 제1항). 따라서 법무부장관은 정부의 이름으로 소송행위를 하고, 그 행위의 효과는 정부에 귀속된다. 법무부장관은 소속 검사 등을 소송수행자로 지정하거나 소송대리인을 선임하여 소송을 수행하게 할 수 있다.

Ⅱ. 대리인

1. 국가기관 또는 지방자치단체가 당사자인 경우

각종 심판절차에 있어서 당사자인 국가기관 또는 지방자치단체는 변호사 또는 변호사의 자격이 있는 소속직원을 대리인으로 선임하여 심판을 수행하게 할 수 있다(법 제25조 제2항).

2. 사인이 당사자인 경우

(1) 변호사강제주의

각종 심판절차에 있어서 당사자인 사인은 변호사를 대리인으로 선임하지 아니하면 심판청구를 하거나 심판수행을 하지 못한다. 다만 그가 변호사의 자격이 있는 때에는 그러하지 아니하다(법 제25조 제3항). 이를 변호사강제주의라고 하며, 주로 헌법소원심판에서 문제된다.

변호사강제주의에 따라 변호사의 자격이 없는 사인인 청구인은 독자적으로 심판청구를 하거나 심판수행을 하지 못한다. 이를 위반한 심판청구는 원칙적으로 부적법하여 각하된다.

그러나 변호사의 자격이 없는 사인이 한 심판청구나 소송행위라 할지라도 변호사인 대리인이 추인한 경우에는 적법한 헌법소원심판청구와 심판수행으로서의 효력이 있다.[1] 한편 변호사강제주의의 취지는 헌법소원심판청구인의 헌법재판청구권을 제한하려는데 그 목적이 있는 것이 아니므로 변호사인 대리인에 의한 헌법소원심판청구가 있었다면 그 이후의 심리과정에서 대리인이 사임하고 다른 대리인을 선임하지 않았더라도 청

1) 헌재 1992. 6. 26. 89헌마132, 판례집 4, 387, 398.

구인이 그 후 자기에게 유리한 진술을 할 기회를 스스로 포기한 것에 불과할 뿐, 헌법소원심판청구를 비롯하여 기왕의 대리인의 소송행위가 무효로 되는 것은 아니다.[1)]

헌법재판소의 실무는 대리인의 선임 없이 심판청구한 경우 지정재판부의 사전심사 단계에서 상당한 기간을 정하여 대리인을 선임하도록 보정명령을 발하고 있다(법 제28조, 심판규칙 제70조).

(2) 국선대리인제도

법상 국선대리인제도는 헌법소원심판에서만 인정되고 있다.

헌법소원심판을 청구하고자 하는 자가 변호사를 대리인으로 선임할 자력이 없는 경우에는 헌법재판소에 국선대리인을 선임하여 줄 것을 신청할 수 있다(법 제70조 제1항). 이 신청을 받은 헌법재판소는 헌법재판소 규칙이 정하는 바에 따라 변호사 중에서 국선대리인을 선정한다. 다만 그 심판청구가 명백히 부적법하거나 이유 없는 경우 또는 권리의 남용이라고 인정되는 경우에는 국선대리인을 선정하지 아니할 수 있다(법 제70조 제3항).

헌법재판소는 신청인의 자력과 관계없이 공익상 필요하다고 인정할 때에는 국선대리인을 선임할 수 있다(법 제70조 제2항).

헌법재판소가 국선대리인을 선정하지 아니한다는 결정을 한 때에는 지체 없이 그 사실을 신청인에게 통지하여야 한다. 이 경우 신청인이 선임신청을 한 날로부터 그 통지를 받은 날까지의 기간은 헌법재판소법 제69조의 규정에 의한 청구기간에 이를 산입하지 아니한다(법 제70조 제4항).

선정된 국선대리인은 선정된 날부터 60일 이내에 신청인을 대리해서 헌법소원심판청구서를 헌법재판소에 제출하여야 한다(법 제70조 제5항). 국선대리인에 대하여는 헌법재판소규칙이 정하는 바에 따라 국고에서 그 보수를 지급한다(법 제70조 제6항).

---

1) 헌재 1992. 4. 14. 91헌마156, 판례집 4, 216, 219.

(3) 변호사강제주의의 문제점

그런데 이러한 변호사강제주의에 대하여는 다른 소송절차에는 없고 유독 헌법재판, 특히 헌법소원심판에서 채택된 것으로 이 경우 변호사강제주의로 제소요건을 더욱 엄격하게 해서 개인의 기본권 구제를 어렵게 할 정당한 사유를 발견하기 어렵고, 외국의 경우에도 쉽게 그 예를 찾아보기 어려운 매우 잘못된 제도이며, 변호사를 선임할 자력이 없는 국민의 재판청구권을 부당하게 제약하고 있다는 비판이 제기되어 왔다.

이에 대하여 헌법재판소는 "변호사강제주의는 재판업무에 분업화 원리의 도입이라는 긍정적 측면 외에도, 재판을 통한 기본권의 실질적 보장, 사법의 원활한 운영과 헌법재판의 질적 개선, 재판심리의 부담경감 및 효율화, 사법운영의 민주화 등 공공복리에 그 기여도가 크다 하겠고, 그 이익은 변호사선임 비용지출을 하지 않는 이익보다는 크다고 할 것이며, 더욱이 무자력자에 대한 국선대리인제도라는 대상조치가 별도로 마련되어 있는 이상 헌법에 위배된다고 할 수 없다."라고 판시하면서 변호사강제주의를 정당화시키고 있고,[1] 이러한 입장은 그 이후의 판례에서도 유지되고 있다.[2]

그러나 이러한 헌재의 견해는 설득력이 없다. 왜냐하면 다른 소송절차에서는 채택되지 않고 있는 변호사강제주의가 왜 헌법소송에서만 채택되어야 하는지를 논증하지 못하고 있으며, 대안으로서의 국선대리인제도도 그 자체의 실효성에 대한 의문과 더불어 오로지 헌법소원심판절차에서만 인정되고 다른 심판절차에서는 인정되지 않고 있다는 점에서 문제가 있기 때문이다.[3]

---

1) 헌재 1990. 9. 3. 89헌마120등.

2) 헌재 1996. 10. 4. 95헌마70; 헌재 2001. 9. 27. 2001헌마152.

3) 동지 허영, 전게서, 138쪽.

제 4 장 심판의 청구

Ⅰ. 심판청구의 방식

헌법재판절차는 심판청구로 개시된다. 심판청구가 있으면 헌법재판소의 심판의무가 발생한다. 심판청구는 심판사항별로 정하여진 청구서를 헌법재판소에 제출함으로써 이루어진다. 헌법재판소에 청구서를 제출하는 사람은 9통의 심판용 부본을 함께 제출하여야 하고, 송달하여야 하는 심판서류를 제출할 때에는 송달에 필요한 수만큼의 부본을 따로 제출하여야 한다(심판규칙 제9조, 제23조). 다만 위헌법률심판에 있어서는 법원의 제청서, 탄핵심판에 있어서는 국회의 소추의결서의 정본으로 이에 갈음한다(법 제26조 제1항). 청구서에는 필요한 증거서류 또는 참고자료를 첨부할 수 있다(법 제26조 제2항). 심판청구를 구두로 하는 것은 허용되지 않는다. 그러나 청구서 등의 서면을 전자문서로 제출하는 것은 가능하다(법 제76조, 제77조).

심판청구는 원칙적으로 청구서가 헌법재판소에 도달함으로써 효력을 발생한다. 헌법재판소도 도달주의의 입장을 취하고 있다.[1]

Ⅱ. 심판서류의 접수와 보정권고 등

심판청구서가 제출되면 헌법재판소는 이를 접수해야 한다(「헌법재판소 사건의 접수에 관한 규칙」 제4조 제1항). 접수공무원은 당사자가 제출하는

1) 헌재 1990. 5. 21. 90헌마78, 판례집 2, 129, 130.

사건에 대하여 정당한 이유 없이 그 접수를 거부하지 못한다. 다만 접수된 사건서류의 흠결을 보완하기 위하여 필요한 안내를 할 수 있다.

접수공무원은 사건을 접수함에 있어서 사건서류의 형식적 요건만을 심사하고, 그 실질적 내용을 심사하여서는 아니된다(동 규칙 제5조).

심판서류를 접수한 공무원은 심판서류를 제출한 사람이 요청하면 바로 접수증을 교부하여야 하며, 제출된 심판서류의 흠결을 보완하기 위하여 필요한 보정을 권고할 수 있다. 헌법재판소는 필요하다고 인정하면 심판서류를 제출한 사람에게 그 문서의 전자파일을 전자우편이나 그 밖에 적당한 방법으로 헌법재판소에 보내도록 요청할 수 있다(심판규칙 제5조).

접수된 사건을 특정하고 이를 간략히 호칭하기 위하여 사건을 접수하는 때에는 사건마다 사건번호와 사건명을 부여한다(「헌법재판소사건의 접수에 관한 규칙」 제7조 제1항).

Ⅲ. 청구서의 송달

헌법재판소가 청구서를 접수한 후에는 지체 없이 그 등본을 피청구기관 또는 피청구인에게 송달하여야 한다(법 제27조 제1항). 위헌법률심판의 제청이 있은 때에는 법무부장관 및 당해 소송사건의 당사자에게 그 제청서의 등본을 송달한다(법 제27조 제2항). 헌법재판소법 제68조 제2항의 규정에 의한 헌법소원이 지정재판부의 사전심사를 거쳐 재판부에 심판회부된 때에는 당해 소송사건의 당사자 및 법무부장관에게 그 청구서의 등본을 송달해야 한다(법 제74조 제2항, 제27조 제2항). 이들은 위헌법률심판에서 헌법재판소에 법률의 위헌여부에 대한 의견서를 제출할 수 있는 지위에 있기 때문이다(법 제44조).

헌법재판소는 당사자나 관계인에게 전자정보처리조직과 그와 연계된 정보통신망을 이용하여 청구서를 송달할 수 있다. 다만 당사자나 관계인이 동의하지 아니하는 경우에는 그러하지 아니하다. 헌법재판소는 당사자나 관계인에게 송달하여야 할 청구서 등의 서류를 전자정보처리조직에 입력하여 등재한 다음 그 등재 사실을 헌법재판소규칙으로 정하는 바에 따라 전자적 방식으로 알려야 한다. 전자정보처리조직을 이용한 서류 송달은 서면으로 한 것과 같은 효력을 가진다(법 제78조).

Ⅳ. 심판청구의 보정

재판장은 심판청구가 부적법하나 보정할 수 있다고 인정하는 경우에는 상당한 기간을 정하여 보정을 요구하여야 한다(법 제28조 제1항). 재판장은 필요하다고 인정하는 경우에는 재판관 중 1명에게 제1항의 보정요구를 할 수 있는 권한을 부여할 수 있다(법 제28조 제5항). 헌법재판소는 청구서의 필수 기재사항이 누락되거나 명확하지 아니한 경우에 적당한 기간을 정하여 이를 보정하도록 명할 수 있으며, 이 보정기간까지 보정하지 아니한 경우에는 심판청구를 각하할 수 있다(심판규칙 제70조).

심판청구인이 재판장의 보정요구에 따라 보정서면을 제출하면 헌법재판소는 지체 없이 제출된 보정서면의 등본은 피청구기관 또는 피청구인에게 송달하여야 한다(법 제28조 제2항). 심판청구인의 보정이 있는 때에는 심판청구의 형식상의 하자는 치유되어 처음부터 적법한 심판청구가 있은 것으로 본다(법 제28조 제3항). 보정기간은 헌법재판의 심판기간(법 제38조)에 산입하지 아니한다(법 제28조 제4항). 따라서 사실상 심판기간을 그 기간만큼 연장하는 효과를 발생한다.

Ⅴ. 답변서의 제출

청구서 또는 보정서면의 송달을 받은 피청구인은 헌법재판소에 답변서를 제출할 수 있다. 답변서에는 심판청구의 취지와 이유에 대응하는 답변을 기재한다(법 제29조).

제 5 장 일사부재리

법 제39조는 "헌법재판소는 이미 심판을 거친 동일한 사건에 대하여는 다시 심판할 수 없다."고 규정하고 있다. 이러한 일사부재리의 원칙은 법적 분쟁을 조기에 종결시켜 법적 안정 상태를 조속히 회복하고, 동일 분쟁에 대해 반복적으로 소송이 제기되는 것을 미연에 방지하여 소송경제를 이루기 위하여 요구되는 것이다. 왜냐하면 헌법재판은 일반법원의 재판과는 달리, 사실판단이나 그에 대한 법령 적용을 주된 임무로 하는 것이 아니라 헌법의 해석을 주된 임무로 하고 있고, 그 결정의 효력은 당사자만이 아니라 국가기관은 물론, 일반국민들에 대해서도 미치기 때문이다.1)

이에 따라 헌법재판소가 이미 행한 결정에 대해서는 자기기속력 때문에 이를 취소·변경할 수 없고, 헌법재판소의 결정에 대해서는 상급심이 존재하지 않기 때문에 불복신청도 허용되지 아니하며, 불복신청이 허용되지 아니하므로 당사자는 확정된 당해 심판은 물론이고, 후행 심판에서 동일한 사항에 대하여 다시 심판을 청구할 수 없다. 따라서 이미 헌법재판소가 심판한 사건에 대해서 다시 헌법소송을 제기하거나 헌법재판소 결정에 대해 불복을 하는 헌법소송을 제기하게 되면 이는 헌법소송의 요건을 갖추지 못한 것으로서 부적법 각하 결정을 면하지 못하게 될 것이다.2)

그러나 다른 한편 이미 심판을 거친 동일한 사건이라 하더라도 예외없이 다시 심판청구 하는 것을 금지하게 되면, 당사자에게 심히 불합리한 결과를 야기할 가능성이 있다. 예컨대 변호사인 대리인을 선임하지

1) 헌재 2007. 6. 28. 2006헌마1482, 공보 제129호, 793, 794-795.

2) 헌재 2005. 12. 22. 2005헌마330.

않거나 다른 법률의 구제절차를 거치지 아니하는 등 헌법소원심판청구의 적법요건을 충족시키지 못했다는 이유로 각하된 사건의 경우에 소송대리인을 선임하거나 사전구제절차를 경료하는 등 그 흠결을 보정하여 다시 헌법소원을 청구한 경우에는 일사부재리의 원칙이 적용되지 않는다고 보아야 할 것이다.[1] 헌법재판소도 "헌법소원심판청구가 부적법하다고 하여 헌법재판소가 각하결정을 하였을 경우에는, 그 각하결정에서 판시한 요건의 흠결을 보정할 수 있는 때에 한하여 그 요건의 흠결을 보정하여 다시 심판청구를 하는 것은 모르되, 그러한 요건의 흠결을 보완하지 아니한 채로 동일한 내용의 심판청구를 되풀이하는 것은 허용될 수 없다."고 판시함으로써 이를 확인하고 있다.[2]

또한 헌법재판소는 어떠한 공권력행사에 대하여 제기된 헌법소원심판청구가 청구기간 도과를 이유로 각하되었다고 하더라도, 헌법소원의 청구기간을 제한하고 있는 법률조항이 위헌이라고 결정되면, 헌법소원에 대한 청구기간의 제한이 해소되어 청구인은 청구기간의 제한을 받음이 없이 당해 공권력 행사에 대한 헌법소원을 다시 제기할 수 있으며, 이는 일사부재리에 저촉된다고 볼 수 없다고 하여 청구기간이라는 적법요건의 흠결이 해소되었다면 이미 심판을 거친 동일한 사건에 대하여 다시 심판청구를 할 수 있다고 판시했다.[3]

한편 헌법재판소는 심판대상 법률조항이 종전에 헌법재판소가 결정을 선고한 사건의 심판대상 법률조항과 중복되더라도, 종전의 사건에서 당해 법률조항에 대하여 위헌선언을 한 바 없고, 두 사건들의 청구인들이 동일하지 않다면 두 사건이 동일한 사건이라고 할 수 없어 일사부재리의 원칙에 위반되지 않는다고 판시한 바 있다.[4]

---

1) 실무제요, 288쪽.

2) 헌재 1994. 2. 7. 94헌마19, 판례집 6-1, 14, 15-16; 헌재 2001. 6. 28. 98헌마485, 판례집 13-2, 1379, 1388-1389.

3) 헌재 2007. 10. 25. 2006헌마904, 판례집 19-2, 507, 510.

4) 헌재 1997. 8. 21. 96헌마48, 판례집 9-2, 295, 303.

제 6 장 심판대상의 확정

Ⅰ. 의 의

헌법재판에 있어서 심판의 대상은 헌법재판소 결정의 효력이 미치는 범위를 정하는 기준이 된다는 점에서 매우 중요하다. 심판청구는 심판대상을 특정한다. 따라서 위헌법률심판의 경우에는 원칙적으로 제청법원에 의하여 제청된 법률 또는 법률조항만을 심판의 대상으로 삼을 수 있다. 이는 위헌법률심사형 헌법소원의 경우에도 마찬가지라고 하겠다. 권리구제형 헌법소원의 경우에도 심판의 대상은 원칙적으로 청구인의 청구취지에 의해서 정해진다.

그러나 다른 한편 객관적 소송으로서의 성격과 기능을 가지고 직권심리주의가 강하게 투영되는 헌법재판의 특성상 예외적으로 헌법재판소는 심판대상을 축소·제한하거나 확장할 수 있고, 심판대상을 변경할 수도 있다고 하겠다. 이는 주로 규범통제의 경우에 행해지지만, 권리구제형 헌법소원심판의 경우에도 마찬가지이다. 따라서 헌법소원심판이 청구되면 헌법재판소는 심판청구서에 기재된 청구취지에 구애됨이 없이 청구인의 주장요지를 종합적으로 판단하여 심판대상을 확정한다.[1)]

Ⅱ. 심판대상의 제한

제청법원이나 헌법소원심판청구인이 심판대상을 적절하게 제한하지 않

1) 헌재 1993. 5. 13. 91헌마190, 판례집 5-1, 312, 320; 헌재 1998. 10. 15. 98헌마168, 판례집 10-2, 586, 589; 헌재 2003. 5. 15. 2002헌마90, 판례집 15-1, 581, 591 등.

고 당해 법률조항 전부 또는 법률 전부에 대하여, 또는 재판의 전제성이 없거나 자기관련성이 인정되지 않는 부분을 심판대상에 포함시키는 경우가 있다. 이 경우 헌법재판소는 불필요한 제청부분에 대해서는 심판대상에서 직권으로 제외할 수 있다.

예컨대 헌법재판소는 구 청소년보호법 제2조 제3호 가목 등 위헌제청사건에서 "청구인들은 같은 호 나목 전부에 대하여 헌법소원심판을 청구하였으나 청구인들은 동장으로 재직중 동장의 직무에서 배제된 자들이므로 위 나목 중 '동장'부분에 대하여만 헌법소원심판을 청구한 것이라고 해석되므로 이 부분 심판의 대상을 '동장'부분으로 한정한다."고 판시했다.[1]

구 청소년보호법 제2조 제3호 가목 등 위헌제청사건에서도 "제청법원은 청소년보호법 제2조 제3호 가목, 제8조, 제12조에 대하여 제청하였다. 그러나 법 제2조 제3호 가목은 청소년유해매체물의 정의규정에 불과하고, 법 제12조는 유해매체물의 자율규제에 관한 조항이며, 법 제8조 제2항 내지 제4항은 청소년유해매체물의 심의·결정에 관한 부수적인 절차와 방법 등을 정한 것으로서, 매체물의 청소년에 대한 유해 여부를 청소년보호위원회 등이 결정하도록 한 것이 위헌인지가 문제되는 당해사건과는 직접적인 관련이 없으므로 직권으로 법 제8조 제1항만을 심판대상으로 삼기로 한다."라고 판시했다.[2]

아울러 공직선거및선거부정방지법 제47조 제1항 중 앞괄호부분 등 위헌제청사건에서도 제청법원은 공직선거및선거부정방지법 제47조 제1항 중 '(자치구·시·군의회의원선거를 제외한다)' 부분과 같은 법 제84조 중 '자치구·시·군의회의원선거의 후보자' 부분이 표현의 자유를 침해하고 평등원칙에 위배된다고 하여 직권으로 이 사건 위헌여부심판을 제청하였으나, 헌법재판소는 "법 제84조는 당해사건에 적용될 법률조항이고, 그 위헌 여부에 따라 당해사건을 담당하는 법원은 다른 내용의 재판을 하게 될 것이므로, 위 조항에 관하여는 재판의 전제성이 인정된다. 그러나 법 제47조

1) 헌재 1997. 4. 24. 95헌바48, 판례집 9-1, 435, 438-439.

2) 헌재 2000. 6. 29. 99헌가16, 판례집 12-1, 767, 771.

제1항은 당해사건에 적용될 법률조항이 아니므로 원칙적으로 재판의 전제성을 인정할 수 없다. 나아가, 법 제84조는 후보자에 대해 정당으로부터의 지지 또는 추천 받음을 표방할 수 없게 한 조항인 데 반하여, 법 제47조 제1항은 정당에 대해 후보자를 공천하지 못하도록 한 조항으로서, 각 그 수범자와 규율내용을 서로 달리하고, 또한 법 제47조 제1항은 그 문언상, 정당이 비공식적으로 후보자를 추천(이른바 '내천')하거나 특정 후보자에 대해 지지 또는 반대의 의사를 표명하는 것을 명시적으로 금지하고 있지는 아니하므로, 제47조 제1항의 위헌 여부가 제84조의 위헌 여부와 체계적으로 밀접불가분한 관계에 있다고 보기도 어렵다. 따라서 제47조 제1항에까지 심판의 대상을 확장할 것은 아니다. 그렇다면, 제47조 제1항에 관한 부분은 재판의 전제성이 없어 부적법하다고 할 것이다. 그러므로 이하에서는 제84조에 관한 부분에 대해서만 본안판단을 하기로 한다."라고 판시함으로써 위헌제청된 법률조항의 일부를 재판의 전제성이 없다는 이유로 심판대상에서 제외시킴으로써 심판대상을 제한하고 있다.[1][2]

Ⅲ. 심판대상의 확장

헌법재판 과정에서 법질서의 통일성, 법적 안정성, 법적 명확성, 소송경제 등의 측면에서 심판대상을 위헌이라고 제청되거나 청구된 법령에만 국한시키지 않고 다른 법령들에까지 확장할 필요가 있는 경우가 있다. 예컨대 재판의 전제가 되는 법률조항과 체계적으로 밀접불가분의 관련성이 있는 부분에 대하여, 심판대상조항과 동일한 심사척도가 적용되는 부분에 대하여, 위헌제청된 심판대상조항의 적용의 전제가 되는 부분에 대하여 심판대상을 확장하는 경우 등이 그것이다. 헌법재판소 판례에 따르

1) 헌재 2003. 1. 30. 2001헌가4, 판례집 15-1, 7, 14.
2) 유사 판례 헌재 2004. 11. 25. 2002헌바85, 판례집 16-2 하, 345, 347; 헌재 2007. 5. 31. 2005헌마1139, 판례집 19-1, 711, 717 등.

면 다음과 같은 경우가 이에 해당한다.

수산업법 제52조 제2항 등 위헌제청사건에서 "제청법원은 수산업법 제52조 제2항 및 같은 법 제79조 제2항의 위헌 여부를 제청하였다. 그런데 같은 법 제52조 제2항의 내용을 확정하기 위해서는 같은 조 제1항의 규정이 전제로 되며, 또한 같은 법 제79조 제2항의 내용을 확정하기 위해서는 마찬가지로 같은 조 제1항이 전제가 된다. 제52조 제2항의 '필요한 벌칙'은 같은 조 제3항, 제4항에서 종류 및 상한과 부가형이 규정되고 있으나 제4항은 위임입법의 문제와는 직접적 관련이 없다고 보여진다. 그렇다면 관련사건들에 적용될 법률로서 이 사건 위헌제청심판의 판단대상이 될 수산업법규정은 제52조 제1항 제4호 중 '어구의 선적·사용에 관한 제한 또는 금지' 부분, 제2항, 제3항 및 제79조 제1항 제2호 중 '어구의 제한 또는 금지'부분, 제2항 중 제52조 제2항, 제3항 준용부분이라고 하여야 할 것이다."라고 판시하여 심판대상을 위헌제청된 법률조항보다 확장하였다.[1)]

지방세법에 대한 위헌제청사건에서도 "제청법원들이 제청법률조항으로 삼고 있지는 않지만, 종합토지세의 분리과세대상토지의 종류와 그 과세표준을 정하고 있는 법 제234조의15 제2항 단서 제5호 중 '기타 사치성 재산으로 사용되는 토지로서 대통령령으로 정하는 토지'부분은 제청법률조항으로 제기된 법 제234조의16(분리과세대상토지의 세율) 제3항 제2호 중 '기타 사치성 재산으로 사용되는 토지'부분의 전제가 되므로, 양 법률조항들은 체계적으로 밀접하게 연관되어 있다. 따라서 이 법률조항들의 위헌여부를 판단함에 있어서는 동일한 심사척도와 법리가 적용된다. 그러므로 법 제234조의15 제2항 단서 제5호 중 '기타 사치성 재산으로 사용되는 토지로서 대통령령으로 정하는 토지'부분도 함께 심판대상으로 삼아서 한꺼번에 그 위헌여부를 판단하는 것이 법질서의 통일성과 소송경제의 측면에서 바람직하므로 이를 이 사건 심판대상에 포함시키기로 한다."라고 판시하여 심판대상을 확장한바 있다.[2)]

---

1) 헌재 1994. 6. 30. 93헌가15등, 판례집 6-1, 576, 576.

2) 헌재 1999. 3. 25. 98헌가11등, 판례집 11-1, 158, 167.

2002년도 국민기초생활보장최저생계비 위헌확인사건에서는 “이 사건 심판의 대상은 보건복지부장관이 2001. 12. 1.에 한 2002년도 최저생계비 고시가 헌법에 위반되는지 여부이다. 청구인들에게는 이 사건 고시 중 3인 가구 최저생계비가 적용되나, 청구인들이 이 사건 고시 전체에 대하여 헌법소원심판을 청구하였고, 그 고시 전체에 동일한 심사척도가 적용될 수 있으므로 이 사건 고시 전체로 심판대상을 확장하는 것이 타당하다.”고 판시했다.1)

민법 제781조 제1항 본문 후단부분 위헌제청 등 사건에서도 “헌법재판소는 심판대상이 된 법률조항의 위헌 여부만을 판단한다. 그런데 어떤 법률조항은 법률 내에서 고립하여 존재하는 것이 아니라, 다른 법률조항들을 전제로 하거나 조건으로 하기도 하고, 다른 법률조항들과 결부하여 하나의 법률효과를 지향하기도 한다. 그러한 법률조항의 의미와 기능은 체계적 관련성 속에서만 올바로 이해될 수 있다. 특히 민법 제778조와 같이 어떤 법제도의 근거조항인 경우 더욱 그러하다. 호주제는 민법 제4편 제2장 ‘호주와 가족’을 중심으로 한 여러 법률조항들이 그물망처럼 서로 연결되어 구성된 제도이다. 민법 제778조는 그러한 호주제의 근거조항으로서 핵심적 위상을 차지하고 있는 조항이다. 따라서 민법 제778조는 호주제와의 관련성을 떠나서는 고립적으로 그 위헌 여부를 제대로 판단할 수 없다. 한편 민법 제781조 제1항 본문 후단 및 제826조 제3항 본문 또한 호주제의 골격을 구성하는 주요 법률조항들이고 민법 제778조와도 불가분의 밀접한 관계에 있다. 그렇다면 이 사건 심판대상조항들의 위헌 여부는 결국 호주제라는 제도 자체의 위헌 여부로 귀착된다고 할 것이므로, 이 사건에서는 호주제 전반의 내용, 위헌 여부를 살펴보고 이와 결부시켜서 심판대상조항들의 위헌 여부를 판단함이 상당하다.”라고 판시했다.2)

또한 국적법 제2조 제1항 제1호 위헌제청사건에서 “1955. 9. 3.생인

1) 헌재 2004. 10. 28. 2002헌마328, 공보 제98호, 1187, 1188-1189

2) 헌재 2005. 2. 3. 2001헌가9등, 판례집 17-1, 1, 12.

제청신청인은 개정된 신법에 의해서도 10년 동안이라는 기간 제한이 있는 부칙조항으로 인하여 대한민국 국적을 취득할 수 없으나, 만일 헌법재판소의 부칙조항에 대한 위헌 내지 헌법불합치결정과 개선입법을 한다면 국적취득을 할 수 있기 때문에, 부칙조항도 같이 위헌 여부 심판을 해 주는 것이 법질서의 정합성과 소송경제 측면에서도 바람직하므로 이를 심판대상에 포함시키기로 한다."라고 판시한 예도 있다.[1)]

한편 「제대군인지원에 관한 법률」 제16조 제1항 등 위헌확인사건에서 "청구인은 공무원연금법 제23조 제3항에 대하여 이 사건 심판을 청구하고 있다. … 그런데 공무원연금법 제23조 제3항은 수권조항으로서 하위법령인 공무원 연금법 시행령 제16조의 2와 서로 불가분의 관계를 이루면서 전체적으로 하나의 규율 내용을 형성하고 있다 할 것이므로, 이 사건 심판대상을 공무원연금법 제23조 제3항 이외에 동법 시행령 제16조의 2까지로 확장하여 함께 판단하기로 한다."라고 판시하여 수권법률조항 이외에 그 하위법령까지 심판대상을 확장하고 있고,[2)] 고등법원 부의 지방법원 소재지에서의 사무처리에 관한 규칙 위헌확인 사건에서는 "청구인들은 '고등법원 부의 지방법원 소재지에서의 사무처리에 관한 규칙' 제4조 제1항 제1호 및 제2호에 대하여만 이 사건 심판을 청구하고 있다. 그런데 위 조항들은 수권조항인 법원조직법 제27조 제4항의 위임에 따라 고등법원 원외재판부 제도를 구체화하고 있는 것으로서 양자는 서로 불가분의 관계를 이루면서 전체적으로 하나의 규율 내용을 형성하고 있다 할 것이므로, 이 사건 심판대상을 '고등법원 부의 지방법원 소재지에서의 사무처리에 관한 규칙' 제4조 제1항 제1호, 제2호 외에 법원조직법 제27조 제4항까지 확장하여 함께 판단하기로 한다."라고 판시하여 반대로 하위법령 이외에 수권법률조항까지 심판대상을 확장하고 있다.[3)][4)]

---

1) 헌재 2000. 8. 31. 97헌가12, 판례집 12-2, 167, 172.
2) 헌재 2012. 8. 23. 2010헌마328, 판례집 24-2 상, 624, 629.
3) 헌재 2013. 6. 27. 2012헌마1015, 판례집 25-1, 601, 604.
4) 유사 판례 헌재 1994. 4. 28. 92헌가3, 판례집 6-1, 203, 213; 헌재 2001. 1. 18. 2000

Ⅳ. 심판대상의 변경

헌법재판소는 직권으로 심판대상을 변경할 수도 있다. 이러한 경우는 위헌법률심사형 헌법소원심판사건에서 종종 발생하고 있다. 이 경우 헌법재판소는 심판청구서에 기재된 피청구인이나 청구취지에 구애됨이 없이 청구인의 주장요지를 종합적으로 판단해서 청구인이 주장하는 침해된 기본권과 침해의 원인이 되는 공권력을 직권으로 조사하여 피청구인과 심판대상을 확정하여 판단하여야 하고, 따라서 청구인들의 심판청구이유, 심판제청신청사건의 경과, 당해 사건재판과의 관련성의 정도, 이해관계기관의 의견 등 여러 가지 사정을 종합하여 직권으로 심판의 대상을 변경할 수 있는 것이다.

예컨대 헌법재판소는 하천법 제2조 제1항 제2호 다목 위헌소원사건에서 "청구인들이 위헌여부심판의 제청을 구하였으나 동 법원에 의하여 그 신청이 기각당한 법률조항은 위 하천법 제2조 제1항 제2호 다목임이 분명하고, 이 사건 심판청구를 통하여 청구인들이 위헌확인을 구하는 것도 역시 위 하천법 제2조 제1항 제2호 다목이다. 그러나 헌법재판소는 심판청구서에 기재된 피청구인이나 청구취지에 구애됨이 없이 청구인의 주장요지를 종합적으로 판단하여야 하며, 청구인이 주장하는 침해된 기본권과 침해의 원인이 되는 공권력을 직권으로 조사하여 피청구인과 심판대상을 확정하여 판단하여야 한다. … 그런데 당해사건에서의 청구인들의 청구취지는 이 사건 토지들이 국유가 아니라 청구인들의 사유토지임을 전제로 대한민국과 서울특별시를 상대로 소유권확인을 구하는 것이므로 당해사건의 재판에 보다 직접적으로 관련을 맺고 있는, 다시 말해서 그

헌마29, 판례집 13-1, 111, 114; 헌재 2001. 11. 29. 99헌마494, 판례집 13-2, 714, 720; 헌재 2007. 3. 29. 2005헌마985등, 판례집 19-1, 287, 293-294; 헌재 2007. 7. 26. 2003헌마377, 판례집 19-2, 90, 95; 헌재 2008. 6. 26. 2005헌마506, 판례집 20-1 하, 397, 402-403 등.

위헌여부에 따라 법원이 다른 내용의 재판을 하게 되는 법률조항은 제외지를 하천구역에 편입시키고 있는 위 하천법 제2조 제1항 제2호 다목이라기 보다 오히려 하천구역을 포함하여 하천을 국유로 한다고 규정함으로써 직접 제외지의 소유권귀속을 정하고 있는 동법 제3조라 할 것이다. 따라서 청구인들의 심판청구이유, 위 91카105256 위헌여부심판제청신청사건의 경과, 당해사건재판과의 관련성의 정도, 이해관계기관의 의견 등 여러 가지 사정을 종합하여 직권으로 이 사건 심판의 대상을 위 하천법 제2조 제1항 제2호 다목에서 동법 제3조로 변경하기로 한다."라고 판시하고 있다.[1)]

또한 도시계획법 제6조 위헌소원사건에서도 "청구인들은 법 제6조에 대하여 심판청구를 하였으나, 청구취지와 그 원인을 살펴보면, 청구인들은 일정한 요건 아래에서 그 보상을 정하고 있는 법 제6조의 위헌성을 문제삼고 있는 것이 아니라, 청구인들 소유의 위 토지들이 도시계획결정으로써 학교시설용지로 지정되고도 장기간 사업시행이 지연됨에 따라 재산적 손실이 발생하였음에도 법이 이에 대하여 아무런 보상규정을 두고 있지 않다는 것을 문제삼고 있다. … 따라서 청구인들의 재산권을 제한하는 규정이자 청구취지에 부합하는 심판대상은, 도시계획이 시행되는 구역 내의 토지소유자들에게 시장이나 군수의 허가를 받지 아니하고는 원칙적으로 토지의 형질변경이나 건축 등을 금지하면서도 이러한 재산권행사의 제한에 대하여 아무런 보상규정을 두고 있지 않은 법 제4조의 규정이라고 할 것이다. … 따라서 청구인들의 헌법소원심판청구의 이유, 위헌여부심판제청신청 및 그 기각결정의 이유, 당해사건재판과의 관련성 정도 등 여러 사정을 종합하여 볼 때, 직권으로 이 사건 심판의 대상을 법 제4조로 변경하는 것이 타당하다고 판단된다."라고 판시한바 있다.[2)]

한편 「형의 집행 및 수용자의 처우에 관한 법률」 제66조 위헌확인사건에서도 "청구인은 심판의 대상으로 수형자의 작업의무를 규정하고 있

1) 헌재 1998. 3. 26. 93헌바12, 판례집 10-1, 226, 232-233.
2) 헌재 1999. 10. 21. 97헌바26, 판례집 11-2, 383, 395-396.

는 형집행법 제66조를 들고 있다. 그러나 청구인은 징역형 수형자에게만 의무적으로 정역을 부과하는 것을 다투고 있는데, 형집행법 제66조는 징역형뿐만 아니라 금고·구류형을 받은 사람도 모두 포괄하는 '수형자'를 수범자로 하고 있고, 청구인의 작업의무는 징역형이라는 형벌의 내용으로 이미 예정되어 있던 것이다. 따라서 이 사건 심판의 대상을 징역형 수형자의 작업의무에 대한 직접적인 근거가 되는 형법 제67조로 변경한다."라고 판시한바 있다.[1][2]

---

1) 헌재 2012. 11. 29. 2011헌마318, 판례집 24-2 하, 187, 189.

2) 유사 판례 헌재 2000. 8. 31. 98헌바27등, 판례집 12-2, 190, 194; 헌재 2003. 5. 15. 2002헌마90, 판례집 15-1, 581, 591; 헌재 2007. 5. 31. 2005헌마172, 공보 제128호, 636, 638 등.

제 7 장 사건의 심리

I. 심리의 방식

헌법재판사건의 심리는 구두변론이나 서면심리에 의한다.

1. 구두변론

구두변론은 변론기일에 공개된 심판정에서 소송당사자 등의 진술로 심리를 진행하는 방식이다. 탄핵심판, 정당해산의 심판 및 권한쟁의의 심판은 구두변론에 의한다(법 제30조 제1항). 위헌법률의 심판과 헌법소원에 관한 심판은 원칙적으로 서면심리에 의하지만, 재판부가 필요하다고 인정하는 경우에는 변론을 열어 당사자, 이해관계인, 그 밖의 참고인의 진술을 들을 수 있으므로 이 경우에는 구두변론이 가능하다(법 제30조 제2항).

구두변론에 의한 심리는 공개한다(법 제34조 제1항 본문). 다만 국가의 안전보장·안녕질서 또는 선량한 풍속을 해할 우려가 있는 때에는 재판부가 이유를 설명하고 비공개결정을 선고한 후 비공개로 심리할 수 있다. 비공개로 심리하는 경우에도 재판장은 적당하다고 인정되는 사람의 재정을 허가할 수 있다(법 제34조 제2항 및 법원조직법 제57조 제1항 단서, 제2항, 제3항).

2. 서면심리

서면심리는 소송당사자 등의 진술 없이 그들이 제출하는 소송기록과 증거자료 등 서면자료를 토대로 심리를 진행하는 방식이다. 앞서 언급한 바와 같이 대립적 소송구조를 갖지 않는 위헌법률심판과 헌법소원심판은 원칙적으로 서면심리에 의하지만, 이들 경우에도 재판부는 필요하다고 인정하는 경우에는 변론을 열어 당사자·이해관계인 기타 참고인의 진술을 들을 수 있기 때문에 이 경우에는 구두변론이 인정된다고 하겠다.

이는 구두변론에 의할 경우 구두진술로부터 받는 선명한 인상과 즉각적인 반론에 의하여 진상파악이 쉽고, 여기에 증거조사를 집중시켜 신속·적정한 재판을 할 수 있다는 장점이 있지만, 다른 한편 헌법재판소에 청구되는 사건의 대부분을 차지하는 위헌법률심판과 헌법소원심판의 경우 모든 사건의 심리를 구두변론에 의할 경우 재판업무가 가중된다는 문제점을 고려한 것이라고 하겠다.[1)]

Ⅱ. 의견서의 제출

위헌법률심판절차에서 당해 소송사건의 당사자 및 법무부장관은 헌법재판소에 법률의 위헌 여부에 대한 의견서를 제출할 수 있다(법 제44조). 또한 헌법소원심판절차에서도 헌법소원의 심판에 이해관계가 있는 국가기관 또는 공공단체와 법무부장관은 헌법재판소에 그 심판에 관한 의견서를 제출할 수 있다(법 제74조 제1항).

이처럼 법 제44조와 제74조 제1항은 위헌법률심판과 헌법소원심판절차에서 소송당사자나 이해관계인에게 의견서의 제출기회를 부여하고 있지만, 심판규칙은 의견서 제출의 기회를 모든 심판절차로 확대하여 부여하고 있다. 이에 따라 헌법재판소의 심판에 이해관계가 있는 국가기관 또는 공공단체와 법무부장관은 헌법재판소에 의견서를 제출할 수 있고, 헌법재판소는 이들에게 의견서를 제출할 것을 요청할 수 있다(심판규칙 제10조 제1항).

---

1) 실무제요, 57쪽.

한편 누가 이해관계인에 해당하는지가 문제될 수 있는데, 이는 구체적 사건에서 개별적으로 판단할 수밖에 없을 것이다. 일반적으로는 법령에 대한 위헌여부심판사건에서는 당해 법령 시행의 주무관청과 당해 법령이 처분의 전제가 된 경우 처분청의 감독관청도 이해관계인으로 보고 있고, 공권력행사 주체의 최상급 관청도 이해관계인으로 보아 의견서제출의 기회를 부여하고 있다.[1)]

한편 국가인권위원회는 인권의 보호와 향상에 중대한 영향을 미치는 재판이 계속중인 경우 법원 또는 헌법재판소의 요청이 있거나 필요하다고 인정할 때에는 법원의 담당 재판부 또는 헌법재판소에 법률상의 사항에 관하여 의견을 제출할 수 있고, 국가인권위원회법 제4장에 따라 위원회가 조사하거나 처리한 내용에 관하여 재판이 계속중인 경우 동 위원회는 법원 또는 헌법재판소의 요청이 있거나 필요하다고 인정할 때에는 법원의 담당 재판부 또는 헌법재판소에 사실상 및 법률상의 사항에 관하여 의견을 제출할 수 있다(국가인권위원회법 제28조).

Ⅲ. 증거조사, 사실조회, 자료제출요구

1. 증거조사

주지하는 바와 같이 헌법재판은 개인의 주관적 권리구제 뿐 아니라 헌법수호, 권력통제, 정치적 평화유지, 중요한 헌법적 해명 등 객관적 헌법질서의 보장 기능을 가진다. 이에 따라 헌법재판에는 일반재판의 경우와는 달리 당사자주의에 입각한 처분권주의와 변론주의 대신에 직권심리주의가 강하게 투영된다. 따라서 헌법재판소는 당사자가 주장하지 않는 사실과 증거도 직권으로 탐지하고 수집할 수 있다. 법 제31조 제1항이 당사자의 신청에 의한 증거조사와 더불어 직권에 의한 증거조사를 함께

---

1) 실무제요, 58쪽. 헌재 1996. 12. 26. 96헌가18, 판례집 8-2, 680.

규정하고 있는 것도 그 때문이라고 할 수 있다.

법 제31조 제1항에 따라 재판부는 사건의 심리를 위하여 필요하다고 인정하는 경우에는 직권 또는 당사자의 신청에 의하여 다음의 증거조사를 할 수 있다.

① 당사자 또는 증인을 신문하는 일

② 당사자 또는 관계인이 소지하는 문서·장부·물건 또는 그 밖의 증거자료의 제출을 요구하고 영치하는 일

③ 특별한 학식과 경험을 가진 자에게 감정을 명하는 일

④ 필요한 물건·사람·장소 또는 그 밖의 사물의 성상이나 상황을 검증하는 일

증거조사는 재판부가 하는 것이 원칙이지만, 재판장은 필요하다고 인정할 경우에는 재판관중 1명을 지정하여 증거조사를 하게 할 수 있는데(법 제31조 제2항), 그 지정된 재판관을 실무상 수명재판관이라고 한다. 법 제31조는 지정재판부의 심리에 준용되므로(법 제72조 제5항) 지정재판부에서도 위 증거조사를 할 수 있고, 지정재판부 재판장은 수명재판관을 지정하여 그로 하여금 증거조사를 하게 할 수 있다.

2. 사실조회 및 자료제출요구

재판부는 결정으로 다른 국가기관 또는 공공단체의 기관에 대하여 심판에 필요한 사실을 조회하거나, 기록의 송부나 자료의 제출을 요구할 수 있다. 다만 재판·소추 또는 범죄수사가 진행중인 사건의 기록에 대하여는 송부를 요구할 수 없다(법 제32조).

제8장 평 의

재판부의 사건심리가 종료된 후 결정을 위한 재판관회의에서의 의사결정과정을 평의라고 한다. 평의는 공개하지 않는다(법 제34조 제1항 단서). 재판장이 평의의 정리를 담당한다(법 제35조 제1항).

Ⅰ. 평의의 절차

사건을 평의에 회부하고자 하는 주심재판관은 담당 사건의 검토보고서를 첨부한 평의요청서를 작성하여 각 재판관들에게 배포한다. 배포는 평의 전에 재판관들이 충분히 검토할 수 있도록 상당한 기간을 두고 행해진다. 재판장은 재판관들과 협의하여 평의일정을 확정한 후 평의일자와 평의안건목록을 각 재판관들에게 통지한다.

평의에서는 먼저 주심재판관이 사건에 대한 검토내용을 요약하여 발표하고 재판관들이 검토한 내용에 따라 의견교환을 하고 최종적으로 결정을 하기 위한 표결을 하는데, 이 표결을 평결이라고 한다.

평결에서는 먼저 주심재판관이 의견을 내고 그 다음은 맨 나중에 임명된 재판관부터 후임 순으로 차례로 의견을 제시한 후 재판장이 마지막으로 의견을 내는 것이 관례이다.

평결이 이루어지면 그 평결결과에 따라 주심재판관이 다수의견을 기초로 결정문 초안을 작성한다. 그러나 주심재판관이 소수의견을 낼 경우에는 다수의견의 재판관 중에서 결정문 초안작성자가 지정된다. 결정주문이나 결정이유에 대해서 다수의견과 다른 소수의견을 제출하고자 하는 재판관은 이를 재판부에 알린다. 그러면 다수의견의 결정문 초안은 결정선고 이전에 시간적 여유를 두고 소수의견 작성자에게 제공된다. 결정문 초안이 재판부에 제출되면 그에 대한 검토과정을 거쳐 최종적인 결정문 원안이 확정된다.

최종적인 결정문 원안이 확정된 후에도 재판에 관여한 재판관이 평결에서 낸 자신의 의견을 변경하고자 하는 경우에는 결정선고 이전까지 재평의를 요청할 수 있다.

Ⅱ. 평결의 방식

평결방식에는 쟁점별 합의제와 주문합의제의 두 가지 방식이 있다. 전자는 적법요건이나 본안에 해당하는 문제들을 개개 쟁점별로 표결하여 결론을 도출하는 방식이고, 후자는 적법요건이나 본안에 해당하는 문제들을 개개 쟁점별로 표결하지 않고 결론에 초점을 맞추어 전체적으로 표결해서 주문을 결정하는 방식이다.

양자의 차이는 심판청구가 부적법하다고 각하의견을 낸 재판관이 본안판단에서 별도로 실체적 문제에 대한 의견을 내야 하는가에 있다. 쟁점별 합의제에서는 일단 재판의 적법성이 인정되어 사건이 본안판단에 들어가면 심판청구의 적법성이 없다고 각하의견을 낸 재판관도 본안판단에 참여해서 본안에 대한 의견을 내야 되는 반면, 주문합의제에서는 적법요건에 대해서 각하의견을 낸 재판관은 본안판단에서 별도로 의견을 낼 필요가 없다.

우리 헌법재판소는 주문합의제 방식을 따르고 있다. 이러한 평결방식이 과거 헌법재판소 판례에서 논란이 된 적이 있다. 구 국세기본법 제42조 제1항 단서에 대한 헌법소원사건에서 위헌의견을 낸 5인의 재판관은 "… 헌법소원의 적법성의 유무에 관한 재판은 재판관 과반수의 찬성으로

족한 것이다. 따라서 이 사건에 있어서 재판관 5인이 '재판의 전제성'을 인정하였다면 이 사건 헌법소원은 일응 적법하다고 할 것이고 이 사건 헌법소원이 적법한 이상, 재판의 전제성을 부인하는 재판관 4인도 본안 결정에 참여하는 것이 마땅하며 만일 본안에 대해 다수와 견해를 같이하는 경우 그 참여는 큰 의미를 갖는 것이라 할 것이다."라고 주장한 반면,[1] 이 사건에서 각하의견을 낸 4인의 재판관은 "… 위헌의견은 헌법재판의 합의방법에 관하여 쟁점별 합의를 하여야 한다는 이론을 펴고 있다. 그러나 우리 재판소는 발족 이래 오늘에 이르기까지 예외 없이 주문합의제를 취해 왔다. 우리는 위헌의견이 유독 이 사건에서 주문합의제에서 쟁점별 합의제로 변경하여야 한다는 이유를 이해할 수 없고, 새삼 판례를 변경하여야 할 다른 사정이 생겼다고 판단되지 아니한다."라고 주장하면서[2] 본안판단에는 참여하지 않았다.

참고로 독일 연방헌법재판소는 주문합의제를 택한 탄핵심판 등과 같은 특별한 경우를 제외하고는 쟁점별 합의제에 따르고 있다. 이에 따라 적법요건에 대하여 부적법하다는 의견을 낸 재판관도 본안 사항에 대한 평결에도 다시 참여하여 의견을 낸다. 적극적인 헌법수호, 권력통제, 중요한 헌법적 해명, 적극적인 기본권 구제 등 객관적 헌법질서의 보장이라는 헌법재판의 기능과 평결의 논리성의 관점에서 쟁점별 합의제 방식이 보다 합리적이라고 할 수 있을 것이다.[3]

---

1) 헌재 1994. 6. 30. 92헌바23, 판례집 6-1, 592, 613.

2) 헌재 1994. 6. 30. 92헌바23, 판례집 6-1, 592, 617-618.

3) 동지 허영, 전게서, 155쪽.

제 9 장 가처분

Ⅰ. 가처분제도의 의의와 필요성

가처분제도는 헌법재판에 있어서 본안사건에 대한 종국결정의 실효성을 확보하기 위하여 잠정적으로 임시의 지위를 정하는 가구제제도이다. 이는 본안결정 이전에 회복할 수 없는 심각한 손해의 발생을 예방하거나 불가피한 공익목적을 달성하거 위하여 종국결정 전에 잠정적으로 행하는 조치이다.

통상적으로 종국결정에 이르기까지 상당히 긴 기간이 소요되는 헌법재판의 경우에 종국결정이 있기 전에 사실관계가 완결되어 종국결정이 선고되어도 그 실효성을 기대할 수 없을 뿐 아니라 청구인이 승소하더라도 소기의 목적을 달성할 수 없는 경우가 발생될 수 있다. 따라서 그러한 위험성을 사전에 예방하기 위해서 종국결정이 있기까지 잠정적으로 임시의 법적 관계를 정하는 긴급조치가 필요한 것이다.

Ⅱ. 가처분 관련 규정

헌법재판소법은 모든 헌법재판절차에 적용되는 가처분에 관한 규정을 두고 있지 않고 정당해산심판과 권한쟁의심판의 두 경우에만 가처분에 관해서 별도의 규정을 두고 있다. 즉 "헌법재판소는 정당해산심판의 청구를 받은 때에는 청구인의 신청 또는 직권으로 종국결정의 선고시까지 피청구인의 활동을 정지하는 결정을 할 수 있다."는 규정(법 제57조)과 "헌법재판소가 권한쟁의심판의 청구를 받은 때에는 직권 또는 청구인의 신청에 의하여 종국결정의 선고시까지 심판대상이 된 피청구인의 처분의 효력을 정지하는 결정을 할 수 있다."는 규정(법 제65조)이 그것이다. 나머지 헌법재판에서 가처분이 허용되는지에 대해서는 아무런 규정이 없다. 따라서 헌법소원 등 다른 심판절차에서의 가처분의 허용 여부가 문제될 수 있다.

결론적으로 정당해산심판이나 권한쟁의심판 이외의 다른 심판절차에서도 가처분의 필요성은 인정되고, 달리 이를 금지할 정당한 이유를 찾기 어렵다.

이와 관련하여 법 제40조는 "① 헌법재판소의 심판절차에 관하여는 이 법에 특별한 규정이 있는 경우를 제외하고는 헌법재판의 성질에 반하지 아니하는 한도에서 민사소송에 관한 법령을 준용한다. 이 경우 탄핵심판의 경우에는 형사소송에 관한 법령을 준용하고, 권한쟁의심판 및 헌법소원심판의 경우에는 「행정소송법」을 함께 준용한다. ② 제1항 후단의 경우에 형사소송에 관한 법령 또는 「행정소송법」이 민사소송에 관한 법령에 저촉될 때에는 민사소송에 관한 법령은 준용하지 아니한다."라고 규정하고 있는데, 이에 따라 민사소송법상의 가처분규정인 민사집행법 규정(제300조 이하)과 행정소송법상의 집행정지에 관한 규정(제23조와 제24조)은 그 성질에 반하지 않는 한 모든 심판절차에도 준용된다고 보아야 할 것이다.

이와 관련하여 헌법재판소도 사법시험령 제4조 제3항 효력정지 가처분신청사건에서 "헌법재판소법은 정당해산심판과 권한쟁의심판에 관해서만 가처분에 관한 규정(같은 법 제57조 및 제65조)을 두고 있을 뿐, 다른 헌법재판절차에 있어서도 가처분이 허용되는가에 관하여는 명문의 규정을 두고 있지 않다. 그러나 위 두 심판절차 이외에 같은 법 제68조 제1항 헌법소원심판절차에 있어서도 가처분의 필요성은 있을 수 있고, 달리 가처분을 허용하지 아니할 상당한 이유를 찾아볼 수 없으므로 위 헌법소원심판청구사건에서도 가처분이 허용된다고 할 것이다."라고 판시한바 있다.[1)]

---

1) 헌재 2000. 12. 8. 2000헌사471, 판례집 12-2, 381, 384-385. 이 판례에 대한 평석은 정연주, 헌법소원과 가처분, 고시계, 2001. 3, 4쪽 이하 참조.

참고로 독일의 경우에는 연방헌법재판소법 제32조가 모든 헌법재판에 적용되는 가처분규정을 두고 있다. 입법론적으로 가처분의 규정을 독일처럼 모든 심판절차에 허용되는 것으로 헌법재판소법상 일반심판절차에 관한 제3장에 규정하는 것이 바람직할 것이다.

Ⅲ. 가처분의 개시절차

1. 신청 또는 직권에 의한 개시

이미 계속중이거나 장래 계속될 본안소송의 청구인적격이 있는 자의 신청 또는 헌법재판소의 직권으로 가처분절차가 개시된다(법 제57조 및 제65조 참조). 당사자와 소송참가인이 아닌 이해관계인은 가처분신청권이 없다고 하겠다. 변호사강제주의는 가처분절차에도 적용된다. 그리고 앞서 언급한 바와 같이 헌법재판소법에는 비록 가처분에 대하여 정당해산심판과 권한쟁의심판의 경우에만 규정되어 있으나 다른 종류의 헌법소송에서도 당사자의 신청 또는 재판부의 직권으로 가처분절차가 개시될 수 있다고 보아야 할 것이고, 이는 헌법수호를 사명으로 하는 객관적 소송으로서 직권심리주의가 강하게 투영된 헌법재판의 본질과 특성에 비추어 당연하다고 하겠다.

2. 신청방식

가처분의 신청 또는 가처분신청의 취하는 헌법재판심판청구와 마찬가지로 서면으로 해야 하므로 가처분신청서를 재판부에 제출해야 한다. 다만 변론기일 또는 심문기일에서는 가처분신청의 취하를 말로 할 수 있다(심판규칙 제50조 제1항). 신청서에는 가처분신청의 취지와 신청이유를 기재하고 주장을 소명하기 위해서 필요한 증거자료와 참고자료를 첨부해야 한다(심판규칙 제50조 제2항). 가처분의 신청이 있는 때에는 신청서의 등본을 피신청인에게 바로 송달하여야 한다. 다만, 본안사건이 헌법소원심판사건인 경우로서 그 심판청구가 명백히 부적법하거나 권리의 남용이라고 인정되는 경우에는 송달하지 아니할 수 있다(심판규칙 제50조 제3항).

3. 신청기간

가처분신청의 기간에 대하여는 특별한 제한이 없으며 본안사건에 대한 심리가 진행중이면 종국결정이 있을 때까지 기간의 제한 없이 언제나 할 수 있다고 하겠다. 다만 본안사건의 심리가 종결되었거나 본안심판절차가 충분하게 진행되어 종국결정의 선고가 임박한 시점에서는 가처분신청은 할 수 없다고 할 것이다. 이런 경우 가처분의 실효성이 없을 것이기 때문이다.

4. 신청사건의 접수 및 송달

가처분신청사건이 접수되면 본안소송과는 별건의 사건번호(헌사)와 사건명을 부여하고 가처분신청사건부에 등재한다. 그리고 본안사건의 주심재판관에게 신속히 배당하여 본안소송사건기록에 점철한다. 가처분의 신청이 있는 때에는 신청서의 등본을 피신청인에게 바로 송달하여야 한다(심판규칙 제50조 제3항).

Ⅳ. 가처분의 심리

1. 재판부와 심판정족수

가처분심판은 헌법재판소 전원재판부에서 한다. 그러나 헌법소원심판사건의 경우에는 지정재판부도 가처분결정을 할 수 있는지가 문제될 수 있다. 지정재판부가 가처분신청을 이유 없다고 기각한 사례가 있지만[1] 지정재판부에서는 할 수 없고, 설사 할 수 있다고 하더라도 각하하는 것이 원칙이라고 하겠다. 왜냐하면 법 제22조 제1항이 "이 법에 특별한 규정이 있는 경우를 제외하고는 헌법재판소의 심판은 재판관 전원으로 구성되는 재판부에서 관장한다."라고 규정하고 있고, 법 제72조 제1항에 따라 지정재판부는 헌법소원심판의 사전심사만 담당하도록 되어 있어 가처분심판은 전원재판부에서 해야 한다고 보아야 할 것이며, 한편 법 제72조 제3항에 따라 지정재판부는 지정재판부 재판관 전원의 일치된 의견에 의한 결정으로 헌법소원의 심판청구를 각하하도록 되어 있어 기각결정을 내릴 수 없기 때문이다.

가처분신청에 대하여 재판부는 재판관 7인 이상의 출석으로 사건을 심리하고, 종국심리에 관여한 재판관의 과반수의 찬성으로 결정을 한다(법 제23조 제1항, 제2항).

2. 심리의 방식

가처분의 심리는 가처분제도의 기능을 살리기 위해서 신속하고 효율적으로 이루어져야 할 것이다. 예컨대 구두변론의 심리방식에 따라야 하는 탄핵심판과 정당해산심판 및 권한쟁의심판의 가처분심판에서도(법 제30조 제1항) 때로는 구두변론을 생략할 수 있어야 할 것이다. 따라서 심지어는 당사자의 의견진술의 기회도 생략한 채 가처분결정을 할 수도 있을 것이다.

재판부는 가처분신청의 심리를 위해서 필요하면 당사자의 신청 또는 직권으로 증거조사를 할 수 있다(법 제31조 제1항). 그리고 다른 국가기관 또는 공공단체의 기관을 상대로 심판에 필요한 사실조회를 하거나 필요한 기록의 송부나 자료의 제출을 요구할 수도 있다(법 제32조).

---

1) 헌재 1997. 12. 26. 97헌사189; 헌재 1997. 12. 23. 97헌사200.

V. 가처분의 요건

1. 적법요건

(1) 당사자

본안사건의 당사자적격이 있는 자만이 가처분신청을 할 수 있다. 가처분 신청권자에게는 본안재판의 소송참가인은 포함되지만 이해관계인이나 참고인은 해당되지 않는다.

(2) 본안소송과의 관계

가처분은 원칙적으로 적법한 본안소송을 전제로 한다. 즉 가처분은 본안소송에 대하여 종속적이다. 따라서 먼저 가처분신청을 위해서는 본안사건이 헌법재판소의 관할에 속하여야 한다.

가처분은 본안심판이 헌법재판소에 계속중일 때 신청할 수 있음이 원칙이지만 본안심판의 계속되기 전이라도 신청할 수 있다고 할 것이다. 만일 본안심판 계속중에만 가처분을 신청할 수 있다고 한다면 가처분제도의 실효성을 감소시킬 우려가 있기 때문이다.[1]

(3) 권리보호이익

가처분의 신청은 가처분의 필요성이 인정되는 경우, 즉 가처분에 의해서 보호받아야 할 잠정적 이익이 있는 경우에만 할 수 있다고 할 것이다. 따라서 본안결정이 적시에 선고될 수 있는 경우에는 권리보호이익이 인정되지 않아 가처분을 신청할 수 없다고 하겠다. 또한 본안소송에서의 권리보호이익과 가처분의 권리보호이익이 일치하지 않을 수도 있기 때문

1) 실무제요, 70쪽.

에 가처분의 권리보호이익이 존재해야 한다. 아울러 가처분이 아닌 다른 방법으로 가처분을 통해 달성하려는 목적을 달성할 수 있을 경우에도 권리보호이익은 인정되지 않는다.

2. 실체적 요건

가처분의 적법요건이 갖추어져 있더라도 가처분의 실체적 요건이 구비되어 있어야만 가처분의 인용결정을 내릴 수 있음은 물론이다. 가처분의 실체적 요건은 본안소송에서 다투어지는 공권력의 행사 또는 불행사의 현상을 그대로 유지시킴으로 인하여 생길 회복하기 어려운 손해를 예방할 필요가 있어야 한다는 것과 그 효력을 정지시켜야 할 긴급한 필요가 있어야 한다는 것 등이 될 것이다. 따라서 본안심판이 부적법하거나 이유 없음이 명백하지 않는 한, 위와 같은 가처분의 요건을 갖춘 것으로 인정되면, 가처분을 인용한 뒤 종국결정에서 청구가 기각되었을 때 발생하게 될 불이익과 가처분을 기각한 뒤 청구가 인용되었을 때 발생하게 될 불이익을 비교형량하여 후자가 전자보다 큰 경우에 가처분을 인용할 수 있다고 할 것이다. 헌법재판제도의 특성 및 행정소송법의 집행정지에 관한 규정(제23조) 등을 고려해 볼 때 가처분의 인용을 위한 실체적 요건을 다음과 같이 정리할 수 있을 것이다.

(1) 본안소송의 승소가능성

가처분은 오로지 가처분의 필요성 유무에 따라서만 이루어지는 결정이기 때문에 본안결정과는 내용상 완전히 별개의 것이라는 점에서 본안소송에서의 승패와는 무관한 독자성을 갖는다. 따라서 본안소송에서의 승소가능성은 가처분의 실체적 요건으로 고려되지 않는다. 그러나 본안소송이 명백히 부적법하거나 명백히 이유가 없는 경우, 따라서 객관적으로 본안소송의 승소가능성이 거의 없는 경우에는 가처분의 필요성 요건

도 사실상 충족되기 어려워 가처분을 명할 수 없다고 할 것이다.[1]

(2) 중대한 손해의 방지

회복하기 어려운 손해를 예방할 필요가 있어야 한다. 즉 본안소송의 대상이 된 소송물이 위헌으로 결정될 경우 신청인이나 공익에 발생하게 될 회복할 수 없는 현저한 손해를 피할 수 없거나 또는 회복이 가능하다고 하더라도 중대한 불이익을 피할 수 없는 경우에 해당해야 한다.

(3) 긴급성의 존재

적절한 조치를 취해야 할 긴급한 필요가 있어야 한다. 회복할 수 없는 현저한 손해 또는 회복 가능하지만 피할 수 없는 중대한 손해를 방지할 수 있는 적절한 시간 내에 본안소송의 종국결정이 선고되는 것을 도저히 기대할 수 없고, 예상되는 손해나 피해를 막기 위해서는 당장 적절한 조치를 취할 긴급한 필요가 있어야 한다. 목전에 급박한 현저한 손해나 피해를 방지할 수 있는 다른 적절한 수단이 있는 경우에는 가처분의 긴급한 필요성은 인정되지 않는다.

(4) 이익형량

가처분을 인용한 뒤 종국결정에서 청구가 기각되었을 때 발생하게 될 불이익 보다 가처분을 기각한 뒤 청구가 인용되었을 때 발생하게 될 불이익을 비교형량할 때 후자가 전자보다 커야 한다.

헌법재판소는 이러한 이익형량의 요건을 기준으로 가처분의 인용 여부를 결정하고 있다. 예컨대 헌법재판소는 98헌사98 직접처분 효력정지 가처분신청사건에서 “피신청인의 이 사건 진입도로에 관한 도시계획입안과 지정·인가처분의 효력을 정지시키는 가처분결정을 하였다가 피신청인

1) 헌재 1999. 3. 25. 98헌사98, 판례집 11-1, 264; 헌재 2000. 12. 8. 2000헌사471, 판례집 12-2, 381.

의 위 입안행위와 지정·인가처분 등이 신청인의 권한을 침해하지 아니한 것으로 종국결정을 하였을 경우에는, 처분의 상대방인 장각수에게는 공사 지연으로 인한 손해가 발생하고 또 골프연습장의 완공이 지연되어 이를 이용하려는 잠재적 수요자의 불편이 예상된다는 점 외에 다른 불이익은 없어 보인다. 이에 반하여 가처분신청을 기각하였다가 종국결정에서 피신청인의 위 입안행위와 지정·인가처분 등이 신청인의 권한을 침해한 것으로 인정되는 경우에는 피신청인의 직접처분에 따른 장각수의 공사진행으로 교통불편을 초래하고 공공공지를 훼손함과 동시에 이의 원상회복을 위한 비용이 소요되는 등의 불이익이 생기게 된다. 이 사건 가처분신청을 인용한 뒤 종국결정이 기각되었을 경우의 불이익과 이 가처분신청을 기각한 뒤 결정이 인용되었을 경우의 불이익을 비교형량하고 또 처분의 상대방인 장각수는 아직 골프연습장 공사를 착수하지 않고 있는 사정을 헤아려 보면 신청인의 이 가처분신청은 허용함이 상당하다."라고 판시했고,[1] 2000헌사471 사법시험령 제4조 제3항 효력정지 가처분신청사건에서도 "… 이 사건 규정의 효력이 그대로 유지되어 신청인들에 적용되면, 신청인들은 2001년부터 4년간 제1차시험에 응시할 수 없게 되므로 사법시험의 합격가능성이 원천적으로 봉쇄되는 회복하기 어려운 손해를 입게 될 것임이 명백할 뿐만 아니라, 사법시험 제1차시험은 매년 초에 시행되어 그 적용의 시기도 매우 근접하였으므로 긴급성도 인정된다고 할 것이다. 이 사건 가처분신청을 기각하였다가 본안심판을 인용하는 경우 2001년도 사법시험 제1차시험은 그대로 시행되어 버리고 신청인들은 이에 응시하여 합격할 기회를 상실하는 돌이킬 수 없는 손해를 입게 된다."라고 판시했으며,[2] 2002헌사129 효력정지 가처분신청사건에서도 "군행형법시행령의 적용을 받는 신청인과 같은 일부 피구속자의 면회의 권리를 행형법시행령의 적용을 받아 매일 1회 면회할 수 있는 피구속자와 비교하여 합리적인 이유 없이 차별한다면, 그러한 피구속자 및 그들의 가족은 구속

---

1) 헌재 1999. 3. 25. 98헌사98, 판례집 11-1, 264, 271-272.

2) 헌재 2000. 12. 8. 2000헌사471, 판례집 12-2, 381, 385-386.

으로 인하여 자칫 단절되기 쉬운 인간관계의 유지와 방어권 행사에 결정적인 타격을 입을 수 있고, 이로 인하여 인간으로서의 행복추구권이나 피고인으로서의 방어권 행사에 회복하기 어려운 손상을 입게 될 것이다. … 한편, 이 사건 가처분을 인용한다 하여 공공복리에 중대한 영향을 미칠 우려는 없다고 할 것이다. 그러므로 면회의 횟수를 제한하고 있는 이 사건 규정에 관한 이 사건 가처분 신청은 인용되어야 할 것이다."[1]라고 판시했고, 초·중등교육법 시행령이 개정되면서 종전에 전기에 신입생을 선발하던 자사고를 후기에 선발하는 학교로 변경하고(일반고와 자사고 동시선발), 자사고를 지원한 학생에게는 후기 일반고에 대한 중복 지원이 금지되어, 신청인들은 개정 시행령으로 인해 학생과 학부모들은 자사고 지원이 어려워지고 자사고는 학생선발에 어려움을 겪게 되었으므로, 개정 시행령이 학생과 학부모의 기본권을 침해한다고 헌법소원심판을 청구하면서(2018헌마221), 신청인들이 위 본안 사건의 종국결정 선고시까지 개정 시행령의 해당 부분의 효력정지를 구하는 2018헌사213 효력정지가처분신청 사건에서도 "가처분을 인용할 경우 자사고 지원자도 후기 일반고에 중복 지원할 수 있게 되어 시행령 개정으로 이루고자 하는 입법목적 달성의 효과는 감소하게 된다. 그러나 이는 종전과 같이 자사고에 불합격한 학생들에게 후기 일반고에 지원할 수 있는 기회를 주면서 자사고와 일반고 중복지원 금지의 시행을 본안심판의 종국결정시까지 미루는 것에 불과하다. 종국결정에서 심판청구가 기각된다면 그 이후부터 자사고 지원자의 일반고 중복지원을 금지하면 된다. 신청인들 중 학생들의 경우 고등학교 입학전형 시기가 지나간 후에는 이미 진학 결정된 학교를 변경하기가 어려우므로 신청인들에게 발생하는 불이익이 매우 클 수 있다. 따라서 가처분을 인용한 뒤 종국결정에서 청구가 기각되었을 때 발생하게 될 불이익보다 가처분을 기각한 뒤 청구가 인용되었을 때 발생하게 될 불이익이 더 크다."라고 판시하여[2] 가처분신청을 인용한 바 있다.

---

1) 헌재 2002. 4. 25. 2002헌사129, 판례집 14-1, 433, 439-440.

2) 2018. 6. 28. 2018헌사213.

가처분결정은 어디까지나 잠정적이고 예외적인 조치이므로 이익형량에 있어서 가처분사유를 엄격하고 제한적으로 해석·적용해야 할 것이다.

Ⅵ. 가처분의 결정

1. 가처분결정의 종류와 형식

가처분신청에 대한 심리를 마치면 각하, 기각 또는 인용결정을 한다. 가처분신청이 형식요건상의 하자로 인해서 부적법한 것인 때에는 각하결정을 한다. 청구인적격이 없거나, 본안소송과 관련성이 없는 경우, 권리보호이익이 없는 경우, 본안소송이 부적법하거나 명백히 이유 없다고 판단되는 경우 등이 이에 해당한다고 하겠다. 가처분신청이 이유가 없는 경우에는 기각한다. 이는 가처분신청이 실체적 요건을 구비하지 못한 경우이다. 가처분신청이 실체적 요건을 구비하여 이유 있는 것으로 판단되면 인용결정을 한다. 그런데 헌법재판소 실무는 각하와 기각을 엄밀히 구분하지 않고 대부분 기각하고 있다.

가처분결정에도 종국결정에서와 같은 결정서를 작성하고 일정한 사항을 기재하여야 한다(법 제36조 제2항). 또 재판관의 의견표시도 가능하다고 할 것이다(법 제36조 제3항).

2. 가처분결정의 내용

헌법재판소는 가처분신청의 목적을 달성함에 필요한 처분을 할 수 있다(법 제40조, 민사집행법 제305조). 법 제40조에 따라 처분의 효력이나 집행정지를 내용으로 하는 행정소송법 제23조 제2항의 집행정지에 관한 규정과 임시의 지위를 정하는 등의 적극적인 내용의 가처분을 가능케 하는 민사집행법 제300조 제2항의 가처분에 관한 규정이 준용된다고 하겠다.

이에 따라 예컨대 헌법소원심판절차에서 기본권침해의 원인이 된 공권력행사가 행정처분인 경우 가처분의 내용은 이 처분의 효력이나 집행의 정지가 될 것이다. 여기서 처분의 효력정지는 처분의 집행 또는 절차의 속행을 정지함으로써 목적을 달성할 수 있는 경우에는 허용될 수 없다고 하겠다(행정소송법 제23조 제2항). 가처분 자체가 공권력행사를 정지함으로써 잠정적으로 권리를 보전하고자 하는 최후의 보충적인 제도이므로 그 가처분은 이러한 목적을 달성할 수 있는 최소한의 불가피한 정도에 그쳐야 할 것이다. 따라서 처분의 효력정지는 그 처분의 집행이나 절차속행의 정지로 목적달성이 불가능한 경우에만 인정된다고 할 것이며, 만일 그렇지 않다면 이는 결과적으로 과잉적 가처분으로서 공권력 및 공익에 대한 필요 이상의 제한이 되는 것이라고 할 수 있다.[1)]

3. 가처분결정의 효력

가처분결정은 당해 사건에서 당사자인 피청구인을 기속한다. 그리고 가처분결정은 형성력을 가지므로 피청구인에 의한 별도의 행위를 필요로 하지 아니하고도 본안소송의 종국결정이 있을 때까지 가처분결정의 내용대로 법률관계가 형성된다. 가처분결정은 특별한 사정이 없는 한 원칙적으로 본안소송의 종국결정의 선고시까지만 효력을 갖는다고 할 것이다.

4. 가처분결정의 송달·공시

가처분신청에 대한 결정을 한 때에는 결정서 정본을 신청인에게 바로 송달하여야 한다. 가처분신청에 대하여 답변서를 제출한 피신청인, 의견서를 제출한 이해관계기관이 있을 때에는 이들에게도 결정서 정본을 송

---

1) 가처분결정의 내용과 한계에 대하여 자세한 것은 정연주, 헌법소원과 가처분, 고시계, 2001. 3, 4쪽 이하 참조.

달하여야 한다(심판규칙 제51조 제1항).

그리고 가처분결정은 관보에 게재함으로써 이를 공시한다(법 제36조 제5항 참조).

Ⅶ. 가처분에 대한 이의신청

가처분의 인용결정 또는 기각결정에 대한 불복절차로서는 헌법소송심판이 단심이므로 동일기관의 동일심급에 대한 재심을 구하는 이의신청을 고려해 볼 수 있겠으나, 법 제39조의 일사부재리의 원칙상, 그리고 이미 그 가처분결정과정에서 총체적 이익형량을 통해 다양한 사안이 검토되었다는 점을 감안해 볼 때 동일한 사유와 사정을 이유로 한 이의신청은 인정되기 어렵고, 그 필요성도 크지 않다고 여겨진다. 다만 기각결정 이후 당사자는 새로운 사유나 사정변경을 이유로 다시 가처분을 신청할 수 있다고 할 것이다.

Ⅷ. 가처분결정의 취소

가처분의 인용결정 이후 사정변경이나 공익상의 이유로 가처분사유가 소멸한 경우에는 사정변경에 의한 보전처분취소 또는 특별사정에 의한 가처분취소에 관한 민사집행법 규정인 제288조 제1항과 제301조 및 제307조나, 집행정지의 취소에 관한 행정소송법 제24조 제1항을 유추적용하여 당사자의 신청이나 직권으로 가처분결정을 취소할 수 있을 것이다.

제 10 장 종국결정

Ⅰ. 종국결정의 의의와 종류

재판부가 심리를 마친 때에는 종국결정을 한다(법 제36조 제1항). 종국결정은 재판부가 심판사건을 종결하는 종국적 판단이다. 우리 헌법재판소의 경우 종국결정은 구두변론을 거쳤는지의 여부와 관계없이 언제나 '결정'의 형식으로 행해진다는 점에서 구두변론을 거친 판결(Urteil)과 그렇지 아니한 결정(Beschluß)의 두 가지 형식으로 구분해서 행해지는 독일과 다르다.

종국결정의 유형은 헌법재판의 심판종류에 따라 다르지만, 헌법소원심판청구사건을 기준으로 볼 때 심판청구가 형식요건상의 하자로 인해서 부적법한 경우에는 각하결정, 심판청구가 형식요건상 적법하지만 심판청구의 이유가 없을 때 행하는 기각결정, 청구이유가 있을 때 행하는 인용결정의 세 가지로 나눌 수 있다.

Ⅱ. 결정서의 작성

종국결정을 할 때에는 결정서를 작성하고 심판에 관여한 재판관 전원이 이에 서명·날인하여야 한다. 그리고 결정서에는 ① 사건번호와 사건명, ② 당사자와 심판수행자 또는 대리인의 표시, ③ 주문, ④ 이유, ⑤ 결정일자를 반드시 기재해야 한다(법 제36조 제2항).

심판에 관여한 재판관은 결정서에 의견을 표시하여야 한다(법 제36조 제3항). 재판관의 의견표시는 다수 재판관의 합의로 이끌어 낸 법정의견과 법정의견에 반대하는 반대의견, 법정의견과 결론은 같지만 논증방법 등을 달리하는 별개의견과 보충의견을 표시하는 의견표시가 포함된다. 재판관의 의견표시는 의무사항이다. 의견표시는 헌법재판의 투명성과 민주성 및 정당성과 권위를 강화하는 제도로 이로 인해 법정의견의 내용과 논리가 보다 정치해지고 결과적으로 헌법재판의 이론적 발전에 크게 이바지한다고 하겠다.

Ⅲ. 종국결정의 선고

종국결정의 선고는 심판정에서 한다. 다만 헌법재판소장이 필요하다고 인정하는 경우에는 심판정 외의 장소에서 종국결정의 선고를 할 수 있다(법 제33조). 결정의 선고는 공개한다(법 제34조 제1항).

Ⅳ. 결정서의 송달

종국결정이 선고되면 서기는 지체 없이 결정서 정본을 작성하여 이를 당사자에게 송달하여야 한다(법 제36조 제4항). 당사자나 관계인이 동의하면 결정서를 당사자나 관계인에게 전자정보처리조직과 그와 연계된 정보통신망을 이용하여 송달할 수 있다(법 제78조 제1항). 종국 결정이 법률의 제정 또는 개정과 관련이 있으면 그 결정서 등본을 국회 및 이해관계가 있는 국가기관에게 송부하여야 한다(심판규칙 제49조). 실무상으로는 법무부장관 등 심판사건에 관여한 국가 내지 공공단체기관이나 이해관계인에게도 결정서 등본을 송달하고 있다.

Ⅴ. 종국결정의 공시

종국결정은 관보에 게재함으로써 이를 공시한다(법 제36조 제5항). 이는 객관적 소송의 성격이 강한 헌법재판의 특성상 종국결정의 내용을 소송당사자 및 이해관계인 이외에 일반인에게도 알릴 필요가 있기 때문이라고 하겠다.

Ⅵ. 종국결정의 효력

종국결정의 효력에 관하여 법은 일반심판절차를 정한 제3장에서는 제39조에서 일사부재리의 원칙만을 규정하고 있고, 특별심판절차를 정한 제4장에서는 기속력 등에 대하여 규정하고 있다. 헌법재판은 각 심판절차별로 상이한 기능과 특성을 가지므로 종국결정의 효력도 구체적으로는 각 심판절차별로 상이한 것이 원칙일 것이다.

한편 헌법재판절차에는 법 제40조에 따라 민사소송법 등 일반법원에 적용되는 소송법이 준용되므로 일반법원의 재판에 인정되는 효력이 헌법재판의 종국결정에도 인정될 수 있다.

이에 따라 헌법재판에 있어서 종국결정의 효력으로는 일반법원의 소송에서 인정되는 효력과 헌법재판의 경우에만 인정되는 효력이 있는데, 일반적으로 거론되는 종국결정의 효력으로는 불가변력, 불가쟁력, 기판력 등의 확정력과 기속력 및 법규적 효력 등을 들 수 있다.

1. 확정력

종국결정의 효력 중 확정력에 대한 명문의 규정은 없으나, “헌법재판소는 이미 심판을 거친 동일한 사건에 대하여는 다시 심판할 수 없다.”는 법 제39조상의 일사부재리의 원칙과 헌법재판소의 심판절차에 일반적으로 준용되는 민사소송에 관한 법리에 따르면 헌법재판소의 종국결정에 확정력이 인정된다고 하겠다.

(1) 불가변력

헌법재판소는 일단 종국결정을 선고하면 동일한 심판에서 자신의 종국결정을 더 이상 취소하거나 변경할 수 없다.[1] 이를 종국결정의 불가변력 또는 자기구속력이라고 한다. 이는 동일한 심판에만 미치는 효력이므로 다른 심판과는 무관하다.

그러나 결정서에 기재된 단순한 형식상의 오류는 헌법재판소의 직권 또는 당사자의 신청에 따라 경정할 수 있다고 하겠다(법 제40조, 민사소송법 제211조 제1항).

(2) 불가쟁력

헌법재판소의 결정에 대하여는 더 이상의 상급심이 존재하지 아니하므로 종국결정에 대하여 당사자는 절차상 더 이상 다툴 수 없다. 이를 불가쟁력 또는 형식적 확정력이라고 한다. 이에 따라 종국결정에 대하여 불복신청이 허용될 수 없다.[2]

그러나 재심이 허용되는 경우에는 불가쟁력은 배제된다고 하겠다.[3][4]

---

1) 헌재 1989. 7. 24. 89헌마141, 판례집 1, 155, 156; 헌재 1993. 2. 23. 93헌마32, 판례집 5-1, 15, 16.

2) 헌재 1990. 10. 12. 90헌마170, 판례집 2, 363, 364; 헌재 1994. 12. 29. 92헌아1, 판례집 6-2, 538, 541.

3) 신평, 헌법재판법, 2011, 281쪽; 허영, 전게서, 171쪽.

4) 헌법재판소법에는 명문규정이 없지만 헌법재판소가 판례를 통해 예외적으로 재심을 허용하는 경우에는 재심의 소가 제기되면 기왕에 발생한 불가쟁력은 배제된다고 하겠다. 헌법재판소는 재심 허용 여부에 대하여 처음에는 불허입장을 견지했다(1994. 12. 29. 92헌아1). 그 후 재심 허용 여부 내지 허용 정도 등은 심판절차의 종류에 따라서 개별적으로 판단할 수밖에 없다고 유보적인 입장을 취했다(1995. 1. 20. 93헌아1). 그러다가 결국 "공권력의 작용에 대한 권리구제형 헌법소원심판절차에 있어서 '헌법재판소의 결정에 영향을 미칠 중대한 사항에 관하여 판단을 유탈한 때'를 재심사유로 허용하는 것이 헌법재판의 성질에 반한다고 볼 수는 없으므로, 민사소송법 제422조 제1항 제9호를 준용하여 '판단유탈'도 재심사유로 허용되어야 한다. 따

(3) 기판력

기판력이란 종국결정이 선고되면 당사자는 후행 심판에서 동일한 사항에 대하여 다시 심판을 청구할 수 없고, 헌법재판소도 확정재판의 판단내용에 구속되는 것을 말한다. 실체적 확정력이라고도 한다. 이에 따라 기판력이 미치는 사항에 대하여는 기판력의 영향을 받는 사람이 나중에 다른 심판절차에서 다시 청구하는 것이 허용되지 않고, 헌법재판소로서도 그 처음의 판단에 구속된다.[1] 기판력은 확정된 재판내용에 대해 당해 심판보다는 후행 심판에서 당사자 및 헌법재판소를 구속한다는 측면에서, 재판을 행한 헌법재판소 자신과의 관계에서 논의되는 불가변력이나 당해 심판에서 당사자와의 관계에서 논의되는 불가쟁력과 구별된다.[2]

이와 관련하여 헌법재판소도 재판의 지연 위헌확인 등 사건에서 "헌법소원심판청구가 부적법하다고 하여 헌법재판소가 각하결정을 하였을 경우에는, 그 각하결정에서 판시한 요건의 흠결을 보정할 수 있는 때에 한하여 그 요건의 흠결을 보정하여 다시 심판청구를 하는 것은 모르되, 그러한 요건의 흠결을 보완하지 아니한 채로 동일한 내용의 심판청구를 되풀이하는 것은 허용될 수 없다는 것이 우리재판소의 확립된 판례이다."라고 판시하고 있고,[3] 상속세법 시행령 부칙 제2항 위헌확인 등 사

라서 종전에 이와 견해를 행정작용에 속하는 공권력 작용을 대상으로 한 권리구제형 헌법소원에 있어서 판단유탈은 재심사유가 되지 아니한다는 취지의 의견은 이를 변경하기로 한다."라고 판시함으로써 종전의 태도를 변경했다(2001. 9. 27. 2001헌아3). 그 후 헌법재판소는 통합진보당 해산(재심) 사건에서 정당해산결정에 대한 재심을 원칙적으로 허용했다(2016. 5. 26. 2015헌아20). 이에 따르면 결국 재심을 허용하지 아니함으로써 얻을 수 있는 법적 안정성의 이익과 재심을 허용함으로써 얻을 수 있는 구체적 타당성의 이익을 상호 형량하여 결정할 수밖에 없을 것이고, 따라서 재심이 허용된다면 그 한도에서 불가쟁력은 배제된다고 하겠다. 재심에 대하여 자세한 것은 후술할 제11장 재심 참조.

1) 신평, 전게서, 282쪽.

2) 실무제요, 82쪽.

3) 헌재 1993. 6. 29. 93헌마123, 판례집 5-1, 441, 443.

건에서도 "헌법소원심판청구가 부적법하다고 하여 헌법재판소가 각하결정을 하였을 경우에는, 그 각하결정에서 판시한 요건의 흠결을 보정할 수 있는 때에 한하여 그 요건의 흠결을 보정하여 다시 심판청구를 하는 것은 모르되, 그러한 요건의 흠결을 보완하지 아니한 채로 동일한 내용의 심판청구를 되풀이하는 것은 허용될 수 없고, 헌법재판소는 이미 심판을 거친 동일한 사건에 대하여는 다시 심판할 수 없으므로, 헌법재판소의 결정에 대하여는 원칙적으로 불복신청이 허용되지 아니한다."라고 판시함으로써 기판력에 근거하여 사건을 각하하고 있다.[1)]

2. 기속력

(1) 의의와 법적 근거

기속력은 종국결정이 국가권력에 대하여 가지는 효력으로서 모든 종국결정에서 발생하는 것은 아니고 헌법재판소법에서 정하는 경우에만 인정되는 효력이다.

법 제47조 제1항은 법률의 위헌결정에 대하여 "법률의 위헌결정은 법원과 그 밖의 국가기관 및 지방자치단체를 기속한다."라고 규정하고 있고, 법 제75조 제6항은 법 제68조 제2항의 위헌법률심사형 헌법소원에 대하여 "제68조 제2항에 따른 헌법소원을 인용하는 경우에는 제45조 및 제47조를 준용한다."라고 규정하고 있으며, 법 제67조 제1항은 권한쟁의심판의 결정에 대하여 "헌법재판소의 권한쟁의심판의 결정은 모든 국가기관과 지방자치단체를 기속한다."라고 규정하고 있고, 법 제75조 제1항은 헌법소원의 인용결정에 대하여 "헌법소원의 인용결정은 모든 국가기관과 지방자치단체를 기속한다."라고 규정하고 있어 규범통제와 헌법소원심판의 인용결정 및 권한쟁의심판의 결정에 있어서의 기속력을 인정하고 있다.

---

1) 헌재 2001. 6. 28. 98헌마485, 판례집 13-1, 1379, 1388-1389.

(2) 내 용

기속력에 따라 모든 국가기관은 헌법재판소의 구체적인 결정에 따라야 하고, 따라서 기속력은 모든 국가기관이 향후 공력력작용을 하는 경우 헌법재판소의 결정을 존중해야 하는 결정준수의무를 발생시킨다. 이에 따라 공권력의 불행사에 대한 헌법소원심판청구를 인용하거나 부작위에 대한 권한쟁의심판청구를 인용하는 결정을 한 때에는 피청구인은 결정취지에 따른 처분을 하여야 한다(법 제66조 제2항, 제75조 제4항). 또한 헌법재판소가 위헌으로 판단한 공권력작용을 반복하지 않도록 하는 반복금지의무도 발생시킨다.

이러한 반복금지의무와 관련하여 문제가 제기되는 것은 위헌으로 결정한 법률조항을 국회가 반복해서 입법하는 것도 금지되는지의 여부이다. 이에 대하여는 아래의 기속력의 주관적 범위와 관련하여 언급하기로 한다.

(3) 기속력의 주관적 범위

기속력이 미치는 대상의 범위를 기속력의 주관적 범위라고 한다. 법 제47조 제1항, 제67조 제1항, 제75조 제1항이 규정하고 있듯이 기속력은 '법원 기타 국가기관과 지방자치단체'에 미친다. 이는 원칙적으로 모든 공권력 주체, 즉 입법·행정·사법기관과 지방자치단체 기타 공공단체를 모두 포함하며, 국가적 공권을 부여받은 사인(공무수탁사인)도 해당된다고 할 것이다.[1] 다만 헌법재판소의 경우는 예외라고 하겠다. 왜냐하면 헌법재판소는 변화된 헌법이론과 상황에 따라, 또는 과거 내린 결정이 잘못된 헌법적 논증에 바탕을 두었다는 이유 등으로 판례변경을 할 수 있어야 하는데 기속력이 헌법재판소에까지 미친다면 이러한 판례변경이나 새로운 헌법이론과 발전의 수용이 불가능하기 때문이다.

---

1) 실무제요, 86쪽.

기속력의 주관적 범위와 관련하여 문제가 되는 것은 앞서 반복금지의무와 관련하여 언급한 바와 같이 기속력이 입법자에게도 미치는가의 여부이다. 즉 입법자가 위헌결정된 이전의 법률조항과 동일한 내용의 반복입법을 할 수 있느냐의 문제이다. 이에 대한 견해는 갈린다.[1)]

1) 기속설

헌법새판소 위헌결정의 기속력이 국회에도 미친다는 입장이다. 이에 따라 국회에 미치는 위헌결정의 기속력의 내용은 위헌결정된 법률조항의 반복입법금지를 의미한다. 즉 입법자가 위헌결정된 법률이나 법률조항과 동일하거나 본질적으로 유사한 내용의 입법을 할 경우 이는 위헌결정의 기속력을 위반하는 것으로서 금지되고, 결과적으로 중대하고 명백한 하자를 가지는 것으로서 무효가 된다고 보는 입장이다.

2) 비기속설

헌법재판소 위헌결정의 기속력이 국회를 기속하지 못한다는 입장이다. 따라서 입법자가 위헌결정된 법률이나 법률조항과 동일하거나 본질적으로 유사한 내용의 입법을 할 수 있고, 이 경우 만일 이러한 반복입법에 대하여 헌법소송이 제기되면 헌법재판소는 새롭게 본안판단을 해야 한다는 것이다.

이에 따르면 변동하는 사회적 요청과 변화하는 사회질서에 법질서를 적절하게 적용시켜야 하는 것은 민주적 정당성을 지니고 있는 입법자에게 부여된 특별한 책무이며, 이를 수행하는 것이 입법자에게 주어진 입법형성의 책무를 다하는 것이다. 그런데 입법자가 위헌결정에 기속당하면 이러한 책무를 수행할 수 없다. 헌법재판소가 당해 결정을 스스로 취소·변경할 수 없는 점을 고려하면 입법자에 의하여 헌법재판소의 오류를 바로 잡거나 판례를 수정할 기회가 부여 되어야 하고, 입법자의 이러

---

1) 이에 대하여 자세한 것은 정연주, 위헌결정의 기속력, 헌법논총 17집, 헌법재판소, 2006. 12, 403쪽 이하 참조.

한 행위는 법 발전의 고착화를 방지한다는 것이다.

3) 제한적 기속설

이는 입법자에게도 원칙적으로 위헌결정의 기속력이 미치나, 정당한 특별한 사유가 있는 경우에는 기속력이 미치지 않는다는 입장이다. 즉 국회도 원칙적으로 위헌결정에 기속되고, 따라서 위헌결정된 법률조항의 반복입법은 금지되나, 국회는 다른 국가기관과는 달리 넓은 입법형성권을 가지지 때문에 정당한 특별한 사유가 있는 경우 위헌결정된 법률조항과 동일하거나 본질적으로 유사한 내용의 입법을 다시 할 수 있다고 보는 견해이다.

4) 결어(기관상호존중설)

먼저 기속설에는 동의할 수 없다. 왜냐하면 입법자는 헌법재판소의 결정에 기속되는 것이 아니라 헌법에만 기속되기 때문이다. 헌법재판소의 결정에 입법자를 기속하는 헌법적 차원의 효력이 주어지는 것은 아니고, 헌법에 대한 독점적 해석권이 헌법재판소에게 부여되어 있는 것도 아니다. 또한 입법자의 입법형성권, 시대상황과 생활감각의 변화 반영요구, 헌법과 헌법이론의 발전과 판례의 발전 등을 감안할 때 법률조항에 대한 위헌결정의 기속력은 원칙적으로 입법자에게 미친다고 볼 수 없다. 입법자는 법률을 통해 헌법을 구체화시키는 헌법의 일차적 해석자로서 원칙적으로 반복입법의 자유를 가지는 것이다.

결국 위헌결정의 기속력이 입법자에게 미친다고 볼 수 없다. 헌법재판소의 모든 결정의 기속력은 그 구체적인 해당 소송대상, 즉 위헌·무효로 선언된 바로 그 법률에 대해서만 미치며, 그 사안에서만 헌법재판소 자신과 입법자를 기속한다. 그러나 만일 또 하나의 다른 새로운 법률이 제정된다면 이는 비록 그 내용이 전체적으로 또는 부분적으로 이전의 법률과 동일하다 하더라도 더 이상 그 이전의 소송대상이었던 법률과 동일시되어질 수는 없다. 따라서 이전의 헌법재판소 결정은 더 이상 이에 대하여 기속력을 미칠 수 없다. 그 결정내용의 주된 논거 역시 더 이상 기속력을 가지지 못한다. 만일 그렇지 않다면 헌법재판소는 도대체 자신의 판례를 재검토하고 보다 나은 법적 이해와 통찰력을 가지고 이를 수정할 수 있는 기회를 가질 수 없을 것이다. 이러한 입장을 취할 때에만 법 발전의 고착화 내지 퇴행을 방지할 수 있을 것이다. 헌법재판소의 한번의 판단이 더 이상의 발전과 변화가 있을 수 없는 최후의 판단일 수는 없다는 것이다. 이처럼 위헌결정의 기속력이 입법자에게 미치지 않는다는 점에서 위헌결정의 기속력이 제한적이지만 원칙적으로 입법자에게 미친다고 보는 제한적 기속설도 타당하다고 보기 어렵다.

그러나 다른 한편 위헌결정의 기속력이 입법자에게 미치지 않는다고 보는 견해는 이른바 '기관상호간 존중(Organtreue)의 원칙'에 의하여 보완되어야 할 것이다. 이 원칙은 모든 국가기관 내지 헌법기관은 그 기능과 활동에 있어서 상호 협력해야 하며, 어떠한 국가기관도 다른 국가기관을 경시해서는 아니되고 상호 존중할 것을 요구한다. 이 원칙을 이 사안에 적용하면 입법자는 원칙적으로 반복입법을 할 수는 있으나, 이는 어디까지나 또 다른 국가기관이자 최후의 헌법해석기관인 헌법재판소의 결정취지와 권위를 존중하는 한도에서만 허용될 수 있다고 하겠다. 위헌결정의 기속력이 입법자에게 미치지 않고 반복입법이 허용된다는 것이 입법자의 자의를 허용한다는 것을 의미하는 것은 아니기 때문이다. 다시 말해 헌법재판소의 위헌결정의 기속력이 입법자에게 미치지 않기 때문에 원칙적으로 입법자는 헌법재판소의 위헌결정을 받은 법률조항과 동일하거나 유사한 내용의 법률조항을 또 다시 제정할 수는 있으나 이 경우 입법자는 무제한으로 반복입법을 할 수는 없고, 그러한 반복입법을 정당화시키는 사유가 존재할 때에만 행할 수 있다는 것이며, 그럴 경우에만 헌법재판소의 결정취지와 최후의 헌법수호기관으로서의 헌법재판소의 권위가 존중되고, 입법권의 자의와 남용이 억제되며, 결국 권력분립의 정신과 법적 안정성 및 법적·정치적 평화가 유지되고 사회적 통합이 실현될 수 있기 때문이다. 여기서 이러한 입장을 '기관상호존중설'이라고 명명하기로 한다.

이러한 기관상호간 존중의 원칙은 헌법상의 권력분립의 원칙에서 도출될 수 있다고 본다. 왜냐하면 만일 이러한 원칙이 요구되지 않는다면 국가기관은 다른 국가기관의 합헌적인 행위에 대하여 배치되는 행위를 할 수 있고, 그럴 경우 헌법질서와 법적 안정성 및 법적·정치적 평화가 파괴되며, 결국 이는 기관 상호간의 견제와 균형을 핵심내용으로 하는 권력분립의 원칙의 파괴와 이러한 헌법적 원칙과 가치의 최후수호기능을 가지는 헌법재판소의 기능과 권위를 무력화시키는 것이 되기 때문이다.

한편 위헌결정의 기속력이 입법자에게 미치지 않는다는 점에서는 기관상호존중설이 비기속설과 차이가 없지만, 전자의 경우 반복입법에 있어서 기관상호존중의 원칙에서 오는 일정한 제한을 받는다는 점에서 구별된다고 하겠다. 바로 이러한 점에서 비기속설에도 동의하기 어렵다고 하겠다.

끝으로 기관상호존중설은 입법자에게 기속력이 미치는지의 여부와 관련해서는 제한적 기속설과 구별이 되지만, 특별한 사유가 존재할 경우에만 반복입법이 정당화되어지고 그렇지 않을 경우에는 반복입법이 정당화될 수 없다는 점에서는 결과적으로 제한적 기속설과 유사하다고 하겠다.

결론적으로 입법자는 형식적으로는 헌법재판소의 선행결정에 기속되지는 않는다. 그러나 특별한 정당화 사유가 존재할 때에만 반복입법을 할 수 있으며, 이 경우 이러한 입법자의 태도는 기관상호간 존중의 원칙을 준수한 것으로 보아야 할 것이다.

(4) 기속력의 객관적 범위

1) 기속력 인정의 범위

기속력이 주문에만 인정되는지 아니면 결정주문을 직접적으로 뒷받침하는 핵심적인 주된 이유에도 인정되는지의 문제가 바로 기속력의 객관적 범위의 문제이다. 법률의 위헌결정이나 헌법소원의 인용결정 등의 주문에 기속력이 미친다는 사실에는 의문이 없다. 아울러 결정내용에 본질적인 의미를 갖지 않는 단순한 부수적 이유(obiter dicta)에까지 기속력이 미친다고 보는 입장도 없다. 따라서 문제는 결정주문을 직접적으로 뒷받침하는 핵심적인 결정이유(tragende Gründe)에도 기속력이 미치는가이다.

결론적으로 기속력의 객관적 범위에는 주된 이유까지도 포함된다고 보아야 할 것이다. 왜냐하면 헌법재판의 기능은 단순히 하나의 사건을 해결하는데 그치는 것이 아니라 헌법수호, 중요한 헌법적 해명, 유사한 사긴 반복방지 등 거시적이고 일빈적인 기능을 가져서 거의 객관적 소송화 되고 있다는 점과 위헌결정의 대세효, 직권심리주의 등 헌법재판의 특성을 감안할 때 기속력이 인정되는 범위에 단지 주문만이 포함되는 것이 아니라 그 위헌의 중요한 논거 내지 이유까지도 포함된다고 보아할 것이고, 따라서 그러한 논거가 다음의 유사한 다른 사건에도 효력을 미칠 때 헌법재판의 위에서 언급한 기능들이 제대로 실현될 수 있을 것이기 때문이다. 또한 그럴 때 비로소 관련 판례의 축적이 의미 있는 기능을 가지게 될 것이다. 왜냐하면 헌법을 구체화하고 헌법을 해석하는 것이 헌법재판소의 기본적 기능인데 이는 일반적으로 결정의 주문이 아닌 그 결정이유에서 이루어지며, 그러한 결정이유의 축적이 바로 헌법판례의 축적이라고 할 수 있기 때문이다. 그렇지 않다면 헌법재판소 판례의 의미와 기속력이 퇴색될 것이다.

아울러 위헌결정의 주문만으로 구체적인 내용을 알 수 없을 경우 이를 뒷받침하는 결정의 주된 이유에 대하여도 기속력을 인정해야 비로소 그 주문의 기속력이 구체적으로 실효성을 가질 것이고, 만일 그렇지 않다면 입법부 등 국가기관의 헌법재판소 결정 준수의무를 기대할 수 없어, 결과적으로 주문 자체의 기속력과 헌법재판소의 위헌결정의 의미를 반감시킬 것이다. 예컨대 헌법재판소가 입법촉구를 내용으로 하는 헌법불합치결정을 내릴 경우 입법부가 해당 법률이 위헌이라는 사실 뿐 아니라 그 위헌의 주된 이유에 기속될 때 향후 헌법재판소의 결정취지에 따른 합헌적인 입법을 행할 수 있을 것이다.[1)]

---

1) 자세한 것은 정연주, 안마사결정의 재검토, 홍익법학 제10권 2호, 홍익대학교 법학

2) 기속력인정의 정족수

한편 결정주문 이외에 위헌결정의 중요한 이유에도 기속력이 인정된다고 할 때 그 주된 이유에 찬성한 재판관의 정족수가 문제될 수 있다. 즉 위헌결정을 위해 재판관 6인 이상의 찬성이라는 정족수가 요구되듯이 결정주문을 뒷받침하는 주된 이유에 대하여 기속력이 인정되기 위해서도 그 각각의 이유에 재판관 6인 이상의 찬성이 있어야 할 것인지가 문제된다.

이와 관련하여 헌법재판소는 의료법 제61조 제1항 중 장애인복지법에 따른 시각장애인 중 부분 위헌확인사건에서 "… 입법자인 국회에게 기속력이 미치는지 여부, 나아가 결정주문뿐 아니라 결정이유에까지 기속력을 인정할지 여부 등이 문제될 수 있는데, 이에 대하여는 헌법재판소의 헌법재판권 내지 사법권의 범위와 한계, 국회의 입법권의 범위와 한계 등을 고려하여 신중하게 접근할 필요가 있을 것이다. 이 사건에서 청구인들은, 헌법재판소가 2003헌마715등 사건[1]에서 시각장애인에게만 안마사 자격을 인정하는 이른바 비맹제외기준이 과잉금지원칙에 위반하여 비시각장애인의 직업선택의 자유를 침해한다는 이유로 위헌결정을 하였음에도 불구하고 국회가 다시 비맹제외기준과 본질적으로 동일한 내용의 이 사건 법률조항을 개정한 것은 비맹제외기준이 과잉금지원칙에 위반한다고 한 위헌결정의 기속력에 저촉된다는 취지로 주장하는바, 이는 기본적으로 위 위헌결정의 이유 중 비맹제외기준이 과잉금지원칙에 위반한다는 점에 대하여 기속력을 인정하는 전제에 선 것이라고 할 것이다. 앞서 본 바와 같이 결정이유에까지 기속력을 인정할지 여부 등에 대하여는 신중하게 접근할 필요가 있을 것이나 설령 결정이유에까지 기속력을 인정한다고 하더라도, 결정주문을 뒷받침하는 결정이유에 대하여 적어도 위헌결정의 정족수인 재판관 6인 이상의 찬성이 있어야 할 것이고(헌법 제113조 제1항 및 헌법재판소법 제23조 제2항 참조), 이에 미달할 경우에는 결

연구소, 2009. 6, 317쪽 이하 참조.

1) 헌재 2006. 5. 25. 2003헌마715 등, 판례집 18-1 하, 112.

정이유에 대하여 기속력을 인정할 여지가 없는데, 헌법재판소가 2006. 5. 25. '안마사에 관한 규칙'(2000. 6. 16. 보건복지부령 제153호로 개정된 것) 제3조 제1항 제1호와 제2호 중 각 '앞을 보지 못하는' 부분에 대하여 위헌으로 결정한 2003헌마715등 사건의 경우 그 결정이유에서 비맹제외기준이 과잉금지원칙에 위반한다는 점과 관련하여서는 재판관 5인만이 찬성하였을 뿐이므로 위 과잉금지원칙 위반의 점에 대하여 기속력이 인정될 여지가 없다고 할 것이다."라고 하여 설사 결정의 주된 이유에까지 기속력을 인정하더라도 반드시 각각의 이유에 재판관 6인 이상의 찬성이 있을 때에만 그 이유가 기속력을 가진다고 판시하고 있다.[1]

그러나 이러한 헌법재판소의 견해에는 동의할 수 없다. 결론적으로 각각의 주된 이유가 재판관 6인 이상의 찬성을 얻지 못한 경우라고 할지라도 기속력을 가진다고 보아야 할 것이다. 만일 그렇지 않다면 상황에 따라서는 어떠한 주된 논거나 이유도 기속력을 가지지 못한다는 모순에 빠질 수 있고, 결국 무한대로 반복입법이 허용되어 위헌결정의 기속력의 의미와 실효성이 퇴색될 수 있기 때문이다.

왜냐하면 법 제23조 제2항에 따른 위헌결정의 정족수는 문자 그대로 위헌결정을 내릴 수 있는지의 여부를 결정하는 기준으로서 이는 구체적인 위헌논거에 따른 각각의 재판관의 수가 아니라 결과적으로 위헌결정에 가담하는 전체 재판관의 수에 관한 것이고, 따라서 어떠한 논거에 의하건 심판의 대상이 된 법조항에 대하여 위헌이라고 판단하는 재판관의 수가 6인 이상이면 위헌결정을 내리게 되며, 그 위헌결정은 – 위헌결정의 기속력이 입법자에게도 미친다고 하는 기속설 또는 제한적 기속설의 입장을 취한다면 – 입법자에 대하여 기속력을 가지게 되기 때문이다. 따라서 위헌결정의 기속력은 일단 해당 법조항이 위헌결정을 받으면 그 주된 위헌논거는 그 논거에 찬성한 재판관의 정족수에 관계없이 효력을 미치는 것이지 위헌결정에 가담한 6인 이상의 재판관들 중 각각의 상호 다

1) 헌재 2008. 10. 30. 2006헌마1098등, 판례집 20-2상, 1089, 1103-1104.

른 위헌논거에 찬성한 재판관들의 수에 따라 달라지는 것은 결코 아니다. 즉 위헌결정의 정족수가 재판관 6인 이상이라는 규정은 위헌에 찬성한 재판관들 사이에서 설사 위헌의 논거가 서로 상이하다고 하더라도 일단 결과적으로 위헌이라고 판단하는 재판관의 수가 6인 이상이면 위헌결정을 내릴 수 있다는 것을 의미할 뿐이지 그 위헌결정의 각각의 논거에 찬성한 재판관의 수가 6인 이상일 경우에만 그 각각의 논거에 기속력이 인정되는 것을 의미하는 것은 아니라는 것이다. 다시 말해 일단 위헌결정이 이루어지면 그 위헌 논거가 재판관들 사이에서 갈린다고 하더라도 그 위헌결정의 기속력은 합일적으로 미치는 것이다. 따라서 헌법재판소의 위 2003헌마715 결정의 경우 설사 과잉금지원칙 위반으로 인한 직업의 자유 침해를 이유로 위헌결정에 가담한 재판관의 수가 5인이라고 할지라도 그 과잉금지원칙 위반으로 인한 직업의 자유 침해를 이유로 하는 위 위헌결정은 당연히 기속력을 가지는 것이다. 만일 그렇지 않다면 비록 결과적으로 위헌에 가담한 전체 재판관의 수가 6인 이상이라고 할지라도 그 6인 이상의 재판관들 사이에서 위헌논거가 갈려 각각의 위헌논거 중 어느 위헌논거에도 6인 이상의 재판관이 찬성하지 않았을 경우에는 그 위헌결정은 위헌이면서도 전혀 위헌결정의 기속력을 가지지 못한다는 모순에 빠지게 되고, 따라서 어느 국가기관도 헌법재판소의 위헌결정에 기속되지 않고, 아울러 국회도 당연히 아무런 제한 없이 반복입법을 할 수 있다는 잘못된 결론에 도달하게 될 것이다.

한편 헌법재판소는 위 2003헌마715 결정에서 위헌의 형식적 논거인 법률유보의 원칙 위반 여부와 관련하여서도 6인이 아닌 5인의 재판관만 명시적으로 위헌이라고 판시했는데, 만일 결정의 주된 이유에도 재판관 6인 이상의 찬성이 있을 때에만 기속력이 인정된다는 헌법재판소의 견해에 따른다면 국회는 이러한 법률유보의 원칙 위반이라는 이유에 기속되지 않게 되고, 따라서 헌법재판소의 위헌결정에 관계없이 계속해서 법률이 아닌 규칙에 비맹제외기준을 정할 수 있었다. 그런데 국회는 헌법재판소 결정의 주된 이유를 선별적으로 존중해서 한편에서는 법률유보원칙

위반이라는 헌법재판소의 위헌결정의 논거에 따라 비맹제외기준을 규칙이 아닌 법률에 정하면서도, 다른 한편 똑같이 5인의 재판관만 찬성을 한 과잉금지원칙 위반으로 인한 직업의 자유 침해라는 결정 이유는 국회가 무시하여 비맹제외기준을 유지하는 반복입법을 했다. 그러나 이는 국회가 헌법적 이유에서 보다는 위 2003헌마715 결정으로 타격을 받게 될 시각장애인들의 거센 저항과 이들에 동정적인 여론의 압력을 받아 헌법재판소의 비맹제외기준에 대한 위헌결정에도 불구하고 어쩔 수 없이 여전히 비맹제외기준을 유지하는 반복입법을 하면서도, 다른 한편 헌법재판소의 위헌결정의 기속력을 무력화하고 헌법재판소를 무시한다는 비판을 피하기 위하여 입법형식을 법률로 고양시킴으로써 헌법재판소의 위헌결정의 기속력을 존중한다는 외관을 갖추고자 하는 일종의 정치적 타협으로서, 결국 국회가 위 2003헌마715 결정의 주된 이유를 자의적으로 취사선택한 것으로 보지 않을 수 없다.

또한 헌법재판소도 그 후의 2006헌마1098 결정에서 이러한 국회의 이중적이고 자의적인 태도에 대하여, 그리고 이와 관련한 기속력의 주관적 범위와 객관적 범위 및 기속력 인정의 정족수 등에 대하여 헌법적 평가를 회피하거나 왜곡된 판단을 내린 것이다. 이는 헌법재판이 가지는 중요한 헌법적 해명 등의 기능을 약화시키는 일종의 직무유기라고 볼 수 있다.

3. 법규적 효력

종국결정의 법규적 효력이란 종국결정이 일반국민에게 하나의 법규처럼 효력을 미친다는 것을 말한다. 즉 헌법재판소의 위헌결정에 대하여 소송당사자를 수범인으로 하는 기판력의 주관적 범위와 국가기관 등을 수범인으로 하는 기속력의 주관적 범위를 넘어서 일반사인에게도 그 효력이 법규처럼 미치는 일반적 구속성을 의미한다.[1] 일반적 구속력이라고

1) 실무제요, 86쪽.

도 한다. 따라서 법률 또는 법률조항에 대한 위헌결정의 효력은 이처럼 소송당사자 뿐만 아니라 국가기관을 비롯한 국민 모두에게 일반적으로 효력을 미침으로써 국가기관과 마찬가지로 일반국민은 위헌선언된 법규범에 대하여 더 이상 구속을 받지 않는다.

이러한 법규적 효력을 명문으로 직접 인정한 법규정은 없다. 그러나 법 제47조 제2항이 "위헌으로 결정된 법률 또는 법률의 조항은 그 결정이 있는 날부터 효력을 상실한다."라고 규정하고 있고, 동조 제3항이 "제2항에도 불구하고 형벌에 관한 법률 또는 법률의 조항은 소급하여 그 효력을 상실한다. 다만, 해당 법률 또는 법률의 조항에 대하여 종전에 합헌으로 결정한 사건이 있는 경우에는 그 결정이 있는 날의 다음 날로 소급하여 효력을 상실한다."라고 규정하고 있으며, 법 제75조 제6항은 동조 제5항의 경우(헌법소원심판에서 공권력의 행사 또는 불행사가 위헌인 법률 또는 법률의 조항에 기인한 것이라고 인정되어 인용결정에서 해당 법률 또는 법률의 조항이 위헌임을 선고하는 경우) 및 법 제68조 제2항의 위헌법률심사형 헌법소원심판절차에서 법률 또는 법률의 조항이 위헌이라는 인용결정을 하는 경우에는 위 제47조 제2항과 제3항을 준용하도록 규정하고 있으므로 이들 조항을 법규적 효력의 근거로 볼 수 있다고 할 것이다.[1)]

참고로 독일 연방헌법재판소법 제31조 제2항은 연방헌법재판소가 행하는 법률의 합헌 또는 위헌결정은 법률적 효력(Gesetzeskraft)을 가지고, 연방법무장관이 결정주문을 연방법률관보에 공시해야 한다고 규정하고 있다.

Ⅶ. 종국결정의 집행력

헌법재판소법상 종국결정의 집행력에 대한 일반적 규정이 없다. 다만 법 제60조가 정당해산결정의 집행에 대하여 "정당의 해산을 명하는 헌법

1) 실무제요, 86쪽 이하.

재판소의 결정은 중앙선거관리위원회가 정당법의 규정에 의하여 이를 집행한다."라고 규정하고 있을 뿐이다. 이 점이 우리 헌법재판의 문제점 중의 하나라고 하겠다. 참고로 독일의 경우 연방헌법재판소법 제35조는 연방헌법재판소가 결정의 집행자를 지정하고, 개별사건에서 집행방법 및 유형 등을 규율할 수 있도록 규정하고 있다. 차제에 우리도 입법적 보완을 통해 집행력을 확보하는 방안을 강구해야 할 것이다.

제 11 장 재 심

Ⅰ. 의의와 필요성

일반적으로 재심이란 확정된 종국판결에 중대한 흠이 있는 경우에 그 판결의 취소와 사건의 재심판을 구하는 비상의 불복신청방법이다. 일단 판결이 확정되면 이를 존중하는 것이 원칙이나, 그 흠이 너무나 중대한 경우에는 예외적으로 그 판결을 취소할 수 있도록 하는 것이 재심의 취지로서 이는 법적 안정성과 구체적 정의실현이라는 상반된 가치의 타협이라고 하겠다.[1)]

그런데 헌법재판의 경우에는 법상 재심에 관한 규정이 없다.[2)] 따라서 헌법재판소의 결정에 대하여 재심을 허용할 수 있는가 하는 점에 관하여 논란이 있을 수 있다.

헌법재판은 일반법원의 재판과는 달리, 사실 판단이나 그에 대한 법령 적용을 주된 임무로 하는 것이 아니라 헌법의 해석을 주된 임무로 하고 있고, 그 결정의 효력은 당사자만이 아니라 국가기관은 물론, 일반 국민들에 대해서도 미치기 때문에 헌법재판에 있어서 재심은 신중해야 한다. 만약 헌법재판소가 어떤 특정 사건에 대해 결정을 선고한다고 하더라도 후에 불복할 수 있어 그 결정이 확정적인 효력을 가지지 못하게 된다면, 문제가 된 법령 등은 계속적인 동일한 소송의 제기로 인해 그 시

---

1) 신평, 전게서, 301쪽.

2) 법 제75조 제7항은 "제68조 제2항에 따른 헌법소원이 인용된 경우에 해당 헌법소원과 관련된 소송사건이 이미 확정된 때에는 당사자는 재심을 청구할 수 있다."라고 규정하고 있으나 이는 헌법재판의 종국결정에 대한 재심규정이 아니고 일반법원에서 이루어진 재판에 대한 재심에 관한 것이다.

행 여부가 불투명해질 것이고, 당사자가 계속적인 소송 제기를 멈추지 않는 한 법적 불안정 상태는 지속될 것이다. 따라서 법적 안정성의 조기 확보나 소송경제를 위해 재심을 제한하는 것은 지나친 재판청구권의 제약이라고 할 수 없다.[1]

그러나 이미 심판을 거친 동일한 사건이라고 하더라도 다시 심판청구하는 것을 예외 없이 금지하게 되면, 당사자에게 심히 불합리한 결과를 야기하고 정의에 반하는 경우도 있을 수 있다. 예컨대 헌법재판소가 절차상 중대한 위법을 범하거나 그 주문에 영향을 미칠만한 중요 부분에 대해 판단을 유탈하는 경우와 같이 그 심판에 있어 현저히 잘못을 범한 경우가 이에 해당할 것이다. 이러한 경우에 이를 시정할 수 있는 기회가 완전히 봉쇄된다면 헌법재판에 대한 국민의 신뢰가 무너져 법치주의의 근간을 흔들게 될 것이다. 따라서 재심의 불허가 극히 부당한 경우에는 예외적으로 다시 심판을 받을 수 있는 기회가 주어지는 것이 바람직하다고 볼 수 있다.[2]

Ⅱ. 재심에 대한 헌법재판소의 판례

1. 재심이 허용되는 심판의 종류

헌법재판은 심판의 종류에 따라 그 절차의 내용과 결정의 효과가 한결같지 아니하기 때문에 재심의 허용 여부 내지 허용 정도 등은 심판절차의 종류에 따라서 개별적으로 판단될 수밖에 없다고 할 것이다.[3]

재심이 허용될 수 있는 심판의 종류에 대하여 헌법재판소는 민사소송법 제118조에 대한 헌법소원사건에서 "헌법재판소법 제68조 제2항에 의한

1) 헌재 2005. 12. 22. 2005헌마330.

2) 헌재 2005. 12. 22, 2005헌마330.

3) 헌재 1995. 1. 20. 93헌아1, 판례집 7-1, 113, 119-120.

헌법소원에 있어서 인용결정은 위헌법률심판의 경우와 마찬가지로 이른바 일반적 기속력과 대세적·법규적 효력을 가진다. 이러한 효력은 법원에서의 구체적·개별적 소송사건에서 확정된 판결이 그 기속력이나 확정력에 있어서 원칙적으로 소송당사자에게만 한정하여 그 효력이 미치는 것과 크게 다른 것이다. … 위헌법률심판을 구하는 헌법소원에 대한 헌법재판소의 결정에 대하여는 재심을 허용하지 아니함으로써 얻을 수 있는 법적 안정성의 이익이 재심을 허용함으로써 얻을 수 있는 구체적 타당성의 이익보다 훨씬 높을 것으로 쉽사리 예상할 수 있고, 따라서 헌법재판소의 이러한 결정에는 재심에 의한 불복방법이 그 성질상 허용될 수 없다고 보는 것이 상당하다고 할 것이다."라고 판시하고 있고,[1] 불기소처분취소(재심)사건에서는 "헌법재판소법 제68조 제1항에 의한 헌법소원 중 행정작용에 속하는 공권력 작용을 대상으로 하는 권리구제형 헌법소원절차에 있어서는, 사안의 성질상 헌법재판소의 결정에 대한 재심은 재판부의 구성이 위법한 경우 등 절차상 중대하고도 명백한 위법이 있어서 재심을 허용하지 아니하면 현저히 정의에 반하는 경우에 한하여 제한적으로 허용될 수 있을 뿐이라고 해석함이 상당할 것이다."[2]라고 판시하고 있는데, 이러한 헌법소원에 관한 헌법재판소의 결정에 대한 재심절차의 허용 여부에 관한 헌법재판소의 견해를 종합하면, 헌법수호, 권력통제, 정치적 평화보장 등 객관적 헌법질서유지의 기능을 가지는 위헌법률심판이나 탄핵심판, 권한쟁의심판 및 위헌법률심사형 헌법소원심판과 법령에 헌법소원심판의 경우에는 재심이 허용되기 어렵고, 권리구제형 헌법소원 중 행정작용에 대한 헌법소원심판의 경우에는 제한적으로 재심이 허용될 수 있다고 하겠다.

그 후 헌법재판소는 통합진보당 해산(재심) 사건에서 "정당해산심판은 일반적 기속력과 대세적·법규적 효력을 가지는 법령에 대한 헌법재판소의 결정과 달리 원칙적으로 해당 정당에게만 그 효력이 미친다. 또 정당해산결정은 해당 정당의 해산에 그치지 않고 대체정당이나 유사정당의

1) 헌재 1992. 6. 26. 90헌아1, 판례집 4, 378, 384-385.
2) 헌재 1995. 1. 20. 93헌아1, 판례집 7-1, 113, 121.

설립까지 금지하는 효력을 가지므로, 오류가 드러난 결정을 바로잡지 못한다면 현 시점의 민주주의가 훼손되는 것에 그치지 않고 장래 세대의 정치적 의사결정에까지 부당한 제약을 초래할 수 있다. 따라서 정당해산심판절차에서는 재심을 허용하지 아니함으로써 얻을 수 있는 법적 안정성의 이익보다 재심을 허용함으로써 얻을 수 있는 구체적 타당성의 이익이 더 크므로 재심을 허용하여야 한다."라고 판시함으로써 – 결과적으로는 적법한 재심사유가 존재하지 않는다는 이유로 사건을 각하했지만 – 정당해산결정에 대한 재심을 원칙적으로 허용했다.[1] 그런데 이러한 법정의견에 대하여는 "정당해산결정으로 그 정당의 존립과 활동이 금지되고, 정당의 잔여재산은 국고에 귀속되며, 해산된 정당과 유사한 목적을 가지는 이른바 대체정당의 창설도 금지된다. 특히 그 정당 소속 국회의원들의 의원직이 상실됨으로 인해 의원직 상실이 발생한 지역구에서는 보궐선거가 이루어짐에 따라 새로운 국회의원들이 선출되어 국회의 구성에도 변화가 있었다. 이처럼 정당해산결정의 효력은 우리 사회의 정치·사회질서에 큰 파급력을 가지므로, 이에 대한 재심을 허용하면 법적 안정성의 토대를 위태롭게 만들 수 있다. 따라서 정당해산결정에 대해서는 재심을 허용하지 아니함으로써 얻을 수 있는 법적 안정성의 이익이 재심을 허용함으로써 얻을 수 있는 구체적 타당성의 이익보다 더 중하다고 할 것이므로, 이 같은 결정은 그 성질상 재심에 의한 불복이 허용될 수 없다."라는 반대의견이 있다.[2]

앞서 언급한 바와 같이 헌법재판은 그 심판의 종류에 따라 그 절차의 내용과 결정의 효과가 한결같지 아니하기 때문에 재심의 허용여부 내지 허용정도 등은 심판절차의 종류에 따라서 개별적으로 판단될 수밖에 없다. 따라서 재심의 허용여부는 재심대상인 헌법재판소의 결정이 소송당사자에게만 한정하여 그 효력이 미치는지의 여부 등 다양한 사안을 고려하여 결정해야 할 것이고, 결국 재심을 허용하지 아니함으로써 얻을 수 있

1) 헌재 2016. 5. 26. 2015헌아20, 판례집 28-1하, 163, 166-167.
2) 헌재 2016. 5. 26. 2015헌아20, 판례집 28-1하, 163, 168-169.

는 법적 안정성의 이익과 재심을 허용함으로써 얻을 수 있는 구체적 타당성의 이익을 상호 형량하여 결정할 수밖에 없을 것이다.

2. 재심사유

재판부 구성의 위법과 중대사항에 관한 판단유탈이 재심사유에 해당한다.

먼저 헌법재판소는 재심은 재판부의 구성이 위법한 경우 등 절차상 중대하고도 명백한 위법이 있어서 재심을 허용하지 아니하면 현저히 정의에 반하는 경우에 한하여 제한적으로 허용될 수 있다고 하여 '재판부의 구성이 위법한 경우 등 절차상 중대하고도 명백한 위법이 있는 경우'를 재심사유로 들고 있다.[1)]

또한 헌법재판소는 '중대사항에 관한 판단유탈의 경우'도 재심사유로 들고 있는데, 이와 관련하여 처음에는 행정작용에 속하는 공권력작용을 대상으로 한 권리구제형 헌법소원에 있어서 민사소송법 제422조(현행 민사소송법 제451조) 제1항 제9호 소정의 판단유탈은 재심사유가 되지 아니한다는 취지로 판시했다.[2)] 그런데 그 후 판례를 변경하여 "헌법소원심판절차에서 직권주의가 적용되고 있는 것은 사실이지만, 직권주의가 적용된다는 의미는 당사자가 주장하지 아니한 적법요건 및 기본권침해 여부에 관하여도 직권으로 판단할 수 있다는 것이지 당사자가 주장한 사항에 대하여 판단하지 않아도 된다는 의미는 아닐 뿐만 아니라, 직권주의가 적용된다고 하여 당사자의 주장에 대한 판단유탈이 원천적으로 방지되는 것도 아니므로 헌법소원심판절차에 직권주의가 적용된다고 하더라도 이는 '판단유탈'을 재심사유에서 배제할 만한 합당한 이유가 되지 못한다. 특히 민사소송법 제422조(현행 민사소송법 제451조) 제1항 제9호 소정의 '판단

1) 헌재 1995. 1. 20. 93헌아1, 판례집 7-1, 113, 121; 헌재 1998. 3. 26. 98헌아2, 판례집 10-1, 320, 325.

2) 헌재 1995. 1. 20. 93헌아1, 판례집 7-1, 113; 헌재 1998. 3. 26. 98헌아2, 판례집 10-1, 320.

유탈'의 재심사유는 모든 판단유탈을 그 사유로 함에 있지 아니하고 판결에 영향을 미칠 중요한 사항에 대한 판단유탈만을 그 사유로 하고 있으므로 더욱 그러하다. 만약 이러한 '판단유탈'이 재심사유로 허용되지 않는다고 본다면 중대한 사항에 대한 판단을 유탈함으로써 결정에 영향을 미쳤다고 하더라도 이 잘못은 영원히 시정할 길이 없게 된다. 더욱이 헌법재판소법 제71조 제1항 제4호의 규정에 따르면 같은 법 제68조 제1항의 규정에 의한 헌법소원의 심판청구서에는 반드시 청구이유를 기재하도록 되어 있는데, 그 취지는 청구인의 청구이유에 대하여 유탈함이 없이 판단할 것을 요구함에 있다 할 것이다. 이와 같은 점들을 고려할 때, 공권력의 작용에 대한 권리구제형 헌법소원심판절차에 있어서 '헌법재판소의 결정에 영향을 미칠 중대한 사항에 관하여 판단을 유탈한 때'를 재심사유로 허용하는 것이 헌법재판의 성질에 반한다고 볼 수는 없다. 또한 공권력의 작용을 대상으로 하는 권리구제형 헌법소원의 경우에는 법령에 대한 헌법소원과는 달리 사실의 판단이나 그에 대한 법령의 적용을 바탕으로 하여 헌법해석을 하게 되는 것이고, 사전구제절차를 거친다 하여 헌법재판시의 판단유탈을 예방할 수 있는 것도 아니므로 헌법의 해석을 주된 임무로 하고 있는 헌법재판의 특성이나 사전구제절차를 거친 뒤에야 비로소 헌법소원을 제기할 수 있다고 하는 사정도 '판단유탈'을 재심사유에서 배제할 합당한 이유가 되지 못한다고 하겠다."라고 판시하여 '중대한 사항에 관한 판단유탈'을 재심사유로 허용하고 있다.[1)]

Ⅲ. 재심의 청구와 심판절차

재심청구서에는 ① 재심청구인 및 대리인의 표시, ② 재심할 결정의 표시와 그 결정에 대하여 재심을 청구하는 취지, ③ 재심의 이유를 기재

1) 유사 판례 헌재 2009. 6. 25. 2008헌아23, 판례집 21-1 하, 948, 950; 헌재 2011. 2. 24. 2008헌아4, 공보 제173호, 441, 442.

하여야 하고, 재심청구서에는 재심의 대상이 되는 결정의 사본을 붙여야 한다(심판규칙 제53조).

재심의 심판절차에는 그 성질에 어긋나지 아니하는 범위 내에서 재심 전 심판절차에 관한 규정을 준용한다(심판규칙 제52조).

제 12 장 기 타

Ⅰ. 심판의 장소와 심판의 공개

1. 심판의 장소

심판의 변론과 종국결정의 선고는 심판정에서 하는 것이 원칙이다. 다만 헌법재판소장이 필요하다고 인정하는 경우에는 심판정 외의 장소에서 이를 할 수 있다(법 제33조).

2. 심판의 공개

심판의 변론과 결정의 선고는 공개한다. 다만 서면심리와 평의는 공개하지 아니한다(법 제34조).

헌법(제109조 단서)과 법 제34조 제2항에 따라 준용되는 법원조직법(제57조 제1항 단서)의 규정에 의해서 예외적으로 심판의 변론만은 비공개로 할 수 있다. 예외적으로 비공개심판을 허용하는 경우는 변론공개가 국가의 안전보장·안녕질서 또는 선량한 풍속을 해할 우려가 있는 때라고 할 수 있다.

Ⅱ. 심판의 지휘와 심판정 질서유지권

재판장은 심판정의 질서와 변론의 지휘 및 평의의 정리를 담당한다

(법 제35조 제1항). 따라서 재판장은 심판지휘권과 심판정 질서유지권을 행사한다. 재판장은 심판정의 존엄과 질서를 해할 우려가 있는 자의 입정을 금지 또는 퇴정을 명하거나 기타 심판정의 질서유지에 필요한 명령을 발할 수 있다(법 제35조 제2항, 법원조직법 제58조 제2항). 누구든지 심판정에서는 재판장의 허가 없이 녹화·촬영·중계방송 등의 행위를 하지 못한다(심판규칙 제18조).

Ⅲ. 심판비용

1. 국가부담의 원칙

헌법재판소의 심판비용은 국가부담으로 한다(법 제37조 제1항 본문). 따라서 헌법소송의 심판청구서나 준비서면 등에 인지를 첩부하지 않는다. 헌법재판소는 증인·감정인·통역인·번역인 등에게 여비 등을 지급할 수 있다.[1] 헌법재판의 공적 기능 때문에 다른 소송과는 달리 국가재정으로 심판비용을 충당하는 것으로 보아야 할 것이다. 헌법재판제도를 도입하고 있는 외국의 경우에도 대부분 헌법소송을 무료로 이용할 수 있게 하고 있다.

2. 증거조사비용과 공탁금

헌법재판소는 당사자의 신청에 의한 증거조사의 비용은 헌법재판소규칙으로 정하는 바에 따라 그 신청인에게 부담시킬 수 있다(법 제37조 제1항 단서).

한편 헌법재판소는 헌법소원심판의 청구인에 대하여 헌법재판소규칙으로 정하는 공탁금의 납부를 명할 수 있다(법 제37조 제2항). 헌법소원심

1) 실무제요, 91쪽.

판청구의 악용과 남용으로 인한 헌법재판 업무의 부담과 국고부담을 줄이기 위한 제도라고 할 수 있다.

헌법재판소는 ① 헌법소원의 심판청구를 각하할 경우, ② 헌법소원의 심판청구를 기각하는 경우에 그 심판청구가 권리의 남용이라고 인정되는 경우에는 헌법재판소규칙이 정하는 바에 따라 공탁금의 전부 또는 일부의 국고귀속을 명할 수 있다(법 제37조 제3항).

그러나 위와 같은 증거조사비용부담, 공탁금의 납부 및 국고귀속에 관한 헌법재판소규칙은 아직 제정되지 않아 실무상 시행되고 있지는 않다.[1)]

Ⅳ. 심판기간

헌법재판소는 심판사건을 접수한 날로부터 180일 이내에 종국결정의 선고를 하여야 한다. 다만 재판관의 궐위로 7인의 출석이 불가능한 때에는 그 궐위된 기간은 심판기간에 이를 산입하지 아니한다(법 제38조). 그리고 재판장의 보정명령이 있을 경우 그 보정기간은 위의 심판기간에 산입하지 않는다(법 제28조 제4항, 제72조 제5항).

그런데 헌법재판소는 법 제38조의 심판기간과 관련하여 "헌법재판이 국가작용 및 사회 전반에 미치는 파급효과 등의 중대성에 비추어 볼 때, 180일의 심판기간은 개별사건의 특수성 및 현실적인 제반여건을 불문하고 모든 사건에 있어서 공정하고 적정한 헌법재판을 하는 데 충분한 기간이라고는 볼 수 없고, 심판기간 경과 시의 제재 등 특별한 법률효과의 부여를 통하여 심판기간의 준수를 강제하는 규정을 두지 아니하므로, 심판대상조항은 헌법재판의 심판기간에 관하여 지침을 제시하는 훈시적 규정이라 할 것이다. … 미국, 독일, 일본 등 주요국가에서 재판기간을 일률적으로 정하거나 이를 강제하는 법률규정을 두지 않고 있는 것도 이러

1) 실무제요, 91쪽.

한 재판의 속성을 반영하는 것이라 할 것이다."라고 판시함으로써,[1] 헌법재판소법 제38조를 강행규정이 아닌 훈시규정으로 보고 있고, 그 결과 상당수의 심판사건의 처리기간이 180일을 넘기고 있다.

그러나 강행규정의 형식으로 되어 있는 심판기간을 훈시규정으로 운용하는 것은 타당하다고 보기 어렵다.[2] 따라서 헌법재판소의 업무량과 사건의 평균처리기간을 감안해서 심판기간을 현실에 맞게 개정하거나, 아예 이 규정을 삭제하는 것이 바람직하다고 하겠다.

1) 헌재 2009. 7. 30. 2007헌마732.

2) 헌재 2009. 7. 30. 2007헌마732 사건에서의 반대의견 참조.

제 4 편

특별심판절차

제 1 장 위헌법률심판

제1절 개 설

Ⅰ. 의 의

위헌법률심판제도는 헌법재판소가 법률의 위헌 여부를 심사해서 위헌인 법률의 효력을 상실시키는 제도이다. 헌법 제107조 제1항은 "법률이 헌법에 위반되는 여부가 재판의 전제가 된 경우에는 법원은 헌법재판소에 제청하여 그 심판에 의하여 재판한다."고 규정하고 있고, 헌법 제111조 제1항 제1호는 '법원의 제청에 의한 법률의 위헌여부심판'이라고 규정함으로써 위헌법률심판제도로서 구체적 규범통제를 인정하고 있다. 구체적 규범통제는 서명·공포된 형식적 의미의 법률을 대상으로 하는 사후적인 규범통제로서 해당 법률의 위헌 여부가 일반재판의 전제가 된 경우에만 이루어지는 재판부수적인 규범통제이다. 따라서 독일 등에서 행해지고 있는 구체적인 재판과 무관한 추상적 규범통제나 기타 사전적·예방적 규범통제는 채택하고 있지 않다.

위헌법률심판은 국가의 최고법인 헌법의 규범력을 지킴으로써 헌법수호, 권력통제, 법질서의 통일성, 기본권보장 등 객관적 헌법질서의 보장을 일차적 기능으로 하는 제도이다.

Ⅱ. 규범통제 관할의 이원화

앞서 언급한 바와 같이 위헌법률심판은 구체적 재판을 전제로 하여 법원의 제청에 의해 헌법재판소에서 이루어지는 절차이므로 법률에 대한 규범통제의 관할이 법원과 헌법재판소로 이원화되어 있다. 즉 일차적으로 법원이 당해 법률의 위헌심사를 관할하고, 이 위헌심사의 결과 법원이 위헌이라고 판단할 경우 헌법재판소에 제청하여 헌법재판소가 최종적인 판단을 내리는 구조이다. 결국 법률에 대한 위헌심사권과 법률에 대한 위헌결정권을 구별해서 위헌심사권은 구체적인 사건의 재판을 담당하는 법원에 맡기지만, 위헌결정권은 헌법재판소에 독점시키는 구조를 채택하고 있다.

Ⅲ. 위헌법률심사형 헌법소원제도의 채택

헌법재판소법상 위헌법률심판제도 이외에 추가로 규정되어 있는 규범통제제도가 법 제68조 제2항의 헌법소원제도이다. 법 제68조 제2항은 "제41조 제1항에 따른 법률의 위헌 여부 심판의 제청신청이 기각된 때에는 그 신청을 한 당사자는 헌법재판소에 헌법소원심판을 청구할 수 있다."라고 규정하고 있는데, 이에 따라 헌법재판소는 당해 법률의 위헌 여부를 판단한다. 이는 형식상 헌법소원심판절차에 속하지만 실질적으로는 당해 재판의 전제가 된 법률의 위헌 여부를 심판하는 것이므로 위헌법률심사형 헌법소원 또는 규범통제형 헌법소원이라고 부르며, 본래의 전형적인 헌법소원심판인 권리구제형 헌법소원제도(법 제68조 제1항)와 본질적으로 구별된다.[1] 심판유형적으로도 위헌법률심사형 헌법소원사건에는

1) 헌법재판소도 "법 제68조 제1항에 의한 헌법소원심판은 주관적 권리구제의 헌법소원으로서, 개별적인 공권력의 행사 또는 불행사로 인하여 헌법상 보장된 기본권을 침해받은 자가 청구할 수 있고 … 법 제68조 제2항에 의한 헌법소원심판은 구체적 규범통제의 헌법소원으로서 법 제41조 제1항의 규정에 의한 법률의 위헌여부심판의 제청신청이 법원에 의하여 기각된 때에는 그 신청을 한 당사자는 헌법재판소에 제청신청이 기각된 법률의 위헌 여부를 가리기 위한 헌법소원심판을 청구할 수 있는바, 그렇다면 법 제68조 제1항과 같은 조 제2항에 규정된 헌법소원심판청구들은 그 심판청구의 요건과 그 대상이 각기 다른 것임이 명백하다."라고 판시함으로써 양자의 본질적인 차이를 분명히 하고 있다. 헌재 1994. 4. 28, 89헌마221, 판례집 6-1, 239, 257.

'헌바'의 사건부호를 붙여 '헌마'의 사건부호를 붙이는 권리구제형 헌법소원사건과 구별하고 있다.[1)]

이 제도는 비교법적으로 다른 나라의 구체적 규범통제제도하에서는 그 예를 찾기 어려운 우리나라의 특유한 제도라고 할 수 있다. 이는 우리의 경우 재판에 대한 헌법소원을 인정하지 않고 있는(법 제68조 제1항 본문) 현실과 관련이 되어 있다고 하겠다. 즉 예컨대 독일의 경우에는 재판에 대한 헌법소원이 인정되고 있기 때문에 당사자의 위헌제청신청이 기각되었다 하더라도 그 위헌의 의심이 가는 법률을 적용한 재판 자체가 결국 헌법재판소에서 헌법소원심판절차를 통해 심사되고 그 과정에서 문제되는 법률의 위헌 여부가 심사되지만, 우리의 경우에는 재판소원이 인정되지 않기 때문에 만일 위헌법률심사형 헌법소원이 인정되지 않는다면 위헌 여부가 문제되는 법률이 적용된 재판이 그대로 확정되고, 결국 문제되는 법률에 대한 헌법재판소의 위헌심사는 이루어질 수 없기 때문이다. 입법론적으로 재판에 대한 헌법소원을 인정하면서 위헌법률심사형 헌법소원제도를 폐지하는 것이 바람직하다고 본다.[2)]

제 2 절 법원의 제청

법률이 헌법에 위반되는지 여부가 재판의 전제가 된 경우에는 당해 사건을 담당하는 법원(군사법원을 포함한다)은 직권 또는 당사자의 신청에 의한 결정으로 헌법재판소에 위헌 여부 심판을 제청한다(법 제41조 제1항). 따라서 법률의 위헌심사를 한 법원이 그 법률을 위헌으로 판단한 경우에

1) 그러나 헌법재판소는 처음에는 권리구제형 헌법소원과 위헌법률심사형 헌법소원을 동질적인 것으로 파악하여 같은 사건부호인 '헌마'를 부여해 심판했었다. 예컨대 헌재 1989. 9. 29, 89헌마53, 판례집 1, 302; 헌재 1989. 12. 18, 89헌마32등, 판례집 1, 343.

2) 재판소원금지의 문제점에 대하여는 정연주, 헌법재판소 직무상의 문제, 헌법학연구 11권 2호, 2005. 6, 49쪽 이하 참조.

는 해당 법원이 헌법재판소에 법률의 위헌 여부의 심판을 제청하여 그 결정에 따라야 한다. 대법원이 아닌 하급법원의 제청서는 대법원을 경유하여 헌법재판소에 송부한다(법 제41조 제5항). 따라서 제청법원은 제청결정서 정본을 법원장 또는 지원장 이름으로 법원행정처장에게 송부한다. 대법원은 위헌법률심판제청을 심사할 권한을 가지고 있지 않다. 당해 소송사건의 재판은 헌법재판소의 위헌 여부의 결정이 있을 때까지 정지된다(법 제42조 제1항).

Ⅰ. 제청법원

헌법과 법원조직법 및 군사법원법이 정하는 모든 종류의 법원이 제청권을 갖는다. 따라서 대법원과 각급법원 및 군사법원이 이에 해당한다. 여기서 제청권자로서의 법원은 사법행정상의 기관으로서의 법원이 아니라 개개 소송사건에서 재판권을 행사하는 재판기관으로서의 법원을 의미한다. 따라서 각 심급에서 구체적인 소송을 담당하는 단독판사 또는 합의부가 제청권을 갖는 법원이다. 수소법원은 물론 집행법원, 비송사건 담당법관도 모두 제청권을 갖는 법원에 포함된다. 국내법원만이 제청권을 가지므로 외국의 법원은 제청권이 없다.

Ⅱ. 제청절차

1. 직권제청과 신청제청

법원은 직권 또는 당사자의 신청에 의한 결정으로 헌법재판소에 법률의 위헌 여부의 심판을 제청한다(법 제41조 제1항).

(1) 직권제청

법원이 재판을 하는데 적용해야 할 법률의 위헌 여부가 재판의 전제가 된 때에는 법원은 직권으로 제청을 할 수 있다. 법원이 해당 법률을 위헌으로 판단한 경우에 직권으로 제청하는데, 이 경우 법원은 위헌의 확신 뿐 아니라 위헌의 합리적 의심만으로도 제청이 가능하다.[1] 따라서 위헌의 의심이 없을 때는 제청이 불필요하다. 이 경우에는 당연히 당해 법률을 재판의 근거로 삼아야 한다. 그러나 위헌이라는 합리적인 의심을 갖는 경우에는 법원은 제청을 해서 헌법재판소의 심판에 따른 재판을 해야 할 직무상의 의무가 있다고 할 것이다.[2]

법원의 제청서에는 ① 제청법원의 표시, ② 사건 및 당사자의 표시, ③ 위헌이라고 해석되는 법률 또는 법률의 조항, ④ 위헌이라고 해석되는 이유, ⑤ 당해 사건이 형사사건인 경우 피고인의 구속여부 및 그 기간, ⑥ 당해 사건이 행정사건인 경우 행정처분의 집행정지 여부, ⑦ 그 밖에 필요한 사항을 기재하여야 한다(법 제43조, 심판규칙 제54조). 그리고 제청서에는 필요한 증거서류 또는 참고자료를 첨부할 수 있다(법 제26조 제2항).

(2) 신청에 의한 제청

1) 소송당사자의 제청신청

법원에 계속중인 소송사건의 당사자는 재판의 전제가 된 법률의 위헌 여부가 재판의 전제가 된다고 판단한 경우에는 당해 법원에 재판의 전제가 된 법률의 위헌 여부의 심판을 헌법재판소에 제청할 것을 신청할 수 있다(법 제41조 제1항).

제청신청은 서면으로 하여야 하는데 제청신청서에는 ① 사건 및 당사

1) 헌재 1993. 12. 23. 93헌가2, 판례집 5-2, 578, 592.

2) 허영, 전게서, 205쪽.

자의 표시, ② 위헌이라고 해석되는 법률 또는 법률의 조항, ③ 위헌이라고 해석되는 이유 등을 기재해야 한다(법 제41조 제2항). 이 제청신청서의 심사에는 민사소송법(제254조)이 정하는 재판장의 소장심사권 규정이 준용되므로 재판장은 불비한 제청신청서에 대해서는 기간을 정하여 보정명령을 할 수 있고, 보정명령에 따르지 않으면 제청신청을 각하할 수 있다(법 제41조 제3항).

소송당사자의 제청신청의 경우 법원이 제청신청을 수용해서 헌법재판소에 제청을 하면 신청에 의한 제청이 된다. 이 경우에도 법원은 직권제청과 같은 절차에 따른다.

2) 제청신청기각과 위헌법률심사형 헌법소원심판청구

법원이 제청신청을 수용하지 않고 기각하면 항고할 수 없으므로 법원의 소송절차에서 더 이상 다툴 방법이 없다(법 제41조 제4항). 그러나 제청신청을 한 당사자는 헌법재판소에 그 해당 법률에 대한 위헌법률심사형 헌법소원심판을 청구할 수 있다(법 제68조 제2항 제1문). 이 경우 그 당사자는 당해 사건의 소송절차에서 동일한 사유를 이유로 다시 위헌 여부 심판의 제청을 신청할 수 없다(법 제68조 제2항 제2문). 여기서 당해 사건의 소송절차란 동일한 심급의 소송절차 뿐 아니라 상소심의 소송절차를 포함한다 할 것이다.[1]

위헌법률심사형 헌법소원심판은 형식만 헌법소원심판에 해당하는 것이지 내용은 법률의 위헌 여부를 심판하는 것이므로, 그 본질에서는 법원의 제청에 의한 구체적 규범통제와 차이가 없다. 따라서 심판청구의 적법성 판단에서 권리구제형 헌법소원심판의 경우와는 달리 청구인의 소의 이익의 유무를 따지지 않고 구체적 규범통제인 위헌법률심판의 경우에서와 마찬가지로 심판대상 법률조항의 당해 재판에서의 전제성을 따진다.[2]

---

1) 헌재 2007. 7. 26. 2006헌바40, 판례집 19-2, 86, 88-89.

2) 헌재 1992. 8. 19. 92헌바36, 판례집 4, 572, 574.

위헌법률심사형 헌법소원심판은 위헌 여부 심판의 제청신청을 기각하는 결정을 통지받은 날부터 30일 이내에 청구하여야 한다(법 제69조 제2항).

위헌법률심사형 헌법소원심판청구서 기재사항에 관해서는 위헌법률심판의 제청서 기재사항에 관한 규정(법 제43조)이 준용된다(법 제71조 제2항). 따라서 청구서에는 ① 제청법원의 표시, ② 사건 및 당사자의 표시, ③ 위헌이라고 해석되는 법률 또는 법률의 조항, ④ 위헌이라고 해석되는 이유, ⑤ 그 밖에 필요한 사항을 기재하여야 한다. 이 경우 법 제43조 제1호 중 '제청법원의 표시'는 '청구인 및 대리인의 표시'로 본다.

위헌법률심사형 헌법소원심판청구가 있더라도 본래의 위헌법률심판의 경우(법 제42조 제1항)와는 달리 당해 소송사건의 재판은 정지되지 아니한다. 위헌법률심사형 헌법소원심판청구가 소송지연의 수단으로 악용되는 것을 방지하기 위한 것이라고 하겠다.[1] 따라서 위헌법률심사형 헌법소원심판이 헌법재판소에서 인용되는 경우 당해 위헌법률심사형 헌법소원심판청구와 관련된 소송사건이 법원의 재판에서 이미 확정될 수도 있는데, 이 경우에는 소송당사자는 재심을 청구할 수 있다(법 제75조 제7항). 재심에 있어 형사사건에 대하여는 형사소송법의 규정을, 그 외의 사건에 대하여는 민사소송법의 규정을 준용한다(법 제75조 제8항).

앞서 언급한 바와 같이 위헌법률심사형 헌법소원심판은 그 본질에서는 구체적 규범통제이지만 그 형식과 절차는 헌법소원심판에 해당하므로 헌법소원심판청구에서 적용되는 사전심사를 거쳐야 할 것이다. 따라서 재판관 3인으로 구성되는 지정재판부에서 적법요건의 구비 여부 등의 사전심사를 받아야 한다. 이에 따라 지정재판부는 전원의 일치된 의견으로 각하결정을 하지 아니하는 경우에는 결정으로 헌법소원을 재판부의 심판에 회부하여야 한다. 헌법소원심판의 청구 후 30일이 경과할 때까지 각하결정이 없는 때에는 심판에 회부하는 결정이 있는 것으로 본다(법 제72조 제4항).

---

1) 허영, 전게서, 210쪽.

지정재판부는 위헌법률심사형 헌법소원심판을 각하하거나 심판회부결정을 한 때에는 그 결정일로부터 14일 이내에 청구인 또는 그 대리인 및 소송계속 법원에 그 사실을 통지하여야 한다(법 제73조 제1항). 그리고 헌법재판소장은 위헌법률심사형 헌법소원심판이 전원재판부의 심판에 회부된 때에는 법무부장관 및 청구인이 아닌 당해 사건의 당사자에게 지체없이 그 사실을 통지하여야 한다(법 제73조 제2항).

2. 재판의 정지

법원이 법률의 위헌 여부의 심판을 헌법재판소에 제청한 때에는 당해 소송사건의 재판은 헌법재판소의 위헌 여부의 결정이 있을 때까지 정지된다. 다만 법원이 긴급하다고 인정하는 경우에는 종국재판 외의 소송절차를 진행할 수 있다(법 제42조 제1항). 그리고 이 재판정지기간은 형사소송법 및 군사법원법에서의 구속기간과 민사소송법에서의 판결선고기간에 이를 산입하지 아니한다(법 제42조 제2항). 재판정지기간의 기산점은 법원이 위헌제청결정을 한 때, 그 만료점은 헌법재판소의 위헌여부결정서 정본이 제청법원에 송달된 때로 본다.[1)]

3. 제청의 철회

위헌법률심판은 직권심리주의가 강하게 투영되는 객관적 소송으로서의 성격을 가지므로 법원이 임의로 제청신청을 철회하는 것은 원칙적으로 허용되지 않는다고 하겠다. 그러나 제청의 철회가 불가피한 경우에는 이를 인정해야 할 것이다. 예컨대 ① 위헌제청 이후 헌법재판소가 다른 사건에서 해당 법률이나 법률조항을 위헌이라고 결정한 경우, ② 법원의 제청 이후 제청된 법률이 폐지된 경우 ③ 법원의 제청 이후 제청된 법률

1) 실무제요, 100쪽.

이 개정되어 위헌요소가 제거되고 재판의 계속중인 당해 사건에서도 개정된 신법을 적용하도록 정해 제청된 구법조항이 재판의 전제성을 상실한 경우,[1] ④ 당해 소송사건의 당사자에 의한 소의 취하로 법원에 계속된 구체적 소송사건이 존재하지 않게 된 경우나 소송당사자가 사망한 경우 등 위헌제청의 사유가 소멸한 경우에는 위헌제청법원은 위헌제청결정을 취소하고 그 취소결정정본을 헌법재판소에 송부함으로써 위헌심판제청을 철회할 수 있다고 보아야 할 것이다.

다만 헌법재판소는 이처럼 재판의 전제성이 없거나 소멸한 경우에도 기본권침해의 사전예방과 헌법질서의 수호·유지를 위해 긴요한 사항이어서 중요한 헌법적 해명이 필요한 사안의 경우에는 예외적으로 본안판단을 할 수 있다고 할 것이고, 따라서 제청의 철회가 반드시 위헌심판절차의 종료로 이어지는 것은 아니라고 하겠다.[2]

Ⅲ. 제청의 대상

1. 법 률

위헌심판제청의 대상은 원칙적으로 국회가 제정한 형식적 의미의 법률이다. 여기서의 법률은 대한민국 국회가 제정한 법률만을 의미한다. 따라서 외국의 법률은 대상이 아니다.

위헌법률심판은 최고규범인 헌법의 해석을 통하여 헌법에 위반되는 법률의 효력을 상실시키는 것이므로 특별한 사정이 없는 한 현재 시행중이거나 과거에 시행되었던 것이어야 하고 제청 당시에 공포는 되었으나 시행되지 않은 법률은 상실될 효력 자체가 없으므로 대상에서 제외된다.[3] 또한 같은 이유에서 헌법재판소에서 이미 위헌결정이 선고되어 효

1) 헌재 1989. 4. 17. 88헌가4, 판례집 1, 27, 29.

2) 헌재 1993. 12. 23. 93헌가2, 판례집 5-2, 578, 591.

3) 헌재 1997. 9. 25. 97헌가4, 판례집 9-2, 332, 337-338.

력이 상실된 법률도 제청의 대상이 될 수 없다.[1])

아울러 폐지된 법률도 원칙적으로 제청대상이 될 수 없다고 하겠다.[2]) 다만 폐지된 법률이라도 법원에 계속중인 당해 소송사건에 적용될 수 있어 재판의 전제가 되는 경우에는 예외적으로 제청의 대상이 될 수 있다.[3])

2. 입법부작위

위헌법률심판은 법률이나 법률조항이 헌법에 위반되는지 여부를 적극적으로 다투는 제도이므로 원칙적으로 법률의 부존재, 즉 진정입법부작위를 그 심판의 대상으로 하는 것은 허용될 수 없다.[4]) 그러나 국회의 입법행위가 불완전하거나 불충분해서 결함이 있는 부진정입법부작위의 경우에는 입법부작위로 다툴 것이 아니라 그 불완전한 법률조항 자체를 대상으로 위헌제청해야 한다는 것이 헌법재판소의 입장이고,[5]) 따라서 그의 위헌 여부가 재판의 전제가 되는 경우에는 제청의 대상이 된다고 하겠다.

3. 긴급재정경제명령과 긴급명령 및 긴급조치

대통령이 헌법(제76조)에 의하여 발하는 긴급재정경제명령과 긴급명령은 형식적 의미의 법률과 같은 효력을 가지므로 그 위헌 여부가 재판의 전제가 되는 경우에는 제청의 대상이 된다.

---

1) 헌재 1989. 9. 29. 89헌가86, 판례집 1, 284, 288; 헌재 1997. 1. 16. 93헌바54, 공보 제20호, 217, 219.

2) 헌재 1989. 5. 24. 88헌가12, 판례집 1, 45, 46.

3) 헌재 1989. 7. 14. 88헌가5, 판례집 1, 69, 82; 헌재 1994. 6. 30. 92헌가18, 판례집 6-1, 557, 563; 헌재 1996. 4. 25. 92헌바47, 판례집 8-1, 370, 377.

4) 헌재 2000. 1. 27. 98헌바12, 공보 제42호, 136, 140; 헌재 2007. 12. 27. 2005헌가9, 판례집 19-2, 676, 684.

5) 헌재 1996. 3. 28, 93헌바27, 판례집 8-1, 179, 185; 헌재 2006. 7. 27. 2004헌바20, 판례집 18-2, 52, 60.

한편 과거 유신헌법 제53조에 따른 긴급조치가 위헌법률심판의 대상이 되는 '법률'에 해당되는지가 문제될 수 있다. 이는 대통령 긴급조치의 법적 성격에 대한 문제로 귀결된다. 즉 긴급조치를 '법률'의 효력을 가지는 것으로 보면 헌법재판소의 위헌법률심판의 대상이 될 수 있다고 볼 수 있지만 그렇지 않을 경우에는 대법원 등 일반법원의 심사대상이 된다고 보는 것이다. 이는 유신헌법 제53조가 긴급조치의 효력에 관하여 명시적으로 규정하고 있지 않기 때문에 발생되는 논란이다.

이에 대하여 헌법재판소는 헌법재판소의 심사대상이 되는 '법률'인지 여부는 그 제정 형식이나 명칭이 아니라 규범의 효력을 기준으로 판단하여야 하고, '법률'에는 국회의 의결을 거친 이른바 형식적 의미의 법률은 물론이고 그 밖에 조약 등 '형식적 의미의 법률과 동일한 효력'을 갖는 규범들도 모두 포함되므로 최소한 법률과 동일한 효력을 가지는 긴급조치들의 위헌 여부 심사권한도 헌법재판소에 전속한다고 판시하고 있다.[1) 반면 대법원은 유신헌법 제53조 제3항은 대통령이 긴급조치를 한 때에는 지체 없이 국회에 통고하여야 한다고 규정하고 있을 뿐, 사전적으로는 물론이거니와 사후적으로도 긴급조치가 그 효력을 발생 또는 유지하는데 국회의 동의 내지 승인 등을 얻도록 하는 규정을 두고 있지 아니하고, 실제로 국회에서 긴급조치를 승인하는 등의 조치가 취하여진 바도 없으므로, 유신헌법에 근거한 긴급조치는 국회의 입법권 행사라는 실질을 전혀 가지지 못한 것으로서, 헌법재판소의 위헌심판대상이 되는 '법률'에 해당한다고 할 수 없고, 긴급조치의 위헌 여부에 대한 심사권은 최종적으로 대법원에 속한다고 판시하고 있다.[2)]

법원의 제청에 의한 위헌법률심판 또는 헌법재판소법 제68조 제2항에 의한 위헌법률심사형 헌법소원심판의 대상이 되는 '법률'에는 국회의 의결을 거친 이른바 형식적 의미의 법률은 물론이고 그 밖에 조약 등 '형식적 의미의 법률과 동일한 효력'을 갖는 규범들도 모두 포함된다[3)]는 것은

---

1) 헌재 2013. 3. 21. 2010헌바132등, 판례집 25-1, 180, 193.

2) 대판 2010. 12. 16. 2010도5986.

반론의 여지가 없는 주지의 사실이다. 여기서 '형식적 의미의 법률과 동일한 효력'이 있느냐의 여부는 그 규범의 명칭이나 형식에 구애받지 않고 법률적 효력의 유무에 따라 판단하여야 한다. 따라서 헌법재판소의 심판관할에 속하는 법률의 의미는 형식적 의미로 이해되는 것이 아니고 실질적 의미로 이해되어야 함은 당연하다. 예컨대 현행 헌법이 법률과 동일한 효력을 가진다고 규정한 긴급재정경제명령(제76조 제1항) 및 긴급명령(제76조 제2항)은 물론, 헌법상 형식적 의미의 법률은 아니지만 국내법과 동일한 효력이 인정되는 '헌법에 의하여 체결·공포된 조약과 일반적으로 승인된 국제법규'(제6조)의 위헌 여부의 심판권한도 헌법재판소에 속한다.

그런 점에서 긴급조치는 다음과 같은 이유로 법률과 동일한 효력을 가진다고 볼 수밖에 없다.

첫째, 규범구조적 특성상 일반성과 추상성 및 계속성과 반복성을 가지는 긴급조치는 실질적으로 법률에 해당한다고 볼 수 있다.

둘째, 발동 절차적 특성상 법률에 근거하여 내려지는 일반 법규명령이나 행정처분과는 달리 대통령이 직접 헌법에 근거하여 발하는 비상조치라는 점에서 현행 헌법상의 법률의 효력을 가지는 긴급명령 등과 유사하며 법률의 지위를 가진다고 볼 수 있다.

셋째, 법률유보의 원칙상 긴급조치는 법률의 지위를 가질 수밖에 없다. 앞서 언급한 바와 같이 긴급조치는 직접 헌법에 근거하여 이루어지는 것으로, 처벌이나 기타의 행정처분 등 구체적 사실에 관한 법집행으로서의 일반적 공권력 행사의 근거로서의 규범적 효력과 지위를 가지는 것이고, 따라서 당연히 법률의 효력을 가질 수밖에 없으며, 이는 법률유보의 원칙상 당연하다고 하겠다. 왜냐하면 예컨대 형법위반행위에 대하여 처벌이라는 공권력을 국가가 행사하는데 있어서 형법이라는 규범적 근거가 반드시 존재해야 하고, 이는 죄형법정주의와 더불어 기본권의 행사나 제한 등에 관한 본질적 사항은 반드시 법률에 근거가 있어야 한다

3) 헌재 1995. 12. 28. 95헌바3, 판례집 7-2, 841, 846; 헌재 1996. 6. 13. 94헌바20, 판례집 8-1, 475, 482; 헌재 2013. 2. 28. 2009헌바129, 판례집 25-1, 15, 18-19 참조.

는 법률유보의 원칙이 요구하는 바인 것처럼, 긴급조치 위반행위에 대하여 처벌이라는 공권력을 행사하는 이 사안의 경우에도 당연히 그 공권력 행사의 근거인 긴급조치는 법률의 역할을 해야만 하는 것이다. 이와 관련하여 대법원도 "더욱이 유신헌법 제53조에 근거한 긴급조치 제1호는 국민의 기본권에 대한 제한과 관련된 조치로서 형벌법규와 국가형벌권의 행사에 관한 규정을 포함하고 있다. 그러므로 기본권 보장의 최후 보루인 법원으로서는 마땅히 긴급조치 제1호에 규정된 형벌법규에 대하여 사법심사권을 행사함으로써, 대통령의 긴급조치권 행사로 인하여 국민의 기본권이 침해되고 나아가 우리나라 헌법의 근본이념인 자유민주적 기본질서가 부정되는 사태가 발생하지 않도록 그 책무를 다하여야 할 것이다."라고 판시함으로써 긴급조치 자체가 형벌법규로 기능함을 인정하고 있다.[1] 따라서 긴급조치는 실질적으로 법률의 효력을 가지는 것이고, 또한 가져야만 하는 것이다. 만일 그렇지 않고 긴급조치가 단순한 명령·규칙에 해당한다면 본질적으로 긴급조치 위반에 대한 처벌 자체가 법률의 근거없이 단순히 명령·규칙에만 근거하여 이루어지는 것으로 이는 본질적으로 법률유보의 원칙 내지 죄형법정주의 위반으로 위헌·위법을 면할 길이 없는 것이다.[2]

4. 조약과 국제법규

헌법에 의하여 체결·공포된 조약과 일반적으로 승인된 국제법규는 국내법과 같은 효력을 가진다(헌법 제6조 제1항). 따라서 이러한 조건을 충족한 조약과 국제법규는 비록 국제법이지만 국내법과 같은 효력을 가지고, 따라서 국회가 제정한 형식적 의미의 법률과 동일한 효력을 가질 경우 위헌제청의 대상이 될 수 있다고 하겠다.

---

1) 대법원 2010. 12. 16. 2010도5986 판결(공2011상, 259).

2) 긴급조치의 법적 성격 등에 대하여 자세한 것은 정연주, 긴급조치에 대한 심사 관할권과 유신헌법 제53조의 위헌성, 헌법학연구 제20권 제3호, 2014. 9, 241쪽 이하 참조.

조약이란 국제법상의 일정한 권한과 의무에 관한 국가간의 문서에 의한 합의라고 할 수 있다. 대한민국이 체약 당사국이라는 점에서 국제법규와 구별된다. 조약이 국내법적 효력을 갖기 위해서는 헌법에 의하여 체결·공포되어야 한다. 여기서 국내법적 효력이란 법률의 효력을 의미할 수도 있고 법률보다 하위규범의 효력을 가질 수도 있는데, 원칙적으로 헌법 제60조 제1항에 따라 국회의 동의를 얻어 체결·비준된(헌법 제73조) 조약은 법률의 효력을 가진다고 하겠다. 따라서 이러한 법률의 효력을 가지는 조약의 위헌 여부가 재판의 전제가 된 경우에는 위헌심판제청의 대상이 된다.[1)]

일반적으로 승인된 국제법규란 세계 대다수 국가에 의하여 승인된 국제법규로서 우리나라가 체약 당사국이 아닌 일반적으로 승인된 국제조약이나 성문의 국제법규 및 불문의 국제관습법 등을 말한다. 헌법상 일반적으로 승인된 국제법규도 국내법의 효력을 가지는데, 형식적 의미의 법률의 효력을 가질 경우 그의 위헌 여부가 재판의 전제가 된다면 위헌제청의 대상이 된다고 하겠다.

5. 관습법

관습법이 위헌제청의 대상이 될 수 있는지에 대하여는 견해가 갈린다. 이와 관련하여 헌법재판소는 "관습법은 … 비록 형식적 의미의 법률은 아니지만 실질적으로는 법률과 같은 효력을 갖는다. 헌법 제111조 제1항 제1호, 제5호 및 헌법재판소법 제41조 제1항, 제68조 제2항에 의하면 위헌심판의 대상을 '법률'이라고 규정하고 있는데, 여기서 '법률'이라고 함은 국회의 의결을 거친 이른바 형식적 의미의 법률뿐만 아니라 법률과 동일한 효력을 갖는 조약 등도 포함된다. 이처럼 법률과 동일한 효력을 갖는 조약 등을 위헌심판의 대상으로 삼음으로써 헌법을 최고규범으로

---

1) 헌재 1999. 4. 29. 97헌가14, 판례집 11-1, 273, 382; 헌재 2001. 9. 27. 2000헌바20, 판례집 13-2, 322, 328.

하는 법질서의 통일성과 법적 안정성을 확보할 수 있을 뿐만 아니라, 합헌적인 법률에 의한 재판을 가능하게 하여 궁극적으로는 국민의 기본권 보장에 기여할 수 있게 된다. 그렇다면 법률과 같은 효력을 가지는 이 사건 관습법도 당연히 헌법소원심판의 대상이 되고, 단지 형식적인 의미의 법률이 아니라는 이유로 그 예외가 될 수는 없다."라고 판시함으로써 관습법의 위헌법률심판의 대상적격을 인정하고 있다.[1)]

반면 대법원은 "헌법 제111조 제1항 제1호 및 헌법재판소법 제41조 제1항에서 규정하는 위헌심사의 대상이 되는 법률은 국회의 의결을 거친 이른바 형식적 의미의 법률을 의미하고, 또한 관습법은 법원에 의하여 발견되고 성문의 법률에 반하지 아니하는 경우에 한하여 보충적인 법원이 되는 것에 불과하여 관습법이 헌법에 위반되는 경우 법원이 그 관습법의 효력을 부인할 수 있으므로, 결국 관습법은 헌법재판소의 위헌법률심판의 대상이 아니라 할 것이다."라고 판시하여 관습법의 제청대상적격을 부인하고 있다.[2)]

헌법을 최고규범으로 하는 법질서의 통일성 및 법적 안정성의 확보와 국민의 기본권 보장을 위하여, 그리고 불문의 국제관습법도 제청의 대상으로 인정하는 취지에 비추어 관습법도 위헌제청의 대상이 될 수 있다고 하겠다.

6. 헌법규정

법률보다 상위규범인 헌법이나 헌법조항 자체가 위헌제청의 대상이 될 수 있는지도 문제가 된다. 즉 위헌법률심판의 기준인 헌법규정이 위헌법률심판의 대상도 될 수 있는지의 여부이다.

이에 대하여 헌법재판소는 "헌법 제111조 제1항 제1호 및 헌법재판소법 제41조 제1항은 위헌법률심판의 대상에 관하여, 헌법 제111조 제1항

---

1) 헌재 2013. 2. 28. 2009헌바129, 판례집 25-1, 15, 18-19.

2) 대판 2009. 5. 28. 2007카기134.

제5호 및 헌법재판소법 제68조 제2항, 제41조 제1항은 헌법소원심판의 대상에 관하여 그것이 법률임을 명문으로 규정하고 있으며, 여기서 위헌심사의 대상이 되는 법률이 국회의 의결을 거친 이른바 형식적 의미의 법률을 의미하는 것에는 아무런 의문이 있을 수 없다. 따라서 형식적 의미의 법률과 동일한 효력을 갖는 조약 등은 포함된다고 볼 것이지만 헌법의 개별규정 자체는 그 대상이 아님이 명백하다."라고 판시하는 등 헌법규정의 위헌제청의 대상적격을 일관되게 부인하고 있다.[1)]

반면 국가배상법 제2조 제1항 단서 등 위헌소원사건에서 재판관 하경철은 반대의견을 통해 "헌법에는 보다 상위의 근본규정에 해당하는 헌법규정이 있는가 하면 그러한 근본규정에는 해당하지 않는 보다 하위의 헌법규정이 있을 수 있다. 이때 하위의 헌법규정이 상위의 헌법규정과 합치하지 않는다고 해서 모든 경우에 다 그 효력을 부인할 수 있는 것은 아니나, 더 이상 감내할 수 없을 정도로 일반인의 정의감정에 합치되지 아니하는 경우에는 헌법의 개별조항도 헌법 제111조 제1항 제1호 및 제5호, 헌법재판소법 제41조 제1항 및 헌법재판소법 제68조 제2항 소정의 법률의 개념에 포함되는 것으로 해석하여 헌법재판소가 그 위헌성을 확인할 수 있어야 할 것이다."라고 헌법규정의 위헌심판대상적격을 인정하고 있다.[2)][3)]

7. 명령, 규칙, 조례

명령, 규칙, 조례 등은 법률의 하위규범이지 법률이 아니므로 위헌제청의 대상이 될 수 없다. 위헌법률심사형 헌법소원의 경우에도 그 심판의 대상은 재판의 전제가 되는 법률이고 법규명령 등 그 하위규범은 그

1) 헌재 1995. 12. 28. 95헌바3, 판례집 7-2, 841, 846; 헌재 2001. 2. 22. 2000헌바38, 판례집 13-1, 289, 294-295; 헌재 2007. 11. 29. 2007헌바30, 공보 제134호, 1335, 1338.

2) 헌재 2001. 2. 22. 2000헌바38, 판례집 13-1, 289, 299-300.

3) 헌법규정이 위헌심사의 대상이 될 수 있는지의 여부에 대한 자세한 논의는 정연주, 헌법 제29조 제2항에 대한 헌법소원, 헌법학연구 제5권 2호, 1999. 10, 472쪽 이하 참조.

대상이 될 수 없다.[1] 이러한 하위규범의 위헌 여부가 문제될 경우에는 "명령·규칙 또는 처분이 헌법이나 법률에 위반되는 여부가 재판의 전제가 된 경우에는 대법원은 이를 최종적으로 심사할 권한을 가진다."고 규정한 헌법 제107조 제2항에 따라 일반법원이 심사하게 된다.

그러나 명령, 규칙, 조례 등의 하위규범이 직접 국민의 기본권을 침해하는 경우에는 헌법 제107조 제2항에 따른 대법원 등에 의한 규범통제가 가능하지 않다. 왜냐하면 헌법 제107조 제2항은 명령·규칙 등의 위헌 여부가 당해 '재판의 전제'가 될 경우에만 적용될 수 있기 때문이다. 이 경우에는 법 제68조 제1항에 따라 문제된 법규명령 등에 대한 헌법소원심판의 제기만이 고려될 수 있다.[2] 따라서 이러한 이른바 법령헌법소원을 통해 헌법재판소에 의한 위헌심판이 가능하다.[3]

제3절 심 판

Ⅰ. 사건의 접수, 위헌제청서의 송달과 의견서의 제출, 자료제출의 요구

위헌심판제청서가 헌법재판소에 송달되면 접수공무원은 이를 접수하고, 접수서류에 표지를 붙여 사건기록을 편성하며, 사건번호(사건부호는 '헌가')와 사건명을 부여하고, 이를 위헌법률심판사건부에 기장하여 사건을 등록한다.

위헌법률심판의 제청이 있은 때에는 법무부장관 및 당해 소송사건의

1) 헌재 2012. 12. 27. 2011헌바380, 판례집 24-2 하, 491, 495-496.

2) 헌재 1990. 10. 15. 89헌마178, 판례집 2, 365, 369-370.

3) 법령헌법소원에 대하여 자세한 것은 정연주, 법규명령에 대한 헌법소원, 헌법판례연구[I], 헌법판례연구회편, 1999. 7. 359쪽 이하 참조.

당사자에게 그 제청서의 등본을 송달한다(법 제27조 제2항). 송달받은 당해 소송사건의 당사자 및 법무부장관은 헌법재판소에 법률의 위헌 여부에 대한 의견서를 제출할 수 있다(법 제44조). 당해 사건의 참가인도 헌법재판소에 법률이나 법률조항의 위헌 여부에 관한 의견서를 제출할 수 있다(심판규칙 제56조). 또한 헌법재판소의 심판에 이해관계가 있는 국가기관 또는 공공단체와 법무부장관은 헌법재판소에 의견서를 제출할 수 있고, 헌법재판소는 이들에게 의견서를 제출할 것을 요청할 수 있으며, 헌법재판소는 필요하다고 인정하면 당해 심판에 이해관계가 있는 사람에게 의견서를 제출할 수 있음을 통지할 수 있다. 이 경우에 당해 심판의 제청서 또는 청구서의 등본을 송달한다(심판규칙 제10조). 제청법원은 위헌법률심판을 제청한 후에도 심판에 필요한 의견서나 자료 등을 헌법재판소에 제출할 수 있다(심판규칙 제55조).

재판부는 결정으로 다른 국가기관 또는 공공단체의 기관에 대하여 심판에 필요한 사실을 조회하거나, 기록의 송부나 자료의 제출을 요구할 수 있다. 다만 재판·소추 또는 범죄수사가 진행중인 사건의 기록에 대하여는 송부를 요구할 수 없다(법 제32조).

Ⅱ. 재판의 전제성

1. 의 의

위헌법률심판에서는 제청된 법률의 위헌 여부가 재판의 전제가 되어야 한다. 따라서 이러한 재판의 전제성은 위헌법률심판의 적법요건의 하나이다. 또한 이 전제성 요건은 구체적 규범통제로서의 위헌법률심판을 추상적 규범통제와 구별하는 징표이기도 하다.

재판의 전제성이라 함은 원칙적으로 ① 구체적인 사건이 법원에 계속 중이어야 하고, ② 위헌 여부가 문제되는 법률이 당해 소송사건의 재판에 적용되는 것이어야 하며, ③ 그 법률이 헌법에 위반되는지의 여부에 따라 당해 사건을 담당하는 법원이 다른 내용의 재판을 하게 되는 경우를 말한다. 여기서 다른 내용의 재판을 하게 되는 경우라 함은 원칙적으로 법원이 심리중인 당해 사건의 재판의 결론이나 주문에 어떤 영향을 주는 경우뿐만 아니라 문제된 법률의 위헌 여부가 비록 재판의 주문 자체에는 아무런 영향을 주지 않는다고 하더라도 재판의 결론을 이끌어 내는 이유를 달리하는 데 관련되어 있거나 또는 재판의 내용과 효력에 관한 법률적 의미가 달라지는 경우도 포함된다고 할 것이다.[1]

한편 위 재판의 전제성은 법률의 위헌여부심판제청 시만이 아니라 심판 시에도 갖추어져야 함이 원칙이다.[2] 그리고 이 적법성 요건은 법 제68조 제2항에 의한 위헌법률심사형 헌법소원의 경우에도 요구된다.[3]

2. 재판의 의미

여기서 재판이란 인적·물적으로 독립된 제3자인 법원이 법률이 정한 절차에 따라 구체적인 분쟁이나 법 위반의 여부를 법규범을 기준으로 유권적으로 판단하는 작용이다. 따라서 법원이 행하는 사법행정은 재판이 아니다.

법 제41조 제1항에서 말하는 재판이란 원칙적으로 그 형식 여하와, 본안에 관한 재판이거나 소송비용, 가집행, 소송절차에 관한 것이거나를 불문하며, 판결과 결정 그리고 명령이 여기에 포함된다.[4] 또한 심급을 종국적으로 종결시키는 종국재판 뿐 아니라 중간재판(예컨대 보정명령, 증거채부결정, 구속기간갱신결정)도 포함된다.[5] 또한 체포·구속·압수·수색영

1) 헌재 1993. 5. 13. 92헌가10등, 판례집 5-1, 226, 238-239; 헌재 1993. 12. 23. 93헌가2, 판례집 5-2, 578, 587-588; 헌재 2000. 6. 29. 99헌바66, 판례집 12-1, 848, 864.

2) 헌재 1993. 12. 23. 93헌가2, 판례집 5-2, 578, 588.

3) 헌재 1995. 7. 21. 93헌바46, 판례집 7-2, 48, 58.

4) 헌재 1994. 2. 24. 91헌가3, 판례집 6-1, 21, 30.

5) 헌재 1994. 2. 24. 91헌가3, 판례집 6-1, 21, 30; 헌재 1996. 12. 26. 94헌바1, 판례집

장, 구속적부심사청구, 보석허가에 관한 재판도 여기서 말하는 재판에 포함된다.

3. 재판의 전제성과 직권심리주의

재판의 전제성 요건의 충족 여부에 대하여 헌법재판소는 되도록 제청법원의 견해를 존중해야 할 것이다. 헌법재판소도 법원의 법률위헌여부심판제청에 있어서 위헌 여부가 문제되는 법률 또는 법률조항이 재판의 전제성 요건을 갖추고 있는지의 여부는 되도록 제청법원의 이에 관한 법률적 견해를 존중해야 할 것이라고 판시하면서,[1] "헌법재판소가 법률이 재판의 전제가 되는 요건을 갖추고 있는지의 여부를 심판함에 있어서 제청법원의 견해가 명백하게 불합리하여 유지될 수 없는 경우가 아닌 한 그것을 존중하는 이유는 사실관계의 인정, 그에 대한 일반법률의 해석·적용은 헌법재판소보다 당해 사건을 직접 재판하고 있는 제청법원이 보다 정확하게 할 수 있다는 고려뿐만 아니라 일반법률의 해석·적용과 그를 토대로 한 위헌 여부 심사의 기능을 나누어 전자는 법원이 후자는 헌법재판소가 각각 중심적으로 담당한다는 우리 헌법의 권력분립적 기능분담까지 고려한 것이다. 따라서 헌법재판소는 법원이 일반법률의 해석·적용을 충실히 수행한다는 것을 전제하고, 합헌적 법률해석의 요청에 의하여 위헌심사의 관점이 법률해석에 바로 투입되는 경우가 아닌 한 먼저 나서서 일반법률의 해석·적용을 확정하는 일을 가급적 삼가는 것이 바람직하다."라고 같은 견해를 취하고 있다.[2]

그러나 다른 한편 객관적 소송으로서의 성격을 가지고 강한 직권심리주의가 투영되는 위헌법률심판의 특성과 기능을 감안할 때 전제성 요건

8-2, 808, 818; 헌재 2001. 6. 28. 99헌가14, 판례집 13-1, 1188, 1196.

1) 헌재 1996. 10. 4. 96헌가6, 판례집 8-2, 308, 321; 헌재 2007. 6. 28. 2006헌가14, 판례집 19-1, 783, 792.

2) 헌재 2007. 4. 26. 2004헌가29등, 판례집 19-1, 349, 364.

에 대한 제청법원의 견해에 헌법재판소가 구속되는 것은 아니다. 헌법재판소는 제청법원의 법률해석과 다른 해석을 하고 직권으로 재판의 전제가 되는 심판대상 법률을 조사할 수도 있다. 그 결과 헌법재판소는 그 전제성에 관한 제청법원의 법률적 견해가 명백히 유지될 수 없을 때에는 법원이 재판의 전제성이 있다고 판단하여 제청한 위헌법률심판사건을 헌법재판소가 그 제청을 부적법하다 하여 각하할 수 있다고 할 것이다.[1] 반대로 법원이 재판의 전제성이 없다고 판단해서 소송당사사의 제청신청을 기각한 후 위헌법률심사형 헌법소원이 제기된 경우에 헌법재판소는 재판의 전제성을 인정할 수도 있다.[2]

한편 이러한 직권심리주의에 따라 헌법재판소는 법원의 제청대상 법률조항에 구속되지 않고 심판대상의 범위를 정할 수 있다. 즉 법원의 제청대상과 헌법재판소의 위헌심사대상이 일치하지 않을 수도 있다. 따라서 헌법재판소가 위헌심사의 대상을 축소하거나 확대할 수도 있고, 변경할 수도 있다.

4. 재판의 전제성의 요건

위에서 언급한 바와 같이 재판의 전제성 요건은 ① 구체적인 사건이 법원에 계속중이어야 하고, ② 위헌 여부가 문제되는 법률이 당해 소송사건의 재판에 적용되는 것이어야 하며, ③ 그 법률이 헌법에 위반되는지의 여부에 따라 당해 사건을 담당하는 법원이 다른 내용의 재판을 하게 되는 경우이다.

(1) 구체적인 사건이 법원에 계속중일 것

먼저 재판의 전제성이 인정되려면 구체적인 사건이 법원에 계속중이

1) 헌재 1996. 10. 4. 96헌가6, 판례집 8-2, 308, 321-321; 헌재 1997. 9. 25. 97헌가4, 판례집 9-2, 332, 336; 헌재 2005. 6. 30. 2003헌가19, 판례집 17-1, 791, 795.

2) 헌재 1999. 12. 23. 98헌바33, 판례집 11-2, 732, 744.

어야 한다. 이러한 요건은 법원의 위헌제청결정 당시 뿐 아니라 헌법재판소의 심판 시에도 충족되어야 한다. 따라서 헌법재판소의 결정 시까지 구체적 사건에 법원에 계속중이어야 한다.[1]

그러나 법 제68조 제2항에 의한 위헌법률심사형 헌법소원심판의 경우에는 최소한 위헌제청신청 시에 구체적 사건이 법원에 계속중이면 되고 헌법재판소의 심판 시에는 당해 사건이 법원에서 이미 종결된 경우라도 재판의 전제성이 인정될 수 있다고 하겠다. 왜냐하면 위헌법률심사형 헌법소원심판의 경우에는 위헌법률심판의 경우와는 달리 재판정지의 효과가 없어 이런 경우 헌법재판소의 심판 시까지 소송사건이 법원에 계속중일 것을 요구하는 것은 적절치 못하기 때문이다. 또한 위헌법률심사형 헌법소원이 인용된 경우에 당해 헌법소원과 관련된 소송사건이 이미 확정된 때에는 당사자는 재심을 청구할 수 있으므로(법 제75조 제7항), 원심판결이 확정되었더라도 재판의 전제성이 소멸된다고 볼 수는 없다고 할 것이다.[2] 반면 위헌법률심사형 헌법소원이 인용되더라고 재심을 청구할 수 없는 경우에는 재판의 전제성을 인정할 수 없을 것이다. 예컨대 법원에 계속중인 당해 사건 당사자들의 의사에 따라 화해권고결정이 확정됨으로써 소송이 종결되었다면 구체적인 사건이 법원에 계속중인 경우라고 할 수 없을 뿐 아니라, 위 화해권고결정에 심판대상조항이 적용된 바도 없으므로 심판대상조항에 대하여 위헌결정이 있다 하더라도 청구인으로서는 당해 사건에 대하여 재심을 청구할 수 없어 종국적으로 당해 사건의 결과에 대하여 이를 다툴 수 없게 되었다 할 것이므로, 심판대상조항이 헌법에 위반되는지 여부는 당해 사건과의 관계에서 재판의 전제가 되지 못한다.[3]

한편 당해 사건은 법원에 적법하게 계속중이어야 한다. 따라서 당해 사건이 부적법한 것이어서 법률의 위헌 여부를 따져 볼 필요조차 없이

---

1) 헌재 1993. 12. 23. 93헌가2, 판례집 5-2, 578, 588.
2) 헌재 1998. 7. 16. 96헌바33등, 판례집 10-2, 116, 142.
3) 헌재 2014. 7. 24. 2013헌바127.

각하를 면할 수 없는 것일 때에는 위헌여부심판의 제청신청은 적법요건인 재판의 전제성을 흠결한 것이다.[1] 당해 사건이 법원에 일단 적법하게 계속되었더라도 위헌제청 이후 당사자의 소취하나 사망 등 사후적인 사정변경으로 인해 소송행위가 종료된 경우에는 재판의 전제성이 인정되지 않는다고 하겠다.

(2) 위헌 여부가 문제되는 법률이 당해 재판에 적용되는 것일 것

재판의 전제성이 인정되기 위해서는 위헌 여부가 문제되는 법률이 당해 소송사건의 재판에 적용되는 것이어야 한다. 심판의 대상이 되는 법률은 당해 소송사건의 재판에 직접 적용되는 경우가 대부분이다. 그러나 당해 재판에 적용되는 법률이라면 반드시 직접 적용되는 법률만이 재판의 전제성을 갖는 것은 아니다. 직접 적용되는 법률규정과 간접 적용되는 법률규정 사이에 내적인 관련성이 있는 경우라면 간접 적용되는 법률규정에 대하여도 재판의 전제성을 인정할 수 있다는 것이 헌법재판소의 입장이다. 여기서 내적 관련성이란 당해 사건에 직접 적용되는 법령조항의 위헌 여부가 간접 적용되는 법령조항의 위헌 여부에 의존하고 있어 그 결과에 따라 사건을 담당하는 법원이 다른 내용의 재판을 하게 될 정도의 밀접한 관련성을 말한다.[2]

헌법재판소는 국가보위에관한특별조치법 제5조 제4항 위헌제청사건에서 "… 특별조치법 제5조 제4항의 위헌 여부는 위 소송 재판에서의 승패여부의 전제가 된다. 왜냐하면 상위법인 특별조치법 제5조 제4항의 위헌여부는 하위법인 특별조치령의 위헌 여부 및 효력 유무의 전제가 되고 특별조치법 제5조 제4항에 대하여 위헌결정이 되면 자동적으로 이 위헌 법률조항에 근거한 특별조치령도 위헌·무효가 되고 아울러 위헌무효인 특별조치령에 근거한 수용처분도 위헌무효가 될 수 있기 때문이다. 따라

1) 헌재 1992. 8. 19. 92헌바36, 판례집 4, 572, 574; 헌재 2007. 10. 4. 2005헌바71, 판례집 19-2, 377, 385-386.

2) 헌재 2006. 2. 23. 2003헌바84, 판례집 18-1 상, 110, 118.

서 특별조치법 제5조 제4항은 당연히 위헌여부심판의 대상이 되어야 한다."라고 판시함으로써[1] 재판에 직접 적용되는 것은 시행령이고 그 상위 법률조항은 간접 적용되는 것이지만 그 시행령의 위헌 여부가 상위법률조항의 위헌 여부에 달려 있는 경우에 상위법률조항의 재판의 전제성을 인정하였다. 또한 의료보험법 제29조 제3항 위헌소원사건에서도 청구인이 의료보험법 제29조 제3항 및 이에 근거한 보건복지부의 의료보험요양급여기준및진료수가기준, 지정진료에관한규칙에 위반하여 금원을 편취하였다는 사실로 기소되어 서울지방법원에 재판에 계속중인 사기사건과 관련하여, "… 청구인은 사기죄로 기소되어 서울지방법원에 재판계속중이고, 심판대상법조항이 위 당해사건의 재판에 간접적으로 적용되고 있으며, 심판대상 법조항의 위헌여부에 따라 당해사건을 담당하는 법원이 다른 내용의 재판을 하게 되는 사실이 인정되므로, 이 사건 심판청구는 재판의 전제성 요건을 갖춘 것이다."라고 판시함으로써[2] 하위규칙 위반으로 기소되어 재판에 계속중인 경우 당해 재판에 직접 적용되는 것은 규칙이고 상위 법률조항은 당해 재판에 간접적으로 적용되지만, 상위 법률조항의 위헌 여부에 따라 당해 사건을 담당하는 법원이 다른 내용의 재판을 하게 되므로 상위 법률조항의 재판의 전제성은 충족된다고 하였다.[3]

그러나 헌법재판소는 지방교육자치에관한법률 제158조 제2항 제1호 등 위헌소원사건에서 청구인이 지방교육자치에관한법률 제158조 제2항 제1호·제5호 위반죄로 벌금을 선고받고 그 상고심 계속중 위 법률 제78조, 제140조, 제158조 제2항 제1호에 대하여 위헌제청신청을 하였으나 각하 및 기각되자 제기한 위 법률조항들의 위헌확인을 구하는 헌법소원심판과 관련하여 "법 제78조와 법 제158조 제2항은 법문언에 비추어 선거운동기간의 개시시점을 기준으로 그 전후의 시기를 나누어 선거운동행위를 규제하고자 함이 명백하다. … 따라서 법 제78조가 선거운동기간 동

1) 헌재 1994. 6. 30. 92헌가18, 판례집 6-1, 557, 564.
2) 헌재 2000. 1. 27. 99헌바23, 판례집 12-1, 62, 71.
3) 유사 판례 헌재 1996. 10. 31. 93헌바14, 판례집 8-2, 422, 429; 헌재 2001. 1. 18. 2000헌바7, 판례집 13-1, 100, 108.

안 일정한 선거운동만을 허용하고 있는 것이 지나치게 선거운동의 자유를 침해하는 것이라고 보아 이를 위헌으로 선언한다 할지라도, 법 제79조가 합헌인 한, 각종 인쇄물을 사용한 '사전선거운동'을 금지하고 있는 법 제158조 제2항 제1호까지 당연히 위헌으로 귀결되는 것으로 볼 수 없다. 즉 법 제78조에 대한 위헌선언이 있다고 하여 법원이 법 제158조 제2항 제1호를 적용법조로 하는 당해 사건에서 다른 내용의 재판을 하게 되는 경우에 해당하는 것으로 볼 수 없다. 그러므로 법 제78조 및 그 처벌규정인 제140조가 재판의 전제성을 갖추었다는 청구인의 주장은 이유 없다."라고 판시하여[1] 당해 사건에 간접 적용되는 지방교육자치에관한법률 제78조 및 제140조와 직접 적용되는 동법 제158조 제2항 제1호 사이의 내적인 관련성이 없다는 이유로 지방교육자치에관한법률 제78조 및 제140조의 재판의 전제성을 부인했다.[2]

(3) 법률의 위헌 여부에 따라 당해 재판의 내용이 달라질 것

재판의 전제성이 인정되기 위해서는 제청된 법률의 위헌 여부에 따라 당해 사건을 담당한 법원이 다른 내용의 재판을 하게 되는 경우라야 한다. 여기서 다른 내용의 재판을 하게 되는 경우라 함은 원칙적으로 법원이 심리 중인 당해 사건의 재판의 결론이나 주문에 어떤 영향을 주는 경우이거나, 문제된 법률의 위헌 여부가 비록 재판의 주문 자체에는 아무런 영향을 주지 않는다고 하더라도 재판의 결론을 이끌어 내는 이유를 달리하는 데 관련되어 있거나 또는 재판의 내용과 효력에 관한 법률적 의미가 달라지는 경우를 의미한다.

1) 재판의 결론이나 주문에 영향을 미치는 경우

재판의 결론이나 주문에 영향을 미치는 경우란 법률이 위헌일 때는

---

1) 헌재 2006. 2. 23. 2003헌바84, 판례집 18-1 상, 110, 118-119.

2) 유사 판례 헌재 2012. 12. 27. 2011헌바380, 판례집 24-2 하, 491, 495.

합헌일 때와 다른 판단을 할 수밖에 없는 경우, 즉 판결의 주문이 달라지는 경우를 말한다.[1)] 대표적인 예가 당해 형사재판의 처벌근거인 형벌규정의 위헌 여부가 당해 형사재판의 판결주문에 영향을 미치는 경우이다. 또 당해 소송의 승소 여부가 제청된 법률규정의 위헌 여부에 따라 좌우되는 경우도 주문에 영향을 미치는 경우이다.

헌법재판소는 구 국가공무원법 제73조의2 제1항 단서 위헌제청사건에서 "제청신청인들은 개정법률 부칙 제2호에 의하여 1995. 1. 3. 복직발령을 받았으나, 직위해제처분은 여전히 유효하기 때문에, 승진소요최저연수의 계산에 있어서 직위해제기간은 산입되지 않으며(공무원임용령 제31조 제2항) 직위해제기간중 봉급의 감액을 감수할 수밖에 없는(공무원보수규정 제29조) 등 제청신청인들에게 법적으로 불리한 효과가 그대로 남아 있다. 그러므로 제청신청인들에게는 승급이나 보수지급 등에 있어서의 불리함을 제거하기 위하여 직위해제처분의 취소를 구할 소의 이익이 인정되고, 이로써 제청법원은 당해사건의 본안에 관하여 판단해야 할 필요성이 있다고 하겠다. 따라서 개정법률 부칙 제2호의 규정에도 불구하고 이 사건규정(구 국가공무원법 제73조의2 제1항 단서)은 당해사건에서 적용되는 규정이고, 이 규정의 위헌여부에 따라 직위해제처분의 취소 여부, 즉 재판의 결과가 달라지므로 재판의 전제성이 인정된다."라고 판시하고 있고,[2)] 구 소득세법 제82조 제1항 등 위헌소원사건에서는 "종합소득세부과처분의 직접적인 근거가 되는 조항은 이 사건 법률조항이 아니라 오히려 구 소득세법 제15조, 제20조 제1항 제8호 및 동시행령 제36조 제3호이다. 그러나 이 사건 법률조항(구 소득세법 제82조 제1항, 제2항)의 위헌여부에 따라 각 당해사건들의 재판의 주문이나, 재판의 내용과 효력에 관한 법률적 의미가 달라질 수는 있는 것이므로 이 사건 법률조항은 재판의 전제성이 있다 할 것이다."라고 판시하여[3)] 재판의 결론이나 주문에 영향을 미치는

1) 헌재 1989. 12. 18. 89헌마32등, 판례집 1, 343, 348.
2) 헌재 1998. 5. 28. 96헌가12, 판례집 10-1, 560, 566.
3) 헌재 1998. 12. 24. 97헌바33등, 판례집 10-2, 871, 889-890.

경우를 법률의 위헌 여부에 따라 판결의 주문이 달라지는 경우를 의미하고, 이 경우 재판의 전제성을 인정하고 있다.[1]

한편 청구인을 평등원칙에 반하여 특정한 급부를 수혜대상에서 제외시키고 있는 법률규정의 경우에 그 규정이 합헌으로 선언되는 경우 뿐 아니라, 그 법률규정이 위헌이나 헌법불합치로 선언되는 경우에도 청구인은 수혜대상이 되지 않는다. 이 경우에 당해 법률조항의 위헌 여부의 재판의 전제성이 문제될 수 있다. 이와 관련하여 헌법재판소는 공업배치및공장설립에관한법률 부칙 제3조 위헌소원사건에서 "심판대상조항이 청구인과 같은 경우를 관리비 반환대상에서 제외하는 것이 평등권 침해로써 위헌이라는 이유로 헌법불합치결정을 하고 입법자가 그 결정취지에 따라 시혜대상을 확대하여 청구인과 같은 경우에도 관리비를 반환하도록 법을 개정할 경우, 법원은 당해사건에 관한 판결을 달리 하여야 할 것이다. 따라서 심판대상조항의 위헌여부는 당해사건 재판의 주문 또는 내용과 효력에 관한 법률적 의미에 영향을 미치는 것으로서 재판의 전제성이 있다."라고 판시함으로써[2] 이를 긍정하고 있다.[3]

반면 헌법재판소는 사립학교교원연금법 제57조 제1항 등 위헌소원사건에서는 "당해사건에서 청구인에게 유리한 판결이 확정된 마당에 이 법률조항에 대하여 헌법재판소가 위헌결정을 한다 하더라도 당해사건 재판의 결론이나 주문에 영향을 미치는 것도 아니므로, 결국 이 사건은 재판의 전제성이 부정되는 부적법한 청구가 된다고 할 것이다."라고 판시하여 청구인이 당해 소송에서 승소한 경우에는 당해 법률의 위헌 여부가 재판의 결론이나 주문에 영향을 미치지 아니하므로 재판의 전제성이 없다고 하였다.[4] 한편 구 하천법 제33조 제4항 위헌소원사건에서는 "행정

1) 유사 판례 헌재 2003. 4. 24. 99헌바110, 판례집 15-1, 371, 390; 헌재 2013. 3. 29. 2010헌바89, 판례집 24-1 상, 402, 408.

2) 헌재 1999. 7. 22. 98헌바14, 판례집 11-2, 205, 216.

3) 유사 판례 헌재 2006. 4. 27. 2005헌바69, 판례집 18-1 상, 561, 567.

4) 헌재 2000. 7. 20. 99헌바61, 판례집 12-2, 108, 113.

처분에 대한 쟁송기간이 경과된 후에 그 행정처분의 근거가 된 법률에 대한 위헌 여부에 대한 심판청구를 한 경우에는 당해사건을 담당하는 법원이 그 법률에 대한 위헌결정이 있는 경우 다른 내용의 재판을 할 예외적인 사정이 있는지 여부에 따라 재판의 전제성 유무가 달라지게 된다고 할 것인데, 그 법률에 대한 위헌결정이 행정처분의 효력에 영향을 미칠 여지가 없는 경우에는 그 법률의 위헌 여부에 따라 당해사건에 대한 재판의 주문이 달라지거나 재판의 내용과 효력에 관한 법률적 의미가 달라질 수 없는 것이므로 재판의 전제성을 인정할 수 없게 된다."라고 판시하고 있다.[1] 또한 「부동산 실권리자명의 등기에 관한 법률」 제12조 제2항 등 위헌소원사건에서는 "당해 사건의 주위적 청구는 행정처분에 대한 쟁송기간이 경과한 후에 무효확인소송을 제기한 것인바, … 이 사건 법률조항들이 위헌이라고 선불리 단정할 수 없을 뿐만 아니라, 설사 위헌이라고 하더라도 국회에서 헌법과 법률이 정한 절차에 의하여 제정·공포된 법률이 헌법에 위반된다는 사정은 헌법재판소의 위헌결정이 있기 전에는 객관적으로 명백한 것이라고 할 수는 없으므로 특별한 사정이 없는 한 이러한 하자는 행정처분의 취소사유에 해당할 뿐 당연무효 사유는 아니라 할 것이다. 따라서 이 사건 법률조항들의 위헌 여부에 따라 당해사건의 주위적 청구와 관련하여 재판의 주문이 달라지거나 재판의 내용과 효력에 관한 법률적 의미가 달라지는 경우로 볼 수 없으므로, 이 사건 심판청구는 재판의 전제성 요건을 충족하지 아니하였다."라고 판시하고 있다.[2]

한편 헌법재판소는 기판력과 관련해서는 "심판대상 조항이 위헌이어서 그에 기초한 이 사건 과세처분이 무효라고 하더라도 과세처분취소청구소송에서 원고청구기각판결이 선고되어 확정된 전소의 기판력에 의하여 당해사건에서 이 사건 과세처분이 무효라고 판단할 수 없고, 따라서 이 사건 심판청구는 이 사건 심판대상 조항의 위헌여부에 따라 당해사건

1) 헌재 2005. 3. 31. 2003헌바113, 판례집 17-1, 413, 421.

2) 헌재 2007. 10. 4. 2005헌바71, 판례집 19-2, 377, 387-388.

의 주문이 달라지거나 재판의 내용과 효력에 관한 법률적 의미가 달라지는 경우에 해당한다고 할 수 없으므로 이 사건 심판청구는 재판의 전제성 요건을 갖추지 못하였다고 할 것이다."라고 판시하여[1] 전소의 기판력에 의하여 후소에서 동일한 내용의 판결을 하여야 하는 경우에는 재판의 전제성을 부인하고 있다.[2]

2) 재판의 내용과 효력에 관한 법률적 의미가 달라지는 경우 등

비록 재판의 결론이나 주문 자체에는 아무런 영향을 주지 않더라도 재판의 결론을 이끌어내는 이유를 달리 하는데 관련되어 있거나 또는 재판의 내용과 효력에 관한 법률적 의미가 달라지는 경우에도 재판의 전제성이 인정된다.

헌법재판소는 구 형사소송법 제331조 단서 규정의 위헌 여부가 재판의 내용이나 효력에 관한 법률적 의미가 전혀 달라지는 경우에 해당하는 예로서 들었다. 헌법재판소는 형사소송법 제331조 단서 규정에 대한 위헌심판사건에서 제청법률조항인 형사소송법 제331조의 본문 규정은, "무죄, 면소, 형의 면제, 형의 선고유예, 형의 집행유예, 공소기각 또는 벌금이나 과료를 과하는 판결이 선고된 때에는 구속영장은 효력을 잃는다." 라고 하고 있어 종국재판으로서의 무죄 등 판결의 선고가 있으면 이에 따라 피고인의 구속이 해제되는 부수적 재판의 효력이 있음을 규정하고 있어 실질적으로는 법원이 선고하는 무죄 등의 판결에는 동시에 구속취소의 결정이 당연히 포함되어 있는 것으로 되어 있다. 그런데 이 법 제331조 단서는 "단 검사로부터 사형, 무기 또는 10년 이상의 징역이나 금고의 형에 해당한다는 취지의 의견진술이 있는 사건에 대하여는 예외로 한다."라고 본문에 대한 예외규정을 두어 법원의 무죄 등의 판결선고에

---

1) 헌재 1998. 3. 26. 97헌바13, 판례집 10-1, 275, 284.

2) 유사 판례 헌재 2000. 6. 21. 2000헌바47, 판례집 12-1, 780, 784-785; 헌재 2011. 7. 28. 2009헌바24, 판례집 23-2 상, 13, 18-19; 헌재 2012. 11. 29. 2011헌바231, 공보 제194호, 1845, 1846.

도 불구하고 구속영장의 효력이 상실되지 않는 예외를 설정함으로써 구속취소의 법적 효과를 배제하는 또 다른 이중적 특별규정을 두고 있다. 이러한 경우 법 제331조 단서 규정의 위헌 여부에 따라 형사판결의 주문 성립과 내용 자체가 직접 달라지는 것은 아니지만 만약 위 규정이 위헌으로 법적 효력이 상실된다면 이 법 제331조 본문의 규정이 적용되어 제청법원이 무죄 등의 판결을 선고하게 될 경우에 그 판결의 선고와 동시에 구속영장의 효력을 상실시키는 재판의 효력을 가지게 되며, 이와는 달리 이 단서 규정이 합헌으로 선언되면 검사로부터 피고인들에 대하여 징역 장기 10년의 구형이 있는 위 피고사건에 있어서 당해 사건을 담당하는 법원의 판결만으로는 구속영장의 효력을 상실시키는 효력을 갖지 못하게 되는 결과로 인하여 그 재판의 효력과 관련하여 전혀 다른 효과를 가져 오는 재판이 될 것이다. 따라서 법 제331조 단서 규정의 위헌 여부는 제청법원이 검사로부터 장기 10년의 징역형 등에 해당한다는 취지의 의견진술이 있느냐 없느냐 여하에 따라 관련 사건의 그 재판주문 자체에 직접 영향을 주는 것은 아니라 할지라도 그 재판의 밀접 불가결한 실질적 효력이 달라지는 구속영장의 효력에 관계되는 것이어서 재판의 내용이나 효력 중에 어느 하나라도 그에 관한 법률적 의미가 전혀 달라지는 경우에 해당하는 것이므로 재판의 전제성이 있다고 판시했다.[1)]

5. 재판의 전제성의 소멸과 헌법적 해명의 필요성

재판의 전제성의 요건은 원칙적으로 법원에 의한 위헌제청 당시 뿐 아니라 헌법재판소의 심판 당시에도 충족되어야 한다. 그러나 예외적으로 제청 당시 전제성이 인정되는 한 심판 당시에는 전제성이 소멸되더라도 중요한 헌법적 해명이나 반복적인 기본권침해의 방지 등 객관적인 헌법질서의 수호·유지를 위해 필요성이 있는 경우에는 예외적으로 본안판

1) 헌재 1992. 12. 24. 92헌가8, 판례집 4, 853, 865-866.

단을 해야 한다는 것이 헌법재판소의 입장이다.

헌법재판소는 형사소송법 제97조 제3항 위헌제청사건에서 "위헌여부심판이 제청된 법률조항에 의하여 침해된다는 기본권이 중요하여 동 법률조항의 위헌 여부의 해명이 헌법적으로 중요성이 있는데도 그 해명이 없거나, 동 법률조항으로 인한 기본권의 침해가 반복될 위험성이 있는데도 좀처럼 그 법률조항에 대한 위헌여부심판의 기회를 갖기 어려운 경우에는 설사 그 심리기간 중 그 후의 사태진행으로 당해 소송이 종료되었더라도 헌법재판소로서는 제청 당시 전제성이 인정되는 한 예외적으로 객관적인 헌법질서의 수호·유지를 위하여 심판의 필요성을 인정하여 적극적으로 그 위헌 여부에 대한 판단을 하는 것이 헌법재판소의 존재이유에도 부합하고 그 임무를 다하는 것이 될 것이다."라고 판시하였고,[1] 출입국관리법 제4조 제1항 제4호 위헌제청사건에서도 "이 사건 제청신청인은 추징금 미납을 이유로 2003. 7. 1. 출국금지처분을 받아 2004. 6. 30.까지 출국금지가 되었으나 그 이후 출국금지기간만료로 해제되었다. 따라서 당해소송에서 출국금지처분의 취소를 구하는 청구는 그 권리보호이익을 상실하여 심판대상 법조항에 대한 위헌여부를 판단할 소의 이익은 소멸되었다. 그러나 설사 심리기간중 소의 이익이 소멸되었더라도 헌법재판소로서는 제청당시 전제성이 인정되는 한 예외적으로 객관적인 헌법질서의 수호·유지를 위하여 그 위헌 여부에 대한 판단을 할 수 있다는 것이 우리 재판소의 확립된 판례이다. 이 사건 심판대상 법조항의 위헌여부는 거주이전의 자유 중 출국의 자유와 관계되는 중요한 헌법문제라고 볼 수 있고, 이 문제에 대하여 아직 우리 재판소에서 해명이 이루어진 바도 없다. 이 사건과 관련하여 또는 이 사건과 무관하게 심판대상 법조항에 의거한 출국금지처분이 재차 이루어져 출국의 자유에 대한 기본권 침해의 논란이 반복될 것도 명백하므로 이에 대한 위헌여부의 심판이익이 있다."라고 판시하고 있으며,[2] 파산법 제38조 제2호 위헌제청사건에

1) 헌재 1993. 12. 23. 93헌가2, 판례집 5-2, 578, 591.

2) 헌재 2004. 10. 28. 2003헌가18, 판례집 16-2 하, 86, 94-95.

서도 "제청법원이 이 사건 위헌제청을 한 이후인 2003. 12. 30. 제청신청인은 파산법원의 허가를 받아 공단에게 이 사건 연체료 전액을 납부하였다. 따라서 위 연체료 납부로 인하여 당해 사건에서 후순위청구권확인의 대상이 된 이 사건 연체료 청구권은 변제로 소멸하여 현재 존재하고 있지 아니하다고 봄이 상당하다. 그렇다면 당해 사건에서 확인을 구하고 있는 대상은 더 이상 현재의 권리·법률관계가 아니므로 과거의 법률관계에 대한 확인을 구하는 당해 사건은 소의 이익이 없어 부적법하다. 따라서 당해 사건은 제청법원의 위헌제청 이후의 사정변경으로 재판의 전제성이 소멸하였다고 봄이 상당하다. 그러나 위헌법률심사제도는 개인의 주관적인 권리구제에만 그 목적이 있는 것이 아니고 객관적인 헌법질서의 수호·유지에도 있다고 할 것인 바, 이 사건 법률조항에 의한 기본권 침해 문제가 앞으로도 많은 사람에 관하여, 그리고 여러 차례 일어날 수 있는 성질의 것이라면 그 헌법적 해명이 필요한 긴요한 사안으로 본안판단의 필요성이 있다."라고 판시함으로써[1] 헌법재판소의 심판 당시에는 재판의 전제성이 소멸하였더라도 중요한 헌법적 해명이나 반복적인 기본권침해의 방지 등 객관적인 헌법질서의 수호·유지를 위해 필요성이 있는 경우에는 예외적으로 본안판단을 하고 있다.[2]

이러한 헌법재판소의 입장은 헌법수호·공권력통제·기본권보장의 기능을 가지고, 객관적 소송으로서의 성질을 가지며, 직권심리주의가 강하게 적용되는 헌법재판의 특성을 감안할 때 지극히 타당하다고 하겠다.

---

1) 헌재 2005. 12. 22. 2003헌가8, 판례집 17-2, 577, 604.

2) 유사 판례 헌재 2001. 4. 26. 98헌바79등, 판례집 13-1, 799, 817; 헌재 2004. 3. 25. 2002헌바104, 판례집 16-1, 386, 393.

Ⅲ. 위헌법률심판의 심사기준

1. 헌법규정

먼저 위헌법률심판의 심사기준은 대한민국 헌법이다. 위헌법률심판절차는 제청법률의 위헌 여부를 가리는 객관적 소송이므로 모든 규정들이 위헌심사의 기준이 될 수 있다. 따라서 당해 소송의 당사자들에게 주관적 공권으로서의 기본권을 보장하는 헌법규정에 그 심사기준이 국한되지 않는다. 아울러 헌법본문의 규정들 뿐 아니라, 헌법전문도 당연히 심사기준이 된다.

한편 심사기준으로서의 헌법은 현행 헌법이다. 헌법해석은 헌법이 내포하고 있는 특정한 가치를 탐색·확인하고 이를 규범적으로 관철하는 작업이므로, 헌법재판소가 행하는 규범통제의 심사기준은 헌법재판을 할 당시에 규범적 효력을 가지는 현행 헌법이라고 보아야 하기 때문이다. 따라서 현행 헌법하에서 제정·시행된 법률 뿐 아니라 구 헌법하에서 제정·시행된 법률의 위헌 여부 심사의 기준도 현행 헌법이다. 한편 현행 헌법 이외에 구 헌법도 심사기준이 될 수 있다면 상호 모순이 될 수도 있는 복수의 헌법 간에 충돌이 생겨 심사기준이 되는 헌법규범을 헌법재판소가 선택하게 되는 문제가 발생될 수 있는데,[1] 이는 법적 안정성과 예측가능성 및 헌법재판의 일관성 측면에서 문제를 야기할 수 있다.

이와 관련하여 헌법재판소도 유신헌법 제53조 등 위헌소원 사건에서 긴급조치의 위헌심판 준거규범과 관련하여 “이미 폐기된 유신헌법에 따라 이 사건 긴급조치들의 위헌 여부를 판단하는 것은, 유신헌법 일부 조항과 긴급조치 등이 기본권을 지나치게 침해하고 자유민주적 기본질서를 훼손하는 데에 대한 반성에 기초하여 헌법 개정을 결단한 주권자인 국민

1) 김하열, 전게서, 316쪽.

의 의사와 기본권 강화와 확대라는 헌법의 역사성에 반하는 것으로 허용할 수 없다. 한편 헌법재판소의 헌법 해석은 헌법이 내포하고 있는 특정한 가치를 탐색·확인하고 이를 규범적으로 관철하는 작업이므로, 헌법재판소가 행하는 구체적 규범통제의 심사기준은 원칙적으로 헌법재판을 할 당시에 규범적 효력을 가지는 헌법이라 할 것이다. 그러므로 이 사건 긴급조치들의 위헌성을 심사하는 준거규범은 유신헌법이 아니라 현행헌법이라고 봄이 타당하다."라고 판시하고 있다.[1)]

2. 헌법원칙 등

위헌심사기준으로서의 헌법에는 위에서 언급한 명문의 헌법규정들 뿐 아니라 헌법에 내포되어 있는 기본원칙들, 각 헌법규정들의 기초가 되는 헌법의 근본이념과 기본원리(예컨대 법치주의원리, 민주주의원리, 사회국가원리 등)가 포함됨은 물론이다.

헌법재판소도 한국방송공사법 제35조 등 위헌소원사건에서 "이 법 제36조 제1항은 국회의 결정 내지 관여를 배제한 채 공사로 하여금 수신료의 금액을 결정하도록 맡기고 있다. 공사가 전적으로 수신료금액을 결정할 수 있게 되면 공영방송사업에 필요한 정도를 넘는 금액으로 정할 수 있고, 또 일방적 수신자의 처지에 놓여 있는 국민의 경제적 이해관계가 무시당할 수도 있다. 이 조항은 공사의 수신료금액 결정에 관하여 공보처장관의 승인을 얻도록 규정하고 있으나, 이는 행정기관에 의한 방송통제 내지 영향력 행사를 초래할 위험을 내포하는 것이어서 위와 같은 문제점에 대한 하등의 보완책이 되지 못한다. 이상과 같은 이유로 이 법 제36조 제1항은 법률유보원칙(의회유보원칙)에 어긋나는 것이어서, 헌법 제37조 제2항과 법치주의원리 및 민주주의원리에 위반된다 아니할 수 없다."라고 판시함으로써[2)] 이를 확인하고 있다.

---

1) 헌재 2013. 3. 21. 2010헌바132등, 공보 제198호, 472, 477.

2) 헌재 1999. 5. 27. 98헌바70, 판례집 11-1, 633, 646.

3. 헌법관습법

성문헌법의 테두리 내에서 성문헌법의 흠결을 보충하는 기능을 담당하는 헌법관습법이 예외적으로 성립할 수 있을 것이다. 이 경우 헌법관습법도 하나의 심사기준이 될 수 있다고 하겠다.

이러한 헌법관습법과 구별해야 할 개념이 이른바 관습헌법이다. 이는 불문헌법국가에서 인정되는 것으로 성문헌법국가에서 성문헌법의 흠결을 보충하는 보완적 기능을 하는 것이 아니라, 그 자체 불문헌법의 중심적인 부분을 구성하는 것이다. 이런 점에서 헌법재판소가 신행정수도건설특별조치법 위헌확인사건에서 "헌법 제1조 제2항은 '대한민국의 주권은 국민에게 있고, 모든 권력은 국민으로부터 나온다.'고 규정한다. 이와 같이 국민이 대한민국의 주권자이며, 국민은 최고의 헌법제정권력이기 때문에 성문헌법의 제·개정에 참여할 뿐만 아니라 헌법전에 포함되지 아니한 헌법사항을 필요에 따라 관습의 형태로 직접 형성할 수 있는 것이다. 그렇다면 관습헌법도 성문헌법과 마찬가지로 주권자인 국민의 헌법적 결단의 의사의 표현이며 성문헌법과 동등한 효력을 가진다고 보아야 한다. 이와 같이 관습에 의한 헌법적 규범의 생성은 국민주권이 행사되는 한 측면인 것이다. 국민주권주의 또는 민주주의는 성문이든 관습이든 실정법 전체의 정립에의 국민의 참여를 요구한다고 할 것이며, 국민에 의하여 정립된 관습헌법은 입법권자를 구속하며 헌법으로서의 효력을 가진다."라고 하여[1] 대한민국의 수도가 서울이라는 사실을 관습헌법이라고 표현한 것은 적절치 못하다고 하겠다.

한편 위 판례에서 헌법재판소는 이러한 용어선택의 문제점과는 별도로 수도가 서울이라는 사실이 관습헌법에 해당한다고 판시하고 있고, 더 나아가 이러한 관습헌법의 개정을 위해서는 헌법 제128조 내지 제130조

---

1) 헌재 2004. 10. 21. 2004헌마554등, 판례집 16-2 하, 1, 40.

에서 규정하고 있는 헌법개정절차를 밟아야 하므로 국민투표절차를 거쳐야 한다고 판시하고 있는데, 수도가 서울이라는 사실은 헌법적 사항을 정하고 있는 관습법에 해당한다고 볼 수 없기 때문에 결국 수도가 서울이라는 사실은 관습헌법 내지 헌법관습법에 해당하지 아니한다는 점에서, 그리고 다른 한편 성문헌법에 대하여 보충적 효력만을 가지는 관습헌법 내지 헌법관습법을 개정하는데 있어서 성문헌법개정절차를 정한 헌법 제128조 내지 제130조는 적용될 여지가 없기 때문에 수도 이전을 위해 국민투표절차를 거칠 필요가 없다는 점에서 위 헌법재판소의 결정은 대단히 잘못된 것이라고 하겠다.[1)]

4. 위헌심사의 관점

헌법재판소는 법률에 대한 위헌심판에서 위헌 여부를 판단할 때 제청법원이나 청구인 등이 주장하는 헌법해석과 법적 관점에 구애받지 않고 모든 헌법적 관점을 종합적으로 검토해서 독자적으로 판단한다. 헌법재판소도 주세법 제38조의7 등에 대한 위헌제청사건에서 "헌법재판소는 헌법 제107조 제1항, 제111조 제1항 제1호에 의한 위헌법률심판절차에 있어서 규범의 위헌성을 제청법원이나 제청신청인이 주장하는 법적 관점에서만이 아니라 심판대상규범의 법적 효과를 고려하여 모든 헌법적인 관점에서 심사한다. 법원의 위헌제청을 통하여 제한되는 것은 오로지 심판의 대상인 법률조항이지 위헌심사의 기준이 아니다. 따라서 이 사건에서의 헌법적 심사는 심판대상인 주세법규정이 주류판매업자에 미치는 기본권제한적 효과에 한하지 아니하고, 그 외의 관련자인 주류제조업자나 소비자에 대한 심판대상규범의 효과까지 헌법적 관점에서 심사하여야 한다."라고 판시하여 이 점을 분명히 하고 있다.[2)]

---

1) 이에 대하여 자세한 것은 정연주, 신행정수도의건설을위한특별조치법 위헌결정에 대한 헌법적 검토, 공법학연구 제7권 제1호, 한국비교공법학회, 2006. 2, 267쪽 이하 참조.

2) 헌재 1996. 12. 26. 96헌가18, 판례집 8-2, 680, 690-691.

Ⅳ. 종국결정 및 그 효과

종국결정은 원칙적으로 각하결정, 합헌결정, 위헌결정의 세 가지로 나눌 수 있지만, 단순합헌결정과 단순위헌결정유형에 포함되지 않는 다양한 변형결정유형이 판례로써 확립되었다. 한정합헌결정, 한정위헌결정, 헌법불합치결정 등이 그것이다.

1. 각하결정

법원의 제청이 형식적 요건을 갖추지 못했거나 제청된 법률이 재판의 전제성이 없는 경우 등 위헌제청이 적법요건을 충족시키지 못했을 경우에는 헌법재판소는 각하결정을 내린다. 각하결정의 주문은 “이 사건 위헌여부심판제청을 각하한다.”, “… 에 대한 위헌여부심판제청을 각하한다.” 등으로 표시한다.

2. 합헌결정

(1) 내용과 주문형식

법원의 위헌제청이 적법요건을 충족시킨 경우 본안심리를 거치게 되는데, 제청된 법률이 헌법에 위반되지 않는다는 결론에 도달하면 합헌결정을 내린다. 합헌결정의 주문은 “…은(는) 헌법에 위반되지 아니한다.”라는 형식으로 이루어진다. 위헌법률심사형 헌법소원의 주문형식도 마찬가지이다.[1)]

이전에는 합헌결정의 한 유형으로 이른바 ‘위헌불선언결정’을 내린

---

1) 헌재 1990. 9. 10. 89헌마82, 판례집 2, 306.

판례가 있었다. 즉 재판관 9인 중 위헌의견이 다수이지만 위헌결정의 정족수인 6인의 찬성을 얻지 못한 경우 채택했던 결정유형이었다. 예컨대 “국토이용관리법 제31조의2는 헌법에 위반된다고 선언할 수 없다.”,[1] “1980년해직공무원의보상등에관한특별조치법 제2조 중 정화계획에 의하여 강제해직된 정부산하기관의 임직원을 보상대상자에 포함시키지 아니한 부분과 제5조는 헌법에 위반된다고 선언할 수 없다.”[2]는 결정규형이 그것이다.

그러나 이는 결과적으로는 합헌결정이므로 1996년부터는 이러한 결정형식을 지양하고 합헌결정으로 일원화했다.

(2) 효 력

제청법원은 제청된 법률에 대한 헌법재판소의 합헌결정에 따라 제청된 법률을 계속중인 당해 소송사건에 적용해서 재판하게 된다. 그리고 동일한 법률조항에 대한 위헌제청을 다시 하는 것은 일사부재리의 원칙에 따라 허용되지 않는다(법 제39조).

합헌결정의 효력은 위헌제청의 계기가 되었던 동일한 사건에 대한 심급을 달리하는 상소심에도 미친다고 보아야 할 것이다. 따라서 합헌결정된 법률조항에 대하여 상소심 법원이 다시 위헌제청한 경우 헌법재판소는 각하결정을 해야 할 것이다. 이는 비록 심급은 달리하지만 동일한 사건에 해당하는 것으로서 이미 심판을 거친 동일한 사건에 대하여 다시 심판할 수 없다는 일사부재리의 원칙에 위반될 뿐만 아니라, 소송경제적인 측면과 재판의 불필요한 지연이라는 측면에서도 정당화될 수 없을 것이다.

그러나 헌법재판소의 합헌결정은 동일한 법률조항의 위헌 여부가 재판의 전제가 되는 다른 사건이 계류중인 다른 법원에 대하여는 효력을

---

1) 헌재 1989. 12. 22. 88헌가13, 판례집 1, 357, 363.

2) 헌재 1993. 5. 13. 90헌바22등, 판례집 5-1, 253, 257.

미친다고 보기 어렵다. 왜냐하면 비록 동일한 법률조항이 문제되는 경우라도 당해 사건이 아닌 다른 사건의 경우라면 그 해당 법원에 계류중인 사건은 합헌결정난 사건과 동일사건이라고 볼 수 없고, 따라서 일사부재리의 원칙이 적용될 수 없기 때문이다. 또한 다른 법원에 의한 위헌제청의 경우에 헌법재판소는 다른 내용의 주장에 바탕을 두고 새로운 시각에서 판단할 기회를 가질 수 있으며, 이를 반드시 소송경제에 반하고 법적 안정성을 해치는 소모적인 논쟁이라고 치부할 수만은 없기 때문이다. 아울러 기속력에 관한 헌법재판소법 제47조 제1항은 위헌결정에 대해서만 명문으로 기속력을 인정하고 있고 합헌결정에 대해서는 침묵하고 있다는 것도 고려해야 할 것이다. 실제로 헌법재판소는 이미 합헌결정이 내려진 법률조항에 대한 심판청구가 있으면 계속해서 본안판단을 하고 있다.[1)]

헌법재판소의 합헌결정은 국회에 대하여는 효력이 없다고 하겠다. 왜냐하면 국회는 입법형성권을 가지고 헌법재판소의 결정에 관계없이 당해 법률조항을 개정·폐지할 수 있어야 하기 때문이다.

3. 위헌결정

헌법재판소는 제청된 법률조항이 헌법에 위반된다고 판단할 경우 위헌결정을 내린다. 위헌결정에는 단순위헌결정 이외에 이른바 변형결정으로서 한정합헌, 한정위헌, 헌법불합치결정 등이 포함된다. 여기서는 단순위헌결정을 다루고 변형결정은 항목을 달리해서 언급하기로 한다.

(1) 위헌결정의 범위

헌법재판소가 위헌으로 결정하는 범위와 관련하여 법 제45조 본문은

---

1) 예컨대 일련의 간통죄처벌규정 위헌심판사건 헌재 1990. 9. 10. 89헌마82, 판례집 2, 306, 308; 헌재 1993. 3. 11. 90헌가70, 판례집 5-1, 18, 20; 헌재 2001. 10. 25. 2000헌바60, 판례집 13-2, 480, 482; 헌재 2008. 10. 30. 2007헌가17등, 판례집 20-2상, 696, 699.

"헌법재판소는 제청된 법률 또는 법률조항의 위헌 여부만을 결정한다." 라고 규정하고 있어, 마치 헌법재판소는 법원에 의하여 제청된 법률 또는 법률조항에 대해서만 위헌결정을 할 수 있는 것처럼 보인다. 그러나 앞서 언급한 바와 같이 헌법재판소는 제청법원의 의견을 존중하되 그에 구속되지는 않는다. 그 결과 헌법재판소의 심판대상의 범위와 위헌결정의 범위는 법원에 의하여 제청된 것과 반드시 일치하는 것은 아니다. 이에 따라 헌법재판소가 심판대상의 범위를 제한·확장·변경하는 경우 위헌결정의 범위도 달라지게 된다. 결국 헌법재판소의 위헌결정의 범위는 위헌심판의 대상과 일치하는 것이 일반적이다. 그런데 이처럼 제한·확장·변경된 심판대상에 대한 심사결과 상황에 따라서는 최종적인 위헌결정의 범위가 제한·확장·변경을 통해 확정된 심판대상의 범위와 또 다시 달라질 수 있다. 즉 심판대상과 위헌결정의 범위가 일치하지 않을 수 있다는 것이다.

먼저 법 제45조 단서는 "다만, 법률조항의 위헌결정으로 인하여 해당 법률 전부를 시행할 수 없다고 인정될 때에는 그 전부에 대하여 위헌결정을 할 수 있다."라고 규정하고 있는데, 이에 따라 심판대상 법률조항을 포함한 해당 법률 전부를 위헌결정하는 경우가 그것이다(전부위헌결정). 예컨대 헌법재판소는 토지초과이득세법 제10조 등 위헌소원사건에서 "이 사건 심판대상 중 … 토초세법 제11조 제2항은 토초세의 과세표준을 정하는 지가에 관한 규정이고, 제12조는 토초세의 세율에 관한 규정인데, 이들 두 규정은 모두 토초세제도의 기본요소로서 그 중 한 조항이라도 위헌 또는 헌법불합치결정으로 인하여 그 효력을 상실한다면 토초세법 전부를 시행할 수 없게 될 것이다. 헌법재판소법은 위헌법률심판의 대상에 관하여 원칙적으로 제청법원으로부터 제청된 법률조항에 대하여서만 결정하도록 하되, 예외적으로 제청된 법률조항의 위헌결정으로 인하여 당해 법률 전부를 시행할 수 없다고 인정될 때에는 그 법률 전부에 대하여도 결정할 수 있도록 하고 있고(제45조), 이 규정은 같은 법 제68조 제2항에 의한 헌법소원심판의 대상에도 이를 준용한다고 규정하고 있다(제75

조 제6항). … 따라서 이 사건에 관하여는 나머지 심판대상조문들에 대하여 더 따져 볼 것도 없이 헌법재판소법 제45조 단서의 규정취지에 따라 토초세법 전부에 대하여 위헌 또는 헌법불합치 결정을 선고하여야 할 경우라고 본다."라고 판시하고 있고,[1] 반국가행위자의처벌에관한특별조치법 제2조 제1항 제2호 등 위헌제청사건에서도 "특조법 특유의 소송절차나 처벌규정인 위 제7조 제5항·제6항·제7항 본문, 제8조가 모두 위헌으로 실효된다 할 것이고, 이들 법률조항들이 이미 실효된 제11조와 함께 특조법의 핵심적 규정들이라고 할 것인데, 그 핵심적인 규정들의 시행이 불가능하므로 특조법 전체가 그 존재의미를 상실하게 되고 그 전체가 시행할 수 없는 경우라고 할 것이다. 그러므로 나머지 점에 관한 판단을 생략하고도 헌법재판소법 제45조 단서규정에 의하여 특조법 전체에 대하여 위헌의 결정을 함이 타당하다."라고 판시하고 있으며,[2] 택지소유상한에관한법률 제2조 제1호 나목 등 위헌소원사건에서도 "위헌으로 판단된 위 조항들 중 법 제7조 제1항은 택지소유의 상한을 정하는 규정이고, 부칙 제2조는 법 시행 이전부터 이미 택지를 소유하고 있는 택지소유자에 대하여도 택지소유 상한을 적용하고 그에 따른 처분 또는 이용·개발의무를 부과하는 규정으로서, 사실상 택지소유 상한제도의 가장 기본적인 요소라고 할 수 있다. 따라서 이들 규정이 위헌결정으로 인하여 그 효력이 상실된다면 택지소유 상한제도 전체의 효력이 상실되는 것과 마찬가지의 결과를 가져온다 할 것이다. 또한 이 사건의 당해 사건들은 부담금 부과처분의 취소를 구하는 사건들이 대부분인데, 부담금의 부과율을 정한 제24조 제1항이 위헌결정으로 인하여 그 효력이 상실된다면 위 사건들에 있어서는 법 전체의 효력이 상실되는 것과 마찬가지라고 할 수 있다. 따라서 이 사건에 있어서는 위와 같은 조항들이 위헌으로 결정된다면 법 전부를 시행할 수 없다고 인정되므로, 헌법재판소법 제45조 단서의 규정취지에 따라 법 전부에 대하여 위헌결정을 하는 것이 보다 더 합

1) 헌재 1994. 7. 29. 92헌바49등, 판례집 6-2, 64, 117-118.

2) 헌재 1996. 1. 25. 95헌가5, 판례집 8-1, 1, 22.

리적이라 할 것이다."라고 판시하여[1] 제청된 법률조항 내지 심판대상조항이 당해 법률의 핵심적인 조항으로서 이들의 위헌결정으로 인하여 당해 법률 전부를 시행할 수 없다고 인정될 때에는 법 제45조 단서에 근거하여 그 법률 전체에 대하여 위헌결정을 내리고 있다. 이는 객관적 헌법질서의 유지를 목적으로 하는 헌법재판의 기능과 특성 및 직권심리주의에 비추어 당연한 것이라고 하겠다.

한편 헌법심판의 대상이 된 법률조항 중 일정한 법률조항이 위헌선언되는 경우 같은 법률의 그렇지 아니한 다른 법률조항들은 효력을 그대로 유지하는 것이 원칙이나, 합헌으로 남아 있는 어떤 법률조항이 위헌선언되는 법률조항과 밀접한 관계에 있어 그 조항만으로는 법적으로 독립된 의미를 가지지 못하는 경우에는 예외적으로 그 법률조항에 대하여 위헌선언을 할 수 있다(부수적 위헌선언). 예컨대 헌법재판소는 형사소송법 제221조의2 위헌소원사건에서 "헌법심판의 대상이 된 법률조항 중 일정한 법률조항이 위헌선언된 경우 같은 법률의 그렇지 아니한 다른 법률조항들은 효력을 그대로 유지하는 것이 원칙이다. 그러나 예외적으로 위헌으로 선언된 법률조항을 넘어서 다른 법률조항 내지 법률 전체를 위헌선언하여야 할 경우가 있다. 합헌으로 남아 있는 나머지 법률조항만으로는 법적으로 독립된 의미를 가지지 못하거나, 위헌인 법률조항이 나머지 법률조항과 극히 밀접한 관계에 있어서 전체적·종합적으로 양자가 분리될 수 없는 일체를 형성하고 있는 경우, 위헌인 법률조항만을 위헌선언하게 되면 전체규정의 의미와 정당성이 상실되는 때가 이에 해당된다고 할 것이다. 일정한 법률조항이 제도의 핵심적 구성부분이어서 그에 대하여 위헌선언하는 경우 제도전체의 내적인 평형을 무너뜨리는 결과를 가져와 입법자의 의도가 왜곡되기에 이른 때에는 위헌인 법률조항 이외의 나머지 부분도 함께 위헌선언하는 것이 마땅하기 때문이다. 생각건대, 진술증거에 대한 반대신문권은 형사소송절차에서 공정한 재판을 받을 권리의 핵

---

1) 헌재 1999. 4. 29. 94헌바37등, 판례집 11-1, 289, 347-348.

심적 내용을 이루는 것이다. 이 사건 제2항의 증인신문절차가 진술증거를 강제적으로 수집할 수 있는 절차를 규정하는 것임은 위에서 살펴본 바와 같으므로, 그 증인신문절차의 참여권 및 반대신문권을 규정하고 있는 이 사건 제5항은 이 사건 제2항의 증인신문절차의 핵심적 구성부분이라고 보아야 한다. 이 사건 제5항이 위헌으로 인정될 경우에는 이 사건 제2항의 증인신문절차 전체의 내적 평형이 무너짐으로써 그 제도를 만든 입법자의 의도가 왜곡되기에 이른다고 보아야 하기 때문이다. 따라서 이 사건 제5항을 위헌선언하면서 이 사건 제2항을 유효한 것으로 남겨둘 필요성은 없다고 할 것이므로 이 사건 제5항과 함께 이 사건 제2항도 위헌선언함이 타당하다."라고 판시하고 있고,[1] 공직선거및선거부정방지법 제146조 제2항 위헌확인사건에서도 "비례대표국회의원선거의 근간이 되는 공선법 제189조 제1항이 위헌이라면 그에 부수되는 동조 제2항 내지 제7항은 독자적인 규범적 존재로서의 의미를 잃게 된다. 그렇다면 이 조항들이 비록 심판대상이 아니지만 함께 위헌선언을 함으로써 법적 명확성을 기하는 것이 상당하므로 그에 대하여도 아울러 위헌선언을 하는 것이다."라고 판시하여[2] 본래의 심판대상인 법률조항과 특별한 관계에 있어 독자적인 규범적 의미를 갖지 못하는 조항에 대하여도 위헌결정을 내리고 있다. 이는 법적 통일성, 법적 안정성, 법적 명확성, 소송경제 등의 측면에서 인정되는 것으로 객관적 헌법질서의 유지를 목적으로 하는 헌법재판의 기능과 특성 및 직권심리주의에 비추어 당연한 것이라고 하겠다.[3]

(2) 효 력

헌법재판소의 위헌결정은 위 제3편 일반심판절차에서 언급한 바와 같

---

1) 헌재 1996. 12. 26. 94헌바1, 판례집 8-2, 808, 829-830.

2) 헌재 2001. 7. 19. 2000헌마91등, 판례집 13-2, 77, 100-101.

3) 유사 판례 헌재 1989. 11. 20. 89헌가102, 판례집 1, 329, 342; 헌재 1991. 11. 25. 91헌가6, 판례집 3, 569, 581; 헌재 2002. 8. 29. 2001헌바82, 판례집 14-2, 170, 183; 헌재 2003. 9. 25. 2001헌가22, 판례집 15-2 상, 231, 250.

이 종국결정의 효력으로 일반적으로 거론되는 불가변력, 불가쟁력, 기판력 등의 확정력과 기속력 및 법규적 효력을 가진다. 여기서는 위헌결정의 효력으로 특히 문제가 되는 국가기관에 대한 기속력과 위헌결정의 효력발생시기의 문제 및 법규적 효력에 대하여 언급하고자 한다.

1) 기속력

법 제47조 제1항은 "법률의 위헌결정은 법원 기타 국가기관 및 지방자치단체를 기속한다."라고 규정하고 있고, 이 규정은 법 제75조 제6항에 따라 법 제68조 제2항의 위헌법률심사형 헌법소원을 인용할 경우에 준용되므로 위헌법률심판과 위헌법률심사형 헌법소원심판에서의 위헌결정은 기속력을 가진다. 그리고 이는 법 제68조 제1항에 따른 권리구제형 헌법소원 중 법령헌법소원에서의 위헌결정의 경우에도 인정된다.

기속력이란 법원 기타 국가기관 및 지방자치단체가 위헌으로 결정된 법률이 합헌임을 전제로 해서 공권력을 행사해서는 아니된다는 것을 의미한다. 즉 위헌으로 결정된 법률을 공권력행사의 근거로 삼아서는 아니된다는 것이다. 따라서 기속력을 위반하는 국가기관의 행위는 위법이다.

기속력의 범위에는 주관적 범위와 객관적 범위의 두 가지가 있다. 전자는 기속력이 미치는 대상의 범위를 의미하고, 후자는 기속력이 미치는 내용의 범위, 즉 기속력이 미치는 범위가 주문에 한정되는가 아니면 중요한 이유설시에도 미치는가의 문제이다. 앞서 제3편 일반심판절차에서 자세히 언급한 바와 같이 기속력의 객관적 범위는 결정주문 뿐 아니라 중요한 결정이유에도 미친다고 하겠다.

한편 기속력의 주관적 범위는 다음과 같다.

먼저 헌법재판소는 기속력의 대상이 되지 아니한다. 왜냐하면 헌법재판소는 새로운 헌법적 시각에서 판례를 변경할 수 있어야 하기 때문이다. 이는 헌법재판소가 자신이 내린 결정을 스스로 취소·철회할 수 없는 불가변력이나 실체적 확정력인 기판력과 구별된다.

법원은 당연히 기속력의 대상이 된다. 따라서 법원은 위헌결정된 법률 또는 법률조항을 당해 사건에서 적용할 수 없다. 헌법재판소도 "헌법재판소가 위헌으로 결정하여 그 효력을 상실한 법률을 적용하여 한 법원의 재판은 헌법재판소 결정의 기속력에 반하는 것일 뿐 아니라, 법률에 대한 위헌심사권을 헌법재판소에 부여한 헌법의 결단(헌법 제107조 및 제111조)에 정면으로 위배된다. 결국, 그러한 판결은 헌법의 최고규범성을 수호하기 위하여 설립된 헌법재판소의 존재의의, 헌법재판제도의 본질과 기능, 헌법의 가치를 구현함을 목적으로 하는 법치주의의 원리와 권력분립의 원칙 등을 송두리째 부인하는 것이라 하지 않을 수 없는 것이다." 라고 판시하고 있다.[1] 따라서 만일 위헌결정된 법률을 적용하여 한 법원의 재판은 기속력에 반하는 재판으로서 예외적으로 헌법소원의 대상이 된다고 하겠다. 헌법재판소도 "헌법재판소법 제68조 제1항은 법원이 헌법재판소의 기속력 있는 위헌결정에 반하여 그 효력을 상실한 법률을 적용함으로써 국민의 기본권을 침해하는 경우에는 예외적으로 그 재판도 헌법소원심판의 대상이 된다고 해석하여야 한다."라고 판시함으로써 이를 분명히 하고 있다.[2] 기속력이 미치는 법원의 범위에는 당해 소송사건이 계속중인 법원뿐 아니라 모든 법원이 해당된다. 따라서 위헌결정된 법률에 대한 다른 법원의 제청은 기속력을 무시한 것이어서 부적법하다.

국가행정기관이나 지방자치단체는 헌법재판소가 위헌으로 결정한 법률을 집행하는 행정작용을 해서는 아니된다. 위헌법률에 근거한 행정작용은 중대하고 명백한 하자를 지니고 있으므로 당연무효라고 하겠다. 따라서 행정소송법이 정하는 무효확인소송의 대상이 된다고 하겠다.

국회에 위헌결정의 기속력이 미치는지에 대하여는 견해가 갈린다. 이는 입법자가 위헌결정된 법률조항과 동일한 내용의 입법을 반복해서 할 수 있는가의 문제로 귀결된다. 입법자의 입법형성권, 시대상황과 생활감각의 변화반영요구, 헌법과 헌법이론의 발전과 판례의 발전 등을 감안할 때 법률조항에 대한 위헌결정의 기속력은 원칙적으로 입법자에게 미친다

1) 헌재 1997. 12. 24. 96헌마172등, 판례집 9-2, 842, 859-860.

2) 헌재 1997. 12. 24. 96헌마172등, 판례집 9-2, 842, 861-862.

고 볼 수 없을 것이다. 그러나 다른 한편 반복입법을 무제한 허용하는 것은 규범통제의 실효성을 약화시키고, 헌법재판소의 위상과 권위를 침해하는 것일 수 있다. 따라서 반복입법을 할 수밖에 없는 정당화사유가 있을 경우에만 반복입법을 허용하는 것이 타당하다고 할 것이다. 결국 위헌결정의 기속력은 원칙적으로 국회에는 미치지 않지만, 국회는 헌법재판소의 위헌결정의 취지를 존중할 것이 요구된다고 하겠다.[1]

2) 위헌결정의 시간적 효력

위헌결정된 법률은 무효로서 효력을 상실한다. 그런데 언제부터 효력을 상실하는지 위헌결정의 효력의 시간적 범위가 문제될 수 있다. 이에는 크게 효력상실시점이 위헌결정 이전 시점까지 거슬러 올라가는 소급효와 위헌결정 이후 장래를 향해 효력이 상실되는 장래효의 두 가지가 있다. 위헌법률의 효력상실시기를 언제로 정할 것인가의 문제는 원칙적으로 헌법정책적인 문제라고 하겠다. 법치주의와 과거회고적인 합헌성확보 및 기본권보장에 중점을 둘 경우에는 소급효를 인정해야 할 것이고, 법적 안정성 내지 법적 평화를 고려한다면 장래효를 채택해야 할 것이다.[2]

가. 원칙(장래효)

위헌법률의 효력상실시기와 관련하여 법 제47조 제2항은 "위헌으로 결정된 법률 또는 법률의 조항은 그 결정이 있는 날로부터 효력을 상실한다."라고 규정하여 장래효를 원칙으로 하고 있다. 즉 우리의 경우 개별적 사건에 있어서의 구체적 타당성이나 정의 내지 평등의 원칙 보다는 헌법상 법치주의원리의 파생원칙인 법적안정성 내지는 신뢰보호의 원칙을 우선시 한 것으로 볼 수 있다.[3] 이는 소급효를 원칙으로 하고 장래효를 예외로 하고 있는 독일의 경우와는 다르다.

---

1) 이에 대하여 자세한 것은 위 제3편 일반심판절차 참조.
2) 헌재 2016. 4. 28. 2015헌바216, 판례집 28-1하, 30(34).
3) 헌재 1993. 5. 13. 92헌가10등, 판례집 5-1, 226, 250.

나. 예외(소급효)

(가) 법 제47조 제3항에 의한 소급효

법 제47조 제3항 본문은 "제2항에도 불구하고 형벌에 관한 법률 또는 법률의 조항은 소급하여 그 효력을 상실한다."라고 규정하여 형벌에 관한 사항에서는 예외적인 소급효를 인정하고 있다. 이는 형벌사항의 경우에는 실체적 정의와 기본권의 실현이 중요하다고 보아 소급효를 인정하고 있는 것이다.[1] 이에 따라 위헌으로 결정된 법률 또는 법률의 조항에 근거한 유죄의 확정판결에 대하여는 재심을 청구할 수 있도록 했다(법 제47조 제4항). 재심에 대하여는 형사소송법의 규정이 준용된다(법 제47조 제5항).

그런데 2014. 5. 20. 신설된 법 제47조 제3항 단서는 "다만, 해당 법률 또는 법률의 조항에 대하여 종전에 합헌으로 결정한 사건이 있는 경우에는 그 결정이 있는 날의 다음 날로 소급하여 효력을 상실한다."라고 규정함으로써 소급효의 시간적 범위를 제한하고 있다. 이는 법적 안정성을 고려한 제한이라고 볼 수 있다. 즉 형벌사항의 경우에는 원칙적으로 법적 안정성 보다는 실체적 정의와 기본권의 실현이 중요하다고 보아 소급효를 인정하고는 있지만, 그 소급효를 무한대로 인정함으로 해서 발생되는 법적 혼란과 부작용도 고려하여 한편에서의 법적 안정성, 다른 한편에서의 실체적 정의 및 기본권의 실현이라는 두 가지 대립되는 가치의 조화를 이루고자 하는 일종의 타협책이라고 하겠다. 다시 말해 위헌결정의 소급효를 무한대로 인정할 경우 예상되는 수많은 재심청구로 인한 소송폭주와 그에 따른 무죄 판결, 그리고 무죄를 근거로 한 수많은 형사보상신청 등으로 인한 천문학적 예산과 비용 및 시간소요 등의 대혼란이 발생할 수 있다는 것을 고려한 정책적 제한이라고 하겠다.[2]

---

1) 헌재 1993. 5. 13. 92헌가10등, 판례집 5-1, 226, 250; 헌재 2002. 5. 30. 2001헌바65등, 판례집 14-1, 508, 527.

2) 이러한 예는 혼인빙자간음죄에 대한 위헌결정의 경우에서 찾을 수 있다. 헌법재판소는 지난 2009년 구 형법 제304조의 혼인빙자간음죄에 대해 위헌결정을 내렸다. 혼인빙자간음죄는 1953년 도입된 뒤 2002년에 헌법재판소에서 합헌 결정이 나왔다

그리고 다른 한편 해당 형벌에 관한 법률 또는 법률의 조항에 대하여 종전에 합헌으로 결정한 사건이 있는 경우에는 그 결정이 있는 날의 다음 날까지만 소급하도록 한 법 제47조 제3항 단서에 의한 소급효 제한은 그 해당 법조항이 적어도 합헌으로 결정된 날까지는 – 유효할 뿐 아니라 – 그 합헌결정으로 인해 헌법상 정당한 것으로 간주된다는 것을 전제하고 있다고 볼 수 있다.[1)]

법 제47조 제4항의 재심규정은 법원에 의하여 이미 선고된 유죄판결

가 2009년에 법 조항이 남녀평등에 반할 뿐 아니라 과잉금지원칙을 위반하여 남성의 성적자기결정권 및 사생활의 비밀과 자유를 침해한다는 이유로 위헌결정이 내려졌다(헌재 2009. 11. 26. 2008헌바58등, 판례집 21-2 하, 520). 그러자 1953년부터 이 법 조항으로 유죄판결을 받은 사람들이 너도나도 재심 청구를 했고, 밀려드는 소송으로 법원에서 일대 혼란을 야기한 바 있다.

이러한 문제는 1953년 도입 이후 계속 위헌시비가 있어 왔던 형법 제241조의 간통죄의 경우에도 제기된다. 과거 헌법재판소는 1990년, 1993년, 2001년, 2008년 등 4차례나 간통죄에 대해 합헌 결정을 내렸다. 마지막 2008년 결정 때에는 위헌의견이 5명(위헌 4명, 헌법불합치 1명)이 나왔지만 정족수(6명)에 한 명이 부족해 가까스로 합헌이 유지됐었다. 그러던 중 헌법재판소는 2015. 2. 26. 형법 241조에 대해 재판관 7 : 2의 의견으로 위헌결정을 내렸다(2009헌바17). 그런데 만일 이 경우 법 제47조 제3항 단서 조항이 없었더라면 1953년 제정된 간통죄로 지금까지 처벌받은 10만명 넘는 간통죄 전과자들의 재심청구, 재심무죄판결, 무죄를 근거로 형사보상 신청 등으로 천문학적 예산과 비용, 시간이 들어 대혼란이 발생할 수 있었다. 그러나 신설된 법 제47조 제3항 단서가 형벌에 관한 법률 또는 법률의 조항에 대하여 종전에 합헌으로 결정한 사건이 있는 경우에는 그 결정이 있는 날의 다음 날로 소급하여 효력을 상실하도록 제한함으로써 헌법재판소의 위헌결정에 따라 재심을 청구할 수 있는 사람은 1953년 이후의 약10만여명에서 최종적으로 합헌결정이 내려진 2008년 10월 30일 이후의 약 5400여명으로 대폭 줄어들게 되었다.

1) 헌법재판소도 헌법재판소법 제47조 제3항 단서 위헌소원 사건에서 "헌법재판소의 합헌결정을 통해 과거의 어느 시점에서는 합헌이었음이 인정된 형벌조항에 대하여는 위헌결정의 소급효를 제한함으로써 그동안 쌓아 온 규범에 대한 사회적인 신뢰와 법적 안정성을 확보할 수 있도록 한 것이다. 법률의 합헌성에 관한 최종 판단권이 있는 헌법재판소가 당대의 법 감정과 시대상황을 고려하여 합헌이라는 유권적 확인을 하였다면, 그러한 사실 자체에 법적 의미를 부여하고 존중할 필요가 있다. 헌법재판소가 특정 형벌법규에 대하여 과거에 합헌결정을 하였다는 것은, 적어도 그 당시에는 당해 행위를 처벌할 필요성에 대한 사회구성원의 합의가 유효하다는 것을 확인한 것이므로, 합헌결정이 있었던 시점 이전까지로 위헌결정의 소급효를 인정할 근거가 사라지기 때문이다."라고 판시함으로써 유사한 입장을 취하고 있다. 헌재 2016. 4. 28. 2015헌바216, 판례집 28-1하, 30(35).

을 무효로 만들거나 유죄확정판결의 집행을 정지시키거나 진행중인 형의 집행을 금지시키는 것은 아니고, 다만 유죄판결을 받은 자가 재심청구를 통하여 유죄의 확정판결을 다툴 수 있다는 것을 의미할 뿐이다. 이미 형의 집행이 종료된 후에도 재심을 청구할 수 있음은 물론이다.

한편 형사실체법 규정에 대한 위헌선언만이 소급효를 가지고, 법원조직법이나 형사소송법 등 형사절차법 규정에 대한 위헌선언은 소급효를 가지지 아니한다고 하겠다.[1] 헌법재판소도 형사소송법 제331조 단서 규정에 대한 위헌심판사건에서 보충의견을 통해 "법규정의 문면상 '형벌에 관한 법률 또는 법률의 조항'이라고 표현하고 있는 것은 형사법 중에서도 범죄구성요건에 관한 실체법규를 지칭하고 있는 것으로 보아야 하며 여기에 형사절차상의 법규를 포함하고 있는 의미로 넓게 보기는 어렵고, 또한 … 우리 헌법과 헌법재판소법은 위헌으로 결정된 법률의 효력에 대하여 법적 안정성을 중요시하여 그 결정이 있는 날부터 효력을 상실하는 장래효를 원칙으로 하고 소급무효는 '형벌에 관한 법률 또는 법률의 조항'에 한정하여 예외로 인정하고 있는 입법취지를 아울러 고려할 때에 위헌결정의 법규적 효력에 대하여 소급효를 인정하여 재심에 의한 구제를 허용하는 범위는 위헌으로 결정된 실체적인 형벌법규에 의하여 형의 선고를 받았을 때에 한정하여야 하고 위헌으로 결정된 법률이 형사소송절차에 관한 절차법적인 법률인 경우에는 동조항이 적용되지 않는 것으로 가급적 좁게 해석하는 것이 제도적으로도 합당하다 할 것이다."라고 판시하고 있다.[2]

위헌결정된 형벌법규에 근거해서 공소가 제기되어 재판중인 모든 형사사건은 더 이상 범죄가 되지 않으므로 무죄를 선고해야 할 것이다.[3]

(나) 판례에 의한 소급효

앞서 언급한 바와 같이 소급효를 인정하느냐의 여부는 입법정책의 문

---

1) 실무제요, 150쪽.

2) 헌재 1992. 12. 24. 92헌가8, 판례집 4, 853, 887-888.

3) 대판 1992. 5. 8. 91도2825.

제인데, 헌법재판의 기능이 헌법질서유지, 기본권보장, 권력통제 등에 있기 때문에 원칙적으로 소급효를 인정하는 것이 바람직하다고 본다. 이 경우 소급효를 인정함으로 해서 보다 더 큰 헌법적 가치가 침해된다면(예컨대 법적 혼란, 기본권침해, 헌법질서유린상태) 법적 안정성과 공익적 견지에서 예외적으로 소급효를 제한할 수 있을 것이다. 즉 독일의 경우처럼 소급효를 원칙으로 하고 장래효를 예외로 하는 것이 입법정책적으로 보다 바람직하다는 것이다.

그런데 만일 소급효를 형벌법규에 대한 경우를 제외하고 원칙적으로 부정한다면 헌법재판의 실효성 확보차원에서 문제가 발생된다. 따라서 소급효를 원칙적으로 부정하는 우리 법제에서는 해석상 또는 실제 운영상 당사자의 권리구제를 위한 구체적 타당성의 요청이 현저한 경우 위헌결정의 실효성 확보차원에서 소급효를 일정한 범위내에서 인정할 필요가 있다.

이러한 요청에 부응하여 대법원은 법률에 대한 위헌결정의 소급효를 서서히 확대시켜 왔다. 즉 대법원은 ① 위헌제청을 한 당해 사건,[1] ② 위헌결정이 있기 전에 이와 동종의 위헌 여부에 관하여 헌법재판소에 위헌여부심판제청이 되어 있거나, 법원에 위헌여부심판제청신청이 되어 있는 경우의 당해 사건, 그리고 별도의 위헌제청신청 등은 하지 아니하였으나 당해 법률 또는 법조항이 재판의 전제가 되어 법원에 계속된 모든 일반사건,[2] ③ 위헌결정 이후에 제소된 일반사건[3] 등으로 위헌결정의 효력을 확대해 왔다.

헌법재판소도 "형벌법규이외의 일반 법규에 관하여 위헌결정에 불소급의 원칙을 채택한 법 제47조 제2항 본문의 규정 자체에 대해 기본적으로 그 합헌성에 의문을 갖지 않지만 … 위헌결정의 특수성 때문에 예외적으로 그 적용을 배제시켜 부분적인 소급효의 인정을 부인해서는 안 될 것이다. 우선 생각할 수 있는 것은, 구체적 규범통제의 실효성의 보장의

1) 대판 1991. 6. 11. 90다5450; 대판 1991. 6. 28. 90누9346.
2) 대판 1991. 12. 24. 90다8176; 대판 1992. 2. 14. 91누1462; 대판 1993. 1. 15. 92다12377.
3) 대판 1993. 1. 15. 92다12377; 대판 1994. 10. 25. 93다42740.

견지에서 법원의 제청·헌법소원의 청구 등을 통하여 헌법재판소에 법률의 위헌결정을 위한 계기를 부여한 당해 사건, 위헌결정이 있기 전에 이와 동종의 위헌 여부에 관하여 헌법재판소에 위헌제청을 하였거나 법원에 위헌제청신청을 한 경우의 당해 사건, 그리고 따로 위헌제청신청을 아니하였지만 당해 법률 또는 법률의 조항이 재판의 전제가 되어 법원에 계속 중인 사건에 대하여는 소급효를 인정하여야 할 것이다. 또 다른 한 가지의 불소급의 원칙의 예외로 볼 것은, 당사자의 권리구제를 위한 구체적 타당성의 요청이 현저한 반면에 소급효를 인정하여도 법적 안정성을 침해할 우려가 없고 나아가 구법에 의하여 형성된 기득권자의 이익이 해쳐질 사안이 아닌 경우로서 소급효의 부인이 오히려 정의와 형평 등 헌법적 이념에 심히 배치되는 때라고 할 것으로, 이때에 소급효의 인정은 법 제47조 제2항 본문의 근본취지에 반하지 않을 것으로 생각한다. … 일률적인 소급효의 인정이 부당한 결과를 발생시키듯이 일률적인 소급효의 완전부인도 부당한 결과를 발생할 수 있다고 할 것이다."라고 판시하여[1] 대체로 대법원과 같은 입장을 취하고 있다.

이러한 대법원과 헌법재판소의 입장은 앞서 언급한 헌법재판의 실효성 확보차원에서, 그리고 법치주의와 기본권의 효율적인 구제 차원에서 일단 수긍이 된다. 그러나 다른 한편 소급효의 무제한적인 확대는 결과적으로 위헌결정의 소급효를 원칙적으로 인정하는 것이 되는데, 이는 앞서 언급한 바와 같이 기본권보장, 법치주의, 과거회고적인 합헌성확보, 헌법재판제도의 실효성확보 등을 위해서 바람직한 것이기는 하나 우리 법제하에서는 문제가 있다. 왜냐하면 이러한 결과는 소급효를 원칙적으로 부정한 법 제47조 제2항을 사실상 형해화시키는 것으로서 법적 안정성을 중요시 한 입법취지에 반하는 것이기 때문이다. 따라서 법률을 개정하지 않는 한 현행 법제하에서의 소급효의 인정에는 일정한 한계가 있어야 할 것이다.

---

1) 헌재 1993. 5. 13. 92헌가10등, 판례집 5-1, 226, 250-251.

실제로 최근에 대법원은 위헌결정의 소급효를 과거와는 달리 사안에 따라 제한하는 등 소급효의 인정에 신중을 기하고 있다. 예컨대 대법원은 "위헌결정의 효력은 그 미치는 범위가 무한정일 수는 없고 다른 법리에 의하여 그 소급효를 제한하는 것까지 부정되는 것은 아니라 할 것이며, 법적 안정성의 유지나 당사자의 신뢰보호를 위하여 불가피한 경우에 위헌결정의 소급효를 제한하는 것은 오히려 법치주의의 원칙상 요청되는 바라 할 것이다."라고 판시함으로써 위헌결정 이후 제소된 일반사건에 대한 소급효를 제한하고 있다.[1]

결국 형벌법규 이외의 일반법규에 대한 위헌결정의 소급효는 위헌결정의 실효성 확보차원에서 인정하되, 이는 당사자의 권리구제를 위한 구체적 타당성의 요청이 현저한 반면에 소급효를 인정하여도 법적 안정성을 침해할 우려가 없고, 나아가 구법에 의하여 형성된 기득권자의 이익이 침해될 사안이 아닌 경우로서 소급효의 부인이 오히려 정의와 형평 등 헌법적 이념에 심히 배치되는 때에 인정될 수 있다고 하겠고, 구체적으로는 해당 법률의 연혁·성질·보호법익 등을 검토하고 제반 이익을 비교형량해서 합리적·합목적적으로 정할 수밖에 없을 것이다.

3) 법규적 효력

법률에 대한 위헌결정은 모든 사람에게 일반적으로 효력을 미치는 법규적 효력, 즉 대세적 효력 내지 일반적 구속력을 가진다. 즉 헌법재판소의 위헌결정에 대하여 소송당사자를 수범인으로 하는 기판력의 주관적 범위와 국가기관 등을 수범인으로 하는 기속력의 주관적 범위를 넘어서 일반사인에게도 그 효력이 법규처럼 미치는 일반적 구속성을 의미한다. 이는 위헌결정된 법률 또는 법률조항은 효력을 상실하기 때문에 더 이상 국민생활을 규율하는 법규범이 될 수 없고, 국가기관과 마찬가지로 일반국민은 위헌선언된 법규범에 대하여 더 이상 구속을 받지 않게 된다는 것을

---

1) 대판 2005. 11. 10. 2003두14963; 대판 2005. 11. 10. 2005두5628; 대판 2006. 6. 9. 2006두1296.

의미한다. “위헌으로 결정된 법률 또는 법률의 조항은 그 결정이 있는 날부터 효력을 상실한다.”고 규정한 법 제47조 제2항과 “제2항에도 불구하고 형벌에 관한 법률 또는 법률의 조항은 소급하여 그 효력을 상실한다. 다만, 해당 법률 또는 법률의 조항에 대하여 종전에 합헌으로 결정한 사건이 있는 경우에는 그 결정이 있는 날의 다음 날로 소급하여 효력을 상실한다.”라고 규정한 동조 제3항이 그 근거규정이라고 할 수 있다. 그리고 이 규정은 헌법소원심판에서 행하는 법률 또는 법률조항에 대한 위헌결정의 경우에도 준용된다(법 제75조 제6항). 따라서 법률 또는 법률조항에 대한 위헌결정의 효력은 당해 사건에만 미치고(즉 당해 사건에서의 적용배제), 일반적으로는 그 해당 법률 또는 법률조항이 위헌결정 이후에도 여전히 존속하게 되는 것이 아니라,[1] 위헌결정된 법률 또는 법률조항은 무효가 되고 더 이상 존재하지 않게 된다. 따라서 이는 마치 입법자가 법률을 개폐하는 것과 같은 효력을 가지는 것이다. 그리고 이러한 효력은 위헌제청에 의한 경우 뿐 아니라 위헌법률심사형 헌법소원과 법령헌법소원에 의한 경우에도 모두 인정된다고 하겠다.

4. 변형결정

앞서 소개한 단순합헌과 단순위헌의 기본유형만으로는 규범통제에서 나타나는 여러 문제를 해결할 수가 없다. 즉 기본유형만으로는 실제의 재판과정에서 법적 안정성, 법률의 공백상태방지, 입법자의 존중, 효율적인 기본권 구제 등의 다양한 문제점을 해결하기가 어려운 경우가 발생한다는 것이다. 따라서 헌법재판소는 그동안 판례를 통해 위헌결정과 관련하여 위에서 소개한 단순위헌결정 이외에 다양한 변형결정유형을 발전시켰다. 한정합헌결정, 한정위헌결정, 헌법불합치결정 등이 그것이다.

---

1) 예컨대 헌법 제107조 제2항에 따른 법원의 명령·규칙 등에 대한 간접적인 위헌통제의 경우가 이에 해당한다. 이에 대하여는 정연주, 법규명령에 대한 헌법소원, 헌법판례연구[I], 헌법판례연구회편, 1999. 7, 359쪽 이하 참조.

(1) 한정합헌결정

1) 내용과 결정례

한정합헌결정은 심판의 대상이 된 법률 또는 법률조항의 문언이 다의적으로 해석가능한 경우 위헌적인 해석의 가능성을 배제하고 특정한 내용으로 해석·적용되는 한 합헌이라는 주문을 내는 결정유형이다. 이는 문제되는 법조문 자체를 제거하는 방법을 통해서가 아니라 그 법조문의 위헌적인 해석방법 또는 범위를 배제함으로써 위헌성을 제거하되 법조문 자체의 효력은 유지시키는 결정유형이다.

한정합헌결정의 예로 대표적인 것으로는 "국가보안법 제7조 제1항 및 제5항은 각 그 소정 행위가 국가의 존립·안전을 위태롭게 하거나 자유민주적 기본질서에 위해를 줄 경우에 적용된다고 할 것이므로 이러한 해석하에 헌법에 위반되지 아니한다.",[1] "군사기밀보호법 제6조, 제7조, 제10조는 같은 법 제2조 제1항 소정의 군사상의 기밀이 비공지의 사실로서 적법절차에 따라 군사기밀로서의 표지를 갖추고 그 누설이 국가의 안전보장에 명백한 위험을 초래한다고 볼 만큼의 실질가치를 지닌 경우에 한하여 적용된다고 할 것이므로 그러한 해석하에 헌법에 위반되지 아니한다."[2]라는 결정례를 들 수 있다.

2) 한정합헌결정의 근거와 한계

한정합헌결정은 아래에서 언급할 한정위헌결정과 함께 어떤 법률의 개념이 다의적이고 그 어의의 테두리안에서 여러 가지 해석이 가능할 때 헌법을 그 최고 법규로 하는 통일적인 법질서의 유지를 위하여 헌법에 합치되는 해석, 즉 합헌적인 해석을 선택하여야 하며, 이에 의하여 위헌적인 결과가 될 해석을 배제하면서 합헌적이고 긍정적인 면은 살려야 한

---

1) 헌재 1990. 4. 2. 89헌가113, 판례집 2, 49, 52.

2) 헌재 1992. 2. 25. 89헌가104, 판례집 4, 64, 71.

다는 합헌적 법률해석 내지 법률의 헌법합치적 해석의 법리를 그 근거로 하고 있다. 이처럼 헌법의 최고규범성에서 나오는 법질서의 통일성, 권력분립원칙의 관점에서 민주적 정당성을 가지는 입법자의 입법형성권의 존중, 법률의 추정적 효력 등에 의하여 정당화되는 합헌적 법률해석의 법리와 이에 근거한 한정합헌결정유형은 헌법재판제도가 정착된 여러 나라에 있어서 널리 활용되는 통례인 것으로 법률에 일부 합헌적 요소가 있음에도 불구하고 위헌적 요소 때문에 전면위헌을 선언할 때 생길 수 있는 큰 충격을 완화하고 법적 안정성을 추구하기 위한 방안이기도 하다.[1)]

그런데 입법권의 존중 등 합헌적 법률해석의 정당화 근거는 동시에 합헌적 법률해석의 한계이기도 하다. 헌법재판소는 합헌적 법률해석을 통하여 입법자의 본래의 의도를 왜곡시키거나 대체해서는 아니된다. 따라서 헌법재판소는 합헌적 법률해석을 통해 법조문의 문의적 한계와 법목적적 한계를 일탈해서는 아니된다. 헌법재판소가 입법권존중이라는 미명아래 무리한 법률해석을 통해 문제되는 법조문의 효력을 유지시킨다면, 이는 오히려 입법자의 입법권을 침해하는 것이 될 것이다. 이러한 경우에는 차라리 법률을 단순위헌으로 선언하여 그 규율대상을 입법자로 하여금 새로이 입법하도록 해주는 것이 타당할 것이다.[2)] 헌법재판소도 사회보호법 제5조의 위헌심판사건에서 "법률 또는 법률의 위 조항은 원칙적으로 가능한 범위안에서 합헌적으로 해석함이 마땅하나 그 해석은 법의 문구와 목적에 따른 한계가 있다. 즉, 법률의 조항의 문구가 간직하고 있는 말의 뜻을 넘어서 말의 뜻이 완전히 다른 의미로 변질되지 아니하는 범위내이어야 한다는 문의적 한계와 입법권자가 그 법률의 제정으로써 추구하고자 하는 입법자의 명백한 의지와 입법의 목적을 헛되게 하는 내용으로 해석할 수 없다는 법목적에 따른 한계가 바로 그것이다. 왜냐하면, 그러한 범위를 벗어난 합헌적 해석은 그것이 바로 실질적 의미에서의 입법작용을 뜻하게 되어 결과적으로 입법권자의 입법권을 침해하

1) 헌재 1990. 4. 2. 89헌가113, 판례집 2, 49, 62.

2) 실무제요, 157쪽.

는 것이 되기 때문이다. … 법 제5조 제1항의 요건에 해당되는 경우에는 법원으로 하여금 감호청구의 이유 유무 즉, 재범의 위험성의 유무를 불문하고 반드시 감호의 선고를 하도록 강제한 것임이 위 법률의 조항의 문의임은 물론 입법권자의 의지임을 알 수 있으므로 위 조항에 대한 합헌적 해석은 문의의 한계를 벗어난 것이라 할 것이다."라고 판시함으로써 이 점을 분명히 하고 있다.[1)]

3) 한정합헌결정의 효력

한정합헌결정도 위헌결정의 일종으로 법 제47조 제1항에 따라 법원 기타 국가기관 및 지방자치단체를 기속한다.[2)] 이에 따라 헌정합헌결정된 법률조항은 원칙적으로 헌법재판소가 합헌으로 간주한 내용만으로 해석·적용되어야 하고, 그 내용만이 유효한 법률내용으로 일반적인 구속력, 즉 법규적 효력을 가진다고 하겠다.[3)]

(2) 한정위헌결정

1) 내용과 결정례

한정위헌결정은 심판대상 법률조문의 다의적인 해석의 가능성 중에서 헌법에 합치될 수 없는 내용을 특정하여 해당 법조문이 그러한 특정한 내용으로 해석·적용되는 것을 위헌으로 선언하는 결정유형이다. 이는 한정합헌결정과 마찬가지로 심판대상 법률조항을 합헌적으로 축소·제한 해석하는 것이므로 심판대상 법률조항 자체의 존속에는 영향이 없지만, 일정한 한정된 해석과 적용 및 조건하에서 해당 법조문을 위헌이라고 결정함으로써 그러한 해석이나 적용 또는 조건하의 법집행을 배제하려는 결정유형이다.

---

1) 헌재 1989. 7. 14. 88헌가5등, 판례집 1, 69, 86-87.

2) 헌재 1990. 6. 25. 90헌가11, 판례집 2, 165, 171; 헌재 1997. 12. 24. 96헌마172등, 판례집 9-2, 842, 860.

3) 허영, 전게서, 250쪽.

한정위헌결정의 예로서 "정기간행물의 등록 등에 관한 법률 제7조 제1항은 제9호 소정의 제6조 제3항 제1호 및 제2호의 규정에 의한 해당시설을 자기소유이어야 하는 것으로 해석하는 한 헌법에 위반된다.",[1] "국유재산법 제5조 제2항을 동법의 국유재산 중 잡종재산에 대하여 적용하는 것은 헌법에 위반된다.",[2] "화재로 인한 재해보상과 보험가입에 관한 법률 제5조의 '특수건물'부분에 동법 제2조 제3호 가목 소정의 '4층 이상의 건물'을 포함시키는 것은 헌법에 위반된다.",[3] "민법 제764조의 '명예회복에 적당한 처분'에 사죄광고를 포함시키는 것은 헌법에 위반된다.",[4] "국회의원선거법 제55조의 3의 규정 중 '정당연설회에 당해 지역구후보자를 연설원으로 포함시킨 부분'과 이 법 제56조의 규정 중 '정당이 후보자를 추천한 지역구마다 2종의 소형인쇄물을 따로 더 배부할 수 있도록 한 부분'은 당해 지역구에서 정당이 그와 같은 정당연설회를 개최하거나 소형인쇄물을 제작·배부하는 경우에는, 무소속후보자에게도 각 그에 준하는 선거운동의 기회를 균등하게 허용하지 아니하는 한 헌법에 위반된다.",[5] "헌법재판소법 제68조 제1항 본문의 '법원의 재판'에 헌법재판소가 위헌으로 결정한 법령을 적용함으로써 국민의 기본권을 침해한 재판도 포함되는 것으로 해석하는 한도내에서, 헌법재판소법 제68조 제1항은 헌법에 위반된다."[6]라는 결정례를 들 수 있다.

2) 한정위헌결정의 근거와 한정합헌결정과의 관계

한정위헌결정도 위헌결정의 일종으로 한정합헌결정과 마찬가지로 합헌적 법률해석의 법리를 근거로 하고 있다.[7] 이에 따라 한정위헌결정과

---

1) 헌재 1992. 6. 26. 90헌가23, 판례집 4, 300, 302.
2) 헌재 1991. 5. 13. 89헌가97, 판례집 3, 202, 203.
3) 헌재 1991. 6. 3. 89헌마204, 판례집 3, 268, 272.
4) 헌재 1991. 4. 1. 89헌마160, 판례집 3, 149, 150.
5) 헌재 1992. 3. 13. 92헌마37등, 판례집 4, 137, 140.
6) 헌재 1997. 12. 24. 96헌마172등, 판례집 9-2, 842, 848-849.
7) 실무제요, 156쪽.

한정합헌결정을 본질적으로 동일한 것으로 간주하는 것이 헌법재판소의 입장이다. 즉 "헌법재판소는 법률의 위헌여부가 심판의 대상이 되었을 경우, 재판의 전제가 된 사건과의 관계에서 법률의 문언, 의미, 목적 등을 살펴 한편으로 보면 합헌으로, 다른 한편으로 보면 위헌으로 판단될 수 있는 등 다의적인 해석가능성이 있을 때 일반적인 해석작용이 용인되는 범위내에서 종국적으로 어느 쪽이 가장 헌법에 합치되는가를 가려, 한정축소적 해석을 통하여 합헌적인 일정한 범위내의 의미내용을 확정하여 이것이 그 법률의 본래적인 의미이며 그 의미 범위내에 있어서는 합헌이라고 결정할 수도 있고, 또 하나의 방법으로는 위와 같은 합헌적인 한정축소 해석의 타당영역밖에 있는 경우에까지 법률의 적용범위를 넓히는 것은 위헌이라는 취지로 법률의 문언자체는 그대로 둔 채 위헌의 범위를 정하여 한정위헌의 결정을 선고할 수도 있다. 위 두 가지 방법은 서로 표리관계에 있는 것이어서 실제적으로는 차이가 있는 것이 아니다. 합헌적인 한정축소해석은 위헌적인 해석 가능성과 그에 따른 법적용을 소극적으로 배제한 것이고, 적용범위의 축소에 의한 한정적 위헌선언은 위헌적인 법적용 영역과 그에 상응하는 해석 가능성을 적극적으로 배제한다는 뜻에서 차이가 있을 뿐, 본질적으로는 다 같은 부분위헌결정이다."라고 판시하여 양자는 서로 표리관계에 있는 것이어서 실제적으로는 차이가 있는 것이 아니고, 본질적으로는 다 같은 부분위헌결정이라는 입장이다.[1] 결국 이에 따르면 한정합헌결정이 당해 사건과 관련되는 범위내에서 합헌적인 해석의 내용을 밝히는 것이라면 한정위헌결정은 당해 사건에서의 해당 법률의 적용과 관련해서 위헌으로 해석되기 때문에 적용에서 배제해야 하는 내용을 밝히는 것이라고 하겠다.

3) 한정위헌결정의 효력

한정위헌결정도 위헌결정의 일종으로 법 제47조 제1항에 따라 기속력

1) 헌재 1997. 12. 24. 96헌마172등, 판례집 9-2, 842, 860-861.

을 가진다.[1)] 따라서 법원 기타 국가기관 및 지방자치단체는 심판대상 법조문에 대하여 헌법재판소가 위헌으로 밝힌 내용으로 해당 법률조항을 해석·적용해서는 아니된다. 그런데 대법원은 헌법재판소의 입장과는 달리 한정위헌결정의 기속력을 부인하고 있다. 그 이유는 한정위헌결정은 헌법재판소의 법률해석의 결과에 불과한데 법률해석의 권한은 법원에 배타적으로 귀속되기 때문에 헌법재판소의 법률해석의 결과인 한정위헌결정은 기속력이 없다는 것이다.[2)] 그러나 이러한 대법원의 견해는 한정위헌결정이 단순한 법률해석의 결과만은 아니고 헌법적 잣대로 위헌적인 내용의 해석을 배제하는 것이며 이는 전형적인 헌법재판으로서 헌법재판소의 고유권한에 속한다는 점에서 타당하지 않다.

한정위헌결정도 위헌결정의 일종으로서 원칙적으로 위헌으로 해석된 법률 또는 법률조항의 해당 부분은 그 결정이 있는 날로부터 효력을 상

---

1) 헌재 1997. 12. 24. 96헌마172등, 판례집 9-2, 842, 860.

2) 대판 1996. 4. 9. 95누11405: "헌법재판소의 결정이 그 주문에서 당해 법률이나 법률조항의 전부 또는 일부에 대하여 위헌 결정을 선고함으로써 그 효력을 상실시켜 법률이나 법률조항이 폐지되는 것과 같은 결과를 가져온 것이 아니라 그에 대하여 특정의 해석기준을 제시하면서 그러한 해석에 한하여 위헌임을 선언하는, 이른바 한정위헌결정의 경우에는 헌법재판소의 결정에 불구하고 법률이나 법률조항은 그 문언이 전혀 달라지지 않은 채 그냥 존속하고 있는 것이므로 이와 같이 법률이나 법률조항의 문언이 변경되지 아니한 이상 이러한 한정위헌 결정은 법률 또는 법률조항의 의미, 내용과 그 적용범위를 정하는 법률해석이라고 이해하지 않을 수 없다. 그런데 구체적 사건에 있어서 당해 법률 또는 법률조항의 의미·내용과 적용범위가 어떠한 것인지를 정하는 권한 곧 법령의 해석·적용 권한은 바로 사법권의 본질적 내용을 이루는 것으로서, 전적으로 대법원을 최고법원으로 하는 법원에 전속한다. 이러한 법리는 우리 헌법에 규정된 국가권력분립구조의 기본원리와 대법원을 최고법원으로 규정한 헌법의 정신으로부터 당연히 도출되는 이치로서, 만일 법원의 이러한 권한이 훼손된다면 이는 헌법 제101조는 물론이요, 어떤 국가기관으로부터도 간섭받지 않고 오직 헌법과 법률에 의하여 그 양심에 따라 독립하여 심판하도록 사법권 독립을 보장한 헌법 제103조에도 위반되는 결과를 초래한다. 그러므로 한정위헌 결정에 표현되어 있는 헌법재판소의 법률해석에 관한 견해는 법률의 의미·내용과 그 적용범위에 관한 헌법재판소의 견해를 일응 표명한 데 불과하여 이와 같이 법원에 전속되어 있는 법령의 해석·적용 권한에 대하여 어떠한 영향을 미치거나 기속력도 가질 수 없다." 같은 취지의 판례 대판 2001. 4. 27. 95재다14.

실한다. 그러나 위헌으로 해석된 형벌에 관한 법률 또는 법률조항의 해당 부분은 소급하여 그 효력을 상실한다(법 제47조 제2항). 따라서 예컨대 형사사건에서 검사의 기소유예처분 이후 그 처분에 적용된 법률조항에 대하여 한정위헌결정이 있는 경우 이 한정위헌결정의 소급효로 인해 과거 청구인(피의자)의 행위는 더 이상 범죄를 구성하지 않게 되었으므로 이 부분에 대한 기소유예처분은 청구인의 평등권과 행복추구권을 침해한 것으로 취소되어야 할 것이다.[1]

한편 한정위헌결정도 위헌결정의 일종으로 법규적 효력을 가지므로 위헌으로 해석된 내용은 그 효력을 상실하고, 그 누구도 위헌으로 해석된 내용의 의무를 부담하거나 권리를 주장할 수 없다.[2]

(3) 헌법불합치결정

1) 내 용

헌법불합치결정은 심판대상이 된 법률이 위헌이라 할지라도 그 법률에 대하여 단순위헌선언을 하지 아니하고 헌법에 합치하지 아니한다는 선언을 하여 그 법률의 형식적 존속을 유지시키는 결정유형이다. 이는 원칙적으로 일정한 법조문에 대하여 단순위헌결정을 내려야 하지만, 만일 그 법조문을 단순위헌결정을 해서 효력을 상실시킬 경우 법률의 공백상태가 발생하고 더 큰 법적 혼란과 위헌 및 기본권침해상태가 야기될 수 있을 경우 심판의 대상이 된 법조문에 대해 위헌결정을 하는 대신 단순히 헌법에 합치되지 아니함을 선언함으로써 법적 안정성과 기본권보장 및 권력분립의 원칙에서 오는 입법권 존중을 실현하고자 하는 결정유형이다. 헌법불합치결정은 법률의 위헌성은 확인하되 그 형식적 존속을 유지시키면서 입법자에게 법률의 위헌성을 제거할 의무를 부과한다. 따라서 헌법불합치결정이 선언된 경우 입법자는 그 헌법불합치상태를 하루빨

---

1) 헌재 2014. 4. 24. 2009헌마248, 공보 제211호, 884(885).

2) 허영, 전게서, 256쪽.

리 법개정을 통하여 제거해야 하며, 불합치상태를 제거하기 위한 여러 가지 가능한 방법 중 어느 것을 선택할 것인가는 입법권자의 재량에 속한다.[1)]

이러한 헌법불합치결정은 이른바 입법촉구결정과 결합하는 경우가 많다. 이 경우에는 해당 법조문의 효력을 일정한 유예기간동안 지속시키게 하고 그 기간동안 입법자가 해당 법조문을 개선하도록 촉구하고, 입법자에 의한 개정 없이 그 유예기간이 도과되면 그 때로부터 해당 법조문의 효력이 상실되게 된다.

2) 결정례

헌법불합치결정의 주문형식은 다소 복잡하다. 예컨대 해당 법조문의 형식적인 지속의 시한을 정하는 경우도 있지만 정하지 않는 경우도 있고, 일정시점까지 그 법조문의 적용·집행을 중지하는 경우도 있지만 중지하지 않고 법조문의 효력을 지속시키는 경우도 있다. 따라서 헌법불합치결정의 형식과 내용은 매우 다양하다. 그동안의 헌법재판소의 결정례는 대체로 다음의 세 가지로 나눌 수 있을 것이다.

첫째, 해당 법조문의 효력을 시한부로 유지시키고 그 기간 동안 해당 법조문의 적용·집행이 중지되지 않는 경우이다. 예컨대 "1. 국회의원선거법 제33조 및 제34조는 헌법에 합치되지 아니한다. 2. 위 법률조항은 1991년 5월 말을 시한으로 입법자가 개정할 때까지 그 효력을 지속한다."는 결정례[2)]나 "1. 노동쟁의조정법 제12조 제2항 중 '국가·지방자치단체에 종사하는 근로자'에 관한 부분은 헌법에 합치되지 아니한다. 2. 위 법률조항 부분은 1995년 12월말을 시한으로 입법자가 개정할 때까지 그 효력을 지속한다."는 결정례[3)]가 그것이다.

둘째, 해당 법조문의 형식적인 존속이 시한부로 유지되면서 그 기간

---

1) 헌재 1997. 3. 27. 95헌가14등, 판례집 9-1, 193, 206.

2) 헌재 1989. 9. 8. 88헌가6, 판례집 1, 199, 201.

3) 헌재 1993. 3. 11. 88헌마5, 판례집 5-1, 59, 62-63.

동안 해당 법조문의 집행·적용이 중지되는 형식이다. 예컨대 "1. 민법 제809조 제1항은 헌법에 합치되지 아니한다. 2. 위 법률조항은 입법자가 1998. 12. 31.까지 개정하지 아니하면 1999. 1. 1. 그 효력을 상실한다. 법원 기타 국가기관 및 지방자치단체는 입법자가 개정할 때까지 위 법률조항의 적용을 중지하여야 한다."는 결정례[1]나 "1. 구 근로기준법 제30조의2 제2항 및 근로기준법 제37조 제2항 중 각 '퇴직금'부분은 헌법에 합치되지 아니한다. 2. 위 법률조항 중 각 '퇴직금'부분은 입법자가 1997. 12. 31.까지 개정하지 아니하면 1998. 1. 1. 그 효력을 상실한다. 법원 기타 국가기관 및 지방자치단체는 입법자가 개정할 때까지 위 법률조항 중 각 '퇴직금'부분의 적용을 중지하여야 한다."는 결정례[2]가 그것이다.

셋째, 해당 법조문의 형식적인 존속이 시한의 정함이 없이 유지되면서 주문이나 결정이유에서 그 적용·시행을 중지를 명하는 형식이다. 예컨대 "1. 구 법인세법 제59조의2 제1항과 구 법인세법 제59조의2 제1항은 모두 헌법에 합치되지 아니한다. 법원 기타 국가기관 및 지방자치단체는 위 법률조항들의 적용을 중지하여야 한다."는 결정례[3]가 주문에서 당해 법조문의 적용이나 시행의 중지를 명한 경우이고, 토지초과이득세법 제10조 등 위헌소원사건에서는 주문에서는 단지 "토지초과이득세법은 헌법에 합치되지 아니한다."라고만 결정하고,[4] 법조문의 적용이나 시행의 중지는 결정이유에서 명하고 있다.[5]

3) 헌법불합치결정의 효력

헌법불합치결정도 위헌결정의 일종으로 법 제47조 제1항에 따라 법원 기타 국가기관 및 지방자치단체를 기속한다.[6] 따라서 헌법재판소가 헌법

1) 헌재 1997. 7. 16. 95헌가6등, 판례집 9-2, 1, 6.
2) 헌재 1997. 8. 21. 94헌바19등, 판례집 9-2, 243, 246-247.
3) 헌재 2000. 1. 27. 96헌바95등, 판례집 12-1, 16, 23-24.
4) 헌재 1994. 7. 29. 92헌바49등, 판례집 6-2, 64, 86.
5) 헌재 1994. 7. 29. 92헌바49등, 판례집 6-2, 64, 120.
6) 헌재 1997. 12. 24. 96헌마172등, 판례집 9-2, 842, 861.

불합치선언된 당해 법조항의 잠정적인 적용중지를 명하는 헌법불합치결정을 했다면 법원은 입법개선이 이루어질 때까지 정지된 재판을 진행할 수 없다. 반대로 헌법재판소가 당해 법조항의 잠정적용을 명하는 헌법불합치결정을 했다면 법원은 그 법조항에 따라 재판을 진행해야 할 것이다. 헌법재판소가 정해준 시한내에 입법개선이 이루지면 법원은 그 개선된 법률조항에 따라 재판하게 된다. 그리고 헌법재판소가 정해준 시한내에 입법개선이 이루이지지 않은 경우 시한의 경과로 그 해당 법조항은 효력을 상실하게 되어 법원은 더 이상 그 효력을 상실한 법조항을 적용해서는 아니된다. 이러한 기속력은 기타의 국가기관과 지방자치단체에도 미친다.

헌법불합치결정도 위헌결정의 일종이므로 법률의 위헌결정에 적용되는 소급효는 헌법불합치결정에도 적용된다고 하겠다. 헌법재판소도 "이 사건 법률조항에 대한 위 헌법불합치결정의 취지나 위헌심판에서의 구체적 규범통제의 실효성 보장이라는 측면을 고려할 때, 적어도 위 헌법불합치결정을 하게 된 당해 사건 및 위 헌법불합치결정 당시에 이 사건 법률조항의 위헌 여부가 쟁점이 되어 법원에 계속중인 사건에 대하여는 위 헌법불합치결정의 소급효가 미친다고 할 것이다."고 판시하고 있다.[1] 헌법불합치결정은 입법자의 개선입법을 통하여 비로소 그 실질적 내용과 효력을 갖게 되므로 헌법불합치결정의 소급효는 개선입법의 소급효를 의미한다고 하겠다. 헌법재판소도 "헌법재판소가 헌법불합치라는 변형결정주문을 선택하여 위헌적 요소가 있는 조항들을 합헌적으로 개정 혹은 폐지하는 임무를 입법자의 형성재량에 맡긴 경우에는, 이 결정의 효력이 소급적으로 미치게 되는 모든 사건이나 앞으로 이 사건 법률조항을 적용하여 행할 부과처분에 대하여는 법리상 이 결정 이후 입법자에 의하여 위헌성이 제거된 새로운 법률조항을 적용하여야 할 것임을 밝혀두는 것이다."라고 판시하여 이점을 분명히 하고 있다.[2]

법률에 대한 헌법불합치결정은 단순위헌결정과 마찬가지로 법규적 효

1) 헌재 2006. 6. 29. 2004헌가3, 공보 제117호, 872, 875.

2) 헌재 2000. 1. 27. 96헌바95등, 판례집 12-1, 16, 39.

력을 가진다. 다만 그 효력의 내용은 결정주문의 내용에 따라 달라진다. 잠정적용을 명하는 헌법불합치결정의 경우에는 그 해당 법률 또는 법률조항은 잠정적으로 유효한 법률 또는 법률조항으로 모두가 이를 존중하고 따라야 하는 법규적 효력을 가지고, 따라서 그 내용에 따른 국민의 권리와 의무가 발생하고, 적용중지를 명하는 헌법불합치결정의 경우에는 그 해당 법률 또는 법률조항은 실질적으로 법규범으로서의 효력이 없는 것으로서 그 내용에 따른 권리·의무 등이 발생하지 않는다. 그리고 헌법재판소가 정해준 시한이 지나면 그 법률은 효력을 상실하므로 더 이상 법규범으로서의 효력이 없다.

Ⅴ. 결정서 정본의 송달과 당해 소송절차의 속개

헌법재판소는 결정일로부터 14일 이내에 결정서 정본을 제청한 법원에 송달한다. 이 경우 제청한 법원이 대법원이 아닌 경우에는 대법원을 거쳐야 한다(법 제46조). 결정서 정본을 송달받은 제청법원은 제청으로 인해 정지되었던 당해 소송절차를 속개해서 당해 소송에 대하여 재판한다. 제청법원은 이 재판에 있어서 헌법재판소의 결정에 따라 재판한다(헌법 제107조 제1항).

헌법재판소의 종국 결정이 법률의 제정 또는 개정과 관련이 있으면 그 결정서 등본을 국회 및 이해관계가 있는 국가기관에게 송부하여야 한다(심판규칙 제49조).

제 2 장 탄핵심판

제1절 개 설

I. 의 의

탄핵심판제도는 고위공직자가 위법행위를 한 경우 그 공직자를 파면시킴으로써 헌법을 보호하는 헌법재판제도이다. 탄핵의 근거조항인 헌법 제65조 제1항은 "대통령·국무총리·국무위원·행정각부의 장·헌법재판소 재판관·법관·중앙선거관리위원회 위원·감사원장·감사위원 기타 법률이 정한 공무원이 그 직무집행에 있어서 헌법이나 법률을 위배한 때에는 국회는 탄핵의 소추를 의결할 수 있다."라고 규정하고 있고, 헌법 제111조 제1항 제2호는 '탄핵의 심판'을 헌법재판소의 관장사항의 하나로 규정하고 있다. 그리고 탄핵심판에 대하여 자세한 것은 법 제4장 제2절 제48조부터 제54조에서 규정하고 있는데, 탄핵소추와 심판절차 및 결정의 효력 등에 대하여 정하고 있으며, 국회에서의 탄핵소추절차 등에 대하여는 국회법 제11장 제130조부터 제134조에서 정하고 있다.

이들 규정에 따르면 결국 탄핵심판은 일반사법절차에 따라 책임을 추궁하기 어렵거나 징계절차에 따라 징계하기도 곤란한 대통령을 비롯한 고위공직자나 헌법상 독립된 기관의 신분이 보장된 공직자가 직무집행과정에서 헌법과 법률을 위반할 때 헌법이 정하는 국회에 의한 특별한 소추절차에 따라 법적인 책임을 추궁함으로써 헌법을 보호하는 제도라고 할 수 있다. 특히 헌법상 탄핵심판의 대상이 되는 공직자 중 국무총리·국무위원·행정각부의 장의 경우에는 국회에 의한 구속력 있는 해임의결의 대상이 아니라 구속력 없는 해임건의의 대상이 되는 것에 불과하다는 점을 고려할 때 이들을 탄핵심판에 의하여 법적 책임을 추궁할 수 있는 탄핵심판제도는 우리의 경우 나름대로의 의미가 있다고 하겠다.[1)]

Ⅱ. 성질 및 기능

헌법은 헌법수호절차로서의 탄핵심판절차의 기능을 이행하도록 하기 위하여, 제65조에서 탄핵소추의 사유를 '헌법이나 법률에 대한 위배'로 명시하고 헌법재판소가 탄핵심판을 관장하게 함으로써 탄핵절차를 정치적 심판절차가 아니라 규범적 심판절차로 규정하였고, 이에 따라 탄핵제도의 목적이 '정치적 이유가 아니라 법위반을 이유로 하는' 고위공직자의 파면임을 밝히고 있다.[2)] 따라서 탄핵심판제도는 법위반을 이유로 고위공직자를 파면하는 것으로 형사처벌적 성질의 것이 아니라 국회에 의한 대의적 책임추궁을 통한 징계적 제재의 성질을 가진다고 볼 수 있다.

위에서 언급한 바와 같이 우리 헌법은 국회가 탄핵의 소추를 의결하고, 헌법재판소가 탄핵심판을 하는 탄핵심판제도를 규정하고 있다. 따라서 탄핵심판에 관해서 소추기관과 심판기관을 나누어서 국회에는 소추권을, 헌법재판소에는 심판권을 맡기고 있다. 탄핵심판제도는 고위직 공직자에 의한 헌법침해로부터 헌법을 보호하는 제도로서 공권력통제(권력분립의 원칙)와 헌법수호(법치주의원리)를 그 이념으로 하고 있다. 결국 탄핵심판제도의 기능은 권력통제와 헌법수호(법치주의실현)라고 하겠다.

Ⅲ. 연 혁

탄핵심판은 1948년의 제헌헌법 이래로 계속 존속되어 온 제도이다.

---

1) 실무제요, 354쪽.

2) 헌재 2004. 5. 14. 2004헌나1, 판례집 16-1, 609, 632.

이는 유럽 또는 미국 등 선진국 제도를 모방한 것이다. 그동안 탄핵심판은 대체로 헌법재판을 담당하는 기관이 관장했지만 제1공화국 헌법에서는 헌법재판을 맡는 헌법위원회와는 별도로 탄핵재판소를 따로 설치해서 탄핵심판을 하게 했다. 제3공화국 헌법에서는 헌법재판기관을 따로 두지 않고 법원이 위헌법률심판권을 행사한 관계로 탄핵심판위원회를 따로 설치했다. 제2공화국과 제4공화국 및 제5공화국 그리고 현행 헌법에서는 헌법재판기관이 탄핵심판을 관장한다.

우리 헌정사상 탄핵소추안이 발의된 것은 모두 10건인데, 대통령에 대한 것이 2건, 대법원장에 대한 것이 1건, 검찰총장 또는 검사에 대한 것이 7건이다. 그 중 탄핵소추가 국회에서 의결되어 실제로 탄핵심판이 이루어진 것은 대통령 노무현에 대한 탄핵사건[1]과 대통령 박근혜에 대한 탄핵사건이다.[2]

제 2 절 탄핵의 대상과 사유

I. 탄핵의 대상

헌법 제65조 제1항과 법 제48조는 탄핵의 대상이 되는 공직자를 대통령, 국무총리, 국무위원, 행정각부의 장, 헌법재판소 재판관, 법관, 중앙선거관리위원회 위원, 감사원장, 감사위원 기타 법률이 정한 공무원으로 하고 있다. 헌법과 법에서 열거한 탄핵의 대상자들은 일반사법절차에 따라 책임을 추궁하기 어렵거나 징계절차에 따라 징계하기도 곤란한 한편, 일부 대상자들을 제외하면 대체로 헌법상 독립된 기관의 신분이 보장된 고위공직자에 해당한다. 따라서 별다른 법적·정치적 제재수단이 없거나 그

1) 헌재 2004. 5. 14. 2004헌나1, 판례집 16-1, 609.
2) 헌재 2017. 3. 10. 2016헌나1, 판례집 29-1, 1.

러한 제재수단의 실효성을 기대하기 어려운 이들을 탄핵대상으로 삼은 것은 권력통제와 헌법수호를 위해 적절하다고 하겠다.

여기서 '기타 법률이 정한 공무원'으로서는 헌법에 열거된 공직자와 그 직위나 직무성격이 비슷하고 일반사법절차에 의한 소추나 징계절차에 의한 징계가 곤란한 고위공직자를 상정할 수 있는데, 현행법상 실제로 탄핵대상으로 삼고 있는 경우는 경찰법 제11조 제6항에 따른 경찰청장, 검찰청법 제37조에 따른 검사, 선거관리위원회법 제9조에 따른 각급선거관리위원회 위원을 들 수 있다.

그런데 탄핵심판기관인 헌법재판소 재판관을 탄핵의 대상으로 삼은 것은 재판의 공정성의 측면에서 문제가 있다. 더욱이 법 제24조 제1항 제1호에 따라 탄핵대상인 재판관은 심판의 당사자로서 심판절차에서 제척되고, 또한 법 제50조에 따라 탄핵대상인 재판관은 헌법재판소의 심판이 있을 때까지 권한이 정지되어 어차피 심판에 참여할 수 없게 되는데, 만일 재판관 3인 이상이 동시에 탄핵대상이 된다면 법 제23조 제1항에서 규정한 7인 이상의 심리정족수를 충족할 수 없어 탄핵심판 자체가 불가능해진다. 따라서 헌법재판소 재판관을 탄핵대상으로 삼는 경우에도 재판관 3인 이상을 동시에 소추할 수 없다고 할 것이다. 이 점에서 헌법재판소 재판관을 탄핵대상으로 한 것은 입법론적으로 문제가 있다고 하겠다.[1)]

한편 탄핵대상자의 권한대행자나 직무대리자는 원래의 대상자와 동일한 지위에서 동일한 직무를 수행하는 것이므로 탄핵의 대상이 된다고 하겠다.[2)]

---

1) 독일의 경우에는 연방헌법재판소 재판관을 탄핵의 대상에서 제외하는 대신 재판관이 중대한 직무위반을 하는 경우 등 특정한 사유가 있는 때에는 연방헌법재판소 전원합의체 2/3 이상의 찬성으로 해당 재판관의 파면을 연방대통령에게 요구할 수 있도록 하고 있다(연방헌법재판소법 제105조).

2) 실무제요, 355쪽.

Ⅱ. 탄핵의 사유

헌법 제65조 제1항 및 법 제48조에 따라 탄핵의 사유는 대상자가 '그 직무집행에 있어서 헌법이나 법률을 위배한 때'로 한정된다.

1. 직무집행관련성

탄핵사유는 직무집행과정에서 발생한 것이어야 한다. '직무집행에 있어서'의 '직무'란, 법제상 소관 직무에 속하는 고유 업무 및 통념상 이와 관련된 업무를 말한다. 따라서 직무상의 행위란, 법령·조례 또는 행정관행·관례에 의하여 그 지위의 성질상 필요로 하거나 수반되는 모든 행위나 활동을 의미한다.[1] 즉 직무집행이란 소관직무 내지 관련직무에 관한 법령에 근거해서 행해지는 의사 내지 정책결정·정책집행·정책통제 등 구체적으로 외부에 표출되는 공적인 행위를 말한다. 따라서 순수한 직무행위 그 자체만을 의미하는 것은 아니고, 직무행위의 외형을 갖춘 행위까지도 포함한다고 할 것이다. 예컨대 대통령의 직무상 행위는 법령에 근거한 행위 뿐만 아니라, '대통령의 지위에서 국정수행과 관련하여 행하는 모든 행위'를 포괄하는 개념으로서, 각종 단체·산업현장 등 방문행위, 준공식·공식만찬 등 각종 행사에 참석하는 행위, 대통령이 국민의 이해를 구하고 국가정책을 효율적으로 수행하기 위하여 방송에 출연하여 정부의 정책을 설명하는 행위, 기자회견에 응하는 행위 등을 모두 포함한다고 할 것이다.[2]

결과적으로 직무집행과 관련 없는 행위는 탄핵의 사유가 될 수 없다.

---

1) 헌재 2004. 5. 14. 2004헌나1, 판례집 16-1, 609, 633; 헌재 2017. 3. 10. 2016헌나1, 판례집 29-1, 1, 20.

2) 헌재 2004. 5. 14. 2004헌나1, 판례집 16-1, 609, 633.

따라서 사생활은 원칙적으로 직무관련성이 없다. 아울러 해당 공직에 취임하기 전이나 퇴임 후의 행위는 직무집행의 범위에 포함되지 않는다. 예컨대 탄핵대상자가 대통령인 경우 당선 후 취임 시까지의 기간에 이루어진 행위는 탄핵사유가 될 수 없다. 헌법 제65조 제1항은 '대통령 … 이 그 직무집행에 있어서'라고 하여, 탄핵사유의 요건을 '직무'집행으로 한정하고 있으므로, 위 규정의 해석상 대통령의 직위를 보유하고 있는 상태에서 범한 법위반행위만이 소추사유가 될 수 있다고 보아야 하기 때문이다.[1)]

그러나 해당 공직에 정식으로 취임하기 전이라도 '서리'로 임명되어 서리신분으로 행한 직무집행은 당연히 포함된다고 하겠다. 또한 탄핵소추절차가 개시된 후 해당 공직자가 다른 탄핵대상 공직으로 전직된 경우에는 전직 이전의 직무집행은 탄핵사유의 직무집행의 범위에 포함된다고 보아야 할 것이다. 이는 해당 공직자의 탄핵회피를 막는다는 점에서 그리고 탄핵제도의 기능과 헌법재판의 특성을 감안할 때 정당화될 수 있을 것이다.

2. 직무집행의 위헌·위법성

헌법 제65조 제1항 및 법 제48조에 따라 탄핵의 사유는 대상자가 '그 직무집행에 있어서 헌법이나 법률을 위배한 때'로 한정된다. 따라서 단순한 잘못된 정책결정, 정치적 무능에서 야기된 행위 등은 탄핵사유가 되지 아니한다.[2)] 같은 맥락에서 탄핵대상자가 성실하게 직책을 수행하지 않았다는 사실도 탄핵사유가 될 수 없다. 헌법재판소도 대통령(박근혜) 탄핵사건에서 "헌법 제69조는 대통령의 취임 선서를 규정하면서 대통령으로서 직책을 성실히 수행할 의무를 언급하고 있다. 헌법 제69조는 단순

---

1) 헌재 2004. 5. 14. 2004헌나1, 판례집 16-1, 609, 651.
2) 헌재 2004. 5. 14. 2004헌나1, 판례집 16-1, 609, 654.

히 대통령의 취임 선서의 의무만 규정한 것이 아니라 선서의 내용을 명시적으로 밝힘으로써 헌법 제66조 제2항 및 제3항에 따라 대통령의 직무에 부과되는 헌법적 의무를 다시 한 번 강조하고 그 내용을 구체화하는 규정이다. 대통령의 '직책을 성실히 수행할 의무'는 헌법적 의무에 해당하지만, '헌법을 수호해야 할 의무'와는 달리 규범적으로 그 이행이 관철될 수 있는 성격의 의무가 아니므로 원칙적으로 사법적 판단의 대상이 되기는 어렵다. … 헌법 제65조 제1항은 탄핵사유를 '헌법이나 법률에 위배한 경우'로 제한하고 있고, 헌법재판소의 탄핵심판절차는 법적 관점에서 단지 탄핵사유의 존부만을 판단하는 것이므로, 이 사건에서 청구인이 주장하는 것과 같은 세월호 참사 당일 피청구인이 직책을 성실히 수행하였는지 여부는 그 자체로 소추사유가 될 수 없어, 탄핵심판절차의 판단대상이 되지 아니한다."라고 판시함으로써 이 점을 분명히 하고 있다.[1)]

그러나 직무집행에 있어서의 위헌이나 위법행위가 존재하는 이상 반드시 고의나 과실에 의해서 발생한 경우만이 탄핵사유에 포함되는 것은 아니다. 헌법과 법률을 위배하였다 함은 주로 직무집행에 있어서 헌법과 법률상의 권한을 유월하거나 작위·부작위의무를 이행하지 않는 것을 의미한다.

헌법 제65조 제1항과 법 제48조는 탄핵사유로서 해당 공직자의 '헌법이나 법률을 위배한 때'로 규정함으로써 헌법위반 뿐 아니라 법률위반의 경우도 탄핵사유로 하고 있는데, 이는 탄핵심판제도의 기능인 권력통제와 헌법수호 내지 법치주의수호를 위해서 당연한 것이라고 하겠다. 왜냐하면 법률은 헌법의 구체화로서 법률을 위반하는 것은 결국 헌법을 위반하는 것임과 동시에 헌법상의 기본원칙인 법치주의를 위반하는 것이기 때문에 법률위반을 통제하는 것은 법률수호이자 동시에 헌법을 수호하는 것이며, 아울러 이는 해당 공직자의 위법행위를 통제하는 것으로 이로써 권력통제의 기능을 실현함과 동시에 역시 헌법상의 기본원칙인 권력분립

1) 헌재 2017. 3. 10. 2016헌나1, 판례집 29-1, 1, 46.

의 원칙을 실현하는 것이기 때문이다.

헌법재판소도 "모든 국가기관은 헌법의 구속을 받으며, 특히 입법자는 입법작용에 있어서 헌법을 준수해야 하고, 행정부와 사법부는 각 헌법상 부여받은 국가권력을 행사함에 있어서 헌법과 법률의 구속을 받는다. 헌법 제65조는 행정부와 사법부의 국가기관이 헌법과 법률의 구속을 받는다는 것을 다시 한 번 강조하면서, 바로 이러한 이유에서 탄핵사유를 헌법위반에 제한하지 아니하고 헌법과 법률에 대한 위반으로 규정하고 있다. 행정부·사법부가 입법자에 의하여 제정된 법률을 준수하는가의 문제는 헌법상의 권력분립원칙을 비롯하여 법치국가원칙을 준수하는지의 문제와 직결되기 때문에, 행정부와 사법부에 의한 법률의 준수는 곧 헌법질서에 대한 준수를 의미하는 것이다."라고 판시함으로써 이를 분명히 하고 있다.[1]

헌법은 탄핵사유를 '헌법이나 법률에 위배한 때'로 규정하고 있는데, 여기서의 '헌법'에는 성문의 헌법규정 뿐만 아니라 예외적으로 헌법관습법도 포함될 수 있다고 하겠다. '법률'에는 형식적 의미의 법률과 법률적 효력을 가지는 국제법(조약과 일반적으로 승인된 국제법규), 법률적 효력을 가지는 긴급명령 또는 긴급재정경제명령 등이 포함된다고 하겠다.[2]

한편 헌법과 헌법재판소법에는 탄핵사유로서 '헌법과 법률을 위반할 때'라고만 규정하고 있는데, 여기서 법률보다 하위규범인 명령·규칙·조례 등에 대한 위반도 탄핵사유에 포함되는지의 여부가 문제될 수 있다. 결론적으로 포함되지 않는다고 보아야 할 것이다.

물론 탄핵심판제도의 목적과 기능을 고려할 때 당위론적으로는 포함된다고 하는 것이 나름대로의 설득력이 있어 보인다. 왜냐하면 탄핵제도의 기능이 권력통제와 법치주의실현이라는 점을 감안할 때 하위규범에 대한 위반도 결국 공권력의 남용·악용이고 법치주의 위반이므로 이를

---

1) 헌재 2004. 5. 14. 2004헌나1, 판례집 16-1, 609, 633.

2) 헌재 2004. 5. 14. 2004헌나1, 판례집 16-1, 609, 633; 헌재 2017. 3. 10. 2016헌나1, 판례집 29-1, 1, 20-21.

비난하고 제재할 필요성은 똑같이 인정되기 때문이다. 이는 헌법체계적·규범조화적 해석상으로도 정당화되어 질 수 있다. 예컨대 헌법 제103조는 "법관은 헌법과 법률에 의하여 그 양심에 따라 독립하여 심판한다." 라고 규정하고 있는데, 비록 법문상으로는 법관이 준수하고 재판의 기준으로 삼아야 하는 규범으로서 헌법과 법률만을 규정하고 있으나 법률보다 하위규범도 준수하고 재판의 기준으로 삼아야 한다는 것은 당연하고, 따라서 만일 법관이 명령·규칙 등 하위규범을 위반하는 재판행위를 했을 때 이는 위법한 재판행위일 뿐 아니라 헌법 제103조를 위반하는 위헌행위이고, 더 나아가 권력분립원칙과 법치주의원리라는 헌법상의 기본원리를 위반한 위헌행위이기 때문에 당연히 권력통제와 헌법수호를 기능으로 하는 탄핵심판의 사유가 된다고 보는 것이 탄핵심판제도의 취지와 헌법정신에 부합된다고 볼 수 있다. 따라서 직무행위가 헌법이나 법률을 위반했는가 아니면 단순히 하위규범을 위반했는가의 문제는 위헌·위법성의 성립에 영향을 미치지 않고, 다만 탄핵의 종국결정 내지 파면 여부의 결정 과정에서 그 위헌·위법성의 정도 내지 중대성 요건과 관련하여 고려될 수 있다고 보는 것이 합리적이라고 할 수도 있다.

그러나 다른 한편 헌법 제65조 제1항과 법 제48조가 탄핵사유로서 '헌법과 법률을 위반할 때'라고만 규정하고 있는데, 이를 상기 언급한 바와 같이 예시규정으로 보아 유연한 해석을 하는 것보다는 제한적 열거규정으로 보아 엄격히 해석하는 것이 국회에 의한 – 정치적 의도에서 비롯되는 – 탄핵의 남용을 막고, 탄핵대상자를 무분별한 탄핵으로부터 보호할 수 있으며, 이러한 논리가 탄핵심판제도의 효율성을 담보하고, 탄핵심판제도가 가지는 또 다른 기능인 고위공직자의 보호라는 취지[1]에 부합될 수 있다는 점도 고려해야 할 것이다. 따라서 오로지 헌법과 법률을 위반할 때에만 탄핵사유에 해당하고 하위규범을 위반할 때는 이에 해당하지 않는다고 보는 것이 더욱 타당하다고 여겨진다. 즉 법정화된 탄핵사유를 엄격히 제한적으로 해석하는 것이 고위공직자를 무분별한 정치적·

---

1) 동지 신평, 전게서, 478쪽.

법적 공세로부터 보호하고 헌법에서 정한 제한된 특정한 사유에 의하지 아니하고는 절대로 파면되지 않도록 하여 해당 공직자가 공직수행을 안정적으로 해나갈 수 있도록 하기 위한 것도 또 다른 탄핵심판의 제도적 취지라는 점을 감안할 때 이러한 제한적 해석은 불가피한 것이라고 여겨진다.

3. 위헌·위법성의 정도

직무집행이 위헌·위법하더라도 탄핵결정, 즉 파면결정을 하기 위해서는 그 위헌·위법성이 피소추인의 파면을 정당화할 정도로 중대해야 한다. 이는 일반사법절차나 징계절차와 다른 탄핵제도의 기능과 특성을 감안할 때 당연하다고 하겠다. 따라서 위헌·위법성이 인정되더라도 헌법재판소는 추가로 '법위반이 어느 정도로 헌법질서에 부정적 영향이나 해악을 미치는지의 관점'과 '피청구인을 파면하는 경우 초래되는 효과'를 서로 형량하여 탄핵심판청구가 이유 있는지의 여부, 즉 파면 여부를 결정해야 할 것이다. 헌법재판소도 대통령(노무현) 탄핵사건에서 "헌법재판소법 제53조 제1항의 '탄핵심판청구가 이유 있는 때'란, 모든 법위반의 경우가 아니라, 단지 공직자의 파면을 정당화할 정도로 '중대한' 법위반의 경우를 말한다. '법위반이 중대한지' 또는 '파면이 정당화되는지'의 여부는 그 자체로서 인식될 수 없는 것이므로, '법위반이 어느 정도로 헌법질서에 부정적 영향이나 해악을 미치는지의 관점'과 '피청구인을 파면하는 경우 초래되는 효과'를 서로 형량하여 탄핵심판청구가 이유 있는지의 여부 즉, 파면여부를 결정해야 한다. 직무행위로 인한 모든 사소한 법위반을 이유로 파면을 해야 한다면, 이는 피청구인의 책임에 상응하는 헌법적 징벌의 요청 즉, 법익형량의 원칙에 위반된다. 따라서 헌법재판소법 제53조 제1항의 '탄핵심판청구가 이유 있는 때'란, 모든 법위반의 경우가 아니라, 단지 공직자의 파면을 정당화할 정도로 '중대한' 법위반의 경우를 말한다. … 대통령에 대한 파면결정은, 국민이 선거를 통하여 대통령에게 부여한 '민주적 정당성'을 임기 중 다시 박탈하는 효과를 가지며,

직무수행의 단절로 인한 국가적 손실과 국정 공백은 물론이고, 국론의 분열현상 즉, 대통령을 지지하는 국민과 그렇지 않은 국민간의 분열과 반목으로 인한 정치적 혼란을 가져올 수 있다. 따라서 대통령에 대한 파면효과가 이와 같이 중대하다면, 파면결정을 정당화하는 사유도 이에 상응하는 중대성을 가져야 한다. … '대통령을 파면할 정도로 중대한 법위반이 어떠한 것인지'에 관하여 일반적으로 규정하는 것은 매우 어려운 일이나, 대통령의 직을 유지하는 것이 더 이상 헌법수호의 관점에서 용납될 수 없거나 대통령이 국민의 신임을 배신하여 국정을 담당할 자격을 상실한 경우에 한하여, 대통령에 대한 파면결정은 정당화되는 것이다."라고 판시하여 같은 입장을 취하고 있다.[1)]

헌법재판소도 언급하고 있듯이 실제로 대통령을 제외한 다른 공직자의 경우에는 파면결정으로 인한 효과가 일반적으로 작기 때문에 상대적으로 경미한 법위반행위에 의해서도 파면이 정당화될 가능성이 큰 반면, 대통령의 경우에는 파면결정의 효과가 지대하기 때문에 파면결정을 하기 위해서는 이를 압도할 수 있는 중대한 법위반이 존재해야 한다. 결국 위에서 언급한 바와 같이 구체적 사안에서 '법위반이 어느 정도로 헌법질서에 부정적 영향이나 해악을 미치는지의 관점'과 '피청구인을 파면하는 경우 초래되는 효과'를 서로 비교형량하여 탄핵 여부를 결정할 수밖에 없을 것이다.

제 3 절 탄핵의 소추

탄핵심판에 있어서 소추기관과 심판기관이 나뉘어 국회는 소추권을, 헌법재판소는 심판권을 가진다. 따라서 국회가 가지는 탄핵소추 의결은 탄핵대상자에 대한 정치적·대의적 책임추궁의 성질도 가진다.

---

1) 헌재 2004. 5. 14. 2004헌나1, 판례집 16-1, 609, 654-657; 같은 견해 헌재 2017. 3. 10. 2016헌나1, 판례집 29-1, 1, 21.

Ⅰ. 탄핵소추의 발의

탄핵의 소추는 국회가 하는데, 국회재적의원 3분의 1이상의 발의가 있어야 한다. 다만 대통령에 대한 탄핵소추는 국회재적의원 과반수의 발의가 있어야 한다(헌법 제65조 제2항).

탄핵소추의 발의에는 피소추자의 성명·직위와 탄핵소추의 사유·증거 기타 조사상 참고가 될 만한 자료를 제시하여야 한다(국회법 제130조 제3항).

탄핵소추의 발의가 있은 때에는 의장은 발의된 후 처음 개의하는 본회의에 보고하고, 본회의는 의결로 법제사법위원회에 회부하여 조사하게 할 수 있다(국회법 제130조 제1항).

법제사법위원회가 탄핵소추의 발의를 회부받았을 때에는 지체 없이 조사하여 그 결과를 본회의에 보고하여야 한다(국회법 제131조 제1항). 법제사법위원회의 조사에 있어서는 국정감사및조사에관한법률이 규정하는 조사의 방법 및 조사상의 주의의무규정을 준용한다(국회법 제131조 제2항). 조사를 받는 국가기관은 그 조사를 신속히 완료시키기 위하여 충분한 협조를 하여야 한다(국회법 제132조).

현행법은 탄핵사유의 시효에 관하여는 규정하고 있지 않으므로 국회는 탄핵대상자가 공직에 있는 한 언제든지 탄핵소추를 발의할 수 있다 할 것이다.[1] 그러나 이미 헌법재판소에서 탄핵심판을 받은 사건은 일사부재리의 원칙에 따라(법 제39조) 국회에서 다시 소추발의의 대상이 될 수 없다.

Ⅱ. 탄핵소추의 의결

탄핵소추의결에는 국회재적의원 과반수의 찬성이 있어야 한다. 다만

1) 실무제요, 358쪽.

대통령에 대한 탄핵소추의결에는 국회재적의원 3분의 2이상의 찬성이 있어야 한다(헌법 제65조 제2항).

본회의가 법제사법위원회에 회부하기로 의결하지 아니한 때에는 본회의에 보고된 때로부터 24시간 이후 72시간 이내에 탄핵소추의 여부를 무기명투표로 표결한다. 이 기간내에 표결하지 아니한 때에는 그 탄핵소추안은 폐기된 것으로 본다(국회법 제130조 제2항).

국회 본회의의 탄핵소추의 의결은 피소추사의 성명·직위 및 탄핵소추의 사유를 표시한 소추의결서로 하여야 한다(국회법 제133조).

한편 국회의 탄핵소추과정에서는 의사절차에 관한 국회의 폭넓은 자율권이 인정된다. 헌법재판소도 대통령(노무현) 탄핵사건에서 "국회는 국민의 대표기관이자 입법기관으로서 의사와 내부규율 등 국회운영에 관하여 폭넓은 자율권을 가지므로 국회의 의사절차나 입법절차에 헌법이나 법률의 규정을 명백히 위반한 흠이 있는 경우가 아닌 한, 그 자율권은 권력분립의 원칙이나 국회의 위상과 기능에 비추어 존중되어야 하며, 따라서 그 자율권의 범위 내에 속하는 사항에 관한 국회의 판단에 대하여 다른 국가기관이 개입하여 그 정당성을 가리는 것은 바람직하지 않고, 헌법재판소도 그 예외는 아니다. 또한, 국회의장은 국회법 제10조에 의거 원칙적으로 의사진행에 관한 전반적이고 포괄적인 권한과 책임이 부여되어 있으므로, 본회의의 의사절차에 다툼이 있거나 정상적인 의사진행이 불가능한 경우에 의사진행과 의사결정에 대한 방법을 선택하는 문제는 국회의장이 자율적으로 결정하여야 할 사항으로서, 이러한 국회의장의 의사진행권은 넓게 보아 국회자율권의 일종으로서 그 재량의 한계를 현저하게 벗어난 것이 아닌 한 존중되어야 하므로 헌법재판소도 이에 관여할 수 없는 것이 원칙이다."라고 판시하고 있다.[1)]

탄핵소추의결은 개별 사유별로 이루어지는 것이 국회의원들의 표결권을 제대로 보장하기 위해서 바람직하니, 우리 국회법상 이에 대한 명문

---

1) 헌재 2004. 5. 14. 2004헌나1, 판례집 16-1, 609, 628-629. 대통령(박근혜) 탄핵사건에서도 같은 입장이다. 헌재 2017. 3. 10. 2016헌나1, 판례집 29-1, 1, 17.

규정이 없으며, 다만 국회법 제110조는 국회의장에게 표결할 안건의 제목을 선포하도록 규정하고 있는데, 이 조항에 따르면 탄핵소추안의 안건의 제목을 어떻게 잡는가에 따라 표결범위가 달라질 수 있으므로, 여러 소추사유들을 하나의 안건으로 표결할 것인지 여부는 기본적으로 표결할 안건의 제목설정권을 가진 국회의장에게 달려있다고 하겠다.[1] 헌법재판소는 대통령(박근혜) 탄핵사건에서도 "탄핵소추안을 각 소추사유별로 나누어 발의할 것인지 아니면 여러 소추사유를 포함하여 하나의 안으로 발의할 것인지는 소추안을 발의하는 의원들의 자유로운 의사에 달린 것이다. 대통령이 헌법이나 법률을 위배한 사실이 여러 가지일 때 그 중 한 가지 사실만으로도 충분히 파면 결정을 받을 수 있다고 판단되면 그 한 가지 사유만으로 탄핵소추안을 발의할 수도 있고, 여러 가지 소추사유를 종합할 때 파면할 만하다고 판단되면 여러 가지 소추사유를 함께 묶어 하나의 탄핵소추안으로 발의할 수도 있다."라고 같은 판시를 하고 있다.[2]

한편 탄핵소추의 과정에서 탄핵대상인 공직자에게 혐의사실을 정식으로 고지하거나 의견 제출의 기회를 부여하는 등의 적법절차원리가 적용되는지의 여부가 문제될 수 있다. 주지하는 바와 같이 적법절차원리란 국가공권력이 국민에 대하여 불이익한 결정을 하기에 앞서 국민은 자신의 견해를 진술할 기회를 가짐으로써 절차의 진행과 그 결과에 영향을 미칠 수 있어야 한다는 법원리를 말한다. 즉 국민은 국가공권력의 단순한 대상이 아니라 절차의 주체로서, 자신의 권리와 관계되는 결정에 앞서서 자신의 견해를 진술할 수 있어야만 객관적이고 공정한 절차가 보장될 수 있고, 당사자간의 절차적 지위의 대등성이 실현될 수 있는 것이다. 따라서 적법절차원리는 기본권주체인 국민에게 적용되는 것이지 국가공권력주체에게 적용되는 것이 아니다. 공권력주체인 탄핵대상 공직자의 경우에는 국회의 탄핵소추의결에 의하여 사인으로서의 대상 공직자의 기본권이 침해되는 것이 아니라, 국가기관으로서의 대상 공직자의 권한행

1) 헌재 2004. 5. 14. 2004헌나1, 판례집 16-1, 609, 631.
2) 헌재 2017. 3. 10. 2016헌나1, 판례집 29-1, 1, 18.

사가 정지되는 것이다. 따라서 국가기관이 국민과의 관계에서 공권력을 행사함에 있어서 준수해야 할 법원칙으로서 형성된 적법절차원리를 국가기관에 대하여 헌법을 수호하고자 하는 탄핵소추절차에는 적용할 수 없다고 하겠다.[1]

탄핵소추의 의결이 있은 때에는 의장은 지체 없이 소추의결서의 정본을 법제사법위원장인 소추위원에게, 그 등본을 헌법재판소·피소추자와 그 소속기관의 장에게 송달한다(국회법 제134조 제1항).

Ⅲ. 탄핵소추의 효과

1. 권한행사의 정지

탄핵소추의 의결을 받은 자는 탄핵심판이 있을 때까지 그 권한행사가 정지된다(헌법 제65조 제3항, 법 제50조). 그런데 국회법 제134조는 "① 탄핵소추가 의결되었을 때에는 의장은 지체 없이 소추의결서 정본을 법제사법위원장인 소추위원에게 송달하고, 그 등본을 헌법재판소, 소추된 사람과 그 소속 기관의 장에게 송달한다. ② 소추의결서가 송달되었을 때에는 소추된 사람의 권한 행사는 정지되며, 임명권자는 소추된 사람의 사직원을 접수하거나 소추된 사람을 해임할 수 없다."라고 규정하고 있다. 따라서 권한행사의 정지 시점은 국회의 탄핵소추의결의 시점이 아니라 소추의결서가 피소추자에게 송달된 때이다. 한편 권한행사정지의 효력이 종료하는 시점은 헌법재판소의 탄핵심판에 대한 종국결정서의 송달 시가 아니라 선고 시로 보아야 할 것이다.[2]

---

1) 헌재 2004. 5. 14. 2004헌나1, 판례집 16-1, 609, 631-632; 헌재 2017. 3. 10. 2016헌나1, 판례집 29-1, 1, 18-19.

2) 실무제요, 359쪽.

2. 사직원의 접수나 해임의 금지

소추의결서가 피소추자와 그 소속기관의 장에게 송달되어 피소추자의 권한행사가 정지되면 임명권자는 피소추자의 사직원을 접수하거나 해임할 수 없다(국회법 제134조 제2항). 이를 어기는 임명권자의 행위는 위법한 것으로 무효라고 하겠다. 탄핵결정으로 인한 파면의 법적 효과를 회피하려는 시도를 막기 위한 것이라고 볼 수 있다.

한편 임명권자인 대통령이 스스로 사임 내지 하야할 경우에는 어떻게 되는가가 문제될 수 있다. 즉 헌법재판소의 탄핵심판 도중 대통령 스스로 사임할 수 있는가, 그리고 이 경우 헌법재판소의 심판절차는 어떻게 되는가 하는 문제가 그것이다. 앞서 언급한 바와 같이 위 국회법 제134조 제2항의 취지가 탄핵결정으로 인한 파면의 법적 효과의 회피를 막기 위한 것이므로 피소추자가 동시에 임명권자인지의 여부는 문제될 수 없다고 하겠다. 따라서 임명권자인 대통령의 사임은 허용될 수 없다고 생각한다. 또한 정치적으로 대통령이 사임한다고 하더라도 이는 탄핵심판절차에 원칙적으로 영향을 미치지 않는다고 보아야 할 것이다. 왜냐하면 앞서 언급한 바와 같이 만약 탄핵이 인용된다고 할 때 후술한 탄핵파면의 다양한 법적 효과가 피소추자에게 인정되어야 할 것이며, 아울러 헌법재판이 가지는 다양한 기능 – 예컨대 문제된 대통령의 직무행위가 위헌인지의 여부 등 중요한 헌법적 해명, 유사한 사건의 반복방지 등 –, 특히 탄핵심판제도가 가지는 권력통제와 법치주의실현의 기능을 구현하여야 하기 때문이다. 따라서 이 경우 헌법재판소는 이러한 헌법재판의 특징과 기능을 구현할 필요가 있다고 판단될 경우 직권으로 종국결정을 해야 할 것이다.

이들 문제에 대한 입법적 보완이 이루어져야 할 것이다.

제 4 절 탄핵심판

Ⅰ. 탄핵심판의 개시

탄핵의 심판절차는 국회의 소추위원인 국회 법제사법위원장이 소추의결서의 정본을 헌법재판소에 제출하여 심판을 청구함으로써 개시된다(법 제49조). 탄핵심판에 있어서는 국회의 소추의결서의 정본으로 심판청구서에 갈음한다(법 제26조 제1항 단서). 국회의 소추의결서의 정본에는 필요한 증거서류 또는 참고자료를 첨부할 수 있다(법 제26조 제2항).

국회의 소추위원이 소추의결서를 언제까지 헌법재판소에 제출하여야 하는가에 대하여는 법에 명문의 규정이 없다. 권한행사 정지기간을 최소화하고 탄핵을 둘러싼 정치적 갈등을 신속히 해결하기 위하여 지체 없이 제출하도록 해야 할 것이다. 참고로 독일의 경우 탄핵소추의결 시로부터 1개월 이내에 국회의장이 탄핵소추장을 작성하여 연방헌법재판소에 발송하도록 하고 있다(연방헌법재판소법 제49조 제2항, 제58조 제1항).

국회 소추위원으로부터 탄핵소추의결서 정본을 제출받은 헌법재판소는 이를 접수해서 사건기록을 편성하고, 사건번호와 사건명을 부여한다. 탄핵심판사건의 사건부호는 '헌나'이다.

헌법재판소는 소추의결서를 받은 때에는 지체 없이 그 등본을 피소추자 또는 변호인에게 송달하고(법 제27조 제1항), 직권 또는 신청에 의하여 필요한 증거조사를 해야 하는데, 이 경우 형사소송법의 관련 규정이 준용된다. 소추의결서의 정본을 송달받은 피소추인은 헌법재판소에 답변서를 제출할 수 있다(법 제29조).

소추위원인 국회 법제사법위원회의 위원장이 그 자격을 잃은 때에는 탄핵심판절차는 중단된다. 이 경우 새로 국회 법제사법위원회의 위원장이 된 사람이 탄핵심판절차를 수계하여야 한다. 소추위원의 대리인이 있는 경우에는 탄핵심판절차는 중단되지 아니한다(심판규칙 제58조).

소추기관이 탄핵심판청구를 취하할 수 있는지에 대하여는 법에 명문의 규정이 없다. 그러나 법 제40조에 따라 민사소송법과 형사소송법상의 소취하나 공소취소에 관한 규정이 준용된다고 본다면 탄핵심판청구의 취하도 가능할 것이다.[1] 참고로 독일의 경우에는 탄핵소추기관은 연방헌법재판소가 탄핵소추에 대한 종국결정을 선고할 때까지는 연방의회(Bundestag) 및 연방참사원(Bundesrat) 재적의원 과반수의 찬성으로 탄핵소추를 취하할 수 있도록 했다. 다만 피소추자인 연방대통령 또는 연방법관이 1월 이내에 취하에 대하여 이의를 제기하면 취하는 효력을 발생하지 않는다(연방헌법재판소법 제52조 및 58조 참조).

한편 피소추자가 임기직 공직자일 때 그의 임기만료 또는 소추기관인 국회의 임기만료가 탄핵소추에 미치는 효과에 대해서도 법에 아무런 규정이 없는데, 독일의 경우에는 연방대통령의 임기만료 또는 사직 그리고 연방의회의 임기만료 또는 해산은 탄핵심판절차의 진행에 영향을 미치지 않는다는 규정을 두고 있다(연방헌법재판소법 제51조). 탄핵제도의 기능이 헌법수호와 법치주의 및 권력통제의 실현이라는 점, 그리고 중요한 헌법적 해명 등 객관적 소송의 성질을 가지면서 직권심리주의가 강하게 투영되는 헌법재판의 특성을 감안할 때 이러한 독일의 태도는 타당하다고 하겠다. 따라서 탄핵심판이 청구된 후 피소추자의 임기가 만료되었거나 또는 국회의 입법기 내지 의회기가 종료하고 선거에 의해 새로운 국회가 구성되었다 하더라도 기존의 탄핵심판청구는 그대로 유효하다고 할 것이다.[2]

다른 한편 피소추자가 사망한 경우에 관해서는 우리 뿐 아니라 독일에도 아무런 규정이 없는데, 비록 탄핵제도의 기능과 헌법재판의 특성을 감안한다 하더라고 피소추자가 방어권을 행사할 수 없는 상황에서의 심판의 계속은 정당하다고 보기 어려울 것이다.[3] 어쨌든 상기 언급한 문제

1) 김하열, 전게서, 711쪽.
2) 실무제요, 360쪽.

들에 대한 입법적 보완이 요구된다고 하겠다.

Ⅱ. 탄핵심판의 심리

1. 본안전 판단(탄핵소추의 적법요건 심사)

탄핵심판은 적법한 탄핵소추를 전제로 한다. 따라서 법이 정한 소추대상자에 대하여 적법한 국회의 탄핵소추의 의결이 있고, 소추위원인 법제사법위원장의 적법한 소추의결서의 정본 제출이 있어야 한다. 이에 따라 헌법재판소는 탄핵심판의 청구가 있으면 이러한 적법요건을 지체 없이 심사하여야 한다. 왜냐하면 앞서 언급한 바와 같이 탄핵소추의결을 받은 자는 헌법재판소의 심판이 있을 때까지 권한이 정지되기 때문이다. 즉 부적법한 소추의 경우에는 피소추자가 직무에 빨리 복귀할 수 있도록 하여 직무수행의 공백을 최소화하는 것이 타당하기 때문이다.

그런데 헌법재판소의 적법성심사 중 탄핵소추의 의결절차에 대한 심사는 피청구인이 문제를 제기하거나 객관적으로 심사의 필요성이 인정되는 예외적인 경우에만 허용된다고 보아야 할 것이다. 이는 민주적 정당성에 바탕을 둔 대의기관인 국회의 자율권에 대한 존중 때문이라고 하겠다. 헌법재판소도 “국회는 국민의 대표기관이자 입법기관으로서 의사와 내부규율 등 국회운영에 관하여 폭넓은 자율권을 가지므로 국회의 의사절차나 입법절차에 헌법이나 법률의 규정을 명백히 위반한 흠이 있는 경우가 아닌 한, 그 자율권은 권력분립의 원칙이나 국회의 위상과 기능에 비추어 존중되어야 하며, 따라서 그 자율권의 범위 내에 속하는 사항에 관한 국회의 판단에 대하여 다른 국가기관이 개입하여 그 정당성을 가리는 것은 바람직하지 않고, 헌법재판소도 그 예외는 아니다. 또한 국회의 장은 국회법 제10조에 의거 원칙적으로 의사진행에 관한 전반적이고 포

3) 동지 허영, 전게서, 278쪽.

괄적인 권한과 책임이 부여되어 있으므로, 본회의의 의사절차에 다툼이 있거나 정상적인 의사진행이 불가능한 경우에 의사진행과 의사결정에 대한 방법을 선택하는 문제는 국회의장이 자율적으로 결정하여야 할 사항으로서, 이러한 국회의장의 의사진행권은 넓게 보아 국회자율권의 일종으로서 그 재량의 한계를 현저하게 벗어난 것이 아닌 한 존중되어야 하므로 헌법재판소도 이에 관여할 수 없는 것이 원칙이다."라고 판시하여 같은 입장을 취하고 있다.[1)]

2. 본안판단(탄핵사유에 대한 심사)

탄핵사유는 직무집행에 있어서 헌법이나 법률을 위반한 것이다. 헌법재판소는 소추의결서에 표시된 탄핵사유에 대한 실체적인 심사를 한다. 헌법재판소는 원칙적으로 탄핵소추기관인 국회의 탄핵소추의결서에 기재된 소추사유에 의하여 구속을 받는다. 따라서 헌법재판소는 탄핵소추의결서에 기재되지 아니한 소추사유를 판단의 대상으로 삼을 수 없다. 그러나 탄핵소추의결서에서 그 위반을 주장하는 '법규정의 판단'에 관하여 헌법재판소는 원칙적으로 구속을 받지 않으므로, 소추인이 그 위반을 주장한 법규정 외에 다른 관련 법규정에 근거하여 탄핵의 원인이 된 사실관계를 판단할 수 있다. 또한 헌법재판소는 소추사유의 판단에 있어서 국회의 탄핵소추의결서에서 분류된 소추사유의 체계와 헌법 또는 법률해석에 구속을 받지 않으므로, 소추사유를 어떠한 연관관계에서 법적으로 고려할 것인가의 문제는 전적으로 헌법재판소의 판단에 달려 있다.[2)]

이에 따라 헌법재판소는 본안판단 과정에서 탄핵사유의 존재 여부에 대한 심사를 하게 된다. 이 과정에서 헌법재판소는 피청구인이 직무집행에 있어서 헌법이나 법률에 위반했는지의 여부, 즉 직무집행관련성과 직무집행의 위헌·위법성 여부를 심사하고, 이러한 요건이 충족된 경우 피

1) 헌재 2004. 5. 14. 2004헌나1, 판례집 16-1, 609, 628-629.
2) 헌재 2004. 5. 14. 2004헌나1, 판례집 16-1, 609, 625.

청구인을 파면할 것인지의 여부를 심사하게 된다. 이는 위헌·위법성의 정도에 좌우될 것이다. 결국 파면 여부는 위에서도 언급한 바와 같이 피청구인의 법위반이 어느 정도로 헌법질서에 부정적 영향이나 해악을 미치는지의 관점과 피청구인을 파면하는 경우 초래되는 효과를 서로 비교형량하여 결정하게 될 것이다.

Ⅲ. 탄핵심판의 절차

1. 구두변론

탄핵심판은 구두변론에 의한다(법 제30조 제1항). 국회를 대리하여 소추위원인 법제사법위원장이 청구인이고 피소추인이 피청구인이 되는 대심적 구조로 진행된다. 청구인은 변론에서 피청구인을 신문할 수 있다(법 제49조 제2항). 변론을 열 때에는 기일을 정하고 당사자와 관계인을 소환하여야 한다(법 제30조 제3항). 당사자가 변론기일에 출석하지 아니한 때에는 다시 기일을 정하여야 한다. 다시 정한 기일에도 당사자가 출석하지 아니한 때에는 그 출석 없이 심리할 수 있다(법 제52조).

2. 증거조사

재판부는 사건의 심리를 위하여 필요하다고 인정하는 경우에는 당사자의 신청 또는 직권에 의하여 증거조사를 할 수 있다(법 제31조 제1항). 재판장은 필요하다고 인정할 경우에는 재판관 중 1인을 지정하여 증거조사를 하게 할 수 있다(법 제31조 제2항). 또한 재판부는 결정으로 다른 국가기관 또는 공공단체의 기관에 대하여 심판에 필요한 사실을 조회하거나, 기록의 송부나 자료의 제출을 요구할 수 있다. 다만 재판·소추 또는 범죄수사가 진행중인 사건의 기록에 대하여는 송부를 요구할 수 없다(법 제32조).

3. 심판절차의 정지와 준용규정

피소추인에 대한 탄핵심판청구와 동일한 사유로 형사소송이 진행되고 있는 때에는 재판부는 심판절차를 정지할 수 있다(법 제51조). 심판절차의 정지 여부, 심판절차의 정지기간 및 재개시기 등에 관하여 법에 명문의 규정이 없는데, 이는 재판부의 재량사항으로 볼 수 있다.

탄핵심판절차에 관하여는 헌법재판소법에 특별한 규정이 있는 경우를 제외하고는 헌법재판의 성질에 반하지 아니하는 한도 내에서 민사소송에 관한 법령 및 형사소송에 관한 법령을 준용한다. 이 경우에 형사소송에 관한 법령이 민사소송에 관한 법령과 저촉될 때에는 민사소송에 관한 법령은 준용하지 아니한다(법 제40조). 이처럼 형사소송에 관한 법령을 민사소송에 관한 법령 보다 우선시키는 것은 탄핵심판절차의 성격이 민사소송보다는 형사소송절차에 가깝다는 점을 고려한 것이다. 이는 탄핵심판이 피소추자를 공직에서 파면하는 결과를 초래하는 절차이고, 형사소송절차를 통하여 소추사실을 밝히는 것이 피소추자의 절차적 기본권을 충실히 보장하게 된다는 점에 비추어 당연한 것이라고 하겠다.

Ⅳ. 종국결정

1. 종국결정의 유형

탄핵심판의 종국결정에는 각하결정, 기각결정, 탄핵결정의 세 가지 유형이 있다.

(1) 각하결정

재판부가 탄핵소추의 적법요건 심사에서 탄핵소추가 부적법하다고 판단하면 탄핵심판청구를 각하한다.

(2) 기각결정

탄핵심판청구가 적법하나 이유가 없을 때에는 기각결정을 한다. 즉 탄핵사유에 대한 실체적인 요건심사결과 위헌·위법 사실을 인정할 수 없거나, 위헌·위법의 정도가 경미해서 파면결정이 법익형량의 원칙에 위반된다고 판단하면 기각결정을 한다. 또한 피청구인이 그 심판전에 파면된 경우에도 심판청구를 기각한다(법 제53조 제2항).

(3) 탄핵결정

1) 내 용

헌법재판소는 심판청구가 이유 있을 때 재판관 6인 이상의 찬성으로 탄핵의 결정을 할 수 있는데, 피청구인을 당해 공직에서 파면하는 결정을 선고한다(법 제53조 제1항).

2) 효 력

탄핵결정은 결정선고와 동시에 확정되므로 결정선고 시부터 다음의 효력을 발생한다.

가. 공직파면

피청구인은 해당 공직에서 자동으로 파면된다(헌법 제65조 제4항 제1문).

나. 민·형사상 책임

탄핵결정은 피청구인의 민사상 또는 형사상의 책임을 면제하지 아니한다(헌법 제65조 제4항 제2문 및 법 제54조 제1항). 따라서 민·형사상의 소추가 가능하다.

다. 공직취임의 제한 등

탄핵결정에 의하여 파면된 자는 결정선고가 있은 날로부터 5년을 경과하지 아니하면 공무원이 될 수 없다(법 제54조 제2항). 이러한 공직자취임제한은 탄핵제도의 실효성을 확보하기 위하여, 그리고 탄핵된 자가 곧바로 공직에 취임하는 것이 합법적이고 공정한 직무집행의 관점에서 적절치 않다는 점에서 정당화된다고 하겠다.

한편 파면된 자는 특정 전문직의 보유에 있어 일정기간 제한을 받는다(변호사법 제5조, 변리사법 4조, 세무사법 제4조, 공인회계사법 제4조, 공증인법 제13조 등).

라. 사 면

법에 명문의 규정은 없지만 탄핵결정으로 파면된 사람에 대해서는 대통령의 사면권행사가 제한된다고 보아야 할 것이다. 왜냐하면 파면된 자에 대한 사면권행사는 위헌·위법한 행위를 이유로 일정기간 공무에서 제외시키는 탄핵제도의 취지에 비추어 타당하다고 보기 어렵기 때문이다. 참고로 미국헌법은 탄핵을 형의 집행유예나 사면의 대상에서 제외시키고 있다(연방헌법 제2조 제2항 제1문).

2. 종국결정의 효력

탄핵심판의 종국결정은 자기구속력, 형식적 확정력, 실질적 확정력 등 헌법재판의 종국결정이 가지는 효력을 발생한다.

제 3 장 정당해산심판

제1절 개 설

Ⅰ. 정당해산심판의 의의와 연혁

정당해산심판이란 정당의 목적이나 활동이 민주적 기본질서에 위배될 때 그 정당을 헌법재판절차를 통해서 해산시키는 제도이다. 헌법 제8조 제4항은 “정당의 목적이나 활동이 민주적 기본질서에 위배될 때에는 정부는 헌법재판소에 그 해산을 제소할 수 있고, 정당은 헌법재판소의 심판에 의하여 해산된다.”라고 규정하고 있고, 헌법 제111조 제1항 제3호는 정당해산심판을 헌법재판소의 관장사항으로 규정함으로써 방어적 민주주의 내지 투쟁적 민주주의의 실현수단의 하나인 정당해산심판제도를 규정하고 있다.

이러한 정당해산심판은 1949년 독일의 기본법이 제정되면서 도입된 제도이다. 우리의 경우에는 1960년 제2공화국헌법에서 처음 도입된 후 심판기관의 변천을 거치면서 오늘에 이르고 있다. 정당해산심판을 처음 도입할 당시에는 헌법재판소가, 1962년헌법과 1969년헌법에서는 대법원이, 1972년헌법과 1980년헌법에서는 헌법위원회가 관장하다가 현행 1987년헌법에서 다시 헌법재판소가 관장하게 되었다. 정당해산심판제도가 도입된 이후 오랜 동안 정당해산심판이 제기된 적이 없다가 2013년 통합진보당에 대한 해산심판사건이 청구된 후 2014년 12월 19일 헌법재판소가 해산결정을 내렸다. 정당해산심판제도가 도입되기 이전인 1958년에 당시 공보실에 의해 진보당이 등록취소됨으로써 해산된 사건이 있었지만 정당해산심판사건은 아니었다. 독일의 경우 1952년과 1956년 두 건의 정당해산심판을 통해 사회주의제국정당(SRP)[1]과 독일공산당(KPD)[2]이 해산된 적이 있다.

Ⅱ. 정당해산심판의 목적과 기능

1. 목 적

오늘날의 민주주의는 다원적 민주주의이다. 현대의 다원적 민주국가에서 복수정당제는 다양한 정치세력과 국민의 의사를 수렴하여 사회의 통합을 촉진시키기 위한 불가피한 요소이므로 대의민주주의의 기본바탕이라고 할 수 있다. 왜냐하면 정당은 국민의 정치적 의사형성에 참여하여 이를 촉진시키고 권력행사와 국민 사이에 교량적 역할을 담당하기 때문이다. 이에 따라 헌법 제8조가 정당에 대한 특별한 국가의 보호, 정당설립과 활동의 자유, 복수정당제를 보장하고 있다.

그러나 다른 한편 헌법 제8조 제4항이 위헌정당해산제도를 마련함으로써 민주주의원리 자체를 위협하는 정당에 대하여는 헌법재판소가 위헌·해산결정을 내리게 함으로써 민주주의 실현을 위한 정당제도가 민주주의를 파괴하는 역할을 하지 않도록 제도적 장치를 마련하고 있다. 이는 투쟁적·방어적 민주주의의 관점에서 당연히 인정될 수 있는 제도라고 할 수 있다. 헌법 제8조 제2항이 "정당은 그 목적·조직과 활동이 민주적이어야 하며, 국민의 정치적 의사형성에 참여하는데 필요한 조직을 가져야 한다."라고 규정한 것도 바로 그 때문이다. 헌법이 정당설립과 활동의 자유 및 복수정당제를 보장하는 이유도 바로 민주주의의 실현을 위한 것이기 때문에 정당의 존재목적도 민주적 기본질서의 실현이다. 따라서 이러한 헌법의 핵심적 가치라고 할 수 있는 민주적 기본질서를 파괴하는 정

1) BVerfGE 2, 1.

2) BVerfGE 5, 85.

당은 헌법상 정당화될 수 없으며, 민주적 기본질서를 근간으로 하는 헌법질서를 보호하기 위하여 그 목적이나 활동이 민주적 기본질서에 위배되는 위헌정당을 해산할 필요가 있는 것이다. 이것이 바로 정당해산심판제도이다.

2. 기 능

(1) 투쟁적·방어적 민주주의의 실현

정당해산심판은 민주주의를 파괴하는 정당을 제거하는 기능을 가진다. 앞서 언급한 바와 같이 오늘날의 민주주의는 투쟁적·방어적 민주주의이다. 이는 가치무관계적 민주주의가 아니라 가치관계적 민주주의를 바탕으로 한다. 즉 헌법의 핵심적 가치인 기본권과 기본원리의 실현을 내용으로 하는 민주적 기본질서를 전제로 하는 것이다. 따라서 정당해산심판제도는 민주주의의 이름으로 민주주의를 파괴하려는 위헌정당으로부터 민주주의를 보호하고 헌법을 보호하는 투쟁적·방어적 민주주의의 실현수단으로서의 기능을 가진다고 하겠다.

(2) 정당의 보호

정당해산심판제도는 정당보호의 기능도 가진다. 일반 정치적 결사와는 달리 정당의 경우에는 엄격한 요건과 절차에 따라서 헌법재판소에 의해서만 해산되고 정부 내지 행정기관에 의해서는 절대로 해산될 수 없도록 함으로써 정부 내지 여당에 의한 야당 내지 소수정당에 대한 탄압을 막고, 이로써 헌법이 지향하는 정당설립과 활동의 자유 및 복수정당제를 실효성 있게 보장하는 정당보호의 기능도 가지는 것이다.[1] 결국 정당해산심판제도는 정당민주주의와 다원적 민주주의의 실현을 강화하고, 소수

1) 정당민주주의와 복수정당제에 대하여 정연주, 정당등록취소와 정당설립의 자유, 헌법학연구, 20권 1호, 2014. 3, 68쪽 이하 참조.

를 보호하며, 야당 및 소수정당에 의한 정부·여당에 대한 견제 내지 권력통제를 용이하게 해주는 기능을 가진다고 하겠다.

헌법재판소도 정당해산제도를 규정한 헌법 제8조 제4항을 1960년의 제3차 개헌에서 도입된 배경을 고려해볼 때 정당해산을 용이하게 하기 위한 조항이 아니라 정당해산을 어렵게 함으로써 정당의 존속을 보호하려는 '정당보호조항'으로 보았다.[1] 헌법에 정당해산조항이 없던 이승만 정권 하에서 행정부가 진보당을 '정당 등록 취소'라는 행정처분을 통해 사실상 해산해 버렸기 때문에 정치권력의 자의적인 정당해산으로부터 정당을 보호하려는 의도로 1960년 개헌에서 헌법에 들어간 조항이 현행 헌법 제8조 제4항이기 때문이다. 따라서 이 제도는 행정부의 자의적인 정당해산이나 야당 내지 소수정당 탄압을 방지하기 위한 정당보호적 취지를 강하게 내포하고 있다고 볼 수 있다.

제 2 절 정당해산의 요건

정당해산의 요건은 그 해당 정당의 목적이나 활동이 민주적 기본질서에 위배되어야 한다는 것이다. 그런데 앞서 언급한 바와 같이 중요한 것은 헌법 제8조 제4항의 정당해산제도는 정당해산을 용이하게 하기 위한 것이 아니라 정당해산을 어렵게 함으로써 정당의 존속을 보호하려는 '정당보호조항'으로서의 기능을 가지기 때문에 동 조항에 규정된 정당해산 사유인 '정당의 목적이나 활동이 민주적 기본질서에 위배될 때'라는 요건을 엄격하게 해석해야 한다는 것이다. 특히 '위배'와 관련해서는 단순한 저촉이 아니라 '민주적 기본질서에 실질적 해악을 끼칠 구체적 위험성'이 입증되어야 한다고 헌법재판소는 강조하고 있다.[2]

1) 헌재 2014. 12. 19. 2013헌다1, 공보 제219호, 95, 103.

2) 헌재 2014. 12. 19. 2013헌다1, 공보 제219호, 95, 106.

Ⅰ. 정 당

정당해산심판청구의 대상이 되는 피청구인 정당은 정당법이 정하는 정당요건을 구비하고 정당업무를 관장하는 중앙선거관리위원회에 등록절차를 마친 정당이다. 정당법에 따라 정당의 창당활동이 진행되어 중앙당과 법정 시도당을 창당하고 정당법에 따른 등록절차만을 남겨 둔 '등록중의 정당'도 여기서 말하는 피청구인 정당에 포함된다고 할 것이다.[1)] 왜냐하면 이러한 정당 역시 아직 본격적인 활동을 시작하진 않았다고 하더라도 그 목적이 민주적 기본질서에 위배될 경우에는 미래의 민주적 기본질서 등 헌법적 가치를 수호하기 위해서 정당해산심판의 대상이 될 수 있다고 할 것이고, 더욱이 헌법재판이 장기간 소요될 수 있다는 점을 감안할 때 그 기간 동안의 해당 정당의 위헌적 활동과 그를 통한 민주적 기본질서에의 위협을 고려해야 하기 때문이다. 같은 맥락에서 창당준비위원회도 피청구인이 될 수 있다고 할 것이다. 또한 정당의 부분조직(예컨대 시·도당)도 상황에 따라서는 피청구인이 될 수 있다고 본다.[2)] 중앙당과는 별개로 특정 시·도당 등 부분조직의 독자적인 활동이 민주적 기본질서에 위배될 경우 이 특정 부분조직에 대한 독립적인 해산심판청구의 가능성을 굳이 배제할 필요는 없을 것이기 때문이다.[3)] 그러나 정당의 방계조직은 일반단체이지 정당이 아니므로 피청구인이 될 수 없다고 하겠다.

---

1) 실무제요, 369쪽

2) 반면 시·도당은 중당당과 함께 전체로서 하나의 정당을 이루는 구성요소에 불과하므로 독자적인 정당해산심판의 대상이 될 수 없다는 견해도 있다. 김하열, 전게서, 729쪽.

3) 참고로 독일의 경우 연방헌법재판소법 제46조 제2항 및 제3항은 연방헌법재판소의 해산결정 및 그에 따른 효력이 정당 그 자체 뿐 아니라 그 정당의 법적·조직적 독립부분으로 제한될 수 있도록 규정하고 있다. 또한 연방선거법 제46조 제1항 제5호 및 제4항도 한 정당의 부분조직에 대한 위헌해산결정의 가능성을 전제하고 있다.

한편 정부가 피청구인을 특정해서 심판청구를 한 후에는 피청구인이 피청구인 정당의 동질성에 영향을 미치는 행위(예컨대 분당, 합당 등)를 하는 것은 허용될 수 없다고 하겠다. 왜냐하면 이를 허용하는 경우 정당해산심판의 목적 달성을 방해하는 수단으로 악용될 수 있기 때문이다.[1] 그러나 자진해서 해산하는 경우에는 비록 그것이 재산의 국고 귀속이나 소속 의원의 의원직 상실 등 정당해산결정의 효력을 회피하기 위한 수단으로 악용될 수 있다 하더라도 원칙적으로 허용될 수 있다고 하겠다.[2] 왜냐하면 정당해산제도의 기능은 해당 정당에 대한 과거회고적인 제재나 징벌 보다는 정당해산을 통한 미래지향적인 헌법질서수호라고 할 수 있기 때문이다.

Ⅱ. 정당해산의 사유

정당해산의 사유는 정당의 목적이나 활동이 민주적 기본질서에 위배되는 것이다.

1. 정당의 목적이나 활동

(1) 정당의 목적

정당의 목적이란 정당이 추구하는 정치적 방향이나 지향점 혹은 현실 속에서 구현하고자 하는 정치적 계획 등을 통칭한다.[3] 이러한 정당의 목적은 정당의 공식적인 강령이나 당헌, 당규의 내용, 당의 선전자료나 교육자료, 당기관지, 당출판물, 당대표나 당 간부 및 정당관계자의 연설이나 공식적 발언 등을 통해 종합적으로 파악해야 할 것이다. 그런데 정당해산

1) 허영, 전게서, 299쪽.

2) 신평, 전게서, 508쪽; 허영, 전게서, 299쪽.

3) 헌재 2014. 12. 19. 2013헌다1, 공보 제219호, 95, 104.

제도의 취지, 특히 소수보호의 기능과 정부의 권한남용 및 야당탄압의 위험성을 감안할 때 이러한 판단은 매우 신중하게, 그리고 명확하고 구체적인 증거에 근거해서 이루어져야 할 것이다.

(2) 정당의 활동

정당의 활동이란 정당명의의 활동, 그 구성원, 즉 당대표나 당간부 및 평당원의 활동, 그리고 당의 기관과 하부조직의 활동을 포함한다고 하겠다. 그러나 당원의 활동은 당의 이름으로 당의 공식적인 지시에 의한 경우에만 그 효과가 당에 귀속되고 당 자체의 활동으로 간주된다고 하겠다. 따라서 당원의 개인적인 동기에 의한 활동의 경우에는 정당에 책임을 돌릴 수 있는 정당 자체의 활동이라고는 볼 수 없고, 결국 여기서 말하는 정당해산사유가 되는 정당활동은 아니라고 하겠다. 이는 세계 헌법재판기관의 회의체인 베니스위원회가 2009년 채택한 '정당해산 관련 지침'을 보더라도 분명히 드러난다. 위 지침에는 국내 법률이 아닌 국제적 기준 충족, 헌법질서 전복을 목적으로 한 폭력 사용, 비례성의 원칙, 현실적 위협에 대한 충분한 근거와 더불어 '정당구성원 개별 행위로는 해산 불가'라는 조건이 규정되어 있다.[1)]

---

1) 베니스위원회의 '5대 기준'은 1999년 12월 채택된 '정당의 금지와 해산 및 유사 조치에 관한 지침'을 압축한 것이다. 그 내용은 "① 어떤 국가도 국내입법에만 근거를 둔 제한을 부과할 수 없다. ② 예외적 조치로서 그 행사에는 극도의 자제가 요청되며, 민주적 헌법질서의 전복을 목적으로 한 폭력의 사용 또는 사용의 주장이 있어야 한다. ③ 정당 구성원의 개별 행위에 대한 책임을 정당 전체에 대해 물을 수 없다. ④ 비례성의 원칙에 따라 결정되어야 하고, 보다 덜 과격한 조치로 위협을 예방할 수 있는 경우 정당해산 결정을 내려선 아니된다. ⑤ 현실적 위협이 존재한다는 충분한 증거에 근거를 두고 사법적 판단을 거쳐 결정되어야 한다." 등이다. 1990년 유럽평의회 산하에 설치된 헌법자문기구인 베니스위원회는 민주주의, 인권 및 법의 지배를 옹호하기 위해 각국에 헌법적 지원을 하고 선거와 국민투표를 감시하며 국제적인 연구보고 등의 활동을 한다. 지금까지 50개국에 500회 이상의 헌법 자문을 했으며 회원국이 59개국에 이른다. 우리나라는 2006년 베니스위원회에 가입했다.

(3) 목적과 활동의 상호관계

한편 헌법 제8조 제4항은 정당의 '목적이나 활동'이라고 규정하고 있어서 목적이나 활동 중 어느 하나라도 민주적 기본질서에 위배되면 정당해산사유에 해당되는지가 문제될 수 있다. 결론적으로 정당의 목적과 활동은 상호 밀접하게 연관되어 있는 것으로 이들을 분리·선택하여 어느 하나만을 대상으로 민주적 기본질서 위반 여부를 판단할 수는 없다고 할 것이다. 특히 후술하는 바와 같이 헌법 제8조 제4항에서 말하는 민주적 기본질서의 위배란 민주적 기본질서에 대한 단순한 위반이나 저촉을 의미하는 것이 아니라, 민주 사회의 불가결한 요소인 정당의 존립을 제약해야 할 만큼 그 정당의 목적이나 활동이 우리 사회의 민주적 기본질서에 대하여 실질적인 해악을 끼칠 수 있는 구체적 위험성을 초래하는 경우를 가리키며, 따라서 정당의 목적이나 활동이 민주적 기본질서에 대하여 적극적으로 투쟁적·공격적 태도를 취하면서 이러한 기본질서의 기능을 고의로, 지속적으로 그리고 계획적으로 침해하고 결국에는 이러한 기본질서를 제거하고자 하는 경우를 의미하는 것으로 보아야 하기 때문에 단순히 정당의 목적이 민주적 기본질서에 위배된다는 사정만으로는 이러한 엄격하고 적극적인 정당해산의 요건을 충족한다고 보기는 어렵다. 따라서 정당의 목적과 더불어 그러한 목적을 실현하고자 하는 구체적인 정당의 활동까지 종합적으로 평가하여 정당해산 요건의 충족 여부를 판단해야 할 것이다.[1)]

---

1) 이처럼 정당의 목적과 활동은 상호 밀접하게 연관되어 있는 것으로 이들을 분리·선택하여 어느 하나만을 대상으로 민주적 기본질서 위반 여부를 판단할 수 없다는 견해로는 김하열, 전게서, 729쪽. 반면 정당의 목적이나 활동 중 어느 하나라도 정당해산사유에 해당되면 정당해산의 요건은 충족된다고 보는 입장으로는 헌재 2014. 12. 19. 2013헌다1, 공보 제219호, 95, 105; 신평, 전게서, 512쪽; 정종섭, 전게서, 455쪽.

2. 민주적 기본질서에 위배

정당해산은 그 정당의 목적이나 활동이 민주적 기본질서에 위배되어야 한다. 그런데 정당해산의 사유인 '민주적 기본질서에의 위배'는 매우 추상적인 개념이기 때문에 과연 무엇이 민주적 기본질서이고 어떤 정당이 정당해산의 대상이 되는 위헌정당인지를 확정하기가 어렵다.

민주적 기본질서에의 위배라고 하는 정당해산사유는 엄격하게 해석되어야 할 것이다. 그렇지 않을 경우에는 정당해산심판제도가 야당탄압의 수단으로 악용될 위험이 있고, 민주주의를 지키기 위한 제도가 오히려 민주주의를 파괴하는 제도로 전락할 가능성이 있기 때문이다. 앞서 언급한 바와 같이 정당해산심판제도는 방어적 민주주의의 실현수단이자 동시에 정당보호를 중요한 기능으로 하고 있기 때문이다.[1]

(1) 민주적 기본질서의 의미에 관한 헌법재판소의 판례

민주적 기본질서의 의미와 관련하여 헌법재판소는 통합진보당 해산결정에서 "정당해산심판제도가 수호하고자 하는 민주적 기본질서는 우리가 오늘날의 입헌적 민주주의 체제를 구성하고 운영하는 데에 필요한 가장 핵심적인 내용이나 요소를 의미하는 것으로서, 민주적이고 자율적인 정치적 절차를 통해 국민적 의사를 형성·실현하기 위한 요소, 즉 민주주의의 원리에 입각한 요소들과, 이러한 정치적 절차를 운영하고 보호하는 데에 필요한 기본적인 요소, 즉 법치주의 원리에 입각한 요소들 중에서 필요불가결한 부분이 중심이 되어야 한다. 이는 이것이 보장되지 않으면 우리의 입헌적 민주주의 체제가 유지될 수 없다고 평가되는 최소한의 내용

---

1) 헌법재판소도 "민주 사회에서 정당의 자유가 지니는 중대한 함의나 정당해산심판제도의 남용가능성 등을 감안한다면, 헌법 제8조 제4항의 민주적 기본질서는 최대한 엄격하고 협소한 의미로 이해해야 한다."라고 판시하여 이 점을 강조하고 있다. 헌재 2014. 12. 19. 2013헌다1, 공보 제219호, 95, 105.

이라 하겠다. 결국 위에서 본 바와 같은 입헌적 민주주의의 원리, 민주사회에 있어서의 정당의 기능, 정당해산심판제도의 의의 등을 종합해 볼 때, 우리 헌법 제8조 제4항이 의미하는 민주적 기본질서는, 개인의 자율적 이성을 신뢰하고 모든 정치적 견해들이 각각 상대적 진리성과 합리성을 지닌다고 전제하는 다원적 세계관에 입각한 것으로서, 모든 폭력적·자의적 지배를 배제하고, 다수를 존중하면서도 소수를 배려하는 민주적 의사결정과 자유·평등을 기본원리로 하여 구성되고 운영되는 정치적 질서를 말하며, 구체적으로는 국민주권의 원리, 기본적 인권의 존중, 권력분립제도, 복수정당제도 등이 현행 헌법상 주요한 요소라고 볼 수 있다." 라고 판시하고 있다.[1)]

민주적 기본질서의 의미와 관련하여 헌법재판소는 과거에도 다른 사건에서 유사한 판시를 한 바 있다. 즉 헌법재판소는 국가보안법 제7조에 대한 위헌심판사건에서 민주적 기본질서와 관련하여 "자유민주적 기본질서에 위해를 준다 함은 모든 폭력적 지배와 자의적 지배 즉 반국가단체의 일인독재 내지 일당독재를 배제하고 다수의 의사에 의한 국민의 자치, 자유·평등의 기본 원칙에 의한 법치주의적 통치질서의 유지를 어렵게 만드는 것이고, 이를 보다 구체적으로 말하면 기본적 인권의 존중, 권력분립, 의회제도, 복수정당제도, 선거제도, 사유재산과 시장경제를 골간으로 한 경제질서 및 사법권의 독립 등 우리의 내부 체제를 파괴·변혁시키려는 것으로 풀이할 수 있을 것이다."라고 판시하고 있다.[2)]

결국 헌법재판소의 판시에 따르면 민주적 기본질서란 기본권보장과 헌법상의 기본원칙 및 기본원리(국민주권주의, 법치주의, 의회제도, 사유재산제도, 복수정당제도, 권력분립제도 등)를 핵심적 내용으로 하는 자유민주적 기본질서 내지 헌법질서라고 할 수 있을 것이다.

---

1) 헌재 2014. 12. 19. 2013헌다1, 공보 제219호, 95, 105.

2) 헌재 1990. 4. 2. 89헌가113, 판례집 2, 49, 64; 헌재 2001. 9. 27. 2000헌마238등, 판례집 13-2, 383, 400-401.

(2) 정당해산에 관한 독일 기본법 규정과 연방헌법재판소의 판례

1) 정당해산심판에 관한 기본법 규정의 내용

기본법 제21조 제2항은 "정당의 목적이나 당원의 활동이 자유민주적 기본질서를 침해 또는 제거하려는 것이거나, 독일연방공화국의 존립을 위태롭게 하는 경우에는 그 정당은 위헌이다. 연방헌법재판소가 그 위헌 여부를 결정한다."라고 규정하고 있다. 따라서 정당해산의 요건은 해당 정당이 자유민주적 기본질서를 침해하거나 국가의 존립을 위협하는 것이다.

2) 연방헌법재판소의 판례

연방헌법재판소는 사회주의제국정당(SRP)에 대한 위헌결정에서 기본법이 정한 자유민주적 기본질서의 내용에 대하여 "자유민주적 기본질서란 모든 폭력과 자의의 지배를 배제하고 그때그때의 다수의사에 따른 국민의 자주적인 결정과 자유·평등의 바탕위에서 이루어지는 법치국가적 통치질서를 의미한다. 그러한 자유민주적 기본질서의 핵심요소로는 적어도 기본권에 구체화된 인권, 특히 생명권과 개성신장의 자유에 대한 존중, 국민주권, 권력분립, 정부의 책임, 법치행정, 사법권의 독립, 복수정당제도, 야당의 합헌적인 조직과 활동이 보장되는 전제하에서의 모든 정당의 기회균등을 들 수 있다."라고 판시하고 있다.[1] 연방헌법재판소의 판시내용에 따른 민주적 기본질서의 내용은 앞서 언급한 우리 헌법재판소의 판시내용과 본질적으로 유사하다고 할 수 있다. 결국 독일의 경우에도 민주적 기본질서란 기본권의 실현을 궁극적 목적으로 하는 헌법상의 기본원리(법치주의원리, 민주주의원리 등)를 바탕으로 하는 헌법질서라고 할 수 있을 것이다.

한편 연방헌법재판소는 독일공산당(KPD)에 대한 위헌결정에서 "정당이 이러한 자유민주적 기본질서의 최고의 원리를 인정하지 않거나 그리

---

1) BVerfGE 2, 1(12f.).

한 원리 대신에 다른 원리를 내세운다고 해서 바로 위헌정당이 되는 것은 아니고, 정당이 이러한 기본질서에 대하여 적극적으로 투쟁적·공격적 태도를 취하면서 이러한 기본질서의 기능을 계획적으로 침해하고 결국에는 이러한 기본질서를 제거하고자 할 때에만 위헌정당으로 결정할 수 있다."고 판시했다.[1] 그리고 "고의로, 지속적으로 그리고 계획적으로 이러한 기본가치와 기본질서를 비방하고 모욕하는 정당은 바로 이러한 기본질서의 침해와 제거를 의도하는 것이다."라고 판시했다.[2]

결국 독일 연방헌법재판소의 판례에 따르면 정당해산사유로서 민주적 기본질서를 위배한다는 것은 기본권보장과 헌법상의 기본원칙 및 기본원리를 핵심적 내용으로 하는 자유민주적 기본질서에 대하여 적극적으로 투쟁적·공격적 태도를 취하면서 이러한 기본질서의 기능을 고의로, 지속적으로 그리고 계획적으로 침해하고 결국에는 이러한 기본질서를 제거하고자 하는 경우를 의미한다고 할 것이며, 그럴 때에만 해당 정당이 위헌정당으로 해산된다고 하겠다.

(3) 정당의 목적이나 활동이 민주적 기본질서에 위배

위에서 독일 연방헌법재판소의 판례와 관련하여 언급한 바와 같이 민주적 기본질서에 위배된다 함은 결국 정당의 목적과 활동이 기본권과 헌법상의 기본원칙과 기본원리를 핵심적 내용으로 하는 자유민주적 기본질서 내지 헌법질서에 위배된다는 것을 의미하고, 더 나아가 이러한 자유민주적 기본질서에 대하여 적극적으로 투쟁적·공격적 태도를 취하면서 이러한 기본질서의 기능을 고의로, 지속적으로 그리고 계획적으로 침해하고 결국에는 이러한 기본질서를 제거하고자 하며, 해당 정당의 이러한 목적과 활동이 민주적 기본질서에 실질적 위해를 가할 구체적 위험성이 있는 경우를 의미한다고 할 것이며, 그럴 때에만 해당 정당이 위헌정당

1) BVerfGE 5, 85(141).
2) BVerfGE 5, 85(389).

으로 해산된다고 하겠다. 따라서 정당의 목적이나 활동이 민주적 기본질서에 위배된다는 의미는 매우 엄격하고 적극적이고 구체적인 의미로 해석되어야 할 것이다. 그러므로 해당 정당의 목적과 활동이 소극적으로 민주적 기본질서를 인정하기 않거나 상호 조화되지 않는다는 이유, 또는 민주적 기본질서에 막연히 위해를 가할 수 있다는 단순한 추상적인 위험성만을 이유로 바로 위헌정당이 되는 것은 아니다. 만일 정당의 목적이나 활동이 민주적 기본질서에 위배된다는 의미를 소극적이고 추상적으로 해석한다면 이는 민주적 기본질서에 대한 위배의 의미와 범위를 지나치게 넓게 이해하는 것으로 자칫 정당해산심판청구의 남용을 초래할 수 있고, 이는 정당해산심판제도의 기능과 실효성을 훼손할 위험을 초래할 것이다. 왜냐하면 그렇게 엄격하게 해석하지 않을 경우 정부·여당이 민주적 기본질서에 대한 해석을 스스로 독점하고 지나치게 폭넓게 이해하여 이에 위배되는 정당은 민주적 기본질서를 위배하는 위헌정당이 되는 것으로 자의적으로 해석하여 정치적 목적으로 야당 등 정치적 소수세력을 탄압하는 도구로 정당해산심판제도를 악용할 가능성을 배제할 수 없기 때문이다. 이는 민주적 기본질서를 매우 편협한 정파적 의미로 전락시킬 우려가 있으며, 결국 민주주의의 이름으로 민주주의를 파괴하는, 따라서 정당해산심판제도의 기능인 정당보호와 투쟁적 민주주의의 실현의 진정한 의미를 퇴색시키는 결과를 초래할 것이다. 헌법재판소도 "민주적 기본질서 위배란 민주적 기본질서에 대한 단순한 위반이나 저촉을 의미하는 것이 아니라 정당의 목적이나 활동이 민주적 기본질서에 대한 실질적 해악을 끼칠 수 있는 구체적 위험성을 초래하는 경우를 가리킨다."라고 판시함으로써 원론적으로는 이러한 점을 인정하고 있다.[1]

여기서 '구체적 위험성'은 '추상적 위험성'과 대비되는 법률용어로서 고도의 입증책임을 요한다. 즉 민주적 기본질서에 대한 실질적인 피해가 발생할 위험성이 '현실로' 야기되어야 '구체적 위험성'이 인정되는 것이다.

---

1) 헌재 2014. 12. 19. 2013헌다1, 공보 제219호, 95, 106.

이 때 실질적인 피해 발생의 위험성이 '현실로' 야기된다는 것은, 폭동이나 정부전복 등의 구체적 해악 발생에 대한 '명백하고 현존하는 위험'이 존재함이 입증되어야 하는 것이다.

한편 정부가 민주적 기본질서에 대한 구체적이고 급박한 침해를 방지하고 긴절한 헌법보호를 위하여 여러 가지 고려 끝에 최후의 수단으로 불가피하게 정당해산심판을 청구할 수밖에 없었던 경우라면 사실상 가처분의 요건도 충족되는 경우라고 볼 수 있고, 따라서 청구인이 가처분신청도 함께 하는 것이 타당하다고 하겠다.[1)]

한편 정당의 목적이나 활동이 민주적 기본질서에 위배된다는 것을 정당 스스로 인식하여야 하는 것은 아니라고 하겠다.[2)]

3. 비례의 원칙

정당해산은 비례의 원칙을 준수해야 한다. 정당해산이 국가권력에 의해 한 정당의 설립 및 활동의 자유를 박탈하는 것이고, 그 정당을 지지한 유권자 내지 국민의 의사 및 선택권을 침해하는 것이므로 당연히 비례의 원칙을 지켜야 한다. 특히 앞서 언급한 바와 같이 정당해산심판은 정당민주주의와 다원적 민주주의의 실현을 강화하고, 소수를 보호하며, 야당 및 소수정당에 의한 정부·여당에 대한 견제 내지 권력통제를 용이

---

1) 그런데 통합진보당 해산사건과 관련하여 정부가 피청구인인 통합진보당의 활동을 정지하는 가처분을 신청했음에도 불구하고 헌법재판소가 가처분을 기각하는 결정을 내린 것은(2013헌사907) 사안이 급박하지 아니하고 구체적인 위험성을 내포하지 않았다는 것을 방증한다고 볼 수밖에 없다. 따라서 이는 통합진보당의 활동 등이 급박하고 구체적으로 민주적 기본질서에 위배되고 위험성을 초래하여 정당해산이 불가피했다는 헌법재판소의 결론과 상호 모순된다. 즉 만일 헌법재판소의 견해대로 통합진보당의 활동 등이 급박하고 구체적으로 민주적 기본질서에 위배되고 위험성을 초래하여 정당해산이 불가피했다면 당연히 처음부터 정부의 정당활동정지가처분신청을 인용했어야 했고, 설사 정부가 가처분신청을 하지 않았다 하더라도 직권으로 가처분결정을 내렸어야 했다. 이 점에서 헌법재판소의 정당해산은 논리적 모순에 기초한 결정으로 정당화되기 어렵다.

2) 실무제요, 371쪽.

하게 해주는 기능을 해당 정당으로부터 박탈하는 제도이므로 이 원칙은 매우 엄격하게 적용되어야 할 것이다. 따라서 정당해산은 정당해산의 방법을 제외하고는 그 어떤 수단으로도 민주적 기본질서에 대한 위험을 제거할 수 없는 경우에만 최후의 수단으로서 고려되어야 하고, 그 경우에도 정당해산을 통해 달성되는 민주주의의 회복이라는 이익이 정당해산을 통해 상실되는 다양한 이익, 예컨대 정당의 자유 등의 다양한 기본권, 정당민주주의와 다원적 민주주의의 실현, 소수보호, 야당 및 소수정당에 의한 정부·여당에 대한 견제 내지 권력통제의 기능, 표현의 자유 등의 다양한 이익 보다 월등하게 우월해야 한다.

따라서 만일 정당해산 이외의 다른 수단을 통해 민주적 기본질서에 대한 위험이 제거 또는 완화될 수 있다면 그러한 수단이 먼저 고려되어야 함은 당연하다. 예컨대 형법이나 국가보안법 등 다른 법적인 제재를 통해서, 또는 국회 등에서의 해당 정당의 소속 국회의원에 대한 징계나 제명 등을 통해서 민주적 기본질서에 대한 위험을 제거 또는 완화시킬 수 있다면 정당해산은 고려되어서는 아니된다. 그리고 그러한 정당에 대하여는 결국 국민 여론이나 선거 등을 통해서 유권자 내지 국민이 심판하는 것이 국민주권주의와 민주주의원리에 부합되는 것이다.

헌법재판소도 “강제적 정당해산은 헌법상 핵심적인 정치적 기본권인 정당활동의 자유에 대한 근본적 제한이므로, 헌법재판소는 이에 관한 결정을 할 때 헌법 제37조 제2항이 규정하고 있는 비례원칙을 준수해야만 한다. 따라서 헌법 제8조 제4항의 명문규정상 요건이 구비된 경우에도 해당 정당의 위헌적 문제성을 해결할 수 있는 다른 대안적 수단이 없고, 정당해산결정을 통하여 얻을 수 있는 사회적 이익이 정당해산결정으로 인해 초래되는 정당활동의 자유 제한으로 인한 불이익과 민주주의 사회에 대한 중대한 제약이라는 사회적 불이익을 초과할 수 있을 정도로 큰 경우에 한하여 정당해산결정이 헌법적으로 정당화될 수 있다.”라고 판시하여 비례의 원칙을 강조하고 있고,[1)] 앞서 언급한 베니스위원회의 ‘정당해산 관련 지침’도 “정당해산은 비례성의 원칙에 따라 결정되어야 하고,

보다 덜 과격한 조치로 위험을 예방할 수 있는 경우 정당해산 결정을 내려선 아니된다."라고 하여 비례의 원칙을 정당해산 기준의 하나로 천명하고 있다.

제 3 절 정당해산심판의 청구

Ⅰ. 청구인

헌법 제8조 제4항 및 법 제55조에 따라 정당해산은 정부만이 제소할 수 있다. 따라서 정부만이 청구인이 될 수 있다.[1] 여기서 말하는 정부는 3권분립의 한 축으로서의 행정부를 의미한다. 따라서 행정부를 대표하는 대통령이 정부의 이름으로 청구한다.

Ⅱ. 청구절차

정부가 정당해산심판을 청구하기 위해서는 반드시 국무회의의 심의를 거쳐야 한다(헌법 제89조 제14호, 법 제55조). 정당해산심판은 정부가 당사자인 심판절차이기 때문에 법무부장관이 정부를 대표해서 심판청구서를

---

1) 헌재 2014. 12. 19. 2013헌다1, 공보 제219호, 95, 106. 그런데 통합진보당 해산결정의 경우에는 위에서 언급한 다양한 다른 수단들을 통한 민주적 기본질서 침해의 위험성을 제거 내지 완화하기 위한 어떠한 시도도 강구되지 아니하거나 그 결과를 기다리지 아니한 채 정당해산심판이 청구되고, 통합진보당 소속 의원의 형사재판이 진행중인 과정에서 성급하게 헌법재판소의 결정이 이루어졌다는 점에서 통합진보당 해산결정이 비례의 원칙을 준수하지 않았다는 반대의견이 있다. 헌재 2014. 12. 19. 2013헌다1, 공보 제219호, 95, 213-214.

1) 참고로 독일의 경우에는 연방정부 외에 연방의회와 연방참사원도 심판청구인이 될 수 있다. 한편 주정부는 그 주의 영역 내에서만 조직을 갖는 정당에 대해서는 심판청구인이 될 수 있다(연방헌법재판소법 제43조).

헌법재판소에 제출한다(법 제25조 제1항).

정당해산심판의 청구에는 청구기간의 제한이 없으므로, 해산사유가 있는 한 언제든지 청구할 수 있다고 하겠다.

심판청구서에는 해산을 요구하는 정당을 표시하고 청구의 이유를 기재하여야 한다(법 제56조).

일사부재리의 원칙(법 제39조) 때문에 정부는 헌법재판소가 이미 정당해산심판을 한 경우에는 동일한 정당에 대해서 동일한 사유를 들어 다시 심판청구를 할 수 없다. 그러나 동일 정당이라도 다른 해산사유를 이유로 다시 심판청구를 하는 것은 가능하다.

Ⅲ. 심판청구의 재량 유무

정부의 심판청구가 기속행위인지 재량행위인지의 여부에 대하여 견해가 나뉜다.

1. 기속행위설

이는 정부의 심판청구를 일종의 기속행위로 보는 입장으로서 해산사유가 있으면 정부는 심판청구를 해야 한다는 것이다.

2. 재량행위설

이는 정부의 심판청구를 일종의 재량행위로 보는 입장으로서 정부가 특정 정당에 대하여 해산사유가 있다고 판단하는 경우라도 정부에게 심판청구 여부에 대한 재량이 부여되어 있다고 본다. 우리와 독일의 다수설의 입장이라고 하겠다.

3. 결 어

앞서 언급한 바와 같이 정당해산심판이라고 하는 사법절차는 최후의 수단으로서의 성격을 가진다. 즉 해산심판이라는 극약처방이 아니고는 민주적 기본질서에 대한 현존하는 구체적 위험을 제거하거나 예방할 수 없는 매우 위급한 경우에 최후의 수단으로서 고려될 수 있는 제도인 것이다. 이는 정당해산심판제도가 민주주의의 이름으로 민주주의를 파괴하는 현저한 위험속에서 불가피하게 인정되는 투쟁적 민주주의의 실현수단이라는 점에 비추어 볼 때 당연한 것이다. 또한 이는 비례의 원칙이 요구하고 있기도 하다. 왜냐하면 정당해산은 다원적 민주주의와 복수정당제를 근간으로 하는 정당민주주의와 이를 뒷받침하는 정당설립과 활동의 자유라는 기본권을 침해하는 지극히 예외적인 제도이므로 정당해산이 아니고도 다른 방법을 통해 민주적 기본질서의 유지와 헌법보호의 목적을 달성할 수 있다면 굳이 정당해산심판을 청구할 필요가 없을 뿐 아니라 청구해서도 아니되기 때문이다. 만일 그렇지 않다면 이 제도는 투쟁적 민주주의실현이라는 미명하여 결과적으로 민주주의에 위협을 가하고 소수정당을 탄압하는, 따라서 본래의 제도적 목적과 기능을 왜곡하는 부당한 제도로 전락할 것이다.

정당해산심판의 목적은 정당해산 그 자체가 아니고 민주적 기본질서의 유지를 통한 헌법보호에 있으며, 이러한 목적은 정당해산 이외에도 다양한 수단을 통해 달성될 수 있으므로 정당해산이 아니고도 이러한 목적을 달성할 수 있다면 굳이 정당해산을 할 필요가 없고 또 해서는 아니되는 것이다. 왜냐하면 정당보호, 특히 소수정당이나 소수세력의 보호도 중요한 정당해산심판제도의 목적과 기능이고, 아울러 정당해산제도는 또 다른 헌법상의 핵심적 가치이자 민주주의의 실현의 불가결한 요소인 복수정당제와 야당 등 소수정당을 통한 정부·여당에 대한 견제를 뒷받침하는 제도이기도 하기 때문이다. 바로 그렇기 때문에 헌법 제8조 제4항은 정부가 헌법재판소에 정당해산을 '제소할 수 있다'고 규정하고 있고, 법 제55조 역시 정부가 정당해산심판을 '청구할 수 있다'고 정당해산심판청구를 정부의 재량행위로 규정하고 있는 것이다. 결국 정부의 제소권 남용을 방지하고, 정당해산심판제도가 본래의 목적과 기능을 달성하도록 하기 위하여 심판청구는 재량행위로 보아야 할 것이다.

Ⅳ. 심판청구의 취하

정부는 정당해산심판을 청구한 후 심판청구를 유지할 필요가 없다고 판단할 경우 원칙적으로 심판청구를 취하할 수 있다고 하겠다. 이는 심판청구를 재량행위로 보는 입장에도 부합된다. 또한 이는 정당해산심판제도가 최후의 수단으로서의 성격을 가진다는 점에서, 즉 정당해산 이외의 다른 방법을 통해서도 목적을 달성할 수 있을 경우에는 굳이 정당해산심판이 필요가 없다는 점을 감안할 때도 당연한 것이다. 아울러 심판청구 이후 해산사유에 대한 사실적, 법률적, 정치적 판단과 여건이 변화되거나 기타 사정변경이 발생한 경우 굳이 정당해산심판을 계속할 필요가 없을 것이며, 이 경우 심판청구를 취하할 필요성이 있다.

정당해산심판청구의 청구인은 정부이므로 취하권자도 정부이다. 정부가 청구를 취하할 때에도 국무회의의 심의를 거쳐야 할 것이다.

취하의 절차에는 법 제40조에 따라 민사소송법 제266조의 규정이 준용된다고 하겠다. 그런데 청구취하와 관련하여 피청구인 정당은 정당해산심판에 중대한 이해관계를 가지고 있기 때문에 청구취하는 피청구인 정당의 동의를 요한다고 하겠다(민사소송법 제266조 참조). 만일 그렇지 않고 정부의 일방적인 행위로 청구취하가 이루어진다면 정부의 전략적 행위에 따라 피청구인 정당에게 피해를 초래할 수도 있기 때문이다.[1)]

이와 관련하여 정부의 청구취하에도 불구하고 당해 사건의 본안결정

1) 김하열, 전게서, 741쪽.

이 헌법질서의 수호·유지나 중요한 헌법적 해명 등을 위하여 긴요하다고 판단될 경우 헌법재판소가 본안결정을 할 수 있는지가 문제될 수 있다. 헌법재판이 가지는 객관적 소송으로서의 성격과 강한 직권심리주의 등의 특성과 기능에 비추어 청구취하로 인한 당사자 간의 법적·정치적 분쟁의 해결에도 불구하고 그러한 이익보다 월등한 헌법적 이익이 존재한다면 예외적으로 헌법재판소는 본안결정을 할 수 있다고 본다. 정당해산심판사건에 내포된 민주적 기본질서의 구체적 의미와 내용, 그리고 구체적인 사안이 이에 해당되고 위배되는지의 여부 등은 그 자체 헌법질서의 수호·유지나 중요한 헌법적 해명의 공익에 해당되며, 당해 사건에서뿐 아니라 장래 유사한 사건에서도 계속하여 중요한 기준이 될 수 있기 때문에 이러한 헌법적 이익은 상황에 따라서는 당사자 간의 분쟁해결의 이익 보다 우선할 수 있는 것이다. 이는 결국 양자 간의 법익형량을 통해 결정할 사안이라고 할 것이고, 최종적으로는 헌법재판소가 판단할 문제라고 하겠다.[1)]

제 4 절 심판절차

I. 사건의 접수 및 통지

법무부장관이 정당해산심판의 청구서를 제출하면 헌법재판소는 이를 사건으로 접수하고 사건기록을 편성하며, 사건번호(사건부호는 '헌다')와 사건명을 부여한다. 헌법재판소는 접수한 심판청구서의 등본을 지체 없이 피청구인인 정당에 송달하여야 한다(법 제27조 제1항). 심판청구서의 송달

---

1) 반면 피청구인 정당이 취하에 동의함으로써 당사자 간에 분쟁이 정치적으로 종식되었으므로 헌법재판소가 그 분쟁의 당부를 판단할 필요가 없다는 입장으로는 김하열, 전게서, 741쪽.

을 받은 피청구인은 헌법재판소에 답변서를 제출할 수 있다(법 제29조). 정당해산심판의 청구 또는 청구의 취하가 있는 때에는 헌법재판소장은 국회와 중앙선거관리위원회에 정당해산심판청구서 부본 또는 취하서 부본을 붙여 그 사실을 통지하여야 한다(법 제58조 제1항, 심판규칙 제66조 제1항).

Ⅱ. 가처분

1. 의 의

헌법재판소는 정당해산심판의 청구를 받은 때에는 청구인의 신청 또는 직권으로 종국결정의 선고 시까지 피청구인의 활동을 정지하는 가처분결정을 할 수 있다(법 제57조).

피청구인 정당이 헌법재판소의 종국결정이 있을 때까지 위헌적인 정당활동을 계속할 경우 이는 민주적 기본질서 내지 헌법질서에 중대한 위험을 초래할 수 있다. 따라서 피청구인 정당의 활동을 즉시 정지시킴으로써 회복하기 어려운 헌법침해를 방지할 필요성이 있다. 헌법재판소의 종국결정의 선고 시까지 많은 시간이 소요되는 것을 감안한다면 더욱 그러하다.

2. 절 차

가처분절차는 청구인의 신청이나 직권으로 개시한다. 정부가 민주적 기본질서에 대한 구체적이고 급박한 침해를 방지하고 긴절한 헌법보호를 위하여 여러 가지 고려 끝에 불가피하게 정당해산심판을 청구할 수밖에 없었던 경우라면 사실상 가처분의 요건도 충족되는 경우가 대부분이라고 볼 수 있고, 따라서 청구인이 가처분신청도 함께 하는 것이 타당하다고 하겠다.

3. 가처분의 결정과 내용

가처분결정은 일반심판정족수로 하기 때문에 재판부는 재판관 7인 이상의 출석으로 사건을 심리하고 종국심리에 관여한 재판관의 과반수의 찬성으로 결정을 한다(법 제23조). 가처분결정을 한 때에는 헌법재판소장은 국회와 중앙선거관리위원회에 가처분결정서 등본을 붙여 그 사실을 통지하여야 한다(법 제58조 제1항, 심판규칙 제66조 제1항).

헌법재판소가 가처분결정을 하면 피청구인의 활동은 정지된다(법 제57조). 여기서 법이 정한 가처분의 내용으로서의 피청구인의 활동정지는 예시적 규정이라고 하겠다. 따라서 헌법재판소는 피청구인의 활동을 정지하는 가처분 이외에 다른 내용의 가처분도 할 수 있다고 할 것이다.[1] 이는 가처분의 실효성을 확보하기 위해서 당연하다고 하겠다. 이에 따라 피청구인 정당은 모든 해당 정당 명의의 정당활동을 할 수 없다. 따라서 국회 교섭단체로서의 권한행사나 활동도 정지된다. 또한 피청구인 정당에 소속된 국회의원도 피청구인 명의의 정치활동은 할 수 없다. 피청구인 정당의 재산처분 등의 사법상의 행위도 정지된다. 추후 해산결정에 따라 잔여재산이 국고에 귀속되는 것을 피하기 위하여 재산을 처분하는 것을 방지할 필요가 있기 때문이다.[2] 또한 피청구인에 대한 국고보조금의 지급도 정지된다고 하겠다.[3]

Ⅲ. 정당해산심판의 심리

정당해산심판은 구두변론에 의한 심리를 한다(법 제30조 제1항). 당사

1) 실무제요, 367쪽.
2) 허영, 전게서, 301쪽.
3) 정종섭, 전게서, 473쪽.

자는 정부가 청구인이 되고, 제소된 정당이 피청구인이 된다. 재판부가 변론을 열 때에는 기일을 정하여 당사자와 관계인을 소환하여야 한다(법 제30조 제3항). 변론은 공개한다(법 제34조 제1항).

재판부는 정당해산심판의 심리를 위하여 필요하다고 인정하는 경우에는 당사자의 신청 또는 직권에 의하여 증거조사를 할 수 있다(법 제31조). 또한 재판부는 결정으로 다른 국가기관 또는 공공단체의 기관에 대하여 심판에 필요한 사실을 조회하거나, 기록의 송부나 자료의 제출을 요구할 수 있다. 다만 재판·소추 또는 범죄수사가 진행중인 사건의 기록에 대하여는 송부를 요구할 수 없다(법 제32조).

정당해산심판의 심리에 관하여 헌법재판소법에 특별한 규정이 있는 경우를 제외하고는 헌법재판의 성질에 반하지 아니하는 한도 내에서 민사소송에 관한 법령의 규정을 준용한다(법 제40조 제1항).

제 5 절 종국결정

I. 종국결정의 유형

헌법재판소는 정당해산심판의 심리를 마치면 종국결정을 한다(법 제36조 제1항). 종국결정에는 각하결정, 기각결정, 해산결정의 세 가지 유형이 있다.

정부의 정당해산심판의 청구가 부적법할 경우 각하결정을 한다.

정부의 정당해산심판의 청구가 적법하더라도 이유가 없는 것으로 판단되면 기각결정을 한다.

정부의 정당해산심판의 청구가 이유 있는 것으로 판단되면 헌법재판소는 피청구인 정당의 해산을 명하는 결정을 한다. 해산결정에는 재판관 6인 이상의 찬성을 요한다(법 제23조 제2항 제1호).

Ⅱ. 해산결정의 효력

1. 정당의 해산

헌법재판소가 정당의 해산을 명하는 결정이 선고된 때에는 그 정당은 해산된다(법 제59조). 헌법재판소의 해산결정은 창설적 효력을 가진다. 즉 정당해산의 효과는 헌법재판소 결정에 의하여 바로 발생한다. 중앙선거관리위원회가 정당법의 규정에 의하여 이를 집행하고(법 제60조), 그 정당의 등록을 말소하고 지체 없이 그 뜻을 공고하여야 하도록 되어 있는데(정당법 제47조), 이러한 중앙선거관리위원회의 행위는 단순한 사후적 행정조치에 불과하다.

정당의 해산결정으로 해산정당조직의 일부를 구성하는 시·도당 등 부분조직과 기타 정당활동을 뒷받침하는 모든 관련 조직도 해체된다. 이와 관련하여 시·도당 등 정당의 일부조직에 대해서만 해산결정을 내리는 것이 가능한지가 문제 될 수 있다. 예외적으로 시·도당 등 정당의 부분조직의 활동만이 민주적 기본질서에 위배된다고 판단된다면 굳이 이를 배제할 필요는 없을 것이다. 또한 시·도당 등 부분조직에 대한 해산심판청구가 가능하다고 볼 경우 부분조직에 대해서만 해산결정을 내릴 수 있는 가능성을 열어놓는 것이 논리적일 것이다. 참고로 독일의 경우에는 한 정당의 법적으로 또는 조직상 독립적인 부분에 대해서 해산결정을 내릴 수 있다(연방헌법재판소법 제46조 제2항, 제3항).

해산결정의 효력이 소급하는 것은 아니므로 해산정당의 과거 정당활동에 대해서 법적인 책임을 물을 수는 없다고 하겠다.[1)]

---

1) 동지 허영, 전게서, 304쪽.

2. 대체정당의 금지

정당이 헌법재판소의 결정으로 해산된 때에는 해산된 정당의 강령(또는 기본정책)과 동일하거나 유사한 것으로 정당을 창당하지 못한다(정당법 제40조). 또한 해산된 정당의 명칭과 같은 명칭은 정당의 명칭으로 다시 사용하지 못한다(정당법 제41조 제2항).

특정 정당이 해산된 정당의 대체정당 내지 대체조직으로 확인될 경우 그 정당이 다시 헌법재판소의 정당해산심판으로 해산되는 것은 아니다.

3. 잔여재산의 국고귀속

해산결정에 의하여 해산된 정당의 잔여재산은 국고에 귀속한다(정당법 제48조 제2항). 잔여재산의 국고귀속에 관하여 필요한 사항은 중앙선거관리위원회규칙으로 정한다(정당법 제48조 제3항).

4. 소속 국회의원의 자격상실 여부

해산정당에 소속된 의원의 자격상실 여부에 관해서는 현행 관련 법률에 명문의 규정이 없고 학설이 나뉜다. 참고로 1962년헌법에서는 제38조가 국회의원은 소속정당이 해산된 때에는 그 자격이 상실된다고 규정하고 있었다.

(1) 의원자격상실설

이는 정당해산심판제도가 방어적 내지 투쟁적 민주주의의 수단이라는 점을 감안할 때 해산된 정당의 정당활동을 한 소속 국회의원의 자격을 상실시키는 것이 해산결정의 실효성과 민주적 기본질서의 보호를 위해 당연하다고 보는 입장이다. 또한 정당민주주의와 정당기속의 이념에 비추어 소속 정당이 해산된 경우에는 정당대표성의 상실로 의원자격도 상실된다는 것이다. 헌법재판소도 이러한 입장을 취하고 있다. 즉 정당해산심판제도의 본질은 민주적 기본질서에 위배되는 정당을 정치적 의사형성과정에서 배제함으로써 국민을 보호하는 데에 있는데 해산정당 소속 국회의원의 의원직을 상실시키지 않는 경우 정당해산결정의 실효성을 확보할 수 없게 되므로 헌법재판소의 정당해산결정이 있는 경우 그 정당 소속 국회의원의 의원직은 당선 방식을 불문하고 모두 상실되어야 한다고 한다.[1)]

(2) 의원자격유지설

이 설은 국회의원은 국민의 대표이고 정당과는 별개의 헌법기관이기 때문에 해산으로 인해 자동적으로 의원직을 상실하는 것은 아니며, 의원직 상실은 대의제도의 한 요소인 자유위임의 정신에도 반한다는 입장이다. 이는 정당국가적 민주주의에 기초한 국회의원의 정당대표성 및 정당기속 보다 대의민주주의에 기초한 국회의원의 국민대표성 및 자유위임의 요청이 우선한다는 입장으로 정당해산 시에도 그 소속 의원의 자격은 상실되지 않는다는 것이다.

(3) 중간설

이는 지역구국회의원의 경우에는 정당기속과 정당대표성 보다는 자유위임의 요청이 우선하고, 지역대표성도 중시되며, 무소속 국회의원이 허용된다는 점에서 소속 정당이 해산되더라도 의원직을 유지하며, 비례대표국회의원의 경우에는 자유위임의 요청 보다는 정당기속과 정당대표성이 우선하기 때문에 소속 정당의 해산시 의원직을 상실한다고 보는 입장이다.

---

1) 헌재 2014. 12. 19. 2013헌다1, 공보 제219호, 95, 151-152.

(4) 결 론

1) 국회의원직 상실과 관련하여

이론적으로 정당해산심판제도가 방어적 내지 투쟁적 민주주의의 수단이라는 점을 감안할 때 그리고 해산결정의 실효성 확보와 헌법보호를 위해 해산된 정당에서 활동을 한 소속 국회의원의 신분을 상실시키는 것이 타당하다. 또한 대의제도의 한 요소인 국회의원에 대한 자유위임도 국회의원의 대의활동이 민주적 기본질서에 합치되고 헌법에 부합될 때 비로소 인정될 수 있고 정당화될 수 있다는 점을 상기할 때 민주적 기본질서에 위배되는 활동을 한 국회의원의 경우 그 대의활동의 목적과 정당성은 이미 상실되었다고 볼 수 있고, 그 해당 의원에게는 자유위임의 특권이 더 이상 인정될 수는 없는 것이다. 왜냐하면 자유위임의 원칙도 국회의원으로 하여금 민주적 기본질서와 헌법을 효과적으로 실현하도록 뒷받침하는 수단으로 인정되는 것에 불과하기 때문이다.[1] 따라서 이들의 의원직을 박탈하는 것이 대의제도의 이념과 위헌정당해산제도의 취지에 부합되며, 결국 의원직 상실은 위헌정당해산제도의 목적의 효율적인 달성을 위하여 당연히 요구된다고 볼 수 있다.

이처럼 이론적·당위적으로는 당연히 의원직을 상실시켜야 하나, 다른 한편 실제로 소속 의원의 자격을 상실시키기 위해서는 관련 법률에 이에 대한 근거규정이 마련되어야 한다고 본다.[2] 즉 국회의원의 자격상실 문

---

1) 대의제도 및 자유위임에 대하여 자세한 것은 정연주, 대의제도와 정당기속, 인권과 정의, 1999. 8 (제276호), 94쪽 이하 참조.

2) 정당기속과 방어적 민주주의의 이념에 비추어 소속 의원의 신분을 상실토록하는 것이 타당하되 아무런 명문의 규정 없이 해석상 이를 인정하기는 곤란하므로 헌법재판소법이나 공직선거법에 의원직 상실규정을 마련할 수 있겠으나, 다른 한편 헌법상 자유위임의 법리와 관련하여 이러한 법률규정의 위헌 여부가 문제될 소지가 있으므로 이러한 근거를 법률이 아닌 헌법에 명문으로 규정하는 것도 고려할 필요가 있다는 견해로는 헌법재판소법의 개정방향에 관한 연구용역보고서, 헌법재판연구 제10권, 헌법재판소, 1999. 12, 407쪽 이하.

제는 국민의 기본권의 형성과 제한 – 여기서는 해당 의원의 공무담임권이 문제될 것이다 – 에 관한, 그리고 통치기관의 구성과 작용에 관한 기본적이고 본질적인 사항이므로 법치주의원리, 특히 법률유보의 원칙상 당연히 법률에 규정되어 있어야 할 것이다. 따라서 위헌정당해산의 경우 소속의원의 의원직상실은 앞서 언급했던 논거로부터 도출되는 당연한 헌법상의 당위적 요청이지만, 실제로 의원직을 상실시키기 위하여서는 법치주의원리 내지 법률유보의 원칙상 관련 법률에 이에 관한 –국회의원의 공무담임권의 박탈을 허용하는 – 근거조항이 존재하여야 할 것이다. 따라서 정당해산결정의 실효성을 확보하기 위한다는 필요성이 인정되더라도 지역구의원이건 비례대표의원이건 마찬가지로 법률의 근거 없이 의원직을 상실시키는 것은 법률유보의 원칙에 위반하여 당사자들의 공무담임권을 침해하는 것이다. 따라서 정당해산결정에 따라 의원자격이 자동적으로 상실되는 것은 아니고, 헌법재판소나 선거관리위원회도 법률의 근거 없이 의원직 상실 결정을 내릴 수 없다고 할 것이다.

따라서 통합진보당 해산사건에서 헌법재판소가 "헌법재판소의 해산결정으로 해산되는 정당 소속 국회의원의 의원직 상실은 정당해산심판제도의 본질로부터 인정되는 기본적 효력으로 봄이 상당하므로, '이에 관하여 명문의 규정이 있는지 여부는 고려의 대상이 되지 아니하고,' 그 국회의원이 지역구에서 당선되었는지, 비례대표로 당선되었는지에 따라 아무런 차이가 없이, 정당해산결정으로 인하여 신분유지의 헌법적인 정당성을 잃으므로 그 의원직은 상실되어야 한다."라고 판시하면서[1)] 정당해산결정의 실효성을 확보한다는 이유로 법률의 근거도 없이 해당 소속 국회의원들의 의원직상실 결정을 내린 것은 대단히 잘못된 월권행위를 한 것이다. 이것은 헌법재판소가 사실상 입법권을 행사한 것으로 입법권을 국회에 부여한 헌법상의 삼권분립원칙에 반하는 결정이다.

한편 헌법재판소는 지역구국회의원과 비례대표국회의원을 구별하면서

---

1) 헌재 2014. 12. 19. 2013헌다1, 공보 제219호, 95, 152.

"국회의원은 어느 누구의 지시나 간섭을 받지 않고 국가이익을 우선하여 자신의 양심에 따라 직무를 행하는 국민 전체의 대표자로서 활동을 하는 한편(헌법 제46조 제2항 참조), 현대 정당민주주의의 발전과 더불어 현실적으로 소속 정당의 공천을 받아 소속 정당의 지원이나 배경 아래 당선되고 당원의 한 사람으로서 사실상 정치의사 형성에 대한 정당의 규율이나 당론 등에 영향을 받아 정당의 이념을 대변하는 지위도 함께 가지게 되었나. 공직선서법 세192조 세4항은 비례대표 국회의원에 대하여 소속 정당의 '해산' 등 이외의 사유로 당적을 이탈하는 경우 퇴직된다고 규정하고 있는데, 이 규정의 의미는 정당이 스스로 해산하는 경우에 비례대표 국회의원은 퇴직되지 않는다는 것으로서, 국회의원의 국민대표성과 정당기속성 사이의 긴장관계를 적절하게 조화시켜 규율하고 있다."라고 하여 공직선거법 제192조 제4항에 따라 비례대표국회의원의 경우 소속 정당이 헌법재판소 결정으로 해산되어 당적이 이탈될 경우에는 퇴직되고, 다만 자진 해산의 경우에만 당적이탈에도 불구하고 의원직이 유지된다는 판시를 하고 있다.[1] 그리고 이는 헌법재판소가 주장하고 있듯이 공직선거법 제192조 제4항에서 말하는 정당의 해산에서의 '해산'은 정당의 '자진 해산'만을 의미하고 헌법재판소 결정에 의한 '강제 해산'은 포함되지 않는다는 것을 전제로 한다.

그런데 이러한 헌법재판소의 해석은 공직선거법 제192조 제4항의 유래와 입법취지 및 문리적 해석에 부합되지 않는다. 즉 첫째, 문리적 해석상 공직선거법 제192조 제4항에서 말하는 '소속정당의 해산'에는 그 해산의 원인에 불문하고 결과적으로 해산이 이루어진 모든 경우를 말하는 것이지 헌법재판소의 위헌결정에 따른 강제적 해산을 제외한 정당 스스로의 자발적 해산만을 의미한다고 해석할 여지가 전혀 없다. 둘째, 본 조항의 입법취지는 본 조항의 도입 당시 일부 국회의원들이 당선 이후 자신을 선출한 유권지의 의시에 반히여 지의적으로 당적을 이탈·변경함으

1) 헌재 2014. 12. 19. 2013헌다1, 공보 제219호, 95, 151.

로써 국민의 의사를 왜곡하고 정치풍토를 어지럽히는 사태가 발생함에 따라 이러한 철새정치인을 방지하고 정당기속을 강화하기 위한 것이었다.[1] 따라서 본 조항은 이처럼 의원 개개인이 자의적으로 당적을 이탈·변경할 경우 그러한 정치도의에 반하는 해당 의원의 의원직 상실을 목적으로 하는 것이고, 이와는 달리 자신의 의사에 반하여 소속 정당이 강제로 해산되어 당적을 이탈하게 된 경우에 본 조항이 적용되는 것은 결코 아니다. 그러므로 통합진보당 해산결정의 경우처럼 소속 비례대표국회의원의 강제적 당적 이탈은 공직선거법 제192조 제4항의 의원직 퇴직의 사유에 해당하지 아니한다. 이는 공직선거법 제192조 제4항이 강제 '제명'된 경우에는 의원직을 유지하도록 규정하고 있는 것에서도 알 수 있다. 셋째, 설사 백번 양보하여 공직선거법 제192조 제4항에서 말하는 '소속정당의 해산'에 '헌법재판소의 위헌결정에 따른 강제적 해산'이 포함되는지가 불분명하다고 하더라도 의원직 상실 문제가 해당 의원의 공무담임권에 관한 본질적 사항임과 동시에 통치기관의 구성과 작용에 관한 본질적인 사항이라는 점을 고려할 때 공직선거법 제192조 제4항은 공권력의 자의와 남용을 방지하고 기본권을 보장하는 방향으로 해석되어져야 함은 당연하고, 따라서 공직선거법 제192조 제4항에서 말하는 '소속정당의 해산'에는 '헌법재판소의 위헌결정에 따른 강제적 해산'도 포함되어 소속 비례대표국회의원의 의원직을 유지시키는 방향으로 해석되어야 할 것이다. 결국 이러한 헌법재판소의 공직선거법 제192조 제4항에 대한 해석 및 그에 근거한 비례대표국회의원의 의원직 상실을 정당화하는 듯한 판시는 대단히 잘못된 것이다.

다른 한편 헌법재판소는 자신들의 판시를 정당화하기 위하여 공직선거법 제192조 제4항에 대한 언급을 할 필요가 없었다. 왜냐하면 어차피 헌법재판소는 헌법재판소의 해산결정으로 해산되는 정당 소속 국회의원의 의원직 상실은 위헌정당해산제도의 본질로부터 인정되는 기본적 효력

1) 공직선거법 제192조 제4항의 유래와 입법취지에 대하여는 정연주, 대의제도와 정당기속, 85쪽 이하 참조.

이라고 주장하면서, 정당해산결정의 실효성을 확보한다는 이유로 법률의 근거도 없이 지역구국회의원이건 비례대표국회의원이건 가리지 않고 해당 소속 국회의원들의 의원직상실 결정을 내렸기 때문이다. 따라서 헌법재판소의 공직선거법 제192조 제4항에 대한 언급 및 지역구국회의원과 비례대표국회의원을 차별하는 판시는 헌법재판소의 의원직상실 결정과 아무런 관계가 없는 논거로서 일종의 논리적 모순을 범하고 있는 것이다.

결국 헌법을 수호해야 할 헌법재판소 스스로가 법치주의 위반의 위헌행위를 한 것이라고 보지 않을 수 없다. 이는 또한 헌법재판소가 통합진보당 소속 국회의원의 의원직상실 결정을 내리면서 같은 당 소속의 지방의회의원의 의원직상실에 대하여는 아무런 결정을 내리지 않은 것과도 모순된다. 물론 이는 이 사건에서 청구인인 정부가 통합진보당 소속 국회의원의 의원직상실에 대해서만 청구를 했고 지방의회의원의 의원직에 대하여는 청구를 하지 않았기 때문이라고 볼 수도 있겠으나, 헌법재판제도가 가지는 중요한 헌법적 해명, 유사한 사건 반복방지, 헌법수호 등의 공익적 기능과 객관적 소송으로서의 성격, 이를 뒷받침하는 강한 직권심리주의,[1] 그리고 소송경제적 측면에 비추어 볼 때 헌법재판소는 통합진보당 소속 지방의회의원의 의원직에 대하여도 상실시키는 결정을 내렸어야 했다. 즉 정당해산결정의 실효성을 확보하기 위하여 불가피하게 통합진보당 소속 국회의원의 의원직 상실결정을 내릴 수밖에 없었다면 같은 이유로 같은 당 소속의 지방의회의원에 대하여도 의원직 상실결정을 내리는 것이 논리적으로 맞다. 그런 점에서 이번 헌법재판소의 통합진보당 소속 국회의원의 의원직상실 결정은 평등의 원칙마저 위반한 대단히 잘못된 것이다.

2) 지방의회의원직 상실과 관련하여

한편 정당해산의 경우 소속 지방의회의원의 의원직 상실 여부도 문제

---

1) 헌법재판의 객관적 소송으로서의 특성 및 직권심리주의 등에 대하여는 정연주, 헌법소원심판청구취하의 효과, 공법연구 제28집 제4호 제2집, 2000. 6, 191쪽 이하 참조.

될 수 있다. 왜냐하면 이에 대하여도 관련 법률에 명문의 규정이 없기 때문이다.

위에서 국회의원직 상실과 관련하여 언급한 논리에 따라 위헌정당해산제도의 취지와 정당해산의 실효성을 확보라는 점을 상기할 때 이론적·당위적으로는 당연히 지방의회의원직도 상실시켜야 할 것이다. 그러나 비록 정당해산결정의 실효성을 확보하기 위한다는 필요성은 인정되지만 지방의회의원의 경우에도 – 지역구의원이건 비례대표의원이건 마찬가지로 – 법률의 근거 없이 의원직을 상실시키는 것은 – 위에서 국회의원직 상실 여부와 관련하여 언급한 논리에 따라 –법률유보의 원칙에 위반하여 당사자들의 공무담임권을 침해하는 것이다. 따라서 정당해산결정에 따라 의원자격이 자동적으로 상실되는 것은 아니고, 헌법재판소나 선거관리위원회도 법률의 근거 없이 의원직 상실결정을 내릴 수 없다고 할 것이다.

그런데 헌법재판소의 통합진보당 해산결정 이후 2014. 12. 22. 중앙선거관리위원회는 헌법재판소가 정당해산결정을 내린 통합진보당 소속 비례대표 지방의원 6명에 대해 의원직 상실을 결정했다. 즉 통합진보당 소속이었던 비례대표 광역의원 3명과 비례대표 기초의원 3명 등 총 6명의 지방의원에 대해 '퇴직'을 결정했다.[1] 반면 선거관리위원회는 통합진보당 소속으로 선출된 지역구 기초의원 31명에 대해서는 공직선거법과 정당법에 관련 규정이 없기 때문에 선거관리위원회에서 판단할 사항이 아니라는 입장이며, 이에 따라 이들은 일단 무소속으로 의원직을 유지하게 되었다.[2]

이러한 선거관리위원회의 결정도 위헌·위법이다. 즉 정당해산에 따른 지방의회의원의 의원직 상실에 대한 법률적 근거 없는 지방의회의원직 상실결정은 앞서 언급한 바와 같이 법률유보의 원칙에 위반하여 당사자들의 공무담임권을 침해한 것이다. 주민의 대표기관인 지방의회도 할 수

1) 중앙선거관리위원회, 보도자료, 2014. 12. 22.
2) 연합뉴스, 2014. 12. 22.

없는 조치를 법률의 근거도 없이 선거관리위원회가 감행한 것이다.

또한 이는 선거관리위원회가 통합진보당 소속으로 선출된 지역구 기초의원 31명에 대해서는 공직선거법과 정당법에 관련 규정이 없기 때문에 판단하지 아니한 것과도 모순된다. 즉 지역구 지방의회의원 31명에 대해서 공직선거법과 정당법에 관련 규정이 없기 때문에 판단하지 아니했다면 마찬가지로 비례대표 지방의원 6명에 대해서도 공직선거법과 정당법에 관련 규정이 없기 때문에 판단하지 말았어야 했다. 따라서 반대로 공직선거법과 정당법에 관련 규정이 없이도 비례대표지방의회의원에 대하여 의원직 상실결정을 했다면 역시 마찬가지로 공직선거법과 정당법에 관련 규정이 없이 지역구지방의회의원에 대하여도 의원직 상실결정을 내리는 것이 논리적으로 맞다.

그런데 이와 관련하여 선거관리위원회는 "비례대표국회의원 또는 비례대표지방의회의원이 소속정당의 합당·해산 또는 제명외의 사유로 당적을 이탈·변경하거나 2 이상의 당적을 가지고 있는 때에는 「국회법」 제136조 또는 「지방자치법」 제78조(의원의 퇴직)의 규정에 불구하고 퇴직된다."고 하는 공직선거법 제192조 제4항을 근거로 통합진보당 소속 비례대표지방의회의원에 대한 퇴직 결정을 내렸다. 즉 공직선거법 제192조 제4항은 "비례대표지방의회의원은 소속정당의 합당·해산 또는 제명외의 사유로 당적을 이탈·변경하는 때에는 지방자치법 제78조(의원의 퇴직)의 규정에 불구하고 퇴직된다."고 규정하고 있고 그 해산은 자진해산을 의미하므로, 헌법재판소의 위헌정당 해산결정에 따라 해산된 정당 소속 비례대표지방의회의원은 헌법재판소의 위헌정당 해산결정이 선고된 때부터 공직선거법 제192조 제4항에 따라 그 직에서 퇴직된다고 결정한 것이다.[1] 다시 말해 공직선거법 제192조 제4항에 따르면 소속정당의 해산 외의 사유로 당적을 이탈하는 경우에 퇴직되는데, 이 조항에서 말하는 '소속정당의 해산'에서의 '해산'에는 헌법재판소에 의한 정당해산은 해당되지 아니하고, 따라서 헌법재판소의 결정에 따른 통합

1) 중앙선거관리위원회, 보도자료, 2014. 12. 22.

진보당 해산의 경우에 발생한 소속 비례대표지방의회의원의 당적 이탈은 공직선거법 제192조 제4항에 따른 소속정당의 해산 외의 사유로 당적을 이탈하는 경우에 해당되 결국 통합진보당 소속 비례대표지방의회의원은 퇴직된다고 해석한 것이다.

그런데 이러한 선거관리위원회의 해석은 앞서 국회의원직 상실문제와 관련하여서도 지적한 바와 같이 – 헌법재판소의 잘못된 해석과 맥을 같이 하는 것으로서 – 공직선거법 제192조 제4항의 유래와 입법취지 및 문리적 해석에 부합되지 않는다.[1][2]

결국 선거관리위원회의 통합진보당 소속 비례대표 지방의회의원의 퇴

---

1) 선거관리위원회 해석의 오류의 논거에 대하여는 이미 위에서 국회의원직 상실과 관련하여 논증했으므로 여기서 재론은 생략한다.

2) 이러한 중앙선거관리위원회의 통합진보당 소속 비례대표지방의회의원의 의원직 상실 결정과 관련하여 전주지법 제2행정부도 2015. 11. 25. 옛 통진당 비례대표의원인 이현숙 전 전북도의회 의원이 전북도와 전북도의회 의장을 상대로 낸 '비례대표지방의회의원 퇴직처분취소 등 소송'에서 "원고에게 의원직 지위가 있음을 확인한다"는 원고 승소 판결을 내리면서 같은 입장을 취하고 있다. 이는 앞서 언급한 중앙선거관리위원회에 의한 옛 통진당 소속 비례대표지방의원 6명의 의원직 상실 결정을 뒤집은 것이다.

재판부는 "이 사건의 애초 근거가 된 중앙선관위의 해석은 원고에게 불리한 방향으로 지나치게 유추해석을 했다고 볼 수밖에 없다"며, "해산은 사전적으로 '집단, 조직, 단체 따위가 해체하여 없어짐. 또는 없어지게 함'을 뜻하는 말로서 자진해 해체해 없어진다는 의미와 자신의 의사와 무관하게 타인이 없어지게 한다는 의미를 모두 포함하고 있다"고 판시했다. 그러면서 재판부는 "공직선거법 제192조 제4항은 비례대표 지방의원이 자의로 당적을 벗어나는 경우 당연 퇴직하도록 하는 한편, 비례대표 지방의회 의원이 타의로 당적을 이탈·변경하게 되면 그 직을 보장해주겠다는 의미로 해석하는 게 자연스럽다"고 덧붙였다. 재판부는 또 "헌재의 위헌정당해산결정에 따라 원고가 타의로 당적을 이탈하게 된 이상 원고에게 공직선거법 제192조 제4항에서 정한 당연 퇴직 사유가 발생하지 않았다고 봐야 한다"고 밝혔다. 재판부는 판결문에서 "위헌정당해산결정에 따라 정당이 해산된 후 그 정당 소속 비례대표 지방의원이 직을 상실하는지에 관해 헌법이나 법률에 규정이 없다"며 "중앙선관위, 전북도선관위, 전북도, 전북도의회는 원고의 지방의원직 퇴직 또는 의원직 상실 여부를 결정할 권한이 없다"고 판시했다.

한편 같은 이유로 광주고법 전주 제1행정부도 2016. 4. 25. 전북도가 이현숙 의원을 상대로 낸 '비례대표 지방의회 의원 퇴직처분' 항소심에서 "피고에게 의원직 지위가 있음을 확인한다"며 이 의원의 손을 들어줬다.

직결정은 – 헌법재판소에 의한 통합진보당 소속 국회의원의 의원직 상실 결정처럼 – 정당해산에 따른 지방의회의원의 의원직 상실에 대한 명시적 법률의 근거 없이 이루어 진 것으로 법률유보의 원칙에 위반하여 당사자들의 공무담임권을 침해한 것이다. 그리고 이러한 논리는 위에서 국회의원직 상실 문제와 관련하여 언급했듯이 해산되는 정당의 소속 국회의원 중 비례대표국회의원의 경우에도 그대로 적용된다고 하겠다.

다른 한편 비례대표지방의회의원에 대해서만 의원직을 상실시키고 지역구지방의회의원의 경우에는 의원직을 유지시킨 선관위의 결정은 대의민주주의의 핵심적 요소인 자유위임의 원칙 및 평등원칙에 위반된다. 지방의회의원은 국회의원과 만찬가지로 지역구의원이건 비례대표의원이건 일단 선출이 되면 그 해당 지역에서 동일한 의정활동을 하는 것이고, 그 지역대표성과 자유위임에 있어서 어떠한 차별도 존재하지 않는다. 선관위가 이처럼 차별적 결정을 내린 것은 아마도 지역구지방의회의원과는 달리 비례대표지방의회의원의 경우에는 정당투표로 당선된 것이고 따라서 정당기속의 원리상 정당해산으로 인해 비례대표 지방의회의원의 당선기반이 상실된 것이므로 당연히 의원직도 상실되어야 한다는 논리에 기반한 것으로 추측된다.

그러나 이는 자유위임의 원리와 정당기속의 한계를 제대로 이해하지 못한 잘못된 논리이다. 지방의회의원도 국회의원과 마찬가지로 일단 당선된 후에는 그 해당 지역에서 그 지역 전체와 주민 전체를 대표하는 것이고 이는 결국 일종의 자유위임의 원리에 기초하는 것이다.[1)] 그리고 이러한 자유위임의 원리는 지역구의원에서건 비례대표의원에서건 동일하게 적용되는 것이다. 즉 국회의원의 경우 자유위임에 관한 헌법조항으로 “국회의원은 국가이익을 우선하여 양심에 따라 직무를 행한다.”라고 규정하고 있는 헌법 제46조 제2항을 예로 드는데, 지방의회의원의 경우 이에 해당하는 조항으로 “지방의회의원은 공공의 이익을 우선하여 양심에

1) 국회의원 및 지방의회의원의 자유위임의 원리에 대하여는 정연주, 대의제도와 정당기속, 97쪽.

따라 그 직무를 성실히 수행하여야 한다."라고 규정하고 있는 지방자치법 제36조 제1항을 지방의회의원의 해당 지역에서의 의정활동과 관련한 일종의 자유위임의 원칙을 선언한 조항이라고 볼 수 있고, 이러한 지방의회의원의 지위와 기능 및 의정활동에 있어서의 자유위임의 원리는 정당기속에 우선하며, 따라서 지역구 지방의회의원이나 비례대표 지방의회의원에게 차별 없이 적용되는 것이다. 그러므로 이러한 자유위임의 원리를 무시하고 정당기속만을 앞세워 비례대표 지방의회의원에 대해서만 의원직을 상실시킨 선관위의 결정은 위헌·위법인 것이다.

또한 비례대표 지방의회의원에 대해서만 의원직을 상실시킨 이번 선관위의 결정은 평등원칙도 위반한 것이다. 해당 지역주민이 투표로 지방의회의원을 선출하는 경우 정당투표로 선출되는 비례대표의원의 경우 뿐 아니라 지역구의원의 경우에도 소속 정당을 보고 투표를 하고 있는 우리의 고착된 지역구도 상황을 고려한다면 더욱 그러하다. 아울러 정당투표의 경우 뿐 아니라 지역구후보자의 경우에도 정당의 공천을 받아 당선되었다는 점을 감안한다면 정당기속은 비례대표의원의 경우 뿐 아니라 지역구의원의 경우에도 동일하게 적용된다. 따라서 비례대표 지방의회의원에 대해서만 의원직을 상실시킨 이번 선관위의 결정은 합리적 차별사유 없이 비례대표의원과 지역구의원을 차별한 것으로 평등원칙에 위반된다.

결국 이는 선관위의 월권행위이다. 지방의회의원의 소속 정당이 강제해산되면 의원직을 상실한다는 법규정은 어디에도 없다. 더욱이 국회의원들의 의원직을 상실시킨 헌법재판소 주문의 어디에도 지방의회의원의 자격상실에 대한 언급은 없다. 따라서 법적 근거도 없고, 헌재의 주문에도 나와 있지 않은 선관위의 지방의회의원의 의원자격 상실결정도 헌법상의 법치주의원리와 삼권분립원리에 반하는 위헌·위법적 결정이라고 보지 않을 수 없다.

3) 독일의 경우

참고로 독일의 경우 연방헌법재판소는 사회주의제국정당(SRP)에 대한 위헌결정에서 위헌결정으로 해산되는 정당 소속 국회의원의 의원직을 법률의 별도의 근거규정 없이 상실시켰다. 이는 기본법 제21조에 따라 정당의 존재와 활동은 자유민주적 기본질서의 바탕위에서만 정당화될 수 있는데, 그 정당의 목적과 활동이 자유민주적 기본질서에 위배되어 해산된 경우에도 불구하고 그 소속 국회의원의 의원직이 유지된다면 위헌정당해산의 실효성을 확보할 수 없기 때문이며, 따라서 의원직 상실은 기본법 제21조로부터 직접 도출된다고 본 것이다.[1] 이에 따라 연방헌법재판소는 사회주의제국정당(SRP) 소속 의원의 의원직 상실을 기본법 제21조와 강제집행조항인 연방헌법재판소법 제35조에 따라 명했다.[2] 이후 연방선거법(제46조 제1항 제5호 및 제4항 제1문)에 해산된 정당 소속 국회의원의 의원직 상실에 관한 근거규정을 마련하였다.

앞서도 언급했듯이 위헌결정으로 해산된 정당 소속 의원의 의원직 상실의 당위성에 대해서는 의문의 여지가 없다. 그러나 또 다른 헌법상의 기본원칙인 법치주의원리, 특히 법률유보의 원칙상 의원직 상실에 대한 별도의 법률규정이 요구된다는 점에서 연방헌법재판소의 결정에 대하여 동의하기 어렵다.

먼저 의원직 상실에 대한 별도의 근거규정 없이, 연방헌법재판소법 제35조에 근거하여 해산정당 소속 의원의 의원직 상실을 명하는 독일의 판례를 우리의 경우에 원용할 수는 없다고 본다. 왜냐하면 이 사건에서 연방헌법재판소는 구체적으로 연방헌법재판소법 제35조의 "연방헌법재판소는 결정에서 결정의 집행자와 그 집행의 종류 및 방법을 정할 수 있다."는 강제집행조항에 근거해서 사회주의제국정당(SRP) 소속 의원의 자격상실을 명했지만, 독일과는 달리 이러한 강제집행조항이 없는 우리의 경우에는 헌법재판소가 결정으로 해산된 정당 소속 국회의원의 의원직 상실을 명할 법률적 근거가 없기 때문이다.

그런데 연방헌법재판소법 제35조에 근기하여 해신정당 소속의원의 의

1) BVerfGE 2, 1(73ff.).

2) BVerfGE 2, 1(77).

원직 상실을 명한 독일의 판례도 잘못된 것이다. 왜냐하면 연방헌법재판소법 제35조의 강제집행조항은 종국결정의 주문내용의 실효성 있는 집행을 확보하기 위한 근거규정이지[1] 이에 더 나아가 별도의 법률의 근거도 없이 추가적인 기본권을 제한·박탈하는 내용의 주문을 허용하는 근거규정은 아니기 때문이다. 앞서도 강조한 바와 같이 근본적으로는 의원직 상실에 대한 명확한 별도의 법률조항에 근거하여 의원직이 상실되어야 하는 것이다.

결국 이러한 문제점을 인식해서 독일의 경우에도 그 후 앞서 언급한 바와 같이 연방선거법 제46조 제1항 제5호 및 동조 제4항에 해산된 정당 소속 국회의원의 의원직 상실에 관한 명문의 근거규정을 마련함으로써 이러한 문제에 대한 논란을 입법적으로 해결한 것이라고 할 것이다.

한편 지방의회의원의 의원직 상실과 관련하여 독일 연방헌법재판소는 사회주의제국정당(SRP)에 대한 위헌결정에서 지방의회의원 등 지방자치단체 구성원의 경우에는 기본법 제21조에 따라 국민의 정치적 의사형성을 주 임무로 하는 주의회나 연방의회의원의 경우와는 달리 고유한 행정업무의 수행을 그 주 임무로 하기 때문에 해산되는 정당 소속 지방의회의원이나 단체장 등 지방자치단체 구성원의 의원직 상실 등은 기본법 제21조로부터 직접 도출되는 것은 아니라고 판시하면서 이들의 의원직이나 직위를 박탈하지 않았다.[2]

5. 의원직이 상실된 자의 재출마 문제

한편 의원직이 상실된 경우 의원직을 상실한 당사자가 또 다시 국회의원선거에 입후보할 수 있느냐의 여부가 문제될 수 있는데, 이 경우에도 국회의원선거 출마를 금지하는 명문의 법률규정이 없는 한 출마가 허

1) 연방헌법재판소법 제35조의 목적과 기능 등에 대하여 자세한 것은 Bethge, in: Maunz/Schmidt-Bleibtreu/Klein/Bethge, Bundesverfassungsgerichtsgesetz Kommentar, Bd. 1, §35.

2) BVerfGE 2, 1(76).

용된다고 할 것이다. 물론 앞서 언급한 바와 같이 정당해산심판제도가 방어적 내지 투쟁적 민주주의의 수단이라는 점을 감안할 때 그리고 민주적 기본질서에 위배되는 활동을 한 국회의원의 경우 그 대의활동의 목적과 정당성은 이미 상실되었다는 점을 상기 할 때, 정당해산의 실효성을 확보하기 위해서는 의원직이 상실된 당사자의 국회의원선거에의 재출마를 금지하는 것이 당위론적으로는 타당하다고 볼 수 있을 것이다. 그러나 다른 한편 의원직이 상실된 당사자의 국회의원선거에의 재출마 문제는 국민의 기본권의 형성과 제한 – 여기서는 당사자의 피선거권 내지 공무담임권이 문제될 것이다 – 에 관한, 그리고 통치기관의 구성과 작용에 관한 기본적이고 본질적인 사항이므로 법치주의원리상 당연히 법률에 규정되어 있어야 할 것이다. 따라서 실제로 의원직이 상실된 당사자의 재출마를 금지시키기 위하여서는 법치주의원리 내지 법률유보의 원칙상 관련 법률에 이에 관한 근거조항이 존재하여야 할 것이다.

참고로 독일의 경우에는 연방선거법 제46조 제4항 제2문에서 의원직을 상실한 당사자의 지역구에서의 보궐선거의 경우 의원직이 상실된 해당 전직 의원의 재입후보를 금지하고 있다. 아울러 동조 동항 제1문과 제3문은 비례대표의원이 의원직을 상실한 경우 당연히 그 후순위자는 의원직을 승계할 수 없으며, 그 비례대표의원직은 공석으로 남도록 규정하고 있다.

Ⅲ. 해산결정의 집행

정당의 해산을 명하는 헌법재판소의 결정은 중앙선거관리위원회가 정당법의 규정에 의하여 이를 집행하고(법 제60조), 중앙선거관리위원회는 그 정당의 등록을 말소하고 지체 없이 그 뜻을 공고하여야 한다(정당법 제47조).

Ⅳ. 종국결정의 송달

정당해산심판의 종국결정이 선고되면 헌법재판소는 지체 없이 결정서 정본을 작성하여 이를 당사자에게 송달하여야 한다(법 제36조 제4항). 당사자 외에도 국회와 중앙선거관리위원회에 종국결정 등본을 붙여 그 사실을 통지하여야 한다(법 제58조 제1항, 심판규칙 제66조 제1항).

또한 정당해산을 명하는 결정서는 피청구인 외에 국회·정부 및 중앙선거관리위원회에도 이를 송달하여야 한다(법 제58조 제2항). 정당해산을 명하는 결정서를 정부에 송달할 경우에는 법무부장관에게 송달하여야 한다(심판규칙 제66조 제2항).

제 4 장 권한쟁의심판

제 1 절 개 설

1. 의 의

헌법 제111조 제1항 제4호와 법 제2조 제4호는 '국가기관 상호간, 국가기관과 지방자치단체간 및 지방자치단체 상호간의 권한쟁의에 관한 심판'을 헌법재판소의 관장사항으로 채택하고 있다.

권한쟁의심판제도는 국가기관 상호간, 국가기관과 지방자치단체간 및 지방자치단체 상호간에 그 권한과 의무의 범위와 내용에 관해서 다툼이 생긴 경우에 헌법재판소가 이를 유권적으로 심판함으로써 각 기관에게 주어진 권한을 보호함과 동시에 객관적 권한질서의 유지를 통해서 국가기능의 수행을 원활히 하고, 수평적·수직적 권력 상호간의 견제와 균형을 유지시켜 정치적 평화를 유지하고 헌법의 규범적 효력을 보호한다는 데 그 목적과 의의가 있다.

2. 연 혁

권한쟁의심판은 연혁적으로 독일에서 유래한 헌법재판제도라고 할 수 있다. 즉 과거 독일에서 정부와 의회 간의 다툼을 국사재판소(Staatsgerichtshof)가 심판하던 것에 그 연원을 두고 있다고 하겠다. 이러한 의미의 권한쟁의심판은 최고 국가기관간의 의견차이로 다툼이 발생한 경우 헌법해석을 통하여 분쟁을 해결함으로써 정치적 평화와 정치적 통일을 확보한다는 제도적

의의를 가졌다. 그러나 의회와 정부가 다수당에 의해 통합되는 권력융화 현상과 정당국가적 경향이 진전됨에 따라 의회의 정부에 대한 통제기능이 약화되고 권력의 통제 및 견제의 구도가 여당과 야당의 대립으로 변하게 되자 권한쟁의심판제도는 정치과정에서 소수파가 다수파의 월권적 행위를 헌법적 원리에 의해 통제할 수 있는 장치로서의 기능도 갖게 되었다.[1)]

독일에서 권한쟁의심판제도가 오늘의 형태로 제도화된 것은 1949년의 기본법에 규정되면서부터이다. 기본법(제93조 제1항 제1호)은 기본법 또는 최고연방기관의 직무규칙에 의해서 독자적인 권한을 부여받은 최고연방기관 또는 다른 관련기관의 권한과 의무에 대한 다툼을 계기로 발생하는 기본법의 해석에 관한 심판을 연방헌법재판소가 관장한다고 규정했다. 기관쟁의제도(Organstreitverfahren)가 그것이다. 이를 연방헌법재판소법(제13조 제5호 및 제63조-제67조)에 자세히 규정하고 있다.

우리 헌정사에서는 1960년 제2공화국헌법이 처음으로 권한쟁의심판제도를 채택하여 국가기관간의 권한쟁의심판제도를 헌법재판소의 관장사항으로 규정했다. 그러나 제2공화국이 단명으로 끝나는 바람에 헌법재판소는 설치도 되지 못했고, 따라서 권한쟁의심판제도는 시행되지 못했다. 그 후의 헌법에서는 권한쟁의심판제도를 채택하지 않다가 현행 헌법에서 위와 같은 규정을 두고 오늘에 이르고 있다. 제2공화국헌법의 권한쟁의심판제도가 국가기관간의 권한쟁의만을 그 내용으로 했던 것과 달리, 현행 헌법상의 권한쟁의심판제도는 그 심판사항을 국가기관과 지방자치단체간 및 지방자치단체 상호간의 권한쟁의까지 포함하고 있어 제도적으로 보다 확대한 것이다.

1) 실무제요, 323쪽.

제 2 절 권한쟁의심판제도의 특성과 기능

Ⅰ. 특 성

1. 권한쟁의 당사자의 확대

헌법재판소가 관장하는 권한쟁의심판에는 국가기관 상호간의 권한쟁의 뿐 아니라, 상이한 법주체인 국가기관과 지방자치단체 상호간 및 지방자치단체 상호간의 권한쟁의도 포함된다. 앞서 언급한 바와 같이 과거 제2공화국헌법의 권한쟁의심판제도가 국가기관간의 권한쟁의만을 그 내용으로 했던 것과 달리, 현행 헌법상의 권한쟁의심판제도는 국가기관과 지방자치단체간 및 지방자치단체 상호간의 권한쟁의까지 포함하고 있어 당사자의 범위를 확대한 것이다.

2. 권한쟁의 대상의 확대

권한쟁의의 대상이 되는 법적 분쟁은 헌법상의 분쟁 뿐 아니라 법률상의 분쟁도 포함된다(법 제61조 제2항). 따라서 헌법재판소의 권한쟁의심판권은 일반법원의 행정소송 관할권, 특히 기관소송관할권과 중복될 가능성이 있다. 그런데 이와 관련하여 행정소송법 제3조 제4호는 "국가 또는 공공단체의 기관상호간에 있어서의 권한의 존부 또는 그 행사에 관한 다툼이 있을 때에 이에 대하여 제기하는 소송. 다만, 헌법재판소법 제2조의 규정에 의하여 헌법재판소의 관장사항으로 되는 소송은 제외한다."라고 규정하여 헌법재판소의 우선적 관할권을 인정함으로써 이 문제를 해결하고 있다.

법률상의 권한분쟁도 포함된다는 점에서 헌법상의 분쟁만을 대상으로 하는 독일의 기관쟁의제도(기본법 제93조 제1항 제1호, 연방헌법재판소법 제13조 제5호 참조)와 다르고, 스페인이나 이탈리아의 권한쟁의제도와 유사하다. 스페인의 권한쟁의제도는 헌법 뿐 아니라 법률이 정한 권한의 충돌에 대하여도 권한쟁의의 대상으로 하고 있으며, 이탈리아에서도 권한쟁의심판의 심사기준이 되는 것은 헌법에 국한하지 않고 헌법을 집행하는 법률, 헌법에 따른 중요한 조직법률, 지역자치단체의 법규약에 대한 집행법률, 지역자치단체에 사무를 이양하는 국가의 위임법률 등도 포함된다.[1)]

3. 객관적 소송으로서의 성격

권한쟁의심판은 개인의 주관적 권리에 대한 침해를 전제로 해서 그 권리의 구제를 목적으로 하는 주관적 소송이 아니라 국가나 지방자치단체 등 공법인 또는 그 기관의 헌법 또는 법률에 의하여 부여된 객관적 권한의 존부나 범위에 대한 다툼을 해결함으로써 국가기능의 수행을 원활히 하고, 수평적·수직적 권력 상호간의 견제와 균형을 유지시켜 정치적 평화를 유지하고 헌법의 규범적 효력을 보호한다는 데 그 목적이 있는 객관적 소송이다.[2)] 국가나 지방자치단체 등의 권한은 개인의 주관적 권리처럼 이들 기관이 임의로 처분·포기할 수 있는 것이 아니고, 각 기관이 헌법과 법률이 정한 내용대로 행사해야만 하는 권한을 의미한다. 이 권한이 제대로 행사될 때 비로소 국가의 기능과 과제가 원활히 수행될 수 있고, 수평적·수직적 권력분립이 제 기능을 할 수 있는 것이다.

---

1) 실무제요, 324쪽.

2) 헌재 2001. 5. 8. 2000헌라1, 판례집 13-1, 1218, 1225.

Ⅱ. 기 능

1. 국가작용의 원활한 수행 실현

권한쟁의심판은 국가나 지방자치단체 등 공법인 또는 그 기관의 헌법 또는 법률에 의하여 부여된 권한의 존부나 범위에 대한 다툼을 해결함으로써 국가기관 등이 자신들의 임무를 원활히 수행할 수 있도록 도와주는 기능을 가진다.

2. 권력분립 실현

권한쟁의심판은 국가기관 상호간, 국가기관과 지방자치단체간 및 지방자치단체 상호간에 그 헌법적 권한과 의무의 범위와 내용에 관해서 다툼이 생긴 경우에 이를 유권적으로 심판함으로써 각 기관에게 주어진 권한을 보호함과 동시에 객관적 권한질서의 유지를 통해서 기관들 상호간의 견제와 균형을 유지시켜 수평적·수직적 권력분립을 실현하는 기능을 가진다.

3. 정치적 평화유지와 사회통합

권한쟁의심판은 각 기관에게 부여된 권한을 보호함과 동시에 객관적 권한질서의 유지와 기관들 상호간의 견제와 균형을 유지시켜 결국 권력을 순화시키고 정치적 평화를 유지시키며, 이를 통해 사회통합을 실현하는 기능을 가진다.

4. 소수보호

권력의 통제 및 견제의 구도가 여당과 야당의 대립으로 변모된 현대 정당국가에서 권한쟁의심판제도는 정치과정에서 소수파가 다수파의 월권적 행위를 헌법적 원리에 의해 통제할 수 있는 장치로서의 기능도 갖게 되었다. 즉 소수의 헌법과 법률상의 권한을 보호하는 헌법소송적 수단으로서 기능하게 된 것이다.

제 3 절 권한쟁의심판의 종류와 당사자

헌법 제111조 제1항 제4호와 법 제2조 제4호는 권한쟁의심판의 종류를 '국가기관 상호간, 국가기관과 지방자치단체간 및 지방자치단체 상호간의 권한쟁의에 관한 심판'의 세 가지로 규정하면서 국가기관과 지방자치단체를 권한쟁의심판의 당사자로 정하고 있다.

Ⅰ. 국가기관 상호간의 권한쟁의

1. 의 의

국가기관 상호간의 권한쟁의심판에 관해서 법 제62조 제1항 제1호는 '국회, 정부, 법원 및 중앙선거관리위원회 상호간의 권한쟁의심판'이라고 규정하고 있다. 헌법재판소는 이 권한쟁의심판에 관하여 "헌법 제111조 제1항 제4호가 규정하고 있는 '국가기관 상호간'의 권한쟁의심판은 헌법상의 국가기관 상호간에 권한의 존부나 범위에 관한 다툼이 있고 이를 해결할 수 있는 적당한 기관이나 방법이 없는 경우에 헌법재판소가 헌법해석을 통하여 그 분쟁을 해결함으로써 국가기능의 원활한 수행을 도모하고 국가권력간의 균형을 유지하여 헌법질서를 수호·유지하고자 하는 제도"라고 판시하고 있다.[1)]

2. 국가기관의 범위

(1) 헌법재판소의 관련 판례

그런데 국가기관 상호간의 권한쟁의의 당사자와 관련하여 법이 규정하고 있는 '국회, 정부, 법원 및 중앙선거관리위원회' 등 4개의 국가기관 이외의 국가기관도 권한쟁의의 당사자가 될 수 있는가에 대하여 논란이 있었다. 즉 이 규정이 제한적 열거규정이냐 예시적 규정이냐의 문제이다.

이에 대하여 처음에 헌법재판소는 "헌법 제111조 제1항 제4호 및 헌법재판소법 제62조 제1항 제1호가 헌법재판소가 관장하는 국가기관 상호간의 권한쟁의심판을 국회, 정부, 법원 및 중앙선거관리위원회 상호간의 권한쟁의심판으로 한정하고 있으므로, 그에 열거되지 아니한 기관이나 또는 열거된 국가기관 내의 각급기관은 비록 그들이 공권적 처분을 할 수 있는 지위에 있을지라도 권한쟁의심판의 당사자가 될 수 없으며 또 위에 열거된 국가기관 내부의 권한에 관한 다툼은 권한쟁의심판의 대상이 되지 않는다고 볼 수밖에 없다."라고 판시함으로써 이 법률조항을 제한적 열거규정으로 엄격하게 해석했다.[2)]

그러나 그 후 헌법재판소는 국회의원과 국회의장간의 권한쟁의심판사건에서 법 제62조 제1항 제1호를 예시적 조항으로 해석하는 것이 헌법에 합치된다고 판시함으로써 종전의 입장을 변경하고 당사자의 범위를 확대하였다. 즉 헌법재판소는 "헌법이 특별히 권한쟁의심판의 권한을 법원의

---

1) 헌재 1997. 7. 16. 96헌라2, 판례집 9-2, 154, 163.
2) 헌재 1995. 2. 23, 90헌라1, 판례집 7-1, 140, 149.

권한에 속하는 기관소송과 달리 헌법의 최고 해석·판단기관인 헌법재판소에 맡기고 있는 취지에 비추어 보면, 헌법 제111조 제1항 제4호가 규정하고 있는 '국가기관 상호간'의 권한쟁의심판은 헌법상의 국가기관 상호간에 권한의 존부나 범위에 관한 다툼이 있고 이를 해결할 수 있는 적당한 기관이나 방법이 없는 경우에 헌법재판소가 헌법해석을 통하여 그 분쟁을 해결함으로써 국가기능의 원활한 수행을 도모하고 국가권력간의 균형을 유지하여 헌법질서를 수호·유지하고자 하는 제도라고 할 것이다. 따라서 헌법 제111조 제1항 제4호 소정의 '국가기관'에 해당하는지 아닌지를 판별함에 있어서는 그 국가기관이 헌법에 의하여 설치되고 헌법과 법률에 의하여 독자적인 권한을 부여받고 있는지 여부, 헌법에 의하여 설치된 국가기관 상호간의 권한쟁의를 해결할 수 있는 적당한 기관이나 방법이 있는지 여부 등을 종합적으로 고려하여야 할 것이다. … 국회의원과 국회의장을 헌법 제111조 제1항 제4호의 '국가기관'에 해당하는 것으로 해석하는 이상 국회의원과 국회의장을 권한쟁의심판을 할 수 있는 국가기관으로 열거하지 아니한 헌법재판소법 제62조 제1항 제1호의 규정도 한정적, 열거적인 조항이 아니라 예시적인 조항으로 해석하는 것이 헌법에 합치된다고 할 것이다."라고 판시함으로써[1] 국회나 정부와 같은 전체기관 뿐 아니라 국회의원이나 원내교섭단체 등과 같은 그 부분기관이라도 상대 당사자와의 관계에서 독자적인 지위를 인정해줄 필요가 있는 경우에는 당사자능력을 인정하도록 했다.[2]

(2) 판례에 대한 평가

이러한 판례의 변경은 타당하다. 헌법 제111조 제1항 제4호에서 권한쟁의심판의 당사자가 될 수 있는 '국가기관'의 종류나 범위에 관하여는

1) 헌재 1997. 7.16. 96헌라2, 판례집 9-2, 154, 163-165.

2) 헌법재판소법 제62조 제1항 제1호를 예시적 규정으로 이해하는 논거에 대하여는 정연주, 무명항고소송, 공법연구 26집 3호, 한국공법학회, 1998. 6, 209쪽 이하 참조.

아무런 규정을 두고 있지 않고, 이에 관하여 특별히 법률로 정하도록 위임하고 있지도 않다. 따라서 입법자는 권한쟁의심판의 종류나 당사자를 제한할 입법형성의 자유가 있다고 할 수 없고, 이에 따라 헌법재판소법 제62조 제1항 제1호는 제한적 열거규정이 아닌 예시규정이며, 헌법 제111조 제1항 제4호에서 말하는 국가기관의 의미와 범위는 결국 헌법해석을 통하여 확정해야 할 문제인 것이다. 따라서 권한쟁의심판의 경우 법에서 열거한 당사자 이외의 국가기관에게도 헌법규정 및 해석에 합치된다면 필요에 따라 당사자능력이 허용될 수 있는 것이다.

법 제62조 제1항 제1호에서 정한 당사자 이외의 국가기관의 심판청구를 허용한다 하더라도 헌법 제111조 제1항 제4호의 범위에 해당하는 한 이는 입법권을 침해한 것은 아니고 헌법에 합치되는 것이며, 심판당사자가 국가기관으로 한정되기 때문에, 즉 국가기관에게만 청구인자격이 주어지는 국가기관 상호간의 분쟁해결을 위한 객관적 소송의 일종으로서 개인의 권리구제와는 직접적인 관련성이 없는 것이므로, 심판의 당사자를 확대 허용한다 하더라도 헌법의 테두리내에서 허용되는 한 심판의 종류나 당사자능력이 무한대로 확대되거나 헌법재판소법 제62조의 규정이 형해화될 여지가 없고, 따라서 남소의 위험이 있다고 볼 수도 없는 것이다.

만일 법 제62조 제1항 제1호에서 규정하고 있는 당사자 이외의 국가기관의 권한쟁의심판을 허용하지 아니하고 당사자능력을 제한적으로 엄격하게 해석한다면, 위 96헌라2 결정이 적절히 언급하는 바와 같이 국회의원과 국회의장간의 권한쟁의와 같은 헌법재판소법 제62조 제1항 제1호에서 정한 당사자 이외의 국가기관이 청구한 권한쟁의심판은 모두 각하될 수밖에 없을 것이고, 이 경우 이러한 권한분쟁을 해결하고 침해된 권한을 구제할 수 있는 다른 대체적 구제수단은 존재하지 아니하므로, 결국 국가기관 상호간의 권한 갈등과 남용이 증폭되고 결과적으로 국민의 기본권도 심각하게 침해되는 헌정문란상태가 초래될 수 있으며, 이는 헌법 제111조 제1항 제4호의 입법취지와 정신에도 반하는 것이라고 보지 않을 수 없다.

따라서 권한쟁의심판의 종류를 정한 법 제62조는 이를 개방적인 예시규정으로 보아 헌법 제111조 제1항 제4호에 해당되는 한 다양한 권한쟁의심판의 당사자를 허용할 필요가 있다.

(3) 판례에 따른 국가기관의 인정조건과 구체적인 범위

헌법재판소의 위 96헌라2 결정에 따르면 국가기관으로서의 당사자능력을 인정받으려면 세 가지 조건을 충족하여야 한다. ① 헌법에 의하여 설치되고, ② 헌법과 법률에 의하여 독자적인 권한을 부여받고, ③ 헌법에 의하여 설치된 국가기관 상호간의 권한쟁의를 해결할 수 있는 적당한 기관이나 방법이 없어야 한다.

이러한 조건에 비추어 볼 때 권한쟁의의 당사자가 될 수 있는 국가기관의 범위를 살펴보면, 첫째, 국회의 경우 전체기관으로서의 국회 뿐 아니라 국회의장 및 국회부의장(헌법 제48조), 국회의원(헌법 제41조 제1항), 국회의 각 위원회(헌법 제62조) 등이 당사자능력을 가질 수 있다.[1)]

둘째, 정부의 경우 전체로서의 정부 뿐 아니라 대통령(헌법 제66조), 국무총리(헌법 제86조), 행정각부의 장(헌법 제94조), 감사원(헌법 제97조), 국무회의(헌법 제89조) 등이 당사자능력을 가질 수 있을 것이다. 다만 정부기관 상호간의 권한쟁의는 위계적 행정조직의 상명하복관계에 따라 상급기관에 의해 조정되거나 국무회의 또는 대통령에 의해 자체적으로 해결될 수 있는 경우에는 권한쟁의가 허용될 수 없을 것이다. 따라서 이들 기관들이 국회나 지방자치단체 등과의 대외적 관계에서 권한의 다툼이 있는 경우에 권한쟁의가 고려될 수 있을 것이다.

셋째, 법원의 경우 대법원과 각급법원(헌법 제101조 제2항)이 당사자능력을 가질 수 있을 것이다.

넷째, 중앙선거관리위원회의 경우 중앙선거관리위원회와 각급 선거관

---

1) 국회의장과 국회의원이 당사자가 된 사건으로는 위 96헌라2 사건 이외에도 헌재 2000. 2. 24. 99헌라1, 판례집 12-1, 115; 헌재 2003. 10. 30. 2002헌라1, 판례집 15-2, 17; 헌재 2006. 2. 2. 2005헌라6, 판례집 18-1 상, 82 참조.

리위원회(헌법 제114조)가 당사자가 될 수 있을 것이다.

다섯째, 헌법재판소가 스스로 권한쟁의심판의 당사자가 될 수 있는지에 대하여는 의문이 있을 수 있다. 이론적으로는 헌법재판소도 당사자가 될 수 있겠으나 자기소송금지의 원칙과 제척·기피·회피제도의 취지에 비추어 볼 때 권한쟁의의 심판기관이 스스로 권한쟁의의 당사자가 되는 것은 적절하다고 보기 어려울 것이다.[1)]

Ⅱ. 국가기관과 지방자치단체간의 권한쟁의

법 제62조 제1항 제2호는 국가기관과 지방자치단체간의 권한쟁의심판의 당사자에 관해서 '정부와 특별시·광역시·특별자치시·도 또는 특별자치도 간의 권한쟁의심판' 및 '정부와 시·군 또는 지방자치단체인 구 간의 권한쟁의심판'을 규정하고 있다. 이는 정부와 지방자치단체간의 권한의 분배에 관한 다툼을 해결함으로써 헌법이 보장하는 지방자치의 실효성을 확보하고 정부와 지방자치단체간의 수직적 권력분립을 실현하는 기능을 가진다. 여기서 권한쟁의의 당사자로서의 '정부'는 행정부만을 의미하는 것이 아니라 여타의 국가기관, 즉 국회, 법원, 중앙선거관리위원회 등 다른 국가기관과 그 구성부분도 포함한다고 보아야 할 것이다. 헌법재판소는 대통령,[2)] 행정자치부장관,[3)] 건설교통부장관[4)]을 정부의 부분기관으로서 당사자로 인정하고 있다.

한편 지방자치단체는 자치사무 뿐 아니라 국가의 위임사무(기관위임사무와 단체위임사무)도 처리하는데 처리하는 사무의 성질에 따라 권한쟁의심판의 당사자능력에 차이가 있다. 즉 지방자치단체가 자치사무의 주체

1) 동지 허영, 전게서, 317쪽.

2) 헌재 2002. 10. 31. 2001헌라1, 판례집 14-2, 362, 366.

3) 헌재 2001. 10. 25. 2000헌라3, 판례집 13-2, 465, 466.

4) 헌재 2006. 3. 30. 2003헌라2, 공보 제114호, 523.

로서 기능할 때는 지방자치단체로서의 당사자능력을 가지지만, 위임사무의 주체로서 기능할 때에는 국가기관의 지위에서의 당사자능력을 가진다. 예컨대 헌법재판소는 성남시와 경기도간의 권한쟁의심판사건에서 지방자치단체의 장이 행정심판의 재결청의 지위에서 행한 처분이 관할구역내에 있는 하급 지방자치단체의 권한을 침해한 것인지에 관한 권한쟁의에서 그 재결청인 지방자치단체의 장은 국가기관의 지위에 있다고 보아 그 권한쟁의를 국가기관과 지방자치단체간의 권한쟁의로 보았다. 또한 이 사건에서 헌법재판소는 지방자치단체는 헌법 또는 법률에 의하여 부여받은 그의 권한, 즉 지방자치단체의 사무에 관한 권한이 침해되거나 침해될 우려가 있는 때에 한하여 권한쟁의심판을 청구할 수 있다고 할 것인데, 도시계획사업실시계획인가사무는 건설교통부장관으로부터 시·도지사에게 위임되었고, 다시 시장·군수에게 재위임된 기관위임사무로서 국가사무라고 할 것이므로, 청구인인 성남시의 이 사건 심판청구 중 도시계획사업실시계획인가처분에 대한 부분은 지방자치단체의 권한에 속하지 아니하는 사무에 관한 것으로서 부적법하다고 판시했다.[1]

Ⅲ. 지방자치단체 상호간의 권한쟁의

법 제62조 제1항 제3호는 지방자치단체 상호간의 권한쟁의심판에 관해서 ① 특별시·광역시·특별자치시·도 또는 특별자치도 상호간의 권한쟁의심판, ② 시·군 또는 자치구 상호간의 권한쟁의심판, ③ 특별시·광역시·특별자치시·도 또는 특별자치도와 시·군 또는 자치구 간의 권한쟁의심판의 세 가지 종류를 규정하고 있다. 지방자치의 활성화는 지방자치단체 상호간의 갈등과 분쟁의 증가를 야기한다. 따라서 이러한 분쟁을 해결함으로서 각 지방자치단체의 기능을 정상화하고 지방자치단체 상호간의 수직적·수평적 권력분립을 실현하는 것이다.

1) 헌재 1999. 7. 22. 98헌라4, 판례집 11-2, 51, 65.

지방자치단체 상호간의 권한쟁의의 당사자는 특별시·광역시·특별자치시·도 또는 특별자치도 등 광역단체와 시·군·자치구 등 기초단체이다. 따라서 지방자치단체의 장은 지방자치단체의 기관에 불과하므로 원칙적으로 권한쟁의의 당사자능력이 없다.[1] 그러나 지방자치법 제101조에 따라 지방자치단체의 통할대표권이 지방자치단체의 장에게 있기 때문에 각 지방자치단체의 장이 지방자치단체를 대표해서 권한쟁의의 당사자의 역할을 수행하는 것은 별개의 문제라고 하겠다.[2]

한편 헌법 제111조 제1항 제4호 및 법 제62조 제1항 제3호는 명시적으로 지방자치단체 '상호간'의 권한쟁의에 관한 심판을 헌법재판소가 관장하는 것으로 규정하고 있는바, 위 규정의 '상호간'은 '서로 상이한 권한주체간'을 의미한다고 할 것이다. 따라서 지방자치단체의 의결기관인 지방의회를 구성하는 지방의회 의원과 그 지방의회의 대표자인 지방의회 의장 간의 내부적 분쟁에 관련된 권한쟁의심판은 헌법 및 헌법재판소법에 의하여 헌법재판소가 관장하는 지방자치단체 상호간의 권한쟁의심판의 범위에 속한다고 볼 수 없다.[3]

---

1) 헌재 2006. 8. 31, 2003헌라1, 판례집 18-2, 319, 328.

2) 동지 허영, 전게서, 319쪽.

3) 헌법재판소는 경기도 안산시 의회 의원과 의회 의장 간의 권한쟁의 사건에서 다음과 같이 판시함으로써 이를 확인하고 있다. : 헌법재판소법 제62조 제1항 제1호는, 국가기관 상호간의 권한쟁의심판을 '국회, 정부, 법원 및 중앙선거관리위원회 상호간의 권한쟁의심판'으로 규정하고 있는바, 헌법재판소는 다음과 같은 이유에서 이를 예시적 조항이라고 판단한 바 있다. "헌법 제111조 제1항 제4호에서 헌법재판소의 관장사항의 하나로 '국가기관 상호간, 국가기관과 지방자치단체 간 및 지방자치단체 상호간의 권한쟁의에 관한 심판'이라고 규정하고 있을 뿐 권한쟁의심판의 당사자가 될 수 있는 국가기관의 종류나 범위에 관하여는 아무런 규정을 두고 있지 않고, 이에 관하여 특별히 법률로 정하도록 위임하고 있지도 않다. 따라서 입법자인 국회는 권한쟁의심판의 종류나 당사자를 제한할 입법형성의 자유가 있다고 할 수 없고, 헌법 제111조 제1항 제4호에서 말하는 국가기관의 의미와 권한쟁의심판의 당사자가 될 수 있는 국가기관의 범위는 결국 헌법해석을 통하여 확정하여야 할 문제이다(헌재 1997. 7. 16. 96헌라2, 판례집 9-2, 154, 162)." … 그러나 헌법은 '국가기관'과는 달리 '지방자치단체'의 경우에는 그 종류를 법률로 정하도록 규정하고 있고(제117조 제2항), 지방자치법은 위와 같은 헌법의 위임에 따라 지방자치단체의

Ⅳ. 교육·학예에 관한 지방자치단체의 사무에 관한 권한쟁의

한편 법 제62조 제2항은 "권한쟁의가 「지방교육자치에 관한 법률」 제2조에 따른 교육·학예에 관한 지방자치단체의 사무에 관한 것인 경우에는 교육감이 제1항 제2호 및 제3호의 당사자가 된다."라고 규정하고 있어, 교육·학예에 관한 지방자치단체의 사무에 관한 것인 경우 국가기관과 지방자치단체간의 권한쟁의심판 및 지방자치단체 상호간의 권한쟁의심판에서는 교육감이 당사자가 된다. 이는 교육감이 지방자치단체(광역단체)를 대표한다는 취지라고 하겠다.

이와 관련하여 헌법재판소는 교육감과 해당 지방자치단체 사이의 내부적 분쟁과 관련된 심판청구는 헌법재판소가 관장하는 권한쟁의심판에 속하지 아니한다고 판시했다. 왜냐하면 교육감은 해당 지방자치단체의

종류를 특별시, 광역시, 도, 특별자치도와 시, 군, 구로 정하고 있으며(지방자치법 제2조 제1항), 헌법재판소법은 지방자치법이 규정하고 있는 지방자치단체의 종류를 감안하여 권한쟁의심판의 종류를 정하고 있다. 즉, 지방자치법은 헌법의 위임을 받아 지방자치단체의 종류를 규정하고 있으므로 헌법재판소가 헌법해석을 통하여 권한쟁의심판의 당사자가 될 지방자치단체의 범위를 새로이 확정하여야 할 필요가 없다. 따라서 헌법 자체에 의하여 국가기관의 종류나 그 범위를 확정할 수 없고 달리 헌법이 이를 법률로 정하도록 위임하지도 않은 상황에서, 헌법재판소가 헌법재판소법 제62조 제1항 제1호가 규정하는 '국회, 정부, 법원 및 중앙선거관리위원회 등'은 국가기관의 예시에 불과한 것이라고 해석할 필요가 있었던 것과는 달리, 지방자치단체 상호간의 권한쟁의심판을 규정하고 있는 헌법재판소법 제62조 제1항 제3호의 경우에는 이를 예시적으로 해석할 필요성 및 법적 근거가 없는 것이다. … 결국 지방자치단체의 의결기관을 구성하는 지방의회 의원과 그 기관의 대표자인 지방의회 의장 사이의 내부적 분쟁에 관련된 이 사건 심판청구는, 헌법재판소가 관장하는 지방자치단체 상호간의 권한쟁의심판에 속하지 아니하고, 달리 헌법재판소법 제62조 제1항 제1호의 국가기관 상호간의 권한쟁의심판이나 제62조 제1항 제2호의 국가기관과 지방자치단체 상호간의 권한쟁의심판에 해당한다고 볼 수도 없으므로, 위 심판청구는 헌법재판소법 제62조 제1항의 권한쟁의심판에 해당하지 않는다고 할 것이다. 헌재 2010. 4. 29. 2009헌라11, 판례집 22-1상, 596, 601-602.

교육·학예에 관한 집행기관일 뿐 독립한 권한주체로 볼 수 없으므로, 교육감이 해당 지방자치단체를 상대로 제기한 심판청구는 헌법재판소가 관장하는 지방자치단체 상호간의 권한쟁의심판청구로 볼 수 없어 부적법하다는 것이다.[1]

제 4 절 권한쟁의심판과 행정소송과의 관계

권한쟁의심판의 종류가 국가기관 상호간의 권한쟁의에 한정되지 않고 국가기관과 지방자치단체간 및 지방자치단체 상호간의 권한쟁의로까지 확대됨에 따라 행정소송법상의 기관소송이나 지방자치법상의 소송과의 관계가 문제될 수 있다.

I. 기관소송과의 관계

행정소송법 제3조 제4호는 기관소송을 "국가 또는 공공단체의 기관

---

1) 헌법재판소는 경상남도 교육청과 경상남도 간의 권한쟁의 사건에서 다음과 같이 판시하고 있다. : "헌법 제111조 제1항 제4호는 지방자치단체 상호간의 권한쟁의에 관한 심판을 헌법재판소가 관장하도록 규정하고 있고, 지방자치단체 '상호간'의 권한쟁의심판에서 말하는 '상호간'이란 '서로 상이한 권리주체간'을 의미한다. 그런데 '지방교육자치에 관한 법률'은 교육감을 시·도의 교육·학예에 관한 사무의 '집행기관'으로 규정하고 있으므로, 교육감과 해당 지방자치단체 상호간의 권한쟁의심판은 '서로 상이한 권리주체간'의 권한쟁의심판청구로 볼 수 없다. 나아가 헌법은 '국가기관'과는 달리 '지방자치단체'의 경우에는 그 종류를 법률로 정하도록 규정하고 있으며(헌법 제117조 제2항), 지방자치법은 지방자치단체의 종류를 특별시, 광역시, 특별자치시, 도, 특별자치도와 시, 군, 구로 정하고 있고(지방자치법 제2조 제1항), 헌법재판소법은 이를 감안하여 권한쟁의심판의 종류를 정하고 있다. 즉, 지방자치법은 헌법의 위임을 받아 지방자치단체의 종류를 규정하고 있으므로, 지방자치단체 상호간의 권한쟁의심판을 규정하는 헌법재판소법 제62조 제1항 제3호를 예시적으로 해석할 필요성 및 법적 근거가 없다. 따라서 시·도의 교육·학예에 관한 집행기관인 교육감과 해당 지방자치단체 사이의 내부적 분쟁과 관련된 심판청구는 헌법재판소가 관장하는 권한쟁의심판에 속하지 아니한다." 헌재 2016. 6. 30. 2014헌라1, 판례집 28-1하, 436, 439-440.

상호간에 있어서의 권한의 존부 또는 그 행사에 관한 다툼이 있을 때에 이에 대하여 제기하는 소송"이라고 규정하고 있다. 따라서 국가와 지방자치단체 상호간 또는 지방자치단체 상호간에 발생하는 권한의 존부 또는 그 행사에 관한 쟁의에 대하여는 권한쟁의심판을 담당하는 헌법재판소와 기관소송을 담당하는 일반 법원의 관할이 중복될 가능성이 있다. 그런데 이 경우에 행정소송법 제3조 제4호 단서가 "다만, 헌법재판소법 제2조의 규정에 의하여 헌법재판소의 관장사항으로 되는 소송은 제외한다."라고 규정하고 있기 때문에 국가와 지방자치단체 상호간 또는 지방자치단체 상호간에 발생하는 권한의 존부 또는 그 행사에 관한 쟁의에 대하여는 헌법재판소의 관할이 우선한다. 따라서 원칙적으로 기관소송은 권한쟁의심판의 대상에서 제외되는 공공단체의 기관 상호간의 권한분쟁의 경우에만 인정되고, 따라서 법원과 헌법재판소간의 관할중복의 문제는 발생하지 않는다고 하겠다. 이에 따라 기관소송은 공공단체 내의 기관 상호간에 있어서의 권한의 존부 또는 그 행사에 관한 쟁의를 대상으로 한다고 하겠고, 현행법상의 예로서는 ① 지방자치단체의 장과 지방의회 사이의 기관소송(지방자치법 제107조 제3항 및 172조 제3항), ② 교육감과 시·도의회간의 기관소송(「지방교육자치에 관한 법률」 제28조 제3항)을 들 수 있다.

Ⅱ. 지방자치법상의 소송과의 관계

1. 지방자치법 제169조 제2항의 소송

지방자치법 제169조에 의하면 지방자치단체의 사무에 관한 그 장의 명령이나 처분이 법령에 위반되거나 현저히 부당하여 공익을 해친다고 인정되면 시·도에 대하여는 주무부장관이, 시·군 및 자치구에 대하여는 시·도지사가 기간을 정하여 서면으로 시정할 것을 명하고, 그 기간에 이행하지 아니하면 이를 취소하거나 정지할 수 있으며, 이 경우 지방자치단체의 장은 그 자치사무에 관한 명령이나 처분의 취소 또는 정지에 대하여 이의가 있으면 그 취소처분 또는 정지처분을 통보받은 날부터 15일 이내에 대법원에 소를 제기할 수 있다. 그런데 국가나 상급 지방자치단체가 내린 감독처분이 해당 지방자치단체의 자치권한을 침해하고 있다고 다투는 경우에는 그 지방자치단체는 대법원에 제소하는 것과는 별도로 헌법재판소에 권한쟁의심판을 청구할 수 있다고 할 것이다. 왜냐하면 이 경우 국가나 상급지방자치단체의 감독처분이 해당 지방자치단체의 지방자치권한을 침해할 수도 있고, 이는 국가와 지방자치단체 또는 지방자치단체 상호간의 권한쟁의심판의 대상이 될 수 있기 때문이다. 따라서 대법원과 헌법재판소 사이에 관할권 경합이 발생될 수 있다. 이 경우 지방자치법 제169조가 국가와 지방자치단체간의 권한쟁의를 헌법재판소의 관장사항으로 정하고 있는 헌법 제111조 제1항 제4호에 위반된다는 논란이 있을 수 있다. 그러나 권한쟁의심판청구의 길을 봉쇄하지 않는 한 지방자치법 제169조가 위헌이라고 보기는 어렵다고 하겠다.[1]

2. 지방자치법 제170조 제3항의 소송

지방자치법 제170조에 따라 주무부장관 또는 상급 지방자치단체의 장이 국가위임사무 또는 상급 지방자치단체의 위임사무에 관하여 내린 직무이행명령에 이의가 있는 때에 해당 지방자치단체의 장은 대법원에 제소할 수 있다. 이러한 제소는 해당 지방자치단체의 고유한 권한을 다투는 것이 아니라 지방자치단체의 장이 하위 기관의 지위에서 상급 감독기관을 상대로 제기하는 기관소송의 성질을 가지는 것이므로 권한쟁의심판청구는 성립될 수 없고, 따라서 관할 경합의 문제는 발생하지 않는다고 하겠다.[2]

---

1) 동지 허영, 전게서, 322쪽.

2) 실무제요, 334쪽.

제 5 절 심판의 청구

Ⅰ. 청구절차

1. 심판청구서의 제출

권한쟁의심판의 청구는 심판청구서를 헌법재판소에 제출함으로써 하는데(법 제26조 제1항), 법 제63조가 정하는 청구기간의 계산에는 도달주의가 적용되므로 청구기간 내에 청구서가 헌법재판소에 도달해야 한다.

2. 심판청구서의 기재사항

권한쟁의심판의 청구서에는 다음 사항을 기재하여야 한다(법 제64조).

(1) 청구인 또는 청구인이 속한 기관 및 심판수행자 또는 대리인의 표시

청구인 또는 청구인이 속한 기관의 표시란 청구인 또는 청구인이 속한 기관의 명칭, 대표자 성명 등의 기재를 의미한다. 심판수행자 또는 대리인의 표시란 선임된 변호사인 대리인의 성명, 주소(사무소)의 기재를 의미하며, 변호사의 자격이 있는 소속직원이 심판을 수행하는 경우 그 성명, 직위의 기재를 의미한다. 이 때 대리인이 선임을 증명하는 위임장을 첨부하여야 한다.

(2) 피청구인의 표시

청구인의 상대방인 피청구인의 명칭, 대표자 성명 등을 표시하여야 한다.

(3) 심판대상이 되는 피청구인의 처분 또는 부작위

피청구인의 처분이나 부작위의 내용 등을 특정하여 기재하여야 한다.

(4) 청구취지

법에는 청구취지에 관한 명문의 규정이 없다. 그러나 청구인이 권한쟁의심판청구에 의하여 달성하려는 목적이 무엇인가를 분명히 하기 위한 청구취지를 기재하여야 할 것이다. 청구취지는 권한쟁의의 소송물인 심판대상을 특정하는 의미를 가진다.

1) 권한의 유무 또는 범위의 확인

심판의 대상이 된 국가기관 또는 지방자치단체의 권한의 존부 또는 범위의 확인을 구하는 것이 기본적인 청구취지로 된다(법 제66조 제1항). 실무상으로는 피청구인의 처분 또는 부작위로 인하여 청구인의 권한이 침해되었음의 확인을 구하는 사례가 많은데,[1)] 이러한 청구에서도 '권한의 존부 또는 범위'에 대한 확인을 구하는 청구취지가 내포되어 있다고 할 것이다.[2)]

2) 처분의 취소 또는 무효의 확인

청구인의 권한이 이미 침해된 때에는 피청구인의 처분의 취소나 무효의 확인을 구할 수도 있다(법 제66조 제2항).

(5) 청구이유

청구이유는 청구취지에서 요구하는 사항의 논거를 밝히는 것이다. 즉

1) 헌재 1997. 7. 16. 96헌라2, 판례집 9-2, 154, 158; 헌재 1998. 7. 14. 98헌라3, 판례집 10-2, 74, 78; 헌재 2000. 2. 24. 99헌라1, 판례집 12-1, 115, 120 등.

2) 실무제요, 338쪽.

청구인과 피청구인의 권한분배를 다루는 헌법 및 법률의 규정을 들어 권한의 소재와 범위를 설명하고, 문제되는 권한의 존부 또는 범위에 관한 다툼이 발생하게 된 경위와 피청구인의 처분 또는 부작위에 의해서 헌법 및 법률에 의하여 청구인에게 부여된 특정한 권한이 침해받았거나 침해받을 현저한 위험이 있다는 이유와 함께, 피청구인의 처분 등이 헌법이나 법률에 위배되어 취소 또는 무효확인을 구하는 이유를 기재한다.

(6) 기타 필요한 사항

청구기간의 준수 여부 등을 기재한다.

3. 첨부서류

청구서에는 필요한 증거서류 또는 참고자료를 첨부할 수 있다(법 제26조 제2항).

Ⅱ. 심판청구의 취하

권한쟁의심판사건의 심리중 당사자간의 권한다툼이 해소되어 더 이상 관할권 보호 내지는 심판이익이 없는 경우이거나 청구인에 대한 권한침해상태가 이미 종료하여 이를 취소할 여지가 없는 경우 등에는 청구의 취하가 허용될 수 있을 것이다.[1] 청구취하가 있으면 원칙적으로 심판절차는 종료된다.[2]

그러나 다른 한편 청구취하를 할 수 있는 경우에도 객관적인 헌법질서의 보장기능을 가지는 권한쟁의심판의 객관적 소송으로서의 성격을 감

1) 헌재 2001. 5. 8. 2000헌라1, 판례집 13-1, 1218, 1225.

2) 헌재 2001. 5. 8. 2000헌라1, 판례집 13-1, 1218, 1226.

안할 때 같은 유형의 침해행위가 앞으로도 반복될 위험이 있고, 헌법질서의 수호·유지를 위한 헌법적 해명이 긴요하다고 판단되는 사항 등 공익적 필요성이 있는 경우에는 심판청구의 이익을 인정할 수 있고, 이 경우에는 가사 청구의 취하가 있더라도 헌법재판소는 종국결정을 해야 할 것이다.[1)]

Ⅲ. 심판청구의 적법요건

1. 당사자

적법한 심판청구를 위해서는 청구인과 피청구인, 즉 당사자가 당사자능력과 당사자적격을 가져야 한다. 당사자능력에 관해서는 앞서 권한쟁의심판의 종류 및 당사자에서 설명한 바와 같다. 여기서는 당사자적격, 즉 청구인적격과 피청구인적격에 대하여 언급한다.

(1) 청구인

1) 청구인적격

권한쟁의심판은 청구인적격을 가진 자만이 청구할 수 있다. 청구인적격을 가진 자는 헌법 또는 법률에 의하여 부여받은 권한을 피청구인의 처분 또는 부작위로 인하여 침해를 받았거나 침해받을 현저한 위험에 처해 있는 자이다(법 제61조 제2항). 따라서 청구인적격을 가지는 자는 침해받았거나 침해받을 현저한 위험에 처한 권한과의 적절한 관련성을 가지는 기관이어야 한다. 그러므로 예컨대 지방자치단체에 위임된 기관위임사무는 국가사무이지 지방자치단체의 권한에 속하지 않으므로 해당 지방자치단체가 그러한 사무에 관한 권한의 침해를 다투는 심판청구의 청구

1) 헌재 2003. 10. 30. 2002헌라1, 판례집 15-2 하, 17, 29 참조.

인적격을 가질 수는 없다.[1]

이러한 권한관련성이 인정되는지의 여부는 청구인이 주장하는 권한이 헌법과 법률에 의할 때 청구인에게 부여되어 있는지 또는 부여된 권한의 범위 내에 포함되는지에 따라 판단하여야 할 것이다. 그런데 청구인적격에 대한 판단은 심판청구의 적법요건에 대한 판단이므로 청구인이 침해된 권한과 일정한 관련성을 가질 수 있다는 개연성이 인정되면 충족된다고 할 것이고, 본안에서의 판단과는 달리 권한의 존부나 범위에 관하여 구체적·종국적으로 판단할 필요는 없다고 하겠다.[2]

2) 제3자 소송담당

가. 의 의

제3자 소송담당은 권리주체가 아닌 제3자가 자신의 이름으로 권리주체를 위하여 소송을 수행하는 것을 말하는데, 권한쟁의심판에서는 부분기관이 자신의 이름으로 소속기관 전체의 권한에 관하여 권한쟁의를 청구할 수 있는 청구인적격을 갖느냐의 문제이다. 이러한 제3자 소송담당은 주로 의회의 소수가 자신의 이름으로 의회를 위하여 소송을 제기하고자 할 때 문제가 되는데, 국회의원이나 교섭단체가 자신의 이름으로 국회의 권한침해를 이유로 침해기관을 상대로 권한쟁의심판을 청구하는 경우가 그것이다. 이러한 경우에서 보듯이 정부와 국회가 원내 다수정당에 의해 주도되는 오늘날의 정당국가적 권력분립구조하에서 정부에 의한 국회의 권한침해가 이루어지더라도 다수정당이 이를 묵인할 위험성이 있어 소수정당 내지 소수 국회의원들로 하여금 권한쟁의심판을 통하여 침해된 국회의 권한을 회복시킬 수 있도록 제3자 소송담당을 인정할 필요성이 인정되는 것이다.[3] 따라서 제3자 소송담당은 소수보호와 여당과 야당간

---

1) 헌재 1999. 7. 22. 98헌라4, 판례집 11-2, 51, 65-66; 헌재 2004. 9. 23. 2000헌라2, 판례집 11-2, 404, 416-420.

2) 실무제요, 340쪽.

3) 헌재 2007. 10. 25. 2006헌라5, 판례집 19-2, 436, 442.

의 효과적인 권력분립의 실현을 위하여 정당화된다고 하겠다.[1)]

나. 헌법재판소의 관련 판례

법에는 제3자 소송담당에 관하여 명문의 규정이 없다. 이와 관련하여 헌법재판소는 교섭단체를 구성하지 못한 정당에 소속된 국회의원 전원인 청구인들이 국회를 위하여 국회의 조약에 대한 체결·비준 동의 권한의 침해를 다투는 권한쟁의심판을 청구할 수 있는지가 문제된 사안에서 “국회의 의사가 다수결에 의하여 결정되었음에도 다수결의 결과에 반대하는 소수의 국회의원에게 권한쟁의심판을 청구할 수 있게 하는 것은 다수결의 원리와 의회주의의 본질에 어긋날 뿐만 아니라, 국가기관이 기관 내부에서 민주적인 방법으로 토론과 대화에 의하여 기관의 의사를 결정하려는 노력 대신 모든 문제를 사법적 수단에 의해 해결하려는 방향으로 남용될 우려도 있다. 따라서 권한쟁의심판에 있어 ‘제3자 소송담당’을 허용하는 법률의 규정이 없는 현행법 체계하에서 국회의 구성원인 청구인들은 국회의 조약에 대한 체결·비준 동의권의 침해를 주장하는 권한쟁의심판을 청구할 수 없다 할 것이므로, 청구인들의 이 부분 심판청구는 청구인적격이 없어 부적법하다.”라고 판시하여 다수결원리와 의회주의의 본질, 제3자 소송담당의 남용가능성을 들어 제3자 소송담당은 예외적으로 법률의 규정 있는 경우에만 인정된다고 하면서 제3자 소송담당을 부정하고 있다.[2)]

이에 대하여는 “정부와 의회가 다수당에 의해 지배되어 의회의 헌법상 권한이 행정부에 의해 침해되었거나 침해될 위험에 처하였음에도 불구하고 의회의 다수파 또는 특정 안건에 관한 다수세력이 의회의 권한을 수호하기 위한 권한쟁의심판 등 견제수단을 취하지 않음으로써 의회의 헌법적 권한이 제대로 수호되지 못하고 헌법의 권력분립 질서가 왜곡되

---

1) Vgl. BVerfGE 68, 1(77); 104, 151(197).

2) 헌재 2007. 7. 26. 2005헌라8, 판례집 19-2, 26, 33-34; 헌재 2007. 10. 25. 2006헌라5, 판례집 19-2, 436, 442-443.

는 상황하에서는, 의회 내 소수파 의원들의 권능을 보호하는 것을 통하여 궁극적으로는 의회의 헌법적 권한을 수호하기 위하여, 그들에게 일정한 요건하에 국회를 대신하여 국회의 권한침해를 다툴 수 있도록 하는 법적 지위를 인정할 필요가 있고, 그 구체적 방안으로서 이른바 '제3자 소송담당'을 인정할 필요가 있다. … '제3자 소송담당'은, 헌법이 요구하는 의회의 대정부 견제기능이 의회 내 다수파의 정략적 결정에 의하여 저해되고 그럼으로써 헌법이 명령하는 의회주의가 왜곡 내지 훼손되는 경우에, 그로부터 의회주의를 회복하기 위한 수단으로써 강구되는 것이므로 의회주의의 본질에 반한다고 볼 수 없고, 오히려 의회주의의 본질을 더욱 충실하게 하는 데 기여할 수 있다. … 권한쟁의심판에 있어서 '제3자 소송담당'은 적어도 국회의 교섭단체 또는 그에 준하는 정도의 실체를 갖춘 의원 집단에게는 권한쟁의심판을 제기할 수 있는 지위를 인정하여야 할 것이다."라고 주장함으로써 헌법의 권력분립의 원칙과 소수자보호의 이념으로부터 제3자 소송담당을 직접 도출할 수 있고, 적어도 국회의 교섭단체 또는 그에 준하는 정도의 실체를 갖춘 의원집단에게는 제3자 소송담당의 방식으로 권한쟁의심판을 청구할 수 있는 지위를 인정해야 한다는 반대의견이 있다.[1)]

다. 독일에서의 제3자 소송담당

참고로 독일 연방헌법재판소법 제63조는 기관쟁의의 청구인과 피청구인을 '연방대통령, 연방의회, 연방참사원, 연방정부 그리고 기본법과 연방의회·연방참사원의 규칙에 의하여 독자적인 권한을 부여받은 위 기관들의 부분들'이라고 규정하고, 동법 제64조는 청구인이 자신이 속한 기관의 권한과 의무가 피청구인의 처분 또는 부작위로 인하여 침해되었거나 직접적인 침해위험이 있다는 것을 주장하면서 기관쟁의를 청구할 수 있다고 규정함으로써 기관의 구성부분도 소속기관을 위하여 기관쟁의를 청구할 수 있다고 제3자 소송담당을 인정하고 있다. 이에 따라 연방헌법재판

1) 헌재 2007. 7. 26. 2005헌라8, 판례집 19-2, 26, 36-39.

소는 연방의회의 야당 교섭단체가 연방정부를 상대로 연방의회의 권한침해를 이유로 기관쟁의를 제기할 수 있다고 판시했다.[1] 그러나 개개의 연방의회의원은 독립한 헌법기관으로서의 지위를 갖기 때문에 자신의 고유한 헌법상의 권한침해를 이유로 기관쟁의를 제기할 수는 있지만 연방의회의 권한침해를 이유로 연방의회를 위하여 제3자 소송담당은 할 수는 없다고 판시했다.[2] 이는 국회의 구성원이자 독립한 헌법기관이라는 이중적 지위를 가지는 국회의원의 경우에는 독립한 헌법기관으로서 독자적인 헌법상의 권한을 가지고 있기 때문에 국회의원 자신의 권한침해를 이유로 기관쟁의를 제기하여 구제를 받고 결과적으로 의회의 권한도 보호할 수 있는 반면, 헌법기관이 아닌 교섭단체의 경우에는 독자적인 헌법상의 권한을 가지지 아니하기 때문에 자신의 권한침해를 이유로 기관쟁의를 제기할 수는 없으며, 따라서 의회의 권한침해를 이유로 기관쟁의를 제기할 수밖에 없기 때문이라고 하겠다.

라. 결 어

반대의견이 적절히 지적하는 바와 같이 여당과 야당 간의 효율적인 권력분립, 소수자보호, 의회주의의 강화를 위하여 제3자 소송담당을 인정할 필요성이 있고 이는 명문의 법규정이 없다고 하더라도 가능하다고 하겠다. 또한 제3자 소송담당은 헌법기관인 국회의원이나 교섭단체가 청구인적격을 가지는 경우이므로 남용의 가능성도 적다고 하겠다. 아울러 헌법재판소도 제3자 소송담당에 대한 기존의 부정적인 태도를 벗어나 위에서 소개한 반대의견에서와 같은 적극적인 판시를 할 필요가 있다고 하겠다. 입법론적으로는 독일 연방헌법재판소법에서처럼 우리의 경우에도 이에 대한 명문의 근거규정을 마련하는 것이 보다 바람직하다고 하겠다.

---

1) BVerfGE 1, 351(359); 2, 347(367f.); 45, 1(24); 67, 100(125); 68, 1(65); 90, 286(336); 100, 266(268f.).

2) BVerfGE 90, 286(342ff.); 94, 351(369); 99, 19(29).

(2) 피청구인

자신의 처분 또는 부작위로 인하여 청구인의 권한을 침해했거나 침해할 현저한 위험을 발생시킨 기관이 피청구인적격을 가진다(법 제61조 제2항). 피청구인의 부작위에 의하여 청구인의 권한이 침해당하였다고 주장하는 권한쟁의심판은 피청구인에게 헌법상 또는 법률상 유래하는 작위의무가 있음에도 불구하고 피청구인이 그러한 의무를 다하지 아니한 경우에 허용된다.[1)]

2. 청구기간

(1) 원 칙

권한쟁의의 심판은 그 사유가 있음을 안 날로부터 60일 이내에, 그 사유가 있은 날로부터 180일 이내에 청구하여야 한다(법 제63조 제1항). 이 기간은 불변기간으로 한다(법 제63조 제2항).

여기서 '그 사유가 있음을 안 날'과 관련하여 헌법재판소는 중앙행정기관이 지방자치단체에게 업무처리요령을 일방적으로 통보함으로써 해당 지방자치단체의 자치권한이 침해되었다고 제기된 사건에서 "「지방공무원수당업무처리요령」은 1999. 1. 26.자로 시행되어 각 지방자치단체에 통보되었음이 인정되는바, 청구인은 그 무렵부터 위 처리요령에 의거 수당업무를 처리하였을 것임이 분명하므로 그 때부터 청구인으로서는 그 주장과 같은 권한침해의 사유가 있음을 알았다고 할 것이다."라고 판시하고 있고,[2)] 법률의 제정에 대한 권한쟁의심판의 경우 "청구기간은 법률이 공포되거나 이와 유사한 방법으로 일반에게 알려진 것으로 간주된 때부터

---

1) 헌재 1998. 7. 14. 98헌라3, 판례집 10-2, 74, 81.
2) 헌재 2001. 10. 25. 2000헌라3, 판례집 13-2, 465, 468.

기산되는 것이 일반적이다. 일정한 법률안이 법률로 성립하기 위해서는 국회의 의결을 거쳐 관보에 게재·공포되어야 하고, 이로써 이해당사자 및 국민에게 널리 알려지는 것이기 때문이다."라고 판시하여 법률의 제·개정에 대한 권한쟁의심판의 경우 해당 법률의 제·개정이 공포되거나 이와 유사한 방법으로 일반에게 알려진 것으로 간주된 때가 사유가 있음을 안날로 보고 있다.[1]

한편 처분에 의한 권한침해를 이유로 심판청구를 한 경우에는 처분행위가 있으면 권한침해는 종료하고 위법상태는 계속되므로 권한침해를 안 날로부터 60일 이내, 권한침해가 있은 날로부터 180일 이내에 청구해야 한다. 피청구인의 장래처분에 의한 권한침해 위험성이 발생하여 그 장래처분에 의한 권한침해를 다투는 심판청구가 예외적으로 허용되는 경우에는 장래처분이 내려지지 않은 상태이므로 청구기간의 제한이 없다.[2]

부작위에 의한 권한침해를 이유로 심판청구를 한 경우에는 부작위가 계속되는 동안은 권한침해도 계속되므로 기간의 제약 없이 청구할 수 있다.[3]

(2) 청구변경의 경우

청구인이 심판청구를 한 후에 청구변경을 한 경우에는 변경에 의한 새로운 청구는 정정신청서를 제출한 때 제기한 것으로 보아야 할 것이고, 이 때를 기준으로 청구기간의 준수 여부를 판단하여야 할 것이다.[4]

(3) 불변기간 적용의 예외

권한쟁의심판의 청구기간은 불변기간이므로 헌법재판소가 이를 늘이거나 줄일 수 없다. 그러나 불변기간의 적용에도 예외가 있다. 즉 ① 부

1) 헌재 2006. 5. 25. 2005헌라4, 판례집 18-1 하, 28, 36.
2) 헌재 2004. 9. 23. 2000헌라2, 판례집 16-2 상, 404, 423.
3) 헌재 2006. 8. 31. 2004헌라2, 판례집 18-2, 356, 364.
4) 헌재 1999. 7. 22. 98헌라4, 판례집 11-2, 51, 65.

가기간을 부여하는 경우인데, 헌법재판소는 불변기간에 대하여 주소 또는 거소가 멀리 떨어진 곳에 있는 사람을 위하여 부가기간을 정할 수 있다(법 제40조 및 민사소송법 제172조 제2항). ② 소송행위의 추후보완의 경우인데, 당사자가 책임질 수 없는 사유로 말미암아 불변기간을 지킬 수 없었던 경우에는 그 사유가 없어진 날부터 2주 이내에 게을리 한 소송행위를 보완할 수 있다. 다만 그 사유가 없어질 당시 외국에 있던 당사자에 대하여는 이 기간을 30일로 한다(법 제40조 및 민사소송법 제173조 제1항). 불변기간의 준수 여부는 헌법재판소의 직권조사사항이다.

3. 권한보호이익과 심판의 이익

(1) 권한보호이익

권한쟁의심판은 국가기관들 상호간의 객관적인 권한질서의 유지와 헌법보호를 목적으로 하는 객관적 소송의 성질을 가진다. 여기서의 권한은 개인의 주관적 권리가 아니라 국가권력에 속하는 객관적 권한을 말한다. 따라서 심판청구의 요건으로서 사법상의 권리를 다투는 주관적 소송에서 요구되는 권리보호이익이 필요한 것은 아니다.

그러나 다른 한편 청구인에게 청구인적격을 심사하는 과정에서 청구인의 권리보호이익, 보다 적절한 표현으로서 권한보호이익을 함께 고려하지 않을 수 없는 것도 사실이다. 즉 청구인의 일정한 권한을 보호할 청구이익이 있을 때, 다시 말해 청구인에게 심판을 통해 회복되는 권한 내지 이익이 있을 때에만 원칙적으로 심판청구의 적법성요건이 충족된다고 볼 수 있을 것이고, 이러한 권한보호이익을 흠결했을 경우에는 원칙적으로 심판청구는 각하될 것이다.

(2) 심판의 이익

한편 심판의 이익은 권한쟁의심판이 청구된 사건에서 헌법재판소가 심판의 대상에 대하여 본안판단을 하여야 할 필요를 의미한다. 앞서 기술한 권한보호이익이 존재하는 경우에는 통상 심판의 이익도 존재한다고 볼 수 있고, 반대로 권한보호이익이 흠결된 경우에는 원칙적으로 심판의 이익도 존재하지 않을 것이다. 그러나 공익적 성격, 특히 객관적인 권한질서와 헌법질서의 보장기능을 가지는 권한쟁의심판의 객관적 소송으로서의 특성과 기능을 감안할 때 권한보호이익이 존재하지 않는 경우, 예컨대 청구인에 대한 권한침해상태가 이미 종료하여 이를 취소할 여지가 없는 경우라 하더라도, 같은 유형의 침해행위가 앞으로도 반복될 위험이 있고 헌법질서의 수호·유지를 위한 헌법적 해명이 긴요하다고 판단되는 사항 등 공익적 필요성이 있는 경우에는 심판청구의 이익을 인정할 수 있다. 따라서 이런 경우에는 본안판단을 하여야 할 것이다.

이와 관련하여 헌법재판소도 국회의장인 피청구인이 국회의원인 청구인을 그 의사에 반하여 국회 보건복지위원회에서 사임시키고 환경노동위원회로 보임한 행위에 대하여 청구인이 권한쟁의심판을 청구한 후 제16대 국회의 제2기 원구성이 완료되고 청구인이 보건복지위원회에 다시 배정된 사안에서 헌법적 해명의 필요성이 있어 심판의 이익을 인정하였다. 즉 "청구인이 이 사건 권한쟁의심판청구에 의하여 달성하고자 하는 목적은 이미 이루어져 청구인이 주장하는 권리보호이익이 소멸하였다. 그러나 헌법소원심판과 마찬가지로 권한쟁의심판도 주관적 권리구제뿐만 아니라 객관적인 헌법질서 보장의 기능도 겸하고 있으므로, 청구인에 대한 권한침해 상태가 이미 종료하여 이를 취소할 여지가 없어졌다 하더라도 같은 유형의 침해행위가 앞으로도 반복될 위험이 있고, 헌법질서의 수호·유지를 위하여 그에 대한 헌법적 해명이 긴요한 사항에 대하여는 심판청구의 이익을 인정할 수 있다고 할 것이다. 이 사건과 같이 상임위원회 위원의 개선, 즉 사·보임행위는 국회법 규정의 근거하에 국회관행상 빈번하게 행해지고 있고 그 과정에서 당해 위원의 의사에 반하는 사·보임이 이루어지는 경우도 얼마든지 예상할 수 있으므로 청구인에게 뿐만 아니라 일반적으로도 다시 반복될 수 있는 사안이어서 헌법적 해명의 필요성이 있

으므로 이 사건은 심판의 이익이 있다고 할 것이다."라고 판시하였다.[1)]

제 6 절 심판의 절차

Ⅰ. 사건의 접수 및 통지

권한쟁의심판청구서가 제출되면 헌법재판소는 이를 사건으로 접수하여 사건기록을 편성하고, 사건번호와 사건명을 부여한다(사건부호는 '헌라'). 헌법재판소장은 권한쟁의심판이 청구된 경우에는 ① 법무부장관, ② 지방자치단체를 당사자로 하는 권한쟁의심판인 경우에는 행정자치부장관, 다만 법 제62조 제2항에 의한 교육·학예에 관한 지방자치단체의 사무에 관한 것일 때에는 행정자치부장관 및 교육부장관, ③ 시·군 또는 지방자치단체인 구를 당사자로 하는 권한쟁의심판인 경우에는 그 지방자치단체가 소속된 특별시·광역시 또는 도, ④ 그 밖에 권한쟁의심판에 이해관계가 있다고 인정되는 국가기관 또는 지방자치단체에게 그 사실을 바로 통지하여야 한다(심판규칙 제67조).

Ⅱ. 심 리

1. 심리의 방식

권한쟁의심판의 심리는 구두변론에 의한다(법 제30조 제1항). 재판부가 변론을 열 때에는 기일을 정하고 당사자와 관계인을 소환하여야 한다(법 제30조 제3항).

---

1) 헌재 2003. 10. 30. 2002헌라1, 판례집 15-2 하, 17, 28-29.

2. 소송참가

권한쟁의심판은 국가기관들의 권한분쟁을 해결하는 객관적 소송으로서 헌법상의 권한질서에 광범위한 영향을 미칠 수 있고, 또한 권한쟁의심판의 결정은 모든 국가기관과 지방자치단체를 기속하기 때문에(법 제67조 제1항) 당사자 이외의 다른 이해관계 있는 국가기관이나 지방자치단체가 그 권한쟁의심판절차에 참여할 필요가 있다. 이 경우 소송참가자는 쟁의당사자 일방(피참가인)을 위해서만 소송참가할 수 있으며, 쟁의절차에 참가한 제3자가 독립한 당사자가 되는 것은 아니다.[1)]

법에 소송참가에 관한 규정이 없으므로 행정소송법과 민사소송법의 관련규정이 준용된다고 하겠다(법 제40조 제1항, 행정소송법 제17조). 이에 따라 소송참가는 당사자 또는 해당 기관의 신청 또는 헌법재판소의 직권에 의한 결정으로 이루어지고(행정소송법 제17조 제1항), 헌법재판소가 소송참가에 관한 결정을 하고자 할 때에는 당사자 및 해당 기관의 의견을 들어야 하며(행정소송법 제17조 제2항), 소송에 참가한 기관에 대해서는 민사소송법 제76조가 준용되므로(행정소송법 제17조 제3항) 소송에 참가한 기관은 심판에 관하여 공격·방어·이의, 그 밖의 모든 소송행위를 할 수 있다. 다만 참가할 때의 소송의 진행정도에 따라 할 수 없는 소송행위는 그러하지 아니하다. 참가인의 소송행위가 피참가인의 소송행위에 어긋나는 경우에는 그 참가인의 소송행위는 효력을 가지지 않는다(민사소송법 제76조).

3. 가처분

법 제65조에 따라 헌법재판소가 권한쟁의심판의 청구를 받은 때에는 직권 또는 청구인의 신청에 의하여 종국결정의 선고 시까지 심판대상이

---

1) 실무제요, 348쪽.

된 피청구인의 처분의 효력을 정지하는 가처분결정을 할 수 있다.

(1) 요 건

가처분결정이 이루어지기 위해서는 법 제65조에 따라 먼저 권한쟁의 심판이 헌법재판소에 계속중이어야 하고, 종국결정의 선고가 있기 전이어야 한다. 또한 계속중인 본안사건이 부적법하거나 이유 없음이 명백하지 않아야 한다.[1)]

한편 가처분에 관하여 법 제65조에서 정한 사항 이외에 대하여는 법 제40조의 규정에 따라 행정소송법의 집행정지에 관한 규정(행정소송법 제23조, 제24조)과 민사소송법의 가처분에 관한 규정(민사집행법 제300조 이하)이 준용된다(법 제40조). 이에 따라 권한쟁의심판에서의 가처분결정은 피청구인의 처분 등이나 그 집행 또는 절차의 속행으로 인하여 생길 회복하기 어려운 손해를 예방하기 위하여 또는 기타 공공복리상 중대한 사유가 있어 그 처분 등의 효력을 정지시켜야 할 긴급한 필요가 있는 경우에 할 수 있다(행정소송법 제23조 제2항 및 제3항 참조). 또한 가처분을 인용한 뒤 종국결정에서 청구가 기각되었을 때 발생하게 될 불이익과 가처분을 기각한 뒤 청구가 인용되었을 때 발생하게 될 불이익을 비교형량하여 그 결과 후자의 불이익이 전자의 불이익보다 큰 때에 한하여 가처분결정을 허용할 수 있을 것이다.[2)]

(2) 내 용

법 제65조에 따르면 가처분결정의 내용은 종국결정의 선고 시까지 심판대상이 된 피청구인의 처분의 효력을 정지하는 것이다. 헌법재판소도 성남시와 경기도 간의 권한쟁의사건에서 피청구인인 경기도지사의 처분의 효력을 종국결정의 선고 시까지 정지하는 가처분결정을 내린 바 있

1) 헌재 1999. 3. 25. 98헌사98, 판례집 11-1, 264, 270 참조.

2) 헌재 1999. 3. 25. 98헌사98, 판례집 11-1, 264, 270-271.

다.[1] 그러나 헌법재판소가 처분의 효력을 정지하는 결정만을 할 수 있다고 한다면 가처분제도의 실효성을 확보할 수 없을 것이다. 따라서 가처분결정의 내용으로 처분의 효력정지만을 규정하고 있는 헌법재판소법 제65조는 가장 대표적인 가처분의 내용을 예시한 것으로 합목적으로 해석해야 할 것이고, 이에 따라 가처분신청의 목적을 달성함에 필요한 그 밖의 다른 내용의 결정도 할 수 있다고 보아야 할 것이다. 이에 따라 헌법재판소는 피청구인의 처분의 효력을 정지시키는 내용의 가처분결정 이외에도 행정소송법(제23조와 제24조)과 민사집행법(제300조 이하)이 정하는 기타의 가처분결정도 할 수 있다고 할 것이다. 피청구인의 처분의 집행 또는 절차의 속행의 전부 또는 일부를 정지시키는 결정 등을 예로 들 수 있는데, 처분의 집행 또는 절차의 속행을 정지함으로써 목적을 달성할 수 있는 경우에는 처분의 효력정지는 허용되지 아니한다고 하겠다(행정소송법 제23조 제2항 단서). 그리고 가처분의 목적달성에 필요하다면 심판의 대상이 된 권한관계에 대한 임시의 지위를 정하는 조치(민사집행법 제300조 제2항)도 할 수 있을 것이다.

4. 심판의 대상

권한쟁의심판의 대상은 권한의 유무 또는 범위에 관한 다툼이다(법 제61조 제1항). 즉 피청구인의 처분 또는 부작위가 헌법 또는 법률에 의하여 부여받은 청구인의 권한을 침해하였거나 침해할 현저한 위험이 있는지의 여부이다(법 제61조 제2항).

(1) 피청구인의 처분 또는 부작위

1) 처 분

청구인의 권한을 침해하였거나 침해할 현저한 위험이 있는 피청구인

---

1) 헌재 1999. 3. 25. 98헌사98, 판례집 11-1, 264, 266-267.

의 '처분'은 포괄적인 개념으로서 개별적인 행정작용 뿐 아니라, 입법작용, 사법작용을 모두 포함한다. 헌법재판소도 "여기서의 처분은 입법행위와 같은 법률의 제정과 관련된 권한의 존부 및 행사상의 다툼, 행정처분은 물론 행정입법과 같은 모든 행정작용 그리고 법원의 재판 및 사법행정작용 등을 포함하는 넓은 의미의 공권력처분을 의미하는 것으로 보아야 할 것이다."라고 판시하여 처분을 매우 포괄적인 개념으로 파악하고 있다.[1] 입법영역에서 처분은 법률의 제정과 관련된 행위(예컨대 국회의장의 법률안가결선포행위)[2], 법률의 제·개정행위[3][4]를 포함한다. 법률의 제·개정행위가 심판대상인 경우 피청구인은 국회가 된다. 행정영역에서 처분은 행정소송법에서 정하고 있는 처분의 개념보다 넓어 개별적 행정행위는 물론 행정입법 등의 제·개정행위(예컨대 대통령령 제정행위[5], 조례개정행위[6]) 등을 포함한다. 사실행위도 청구인의 권한에 부정적인 영향을 주어 법적으로 문제되는 경우에는 이에 해당한다.

장래처분을 대상으로 하는 심판청구는 원칙적으로 허용될 수 없으나, 피청구인의 장래처분이 확실하게 예정되어 있고, 피청구인의 장래처분에 의해서 청구인의 권한이 침해될 위험성이 있어서 청구인의 권한을 사전

---

1) 헌재 2006. 5. 25. 2005헌라4, 판례집 18-1 하, 28, 35.

2) 헌재 1997. 7. 16. 96헌라2, 판례집 7-2, 154; 헌재 2006. 2. 2. 2005헌라6, 판례집 18-1 상, 82.

3) 헌재 2005. 12. 22. 2004헌라3, 판례집 17-2, 650; 헌재 2006. 5. 25. 2005헌라4, 판례집 18-1 하, 28.

4) 국회의 입법행위가 심판의 대상이 되는 문제와 관련하여 헌법재판소는 "… 법률에 대한 권한쟁의심판도 허용된다고 봄이 일반적이다. 다만 권한쟁의심판과 위헌법률심판은 원칙적으로 구분되어야 한다는 점에서, 법률에 대한 권한쟁의심판은 '법률 그 자체'가 아니라, '법률의 제정행위'를 그 심판대상으로 해야 할 것이다."라고 판시하고 있는데(헌재 2005. 12. 22. 2004헌라3, 판례집 17-2, 650; 헌재 2006. 5. 25. 2005헌라4, 판례집 제18권 1집 하, 28, 35), 이는 권한쟁의심판은 위헌법률심판과는 달리 법률의 위헌 여부를 가리는 것이 목적이 아니라 피청구인이 법률의 제정 또는 개정에 참여함으로써 청구인의 권한을 침해했는지를 심판하기 위한 것이기 때문이라고 하겠다.

5) 헌재 2002. 10. 31. 2001헌라1, 판례집 14-2, 362.

6) 헌재 2004. 9. 23. 2003헌라3, 판례집 16-2, 469.

에 보호해 주어야 할 필요성이 매우 큰 예외적인 경우에는 피청구인의 장래처분에 대해서도 권한쟁의심판을 청구할 수 있다고 할 것이다. 왜냐하면 권한의 존부와 범위에 대한 다툼이 이미 발생한 경우에는 피청구인의 장래처분이 내려지기를 기다렸다가 권한쟁의심판을 청구하게 하는 것보다는 사전에 권한쟁의심판을 청구하여 권한쟁의심판을 통하여 권한다툼을 사전에 해결하는 것이 권한쟁의심판제도의 목적에 더 부합되기 때문이다.[1)]

그런데 피청구인의 처분이 심판의 대상이 되기 위해서는 피청구인의 처분이 법적인 중요성을 지녀야 하고, 청구인의 법적 지위에 구체적으로 영향을 미칠 가능성이 있어야 한다. 따라서 청구인의 법적 지위에 어떤 변화도 가져오지 않는 피청구인의 행위는 처분이라고 할 수 없다.[2)] 따라서 정부의 법률안 제출행위,[3)] 행정자치부장관이 지방자치단체에게 한 단순한 업무협조요청·업무연락·견해표명,[4)] 구선거관리위원회의 자치구에 대한 지방자치단체 선거관리경비 산출 통보행위[5)] 등은 처분이라고 할 수 없다. 그러나 청구인의 권한에 부정적인 영향을 주어서 법적으로 문제되는 경우에는 사실행위나 내부적인 행위도 권한쟁의심판의 대상이 되며, 건설교통부장관의 고속철도역 명칭결정행위가 이에 해당한다.[6)]

2) 부작위

청구인의 권한을 침해하는 피청구인의 부작위는 단순한 사실상의 부작위가 아니고, 헌법상 또는 법률상의 구체적인 작위의무가 있음에도 불구하고 이를 이행하지 아니하는 것을 의미한다.[7)] 예컨대 헌법재판소는

---

1) 헌재 2004. 9. 23. 2000헌라2, 판례집 16-2 상, 404, 421.
2) 헌재 2008. 6. 26. 2005헌라7, 판례집 20-1 하, 340, 354-355.
3) 헌재 2005. 12. 22. 2004헌라3, 판례집 17-2, 650.
4) 헌재 2006. 3. 30. 2005헌라1, 공보 제114호, 525, 528.
5) 헌재 2008. 6. 26. 2005헌라7, 판례집 20-1 하, 340, 355.
6) 헌재 2006. 3. 30, 2003헌라2, 공보 제114호, 523, 524.
7) 헌재 1998. 7. 14. 98헌라3, 판례집 10-2, 74, 81; 헌재 2006. 8. 31. 2004헌라2, 판례

강서구와 진해시 간의 권한쟁의사건에서 "이 사건 도로들, 제방, 섬들은 청구인의 관할구역으로 변경되었으므로, 피청구인은 지방자치법 제5조에 따라 새로 그 지역을 관할하게 된 지방자치단체인 청구인에게 그 사무와 재산을 인계할 의무(법률상 작위의무)가 있다. 지방자치법 제5조 소정의 의무는 관할구역 변경으로 인한 행정의 공백이나 혼란을 제거하고 행정의 안정성과 지속성을 유지함으로써 주민을 위한 행정에 소홀하지 않도록 하는데 그 목적이 있는 것이다. 따라서 피청구인이 청구인에게 현재까지 위 토지들에 대한 사무와 재산을 인계하지 않고 있는 이 사건 부작위는 지방자치법 제5조를 위반한 위법이 있고, 이러한 위법한 부작위는 위 토지들을 관할구역으로 하는 청구인의 자치권한을 침해하는 것이다."라고 판시하여 법률상 작위의무를 이행하지 아니한 부작위가 위법함을 확인하고 있다.[1)]

(2) 권한의 침해 또는 침해할 현저한 위험

'권한의 침해'란 피청구인의 처분 또는 부작위로 인한 청구인의 권한 침해가 과거에 발생하였거나 현재까지 지속되는 경우를 의미하고, '권한을 침해할 현저한 위험'이란 아직 침해라고는 할 수 없으나 조만간 권한 침해에 이르게 될 개연성이 상당히 높은 상황, 즉 현재와 같은 상황의 발전이 중단되지 않는다면 조만간에 권한침해가 발생할 것이 거의 확실하게 예상되며, 이미 구체적인 법적 분쟁의 존재를 인정할 수 있을 정도로 권한침해가 그 내용에 있어서나 시간적으로 충분히 구체화된 경우를 말한다.[2)]

국가기관 상호간에 권한의 침해 또는 침해할 현저한 위험이 있는 경우로는 헌법 또는 법률상의 수권규정과는 달리 한 국가기관이 월권함으로써

집 18-2, 356, 364.

1) 헌재 2006. 8. 31. 2004헌라2, 판례집 18-2, 356, 377.

2) 헌재 2019. 4. 11. 2016헌라3.

다른 국가기관의 권한을 침범하여 잠식하는 경우, 한 국가기관이 다른 국가기관의 정당한 권한행사를 저해하는 경우, 입법에 의하여 행정부나 법원의 권한 일부를 삭제하는 경우처럼 한 국가기관의 권한행사로 말미암아 다른 국가기관의 권한이 박탈당하는 경우 등을 들 수 있을 것이다.[1)]

헌법재판소는 제주도의 기초지방자치단체의 폐치와 관련하여 제기된 제주시등과 행정자치부장관등간의 권한쟁의심판사건에서 국가정책에 참고하기 위해 중앙행정기관장의 요구에 의해 실시되는 주민투표법 제8조의 주민투표를 요구받지 않은 지방자치단체에게는 주민투표실시에 관한 권한이 발생하였다고 볼 수 없으므로 그 권한의 침해 여지도 없고, 따라서 이를 다투는 청구는 부적법하다고 판시했다.[2)] 또한 헌법재판소는 국회의원의 심의·표결권이 국회 외부의 국가기관에 의하여 침해될 수 있는지의 여부가 문제된 권한쟁의심판사건에서 국회의원의 심의·표결권은 국회의 대내적인 관계에서 행사되고 침해될 수 있을 뿐 다른 국가기관과의 대외적인 관계에서는 침해될 수 없는 것이므로, 국회의원들 상호간 또는 국회의원과 국회의장 사이와 같이 국회 내부적으로만 직접적인 법적 연관성을 발생시킬 수 있을 뿐이고 대통령 등 국회 이외의 국가기관과 사이에서는 권한침해의 직접적인 법적 효과를 발생시키지 아니하므로 피청구인인 대통령이 국회의 동의 없이 조약을 체결·비준하였다 하더라도 국회의 체결·비준 동의권이 침해될 수는 있어도 국회의원인 청구인들의 심의·표결권이 침해될 가능성은 없다고 판시했다.[3)]

1) 실무제요, 345쪽.

2) 헌재 2005. 12. 22. 2005헌라5, 판례집 17-2, 667, 676. 그러나 이에 대하여는 지방자치법 제4조 제2항에서는 지방자치단체의 폐치·분합 시 지방의회의 의견을 듣도록 하고 있고, 주민투표법 제8조의 주민투표로 이를 대체할 수 있도록 하고 있다. 그렇다면 주민투표법 제8조에 의한 주민투표 실시요구를 하고 이를 실시하는 이상 폐치되는 당사자인 청구인들이 배제되어서는 안 된다고 해석해야 하고, 4개 시, 군과 이해관계가 대립되는 딩사자인 제주도에게만 투표실시요구를 하고 4개 시, 군의 폐치를 계속 추진하는 것은 폐치가 검토되는 당사자인 청구인들의 제8조의 주민투표실시권한을 침해한 것이라고 보는 것이 사안의 실질에 부합한다는 반대의견이 있다(헌재 2005. 12. 22. 2005헌라5, 판례집 17-2, 667, 679).

한편 헌법재판소는 지방자치단체가 사회보장기본법상의 협의·조정을 거치지 아니하거나 그 결과를 따르지 아니하고 사회보장제도를 신설 또는 변경하여 경비를 지출한 경우 행정안전부장관이 교부세를 감액하거나 반환을 명할 수 있도록 지방교부세법 시행령을 개정한 피청구인(대통령)의 행위가 청구인(서울특별시)의 자치권한을 침해하여 무효라고 주장하면서 제기한 서울특별시와 대통령 간의 권한쟁의 사건에서 이 사건 개정행위에도 불구하고 지방자치단체도 행정안전부장관도 아무런 행동을 취하지 않을 경우에는 해당 지방자치단체의 자치권한에 아무런 침해상황이 발생하지 않고, 협의 결렬과 경비 지출, 지방교부세 감액 내지 반환이라는 일련의 조건이 모두 성립하여야만 비로소 권한침해가 구체적으로 발생하는 것이며, 그 전에는 조건 성립 자체가 유동적이므로 권한침해의 현저한 위험, 즉 조만간에 권한침해에 이르게 될 개연성이 현저하게 높은 상황이라고 보기도 어려워 이 사건 시행령조항 자체로써 지방자치단체의 자치권한의 침해가 확정적으로 현실화되었다거나 자치권한을 침해할 현저한 위험이 인정된다고 보기는 어렵다고 판시했다.[1)]

---

3) 헌재 2007. 7. 26. 2005헌라8, 판례집 19-2, 26, 34-35; 헌재 2007. 10. 25. 2006헌라5, 판례집 19-2, 436, 443. 그러나 이에 대하여는 "국회의원의 심의·표결권한은 국회의원 개인의 자격에서 갖는 '권리'가 아니라 헌법기관으로서 직무상 보유하고 있는 '권한'이라 할 것이고, 국회의 동의권한 등과는 구별되는 독자적인 헌법적 의미를 갖고 있다. 국회의원 개개인은 '국민의 대표'로서 국민의 의사가 왜곡되는 일이 없이 최대한 국정에 반영될 수 있도록 심의·표결권한을 보장받고 있는 것이며, 이는 대의민주주의의 실현을 위한 필수적 요소라 할 것이다. 국회는 국회의원으로 구성되는 합의체 기관으로서(헌법 제41조 제1항 참조) 국회의 의사는 결국 표결 등으로 나타나는 국회의원들의 의사가 결집된 것이다. 따라서 개별 국회의원의 심의·표결행위가 국회의 의사형성·결정을 위한 단순한 내부적 행위에 불과한 것이라고 할 수 없으며 이러한 심의·표결권한의 침해행위는 국회 내부에서 뿐만 아니라 국회 외의 다른 국가기관에 의해서도 행하여질 수 있다. 그렇다면 국회의원은 어느 누구에 대해서라도 심의·표결권한의 침해를 주장할 수 있다고 보아야 할 것이며, 다른 국가기관에 의해 심의·표결권한의 행사가 방해받는 경우에는 적법하게 권한쟁의심판을 청구할 수 있어야 할 것이다."라는 별개의견이 있다(헌재 2007. 10. 25, 2006헌라5, 판례집 19-2, 436, 444).

1) 헌재 2019. 4. 11. 2016헌라3.

5. 소극적 권한쟁의

(1) 의 의

권한쟁의심판은 대부분 피청구인의 처분 또는 부작위에 의해서 청구인의 권한이 침해되었거나 침해할 현저한 위험이 있을 때 제기하는 것으로 권한쟁의에서 '권한의 유무나 그 범위에 관한 다툼'은 통상적으로 특정 사안에 대해서 적극적으로 서로 권한을 가진다고 주장하거나 적극적으로 권한이 침해되었다고 주장하는 적극적 권한쟁의의 형태로 발생하는 것이 보통이지만, 특정 사안에 대해서 소극적으로 서로 권한이 없다고 주장하거나 소극적으로 권한이 침해되었다고 주장하는 소극적 권한쟁의의 형태로도 발생할 수 있다. 법은 제61조 제1항에서 '권한의 유무 또는 범위에 관하여 다툼이 있을 때' 권한쟁의심판을 청구할 수 있다고 규정하고 있어 소극적 권한쟁의가 가능한 것처럼 표현하고 있으나, 동조 제2항에서는 "제1항의 심판청구는 피청구인의 처분 또는 부작위가 헌법 또는 법률에 의하여 부여받은 청구인의 '권한을 침해하였거나 침해할 현저한 위험이 있는 경우에만' 할 수 있다."라고 규정하여 적극적 권한쟁의만이 가능한 것처럼 표현하고 있어 과연 현행법상 소극적 권한쟁의가 허용될 수 있는 지의 여부와 관련하여 논란이 있다.

(2) 학설과 판례

1) 학 설

가. 부정설

부정설은 ① 헌법 제111조 제1항 제4호는 소극적 권한쟁의를 인정할 근거가 될 수 없고, 그 인정 여부는 입법자에게 부여되어 있으며, ② 법 제61조 제2항은 권한쟁의심판청구의 요건으로 청구인의 권한을 침해하였거나 침해할 현저한 위험이 있는 경우에만 심판청구를 할 수 있다고 규정하여 소극적 권한쟁의를 부정하고 있고, ③ 우리 사법제도상 행정소송법상의 항고소송 등 다른 방법으로도 소극적 권한쟁의를 해결할 방법이 있으며, ④ 소극적 권한쟁의를 인정하면 권한의 유무나 범위에 대하여 항고소송에서의 법원의 판단과 권한쟁의심판에서의 헌법재판소의 판단 사이에 불일치가 발생할 수 있다는 이유 등을 논거로 들고 있다.[1]

나. 긍정설

긍정설은 ① 헌법 제111조 제1항 제4호는 모든 유형의 권한쟁의를 헌법재판소의 원칙적 관할로 포괄적으로 규정하고 있고, ② 법 제61조 제1항에서 정하는 '권한의 유무 또는 범위에 관한 다툼'에는 해석상 소극적 권한쟁의도 포함되며, ③ 행정소송법상의 부작위위법확인소송 등 기타의 방법으로 소극적 권한쟁의의 모든 문제를 해결할 수 없어 소극적 권한쟁의를 인정하지 않을 경우 객관적 권한질서의 유지와 국가업무의 지속적인 수행이라는 권한쟁의심판제도의 목적을 충분히 달성할 수 없고, ④ 국가의 권능작용이 권능주체간의 관할 부인 내지 회피 사태로 인해서 방치되는 것은 공공복리의 정신에 어긋나며,[2] ⑤ 소극적 권한쟁의를 인정하는 경우 어떤 권한의 유무나 범위에 대한 법원의 판단과 헌법재판소의 판단 사이에 불일치가 발생할 가능성은 적극적 권한쟁의에서도 마찬가지이고, 이 경우에는 권한쟁의심판의 결정이 가지는 기속력에 의해 헌법재판소의 판단으로 귀결된다는 이유 등을 논거로 한다.

2) 판 례

헌법재판소가 소극적 권한쟁의를 인정한 사례는 없다. 다만 사건의 내용상 소극적 권한쟁의로 볼 수 있는 유사한 심판사건이 있었다. 그런데 이들 사건에서 헌법재판소는 소극적 권한쟁의에 대한 명시적인 언급

---

1) 대체로 이러한 내용의 부정설로는 김하열, 전게서, 631쪽.

2) 허영, 전게서, 342쪽.

없이 다른 이유로 심판청구를 각하 또는 기각했다.

헌법재판소는 어업면허의 유효기간연장 불허가처분에 따른 손실보상금의 지급사무에 대한 권한이 포항시(청구인) 또는 정부(피청구인) 중 누구에게 속하는가를 확정해 달라고 청구한 권한쟁의심판사건에서 "유효기간연장의 불허가처분으로 인한 손실보상금 지급권한의 존부 및 범위 자체에 관한 청구인과 피청구인 사이의 직접적인 다툼이 아니라, 그 손실보상금 채무를 둘러싸고 어업권자와 청구인, 어업권자와 피청구인 사이의 단순한 채권채무관계의 분쟁에 불과하므로, 이 사건 심판청구는 청구인이 피청구인을 상대로 권한쟁의 심판을 청구할 수 있는 요건을 갖추지 못한 것으로서 부적법하다."라고 판시하여 심판청구를 각하했다.[1)]

한편 헌법재판소는 시화공업단지 내의 공공시설의 관리권자가 누구인지를 둘러싸고 시흥시(청구인)가 정부(피청구인)를 상대로 청구한 사건에서 시화공업단지 내의 공공시설의 관리권자가 정부임을 전제로 정부가 공공시설을 관리하지 아니함으로 인하여 시흥시의 지방자치권(자치재정권)을 침해하였다는 주장과 관련하여 "청구인이 이 사건 공공시설의 관리권자이므로 피청구인이 이 사건 공공시설을 관리하지 아니하고 있다고 하여 청구인의 권한이 침해되거나 침해될 위험이 있다고 할 수 없을 것이다. 가사 청구인의 주장과 같이 이 사건 공공시설의 관리권한이 피청구인에게 있음에도 불구하고 피청구인이 이를 관리하지 않고 있다고 하더라도, 피청구인이 이 사건 공공시설을 관리하지 아니함으로 인하여 발생하는 책임을 부담하는 것은 별론으로 하고 그로 인하여 청구인에게 이 사건 공공시설을 관리할 책임이 발생하거나 그러한 위험이 발생하는 것은 아니다. 즉 … 청구인은 이 사건 공공시설을 관리하지 않으면 되는 것이지, 피청구인이 그 권한을 행사하지 아니하고 있다고 하여 청구인이 이 사건 공공시설을 관리하여야 하는 것은 아닌 것이다. 따라서 청구인의 주장에 따른다고 하더라도 피청구인의 부작위로 인하여 청구인의 어떠한 권한도

1) 헌재 1998. 6. 25. 94헌라1, 판례집 10-1, 739.

침해될 우려가 없다고 할 것이다. 결국 이 사건은 이 사건 공공시설의 관리권한이 누구에게 있는가에 관계없이 피청구인의 부작위에 의하여 청구인의 권한이 침해되었거나 침해될 현저한 위험이 있다고 할 수 없는 사건이므로 이 사건 심판청구는 헌법재판소법 제61조 제2항 소정의 요건을 갖추지 못한 것이라고 할 것이다."라고 판시하면서 심판청구를 기각했다.[1)]

(3) 결 어

권한쟁의심판제도의 목적이 국가기관들 상호간의 권한질서의 정상화 및 유지를 통한 수평적·수직적인 기능적 권력분립의 실현과 헌법보호 및 그를 통한 정치적 평화유지와 사회통합의 실현에 있다는 점을 상기할 때 당위론적으로는 적극적 권한쟁의 뿐 아니라 소극적 권한쟁의도 인정하는 것이 바람직하다고 할 것이다. 왜냐하면 국가의 권한질서는 국가기관들 상호간의 적극적인 권한침해에 의해서 뿐 아니라 국가기관들 상호간의 권한부인이나 회피 등 소극적인 부작위에 의해서도 파괴될 수 있기 때문이다. 그런 점에서 이러한 권한쟁의심판제도의 목적과 기능이 충분히 발휘될 수 있도록 헌법재판소법의 심판요건규정인 제61조 제2항을 유연하게 해석할 필요가 있다는 주장도 일응 수긍이 간다. 즉 법 제61조 제2항의 "심판청구는 피청구인의 처분 또는 부작위가 헌법 또는 법률에 의하여 부여받은 청구인의 권한을 침해하였거나 침해할 현저한 위험이 있는 경우에만 할 수 있다."는 규정에서 '부작위에 의한 권한침해' 부분을 피청구인의 부작위에 의한 적극적·직접적인 권한침해 뿐 아니라 청구인의 권한의 유무나 그 범위에 관한 다툼을 야기하는 등 청구인의 권한 내지 권한행사에 부정적인 영향을 미치는 소극적·간접적인 권한침해도 포함된다고 합목적적으로 해석할 필요성도 당위론적으로는 인정이 된다. 더욱이 부작위위법확인소송 등 행정소송법상의 항고소송을 통해 소극적 권한쟁의의 문제 해결을 대체할 수도 없다고 한다면 그 필요성은

1) 헌재 1998. 8. 27. 96헌라1, 판례집 10-2, 364, 385-386.

더욱 커진다. 왜냐하면 부작위위법확인소송이나 거부처분에 대한 취소소송 등의 항고소송은 본질상 개인의 주관적 권리가 침해당했음을 전제로 제기하는 주관적 소송으로서 국가기관들 상호간의 객관적인 권한질서의 유지를 통한 헌법보호를 목적으로 하는 객관적 소송인 권한쟁의심판을 대체할 수 있다고 보기 어렵고, 또한 피고 기관에 부여된 원고에 대한 일정한 법률상의 작위의무의 이행을 피고가 해태하여 그 부작위로 인해 원고의 권리가 직접 침해받을 경우에 제기하는 소송이기 때문에 피청구인의 청구인에 대한 직접적인 헌법과 법률상의 작위의무의 이행을 전제로 하지 아니하는 소극적 권한쟁의의 경우와는 소송요건과 구조가 다르기 때문이다.

그러나 결론적으로 현행법하에서는 소극적 권한쟁의를 인정하기 어렵다고 본다. 왜냐하면 앞서도 언급한 바와 같이 법 제61조 제2항은 심판청구를 청구인의 '권한을 침해하였거나 침해할 현저한 위험이 있는 경우에만' 할 수 있다고 규정하여 심판청구를 오로지 적극적인 '권한침해의 경우만'으로 명시적으로 제한하고 있어 소극적 권한쟁의는 허용되지 않는다고 보지 않을 수 없기 때문이다. 즉 소극적 권한쟁의의 경우에는 청구인이 자신에게 권한 자체가 없다고 주장하는 것이고, 따라서 침해될 또는 침해될 현저한 위험에 처해있는 권한 자체가 없는 것이기 때문에 법 제61조 제2항의 요건을 충족시키지 못하여 결국 청구인적격을 인정받을 수 없는 것이다. 법 제61조 제2항은 그 요건을 논란의 여지없이 명백하게 규정하고 있기 때문에 이를 유연하게 확대 해석할 여지가 없다. 따라서 소극적 권한쟁의도 내용상 포함될 수 있다는 긍정설은 해석론의 범위를 벗어나는 것으로 일종의 입법론이다. 따라서 소극적 권한쟁의는 현행법상으로 인정되기 어렵다고 할 것이다. 위에서 소개한 96헌라1 결정에서 헌법재판소가 "피청구인의 부작위에 의하여 청구인의 권한이 침해되었거나 침해될 현저한 위험이 있다고 할 수 없는 사건이므로 이 사건 심판청구는 헌법재판소법 제61조 제2항 소정의 요건을 갖추지 못한 것이라고 할 것이다."라고 판시하고 있는데, 물론 이는 소극적 권한쟁의의 허용 여부를 직접 판단한 것은 아니지만, 결국 이는 적극적으로 청구인의 권한이 침해되었거나 침해될 현저한 위험이 있는 경우에만 법 제61조 제2항 소정의 요건을 충족하여 권한쟁의심판을 청구할 수 있다는 판시이고, 따라서 결과적으로 소극적 권한쟁의심판의 가능성을 부정하는 입장으로 보여진다.[1]

한편 현행 우리 사법제도상 행정소송법 제3조 제2호의 '행정청의 처분등을 원인으로 하는 법률관계에 관한 소송 그 밖에 공법상의 법률관계에 관한 소송으로서 그 법률관계의 한쪽 당사자를 피고로 하는 소송'인 당사자소송이 이러한 국가기관이나 지방자치단체 상호간의 소극적 권한쟁의를 해결할 방법의 하나로 고려될 수 있을 것이다.[2]

결국 입법론적으로 오스트리아나 스페인처럼 근거규정을 마련하는 것이 바람직하다.

제 7 절 종국결정

헌법재판소는 심판대상에 대한 심리를 마치면 종국결정을 한다.

I. 심판정족수

헌법재판소는 권한쟁의심판사건을 9인의 재판관으로 구성되는 재판부(법 제22조 제1항)에서 재판관 7인 이상의 출석으로 심리하며(법 제23조 제1항), 재판부는 종국심리에 관여한 재판관의 과반수의 찬성으로 권한쟁의심판사건에 관한 결정을 한다(법 제23조 제2항).

---

1) 동지 신평, 전게서, 528쪽.
2) 동지 김하열, 전게서, 632쪽.

Ⅱ. 종국결정의 유형

종국결정의 유형에는 각하결정, 기각결정, 인용결정 및 심판절차종료선언이 있다.

1. 각하결정

권한쟁의심판청구가 형식적 요건을 구비하지 않아 부적법한 경우에는 각하결정을 한다. 각하결정은 "이 사건 심판청구를 각하한다"라는 형식의 주문으로 표시한다.[1)]

2. 기각결정

권한쟁의심판청구가 적법하지만 심리결과 청구인의 주장이 이유 없는 경우, 즉 권한침해 또는 권한침해의 현저한 위험을 인정할 수 없는 경우에는 기각결정을 한다. 기각결정은 "이 사건 심판청구를 기각한다"라는 형식의 주문으로 표시한다.[2)]

3. 인용결정

청구인의 주장이 이유 있는 경우에는 인용결정을 한다.

---

1) 예컨대 헌재 1998. 7. 14. 98헌라1, 판례집 10-2, 1, 9.

2) 예컨대 헌재 1998. 8. 27. 96헌라1, 판례집 10-2, 364, 376; 헌재 2000. 2. 24. 99헌라1, 판례집 12-1, 115, 120.

(1) 권한의 유무 또는 범위확인

법 제66조 제1항에 따라 헌법재판소는 심판의 대상이 된 국가기관 또는 지방자치단체의 권한의 유무 또는 범위에 관하여 판단한다. 여기서 헌법재판소는 관련된 헌법 또는 법률을 해석하여 관련 기관에 권한이 존재하는지 여부와 그 권한의 범위를 확정한다. 이 부분은 권한쟁의심판에서 핵심을 이루는 소송물인 동시에 결정의 필수적인 주문 부분을 이루게 된다. 이 부분에 대하여 헌법재판소는 객관적 소송의 특성을 감안하여 청구인의 청구취지에 구애되지 않고 직권으로 판단한다고 하겠다. 주문은 "… 에 관한 권한은 청구인(또는 피청구인)에게 존재한다(또는 존재하지 아니한다)", 또는 "… 에 관한 권한은 청구인(또는 피청구인)에게 있음을 확인한다(또는 없음을 확인한다)" 같은 형태로 표시될 것이다.[1]

한편 권한쟁의심판사건에서는 일정한 권한사항의 소재가 청구인 또는 피청구인 중의 누구에게 귀속하는가에 관한 다툼이 아니라, 청구인 또는 피청구인이 가지는 권한 그 자체에 관해서는 다툼이 없고, 주로 피청구인의 권한행사가 헌법(또는 법률)에 위반되기 때문에 청구인이 가지는 권한이 침해되었는지의 여부가 쟁점이 되는 경우가 많을 것이다. 이러한 경우 심판청구가 이유 있는 것으로 인정된다면, 결정주문은 "피청구인의 처분(또는 부작위)이 헌법(또는 법률)에 의하여 부여된 청구인의 … 권한을 침해한 것이다"라는 형태로 표시하게 된다. 예컨대 헌법재판소는 국회의원과 국회의장간의 권한쟁의사건에서 "피청구인이 1996. 12. 26. 06 : 00경 제182회 임시회 제1차 본회의를 개의하고 국가안전기획부법중개정법률안, … 을 상정하여 가결선포한 것은 청구인들의 법률안 심의·표결의 권한을 침해한 것이다."라는 주문을 낸 바 있고,[2] 성남시와 경기도간의

---

1) 예컨대 헌재 2004. 9. 23. 2000헌라2, 판례집 16-2 상, 404, 413; 헌재 2006. 8. 31. 2003헌라1, 판례집 18-2, 319, 325.

2) 헌재 1997. 7. 16. 96헌라2, 판례집 9-2, 154, 158.

권한쟁의사건에서 "피청구인이 1998. 4. 16. 경기도고시 제1998-142호로 행한 … 에 대한 도시계획사업시행자지정처분은 도시계획법 제23조 제5항에 의한 청구인의 권한을 침해한 것이다."라는 주문을 낸 바 있다.[1)]

(2) 처분의 취소 또는 무효확인

헌법재판소는 권한침해의 원인이 된 피청구인의 처분을 취소하는 결정 또는 처분의 무효를 확인하는 결정을 내릴 수 있다(법 제66조 제2항). '권한의 유무 또는 범위'에 관하여는 법 제66조 제1항에 의하여 헌법재판소가 필요적으로 판단해야 하지만, 동조 제2항은 헌법재판소에게 재량을 부여하고 있으므로, 재판부의 재량에 따라 부가적으로 처분의 취소나 무효확인을 할 수 있다. 그리고 이러한 취소 또는 무효확인결정은 청구인의 청구 또는 헌법재판소의 직권으로 내릴 수 있다.[2)]

처분의 취소 또는 무효확인결정을 할 경우에는 "피청구인의 처분을 취소한다"[3)] 또는 "피청구인의 처분이 무효임을 확인하다"[4)]라는 결정주문을 낸다.

처분의 취소결정과 무효확인결정의 차이에 대해서 헌법재판소는 행정행위의 하자이론에 따라 처분이 중대하고 명백한 흠이 있으면 무효확인결정을 하고, 그렇지 않은 경우에는 취소결정을 내린다는 입장이다.[5)]

(3) 부작위위법확인

헌법재판소가 부작위로 인하여 청구인의 권한이 침해된 것을 확인한 때에는 부작위위법확인결정을 한다(법 제66조 제2항). 피청구인의 부작위가

1) 헌재 1999. 7. 22. 98헌라4, 판례집 11-2, 51, 61.

2) 실무제요, 351쪽.

3) 예컨대 헌재 2006. 8. 31. 2004헌라2, 판례집 18-2, 356, 360.

4) 예컨대 헌재 1999. 7. 22. 98헌라4, 판례집 11-2, 51, 61; 헌재 2006. 8. 31. 2003헌라1, 판례집 18-2, 319, 325.

5) 헌재 1999. 7. 22. 98헌라4, 판례집 11-2, 51, 69.

청구인의 권한을 침해하기 위해서는 헌법과 법률에 의한 일정한 작위의무가 피청구인에게 있음에도 불구하고 피청구인이 그 작위의무를 이행하지 않아야 한다. 따라서 부작위위법확인결정은 피청구인의 작위의무의 존재 내지 작위의무의 범위확인을 한 후에 행해지게 된다.[1] 부작위위법확인결정은 "피청구인이 헌법(법률)에 의한 작위의무를 청구인에게 행하지 아니하는 부작위는 위법함을 확인한다"[2]라는 결정주문을 낸다. 헌법재판소가 부작위위법확인결정을 하면 피청구인은 결정취지에 따른 처분을 해야 한다(법 제66조 제2항).

4. 심판절차종료선언

청구인은 심판청구를 취하할 수 있다. 그런데 심판청구의 취하가 있을 때에는 소의 취하에 관한 민사소송법의 규정(제266조 및 제267조)이 준용되어 심판절차가 종료되며, 이러한 경우 "이 사건 권한쟁의심판절차는 청구인들의 심판청구의 취하로 … 년 … 월 … 일 종료되었다"는 주문표시의 결정을 한다는 것이 헌법재판소의 입장이다.[3] 그러나 이에 대해서는 권한쟁의심판사건에 대한 실체적 심리가 이미 종결되어 더 이상의 심리가 필요하지 아니한 단계에 이르고, 그 때까지 심리한 내용을 토대로 당해 사건이 헌법질서의 수호·유지를 위하여 긴요한 사항으로서 그 해명이 헌법적으로 특히 중대한 의미를 가지고 있는 경우에 해당한다고 판단되는 경우라면, 헌법재판소는 소의 취하에 관한 규정의 준용을 배제하여 심판청구의 취하에도 불구하고 심판절차가 종료되지 않은 것으로 보아야 한다는 반대의견이 있다.[4] 권한쟁의심판제도의 객관적 소송으로서의 성격과 강한 직권심리주의 및 권한질서유지 등을 통한 헌법보호와 공

1) 허영, 전게서, 348쪽.
2) 예컨대 헌재 2006. 8. 31. 2004헌라2, 판례집 18-2, 356, 360.
3) 헌재 2001. 5. 8. 2000헌라1, 판례집 13-1, 1218, 1221.
4) 헌재 2001. 5. 8. 2000헌라1, 판례집 13-1, 1218, 1230-1231.

익실현이라는 권한쟁의심판제도의 기능을 감안할 때 반대의견이 타당하다고 하겠다.[1)]

Ⅲ. 종국결정의 효력

권한쟁의심판의 종국결정도 헌법재판소 결정이 갖는 불가변력, 불가쟁력, 기판력을 갖는다. 그밖에 다음과 같은 효력이 있다.

1. 기속력

헌법재판소의 권한쟁의심판의 결정은 모든 국가기관과 지방자치단체를 기속한다(법 제67조 제1항). 따라서 인용결정을 비롯한 헌법재판소의 모든 유형의 종국결정이 기속력을 가진다. 그러나 권한에 관한 아무런 실체적 판단을 하지 않은 각하결정에는 기속력이 인정되지 않는다. 기속력으로 인하여 모든 국가기관과 지방자치단체는 헌법재판소의 판단에 저촉되는 다른 판단이나 행위를 할 수 없고, 헌법재판소 결정의 내용을 자신의 판단 및 행위의 기초로 삼아야 한다.

2. 피청구인에 대한 효력

피청구인은 위헌·위법성이 확인된 행위를 반복해서는 아니 될 뿐만 아니라, 자신이 야기한 기존의 위헌·위법상태를 제거하여 합헌·합법적 상태를 회복해야 할 의무를 진다. 부작위에 대한 인용결정의 경우 피청구인은 결정취지에 따른 처분을 하여야 한다(법 제66조 제2항).

---

1) 헌법재판의 객관적 소송으로서의 성격과 강한 직권심리주의에서 비롯된 심판청구취하효과의 제한에 대하여 자세한 것은 정연주, 헌법소원심판청구취하의 효과, 공법연구 제28집 제4호 제2집, 2000. 6, 191쪽 이하 참조.

3. 처분취소결정의 효력 제한

피청구인의 처분을 취소하는 결정은 그 처분의 상대방에 대하여 이미 생긴 효력에 영향을 미치지 아니한다(법 제67조 제2항). 이는 처분의 유효성을 믿은 제3자의 법적 안정성 내지 법적 지위를 보호하기 위하여 처분의 상대방에 대한 관계에서는 취소결정의 소급효를 제한하기 위한 것이라고 할 것이다. 따라서 청구인이 바로 처분의 상대방이기 때문에 제3자의 법적 지위에 영향을 미칠 가능성이 없는 경우에는 이 조항이 적용되지 않는다. 만일 그렇지 않다면 이 경우 청구인에게 이미 생긴 효력, 즉 청구인에게 이미 발생한 권한침해상태를 구제하지 않는 결과가 될 것이고, 이는 권한쟁의심판제도의 의의나 실효성을 약화시키는 것이기 때문이다. 이 조항이 적용되는 경우에는 단지 처분의 상대방에 대하여 '이미' 생긴 효력에 영향을 미치지 않는 것이므로, 처분의 취소결정 이후 장래에까지 그 효력을 계속 주장할 수 있는 것은 아니다.[1)]

1) 실무제요, 353쪽.

제 5 장 헌법소원심판

제1절 개 설

I. 의 의

헌법 제111조 제1항 제5호는 '법률이 정하는 헌법소원에 관한 심판'을 헌법재판소에 맡김으로써 우리 헌정사상 처음으로 헌법소원심판제도를 채택하였다. 헌법소원심판은 공권력에 의한 기본권침해를 헌법소송절차를 통해 구제함으로써 기본권을 보장하고 이를 통해 헌법을 실현하는 헌법재판제도이다. 즉 이는 공권력의 남용·악용으로부터 헌법상 보장된 국민의 자유와 권리를 보호하는 헌법재판제도이기 때문에 통치권의 기본권 기속성을 실현할 수 있는 매우 실효성 있는 권력통제장치이다. 주지하는 바와 같이 헌법의 궁극적인 목적이 국민의 기본권보장과 이를 통한 사회통합에 있기 때문에 기본권보장을 목적으로 하는 헌법소원이야말로 권력통제와 사회통합 및 헌법실현을 위한 매우 중요한 제도라고 할 수 있다. 위헌법률심판, 탄핵심판, 정당해산심판, 권한쟁의심판 등이 간접적으로 기본권의 보호와 실현에 기여하는 제도라면, 헌법소원심판은 직접적으로 기본권의 보호와 실현에 기여하는 제도라고 할 수 있다. 따라서 헌법소원심판은 다른 심판제도와는 달리 주관적 권리의 보장을 내용으로 하는 주관적 소송으로서의 성격을 가지는 제도라고 하겠다.

Ⅱ. 연 혁

헌법소원심판제도는 국민의 기본권 강화와 민주화라는 시대적 요청에 힘입어 개정된 현행 헌법에서 헌정사상 처음으로 도입한 제도이다. 우리 헌법소원심판제도의 도입과 정착에 가장 영향을 많이 미친 것은 독일의 헌법소원제도(Verfassungsbeschwerde)라고 할 수 있다. 공권력에 의해 기본권이 침해되었음을 이유로 제기하는 독일의 헌법소원제도는 우리의 제도와 가장 유사하다. 독일의 경우 헌법소원제도는 처음에는 우리와는 달리 기본법 차원이 아닌 법률 차원에서 도입되었다. 즉 1949년 서독연방공화국의 수립 당시에는 연방헌법재판소의 관장사항에 대하여 규정한 기본법 제93조에 헌법소원심판이 포함되어 있지 않았고, 그 후 1951년 연방헌법재판소법에 의하여 법률상의 제도로 도입된 것이다. 기본법 제93조 제2항은 "연방헌법재판소는 기본법이 정한 관장사항 이외에도 연방법률에 의해 부여된 사항도 관장한다"고 규정하고 있는데, 당시 이 기본법 규정에 근거하여 연방헌법재판소법 제90조 이하에서 헌법소원제도에 관한 규정을 마련한 것이다.[1] 이처럼 법률상의 제도이던 헌법소원심판은 그 후 1969년의 기본법개정(제93조 제1항 제4a호와 제4b호)을 통해서 헌법상의 제도가 되었다.[2] 이에 따라 연방헌법재판소법도 개정되어 헌법소원심판을 연방헌법재판소의 관장사항목록에 추가하였다(제13조 제8a호).

1) 연방헌법재판소법 제90조 제1항은 "누구든지 공권력에 의해서 자신의 기본권 또는 자신의 기본법 제20조 제4항, 제33조, 제38조, 제101조, 제103조 및 104조에 포함된 권리가 침해되었음을 이유로 연방헌법재판소에 헌법소원심판을 제기할 수 있다." 고 규정하고 있다.

2) 기본법 제93조 제1항 제4a호는 국민이 제기하는 헌법소원심판을(규정내용은 연방헌법재판소법 제90조 제1항과 동일하다), 기본법 제93조 제1항 4b호는 지방자치단체가 제기하는 헌법소원심판을 규정하고 있다. 독일에서는 지방자치단체가 기관쟁의의 당사자가 아니라 헌법소원의 당사자가 된다는 점에서 지방자치단체가 권한쟁의심판의 당사자가 되는 우리의 경우와 다르다. 한편 이 개정을 통해 기본법 제94조 제2항에서 헌법소원의 보충성의 원칙을 위한 헌법적 근거도 마련했다.

Ⅲ. 기 능

1. 기본권 구제

앞서 언급한 바와 같이 헌법소원심판은 공권력에 의한 기본권침해를 헌법소송절차를 통해 구제함으로써 기본권을 구제하는 것을 목적으로 한다. 따라서 헌법소원심판은 일차적으로 기본권 구제기능을 가진다. 이처럼 헌법소원심판이 주관적 권리의 침해를 전제로 하여 그 침해된 권리의 구제를 목적으로 하기 때문에 다른 헌법소송절차와는 달리 주관적 소송의 성격을 가진다.

2. 공권력 통제

헌법소원심판은 공권력에 의한 기본권침해를 헌법소송절차를 통해 구제하는 제도로서 공권력에 대한 통제기능을 가진다. 즉 국민의 기본권을 침해한 위헌적인 공권력의 행사를 취소하거나 그 불행사가 위헌임을 확인함으로써 결과적으로 공권력을 통제하여 공권력의 합헌적 행사와 공권력의 기본권 존중을 촉구하는 기능을 가지는 것이다.

3. 헌법의 수호

이처럼 헌법소원심판은 위헌적인 공권력작용을 통제하고 기본권을 구제하는 기능을 가짐으로써 결국 헌법을 수호하는 기능을 가진다. 즉 헌법의 핵심적 가치인 법치주의와 기본권을 실현하는 것은 결국 헌법을 실현하는 것이기 때문에 헌법소원심판은 헌법의 수호기능을 가지는 것이다. 이에 따라 헌법소원심판이 개인의 주관적인 권리구제 뿐 아니라 객관적인 헌법질서의 수호·유지의 기능도 가지기 때문에 주관적 소송으로서의 성격 뿐 아니라 객관적 소송으로서의 성격도 함께 갖는다.

따라서 주관적 소송으로서의 헌법소원심판에서 중요한 청구요건의 하나인 권리보호이익이 소멸한 경우라도 객관적인 헌법질서의 수호를 위해서 필요하다면 심판이익을 인정하여 심판을 할 수 있는 것이다. 헌법재판소도 기본권침해행위가 이미 종료하여서 이를 취소할 여지가 없기 때문에 주관적 권리보호이익이 소멸한 경우라도 그러한 침해행위가 앞으로도 반복될 위험이 있거나 당해 분쟁의 해결이 헌법질서의 수호·유지를 위하여 긴요한 사항이어서 헌법적으로 그 해명이 중대한 의미를 지니고 있는 경우에는 심판청구의 이익을 인정하여 이미 종료한 침해행위가 위헌이었음을 선언적 의미에서 확인할 필요가 있다고 판시함으로써 같은 입장을 취하고 있다.[1]

Ⅳ. 종 류

헌법재판소법은 권리구제형 헌법소원(제68조 제1항)과 위헌법률심사형 헌법소원(제68조 제2항)의 두 가지를 규정하고 있다. 전자는 주관적 권리구제를 목적으로 하는 본래의 전형적인 헌법소원제도로서 공권력의 행사 또는 불행사로 인하여 헌법상 보장된 기본권을 침해받은 자가 제기하는 소송절차이고, 후자는 헌법재판소법 제41조 제1항의 규정에 따른 법률의 위헌심판의 제청신청이 법원에 의하여 기각된 경우에 그 신청을 한 당사자가 제청신청이 기각된 법률의 위헌 여부를 가리는 심판을 청구하는 소송절차로서 양자는 그 본질과 심판청구의 요건 및 대상이 각기 다르다.[2] 후자는 본질상 위헌법률심판에 속한다고 하겠다.

위헌법률심사형 헌법소원은 다른 나라에서 그 유례를 찾기 어려운 독

---

1) 헌재 1992. 1. 28. 91헌마111, 판례집 4, 51, 56-57; 헌재 1999. 5. 27. 97헌마137, 판례집 11-1, 653, 660-661.

2) 헌재 1994. 4. 28. 89헌마221, 판례집 6-1, 239, 257.

특한 제도이다. 이는 청구인의 위헌제청신청이 기각된 경우 청구인이 직접 해당 법률에 대한 위헌 여부를 다투는 헌법소원심판을 제기하는 제도이다. 즉 그 위헌 여부가 재판의 전제가 되는 법률에 대한 위헌심판제청신청을 한 경우에 법원이 기각하여 위헌제청을 하지 않는다면 재판의 당사자로서는 원칙적으로 모든 심급을 거친 후에 위헌적인 법률을 적용한 재판에 대하여 헌법소원을 제기할 수 있을 것이다. 그러나 법원의 재판을 헌법소원의 대상에서 원칙적으로 제외하고 있는 현행 헌법소원제도(법 제68조 제1항 본문)에서는 재판의 당사자가 법원을 경유한 후에 재판에 대한 헌법소원의 형태로 해당 법률의 위헌성을 물을 수 있는 길이 막혀있기 때문에 이러한 경우 법 제68조 제2항에 따라 위헌법률심사형 헌법소원을 통해 당사자가 직접 그 법률에 대하여 헌법소원심판을 제기할 수 있는 길을 열어 놓았다고 볼 수 있다. 결국 위헌법률심사형 헌법소원은 재판소원을 배제하는 우리의 현행 헌법소원심판제도의 결함을 보완하는 기능을 가진다고 하겠다.[1)]

헌법재판소는 초기에는 위헌법률심사형 헌법소원이 헌법재판소법상 헌법소원심판에 관한 제5절에 같이 규정되어 있다는 점과 국민이 직접 심판을 청구할 수 있다는 점에 주목하여 이 제도를 헌법소원제도의 한 유형으로 이해하는 입장을 취한 것으로 보인다. 이에 따라 위헌법률심사형 헌법소원사건에도 권리구제형 헌법소원사건과 같은 사건부호인 '헌마'를 부여해 심판했었다.[2)] 그러나 1991년부터는 위헌법률심사형 헌법소원심판사건에 대하여 '헌바'의 사건부호를 붙여 '헌마'의 사건부호를 붙이는 본래의 권리구제형 헌법소원사건과 구별하고 있다.[3)]

결국 위헌법률심사형 헌법소원은 법원이 제청하는 위헌법률심판과 함께 구체적 규범통제의 한 유형으로서 법률의 위헌 여부를 심판하는 제도

---

1) 실무제요, 176쪽.

2) 예컨대 헌재 1989. 9. 29. 89헌마53, 판례집 1, 302; 헌재 1989. 12. 18. 89헌마32등, 판례집 1, 343.

3) 예컨대 헌재 1991. 2. 11. 90헌바17등, 판례집 3, 51.

로 확립되었다. 그런데 이러한 위헌법률심사형 헌법소원은 앞서 언급한 바와 같이 재판소원을 원칙적으로 부정하고 있는 현행 헌법소원제도의 문제점 때문에 불가피하게 인정된 매우 기형적인 제도로서 다른 나라에서 그 유례를 찾기 어렵다. 또한 규범통제를 본질로 하는 소송절차를 권리구제를 본질로 하는 헌법소원심판의 범주에서 규율하는 것도 타당하지 않다. 따라서 입법론적으로 재판에 대한 헌법소원을 인정하면서 위헌법률심사형 헌법소원제도를 폐지하는 것이 바람직하다고 본다.[1]

제 2 절 헌법소원의 요건

I. 청구인

1. 청구인능력과 청구인적격

헌법소원심판을 청구할 수 있는 자는 공권력작용으로 인하여 자신의 헌법상 보장된 기본권이 침해된 자이다. 따라서 청구권자는 기본권의 주체이며, 기본권능력이 있는 자만이 헌법소원을 제기할 수 있는 청구인이 될 수 있다.

그런데 여기서 청구인과 관련하여 청구인능력과 청구인적격의 개념은 구별된다. 즉 청구인능력은 헌법소원심판을 청구할 수 있는 일반적 능력을 말하는 것으로 기본권의 주체가 될 수 있는 기본권능력을 가진 자는 누구나 청구인능력을 가진다. 그러나 청구인적격은 구체적인 헌법소원심판사건에서 정당한 청구인이 될 수 있는 자격을 의미한다. 즉 공권력에 의해 자신의 기본권을 직접 침해받아 헌법소원심판을 청구할 수 있는 자

1) 재판소원금지의 문제점에 대하여 자세한 것은 정연주, 헌법재판소 직무상의 문제, 헌법학연구 11권 2호, 2005. 6, 49쪽 이하 참조.

격을 말하는 것이다. 따라서 청구인적격을 가진 자는 모두 청구인능력을 가지지만, 청구인능력을 가진 자가 모두 청구인적격을 가지는 것은 아니다.

2. 청구인의 종류

(1) 자연인

대한민국 국적을 가진 모든 자연인은 기본권의 주체가 될 수 있다.[1] 반면 외국국적 또는 무국적의 자연인은 헌법상 기본권 주체로 인정될 수 있는 한도내에서만, 즉 - 국민의 권리가 아닌 - 인간의 권리로서의 성질을 갖는 기본권들(예컨대 행복추구권, 평등권, 직장선택의 자유 등)과 관련해서만 헌법소원을 제기할 수 있다고 보아야 할 것이다.[2]

자연인은 원칙적으로 살아있는 동안에만 기본권의 주체이다. 즉 기본권능력은 출생으로 발생하고 사망으로 소멸한다. 문제는 출생 이전 및 사망 이후에도 예외적으로 기본권능력을 가질 수 있는가 하는 점이다. 예컨대 민법상 제한된 권리를 갖는 태아도 헌법상 기본권주체가 될 수 있는지가 문제될 수 있다. 생명권 또는 상속권 등의 제한된 범위 내에서 기본권주체로 인정될 수 있을 것이다.[3] 그러나 초기배아의 경우에는 기본권주체성을 부인하고 있는 것이 헌법재판소의 입장이다.[4]

---

1) 헌재 1994. 12. 29. 93헌마120, 판례집 6-2, 477, 480.

2) 헌재 2001. 11. 29. 99헌마494, 판례집 13-2, 714, 723-724; 헌재 2011. 9. 29. 2007헌마1083 등, 공보 제180호, 1453, 1460.

3) 헌법재판소도 민법 제3조 등 위헌소원사건에서 "모든 인간은 헌법상 생명권의 주체가 되며, 형성 중의 생명인 태아에게도 생명에 대한 권리가 인정되어야 한다. 따라서 태아도 헌법상 생명권의 주체가 되며, 국가는 헌법 제10조에 따라 태아의 생명을 보호할 의무가 있다."라고 판시하고 있다. 헌재 2008. 7. 31. 2004헌바81, 판례집 20-2 상, 91, 101. 독일 연방헌법재판소 역시 낙태판결에서 태아에게 생명권의 주체성을 인정한 바 있다. BVerfGE 39, 1(36ff.).

4) "초기배아들에 해당하는 청구인 1, 2의 경우 헌법상 기본권 주체성을 인정할 수 있을 것인지에 대해 살피건대, 청구인 1, 2가 수정이 된 배아라는 점에서 형성 중인 생명의 첫걸음을 떼었다고 볼 여지가 있기는 하나 아직 모체에 착상되거나 원

사망으로 기본권능력도 소멸하는 것이 원칙이다. 따라서 청구인이 사망한 경우 기본권은 일반적으로 일신전속적이기 때문에 헌법재판소에 계속된 헌법소원은 종료된다고 보아야 할 것이다.[1] 그러나 재산권과 같이 일신전속적인 성격이 약한 기본권의 경우에는 청구인이 사망한 이후에도 그 상속인에 의한 헌법소원절차의 수계가 가능하다고 할 것이다.[2]

시선이 나타나지 않은 이상 현재의 자연과학적 인식 수준에서 독립된 인간과 배아 간의 개체적 연속성을 확정하기 어렵다고 봄이 일반적이라는 점, 배아의 경우 현재의 과학기술 수준에서 모태 속에서 수용될 때 비로소 독립적인 인간으로의 성장 가능성을 기대할 수 있다는 점, 수정 후 착상 전의 배아가 인간으로 인식된다거나 그와 같이 취급하여야 할 필요성이 있다는 사회적 승인이 존재한다고 보기 어려운 점 등을 종합적으로 고려할 때, 초기배아에 대한 국가의 보호필요성이 있음은 별론으로 하고, 청구인 1, 2의 기본권 주체성을 인정하기 어렵다. 그렇다면 청구인 1, 2는 기본권의 주체가 될 수 없으므로 헌법소원을 제기할 수 있는 청구인적격이 없다고 할 것이다." 헌재 2010. 5. 27. 2005헌마346, 판례집 22-1 하, 275, 292.

1) 헌재 1992. 11. 12. 90헌마33, 판례집 4, 782, 785.

2) 헌법재판소는 "청구인은 위 고소사건의 고소인이 아니므로 청구인의 이 사건 소원심판청구의 적격이 문제되나 형사소송법 제225조 제2항에서 피해자가 사망한 경우 그 배우자, 직계친족 또는 형제자매에게 고소권을 인정하고 있는 취지에 비추어 볼 때, 피해자인 고소인이 고소후에 사망한 경우 피보호법익인 재산권의 상속인은 자신들이 따로 고소를 할 것 없이 피해자 지위를 수계하여 피해자가 제기한 당해 고소사건에 관한 검사의 불기소처분에 대하여 항고·재항고도 할 수 있고 또한 헌법소원심판도 청구할 수 있다고 보는 것이 당연하다. 이러한 견해에서 볼 때 피해자인 고소인이 제기한 재항고의 기각통지를 받은 청구인(고소인의 처)이 제기한 이 사건 헌법소원심판청구는 적법하다."라고 판시하고 있다. 헌재 1993. 7. 29. 92헌마234, 판례집 5-2, 196, 201-202. 또한 헌법재판소는 "청구인이 이 사건 헌법소원심판을 청구할 당시의 전제되는 재판이었던 대법원 90도319호 사건은 앞서 본 바와 같이 1990.4.24. 상고기각판결에 의하여 종료되었지만, 헌법소원이 인용되는 경우 헌법재판소법 제75조 제7항에 의하여 유죄의 확정판결에 대하여 재심을 청구할 수 있으므로 같은 법 제40조 민사소송법 제211조 제1항에 따라 청구인의 사망 후에 재심을 청구할 수 있는 자는 이 사건 헌법소원심판절차를 수계할 수 있지만, 수계할 당사자가 없거나 수계의사가 없는 경우에는 청구인의 사망에 의하여 헌법소원심판절차는 원칙적으로 종료된다고 할 것이고, 다만 수계의사표시가 없는 경우에도 이미 결정을 할 수 있을 정도로 사건이 성숙되어 있고 그 결정에 의하여 유죄판결의 흠이 제거될 수 있음이 명백한 경우 등 특별히 유죄판결을 받은 자의 이익을 위하여 결정의 필요성이 있다고 판단되는 때에 한하여 종국결정을 할 수 있다고 할 것이다."라고 판시하고 있다. 헌재 1994. 12. 29. 90헌바13, 판례집 6-2, 351, 353-354. 동지의 판례 헌재 1997. 1. 16. 89헌마240, 판례집 9-1, 45, 70.

(2) 권리능력 없는 사단

권리능력 없는 사단도 향유할 수 있는 기본권(예컨대 결사의 자유, 평등권 등)의 침해가 문제된 경우에는 헌법소원을 청구할 수 있다. 즉 법인 아닌 사단·재단이라고 하더라도 대표자의 정함이 있고 독립된 사회적 조직체로서 활동하는 때에는 성질상 법인이 누릴 수 있는 기본권을 침해당하게 되면 그의 이름으로 헌법소원심판을 청구할 수 있다.[1] 다만 권리능력 없는 사단은 그 구성원의 기본권이 아닌 사단 자신의 기본권과 관련해서만 헌법소원 청구인적격을 가진다.[2]

헌법재판소는 권리능력 없는 사단의 일종인 정당에 대하여 기본권주체성이 인정되어 헌법소원청구능력을 인정하였고,[3] 노동조합은 법인 아닌 사단으로서 기본권능력이 인정되고 헌법 제33조가 정하는 바에 따라 기본권주체성이 인정되므로 그 범위에서는 헌법소원을 청구할 수 있다고 하였으며,[4] 대한예수교장로회 총회신학연구원 이사회에 대하여도 장로회 총회의 단순한 내부기구가 아니라 그와는 별개의 비법인 재단에 해당된다고 하여 헌법소원 청구인능력을 인정하였다.[5]

그러나 한국영화인협회 감독위원회는 영화인협회로부터 독립된 별개의 단체가 아니고 영화인협회의 내부에 설치된 8개의 분과위원회 가운데 하나에 지나지 아니하며, 달리 단체로서의 실체를 갖추어 당사자능력이 인정되는 법인 아닌 사단으로 볼 자료가 없으므로 헌법소원심판절차의

1) 헌재 1991. 6. 3. 90헌마56, 판례집 3, 289, 296.

2) 헌법재판소도 "단체와 그 구성원을 서로 별개의 독립된 인격체로 인정하고 있는 현행의 우리나라 법제 아래에서는 헌법상 보장된 기본권을 직접 침해당한 사람만이 원칙적으로 헌법소원심판 절차에 따라 권리구제를 청구할 수 있는 것이고, 단체의 구성원이 기본권을 침해당한 경우 단체가 구성원의 권리구제를 위하여 그를 대신하여 헌법소원심판을 청구하는 것은 원칙적으로 허용될 수 없다."라고 판시하여 같은 견해를 취하고 있다. 헌재 1991. 6. 3. 90헌마56, 판례집 3, 289, 297.

3) 헌재 1991. 3. 11. 91헌마21, 판례집 3, 91, 98-99.

4) 헌재 1999. 11. 25. 95헌마154, 판례집 11-2, 555, 573.

5) 헌재 2000. 3. 30. 99헌바14, 판례집 12-1, 325, 335.

청구인능력이 있다고 할 수 없다고 하여 단체의 부분기관에게는 청구인 능력을 부인하였다.[1)]

(3) 법 인

1) 사법인

법인격 있는 사단이나 재단 등 사법인은 성질상 기본권의 주체가 될 수 있는 범위내에서 청구인능력을 가진다.[2)]

2) 공법인

공법인은 원칙적으로 기본권의 주체가 아니므로 헌법소원심판의 청구인능력을 갖지 않는다. 예컨대 공법인인 국가나 지방자치단체 등의 공공단체는 공권력행사의 주체이지 기본권의 주체가 아니므로 원칙적으로 청구인능력을 가지지 않는다. 헌법재판소도 "국가나 국가기관 또는 국가조직의 일부나 공법인은 기본권의 '수범자(Adressat)'이지 기본권의 주체로서 그 '소지자(Träger)'가 아니고 오히려 국민의 기본권을 보호 내지 실현해야 할 '책임'과 '의무'를 지니고 있는 지위에 있을 뿐이다."라고 판시하여 이 점을 분명히 하고 있다.[3)] 예컨대 헌법재판소는 국회의원,[4)] 국회의 노동위원회,[5)] 지장자치단체의 장,[6)] 지방의회,[7)] 교육위원[8)] 등의 기본권 주체성과 청구인능력을 부인하였다. 또한 헌법재판소는 농지개량조합을 공

---

1) 헌재 1991. 6. 3. 90헌마56, 판례집 3, 289, 296.

2) 헌재 1991. 6. 3. 90헌마56, 판례집 3, 289, 295; 헌재 1996. 3. 28. 94헌바42, 판례집 8-1, 199, 206.

3) 헌재 1994. 12. 29. 93헌마120, 판례집 6-2, 477, 480.

4) 헌재 1995. 2. 23. 90헌마125, 판례집 7-1, 238, 143.

5) 헌재 1994. 12. 29. 93헌마12, 판례집 6-2, 477, 480.

6) 헌재 1997. 12. 24. 96헌마365.

7) 헌재 1998. 3. 26. 96헌마345, 판례집 10-1, 295, 300.

8) 헌재 1995. 9. 28. 92헌마23등, 판례집 7-2, 343, 352.

익적 목적을 위하여 설립되어 활동하는 공법인이라고 보고 헌법소원 청구능력을 부인하였다.[1)]

그러나 공법인(공법상의 영조물 포함)도 예외적으로 국가와의 관계에서 기본권의 주체로서의 지위를 가질 수 있고, 따라서 헌법소원심판의 청구인능력을 가질 수 있다. 즉 국가에 대하여 독립성을 가지고 있는 독자적 기구로서 해당 기본권영역에서 국가에 대하여 기본권을 주장할 필요가 있는 경우에는 예외적으로 그 해당 기본권의 주체성을 인정할 수 있고, 따라서 헌법소원의 청구인능력을 인정할 수 있는 것이다.

예컨대 헌법재판소는 1994학년도 신입생선발입시안에 대한 헌법소원사건에서 "헌법 제31조 제4항은 … 교육의 자주성·대학의 자율성을 보장하고 있는데 이는 대학에 대한 공권력 등 외부세력의 간섭을 배제하고 대학구성원 자신이 대학을 자주적으로 운영할 수 있도록 함으로써 대학인으로 하여금 연구와 교육을 자유롭게 하여 진리탐구와 지도적 인격의 도야라는 대학의 기능을 충분히 발휘할 수 있도록 하기 위한 것이며, 교육의 자주성이나 대학의 자율성은 헌법 제22조 제12항이 보장하고 있는 학문의 자유의 확실한 보장수단으로 꼭 필요한 것으로서 이는 대학에게 부여된 헌법상의 기본권이다. 따라서 국립대학인 서울대학교는 다른 국가기관 내지 행정기관과는 달리 공권력의 행사자의 지위와 함께 기본권의 주체라는 점도 중요하게 다루어져야 한다."라고 함으로써 과거 – 현재처럼 독립된 공법인이 아닌 – 공법상의 영조물이었던 서울대학교가 공권력행사의 주체인 동시에 학문의 자유와 대학의 자율권이라고 하는 기본권의 주체가 된다고 판시했다.[2)] 또한 강원대학교 법학전문대학원 2015학년 모집정지처분 등 취소사건에서도 같은 내용의 판시를 하고 있다.[3)]

1) 헌재 2000. 11. 30. 99헌마190, 판례집 12-2, 325, 336-340.

2) 헌재 1992. 10. 1. 92헌마68등, 판례집 4, 659, 670. 이 결정의 문제점에 대하여 자세한 것은 정연주, 서울대 입시요강사건, 헌법실무연구 제2권, 헌법실무연구회편, 2001. 12, 411쪽 이하 참조.

3) 헌재 2015. 12. 23. 2014헌마1149, 판례집 27-2하, 710, 715-716.

국립대학도 헌법상 학문의 자유 및 대학의 자율권으로 보호되는 영역에서는 독립된 기본권의 주체가 되므로, 국가를 상대로 할 경우에는 예외적으로 청구인능력이 인정될 수 있고, 따라서 국가공권력 행사가 국립대학의 대학의 자율권을 침해하는 경우에는 해당 기본권이 형해화되는 것을 막기 위하여 헌법소원심판의 청구인능력이 인정되는 것이다.

아울러 같은 논리에서 공법인인 한국방송공사도 보도의 자유의 주체로서 국가를 상대로 할 경우에는 역시 헌법소원 청구인능력을 가진다고 하겠다.

한편 헌법재판소는 축협중앙회는 회원의 임의탈퇴나 임의해산이 불가능한 점 등 공법인적 특성을 많이 가지고 있지만, 그 존립목적 및 설립형식에서의 자주적 성격에 비추어 사법인성도 겸유한 특수한 법인으로서 기본권의 주체가 되고, 따라서 헌법소원 청구능력을 가진다고 판시했다.[1]

Ⅱ. 공권력의 행사 또는 불행사

헌법소원심판청구의 중요한 요건 중 하나가 공권력의 행사 또는 불행사의 존재이다. 법 제68조 제1항에 따라 헌법소원제도는 국가 공권력작용에 의하여 기본권이 침해될 경우 그 침해된 기본권을 구제받기 위하여 청구하는 제도이므로 적법한 헌법소원심판청구를 위하여 기본권침해의 원인이 된 위헌인 공권력의 행사 또는 불행사가 반드시 존재해야 하는 것이다.[2] 한편 공권력의 불행사에 대한 헌법소원은 공권력의 주체에게 헌법에서 유래하는 작위의무가 특별히 구체적으로 규정되어 이에 의거하여 기본권의 주체가 그 공권력의 행사를 청구할 수 있음에도 공권력의

---

1) 헌재 2000. 6. 1. 99헌마553, 판례집 12-1, 686, 709.

2) 법 제68조 제2항의 위헌법률심사형 헌법소원의 경우에는 위헌법률심판의 경우에서처럼 재판의 전제가 되는 법률의 위헌 여부가 심판의 대상이므로 이에 대한 언급은 위헌법률심판에서의 관련 부분을 참조.

주체가 그 의무를 해태하는 경우에 한하여 허용된다. 따라서 이러한 작위 의무가 없는 공권력의 불행사에 대한 헌법소원은 부적법한 것이 된다.[1]

헌법소원의 대상이 되는 공권력작용은 기본권을 침해하는 대한민국의 공권력작용을 의미한다. 국민의 기본권을 확인하고 보장할 의무를 지는 것은 대한민국의 공권력이기 때문이다. 따라서 외국의 기관 또는 국제기구의 공권력작용은 헌법소원의 대상이 아니다. 대한민국의 공권력작용이면 입법·행정·사법작용을 행사하는 모든 국가기관·공공단체 등의 공권력작용이 모두 포함된다.[2] 그러나 국가 또는 공공단체의 사법상의 행위는 헌법소원의 대상이 아니다.[3]

여기서는 헌법소원심판의 대상이 되는 공권력작용을 입법작용, 행정작용, 사법작용으로 나누어 살펴보기로 한다.

1. 입법작용

법 제68조 제1항에 규정된 공권력작용에는 당연히 입법작용이 포함된다. 따라서 입법작용은 헌법소원심판의 대상이 된다.

(1) 법 률

입법작용 중 대표적인 것은 국회가 제정한 형식적 의미의 법률이다. 따라서 법률도 헌법소원의 대상이 될 수 있다. 다만 법률은 대부분 추상성과 일반성을 갖기 때문에 그 자체로서 구체적·최종적으로 국민의 기본권을 직접 침해하지는 아니한다. 따라서 일반적으로는 법률이 직접 헌법소원의 대상이 되는 것은 아니다. 그러나 법률이 별도의 구체적 집행행위를 기다리지 아니하고 직접·현재 헌법상 보장된 기본권을 침해하는 예외적인 경우에는 헌법소원의 대상이 될 수 있다. 법 제68조 제1항 단

1) 헌재 1994. 6. 30. 93헌마161, 판례집 6-1, 700, 704-705.
2) 헌재 2001. 3. 21. 99헌마139, 판례집 13-1, 676, 692.
3) 헌재 2005. 2. 24. 2004헌마442, 판례집 17-1, 284, 293.

서는 다른 법률에 구제절차가 있는 경우에는 그 절차를 모두 거친 후가 아니면 헌법소원 심판을 청구할 수 없도록 규정하고 있으나, 법률이 직접 기본권을 침해하는 경우에는 법률 자체의 효력을 직접 다투는 것을 소송물로 하여 일반 법원에 소송을 제기하는 방법이 없어 다른 법률에 구제절차가 있는 경우에 해당하지 아니하므로 곧 바로 헌법소원을 제기할 수 있는 것이다.[1)]

법률이 헌법소원의 대상이 되려면 현재 시행중인 유효한 것이어야 함이 원칙이나, 법률이 일반적 효력을 발생하기 전이라도 이미 공포되어 있고 청구인이 불이익을 입게 될 수 있음을 충분히 예측할 수 있는 경우에는 그 법률에 대하여 예외적으로 헌법소원을 제기할 수 있다.[2)]

한편 이미 위헌결정으로 인해 효력을 상실한 법률 또는 폐지된 법률은 헌법소원의 대상이 될 수 없다. 그러나 폐지된 법률이라 할지라도 그와 유사한 내용을 규정한 새로운 법률조항이 제정되어 그 신법조항에 의한 기본권침해가 확실시되고 폐지된 법률조항의 위헌 여부에 대하여 아직 그 해명이 이루어진 바가 없는 경우에는 예외적으로 폐지된 법률조항도 헌법소원의 대상이 된다는 것이 헌법재판소의 입장이다. 헌법재판소는 구 지방의회의원선거법 제35조 등에 대한 헌법소원사건에서 "선거법이 폐지되어 다음 지방의회의원선거가 공직선거법에 의하여 치러질 것이라고 하더라도, 지방의회의원선거에 있어서 정부투자기관 직원의 입후보를 제한하는 이 사건 규정부분의 위헌 여부에 관하여 아직 그 해명이 이루어진 바가 없고, 또한 위 규정이 청구인들의 기본권을 침해하는 것으로 판단된다면, 이 법을 폐지한 공직선거법은 그 제53조 제1항 제4호에서 이 사건 규정부분과 유사한 내용을 규정하고 있으므로, 위 공직선거법에 의한 선거에 입후보하고자 하는 사람들의 기본권이 위 신규정에 의하여 침해될 것이 확실히 예상된다. 따라서 이 사건 분쟁의 해결은 위 신규정의 개정을 촉진하여 위헌적인 법률에 의한 기본권 침해의 위험을

1) 헌재 1990. 6. 25. 89헌마220, 판례집 2, 200, 203-204.

2) 헌재 1994. 12. 29. 94헌마201, 판례집 6-2, 510, 523-524.

사전에 제거하는 등 헌법질서의 수호유지를 위하여 긴요한 사항이어서 헌법적으로 그 해명이 중대한 의미를 지닌다고 할 것이므로, 결국 폐지된 선거법 제35조 제1항 제6호에 대하여도 본안판단의 필요성이 인정된다 할 것이다."라고 판시하여 폐지된 법률의 예외적인 헌법소원의 대상성을 인정했다.[1]

법률의 개정 또는 폐지를 요구하는 것은 헌법소원의 대상이 될 수 없다. 법률의 개폐는 입법기관의 소관사항이므로 헌법소원을 통해서 강요할 수 있는 일이 아니기 때문이다.[2]

(2) 조약과 국제법규

헌법에 의하여 체결·공포된 조약과 일반적으로 승인된 국제법규는 국내법과 같은 효력을 가지므로(헌법 제6조 제1항) 헌법소원의 대상이 될 수 있다. 따라서 조약 등 국제법이 국내법 중 법률의 효력을 가지는 경우에는 위에서 언급한 법률의 경우처럼 헌법소원의 대상이 된다. 물론 이 경우에도 법률의 경우에서처럼 조약 등이 별도의 구체적 집행행위를 기다리지 아니하고 직접·현재 헌법상 보장된 기본권을 침해하는 예외적인 경우에만 헌법소원의 대상이 된다. 헌법재판소가 대한민국과일본국간의어업에관한협정을 헌법소원의 대상으로 인정한 것을 대표적인 예로 들 수 있다.[3]

(3) 긴급재정경제명령과 긴급명령

헌법 제76조 제1항과 제2항에 따라 대통령은 법률의 효력을 가지는 긴급재정경제명령과 긴급명령을 발할 수 있다. 따라서 대통령의 긴급재정경제명령과 긴급명령은 법률과 마찬가지로 별도의 구체적 집행행위를

1) 헌재 1995. 5. 25. 91헌마67, 판례집 7-1, 722, 736-737.

2) 헌재 1992. 6. 26. 89헌마132, 판례집 4, 387, 405-406.

3) 헌재 2001. 3. 21. 99헌마139, 판례집 13-1, 676, 692.

기다리지 아니하고 직접·현재 헌법상 보장된 기본권을 침해하는 경우에는 헌법소원의 대상이 될 수 있다. 헌법재판소는 금융실명거래및비밀보장에관한긴급재정경제명령의 헌법소원 대상성을 인정한 바 있다.[1)]

(4) 입법부작위

입법부작위에는 진정입법부작위(echtes Unterlassen)와 부진정입법부작위(unechtes Unterlassen)의 두 가지 유형이 있다. 전자는 입법자가 헌법상 입법의무가 있는 사항에 관하여 전혀 입법을 하지 아니함으로써 처음부터 법률이 존재하지 않는 경우이고, 후자는 입법자가 헌법상의 입법의무가 있는 사항에 관하여 불완전하고 결함이 있는 입법을 해서 법률이 불완전하고 결함이 있는 상태로 존재하는 경우이다.[2)]

1) 진정입법부작위

진정입법부작위는 매우 한정적으로만 헌법소원의 대상이 된다고 하겠다. 왜냐하면 어떠한 사항을 법규로 규율할 것인가, 이를 방치할 것인가는 특단의 사정이 없는 한 입법자의 정치적, 경제적, 사회적 그리고 세계관적 고려하에서 정해지는 입법정책의 문제이므로 국민이 입법을 해달라는 취지의 청원을 함은 별론으로 하고 입법행위의 소구청구권은 원칙적으로 인정될 수 없기 때문이다. 만일 법을 제정하지 아니한 것이 위헌임을 이유로 이 점에 관하여 헌법재판소의 위헌판단을 받아 입법당국으로 하여금 입법을 강제하게 하는 것이 일반적으로 허용된다면 결과적으로 헌법재판소가 입법자의 지위를 대체하게 되어 헌법재판의 한계를 벗어나게 된다고 할 것이다. 따라서 진정입법부작위에 대한 헌법재판소의 재판관할권은 극히 한정적으로 인정할 수밖에 없다고 할 것이다. 이에 따라 헌법재판소는 헌법에서 기본권보장을 위해 법령에 명시적인 입법위임을 하였음에도 입법자가 이를 이행하지 않을 때, 또는 헌법 해석상 특정인에

1) 헌재 1996. 2. 29. 93헌마186, 판례집 8-1, 111, 116.
2) 헌재 1996. 10. 31. 94헌마108, 판례집 8-2, 480, 489.

게 구체적인 기본권이 생겨 이를 보장하기 위한 국가의 행위의무 내지 보호의무가 발생하였음이 명백함에도 불구하고 입법자가 전혀 아무런 입법조치를 취하고 있지 않은 경우 등 두 가지의 경우에만 입법부작위가 헌법소원의 대상이 된다고 보고 있다.[1)]

실제로 헌법재판소는 조선철도(주) 주식의 보상금청구에 관한 헌법소원사건에서 "우리 헌법은 제헌 이래 현재까지 일관하여 재산의 수용, 사용 또는 제한에 대한 보상금을 지급하도록 규정하면서 이를 법률이 정하도록 위임함으로써 국가에게 명시적으로 수용 등의 경우 그 보상에 관한 입법의무를 부과하여 왔는바, 해방 후 사설철도회사의 전 재산을 수용하면서 그 보상절차를 규정한 군정법령 제75호에 따른 보상절차가 이루어지지 않은 단계에서 조선철도의통일폐지법률에 의하여 위 군정법령이 폐지됨으로써 대한민국의 법령에 의한 수용은 있었으나 그에 대한 보상을 실시할 수 있는 절차를 규정하는 법률이 없는 상태가 현재까지 계속되고 있으므로, 대한민국은 위 군정법령에 근거한 수용에 대하여 보상에 관한 법률을 제정하여야 하는 입법자의 헌법상 명시된 입법의무가 발생하였으며, 위 폐지법률이 시행된 지 30년이 지나도록 입법자가 전혀 아무런 입법조치를 취하지 않고 있는 것은 입법재량의 한계를 넘는 입법의무불이행으로서 보상청구권이 확정된 자의 헌법상 보장된 재산권을 침해하는 것이므로 위헌이다."라고 판시함으로써 진정입법부작위에 대한 헌법소원을 인용한 바 있다.[2)]

그러나 헌법재판소는 침술의사자격에 관한 헌법소원사건에서 "외국에서 침구사자격을 얻은 사람들을 위하여 국내에서도 그들의 침구사자격을 인정하는 법률을 제정하여야 한다는 헌법상의 명시적 위임은 없으며 달리 그러한 내용의 법률을 제정함으로써 청구인들의 기본권을 보호하여야 할 입법자의 행위의무 내지 보호의무가 존재한다고 볼 아무런 근거가 없

1) 헌재 1989. 3. 17. 88헌마1, 판례집 1, 9, 16-17.

2) 헌재 1994. 12. 29. 89헌마2, 판례집 6-2, 395, 395-396. 이 판례에 대한 평석은 정연주, 조선철도(주)주식의 보상금청구에 관한 헌법소원, 감정평가, 한국감정평가업협회, 1995 봄호, 30쪽 이하 참조.

다."고 판시했고,[1] 한방의료제도운용과 침구사업권에 대한 헌법소원사건에서 "헌법에서 기존의 침구사들의 업권보호와 한의사 등 침구사 아닌 자가 침구시술행위를 할 때에 이의 규제를 위한 입법을 하위법규에 위임한 바 없고, 또 달리 그러한 내용의 입법의무를 인정할 수 없으므로, 침구사들의 고유의 업권에 관한 규정 및 침구사 아닌 자들의 침구시술행위를 금지하는 규정을 제정하지 않은 것은 입법부작위의 위헌확인을 구할 수 있는 경우에 해당하지 아니하다."고 판시했으며,[2] 입법부작위 위헌확인사건에서 "외국의 대사관저에 대하여 강제집행을 할 수 없다는 이유로 집달관이 청구인들의 강제집행신청의 접수를 거부하여 강제집행이 불가능하게 된 경우 국가가 청구인들에게 손실을 보상하는 법률을 제정하여야 할 헌법상의 명시적인 입법위임은 인정되지 아니하고, 헌법의 해석으로도 그러한 법률을 제정함으로써 청구인들의 기본권을 보호하여야 할 입법자의 행위의무 내지 보호의무가 발생하였다고 볼 수도 없다."고 판시했고,[3] 또 다른 입법부작위 위헌확인사건에서 "헌법은 법률이 정하는 바에 따른 선거권과 공무담임권 및 국가안위에 관한 중요정책과 헌법개정에 대한 국민투표권만을 헌법상의 참정권으로 보장하고 있는바, 지방자치법 제13조의2에서 규정한 주민투표권은 그 성질상 선거권, 공무담임권, 국민투표권과는 다른 것이어서 이를 법률이 보장하는 참정권이라고 할 수 있을지언정 헌법이 보장하는 참정권이라고 할 수는 없으므로 주민투표와 관련하여 헌법의 명시적인 입법위임도 존재하지 아니하고, 헌법해석상 그러한 입법의무가 새롭게 발생하는 것도 아니라고 할 것이므로 주민투표에 대한 입법부작위의 위헌확인을 구하는 이 사건 헌법소원심판은 허용되지 아니한다."고 판시했다.[4]

한편 헌법재판소법 제68조 제1항 위헌확인사건에서 "언론통폐합으로

---

1) 헌재 1991. 11. 25. 90헌마19, 판례집 3, 599, 604.

2) 헌재 1993. 11. 27. 90헌마209, 판례집 5-2, 433, 442-443.

3) 헌재 1998. 5. 28. 96헌마44, 판례집 10-1, 687, 694.

4) 헌재 2001. 6. 28. 2000헌마735, 판례집 13-1, 1431, 1439-1440.

인한 피해를 국가가 배상 또는 전보하기 위한 의회의 입법의무를 인정하는 헌법상의 명문규정은 찾아볼 수 없고, 헌법해석상 피해자들의 기본권을 보호하기 위한 국가의 입법의무가 발생하였음이 명백함에도 불구하고 의회가 아무런 입법조치를 취하고 있지 않기 때문이라고 보기도 어렵다. 따라서 언론통폐합조치로 인한 피해를 구제할 입법에 대한 부작위가 바로 위헌이라 하여 그 확인을 구하는 헌법소원은 허용할 수 없다."고 판시했고,[1] 그밖에 1950. 8. 20. 전후하여 제주도 각 경찰서에서 구금 중이던 민간인들을 처형한 사건에 대한 진상조사 및 그 사건 피해자들의 명예회복·호적정정·피해배상 등 국가의 의무이행을 위한 법률을 제정하지 아니한 입법부작위의 위헌확인을 구하는 헌법소원심판청구에 대하여 입법자에게 입법을 하여야 할 헌법의 명문상 또는 해석상 작위의무가 존재하지 않는다고 판시했으며,[2] 교육공무원의 임용시에 여성과 남성의 평등한 임용기회를 보장하기 위하여 여성 또는 남성이 선발예정인원의 일정 비율 이상이 될 수 있도록 하는 양성평등채용목표제를 실시하는 법률을 제정할 것을 입법자에게 입법위임을 하는 그러한 규정은 우리 헌법 어디에도 없고, 또한 헌법해석상 그러한 법령을 제정하여 교육공무원 내 남녀의 성비가 균형을 이루도록 함으로써 양성의 평등을 제고하여야 하여야 할 입법자의 행위의무 내지 보호의무가 발생하였다고 볼 여지 또한 없다고 판시했다.[3]

2) 부진정입법부작위

부진정입법부작위를 대상으로, 즉 입법의 내용·범위·절차 등의 결함을 이유로 헌법소원을 제기하려면 결함이 있는 당해 입법규정 그 자체를 대상으로 하여 그것의 평등원칙 위반 등의 헌법위반을 내세워 적극적인 헌법소원을 제기해야 한다는 것이 헌법재판소의 일관된 입장이다.[4]

1) 헌재 2003. 3. 27. 2001헌마116, 판례집 15-1, 298, 307-308.
2) 헌재 2003. 6. 26. 2000헌마509, 판례집 15-1, 741, 750.
3) 헌재 2006. 5. 25. 2005헌마362, 공보 제116호, 845, 849.

예컨대 헌법재판소는 "형사소송법 제420조가 규정하는 재심이유 외에 '유죄의 확정판결 후 동 판결에서 인정한 사실과 법률적 가치판단이 상치되어 양립할 수 없는 사실의 인정에 관한 확정판결이 있는 때'를 별도의 재심이유로 규정하지 아니한 것은 부진정입법부작위에 해당한다 할 것인바, 부진정입법부작위에 대하여 재판상 다툴 경우에는 그 입법규정 즉 이 사건에 있어서는 형사소송법 제420조 그 자체를 대상으로 하여 그것이 헌법위반이라는 적극적인 헌법소원을 제기하여야 한다."고 판시했고,[1] 국회가 1980년 국가보위비상대책위원회의 정화계획에 의하여 강제해직된 정부산하기관 임직원이었던 청구인에 대하여 이를 구제하기 위한 아무런 입법을 하지 아니함으로써 청구인의 보상청구권, 평등권, 재산권을 침해한 것의 확인을 구하는 헌법소원심판청구는 평등원칙의 관점에서 입법자가 정부산하기관의 직원인 청구인을 당연히 공무원과 같이 특별조치법의 수혜범위에 포함시켰어야 한다는 주장에 지나지 아니하므로 이러한 입법부작위는 헌법적 입법의무에 근거한 것이 아니라 단지 혜택부여규정의 인적 범위의 제한에 따른 결과에 지나지 아니하여 이른바 부진정입법부작위에 해당할 뿐이라고 판시했다.[2] 그밖에 헌법재판소가 부진정입법부작위에 해당한다고 본 사례는, 도시계획법 제21조에 의하여 개발제한구역이 지정됨으로 인하여 재산권이 제한된 자에 대하여 정당한 보상을 지급하는 법률을 제정하지 아니한 것,[3] 구 공직선거및선거부정방지법 제37조 제1항이 국민 중 국내에 주민등록이 되어 있는 국민에 대하여 선거권을 인정하고 있을 뿐 국내에 주민등록이 되어 있지 아니한 재외국민에 대하여서는 국내에서 실시되는 선거에 참여할 수 있는 절차를 규정하지 않은 것,[4] 장애인복지법시행규칙 제2조 제1항 별표1 제10호가 심장

4) 헌재 1989. 7. 28. 89헌마1, 판례집 1, 157, 163-164; 헌재 1993. 9. 27. 89헌마248, 판례집 5-2, 284, 294; 헌재 1996. 10. 31. 94헌마108, 판례집 8-2, 480. 489.

1) 헌재 1997. 3. 27. 94헌마235, 판례집 9-1, 390, 400.

2) 헌재 1996. 11. 28. 93헌마258, 판례집 8-2, 636, 645.

3) 헌재 1999. 1. 28. 97헌마9, 판례집 11-1, 45, 51.

4) 헌재 1999. 1. 28. 97헌마253, 판례집 11-1, 54, 64.

장애의 경우를 1등급에서 3등급까지 나누어 규정하면서 선천성 심장질환에 의한 합병증의 위험 때문에 정상적인 사회생활을 할 수 없는 자를 심장장애자로 인정하는 입법을 하지 않은 것[1] 등을 들 수 있다.

(5) 헌법규정

형식적 의미의 법률에 해당하지 아니하는 헌법의 개별조항은 위헌심사의 대상이 될 수 없으므로 이를 대상으로 한 헌법소원심판청구는 부적법하다는 것이 헌법재판소의 입장이다.[2]

그러나 개별헌법조항 내지 개정된 헌법규정의 내용이 헌법상의 본질적이고 근본적인 상위규정이나 원칙에 위배되어 헌법상 보장된 기본권을 직접·현재 침해한다면, 그리고 다른 여타의 헌법소원심판청구의 요건을 충족한다면 그 위헌적인 개별헌법조항이나 헌법개정조항 등은 헌법소원의 대상이 될 수 있다고 본다. 헌법개정작용도 하나의 광의의 입법작용으로서 헌법재판소법 제68조 제1항의 공권력작용에 해당된다고 볼 수 있기 때문이다. 왜냐하면 헌법 제128조 이하에서 규정된 헌법개정절차는 국가기관의 공권력행사에 의하여 시작되어 국가기관의 공권력행사에 의하여 완성되기 때문이다. 물론 일반 법률개정과는 달리 헌법개정의 경우에는 국민투표가 필수적으로 수반되고 국민투표에 의하여 확정되기는 하지만, 그렇다고 헌법개정작용의 공권력작용으로서의 성질이 상실되는 것은 아니다. 즉 국민투표만을 놓고 볼 때 이는 일종의 사인의 공법행위(합성행위)로서 그 자체 공권력작용은 아니지만, 헌법개정이 헌법 제128조 제1항에 따라 국회재적의원 과반수 또는 대통령의 발의로 제안되고, 그 개헌안은 동법 제130조 제1항에 따라 국회재적의원 3분의 2이상의 찬성으로 의결되고, 동법 동조 제2항에 따라 개헌안에 대한 국회의원선거권

1) 헌재 2000. 4. 11. 2000헌마206, 공보 제45호, 412, 413.

2) 헌재 1996. 6. 13. 94헌바20, 판례집 8-1, 475; 헌재 1998. 3. 26. 93헌마204; 헌재 1998. 6. 25. 96헌마47; 헌재 2001. 2. 22. 2000헌바38, 판례집 13-1, 289.

자 과반수의 투표와 투표자 과반수의 찬성이 있으면, 국민투표법 제89조에 따라 투표의 결과가 중앙선거관리위원회에 의하여 집계되고 공표되며 대통령과 국회의장에게 통보하도록 되어 있고, 대통령이 헌법 제130조 제3항에 따라 공포하도록 되어 있는 일련의 헌법개정절차를 고려할 때, 국민투표는 전 개정절차중 하나의 과정을 이루는 것이므로 이로 인해 헌법개정작용의 공권력작용으로서의 성질이 부인될 수는 없다고 하겠다.[1] 참고로 독일의 경우에는 개별헌법조항 등이 헌법소원은 물론 구체적 규범통제와 추상적 규범통제의 대상이 된다고 보고 있다.[2]

(6) 기 타

입법기관의 입법행위 이외에도 헌법소원의 대상이 되는 입법기관의 공권력작용이 있을 수 있다. 예컨대 헌법재판소는 국회는 청원에 대하여 심사할 의무를 지고 청구인에게는 심사를 요구할 수 있는 권리가 있으므로(헌법 제26조) 국회의장의 청원심사부작위는 헌법소원의 대상이 될 수 있다고 판시한 바 있다.[3]

---

1) 예컨대 국민투표행위와 유사한 선거행위에 있어서도 사인의 공법행위의 일종인 투표행위가 이루어지고 후보자의 당선이 사실상 투표로 확정된다 하더라도 국가기관에 의하여 선거가 이루어지고 준법률행위적 행정행위로서의 확인에 해당하는 선거관리위원회의 당선인 결정이라고 하는 행정작용 내지 공권력작용으로 완성된다는 점에서 선거작용은 공권력작용에 해당되며, 따라서 이에 대한 소송도 당선인을 결정한 선거관리위원회위원장을 피고로 해서 그 당선결정이라고 하는 공권력작용을 대상으로 제기하게 된다(공직선거법 제15장 참조).

2) 헌법규정에 대한 헌법소원 내지 위헌심사의 문제 및 그에 대한 독일의 이론과 실제에 대하여 자세한 것은 정연주, 헌법규범에 대한 위헌심사, 공법연구 제19집, 한국공법학회, 1991, 127쪽 이하 참조.

3) 헌재 2000. 6. 1. 2000헌마18, 판례집 12-1, 733, 738.

2. 행정작용

행정작용은 행정부에 의한 공권력의 행사 또는 불행사를 말하는 것으로 행정행위, 행정입법, 사실행위, 행정계획, 행정지도, 공법상 계약 등이 이에 속한다. 그런데 행정작용에 대한 구제는 일반적으로 행정소송을 통해 이루어진다. 따라서 다른 법률에 구제절차가 있는 경우에는 그 절차를 모두 거친 후가 아니면 청구할 수 없다는 보충성의 원칙(법 제68조 제1항 단서)과 법원의 재판을 헌법소원의 대상에서 제외시키고 있는 헌법재판소법의 규정(법 제68조 제1항 본문) 때문에 이러한 행정작용이 헌법소원의 대상이 되는 경우는 매우 제한되어 있다. 결국 행정작용이 헌법소원의 대상이 되는 경우는 행정소송의 대상이 되지 아니하기 때문에 행정소송에 의하여 권리구제를 받을 수 없거나, 행정소송의 대상이 되지만 권리구제의 기대가능성이 없는 등 보충성원칙의 예외가 인정되는 경우로 제한된다고 하겠다. 따라서 실제로 헌법소원의 대상이 되는 행정작용은 통치행위, 행정입법, 행정입법부작위, 자치입법, 권력적 사실행위, 검사의 불기소처분 등이다.

(1) 통치행위

통치행위는 대통령의 비상계엄선포행위나 긴급명령권발동, 사면행위 또는 외교에 관한 행위 등 고도의 정치성을 띤 국가작용을 말한다. 통치행위를 비롯한 모든 국가작용은 헌법과 기본권에 기속되므로 통치행위도 국민의 기본권을 위헌적으로 침해하는 경우에는 당연히 헌법소원의 대상이 된다고 하겠다.

헌법재판소도 긴급재정명령 등 위헌확인사건에서 "대통령의 긴급재정경제명령은 국가긴급권의 일종으로서 고도의 정치적 결단에 의하여 발동되는 행위이고 그 결단을 존중하여야 할 필요성이 있는 행위라는 의미에서 이른바 통치행위에 속한다고 할 수 있으나, 통치행위를 포함하여 모든 국가작용은 국민의 기본권적 가치를 실현하기 위한 수단이라는 한계를 반드시 지켜야 하는 것이고, 헌법재판소는 헌법의 수호와 국민의 기본권 보장을 사명으로 하는 국가기관이므로 비록 고도의 정치적 결단에 의하여 행해지는 국가작용이라고 할지라도 그것이 국민의 기본권 침해와 직접 관련되는 경우에는 당연히 헌법재판소의 심판대상이 된다."고 판시함으로써 이를 분명히 하고 있다.[1)]

그러나 다른 한편 헌법재판소는 일반사병 이라크파병 위헌확인사건에서 보듯이 외국에의 국군의 파견결정과 같이 성격상 외교 및 국방에 관련된 고도의 정치적 결단이 요구되는 사안에 대한 대통령이나 국회의 결정은 존중되어야 하므로 이에 대한 사법심사는 자제되어야 한다고 판시하면서 통치행위의 헌법소원 대상성을 부인한 바 있다.[2)]

이러한 헌법재판소의 소극적인 입장은 타당하지 않고, 통치행위에 관한 헌법재판소의 다른 판례에 비추어 볼 때 일관성도 상실한 것이다. 물론 통치행위가 기본권침해와 직접적인 관련성이 없다면 처음부터 헌법소원의 대상이 될 수 없을 것이다. 그러나 아무리 고도의 정치성을 띤 통치행위라 하더라도 그것의 헌법과 법률에의 위반 여부가 문제되고, 그에 대한 사법심사의 헌법과 법률적 잣대와 사법절차가 마련되어 있다면, 그리고 기본권침해 등 여타의 헌법소원의 청구요건을 충족했다면 당연히 헌법소원의 대상이 되어야 한다. 왜냐하면 통치행위를 포함한 모든 국가작용은 헌법과 법률의 테두리내에서 이루어져야 하고, 그것이 바로 헌법과 법률의 존재이유이며 법치주의의 본질이기 때문에, 통치행위라도 그것이 헌법과 법률에 위반된다면 결코 정당화될 수 없고 통제되어야 하며 그를 통해 침해된 기본권은 반드시 구제되어야 하는데, 이러한 국가권력의 통제와 헌법과 법률수호 및 기본권구제는 바로 사법부 본연의 임무이기 때문이다. 만일 그렇지 않다면 이는 법치주의의 포기로서 헌법과 법

1) 헌재 1996. 2. 29. 93헌마186, 판례집 8-1, 111, 116.
2) 헌재 2004. 4. 29. 2003헌마814, 판례집 16-1, 601, 606-607.

률을 파괴하고 기본권을 유린하는 것으로 결국 사법부의 직무유기에 해당하는 것이다.[1]

(2) 행정입법

행정입법은 행정기관이 제정하는 법률의 하위규범으로서 법규명령과 행정규칙을 말한다.

1) 일반법원에 의한 행정입법 통제

헌법 제107조 제2항은 "명령·규칙 또는 처분이 헌법이나 법률에 위반되는 여부가 재판의 전제가 된 경우에는 대법원은 이를 최종적으로 심사할 권한을 가진다."라고 규정하고 있다.[2] 따라서 행정입법의 위헌·위법 여부가 재판의 전제가 된 경우에는 그에 대한 심사는 일반적인 재판절차에 따라 일반법원에 의한 구체적 규범통제의 방법에 의하여야 한다. 결국 당사자는 구체적 사건의 심판을 위한 선결문제로서 행정입법의 위헌·위법성을 주장하여 법원에 대하여 당해 사건에 대한 적용 여부의 판단을 구할 수 있을 뿐 행정입법 자체의 합헌·합법성의 심사를 목적으로 하는 독립한 신청을 제기할 수는 없다.[3]

이러한 일반법원에 의한 행정입법에 대한 심사는 본래의 재판에 부수적인 것으로 직접적인 소송대상은 행정입법의 위헌·위법 여부가 아니다. 따라서 심사 결과 행정입법을 무효로 하는 것은 아니고 단순히 당해 사건에서 해당 행정입법의 적용을 배제시킬 수 있을 뿐이다. 따라서 이는

---

1) 통치행위에 대한 사법심사와 관련 헌법재판소 결정의 문제점에 대하여 자세한 것은 정연주, 통치행위에 대한 사법심사, 저스티스 95호, 한국법학원, 2006. 12, 29쪽 이하 참조.

2) 대법원의 최종적인 심사권은 하급법원의 심사권을 전제로 한 것이므로 하급법원도 재판의 전제가 된 하위규범에 대한 위헌·위법 여부를 심사할 수 있다. 다만 대법원의 최종적인 심사권은 보장되므로 그런 사건은 필요적 상고사건으로 다루어진다(법원조직법 제7조 제1항 참조).

3) 대결 1994. 4. 26. 93부32.

일반법원에 의한 행정입법에 대한 간접적 통제라고 할 수 있다.

2) 헌법소원에 의한 행정입법 통제

법규명령 또는 규칙 등 행정입법이 별도의 집행작용을 매개하지 않고 직접 기본권을 침해했을 경우 그 행정입법은 헌법소원의 대상이 된다. 헌법재판소는 법무사법시행규칙에 대한 헌법소원사건에서 "헌법 제107조 제2항이 규정한 명령·규칙에 대한 대법원의 최종심사권이란 구체적인 소송사건에서 명령·규칙의 위헌여부가 재판의 전제가 되었을 경우 법률의 경우와는 달리 헌법재판소에 제청할 것 없이 대법원이 최종적으로 심사할 수 있다는 의미이며, 명령·규칙 그 자체에 의하여 직접 기본권이 침해되었음을 이유로 하여 헌법소원심판을 청구하는 것은 위 헌법규정과는 아무런 상관이 없는 문제이다. … 따라서 입법부·행정부·사법부에서 제정한 규칙이 별도의 집행행위를 기다리지 않고 직접 기본권을 침해하는 것일 때에는 모두 헌법소원심판의 대상이 될 수 있는 것이다."[1]라고 판시함으로써 이를 분명히 하고 있다.

이러한 헌법소원에 의한 행정입법 통제의 경우는 위에서 언급한 일반법원에 의한 행정입법 통제의 경우와는 달리 해당 행정입법의 위헌 여부 및 기본권침해 여부가 직접 심판대상이 되는 경우로서 위헌으로 판단되는 경우 행정입법 자체를 무효로 하는 것이고, 따라서 이는 헌법재판소에 의한 행정입법에 대한 직접적 통제라고 할 수 있다.

3) 행정규칙

행정규칙 내지 행정명령은 행정청이 법률의 수권 없이 하급기관에 대한 지휘·감독권과 특별권력관계의 규율권에 근거하여 제정하는 비법규적인 일반적·추상적 규율을 의미한다. 훈령, 예규, 고시 등이 그것이다. 따라서 행정규칙은 법규명령과는 달리 법규성이 없다. 즉 행정규칙은 행

---

1) 헌재 1990. 10. 15. 89헌마178, 판례집 2, 365, 369-370; 같은 견해 헌재 1997. 6. 26. 94헌마52, 판례집 9-1, 659, 667-668.

정조직 내부에서만 효력을 가지고 대외적인 구속력을 가지지 아니한다. 따라서 행정규칙은 원칙적으로 국민의 기본권과 직접 관련이 없기 때문에 결국 헌법소원의 대상이 될 수 없다.

헌법재판소도 재기수사의 명령이 있는 사건에 관하여 지방검찰청검사가 다시 불기소처분을 하고자 하는 경우에는 미리 그 명령청의 장의 승인을 얻도록 한 검찰사건사무규칙의 규정은 검찰청 내부의 사무처리지침에 불과한 것일 뿐 법규적 효력을 가지는 것은 아니므로 헌법소원의 대상이 아니고,[1] 교육부장관이 발표한 1996학년도 대학입시기본계획 중 전국의 대학에 대하여 대학별고사에서 국·영·수 위주의 필답고사 실시에 신중을 기하여 줄 것을 권고하고, 그 세부사항으로 계열별·학과별 특성에 따라 대학수학능력시험이나 고등학교 내신성적을 보완하는 선에서 교과목을 최소화하도록 권고하는 내용은 법령의 위임을 받아 그 내용을 구체화하거나 법령의 구체적인 내용을 보충하는 것으로 볼 수 없어 청구인들의 기본권을 침해하는 공권력의 행사에 해당한다고 할 수 없으며,[2] 공직선거에 관한 사무처리예규는 개표관리 및 투표용지의 유·무효를 가리는 업무에 종사하는 각급 선거관리위원회 직원 등에 대한 업무처리지침 내지 사무처리준칙에 불과할 뿐 국민이나 법원을 구속하는 효력이 없는 행정규칙이므로 헌법소원 심판대상이 되지 아니하고,[3] 한약관련과목의 범위 및 이수인정기준은 보건복지부장관이 한약사국가시험 응시자격과 관련한 구 약사법시행령 제3조의2의 한약관련과목 규정을 구체적으로 해석하기 위한 기준으로서 국가시험원장에게 발한 훈령·통첩에 해당하고 행정관청 내부의 해석지침에 불과하여 대외적 구속력이 없으므로 헌법소원 심판청구의 대상이 될 수 없으며,[4] 경기도교육청의 '학교장·교사 초빙제 실시'는 행정조직 내부에서만 효력을 가지는 행정상의 운영지침을 정한 것으로서 국민이나 법원을 구속하는 효력이 없는 행정규칙에 해당

1) 헌재 1991. 7. 8. 91헌마42, 판례집 3, 380, 383-384.
2) 헌재 1997. 7. 16. 97헌마70, 판례집 9-2, 131, 141.
3) 헌재 2000. 6. 29. 2000헌마325, 판례집 12-1, 963, 970-971.
4) 헌재 2001. 2. 22. 2000헌마29, 판례집 13-1, 414, 424.

하므로 헌법소원의 대상이 되지 않는다고 판시했다.[1]

그러나 다른 한편 행정규칙도 예외적으로 헌법소원의 대상이 될 수 있다. 즉 행정규칙이 법규명령처럼 대외적 구속력을 갖게 되는 경우에는 국민의 기본권을 침해할 수 있고 따라서 헌법소원의 대상이 될 수 있는 것이다. 이러한 경우로서 헌법재판소는 다음의 세 가지 경우를 들고 있다. 즉 ① 법령의 규정에 의하여 행정관청에 법령의 구체적 내용을 보충할 권한을 부여한 경우에 제정된 행정규칙,[2] ② 재량권행사의 준칙인 규칙이 그 정한 바에 따라 되풀이 시행되어 행정관행이 성립되면 평등의 원칙이나 신뢰보호의 원칙에 따라 행정기관은 그 상대방에 대한 관계에서 그 규칙에 따라야 할 자기구속을 당하게 되는 경우의 행정규칙,[3] ③ 법령의 직접적인 위임에 따라 수임행정기관이 그 법령을 시행하는데 필요한 구체적 사항을 정한 행정규칙(그 제정형식은 비록 법규명령이 아닌 고시, 훈령, 예규 등과 같은 행정규칙이더라도, 그것이 상위법령의 위임한계를 벗어나지 아니하는 한, 상위법령과 결합하여 대외적인 구속력을 갖는 법규명령으로서 기능하게 된다)[4] 등의 경우에는 대외적 구속력을 가지며, 따라서 이러한 행정규칙이 직접 기본권을 침해했다면 헌법소원의 대상이 된다고 한다.

위 ②에 해당하는 경우로서, 헌법재판소는 계호근무준칙 제298조 등 위헌확인사건에서 계호근무준칙이 행정규칙이기는 하나 검사 조사실에서의 계구사용에 관한 재량권 행사의 준칙으로서 오랫동안 반복적으로 시행되어 그 내용이 관행으로 확립되었다 할 수 있는 것으로, 계호근무준칙을 따라야 하는 검사 조사실 계호근무자로서는 검사 조사실에서 수용자가 조사를 받는 동안에는 그때그때 개별적으로 상관에게 요청하여 그 지시를 받아 계구사용의 해제 여부를 결정할 여유가 사실상 없기 때문에 일단은 재량의 여지없이 원칙적, 일률적으로 계구를 사용하여 수용자를

1) 헌재 2001. 5. 31. 99헌마413, 공보 제57호, 571, 573.
2) 헌재 1990. 9. 3. 90헌마13, 판례집 2, 298, 303.
3) 헌재 1990. 9. 3. 90헌마13, 판례집 2, 298, 303.
4) 헌재 1992. 6. 26. 91헌마25, 판례집 4, 444, 449.

결박한 상태에서 계호해야 하므로 이 준칙은 재량 없는 집행행위를 통하여 계호대상이 되는 수용자에게 직접적으로 계구사용으로 인한 기본권제한의 효력을 미치게 된다고 판시했고,[1] 산업기술연수생 도입기준 완화결정 등 위헌확인사건에서 지방노동관서의 장은 평등 및 신뢰의 원칙상 모든 사업주에 대하여 노동법 예규에 따른 행정관행을 반복할 수밖에 없으므로, 결국 노동법 예규는 대외적 구속력을 가진 공권력의 행사가 된다고 판시했다.[2]

또한 위 ③에 해당하는 경우로서, 헌법재판소는 식품접객업소영업행위제한기준 위헌확인사건에서 이 기준은 그 제정형식이 비록 보건복지부장관의 고시라는 행정규칙이지만, 식품위생법 제30조의 위임에 따라 식품접객업소의 영업행위에 대하여 제한대상 및 제한시간을 정한 것으로서 상위법령과 결합하여 대외적인 구속력을 갖는 법규명령의 성격을 가지고 있다고 판시했고,[3] 게임제공업소의 경품취급기준고시 위헌확인사건에서 경품취급기준고시는 게임제공업을 영위하는 자가 게임이용자에게 제공할 수 있는 경품의 종류와 지급방법 등에 관한 기준을 정하고 있는데, 이는 특정인에 대한 개별적·구체적인 처분의 성격을 지닌 것이라기보다는 게임제공업소의 경품제공 일반에 관한 일반적·추상적인 규정의 성격을 지닌 것이라 봄이 상당하고, 나아가 이 고시는 이 사건 모법조항의 위임에 의하여 제정된 것으로서 국민의 기본권을 제한하는 내용을 담고 있어 상위법령과 결합하여 대외적 구속력을 갖는 법규명령으로 기능하고 있는 것이라 볼 수 있으므로 헌법소원의 대상이 된다고 판시했다.[4]

(3) 행정입법부작위

행정입법부작위란 행정기관이 헌법상 또는 법률상 입법의무가 있는

1) 헌재 2005. 5. 26. 2004헌마49, 판례집 17-1, 754, 761.
2) 헌재 2007. 8. 30. 2004헌마670, 판례집 19-2, 297, 307.
3) 헌재 2000. 7. 20. 99헌마455, 판례집 12-2, 153, 159.
4) 헌재 2008. 11. 27. 2005헌마161, 판례집 20-2 하, 290, 308-309.

사항에 관하여 전혀 입법을 하지 아니하거나 불완전한 입법을 하는 부작위를 말한다. 이러한 행정입법부작위가 기본권을 침해할 경우에는 헌법소원의 대상이 될 수 있다고 하겠다. 행정입법부작위도 진정행정입법부작위와 부진정행정입법부작위로 나눌 수 있다.

1) 진정행정입법부작위

진정행정입법부작위에 대한 헌법소원과 관련하여 헌법재판소는 전문의 자격시험 불실시 위헌확인사건에서 삼권분립의 원칙, 법치행정의 원칙을 당연한 전제로 하고 있는 우리 헌법하에서 행정권의 행정입법 등 법집행의무는 헌법적 의무라고 전제하고, 행정명령의 제정 또는 개정의 지체가 위법으로 되어 그에 대한 법적 통제가 가능하기 위하여는, 첫째, 행정청에게 시행명령을 제정(개정)할 법적 의무가 있어야 하고, 둘째, 상당한 기간이 지났음에도 불구하고, 셋째, 명령제정(개정)권이 행사되지 않아야 한다고 하면서, 치과전문의제도의 실시를 법률 및 대통령령이 규정하고 있고 그 실시를 위하여 시행규칙의 개정 등이 행해져야 함에도 불구하고 행정권이 법률의 시행에 필요한 행정입법을 하지 아니하는 경우에는 행정권에 의하여 입법권이 침해되는 결과가 되기 때문에 보건복지부장관에게는 헌법에서 유래하는 행정입법의 작위의무가 있다고 판시하면서 보건복지부장관이 의료법과 전문의의수련및자격인정등에관한규정의 위임에 따라 치과전문의자격시험제도를 실시할 수 있는 절차를 마련하지 아니하는 입법부작위가 위헌임을 확인했다.[1]) 또한 같은 맥락에서 법률이 군법무관의 보수를 판사, 검사의 예에 의하도록 규정하면서 그 구체적 내용을 시행령에 위임하고 있다면, 이는 군법무관의 보수의 내용을 법률로써 일차적으로 형성한 것이고, 따라서 상당한 수준의 보수청구권이 인정되는 것이라 해석함이 상당하므로 대통령이 법률의 명시적 위임에도 불구하고 지금까지 해당 시행령을 제정하지 않아 그러한 보수청구권이 보

---

1) 헌재 1998. 7. 16. 96헌마246, 판례집 10-2, 283, 305-306.

장되지 않고 있다면 그러한 입법부작위는 정당한 이유 없이 청구인들의 재산권을 침해하는 것으로써 헌법에 위반된다고 판시했다.[1)]

2) 부진정행정입법부작위

부진정행정입법부작위는 행정청이 어떤 사항에 관하여 입법은 하였으나 불완전·불충분하게 규율한 경우이므로, 불완전입법으로 인해 기본권 침해가 발생하면 그 불완전입법에 대하여 적극적인 헌법소원을 제기해야 할 것이다. 헌법재판소도 건축사법시행령 제4조 제1항이 새로이 건축사면허를 취득하고자 하는 사람들만을 대상으로 하고 건축사면허를 취소당한 사람들에 관하여는 규정을 두고 있지 않은 것은 입법자가 어떤 사항에 관하여 입법은 하였으나 불완전·불충분하게 규율한 경우로서 부진정입법부작위에 해당하므로 행정입법부작위를 심판의 대상으로 삼는 것은 부적법하다고 판시했다.[2)]

(4) 자치입법

자치입법은 지방자치단체가 그 자치입법권에 근거하여 자주적으로 제정하는 법령의 하위규범으로서 지방의회가 제정하는 조례와 단체장이 제정하는 규칙이 있다.

1) 일반법원에 의한 자치입법 통제

자치입법의 위헌·위법 여부가 재판의 전제가 된 경우에는 그에 대한 심사는 일반적인 재판절차에 따라 일반법원에 의한 구체적 규범통제의 방법에 의하여야 할 것이다. 왜냐하면 헌법 제107조 제2항은 "명령·규칙 또는 처분이 헌법이나 법률에 위반되는 여부가 재판의 전제가 된 경우에는 대법원은 이를 최종적으로 심사할 권한을 가진다."라고 규정하고 있는데, 여기서의 '명령·규칙'은 법률 보다 하위의 규범을 모두 포함하는

1) 헌재 2004. 2. 26. 2001헌마718, 판례집 16-1, 313, 320.

2) 헌재 1998. 11. 26. 97헌마310, 판례집 10-2, 782, 791.

포괄적 개념으로서 당연히 자치입법도 여기에 해당되기 때문이다.

이러한 일반법원에 의한 자치입법에 대한 심사는 위에서 언급한 행정입법에 대한 일반적 심사와 마찬가지로 본래의 재판에 부수적인 것으로 직접적인 소송대상은 자치입법의 위헌·위법 여부가 아니므로 심사 결과 자치입법을 무효로 하는 것은 아니고 단순히 당해 사건에서 해당 자치입법의 적용을 배제시킬 수 있을 뿐이다. 따라서 이는 일반법원에 의한 자치입법에 대한 간접적 통제라고 할 수 있다.

2) 헌법소원에 의한 자치입법 통제

자치입법이 직접 기본권을 침해하는 경우에는 헌법소원의 대상이 된다. 헌법재판소도 조례가 별도의 구체적인 집행행위를 기다리지 아니하고 조례 자체로 인하여 직접 그리고 현재 기본권을 침해하는 경우에는 헌법소원의 대상이 된다고 판시하고 있다.[1] 따라서 이는 헌법재판소에 의한 자치입법에 대한 직접적 통제라고 할 수 있다. 그런데 대법원은 조례가 집행행위의 개입 없이도 그 자체로서 직접 국민의 구체적인 권리의무나 법적 이익에 영향을 미치는 등의 법률상 효과를 발생하는 경우 그 조례는 항고소송의 대상이 되는 행정처분에 해당한다고 판시한 바 있다.[2] 따라서 조례에 대한 사법심사의 방법 및 관할과 관련하여 헌법재판소와 대법원의 견해가 상충한다고 볼 수 있다.

그러나 이러한 대법원의 견해는 타당하다고 보기 어렵다. 왜냐하면 조례는 어디까지나 입법기관인 지방의회가 제정하는 법규범으로서 행정기관인 행정청이 행하는 행정소송의 대상이 되는 구체적 사실에 대한 법집행작용으로서의 행정처분이라고 볼 수 없고(행정소송법 제2조 제1항 제1호 참조), 조례가 직접 헌법상의 기본권을 위헌적으로 침해하는 경우에 이에 대한 사법적 심사와 통제는 주로 헌법적 판단을 전제로 하기 때문에 헌법판단의 전속기관인 헌법재판소가 이를 심사하는 것이 타당하며,

---

1) 헌재 1995. 4. 20. 92헌마264, 판례집 7-1, 564, 571.

2) 대판 1996. 9. 20. 95누8003.

위헌으로 판단되는 해당 조례에 대하여 단순히 당해 사건에서의 적용배제만을 내용으로 하는 대법원에 의한 심사보다 해당 조례 자체를 위헌·무효화시키는 헌법재판소의 심사가 보다 효과적이기 때문이다.[1)]

(5) 행정계획, 공고, 행정지도 등

1) 행정계획

행정계획은 행정에 관한 전문적·기술적 판단을 기초로 하여 특정한 행정목표를 달성하기 위하여 서로 관련되는 행정수단을 종합·조정함으로써 장래의 일정한 시점에 있어서 일정한 질서를 실현하기 위한 활동기준으로 설정된 것이다.[2)]

그런데 행정계획이 국민에게 앞으로 그와 같이 시행될 것이니 미리 그에 대비하라는 일종의 사전안내 내지 사실상의 준비행위에 불과할 경우에는 대외적 구속력이 없으므로 행정쟁송의 대상이 될 수 있는 행정처분이나 헌법소원의 대상이 되는 공권력의 행사는 될 수 없다고 하겠다. 헌법재판소도 개발제한구역제도개선방안 확정발표 위헌확인사건에서 1999. 7. 22. 발표한 개발제한구역제도개선방안은 건설교통부장관이 개발제한구역의 해제 내지 조정을 위한 일반적인 기준을 제시하고, 개발제한구역의 운용에 대한 국가의 기본방침을 천명하는 정책계획안으로서 해당 지역 주민들의 기본권에 직접적으로 영향을 끼칠 가능성이 없는 비구속적 행정계획안에 불과하므로 공권력행위가 될 수 없으며, 따라서 개선방안의 발표는 헌법소원의 대상이 되는 공권력의 행사에 해당되지 아니한다고 판시했다.[3)]

그러나 행정계획도 대외적 구속력을 가지는 경우에는 헌법소원의 대

1) 조례에 대한 사법심사의 문제는 정연주, 조례제정권의 헌법적 한계와 통제, 공법학의 현대적 지평, 심천 계희열박사 화갑기념논문집, 1995, 153쪽 이하 참조.

2) 대판 1996. 11. 29. 96누8567.

3) 헌재 2000. 6. 1. 99헌마538, 판례집 12-1, 665, 665-666.

상이 될 수 있다. 이와 관련하여 헌법재판소는 행정계획이 그 내용이 국민의 기본권에 직접 영향을 끼치는 내용이고 앞으로 법령의 뒷받침에 의하여 그대로 실시될 것이 틀림없을 것으로 예상될 수 있는 것일 때에는 그로 인하여 직접적으로 기본권침해를 받게 되는 사람에게는 사실상의 규범작용으로 인한 위험성이 이미 발생하였다고 보아야 할 것이므로 헌법소원의 대상이 될 수 있다고 보아야 하고, 따라서 서울대학교의 '94학년도 대학입학고사 주요요강'은 교육법시행령 제71조의2의 규정이 개정되어 그대로 시행될 수 있을 것이, 그것을 제정하여 발표하게 된 경위에 비추어 틀림없을 것으로 예상되므로 이를 제정·발표한 행위는 헌법소원의 대상이 되는 공권력의 행사에 해당되고, 헌법소원 외에 달리 구제방법도 없다고 판시했다.[1][2] 또한 고양시 일산지구 내 다가구주택의 가구수를 3가구 이하로 제한한 고양일산지구도시설계시행지침 제33조 제3항이 도시계획구역의 일부분을 그 대상으로 하여 토지의 이용을 합리화하고, 도시의 기능 및 미관을 증진시키며 양호한 도시환경을 확보하기 위하여 수립하는 도시계획의 한 종류로서 도시설계지구 내의 모든 건축물에 대하여 구속력을 가지는 구속적 행정계획의 법적 성격을 갖는다고 판시했다.[3]

2) 공 고

공고는 일반적으로 특정의 사실을 불특정 다수에게 알리는 행위로서 그것이 어떠한 법률효과를 가지는지에 대해서는 일률적으로 말할 수 없고 개별 공고의 내용과 관련 법령의 규정에 따라 구체적으로 판단해야 할 것이다.[4] 결국 해당 공고의 구속력 유무에 따른 기본권침해의 가능성 유무를 기준으로 그 헌법소원의 대상성 여부가 결정될 것이다.

---

1) 헌재 1992. 10. 1. 92헌마68, 판례집 4, 659, 668.

2) 입시요강의 법적 성격 및 헌법소원 대상성에 대하여 자세한 것은 정연주, 서울대 입시요강사건, 헌법실무연구 제2권, 헌법실무연구회편, 2001. 12, 411쪽 이하 참조.

3) 헌재 2003. 6. 26. 2002헌마402, 판례집 15-1, 787, 796.

4) 헌재 2000. 1. 27. 99헌마123, 판례집 12-1, 75, 83.

헌법재판소는 1999년도 공무원채용시험시행계획 위헌확인사건에서 “이 사건 공고에는 1999년도 제5회 지방고등고시의 시험일정·시험과목·응시연령 등과 직렬·지역별 모집인원 및 응시연령의 기준일 등이 포함되어 있다. 그 중 시험과목·응시연령 등은 지방공무원임용령, 행정자치부의 지방공무원인사규칙과 각 지방자치단체의 지방공무원인사규칙에 확정적으로 규정되어 있는 것을 단순히 알리는 데에 지나지 않으나, 직렬 및 지역별 모집인원과 응시연령의 기준일(최종시험시행일) 등은 시험실시기관인 피청구인이 구체적으로 결정하여 알리는 것으로, 이 공고에 따라 해당 시험의 모집인원과 응시자격의 상한연령 및 하한연령의 세부적인 범위 등이 비로소 확정되고, 이에 따라 응시자의 자격을 제한하는 등의 구체적 효과가 발생하므로 이는 바로 공권력의 행사에 해당하는 것이다.”라고 판시했고,[1] 2000년도 공무원임용시험시행계획에서 제42회 사법시험 제1차시험의 시행일자를 일요일로 정하여 공고한 경우 구체적인 시험일정과 장소는 위 공고에 따라 비로소 확정되는 것이므로 위 공고는 헌법소원의 대상이 되는 공권력의 행사에 해당한다고 판시했으며,[2] 육군참모총장으로부터 학군사관후보생 선발의 실시를 위임받은 학생중앙군사학교장이 육군규정 105호 ‘장교획득 및 임관규정’이 정하고 있는 내용과 동일한 내용으로 수능성적의 배점을 정해 공고한 경우, 학군사관후보생 선발에 지원하고자 하는 자들에 대해서는 그 공고를 통해 비로소 수능성적의 배점기준이 확정되어 공표되므로, 그 공고는 헌법소원의 대상이 되는 공권력의 행사에 해당한고 판시했다.[3]

그러나 응시연령을 ‘20세 이상 32세 이하’로, 해당생년월일을 ‘1967. 1. 1.～1980. 12. 31.’로 공고한 것은 공무원임용및시험시행규칙과 대전광역시지방공무원인사규칙의 응시연령의 내용과 실질적으로 동일한 내용으로서 그에 대한 확인적 의미만을 갖고 있을 뿐, 위 규칙조항에 규정된

1) 헌재 2000. 1. 27. 99헌마123, 판례집 12-1, 75, 83-84.
2) 헌재 2001. 9. 27. 2000헌마159, 판례집 13- 2, 353, 359.
3) 헌재 2007. 5. 31. 2004헌마243, 공보 제128호, 628, 631.

응시연령에 아무런 변경을 가져오는 것이 아니므로 청구인들의 기본권을 새로이 침해하는 공권력의 행사에 해당하지 아니하여 헌법소원의 대상이 될 수 없고 판시했다.[1)]

3) 행정지도

행정지도란 행정주체가 일정한 행정질서를 형성하기 위하여 행정객체를 일정한 방향으로 유도할 목적으로 행하는 비권력적 사실행위이다. 따라서 행정지도는 원칙적으로 국민을 구속시키는 법적 효과가 없고 이에 따라 기본권을 침해하는 효과도 없어 일반적으로 헌법소원의 대상이 될 수 없다고 하겠다. 그러나 행정지도가 예외적으로 구속적 성격을 가지는 경우에는 헌법소원의 대상이 될 수 있을 것이다.

헌법재판소도 학칙시정요구 등 위헌확인 사건에서 "이 사건 학칙시정요구의 법적 성격에 대하여는 그 자체로 일정한 법적 효과의 발생을 목적으로 하는 것이 아니고, 다만, 대학총장의 임의적인 협력을 통하여 사실상의 효과를 발생시키는 사실행위로서 일종의 행정지도라고 할 수 있다. 그러나 행정지도라 하더라도 그에 따르지 않을 경우 일정한 불이익 조치를 예정하고 있는 경우에는 사실상 상대방에게 그에 따를 의무를 부과하는 것과 다를 바 없는 것인데, 이 사건 학칙시정요구의 경우 대학총장들이 그에 따르지 않을 경우 행·재정상 불이익이 따를 것이라고 경고하고 있어, 학교의 장으로서는 피청구인의 학칙시정요구에 따를 수밖에 없는 사실상의 강제를 받게 되므로, 이러한 시정요구는 임의적 협력을 기대하여 행하는 비권력적·유도적인 권고·조언 등의 단순한 행정지도로서의 한계를 넘어 규제적·구속적 성격을 상당히 강하게 갖는 것으로서 헌법소원의 대상이 되는 공권력의 행사라고 봄이 상당하다 할 것이다." 라고 판시하여 이를 확인하고 있다.[2)]

---

1) 헌재 2001. 9. 27. 2000헌마173, 공보 제61호, 945, 947.
2) 헌재 2003. 6. 26. 2002헌마337등, 판례집 15-1, 772, 782-783.

(6) 행정청의 기타 행위

1) 권력적 사실행위

행정상의 사실행위란 직접적으로 일정한 사실상의 결과의 발생만을 목적으로 하는 행정주체의 행위를 말한다. 행정상의 사실행위는 경고, 권고, 시사와 같은 정보제공이나 단순한 지식표시로서의 행정지도와 같이 대외적 구속력이 없는 '비권력적 사실행위'와 행정청이 우월적 지위에서 일방적으로 강제하는 '권력적 사실행위'로 나뉘고, 그 중 권력적 사실행위는 헌법소원의 대상이 되는 공권력의 행사에 해당한다.[1)]

권력적 사실행위는 일반적으로 행정쟁송 등 다른 법률에 의한 구제수단의 대상이 되지 않기 때문에 헌법소원의 대상이 될 수 있다. 그런데 어떤 행정상 사실행위가 권력적 사실행위에 해당하는지 여부는, 당해 행정주체와 상대방과의 관계, 그 사실행위에 대한 상대방의 의사·관여정도·태도, 그 사실행위의 목적·경위, 법령에 의한 명령·강제수단의 발동 가부 등 그 행위가 행하여질 당시의 구체적 사정을 종합적으로 고려하여 개별적으로 판단하여야 할 것이다.[2)]

이와 관련하여 헌법재판소는 공권력행사로 인한 재산권침해에 대한 헌법소원사건에서 "재무부장관이 제일은행장에 대하여 한 해체준비착수지시와 언론발표지시를 보면 이는 상급관청이 하급관청에 대하여 한 지시가 아님은 물론 위 인정사실에 의할 때 제일은행측의 임의적 협력을 기대하여 행하는 비권력적인 권고·조언 따위의 단순한 행정지도로서의 한계도 이미 넘어선 것이라 할 것이고, 오히려 위와 같은 공권력의 개입은 주거래은행으로 하여금 공권력의 뜻대로 순응케 하여 그 이름으로 제3자인수식의 국제그룹 해체라는 결과를 사실상 실현 시키는 행위라고 할 것이므로, 이와 같은 유형의 행위는 형식적으로는 사법인인 주거래은행

---

1) 헌재 2012. 7. 26. 2011헌마332, 판례집 24-2 상, 324, 328.

2) 헌재 1994. 5. 6. 89헌마35, 판례집 6-1, 462, 485-486.

의 행위였던 점에서 행정행위는 될 수 없더라도 그 실질이 공권력의 힘으로 재벌기업의 해체라는 사태변동을 일으키는 경우인 점에서 일종의 권력적 사실행위로 볼 것이며, 헌법재판소법 제68조 제1항 소정의 헌법소원의 대상이 되는 공권력의 행사에 해당되는 것으로 파악할 것이다." 라고 판시했다.[1] 그밖에 헌법재판소는 교도소장의 미결수용자의 서신에 대한 검열·지연발송·지연교부행위,[2] 교도소 내 접견실의 칸막이 설치행위,[3] 구치소장이 미결수용자로 하여금 수사 및 재판을 받을 때 재소자용 의류를 입게 한 행위,[4] 유치장관리자가 현행범으로 체포된 피의자에게 차폐시설이 불충분한 화장실을 사용하도록 한 행위,[5] 경찰서장이 피의자들을 유치장에 수용하는 과정에서 실시한 정밀신체수색 행위,[6] 2년 10개월 동안 56차례에 걸쳐 행하여진 군수의 감사,[7] 구치소장이 구치소에 수용되는 마약류사범에 대하여 하는 정밀신체검사,[8] 교도소장이 교도소 수형자에게 소변을 받아 제출하게 하는 행위[9] 등이 권력적 사실행위로서 헌법소원의 대상이 된다고 판시하였다.

그러나 부실기업의 주거래은행이 정상화 여부와 그 방안 및 실현방법에 관하여 적법한 권한 내에서 기본적 의사결정을 하고, 정부의 의사가 이에 부합되어 기업의 정리가 관철된 경우, 주거래은행의 정상화 방안을 실현시키기 위하여 정부가 한 지시 등은 권력적 사실행위에 해당하지 않는다고 판시했고,[10] 혈우병 환자의 HIV 집단감염사건과 관련하여 질병관리본부장이 위촉한 위원으로 구성된 혈액제제에이즈감염조사위원회가 염

1) 헌재 1993. 7. 29. 89헌마31, 판례집 5-2, 87, 105-106.
2) 헌재 1995. 7. 21. 92헌마144, 판례집 7-2, 94, 102.
3) 헌재 1997. 3. 27. 92헌마273, 판례집 9-1, 337, 342.
4) 헌재 1999. 5. 27. 97헌마137등, 판례집 11-1, 653, 658-659.
5) 헌재 2001. 7. 19. 2000헌마546, 판례집 13-2, 103, 109.
6) 헌재 2002. 7. 18. 2000헌마327, 판례집 14-2, 54, 59-60.
7) 헌재 2003. 12. 18. 2001헌마754, 판례집 15-2 하, 609, 624-625.
8) 헌재 2006. 6. 29. 2004헌마826, 공보 제117호, 938, 940-941.
9) 헌재 2007. 7. 27. 2005헌마277, 판례집 18-2, 280, 284-285.
10) 헌재 1994. 5. 6. 89헌마35, 판례집 6-1, 462, 490-491.

기서열조사분석을 실시하지 않고 역학조사를 실행한 것이 피청구인인 질병관리본부장이 우월적인 지위에서 일방적으로 강제하는 권력적 사실행위에 해당한다고 보기 어렵다고 판시했다.[1)]

2) 행정청의 부작위

행정청의 부작위도 일종의 공권력의 불행사로서 헌법소원의 대상이 될 수 있다. 그런데 일반적으로 이러한 행정청의 부작위에 대하여는 행정심판법상의 의무이행심판이나 행정소송법상의 부작위위법확인소송이라는 헌법소원심판 이외의 다른 법률의 구제절차가 존재하므로 보충성의 원칙으로 인해 행정청의 부작위에 대한 헌법소원을 청구할 수 없는 경우가 대부분일 것이다. 따라서 행정청의 부작위가 헌법소원의 대상이 되는 경우는 그에 대한 다른 법률의 구제절차가 없는 경우나 보충성원칙의 예외가 인정되는 경우라고 하겠다.

한편 행정청의 부작위에 대한 헌법소원의 경우에 있어서는 공권력의 주체에게 헌법에서 유래하는 작위의무가 특별히 구체적으로 규정되어 이에 의거하여 기본권의 주체가 행정행위를 청구할 수 있음에도 공권력의 주체가 그 의무를 해태하는 경우에 허용되며, 기본권의 침해 없는 행정청의 단순한 부작위는 헌법소원의 대상이 될 수 없다는 것이 헌법재판소의 입장이다.[2)]

이에 따라 헌법재판소는 청구인의 토지조사부 등에 대한 열람·복사 신청에 대하여 피청구인인 지방자치단체가 방치해 버린 사실상의 부작위를 헌법소원의 대상으로 인정했다.[3)] 또한 공정거래위원회가 독범규제및공정거래에관한법률 위반의 탄원서를 접수하여 심의한 후 시정명령만을 발하고 형사고발을 하지 아니한 부작위도 헌법소원의 대상이 된다고 판시했다.[4)] 아울러 국가가 그 공권력을 행사하였더라면 사인에 의한 기본권의

1) 헌재 2004. 8. 26. 2003헌마505, 판례집 16-2 상, 364, 368.

2) 헌재 1996. 11. 28. 92헌마237, 판례집 8-2, 600, 606.

3) 헌재 1989. 9. 4. 88헌마22, 판례집 1, 176, 185.

침해상태가 제거될 수 있었음에도 불구하고 이를 행사하지 아니함으로써 사인에 의한 기본권의 침해상태가 계속되고 있는 경우에 그러한 공권력의 불행사는 헌법소원의 대상이 될 수 있다고 판시했다.[1]

3) 행정청의 거부행위

행정청의 거부행위도 공권력 행사의 일종으로 헌법소원의 대상이 될 수 있다. 그런데 이 경우에도 일반적으로 이러한 행정청의 거부행위에 대하여는 행정심판법상의 취소심판이나 의무이행심판 또는 행정소송법상의 취소소송이나 무효 등 확인소송이라는 헌법소원심판 이외의 다른 법률의 구제절차가 존재하므로 보충성의 원칙으로 인해 행정청의 거부행위에 대한 헌법소원을 청구할 수는 없는 경우가 대부분일 것이다. 따라서 행정청의 거부행위가 헌법소원의 대상이 되는 경우는 그에 대한 다른 법률의 구제절차가 없는 경우나 보충성원칙의 예외가 인정되는 경우라고 하겠다.

헌법재판소는 국민이 행정청을 상대로 일정한 행정행위를 신청한 경우 행정청이 그 신청에 따른 행정행위를 하도록 요구할 수 있는 법적 권리가 있는 경우에 행정청의 거부행위가 헌법소원의 대상이 될 수 있다고 한다.[2] 예컨대 헌법재판소는 국세기본법 제45조의2 경정청구제도 신설전 과세표준신고서를 제출한 자 등에게 조리상 인정되는 경정청구를 거부한 것은 '공권력의 행사'에 해당하여 헌법소원의 대상이 된다고 판시했다.[3]

4) 행정기관 상호간의 내부적 의사결정

행정기관 상호간의 내부적 의사결정은 직접 국민의 권리의무에 어떠한 영향을 미치지 않는 경우 기본권침해의 가능성이 없으므로 헌법소원

4) 헌재 1995. 7. 21. 94헌마136, 판례집 7-2, 169, 175.

1) 헌재 1997. 3. 27. 94헌마277, 판례집 9-1, 404, 409.

2) 헌재 1999. 6. 24. 97헌마315, 판례집 11-1, 802, 816; 헌재 2000. 2. 24. 97헌마13등, 판례집 12-1, 252, 266.

3) 헌재 2000. 2. 24. 97헌마13등, 판례집 12-1, 252, 266-272.

의 대상이 되는 공권력의 행사로 볼 수 없고, 따라서 헌법소원의 대상이 될 수 없다고 하겠다.

헌법재판소도 농림수산부장관이 원유공급부족에 따른 유가공업체 사이의 집유질서 문란행위를 단속하기 위하여 각 시도지사에게 보낸 '집유질서 확립을 위한 대책지시'는, 장관이 각 시·도지사에 대하여 행한 행정기관 내부의 행위로서 개개의 국민에 대하여는 직접 효력을 가지는 것이 아니므로 공권력의 행사에 해당하지 아니하며,[1] 행정자치부 자치행정과장이 지방자치단체 담당과장에게 '전공노 대책 관련 긴급지시'라는 제하에 '사태종료 시까지 전공노 조합원의 병·연가 불허' 등을 내용으로 하는 업무연락공문을 발송한 행위는 상호 협조 차원에서 업무연락을 한 것으로 행정기관 내부의 행위일 뿐 대외적으로 효력이 있는 명령이나 지시가 아니므로 헌법소원의 대상이 되는 공권력 행사에 해당하지 아니한다고 판시했다.[2] 또한 헌법재판소는 정부의 법률안 제출권행사는 공권력성을 갖추고 있으나, 제출된 법률안이 법률로서 확정되기 위하여서는 국회의 의결과 대통령의 공포절차를 거쳐야 하므로 법률안의 제출은 국가기관 간의 내부적 행위에 불과하고 국민에 대하여 직접적인 법률효과를 발생시키는 행위가 아니라고 판시하였다.[3]

반면 행정기관 상호간의 내부적 의사결정도 직접 국민의 권리·의무에 어떠한 영향을 미치는 경우에 상황에 따라서는 헌법소원의 대상이 될 수 있다고 하겠다. 그런데 이와 관련하여 헌법재판소는 세무대학장이 인사위원회의 동의를 얻어 재무부 장관에게 청구인의 재임용을 추천하였다가 이를 일방적으로 철회하고 청구인의 재임용추천을 하지 아니한 '재임용추천거부행위'와 같은 총·학장의 임용제청이나 그 철회는 행정기관 상호간의 내부적인 의사결정과정일 뿐 행정소송의 대상이 되는 행정처분이라고 볼 수 없다는 것이 대법원의 일관된 판례[4]임을 확인한 뒤, 위와 같

1) 헌재 1994. 4. 28. 91헌마55, 판례집 6-1, 409, 413.

2) 헌재 2005. 5. 26. 2005헌마22, 공보 제105호, 727, 728.

3) 헌재 1994. 8. 31. 92헌마174, 판례집 6-2, 249, 265.

이 세무대학장이 청구인의 조교수 재임용추천을 하지 아니한 공권력 불행사가 헌법소원의 대상이 됨을 전제로 본안판단을 하였다.[1] 여기서 헌법재판소는 세무대학장의 재임용추천철회행위 내지 거부행위의 법적 성격을 직접 규명하지 아니하고 간접적으로 대법원의 판례를 원용함으로써 문제의 본질을 회피하고 있는데, 헌법재판소는 이 문제를 직접적으로 다루었어야 했다. 왜냐하면 이를 명확히 규정하는 것은 기본권침해에 대한 구체적인 구제절차를 선택하는데 있어서 매우 중요하기 때문이다.

결론적으로 세무대학장의 재임용추천철회행위 내지 거부행위는 그것이 외형상으로는 내부적인 의사결정과정이지만 실질적으로는 청구인의 권리와 지위에 변동을 초래하는 행정처분에 해당된다고 볼 수 있다. 비록 철회행위 내지 거부행위 자체가 최종적인 재임용탈락처분은 아니지만, 이로 인해 일련의 재임용을 위한 법정절차는 중단되고 그로써 결국 청구인의 교수로서의 신분을 박탈하는 형성적 효과를 가져 오는 것이므로 재임용추천철회행위 내지 거부행위는 더 이상 별도의 처분을 기다리지 아니하고 바로 청구인의 교수로서의 지위를 상실시키는 법적 효과를 가져 오는 것이기 때문에 단순한 행정기관 상호간의 내부적인 의사결정과정의 문제를 떠나 일반 국민의 권리와 지위의 변동을 초래하는 법집행행위에 속하는 것으로서 행정처분의 일종이라고 할 수 있고, 따라서 원칙적으로 행정소송의 대상이 되는 것이다. 그러므로 이 사건의 경우 청

---

4) 예컨대 대법원은 교수재임용탈락처분취소사건에서 "교육공무원법 제25조 제1항에 의하면 교수, 부교수는 총장, 학장의 제청으로 문교부장관을 거쳐 대통령이 임명하고, 조교수는 총장, 학장의 제청으로 문교부장관이 임용하도록 규정되어 있는데 이 규정에 따라 총장, 학장이 임용절차에 대하여 하는 임용제청이나 그 철회는 행정기관 상호간의 내부적인 의사결정과정의 하나일 뿐, 그 자체만으로는 직접적으로 국민의 권리, 의무가 설정, 변경, 박탈되거나 그 범위가 확정되는 등 기존의 권리상태에 어떤 변동을 가져오는 것이 아니므로 이를 행정소송의 대상이 되는 행정처분이라고 할 수는 없다."라고 함으로써 교수재임용제청이나 철회행위는 행정처분이 아니고 따라서 행정소송의 대상이 될 수 없다고 판시하고 있다(대판 1989. 6. 27. 88누9640).

1) 헌재 1993. 5. 13. 91헌마190, 판례집 5-1, 312, 318.

구인의 기본권을 침해했다고 하는 공권력 행사로서의 세무대학장의 재임용추천철회행위는 행정처분의 성질을 가지는 것이기 때문에 보충성의 원칙에 따라 청구인은 항고소송 등의 행정소송을 거쳐야 할 것이나, 앞서 언급한 바와 같이 교수재임용추천거부행위와 같은 총·학장의 임용제청이나 그 철회행위는 행정기관 상호간의 내부적인 의사결정과정일 뿐 행정소송의 대상이 되는 행정처분으로 볼 수 없다고 하는 것이 대법원의 일관된 판례라는 점을 고려할 때 청구인에게 행정소송을 제기하는 등 다른 법률의 구제절차를 밟을 것을 요구할 수는 없다고 할 것이다. 왜냐하면 청구인의 입장에서 보면 행정소송의 제기가 권리구제절차로서 허용되는지의 여부가 객관적으로 불확실하여 행정소송제기의 기대가능성이 없고, 설사 행정소송제기의 기대가능성이 있다 하더라도 이를 통한 권리구제의 가능성이 거의 없다고 볼 수 있기 때문이다. 따라서 이 사건의 경우는 헌법재판소의 견해처럼 처음부터 다른 법률에 구제절차가 없는 보충성원칙의 비적용에 해당하는 것이 아니라, 다른 법률에 구제절차는 있지만 그 구제절차를 밟는 것이 기대가능하지 아니한 보충성원칙의 예외에 해당하는 것으로서 청구인은 곧바로 헌법소원심판을 제기할 수 있는 것이다.

결국 총·학장이 임용절차에 대하여 하는 임용제청이나 그 철회는 형식적으로는 행정기관 상호간의 내부적인 의사결정이지만 직접적으로 국민의 권리와 지위에 변동을 초래하는 행정소송의 대상이 되는 행정처분에 해당된다는 점에서 이를 부정하는 대법원의 판시나 이러한 왜곡된 대법원의 판례를 원용한 헌법재판소의 입장은 대단히 잘못된 것이다. 특히 객관적 소송으로서의 성질을 가지고 직권심리주의가 강하게 투영되는 헌법소원제도의 특성에 비추어 볼 때 앞서 언급한 중요한 헌법적 해명을 회피한 헌법재판소의 태도는 비판받아 마땅하다고 하겠다.[1]

---

1) 위 91헌마190 결정의 문제점에 대하여 자세한 것은 정연주, 교수재임용추천철회와 그 구제에 대한 헌법적 고찰, 현대공법과 개인의 권익보호, 균제 양승두교수 화갑기념논문집(I), 1994, 796쪽 이하 참조.

5) 단순한 사실의 고지

헌법재판소는 피청구인인 행정자치부장관이 1999. 9. 30. 청구인들을 비롯한 수험생 527명에 대하여 불합격처분을 동일자로 취소하고 추가합격 조치를 하였음과 아울러 제42회 및 제43회 사법시험 제2차시험에 응시할 기회가 있음을 알려 주는 '제40회 사법시험 제1차시험 추가합격 통보'와 관련하여 "대법원 판결이 이 사건 시험의 불합격처분이 위법하다고 판단하고 그 불합격처분이 취소됨으로써 합격결정을 받게 된 경우에는 그 후에 최초로 실시되는 제2차시험과 그 다음회의 제2차시험에 응시할 자격이 부여된다고 사법시험령 제8조 등 관련규정을 해석함에 따라, 이를 근거로 하여 청구인들에게 이 사건 시험의 불합격처분을 취소하고 추가합격조치를 하였음과 제42회 및 제43회 사법시험 제2차시험에 응시할 자격이 부여되었음을 알려준 것으로서, 이는 단순한 사실의 고지에 불과할 뿐 청구인들의 기본권을 침해하는 공권력의 행사로는 볼 수 없다."라고 판시한 바 있다.[1)]

6) 각종 위원회의 결정 등

헌법재판소는 공정거래위원회의 심사불개시결정은 공권력의 행사에 해당되며 그 결정이 자의적일 경우 「독점규제 및 공정거래에 관한 법률」 위반 행위로 인한 피해자(신고인)의 평등권을 침해할 수 있으므로 헌법소원의 대상이 되고,[2)] 공정거래위원회의 무혐의처분도 헌법소원의 대상이 된다고 판시했다.[3)]

또한 구 부패방지법 제40조의 국민감사청구제도는 일정한 요건을 갖춘 국민들이 감사청구를 한 경우에 감사원장으로 하여금 감사청구된 사

1) 헌재 1999. 11. 30. 99헌마625, 공보 제40호, 940, 941.

2) 헌재 2004. 3. 25. 2003헌마404, 판례집 16-1, 491, 495.

3) 헌재 2002. 6. 27. 2001헌마381, 판례집 14-1, 679, 683-684; 헌재 2004. 8. 26. 2004헌마80, 판례집 16-2 상, 370.

항에 대하여 감사실시 여부를 결정하고 그 결과를 감사청구인에게 통보하도록 의무를 지운 것이므로(동법 제42조, 제43조), 이러한 국민감사청구에 대한 기각결정은 공권력주체의 고권적 처분이라는 점에서 헌법소원의 대상이 될 수 있는 공권력행사라고 보아야 한다고 판시했다.[1]

한편 헌법재판소는 국가인권위원회가 국가인권위원회법에 따라서 설립된 인권보호기구이자 독립된 국가기관으로서 공권력을 행사하는 주체에 해당하므로, 피청구인인 국가인권위원회의 기각결정은 헌법재판소법 제68조 제1항에서 규정하는 공권력의 행사로서 헌법소원심판의 대상이 된다고 하면서, 국가인권위원회법은 국가인권위원회의 진정 기각 또는 각하 결정에 대한 불복수단으로 어떠한 구제절차도 마련해 놓고 있지 않으며, 법원의 확립된 판례에 의하여 국가인권위원회의 진정 기각 또는 각하 결정의 행정처분성이 인정되고 있다고 보기도 어렵기 때문에 청구인에게 행정심판이나 행정소송 등 다른 구제절차를 모두 경료할 것을 기대할 수는 없다 할 것이므로, 국가인권위원회의 진정 기각 또는 각하 결정에 대한 심판청구는 보충성 요건도 충족한 것이라고 판시했다.[2]

7) 기 타

헌법소원의 대상이 되는 행위는 원칙적으로 모든 국가기관의 공권력 작용으로서 여기서의 국가기관은 입법·행정·사법 등의 모든 기관을 포함하며, 간접적인 국가행정, 예를 들어 공법상의 사단, 재단 등의 공법인, 국립대학교와 같은 영조물 내지 영조물법인 등의 작용도 헌법소원의 대상이 된다고 하겠다.

이와 관련하여 헌법재판소는 대통령선거방송위원회가 공직선거법 규정에 의해 설립되고 동법에 따른 법적 업무를 수행하는 공권력의 주체이므로, 대통령선거방송위원회가 공영방송과 일체가 되어 대통령후보자를 초청하여 합동방송토론회를 개최하기로 정한 결정 및 그 공표행위는 헌

1) 헌재 2006. 2. 23. 2004헌마414, 판례집 18-1 상, 248, 256.
2) 헌재 2010. 12. 28. 2010헌마101, 공보 제171호, 222, 223.

법소원의 대상이 되는 공권력의 행사라고 판시했다.[1)]

(7) 법원의 재판을 거친 행정처분

행정처분도 공권력의 행사로서 – 보충성의 원칙을 별론으로 한다면 – 헌법소원의 대상이 될 수 있지만, 그것이 법원의 재판을 거쳐 확정된 행정처분인 경우에는 원칙적으로 헌법소원의 대상이 될 수 없다고 하겠다. 원행정처분에 대하여 법원에 행정소송을 제기하여 패소판결을 받고 그 판결이 확정된 경우에는 당사자는 그 판결의 기판력에 의한 기속을 받게 되므로, 별도의 절차에 의하여 위 판결의 기판력이 제거되지 아니하는 한, 행정처분의 위법성을 주장하는 것은 확정판결의 기판력에 어긋나므로 원행정처분은 헌법소원심판의 대상이 되지 아니한다고 할 것이고, 또한 원행정처분에 대한 헌법소원심판청구를 허용하는 것은, "명령·규칙 또는 처분이 헌법이나 법률에 위반되는 여부가 재판의 전제가 된 경우에는 대법원은 이를 최종적으로 심사할 권한을 가진다."고 규정한 헌법 제107조 제2항이나, 원칙적으로 헌법소원심판의 대상에서 법원의 재판을 제외하고 있는 헌법재판소법 제68조 제1항의 취지에도 어긋난다는 것이 헌법재판소의 입장이다.[2)]

다만 헌법재판소는 당해 행정처분을 심판의 대상으로 삼았던 법원의 재판이 헌법재판소가 위헌으로 결정한 법령을 적용하여 국민의 기본권을 침해한 결과 헌법소원심판에 의하여 그 재판 자체가 취소되는 경우에는 당해 행정처분도 헌법소원의 대상이 된다고 판시했다.[3)] 이와 같은 법리는 법원의 재판이 소를 각하하는 판결이거나,[4)] 검사의 불기소처분에 대하여 법원의 재정신청절차를 거친 경우에도 동일하게 적용된다고 헌법재판소는 판시했다.[5)]

1) 헌재 1998. 8. 27. 97헌마372등, 판례집 10-2, 461, 470-471.
2) 헌재 1998. 5. 28. 91헌마98, 판례집 10-1, 660, 671-672.
3) 헌재 1997. 12. 24. 96헌마172등, 판례집 9-2, 842, 865.
4) 헌재 1998. 8. 27. 97헌마150.
5) 헌재 1998. 8. 27. 97헌마79, 판례집 10-2, 444, 453-454.

(8) 검사의 처분

검사의 불기소처분 등 검사의 처분도 성질상 행정작용에 속하지만 준사법작용으로서의 특성을 가지는 독특한 행정작용으로서 일반 행정처분과는 달리 그에 대한 사법적 통제가 제한적이다. 이러한 검사의 처분에는 혐의없음처분, 기소중지처분, 기소유예처분, 죄가안됨처분, 공소권없음처분, 기소처분, 공소취소처분, 진정(내사)종결처분, 수사재기결정, 수사재기불요결정 등이 있다. 그런데 검찰권행사는 국민의 기본권에 중대한 영향을 미치기 때문에 그에 대한 통제는 매우 중요하다. 더욱이 기소독점주의와 기소편의주의를 고려할 때 검찰권행사의 악용·남용에 대한 통제의 필요성은 아무리 강조해도 지나치지 않을 것이다. 검사의 처분에 대한 통제방법에는 크게 재정신청제도와 헌법소원의 두 가지를 들 수 있다. 그동안 헌법재판소는 검사의 불기소처분이 자의적으로 행해진 경우에는 형사피해자는 헌법 제27조 제5항의 공판절차에서의 진술권과 제11조의 평등권을 침해당했다고 주장할 수 있다고 하면서[1)] 검사의 불기소처분이 헌법소원의 대상이 된다고 판시해왔다.[2)]

그러나 헌법소원이 검찰작용에 대한 통제방법으로서 바람직한 것은 아니고, 그러한 외국의 예도 찾기 어렵다. 사실 헌법수호와 권력통제 등 중요한 헌법적 분쟁을 해결하는 기능을 가지는 헌법재판소가 주로 구체적 사실관계를 판단하고 개인의 권리구제에 중점을 두는 검사의 불기소처분 등 검찰작용에 대한 구제기관으로서 적합하다고 보기는 어렵다. 특히 본래 개인의 권리구제를 목적으로 하는 주관적 소송의 성질을 가지는 헌법소원제도의 경우 오늘날 헌법수호, 권력통제, 중요한 헌법적 해명 등 공익적 기능을 가지는 객관적 소송으로의 성격이 매우 강조된다는 점을

1) 헌재 1989. 4. 17. 88헌마3, 판례집 1, 31, 36.

2) 불기소처분을 대상으로 한 헌법소원에 관한 헌법재판소 판례에 대하여는 실무제요, 216쪽 이하 참조.

고려할 때, 그리고 불기소처분에 대한 헌법소원사건이 그 압도적인 제기 건수로 인해 헌법재판소에 상당한 업무부담을 준다는 사실을 감안할 때, 검사의 처분을 통제하고 권리구제를 받기 위한 절차로서 헌법소원은 올바른 해결책이 아니다.

따라서 검찰권은 일반법원의 형사재판으로 통제하는 것이 원칙이고 합리적이다. 그동안 헌법재판소가 검사의 불기소처분을 헌법소원의 대상에 포함시킨 주된 이유는, 형사소송법상의 재정신청절차가 지극히 제한적으로 규정되어 있기 때문에 검찰의 기소독점주의 및 기소편의주의를 채택하고 있는 우리의 법제에서는 헌법 제27조 제5항의 형사피해자진술권을 보장하고, 고소인의 권리를 보호하기 위하여 검찰의 기소권행사에 대한 유효한 견제수단이 필요하다는 데 있었다.[1)]

그런데 2008. 1. 1부터 시행된 형사소송법의 개정으로 재정신청의 대상범죄가 모든 범죄로 확대되었다. 개정된 현행 형사소송법 제260조 제1항은 "고소권자로서 고소를 한 자(형법 제123조부터 제126조까지의 죄에 대하여는 고발을 한 자를 포함한다)는 검사로부터 공소를 제기하지 아니한다는 통지를 받은 때에는 그 검사 소속의 지방검찰청 소재지를 관할하는 고등법원에 그 당부에 관한 재정을 신청할 수 있다."라고 규정하고 있다. 이에 따라 재정신청의 대상범죄를 모든 범죄로 확대하되 원칙적으로 재정신청의 신청권자를 고소권자로 제한하면서도 형법 제123조부터 제126조까지의 죄에 대하여는 고발자도 포함되도록 하고 있다. 이에 따라 모든 범죄에 대하여 고소권자로서 고소를 한 자와, 형법상 공무원의 직무에 관한 죄 중 직권남용(형법 제123조), 불법체포·감금(형법 제124조), 폭행·가혹행위(형법 제125조), 피의사실공표(형법 제126조)에 대하여 고발을 한 자는 불기소처분을 한 검사 소속의 지방검찰청 소재지를 관할하는 고등법원에 불기소처분의 당부에 관한 재정을 신청할 수 있게 되었고, 따라서 이에 해당하는 불기소처분은 헌법소원의 대상에서 제외된다.

---

1) 헌재 1999. 1. 28. 98헌마85, 판례집 11-1, 73, 79.

결국 피의자가 청구하는 불기소처분에 대한 헌법소원의 경우를 제외하고는 대부분의 불기소처분이 헌법소원의 대상에서 제외되게 되었다.[1] 다만 재정신청대상에서 제외된 고발사건의 경우 고발인이 헌법이 보장하는 재판절차진술권을 침해받은 형사피해자라면 고발인은 항고·재항고를 거쳐 헌법소원을 제기할 수 있다고 할 것이다. 또한 고소·고발 없이 인지수사한 사건에 대한 검찰의 불기소처분으로 재판절차진술권을 침해받은 형사피해자 역시 불기소처분에 대해 헌법소원을 제기할 수 있을 것이다.[2]

3. 사법작용

사법작용에는 재판작용과 사법입법작용 및 사법행정작용이 포함된다. 이들 사법작용도 기본권을 침해하면 원칙적으로 헌법소원의 대상이 된다고 하겠다.

(1) 재판작용

1) 법원의 재판의 의미

사법부의 본령은 재판이다. 따라서 사법작용의 핵심은 재판작용, 즉 법원의 재판이라고 할 수 있다. '법원의 재판'이라 함은 소송사건을 해결하기 위하여 법원이 행하는 종국적 판단의 표시인 종국판결과 같은 의미로 사용되기도 하나 소송법상으로는 법원이 행하는 공권적 법률판단 또는 의사의 표현을 지칭하는 것이며, 이러한 의미에서는 사건을 종국적으로 해결하기 위한 종국판결 외에 본안전 소송판결 및 중간판결이 모두 포함되는 것이고, 기타 소송절차의 파생적·부수적인 사항에 대한 공권적 판단도 포함되는 것이다.[3] 이러한 법원의 재판도 공권력의 행사의 일종

---

1) 피의자가 청구인으로 제기한 검사의 기소유예처분에 대한 헌법소원을 인용한 사례는 헌재 2013. 3. 21. 2012헌마110, 공보 제198호, 500, 503.

2) 헌재 2010. 6. 24. 2008헌마716, 판례집 22-1 하, 588, 593 참조. 허영, 전게서, 417쪽.

으로 헌법과 법률을 위반하여 기본권을 침해하는 경우에는 당연히 헌법소원의 대상이 되어야 할 것이다.

2) 재판에 대한 헌법소원의 원칙적 금지

그러나 법 제68조 제1항은 "공권력의 행사 또는 불행사로 인하여 헌법상 보장된 기본권을 침해받은 자는 '법원의 재판을 제외하고는' 헌법재판소에 헌법소원심판을 청구할 수 있다."라고 규정하여 법원의 재판을 헌법소원의 대상에서 제외하고 있다. 따라서 법원의 재판인 판결·결정·명령 자체를 대상으로 헌법소원을 제기하면 이는 부적법한 것으로 각하된다(법 제72조 제3항 제1호).

3) 재판이 헌법소원의 대상이 될 수 있는 경우

그런데 헌법재판소는 헌법재판소법 제68조 제1항 위헌확인 등 사건에서 재판소원을 금지하고 있는 법 제68조 제1항에 대해 한정위헌결정을 내림으로써 제한적으로 재판소원을 허용하고 있다. 즉 법 제68조 제1항은 법원이 헌법재판소의 기속력 있는 위헌결정에[1] 반하여 그 효력을 상실한 법률을 적용함으로써 국민의 기본권을 침해하는 경우에는 예외적으로 그 재판도 헌법소원심판의 대상이 된다고 해석하여야 하며, 따라서 법 제68조 제1항의 '법원의 재판'에 헌법재판소가 위헌으로 결정하여 그 효력을 상실한 법률을 적용함으로써 국민의 기본권을 침해하는 재판도 포함되는 것으로 해석하는 한도 내에서 법 제68조 제1항은 헌법에 위반된다고 판시했다.[2] 이에 따라 헌법재판소는 이 사건 대법원판결은 헌법재판소가 한정위헌결정을 선고함으로써 이미 부분적으로 그 효력이 상실

3) 헌재 1992. 12. 24. 90헌마158, 판례집 4, 922, 928.

1) 위헌결정에는 단순위헌결정은 물론, 한정합헌, 한정위헌결정과 헌법불합치결정도 포함되고 이들은 모두 당연히 기속력을 가진다. 헌재 1997. 12. 24. 96헌마172, 판례집 9-2, 842, 860.

2) 헌재 1997. 12. 24. 96헌마172, 판례집 9-2, 842, 861-862.

된 법률조항을 적용한 것으로서 위헌결정의 기속력에 반하는 재판임이 분명하므로 이에 대한 헌법소원은 허용된다고 판시하면서, 결국 이 대법원판결로 말미암아 청구인의 헌법상 보장된 기본권인 재산권 역시 침해되었다 하여 동 대법원판결을 헌법재판소법 제75조 제3항에 따라 취소하였다.[1]

이처럼 법 제68조 제1항의 '법원의 재판'에 헌법재판소가 위헌으로 결정하여 그 효력을 상실한 법률을 적용함으로써 국민의 기본권을 침해하는 재판도 포함되는 것으로 해석하는 한도 내에서만 법 제68조 제1항은 헌법에 위반된다는 헌법재판소의 제한적 태도는 지금까지 일관되게 유지되고 있다. 예컨대 평균임금정정불승인처분 취소 등 사건,[2] 재판취소 등 사건,[3] 헌법재판소법 제68조 제1항 본문 위헌확인 등 사건[4] 등에서 헌법재판소는 이러한 입장을 취하고 있다.

한편 이에 대하여 2015헌마861 등 사건에서 재판관 김이수, 재판관 안창호는 반대의견을 통해 "현행 법제도상 법원의 재판에 대한 헌법소원심판은 인정되지 않지만, 법원이 헌법재판소가 위헌으로 결정한 법령을 적용함으로써 국민의 기본권을 침해한 경우에는 예외적으로 재판소원이 허용된다. 종래 헌법재판소는 예외적으로 헌법소원의 대상이 되는 재판의 범위를 '헌법재판소가 위헌으로 결정한 법령을 적용함으로써 국민의 기본권을 침해한 재판'이라고 표현하였으나(헌재 1997. 12. 24. 96헌마172등), 위 결정의 근본취지는 '헌법재판소의 기속력 있는 위헌결정에 반하여 국민의 기본권을 침해하는 법원의 재판에 대하여는 어떠한 경우이든 헌법재판소가 최종적으로 다시 심사함으로써 헌법의 최고규범성을 관철하고 자신의 손상된 헌법재판권을 회복해야 한다.'는 것이다. 따라서 이러한 취지에 비추어 볼 때, 예외적으로 헌법소원의 대상이 되는 법원의 재판

1) 헌재 1997. 12. 24. 96헌마172, 판례집 9-2, 842, 865.
2) 헌재 2016. 4. 28. 2016헌마33.
3) 헌재 2018. 8. 30. 2015헌마861 등, 판례집 30-2, 429.
4) 헌재 2019. 2. 28. 2018헌마140.

이란, 헌법의 최고규범성 및 헌법상 부여받은 헌법재판소의 규범통제권을 관철하기 위하여 부득이 취소되어야 하는 재판을 의미하며, 이러한 재판은 '헌법재판소가 위헌으로 결정한 법령을 적용한 재판'에만 한정되는 것이 아니다. 헌법재판소가 위헌결정에 이르게 된 핵심적인 논증, 즉 헌법재판소의 위헌이라는 결론을 뒷받침하는 핵심적인 이유의 논리를 부인하는 법원의 재판도 여기에 포함된다. '헌법재판소의 위헌결정'이라 함은, 어떤 법령이 위헌이라는 결론과 그 법률이 위헌임을 밝히는 주요한 논증의 결합으로 구성된 판단논리의 총체를 일컫는 것이기 때문이다."라고 하면서[1)] 예외적으로 헌법소원의 대상이 되는 재판에는 헌법재판소의 위헌이라는 결론을 뒷받침하는 핵심적인 이유의 논리를 부인하는 법원의 재판도 포함되어야 한다고 재판소원의 대상범위를 다소 확대하고 있다.

그 이후 2018헌마140 사건에서 재판관 이석태, 재판관 김기영은 반대의견을 통해 "재판에 대한 헌법소원이 허용되어야 하는지 그렇지 않은지를 정하는 것은 각 국의 사법현실에 기초한 정치적 의사결정의 몫이고, 우리 사회가 입법적으로 재판소원 제도를 받아들이지 않은 것은 그러한 연유에서 수긍할 수 있다. 그럼에도 불구하고, 이른바 총체적 수준의 불법행위에 대한 국가의 책임을 부인하는 재판작용까지 헌법재판소가 현행 법제도 상 재판소원이 허용되지 않는다는 이유로 그 심사를 포기해 버린다면, 이는 재판소원을 금지한 입법에 의하여 그보다 상위규범인 헌법의 핵심가치가 부정되는 위헌적인 상태를 방치하는 것이자, 헌법으로부터 파생된 권력(입법권)에 의해 헌법 자체가 훼손되도록 만드는 것을 용인하는 결과가 되므로, 헌법재판소가 스스로의 존재이유를 외면하고 임무를 저버리는 것이다. 따라서 국가가 권력을 남용해 국민의 자유와 권리를 '의도적이고 적극적으로' 침해하는 총체적 불법행위를 자행한 사안에 대해서도 법원이 국가의 불법행위 책임을 부인함으로써 도저히 묵과할 수 없는 부정의한 결과가 발생한 경우, 이같은 판결은 국가와 헌법이 상정

1) 헌재 2018. 8. 30. 2015헌마861 등, 판례집 30-2, 429, 437.

해 둔 사법의 본질에 비추어 볼 때 재판소원 금지 원칙의 예외로서 국민의 기본권 보장 이념에 따라 그 당부가 다시금 검토되어야 할 재판에 해당한다."라고 하여,[1] 위에서 소개한 반대의견에서 한 걸음 더 나아가 국가권력이 국민의 자유와 권리를 '의도적이고 적극적으로' 침해하는 총체적 불법행위를 자행한 경우에 대해서까지 국가의 불법행위 책임을 부인하는 재판에 관한 부분도 예외적으로 헌법소원의 대상이 되어야 한다고 주장하고 있다.

그러나 앞서 언급한 재판소원에 대한 다수의견과 마찬가지로 이러한 반대의견들도 모두 재판소원을 금지시키고 있는 법 제68조 제1항이 원칙적으로 합헌이라는 점에 대하여는 동의하고 있다.

한편 헌법재판소의 헌법소원의 대상이 되는 법원의 재판은 헌법재판소가 위헌결정을 한 이후에 선고된 법원의 재판에 한하기 때문에 위헌결정 이전에 행해진 재판은 설령 그 후 헌법재판소가 위헌결정한 법률을 적용했어도 헌법재판소의 결정은 장래효만을 가지므로 헌법소원의 대상이 아니다.[2]

4) 결 어(법 제68조 제1항의 위헌성)

지금까지 언급한 바와 같이 헌법재판소는 위 96헌마172 결정으로 그동안 논란이 되어왔던 법 제68조 제1항의 위헌 여부에 대하여 본격적인 심사를 했고, 한정위헌결정을 내림으로써 헌법소원제도를 통해 제한적이나마 사법권을 통제할 수 있는 길을 열어놓았다는 점에서, 그리고 대법원이 헌법재판소결정 – 특히 변형결정 – 에 대하여 다소 경시하는 태도를 보인 바 있는 데, 이에 대해 엄중한 경고를 보냄으로써 헌법재판소결정의 기속력과 헌법재판소의 위상을 회복하고자 노력했다는 점에서 그 의의가 크다고 볼 수 있다. 다른 한편 헌법재판소는 이 사건에서 가능하면 법원의 재판을 헌법소원의 대상으로 삼는 것이 바람직하다는 견해를

1) 헌재 2019. 2. 28. 2018헌마140.

2) 헌재 1998. 7. 16. 95헌마77, 판례집 10-2, 267, 273-274.

피력했는데,[1] 이는 원칙과 정치적·제도적인 여건 사이에서의 현실적인 고뇌 끝에 나온 견해로 이해된다.

그러나 헌법재판소는 헌법 제111조 제1항 제5호가 '법률이 정하는 헌법소원에 관한 심판'이라고 규정한 뜻은 헌법이 입법자에게 공권력작용으로 인하여 헌법상의 권리를 침해받은 자가 그 권리를 구제받기 위한 주관적 권리구제절차를 우리의 사법체계, 헌법재판의 역사, 법률문화와 정치적·사회적 현황 등을 고려하여 헌법의 이념과 현실에 맞게 구체적인 입법을 통하여 구현하게끔 위임한 것으로 보아야 할 것이므로, 헌법소원은 언제나 '법원의 재판에 대한 소원'을 그 심판의 대상에 포함하여야만 비로소 헌법소원제도의 본질에 부합한다고 단정할 수 없고, 따라서 헌법재판소법 제68조 제1항은 국민의 기본권(평등권 및 재판청구권 등)의 관점에서는 입법형성권의 헌법적 한계를 넘는 위헌적인 법률조항이라고 할 수 없다고 판시함으로써,[2] 재판소원의 원칙적 금지를 합헌시하고 있다.

그러나 헌법 제111조 제1항 제5호에서의 '법률이 정하는'이라는 표현은 헌법소원의 제도적 취지와 본질 및 기능을 최대한 구현하고 보장하는 방향으로 헌법소원의 요건과 절차 및 방법 등을 정하라는 뜻으로 해석될 수 있고, 또 그렇게 해석되어야 할 것이다. 따라서 헌법소원의 제도적 취지와 기능을 충분히 구현해서 모든 공권력 작용에 대한 – 특히 사법작용 등 일반적 권리구제절차에 의하여 통제가 불가능하거나 어려운 공권력 작용에 대한 – 포괄적이고 다각적인 통제를 통해 국민의 권리구제의 사각지대가 없도록, 그리고 효율적인 권리구제가 가능하도록 입법자가 법률로 구체화시키라는 의미이지 입법자가 마음대로 정하라고 하는 것, 즉 입법자에게 백지위임을 한 것은 아니다. 그러므로 입법자의 입법형성권에도 이러한 헌법소원제도의 목적과 기능 및 특성에서 오는 일정한 헌법적 한계가 있는 것이고, 이를 위반할 경우에는 이는 위헌적인 재판청구권침해 등의 위헌의 문제를 야기하는 것이다.

---

1) 헌재 1997. 12. 24. 96헌마172, 판례집 9-2, 842, 858.

2) 헌재 1997. 12. 24. 96헌마172, 판례집 9-2, 842, 854-859.

그런 점에서 이러한 헌법재판소의 견해는 다음과 같은 이유로 정당화될 수 없다.

(가) 재판소원금지는 헌법소원제도를 형해화시키는 것으로서 헌법소원제도의 본질에 반한다. 주지하는 바와 같이 행정권에 의한 기본권침해에 대한 방어수단이 행정쟁송제도, 입법권에 의한 기본권침해에 대한 방어수단이 규범통제제도라고 한다면, 헌법소원제도는 사법권에 의한 기본권침해에 대한 방어수단으로의 의미와 기능을 가지는 것이라고 할 수 있다. 따라서 헌법소원제도의 주 기능과 존재의의는 사법통제이며, 헌법소원의 제기요건으로서 들고 있는 보충성의 원칙도 헌법소원제도가 사법통제를 그 본질로 한다고 하는 것을 전제로 하는 경우에만 요구될 수 있는 것이다.

(나) 재판소원금지는 헌법소원심판청구권을 부당하게 제한한 것으로 헌법 제27조 제1항에 의해 보장된 – 헌법소원심판청구권을 그 한 내용으로 하는 – 재판청구권을 합리적 이유 없이 과도하게 침해한 것이다. 따라서 이는 비례의 원칙을 규정한 헌법 제37조 제2항에도 위반된다고 할 수 있다.

(다) 재판소원금지는 권력분립의 원칙에 위반된다. 입법권·행정권·사법권 상호간의 견제와 균형을 내용으로 하는 고전적 3권분립이론이 제대로 기능하지 못하는 대신, 정치적 사법작용으로서의 헌법재판권이 제4의 국가기관인 헌법재판소에 귀속되면서, 이들 상호간의 견제와 균형을 그 한 내용으로 하는 기능적 권력분립이론이 오늘날 매우 중요한 역할을 하고 있음은 주지의 사실이다. 여기서 입법권, 행정권, 사법권 모두를 통제의 대상으로 하여야 할 헌법소원제도가 가장 강력한 민주적 정당성을 가지고 있는 입법권을 통제하면서 민주적 정당성이 약한 행정권 – 보충성의 원칙 때문에 – 과 사법권을 통제하지 못한다고 하는 것은 기능적 권력분립의 원칙에 반하는 것이고, 나아가서 민주주의의 이념에도 반하는 것이라고 할 수 있다. 가사 헌법재판을 사법작용에 속하는 것으로 본다 하더라도 헌법재판의 주 기능은 헌법심에 있고, 법원은 사실심과 법률심을

그 주 임무로 하기 때문에 법원의 재판에 대한 헌법재판소의 헌법적 통제를 금지시킨 것은 이러한 기능적 권력분립의 원칙에 위배되는 것이다.

(라) 법 제68조 제1항 단서규정은 헌법소원제기를 위하여 다른 법률의 구제절차를 거칠 것 – 보충성의 원칙 – 을 요구하면서 본문규정에서는 법원의 재판을 헌법소원의 대상에서 제외시키고 있는데, 이는 상호 모순된 내용의 규정을 하나의 법조문에서 결합시킨 것으로서 동 조항은 규범조화적 해석의 한계를 넘어선 규범상의 체계정당성에 반하는 규정이다. 왜냐하면 동 조항의 단서규정에서의 '다른 법률에 구제절차'라고 하는 것은 일반적으로 법원의 재판절차를 의미하는데, 동 조항의 본문규정에 따라 법원의 재판에 대하여는 헌법소원을 제기할 수 없게 되고, 이는 결국 다른 법률의 구제절차를 거친 후에 헌법소원을 제기할 수 있도록 하는 동 조항 단서규정의 보충성원칙의 이념에 정면으로 반하는 것이기 때문이다. 따라서 법 제68조 제1항의 본문규정과 단서규정은 상호 모순·충돌하는 것으로서 규범조화적 해석의 한계를 일탈했기 때문에 규범상의 체계정당성에 반한다고 보지 않을 수 없다.

(마) 재판소원금지는 평등권을 침해한다.

가) 이와 관련하여 헌법재판소는 법원의 재판을 헌법소원심판의 대상에서 제외한 것이 평등권을 침해한 것이 되려면, 법원의 재판과 다른 공권력작용 사이의 차별을 정당화시키는 합리적인 이유가 없어야 하는데, 입법작용과 행정작용의 잠재적인 기본권침해자로서의 기능과 사법작용의 기본권보호자로서의 기능이 이를 정당화시키는 요소라고 판시하고 있다.[1] 그러나 이러한 견해는 입법작용 – 기본권형성적 법률유보 등에서 보는 것처럼 법률을 통한 기본권의 실현과 보장 – 과 행정작용 – 법집행작용을 통한 기본권의 실현 – 의 기본권실현자 내지 기본권보호자로서의 기능 – 이는 1차적이고 직접적인 기능이다 – 과 사법작용의 잠재적인 기본권침해자로서의 기능을 소홀히 한 것으로 정당화될 수 없다고 하겠다.

---

1) 헌재 1997. 12. 24. 96헌마172 등, 판례집 9-2, 842, 856.

더욱이 사법작용에 의한 기본권침해의 경우에는 – 입법·행정작용에 의한 기본권침해의 경우에는 법원과 헌법재판소에 의한 권리구제의 가능성이 존재하는 반면 – 상황에 따라서는 더 이상의 권리구제수단이 없다는 점에서 보다 심각하고 결정적일 수 있는 것이다. 이러한 헌법재판소의 견해에 따르면 행정심판기관도 기본권보호기관이므로, 행정심판에 대하여는 행정소송을 제기할 수 없도록 제한해도 무방하다는 잘못된 결론도 정당화되어질 수 있을 것이다.

나) 아울러 헌법재판소는 법원에 의한 기본권침해의 가능성은 국회나 행정부에 의한 경우보다 상대적으로 적고, 또한 법원내부에서도 상급심법원은 하급심법원이 한 재판의 기본권침해여부에 관하여 다시 심사할 기회를 가진다는 점에서 다른 기관에 의한 기본권침해의 경우와는 본질적으로 차이가 있다고 한다.[1] 그러나 기본권침해의 가능성의 많고 적음은 법원의 재판에 대한 헌법소원을 금지하는 정당화 사유라고 볼 수 없다. 왜냐하면 앞서도 언급한 바와 같이 사법작용에 의한 기본권침해가 질적인 면에서 보다 심각할 수도 있고, 가사 적다고 하더라도 일단 위헌적인 기본권침해가 있다면 헌법소원제도를 마련한 이상 이에 대한 심사를 허용해서 구제할 수 있도록 하는 것이 헌법소원제도의 취지와 법치주의원리에 부합되기 때문이다.

다) 그리고 헌법재판소는 입법자가 헌법재판소와 법원의 관계, 기타의 사정 등을 고려하여 행정작용과 재판작용에 대한 기본권보호를 법원에 맡긴 이상 헌법재판소에 의한 기본권구제의 기회를 부여하지 아니하였다 하여 위헌이라고 할 수는 없다고 한다.[2] 그러나 이러한 견해는 헌법소원의 이중적 기능을 간과한 것이다. 주지하는 바와 같이 헌법소원은 주관적인 권리구제의 기능과 객관적 헌법질서의 수호와 유지기능을 지니고 있다. 따라서 헌법재판소는 청구인의 기본권을 침해한 위헌적인 재판을 심사함으로써, 청구인 개인의 기본권구제 뿐 아니라 사법작용의 통제와

1) 헌재 1997. 12. 24. 96헌마172 등, 판례집 9-2, 842, 856-857.

2) 헌재 1997. 12. 24. 96헌마172 등, 판례집 9-2, 842, 857.

헌법질서의 수호와 유지, 그리고 기능적 권력분립과 법치주의를 실현할 수 있는 것이다. 그러므로 헌법재판소의 기능은 주로 개인의 권리구제와 사건해결에 국한되는 법원의 기능과는 그 성격과 차원이 – 상대적으로 – 다른 것이고, 따라서 법원의 재판을 헌법소원의 대상으로 삼는 것은 단순히 심급상 또 한번의 권리구제의 기회를 부여하는 것 이상의 의미를 지니는 것이다. 또한 헌법재판소는 주 기능이 헌법심을 담당하는 기관이라는 점에서 법령해석이나 사실인정 등 법률심과 사실심을 주 기능으로 담당하는 법원과 구별된다. 따라서 법원이 헌법재판소의 헌법해석과 결정에 기속되듯이 헌법재판소도 법원의 사실인정과 법령해석에 기속되는 것이다. 이러한 헌법재판소와 법원의 기능상의 차이를 감안한다면 재판을 헌법소원의 대상으로 삼는 것이 헌법재판소가 제4심의 기능을 하게 되는 것이 결코 아님을 알 수 있다. 아울러 이 경우 헌법재판소가 대법원보다 권한과 지위에 있어서 우월하게 되는 것도 결코 아니다. 이는 법원이 행정소송을 통해 행정권을 통제한다 하더라도 행정부보다 우월한 지위를 인정받는 것도 아니고, 헌법재판소가 위헌법률심사를 통해 입법권을 통제한다 하더라도 입법부보다 우월한 지위를 가지는 것도 아닌 것과 같다. 헌법재판소와 대법원은 헌법소원제도를 통해 상호 견제와 균형을 이루는 것이다.

라) 한편 헌법재판소는 법적안정성의 관점에서 최종심급이 존재해야 하고, 최종심급이 있는 한 최종심급에 의한 권리침해의 가능성은 언제나 존재하는 것이기 때문에, 이러한 침해가능성에 대한 또 다른 안전장치는 법치국가적으로 불가피한 것이 아닐 뿐만 아니라 궁극적으로 가능한 것도 아니라고 한다.[1] 물론 이러한 견해는 미국처럼 헌법재판소가 없거나 헌법소원제도가 마련되지 아니한 경우에는 타당하다. 그러나 일단 헌법재판소가 설치되었고 헌법소원제도가 마련되어있는 이상, 이를 통해 위헌적 사법작용을 심사함으로써 재판에 대한 '헌법적' 통제를 할 수 있어

1) 헌재 1997. 12. 24. 96헌마172 등, 판례집 9-2, 842, 857.

야 하는 것이다.

(바) 재판소원금지는 재판청구권을 침해한다.

헌법재판소는 재판청구권은 사실관계와 법률관계에 관하여 최소한 한 번의 재판을 받을 기회가 제공될 것을 국가에게 요구할 수 있는 절차적 기본권이므로 기본권침해에 대한 구제절차가 반드시 헌법소원의 형태로 독립된 헌법재판기관에 의하여 이루어 질 것만을 요구하는 것은 아니고, 법원의 재판은 법률상 권리의 구제절차이자 동시에 기본권의 구제절차이므로, 법원의 재판에 의한 기본권의 보호는 이미 기본권의 영역에서의 재판청구권을 충족시키고 있다고 판시하고 있다.[1] 그러나 이러한 견해는 앞서 언급한 헌법재판소와 법원과의 기능의 차이와 기능적 권력분립을 간과한 것으로서 설득력이 없다. 헌법재판소는 법원의 사실관계와 법률관계에 대한 판단에 대하여 다시 판단하는 것이 아니고, 오히려 그것에 기속된다. 헌법재판소는 법원의 재판에 대하여 헌법관계와 헌법해석 등에 관한 헌법적인 심사를, 즉 재판의 위헌 여부와 기본권침해 여부를 심사하는 것이다. 따라서 재판청구권에는 사실심과 법률심에 관한 최소한 한번의 재판을 받을 권리 뿐 아니라, 헌법상 헌법소원제도를 포함한 헌법재판제도가 도입된 이상 법원의 재판에 대한 – 헌법심을 주내용으로 하는 – 헌법소원심판청구권도 포함되는 것이다.

또한 헌법재판소는 이 사건 한정위헌결정과 관련하여 "모든 국가기관은 헌법의 구속을 받고 헌법에의 기속은 헌법재판을 통하여 사법절차적으로 관철되므로…"라는 표현을 쓰고 있는데,[2] 이러한 표현대로라면 헌법의 구속에서 벗어난 법원의 재판도 당연히 헌법재판을 통하여 사법절차적 심사를 받아야 할 것이고, 아울러 여기서의 '사법절차'란 '재판절차'를 의미하는 것으로 헌법재판소에 의한 사법절차란 헌법소원심판절차의 경우 당연히 헌법상 기본권인 재판청구권의 한 내용으로 보장되는 것을 전제로 하는 것이다. 왜냐하면 헌법소원심판청구권을 기본권으로서의 재

1) 헌재 1997. 12. 24. 96헌마172 등, 판례집 9-2, 842, 858.

2) 헌재 1997. 12. 24. 96헌마172 등, 판례집 9-2, 842, 859.

판청구권에 포함시키지 않는다면 헌법소원심판절차라는 재판절차 내지 사법절차를 청구할 수 있는 기본권이 헌법상 존재하지 않거나 보장되지 않는다는 것이고, 그렇다면 이 경우 기본권주체가 법원을 포함한 모든 국가기관의 헌법에의 기속을 헌법재판을 통하여 사법절차적으로 관철시킬 수 없게 되기 때문이다. 따라서 위헌적인 법원의 판결로 기본권이 침해되었다면 이를 헌법소원을 통하여 사법절차적으로 심사받고 구제받을 수 있는 권리가 재판청구권의 한 내용으로 보장되어야 하는 것이다.

헌법재판소의 견해대로라면 위헌적인 법원의 판결로 기본권이 침해된 경우라도 일단 사실관계와 법률관계에 관하여 최소한 한번의 법원의 재판을 받을 기회가 제공되었다면 더 이상 이에 대한 어떠한 사법절차적 통제가 이루어 질 수 없고, 이로 인해 기본권구제와 헌법수호가 포기되더라도 재판청구권의 침해가 아니므로 정당화되어진다면 이것이야 말로 굳이 헌법수호와 기본권보장 및 권력통제를 주임무로 하는 헌법재판제도를 도입한 헌법의 의의와 헌법소원제도의 취지와 본질을 형해화시키는 것이 아닐 수 없다.

결국 헌법재판소의 견해와는 달리 재판소원의 금지는 단순한 입법정책의 문제가 아니라 상기 언급한 이유로 위헌이라고 보지 않을 수 없다.[1] 하루속히 재판소원이 인정되도록 법 제68조 제1항을 개정하든가 이 조항에 대하여 헌법재판소가 단순위헌결정을 내려야 할 것이다.

(2) 사법입법작용

사법부의 자율적 입법권에 기해 제정되는 대법원규칙이 기본권을 직접 침해하는 등 헌법소원의 요건을 갖추었다면 헌법소원의 대상이 된다.[2] 또한 대법원규칙을 제정하도록 위임하고 있는 명시적 헌법이나 법

1) 재판소원금지의 위헌성에 대하여 자세한 것은 정연주, 헌법재판소 직무상의 문제, 헌법학연구 11권 2호, 2005. 6, 49쪽 이하 참조.

2) 헌재 1990. 10. 15. 89헌마178, 판례집 2, 365, 373.

률규정이 있거나, 헌법이나 법률의 해석상으로 그와 같은 규칙을 제정하여야 할 의무가 발생한 경우라면 사법입법부작위도 헌법소원의 대상이 된다는 것이 헌법재판소의 입장이다.[1)]

(3) 기 타

1) 재판장의 소송지휘 또는 재판진행

재판장의 소송지휘 또는 재판진행과 관련하여 헌법재판소는 변론의 제한에 대한 헌법소원사건에서 "재판장의 소송지휘권의 행사에 관한 사항은, 그 자체가 재판장의 명령으로서 법원의 재판에 해당하거나, 또는 그것이 비록 재판의 형식이 아닌 사실행위로 행하여졌다고 하더라도 위와 같이 항소심의 종국판결이 선고된 이후에는 위 종국판결에 흡수, 포함되어 그 불복방법은 위 항소심 판결에 대한 상고에 의하여만 가능하다 할 것이다. 따라서 재판장의 변론지휘권의 부당한 행사를 그 대상으로 하는 헌법소원심판청구는, 결국 헌법소원청구의 대상에서 제외된 법원의 재판을 직접 그 대상으로 하여 헌법소원심판을 청구한 경우에 해당하므로 부적법하다 할 것이다."라고 판시하여 재판장의 소송지휘 또는 재판진행 행위를 헌법소원의 대상에서 제외하고 있다.[2)]

2) 재판부작위

재판부작위 내지 재판지연과 관련하여 헌법재판소는 재판의 지연 위헌확인 등 사건에서 법원은 국민의 재판청구권에 근거하여 법령에 정한 국민의 정당한 재판청구행위에 대하여만 재판을 할 의무를 부담하고 법령이 규정하지 아니한 재판청구행위에 대하여는 그 의무가 없고, 종국판결이 상소기간 도과로 확정된 후 동 판결선고 전에 청구의 인낙이 있었다는 이유로 하는 기일지정신청은 법령에 규정한 바 없으며, 위 기일지

---

1) 헌재 1997. 5. 29. 96헌마4, 공보 제22호, 445, 446.

2) 헌재 1992. 6. 26. 89헌마271, 판례집 4, 413, 419-420.

정신청을 인정하는 법리도 없으므로 그러한 기일지정신청은 법원에 대하여 아무런 의미도 부여할 수 없고, 법원이 이에 대하여 재판을 하여야 할 의무를 부담하지 않으므로 위 기일지정신청에 대하여 법원이 아무런 재판을 하고 있지 않은 데 대한 헌법소원은 헌법에서 유래하는 작위의무가 없는 공권력의 불행사에 대한 헌법소원이어서 부적법하다고 판시하여 재판부작위 내지 재판지연의 헌법소원 대상성을 부인하고 있다.[1]

또한 심리와 판결선고를 부당하게 지연하여 판결을 선고하지 아니함으로써 공정하고 신속한 재판을 받을 권리와 평등권을 침해하였다고 주장하면서 제기된 재판지연 위헌확인사건에서 헌법재판소는 법원은 법이 정하는 판결선고기간 내에 판결을 선고하도록 노력해야 하겠지만, 이 기간 내에 반드시 판결을 선고해야 할 법률상의 의무가 발생한다고 볼 수 없으며, 헌법 제27조 제3항 제1문에 의거한 신속한 재판을 받을 권리의 실현을 위해서는 구체적인 입법형성이 필요하고, 신속한 재판을 위한 어떤 직접적이고 구체적인 청구권이 이 헌법규정으로부터 직접 발생하지 아니하므로, 보안관찰처분들의 취소청구에 대해서 법원이 그 처분들의 효력이 만료되기 전까지 신속하게 판결을 선고해야 할 헌법이나 법률상의 작위의무가 존재하지 않아, 결국 헌법소원의 대상이 되는 공권력의 불행사가 존재하지 아니하는 것이라고 판시했다.[2]

그런데 이 법정 판결선고기간(민사소송법 제199조)과 관련한 헌법재판소의 결정은 판결선고기간에 관한 법률규정을 훈시규정으로 해석하는 것을 전제로 한다. 그러나 판결선고기간에 관한 규정은 강행규정의 형식으로 정해져 있다는 점에서 헌법재판소의 결정은 설득력이 없다. 또한 신속한 재판을 받을 권리의 실현을 위해서는 구체적인 입법형성이 필요하다는 헌법재판소의 입장도 타당하지 않다. 왜냐하면 판결선고기간에 관한 규정은 이미 그러한 구체적인 입법형성의 결과이기 때문이다. 결국 법정 판결선고기간에 관한 규정으로부터 신속한 재판을 받을 권리가 법

1) 헌재 1994. 6. 3. 93헌마161, 판례집 6-1, 700, 705-706.

2) 헌재 1999. 9. 16. 98헌마75, 판례집 11-2, 364, 370-372.

원에 대한 직접적이고 구체적인 청구권으로서 발생한다고 볼 수 있다. 따라서 법정 판결선고기간을 법원이 도저히 지킬 수 없다면 강행규정의 형식으로 정해진 법률조항을 훈시규정의 형식으로 개정하거나 판결선고기간을 늘리는 것이 옳다.

3) 법원행정처장의 질의회신

헌법재판소는 법원행정처장의 질의회신은 대민봉사적 차원에서 법적 절차를 친절히 설명하고 법률의 방식에 따른 불복절차를 이행하도록 안내한 것으로 공권력의 행사나 그 불행사로 보기 어렵고, 따라서 헌법소원심판청구의 대상이 될 수 없다고 판시했다.[1)]

Ⅲ. 기본권침해

헌법소원심판은 기본권침해를 구제하기 위한 제도이다. 이에 따라 법 제68조 제1항 본문은 공권력의 행사 또는 불행사로 인하여 '헌법상 보장된 기본권을 침해받은 자'가 헌법소원심판을 청구할 수 있다고 규정하고 있다. 따라서 '헌법상 보장된 기본권'에 대한 '침해'가 헌법소원심판청구의 중요한 요건의 하나이다.

1. 헌법상 보장된 기본권

(1) 의 의

헌법소원심판을 청구하기 위하여는 헌법상 보장된 기본권이 침해되어야 하는데, 헌법상 보장된 기본권의 범위가 명확하지 않다. 이와 관련하여 헌법재판소는 "우리 헌법 제2장 국민의 권리와 의무(제10조 내지 제39

---

1) 헌재 1992. 6. 26. 89헌마132, 판례집 4, 387, 402.

조) 가운데에서 의무를 제외한 부분이 원칙적으로 기본권에 해당함은 인정할 수 있으나, 그에 한정할 것인지 또는 헌법상의 위 규정들 이외에서도 기본권성을 인정할 수 있는지, 나아가서 헌법의 명문의 규정이 없다 하더라도 인정되는 기본권이 존재하는지, 존재한다면 구체적으로 어떠한 것인지에 대하여는 반드시 명확하다고만은 할 수 없다. 따라서 이 문제는 결국 개별적·구체적인 헌법해석에 의하여 해결하는 수밖에 없으나, 그것에 내재하는 의미를 '헌법에 의하여 직접 보장된 개인의 주관적 공권'이라고 파악할 수 있다."라고 하여 결국 개별적·구체적인 헌법해석에 의하여 기본권의 범위를 정할 수밖에 없다고 판시하고 있다.[1]

이에 따르면 헌법상 보장된 기본권들은 주로 국민의 권리와 의무에 관한 헌법 제2장에 포함되어 있을 것이지만, 거기에만 국한된 것은 아니라고 하겠다. 그밖에도 헌법 제10조에서 정한 모든 기본권의 기초이자 목표라고 할 수 있는 인간의 존엄과 가치 및 행복추구권을 실현하기 위하여 필요한 자유와 권리는 원칙적으로 기본권의 범위에 포함된다고 하겠다. 헌법 제37조 제1항이 "국민의 자유와 권리는 헌법에 열거되지 아니한 이유로 경시되지 아니한다."라고 규정하고 있는 것도 이를 뒷받침한다고 하겠다. 예컨대 헌법 제8조의 정당조항에서 보장하는 정당설립 및 활동의 자유,[2] 헌법 제41조 제1항과 헌법 제67조 제1항의 선거의 기본원칙조항에서 도출될 수 있는 보통(피)선거권·평등(피)선거권·직접(피)선거권·비밀(피)선거권·자유(피)선거권,[3] 헌법 제116조의 선거관리조항에서 도출될 수 있는 선거운동에서 균등한 기회를 보장받을 권리 등이 그

---

1) 헌재 2001. 3. 21. 99헌마139등, 판례집 13-1, 676, 692-693.

2) 헌재 2014. 1. 28. 2012헌마431등, 공보 제208호, 345, 348. 헌법 제8조의 정당조항에 근거한 정당설립과 활동의 자유에 대하여는 정연주, 정당등록취소와 정당설립의 자유, 헌법학연구, 20권 1호, 2014. 3, 57쪽 이하 참조.

3) 선거권 및 피선거권을 규정한 헌법 제24조 및 헌법 제25조와 연계하여 헌법 제41조 제1항과 헌법 제67조 제1항의 선거의 기본원칙조항에서 직접 도출되는 다양한 선거에 관한 기본권에 대하여 정연주, 1인 1표 국회의원선거제도의 위헌성, 헌법논총 제13집, 헌법재판소, 2002. 12. 513쪽 이하 참조.

것이다. 한편 헌법재판소는 헌법 제3조의 영토조항을 근거로 하여 영토에 관한 권리, 즉 영토권을 헌법소원의 대상인 기본권의 하나로 간주하고 있다.[1]

결국 헌법상 보장된 기본권은 국민의 권리와 의무에 관한 헌법 제2장에서 명문으로 보장된 것 이외에도 – 인간의 존엄과 가치 및 행복추구권의 효율적 실현을 목표로 하여 – 헌법 전반에 대한 체계적 해석을 통해서 도출되는 것을 포괄하는 개념이라고 할 수 있다.

(2) 기본권성이 부인된 사례

헌법소원은 헌법상의 기본권을 침해하는 공권력작용을 대상으로 하는 것이므로 헌법상 권리가 아닌 단순한 법률상의 권리의 침해는 헌법소원으로 다툴 수 없다. 예컨대 지방자치법 제14조가 규정하는 주민투표권은 단순한 법률상의 권리로서 헌법상의 참정권과는 구별되므로 그 침해가 있어도 헌법소원의 대상은 아니다.[2] 아울러 단순한 기대이익 또는 반사적 이익은 기본권이 아니므로 이를 침해하는 공권력작용은 헌법소원의 대상이 되는 기본권침해가 아니다.[3]

헌법재판소는 청구인들이 침해받았다고 주장하는 입법권은 국가권력의 일종인 국회의 권한이지 헌법상 보장된 국민의 기본권이라고 할 수 없고,[4] 청구인들이 침해받았다고 주장하는 '국회구성권'이라는 기본권은 헌법의 명문규정으로도 그리고 해석상으로도 인정할 수 없다고 하였다.[5] 또한 국회의 구성원인 지위에서 공권력작용의 주체가 되어 국민의 기본권을 보호 내지 실현할 책임과 의무를 지는 국회의원이 국회 상임위원회에 소속하여 활동할 권리, 무소속 국회의원으로서 교섭단체소속 국회의

1) 헌재 2001. 3. 21. 99헌마139등, 판례집 13-1, 676, 695.
2) 헌재 2001. 6. 28. 2000헌마735, 판례집 13-1, 1431, 1439-1440.
3) 헌재 1998. 7. 16. 96헌마246, 판례집 10-2, 283, 310.
4) 헌재 1998. 8. 27. 97헌마8등, 판례집 10-2, 439, 442.
5) 헌재 1998. 10. 29. 96헌마186, 판례집 10-2, 600, 605.

원과 동등하게 대우받을 권리 등을 침해당하였다고 하더라도, 이는 법 제68조 제1항에서 말하는 기본권의 침해에는 해당하지 않으므로, 이러한 경우 국회의원은 개인의 권리구제수단인 헌법소원을 청구할 수 없다고 하였다.[1)]

한편 헌법재판소는 청구인들이 침해받았다고 주장하는 '헌법전문에 기재된 3·1정신'은 우리나라 헌법의 연혁적·이념적 기초로서 헌법이나 법률해석에서의 해석기준으로 작용한다고 할 수 있지만, 그에 기하여 곧바로 국민의 개별적 기본권성을 도출해낼 수는 없다고 하였다.[2)]

2. 기본권의 침해

(1) 의 의

기본권의 침해란 공권력주체가 헌법상 보장된 기본권의 내용 내지 보호영역에 대해 가하는 제한을 말한다. 즉 공권력의 행사 또는 불행사로 인한 자유의 제한, 의무의 부과, 권리 또는 법적 지위의 박탈 등을 의미한다.[3)]

헌법소원의 적법요건으로서의 기본권침해와 관련하여 헌법재판소는 법 제68조 제1항의 '헌법상 보장된 기본권을 침해받은 자'는 '헌법상 보장된 기본권을 침해받았다고 주장하는 자'로 해석하여야 하며, 소원청구인은 자신의 기본권에 대한 공권력주체의 제한행위가 위헌적인 것임을 어느 정도 구체적으로 주장하여야 하므로 소원청구인이 기본권침해의 가능성을 확인할 수 있을 정도의 구체적 주장을 하지 않고 막연한 주장만을 하는 경우에는 그 소원청구는 부적법한 것이 될 것이라고 판시했다.[4)]

---

1) 헌재 2000. 8. 31. 2000헌마156, 판례집 12-2, 258, 262-263.
2) 헌재 2001. 3. 21. 99헌마139등, 판례집 13-1, 676, 693.
3) 헌재 1992. 11. 12. 91헌마192, 판례집 4, 813, 823.
4) 헌재 2005. 2. 3. 2003헌마544, 판례집 17-1, 133, 142; 헌재 2007. 1. 16. 2006헌마1458.

헌법소원심판이 청구되면 헌법재판소는 청구인의 주장에만 얽매여 판단을 한정하지 않고 가능한 한 모든 범위에서 헌법상 기본권침해의 유무를 직권으로 심사한다.[1] 그런데 공권력작용이 법적인 효과를 발생하는 경우에만 기본권침해는 가능하다. 따라서 공권력의 행사로 인하여 헌법소원을 청구하고자 하는 자의 법적 지위에 아무런 영향이 미치지 않는다면 애당초 기본권침해의 가능성이나 위험성이 없으므로 그 공권력의 행사를 대상으로 헌법소원을 청구하는 것은 허용되지 아니한다.[2]

(2) 기본권침해가 부인된 사례

헌법재판소는 어떤 법률의 입법절차가 헌법이나 국회법에 위반된다고 하더라도 그와 같은 사유만으로는 그 법률로 인하여 청구인들이 기본권을 침해받은 것으로 볼 수 없고, 따라서 법률의 실체적 내용으로 인하여 기본권을 침해받은 경우에 헌법소원심판을 청구하거나 그 법률이 구체적 소송사건에서 재판의 전제가 된 경우에 위헌여부심판의 제청신청을 하여 그 심판절차에서 입법절차에 하자가 있음을 이유로 그 법률이 위헌임을 주장하는 것은 별론으로 하고, 단순히 입법절차의 하자로 인하여 기본권을 침해받았다고 주장하여 헌법소원심판을 청구할 수는 없다고 판시했다.[3] 또한 공권력의 행사 또는 불행사로 헌법의 기본원리 혹은 헌법상 보장된 제도의 본질이 훼손되었다고 하여 그 점만으로 바로 국민의 기본권이 현실적으로 침해된 것이라고 할 수는 없다고 판시했다.[4]

한편 헌법재판소는 국민보건 또는 기타 공익을 위한 법령상의 규제 때문에 종전에 사실상 독점하고 있던 영업행위를 관계법의 개정에 따라

---

1) 헌재 1989. 9. 4. 88헌마22, 판례집 1, 176; 헌재 1993. 5. 13. 92헌마80, 판례집 5-1, 365.

2) 헌재 1999. 5. 27. 97헌마368, 판례집 11-1, 667, 671; 헌재 1999. 6. 24. 97헌마315, 판례집 11-1, 802, 817.

3) 헌재 1998. 8. 27. 97헌마8등, 판례집 10-2, 439, 442-443.

4) 헌재 1995. 2. 23. 90헌마125, 판례집 7-1, 238, 243; 헌재 1998. 10. 29. 96헌마186, 판례집 10-2, 600, 606.

다른 사람들도 할 수 있게 됨으로써 종전에 누리고 있던 독점적 영업이익이 상실된다고 하여도 그 사실만으로 기본권의 침해가 있는 것은 아니고, 따라서 설령 한약학과 졸업예정자인 청구인들이 한약사 면허취득에 관한 관계 법령에 터잡아 이익독점을 기대하고 있었는데 한약학과 외의 학과 출신자에 대한 한약사시험 응시기회 부여로 인해 한약사 면허취득자가 증가함으로써 그 기대가 실현되지 않게 된다고 하더라도 이는 사실상 기대되던 반사적 이익이 실현되지 않게 된 것에 불과한 것이지 어떠한 헌법상 기본권의 제한 또는 침해의 문제가 생기는 것은 아니라고 판시했다.[1]

또한 헌법재판소는 대한민국정부와 중화인민공화국정부 간 합의된 중국산 마늘에 대한 수입제한조치는 당면한 구체적 경제상황에 적응하지 못한 농가를 한시적으로 보호하여 대응조치를 할 시간적 여유를 주기 위한 것일 뿐이므로 국가가 이러한 제한조치를 연장하지 아니한다고 하여도 마늘재배농가의 재산권이 제한되는 것으로 볼 수 없고, 마늘재배의 기회가 기본권으로서 보장되는 것은 아니므로 경영상황의 악화로 마늘재배를 중단해야 하더라도 이로써 직업선택의 자유가 어떠한 영향을 받는다고 볼 수 없다고 판시했다.[2]

Ⅳ. 법적 관련성

공권력작용으로 인한 기본권침해가 심판청구의 요건을 충족시키기 위하여는 공권력작용과 청구인 사이에 법적인 관련성이 있어야 한다. 즉 청구인은 공권력작용에 의해서 원칙적으로 자신의 기본권이, 현재 그리고 직접 침해당한 경우에만 헌법소원을 제기 할 수 있다.[3]

1) 헌재 2000. 1. 27. 99헌마660, 공보 제42호, 152.
2) 헌재 2004. 12. 16. 2002헌마579, 판례집 16-2 하, 568, 574-575.
3) 헌재 1989. 7. 21. 89헌마12, 판례집 1, 128, 129-130.

1. 자기관련성

(1) 서 설

1) 의 의

자기관련성이란 청구인 스스로가 자신의 기본권을 침해받아야 한다는 것이다. 즉 청구인은 공권력작용에 자신이 스스로 법적으로 관련되어야 한다. 이에 따라 법 제68조 제1항도 '기본권을 침해받은 자'가 헌법소원심판을 청구하도록 규정하고 있는 것이다. 이처럼 헌법소원의 요건으로서 청구인의 자기관련성이 요구되는 것은 헌법소원제도상 민중소송이 허용되지 않는다는 의미이고,[1] 이는 헌법소원제도의 본질이 객관적 소송이 아닌 개인의 권리구제를 목적으로 하는 주관적 소송이기 때문이다. 따라서 원칙적으로 공권력작용의 직접적인 상대방에게만 자기관련성이 인정되고, 공권력작용에 단순히 간접적, 사실적 또는 경제적인 이해관계에 있을 뿐인 제3자, 나아가 반사적으로 불이익을 받은 자에게는 인정될 수 없다고 하겠다.[2]

한편 자기관련성 충족 여부에 대한 판단과 관련하여 헌법재판소는 "헌법재판소는 일반법원과는 달리 일반법률의 해석이나 사실인정의 문제를 다루는 기관이 아니라 헌법재판소가 사실문제 판단에 깊이 관여할 수 없는 헌법해석기관이며 헌법소원의 기능이 주관적 기본권보장과 객관적 헌법보장기능을 함께 가지고 있으므로 권리귀속에 대한 소명만으로써 자기관련성을 구비한 여부를 판단할 수 있다고 할 것이다."라고 하여 권리귀속에

1) 헌재 1989. 12. 22. 89헌마145, 판례집 1, 413, 415.

2) 헌재 1993. 3. 11. 91헌마233, 판례집 5-1, 104, 111; 헌재 1995. 5. 25. 94헌마100, 판례집 7-1, 806, 808; 헌재 1996. 6. 30. 92헌마61, 판례집 6-1, 680, 684; 헌재 1997. 3. 27. 94헌마277, 판례집 9-1, 404, 409; 헌재 1997. 9. 25. 96헌마133, 판례집 9-2, 410, 416.

대한 소명만으로 자기관련성 여부를 판단할 수 있다고 판시하고 있다.[1)]

2) 제3자

위에서 언급한 바와 같이 자신의 기본권을 침해당하고 있는 자만이 헌법소원을 제기 할 수 있고, 제3자는 특별한 사정이 없는 한 기본권침해에 직접 관련되었다고 볼 수 없다.[2)] 여기서 자기관련성이 인정되는 자는 기본권침해의 원인이 되는 공권력작용의 상대방이나 수신인이고, 따라서 공권력작용이 행정작용이거나 사법작용인 경우에는 행정작용의 수신인이거나 소송 당사자에게 자기관련성이 인정될 것이다. 그러나 기본권침해의 원인이 입법작용인 경우에는 사정이 다르다. 왜냐하면 통상 법령은 일반성과 추상성을 띠고 있어 그 법령의 효과가 광범위하게 미치기 때문에 제3자도 기본권침해와 관련될 수 있기 때문이다. 이 경우 제3자에게도 자기관련성을 인정할 수 있는가의 문제는 입법의 목적, 실질적인 규율대상, 법규정에서의 제한이나 금지가 제3자에게 미치는 효과나 진지성의 정도 및 규범의 직접적인 수규자에 의한 헌법소원제기의 기대가능성 등을 종합적으로 고려하여 판단해야 할 것이다.[3)]

(2) 자기관련성에 관한 헌법재판소 판례

1) 자기관련성을 인정한 판례

청구인들은 사전심의의 대상이 되는 광고표현물의 제작에 참여하는 광고인들로서 제작과정에서 사전심의제도와 심의규정의 존재를 의식하여 제작활동을 행하지 않을 수 없고, 또한 만약 사전심의의 결과 방송불가 또는 조건부 방송가 판정을 받는 경우에는 광고표현물을 심의규정에 맞게 재수정해야 하는 등 이 사건 법률조항과 심의규정에 의하여 그들의

---

1) 헌재 1994. 12. 29. 89헌마2, 판례집 6-2, 395, 407.
2) 헌재 1997. 3. 27. 94헌마277, 판례집 9-1, 404, 409.
3) 헌재 1997. 9. 25. 96헌마133, 판례집 9-2, 410, 416-417.

제작활동이 직접 제약을 받고 있다고 보지 않을 수 없으며, 이러한 제약이 단순히 간접적 또는 사실적인 것이라고 보기는 어렵기 때문에 청구인들은 이 사건 법률조항과 심의규정에 의한 기본권침해의 자기관련성을 갖추고 있다고 할 것이다.[1)]

청구인들은 교통사고로 사망한 자의 부모로서 형사소송법상 고소권자의 지위에 있을 뿐만 아니라, 비록 교통사고처리특례법의 보호법익인 생명의 주체는 아니라고 하더라도 위 교통사고로 사녀가 사망함으로써 극심한 정신적 고통을 받은 법률상 불이익을 입게 된 사람임이 명백하므로 헌법상 재판절차진술권이 보장되는 형사피해자의 범주에 속한다고 보아야 할 것이다.[2)] 또한 피해자인 고소인이 고소후에 사망한 경우 피보호법익인 재산권의 상속인은 자신들이 따로 고소를 할 것 없이 피해자 지위를 수계하여 피해자가 제기한 당해 고소사건에 관한 검사의 불기소처분에 대하여 항고·재항고도 할 수 있고 또한 헌법소원심판도 청구할 수 있다.[3)]

헌법상 재판절차진술권의 주체인 형사피해자의 개념은 반드시 형사실체법상의 보호법익을 기준으로 한 피해자의 개념에 의존할 필요가 없고, 형사실체법상으로는 직접적인 보호법익의 주체로 해석되지 않는 자라 하더라도 문제되는 범죄 때문에 법률상의 불이익을 받게 되는 자라면 헌법상 형사피해자의 재판절차진술권의 주체가 될 수 있다고 할 것인바, 청구인은 청구외 회사와의 사이에 존재하였던 대리점계약의 일방당사자로서 청구외 회사의 이 사건 불공정거래행위라는 범죄로 인하여 위와 같은 대리점계약상의 지위를 상실하는 법률상의 불이익을 받고 있으므로, 청구인이 비록 공정거래법이라는 형사실체법상 보호법익의 주체는 아니라고 하더라도 헌법상 재판절차진술권의 주체인 피해자에는 해당한다고 보지 아니할 수 없으므로 청구인의 이 사건 심판청구는 자기관련성을 갖추었다.[4)]

---

1) 헌재 1998. 11. 26. 94헌마207, 판례집 10-2, 716, 726.
2) 헌재 1993. 3. 11. 92헌마48, 판례집 5-1, 121, 130.
3) 헌재 1993. 7. 29. 92헌마234, 판례집 5-2, 196, 201.
4) 헌재 1995. 7. 21. 94헌마136, 판례집 7-2, 169, 176.

국민건강보험법 부칙 제6조 및 제7조의 직접적인 수규자는 법인이나, 직장의료보험조합은 공법인으로서 기본권의 주체가 될 수 없을 뿐만 아니라, 법규정의 실질적인 규율대상이 수규자인 법인의 지위와 아울러 제3자인 청구인들의 법적 지위라고 볼 수 있으며, 법규정이 내포하는 불이익이 수규자의 범위를 넘어 제3자인 청구인들에게도 유사한 정도의 불이익을 가져온다는 의미에서 거의 동일한 효과를 가지고 있으므로, 법의 목적 및 실질적인 규율대상, 법규정에서의 제한이나 금지가 제3자에게 미치는 효과나 진지성의 정도, 규범의 수규자에 의한 헌법소원의 제기가능성 등을 종합적으로 고려하여 판단할 때, 청구인들의 자기관련성을 인정할 수 있다.[1)]

청구인의 자녀와 같이 국외 대학에 취학한 국가유공자의 자녀의 경우에는 국가유공자등예우및지원에관한법률조항에 의한 교육보호를 받을 수 없는데, 그로 인한 불이익은 통상적으로 자녀의 학비를 부담하는 국가유공자 본인에게 돌아가게 되는 반면에 이 사건 법률조항의 직접적인 수규자라 할 수 있는 대학이나 국가가 그러한 문제를 다투기 위해 헌법소원을 제기할 것이라고는 기대할 수 없다는 점들을 고려할 때 청구인에 대해 자기관련성을 인정할 수 있다.[2)]

뉴스통신진흥에관한법률 제10조 등은 연합뉴스사를 국가기간뉴스통신사로 지정하여 이에 대하여 재정지원 등 혜택을 부여함을 내용으로 하므로 오로지 연합뉴스사만을 그 규율의 대상으로 하고, 청구인들은 원칙적으로 규율의 직접적인 상대방이 아닌 제3자에 불과하나 심판대상조항이 경쟁관계에 있는 다른 뉴스통신사를 국가기간뉴스통신사로 지정하여 이에 대하여 재정지원 등 각종 혜택을 부여하는 경우에는 이러한 혜택에서 제외된 청구인 회사의 경우 그 영업활동이 부당하게 축소되는 결과가 되므로 그러한 범위에서 기본권에 대하여 직접 법적인 제한을 받는 것으로 보아야 한다.[3)]

1) 헌재 2000. 6. 29. 99헌마289, 판례집 12-1, 913, 934.
2) 헌재 2003. 5. 15. 2001헌마565, 판례집 15-1, 568, 575.
3) 헌재 2005. 6. 30. 2003헌마841, 판례집 17-1, 996, 1005.

일반 소비자라 할 수 있는 나머지 청구인들은 특별한 사정이 없는 한 미국산 쇠고기 수입과 관련된 보호조치인 농림수산식품부 고시에 대하여 구체적이고 실질적인 이해관계를 가진다 할 것이고, 따라서 이 사건 고시가 생명·신체의 안전에 대한 보호의무에 위반함으로 인하여 초래되는 기본권 침해와의 자기관련성을 인정할 수 있다 할 것이다.[1]

전체 법학전문대학원의 총 입학정원이 한정되어 있는 상태에서 교육부장관의 인가처분이 여성만이 진학할 수 있는 여자대학에 법학전문대학원 설치를 인가한 것은, 결국 청구인들과 같은 남성들이 진학할 수 있는 법학전문대학원의 정원이 여성에 비하여 적어지는 결과를 초래하여 청구인들의 직업선택의 자유, 평등권을 침해할 가능성이 있으므로, 인가처분의 직접적인 상대방이 아닌 제3자인 청구인들에게도 기본권침해의 자기관련성이 인정된다.[2]

2) 자기관련성을 부인한 판례

특별부가세 부과처분의 상대방은 학교법인이고, 위 과세처분으로 말미암아 위 학교에 재학 중인 학생들인 위 청구인들은 단지 간접적이고 사실적이며 경제적인 이해관계가 있는 자들일 뿐, 법적인 이해관계인이 아니라고 할 것이므로 그들에게는 동 처분에 관하여 자기관련성이 인정되지 않는다고 할 것이므로 청구인적격을 갖추고 있지 않다.[3]

청구인들은 대학교의 재학생들이므로 신입생자격 제한조치의 직접적인 상대방이 아닌 제3자로서 대학교의 신입생자격제한으로 인하여 대학교에 입학하고자 하는 자의 기본권이 직접 침해되었는지 여부는 별론으로 하고, 신입생자격제한으로 인하여 이미 대학교에 입학한 재학생들인 청구인들의 기본권이 침해될 여지는 없다고 보이므로 청구인들에게는 교육부장관의 부작위가 위헌인지의 여부를 다툴 기본권침해의 자기관련성

1) 헌재 2008. 12. 26. 2008헌마419등, 판례집 20-2 하, 960, 974.
2) 헌재 2013. 5. 30. 2009헌마514, 판례집 25-1, 337, 342.
3) 헌재 1993. 7. 29. 89헌마123, 판례집 5-2, 127, 134.

이 결여되었다.[1]

고등학교 학생들인 청구인들의 경우, 세무대학 진학을 목표로 공부를 해 왔다는 사실만으로는 아직 세무대학에서 학업할 수 있는 자격을 확정적으로 부여받았다고 볼 수 없으므로, 세무대학 진학을 목표로 공부해 온 청구인들의 경우 청구인적격(자기관련성) 이 인정될 수 없으므로 이들의 심판청구는 부적법하다.[2]

국가의 국립대학에 대한 재정지원행위에 대하여 수혜범위에서 제외된 사립대학의 경영주체인 학교법인에게는 평등권 위반과 관련하여 자기관련성이 인정되지만, 사립대학에 재학하거나 근무하는 재학생이나 교수들인 청구인들은 학교법인의 구성원도 아니고 학교법인에 대한 법률적 규율에 의하여 청구인들의 법적 지위나 권리·의무관계에 직접 영향이 미칠 만큼 밀접한 관계에 있지도 않으며 단지 간접적·반사적 이해관계를 가질 뿐이므로 이들에게 자기관련성이 없다.[3]

청구인은 의료사고의 피해자의 아버지일 뿐 의료사고의 직접적인 법률상의 피해자가 아니므로 결국 청구인은 불기소처분으로 인하여 자기의 헌법상 보장된 기본권을 직접 침해받은 자가 아니며 불기소처분에 대하여 자기관련성이 없는 자라 할 것이고 따라서 청구인의 심판청구 부분은 심판청구를 할 적격 없는 자의 청구로서 부적법하다.[4]

범죄 피해자가 아닌 고발인에게는 개인적 주관적인 권리나 재판절차에서의 진술권 등의 기본권이 허용될 수 없으므로 검사가 자의적으로 불기소처분을 하였다고 하여 달리 특별한 사정이 없으면 헌법소원심판청구의 요건인 자기관련성이 없다.[5]

새로이 정당을 조직하고 그 정당의 후보로서 대통령선거에 출마하고

1) 헌재 1997. 3. 27. 94헌마277, 판례집 9-1, 404, 409-410.
2) 헌재 2001. 2. 22. 99헌마613, 판례집 13-1, 367, 374.
3) 헌재 2003. 6. 26. 2002헌마312, 판례집 15-1, 765, 770-771.
4) 헌재 1993. 11. 25. 93헌마81, 판례집 5-2, 535, 537.
5) 헌재 1989. 12. 22. 89헌마145, 판례집 1, 413, 415-416.

자 하는 자가 구 정치자금에관한법률의 보조금의 배분에 관한 규정에 의하여 어떤 불이익을 받게 되었다고 하더라도, 그것은 사실상의 간접적인 이해관계일 뿐 법적인 관련성이 없어 자기의 기본권을 직접 침해받은 것이라고는 할 수 없으므로 청구인적격이 인정되지 아니한다.[1]

부가가치세법 조항들은, 직전 연도의 공급대가가 일정한 범위 내인 간이과세자에 대한 부가가치세를 부과·징수함을 규율하는 것으로서 소비자인 청구인의 자기관련성을 인정할 만한 특별한 사정이 있다고 할 수 없고, 가사 청구인이 부가가치세의 전가로 경제적 부담이 증가된다고 하더라도 이는 간접적, 사실적 또는 경제적인 이해관계에 불과할 뿐 법적인 불이익이라고 할 수 없다. 따라서 이 사건 법률조항들은 기본권침해의 자기관련성이 인정되지 아니한다.[2]

소비자인 청구인들이 그동안 백화점 등의 셔틀버스를 이용할 수 있었던 것은 백화점 등의 경영자가 셔틀버스를 운행함으로써 누린 반사적인 이익에 불과한 것이므로, 여객자동차운수사업법 조항으로 인하여 더 이상 셔틀버스를 이용할 수 없게 되었다 하더라도, 이는 백화점 등에의 접근에 대한 편이성이 감소되었을 뿐이고, 이로 인하여 소비자의 상품선택권이 제한을 받는 것은 아니어서 이들에게는 청구인적격이 인정될 수 없다.[3]

(3) 제3자 소송담당

제3자가 자신의 이름으로 소송에서 다투어지는 권리·의무의 주체인 타인의 이익을 위하여 소송을 수행하는 것을 제3자 소송담당이라고 한다. 헌법소원심판에서도 제3자 소송담당이 허용될 수 있는지가 문제될 수 있는데, 지금까지 제3자 소송담당과 관련하여 헌법재판소에 제기된 사건들은 주로 단체가 단체구성원을 위하여 자신의 이름으로 헌법소원을 제기한 것들이었다. 헌법재판소는 이러한 유형의 제3자 소송담당을 헌법

1) 헌재 1997. 3. 27. 92헌마263, 공보 제21호, 342, 344.

2) 헌재 2012. 5. 31. 2010헌마631, 공보 제188호, 1133, 1136.

3) 헌재 2001. 6. 28. 2001헌마132, 판례집 13-1, 1441, 1456.

소원심판에서 인정하지 않고 있다. 예컨대 헌법재판소는 “단체와 그 구성원을 서로 별개의 독립된 권리주체로 인정하고 있는 현행의 우리나라 법제 아래에서는 원칙적으로 헌법상 기본권을 직접 침해당한 권리주체만이 헌법소원심판절차에 따라 권리구제를 청구할 수 있는 것이고, 비록 단체의 구성원이 기본권의 침해를 당했다고 하더라도 단체가 구성원의 권리구제를 위하여 그를 대신하여 헌법소원심판을 청구하는 것은 허용될 수 없어 부적법하다.”고 판시한 바 있다.[1)]

2. 현재성

(1) 의 의

기본권침해의 현재성이란 청구인의 기본권이 ‘현재’ 침해당하고 있어야 한다는 원칙이다. 즉 청구인이 자신의 기본권침해의 원인이 된 공권력작용과 ‘현재’ 관련성을 가져야 하며, 장래 어느 때인가 관련이 될 수 있을 것이라는 사실만으로는 헌법소원을 제기할 수 없다. 즉 청구인이 장차 언젠가는 권리침해를 받을 우려가 있다 하더라도 그러한 권리침해의 우려는 단순히 장래 잠재적으로 나타날 수도 있는 것에 불과하여 권리침해의 현재성을 구비하였다고 할 수 없다.[2)]

그러나 다른 한편 기본권침해가 장래에 발생하더라도 그 침해가 틀림없을 것으로 현재 확실히 예측된다면 기본권구제의 실효성을 위하여 침해의 현재성을 인정할 수 있다.[3)]

---

1) 헌재 1991. 6. 3. 90헌마56, 판례집 3, 289, 297; 헌재 2007. 7. 26. 2003헌마377, 공보 제130호, 851, 855.

2) 헌재 1989. 7. 21. 89헌마12, 판례집 1, 128, 130; 헌재 2009. 11. 26. 2008헌마691, 판례집 21-2 하, 668, 671.

3) 헌재 1992. 10. 1. 92헌마68등, 판례집 4, 659, 669; 헌재 1996. 8. 29. 95헌마108, 판례집 8-2, 167, 175.

(2) 현재성과 관련된 헌법재판소 판례

1) 현재성을 인정한 판례

서울대학교 입시요강은 1994학년도 서울대학교 신입생선발부터 실시될 것이 틀림없어 보이고 1995학년도 신입생선발에도 적용될 가능성을 충분히 예측할 수 있다. 그리고 고등학교에서 일본어를 배우고 있는 청구인들은 서울대학교 대학별 고사의 선택과목에서 일본어가 제외되어 있는 입시요강으로 인하여 그들이 94학년도 또는 95학년도에 서울대학교 일반계열 입학을 지원할 경우 불이익을 입게 될 수도 있다는 것을 현재의 시점에서 충분히 예측할 수 있는 이상 기본권침해의 현재성을 인정하여 헌법소원심판청구의 이익을 인정하는 것이 옳을 것이다. 기본권 침해가 눈앞에 닥쳐올 때를 기다렸다가 헌법소원을 하라고 요구한다면 기본권구제의 실효성을 기대할 수 없기 때문이다.[1)]

경기도남양주시등33개도농복합형태의시설치등에관한법률이 시행되면 즉시 중원군은 폐지되고 충주시에 흡수되므로, 이 사건 법률이 효력발생하기 이전에 이미 청구인들의 권리관계가 침해될 수도 있다고 보여지고 현재의 시점에서 청구인들이 불이익을 입게 될 수도 있다는 것을 충분히 예측할 수 있으므로 기본권침해의 현재성이 인정된다.[2)]

만일 청구인들이 법시행 이후에 헌법소원을 제기해야 비로소 헌법소원의 현재성이 인정된다면, 의료보험이 통합된 후에야 비로소 헌법재판소의 결정을 기대할 수 있으므로, 헌법소원제도가 일차적으로 의도하는 기본권구제의 실효성이 달성될 수 없다. 따라서 효율적인 권리구제를 위해서는 법시행 이전에 헌법재판소가 판단을 할 필요가 있고, 기본권이 침해가 구체화·현실화된 시점에서는 적시에 권리구제를 기대하는 것이 불가능하다면, 이러한 경우에는 헌법소원의 현재성을 인정해야 한다.[3)]

---

1) 헌재 1992. 10. 1. 92헌마68등, 판례집 4, 659, 669.

2) 헌재 1994. 12. 29. 94헌마201, 판례집 6-2, 510, 523-524.

3) 헌재 2000. 6. 29. 99헌마289, 판례집 12-1, 913, 935.

청구인은 혼인을 앞둔 예비신랑으로서 비록 가정의례에관한법률 규정으로 인하여 현재 기본권을 침해받고 있지는 않으나, 위 규정으로 인하여 결혼식 때에는 하객들에게 주류 및 음식물을 접대할 수 없는 불이익을 받게 되는 것이 현재 시점에서 충분히 예측할 수 있는 경우이므로 현재성의 예외인 경우로 인정된다.[1]

헌법과 법률에 따라 대통령선거, 국회의원선거, 지방의회의원 및 지방자치단체의 장 선거의 실시가 장래에 확실히 예상되므로 공직선거및선거부정방지법 조항에 의하여 청구인들의 피선거권이 가까운 장래에 침해되리라는 것 또한 현재 확실히 예측되는데, 이 사건 법률조항에 의한 기본권의 침해가 구체화·현실화된 시점에서는 적시에 권리구제를 기대하는 것이 거의 불가능하므로 효율적인 권리구제를 위하여 후보자등록 개시일 전에 헌법재판소가 위 법률조항에 대한 위헌 여부의 판단을 할 필요가 있다 할 것이며, 따라서 이 사건 심판청구는 기본권침해의 현재성을 충족시킨 것이다.[2]

선거인명부 작성기간 중에 부재자신고를 한 경우에만 부재자투표 절차에 관해 헌법소원심판을 청구할 수 있다고 한다면, 해당 헌법소원심판청구에 대해 헌법재판소가 결정을 하기 이전에 부재자투표 절차가 모두 종료될 것이 확실시되어, 기본권 구제의 실효성을 기대하기 어렵게 되므로 이 사건의 경우 청구인이 비록 장래의 선거에 관해 아직 부재자투표 여부가 확정되지 않았다 하더라도 주기적으로 반복되는 선거의 특성과 기본권 구제의 실효성 측면을 고려할 때, 기본권 침해의 현재성을 갖춘 것으로 보아야 할 것이다.[3]

심판청구 당시 청구인들은 국가공무원 채용시험에 응시하기 위하여 준비하고 있는 단계에 있었으므로 제대군인지원에관한법률 조항으로 인한 기본권침해를 현실적으로 받았던 것은 아니지만 청구인들은 심판청구

---

1) 헌재 1998. 10. 15. 98헌마168, 판례집 10-2, 586, 595.

2) 헌재 1999. 5. 27. 98헌마214, 판례집 11-1, 675, 694-695.

3) 헌재 2010. 4. 29. 2008헌마438, 판례집 22-1 하, 110, 119.

당시 국가공무원 채용시험에 응시하기 위한 준비를 하고 있었고, 이들이 응시할 경우 장차 그 합격 여부를 가리는 데 있어 가산점제도가 적용될 것임은 심판청구 당시에 이미 확실히 예측되는 것이었다. 따라서 기본권 침해의 현재관련성이 인정된다.[1] 심판청구 당시 청구인은 7급 국가공무원 공채시험에 응시하기 위하여 준비 중에 있었기 때문에 국가유공자등예우및지원에관한법률 조항으로 인한 기본권침해를 현실적으로 받았던 것은 아니지만 청구인이 국가공무원 공채시험에 응시할 경우 장차 그 합격 여부를 가리는 데 있어 이 사건 가산점제도가 적용될 것임은 심판청구 당시에 이미 확실히 예측되는 것이었으므로, 기본권침해의 현재성의 요건도 갖춘 것으로 보아야 한다.[2)]

형사사건의 상고심에서 원심대로 형이 확정될 것인가는 명확한 것은 아니지만, 그 사건이 이미 항소심에서 실형이 선고되었으며, 사건의 쟁점이 뇌물을 받았는지 아닌지에 관한 사실인정 문제였던 점 등을 볼 때 법률심인 상고심에서 원심판결이 번복될 가능성은 객관적으로 많지 않았다고 할 것이므로 청구인이 상고심 판결이 원심대로 확정될 것을 전제로 보궐선거의 실시를 예측하였던 것이 잘못이라고 할 수 없으며, 따라서 이 사건에서 청구인의 현재관련성 요건은 준수된 것이다.[3)]

2) 현재성을 부인한 판례

청구인은 그 자신이 고소 또는 고발을 한 사실이 없을 뿐 아니라 청구인이 장차 언젠가는 형사소송법의 규정으로 인하여 권리침해를 받을 우려가 있다 하더라도 그러한 권리침해의 우려는 단순히 장래 잠재적으로 나타날 수도 있는 것에 불과하여 권리침해의 현재성을 구비하였다고 할 수 없다.[4)]

---

1) 헌재 1999. 12. 23. 98헌마363, 판례집 11-2, 770, 780-781.

2) 헌재 2001. 2. 22. 2000헌마25, 판례집 13-1, 386, 398; 같은 취지 헌재 2007. 5. 31. 2006헌마646, 판례집 19-1, 745, 751.

3) 헌재 1995. 11. 30. 94헌마97, 판례집 7-2, 677, 688.

4) 헌재 1989. 7. 21. 89헌마12, 판례집 1, 128, 130.

심판대상 법조항의 위헌 여부를 다투기 위해서는 기본적으로 법상 장해연금의 수급자이거나 장해연금의 수급이 확실히 예측될 것이 요구되는데, 공무원연금법 제51조는 '공무원이 공무상 질병 또는 부상으로 인하여 폐질상태로 되어 퇴직한 때 또는 퇴직 후에 그 질병 또는 부상으로 인하여 폐질상태로 된 때' 장해연금 또는 장해보상금을 지급한다고 규정하고 있는바, 아직 재직 중인 청구인의 경우 심판대상 법조항으로 인해 청구인의 기본권이 현재 침해당한다거나 장래 확실히 침해가 예측되는 것으로 보기는 어렵다 할 것이다.[1]

아직 조합이 설립되기 전인 추진위원회 단계에서는 도시정비법이 정하는 토지 등 소유자의 일정 비율 이상의 동의와 시장·군수의 조합설립 인가를 필요로 하므로, 세입자에 대한 주거이전비 보상의무의 발생이 확실히 예견된다고 할 수 없기 때문에 정비사업조합의 설립을 위한 추진위원회와 그 위원장에 해당하는 청구인들의 심판청구는 기본권침해의 현재성이 없으므로 부적법하다.[2]

3. 직접성

(1) 의 의

직접성의 요건은 청구인이 공권력작용에 '직접적인' 법적 관련성을 가져야 한다는 것이다. 즉 공권력작용으로 인하여 청구인의 기본권이 '직접적으로' 침해되어야 한다. 다시 말해 침해의 원인이 되는 해당 공권력작용과 기본권침해 사이에 별도의 중간 매개물로서의 또 다른 공권력작용이 존재해서는 아니된다.

이러한 직접성의 요건은 주로 법령에 대한 헌법소원에서 문제된다. 법령에 대한 헌법소원에 있어서는 다른 구제절차가 없기 때문에 보충성

---

1) 헌재 2009. 11. 26. 2008헌마691, 판례집 21-2 하, 668, 672.

2) 헌재 2012. 7. 26. 2010헌마7등, 판례집 24-2 상, 191, 207-208.

의 원칙이 적용되지 않는다. 그러나 보충성의 원칙이 적용되지 않는다고 하여 법령에 대한 헌법소원이 아무런 조건 없이 허용되는 것은 아니고 기본권침해의 직접성의 요건이 갖추어져야 한다. 따라서 법령 자체가 헌법소원의 대상이 될 수 있으려면 그 법령에 의하여 구체적인 집행행위를 기다리지 아니하고 직접, 현재, 자기의 기본권을 침해받아야 하는 것을 요건으로 하고, 여기서 말하는 기본권침해의 직접성이란 집행행위에 의하지 아니하고 법령 그 자체에 의하여 자유의 제한, 의무의 부과, 권리 또는 법적 지위의 박탈이 생긴 경우를 뜻한다.[1)]

법령에 대한 헌법소원에 있어서 기본권침해의 직접성을 요구하는 이유는, 법령은 일반적으로 구체적인 집행행위를 매개로 하여 비로소 기본권을 침해하게 되므로 기본권의 침해를 받은 개인은 먼저 일반 쟁송의 방법으로 집행행위를 대상으로 하여 기본권침해에 대한 구제절차를 밟는 것이 헌법소원의 성격상 요청되기 때문이다. 따라서 법령에 근거한 집행행위가 존재한다면 국민은 우선 그 집행행위를 기다렸다가 집행행위를 대상으로 한 소송을 제기하여 구제절차를 밟는 것이 순서이고, 법령을 집행하는 행위가 존재하지 아니하고 바로 법령으로 말미암아 직접 기본권이 침해되는 예외적인 경우에만 직접 법령에 대하여 헌법소원을 제기할 수 있다.[2)] 만일 그렇지 않고 법령에 대한 헌법소원에서 직접성이 요구되지 않는다면 헌법소원이 남발될 수 있어 헌법재판소가 지나친 업무부담을 지게 되고, 일반 쟁송절차가 가지는 법률심과 사실심 등의 다양한 심사가능성과 일반법원의 전문성을 이용할 수 없게 되는 등 일반 쟁송절차가 형해화될 수 있다.

그러나 구체적 집행행위가 존재하는 경우라고 하여 언제나 반드시 법령 자체에 대한 헌법소원심판청구의 적법성이 부정되는 것은 아니다. 예외적으로 집행행위가 존재하는 경우라도 그 집행행위를 대상으로 하는 구제절차가 없거나 구제절차가 있다고 하더라도 권리구제의 기대가능성

1) 헌재 1992. 11. 12. 91헌마192, 판례집 4, 813, 823.

2) 헌재 1998. 4. 30. 97헌마141, 판례집 10-1, 496, 503-504.

이 없고 다만 기본권침해를 당한 청구인에게 불필요한 우회절차를 강요하는 것밖에 되지 않는 경우 등으로서 당해 법령에 대한 전제관련성이 확실하다고 인정되는 때에는 당해 법령을 헌법소원의 직접 대상으로 삼을 수 있다.[1] 또한 법규범이 집행행위를 예정하고 있더라도 법규범의 내용이 집행행위 이전에 이미 국민의 권리관계를 직접 변동시키거나 국민의 법적 지위를 결정적으로 정하는 것이어서 국민의 권리관계가 집행행위의 유무나 내용에 의하여 좌우될 수 없을 정도로 확정된 상태라면 그 법규범의 권리침해의 직접성이 인정된다.[2]

한편 그 자체로서는 기본권침해의 직접성이 없는 법률조항이라도 그 위헌성 여부가 적법하게 헌법소원의 심판대상이 된 법률부분에 시원적인 영향을 미치고 있다면 함께 심판대상이 된다.[3]

그런데 국민에게 일정한 행위의무 또는 행위금지의무를 부과하는 법규정을 정한 후 이를 위반할 경우 제재수단으로서 형벌 또는 행정벌 등을 부과할 것을 정한 경우에는, 그 형벌이나 행정벌의 부과를 위 직접성에서 말하는 집행행위라고는 할 수 없다. 왜냐하면 국민은 별도의 집행행위를 기다릴 필요 없이 제재의 근거가 되는 법률의 시행 자체로 행위의무 또는 행위금지의무를 직접 부담하는 것이기 때문이다. 즉 설령 형벌의 부과를 구체적인 집행행위라고 보더라도, 이러한 법규범을 다투기 위하여 국민이 이 법규범을 실제로 위반하여 재판을 통한 형벌이나 벌금부과를 받게 되는 위험을 감수할 것을 국민에게 요구할 수 없기 때문이다. 따라서 이러한 법규범을 청구인이 위반하여 처벌받는 구체적인 집행행위가 없다고 하더라도 법규범의 기본권 침해의 직접성은 인정된다고 할 것이다.[4]

---

1) 헌재 1992. 4. 14. 90헌마82, 판례집 4, 194, 202; 헌재 1997. 8. 21. 96헌마48, 판례집 9-2, 295, 303; 헌재 2012. 7. 26. 2010헌마7등, 판례집 24-2 상, 191, 209.

2) 헌재 1997. 7. 16. 97헌마38, 판례집 9-2, 94, 104; 헌재 2008. 6. 26. 2005헌마173, 판례집 20-1하, 378, 385; 헌재 2008. 12. 26. 2007헌마1387, 판례집 20-2 하, 882, 894.

3) 헌재 2007. 3. 29, 2005헌마985, 판례집 19-1, 287, 298 참조.

4) 헌재 1996. 2. 29. 94헌마213, 판례집 8-1, 147, 154; 헌재 1998. 3. 26. 97헌마194, 판례집 10-1, 302, 312-313.

(2) 직접성에 관한 헌법재판소 판례

1) 직접성을 인정한 판례

지방자치법 제65조(현행 지방자치법 제73조)는 지방의회에 청원할 때에는 필요적 요건으로 지방의회의원의 소개를 얻도록 규정하고 있어 의원의 소개가 없는 청원은 지방의회에 의한 청원서의 수리거부 또는 반려행위 등의 집행행위를 기다릴 것도 없이 확정적으로 청원을 하지 못하는 결과가 발생하기 때문에 이러한 경우에는 이 법률조항 자체가 직접 헌법소원 심판대상이 되는 것이다.[1)]

생계보호기준은 생활보호법 제5조 제2항의 위임에 따라 보건복지부장관이 보호의 종류별로 정한 보호의 기준으로서 일단 보호대상자로 지정이 되면 그 구분(거택보호대상자, 시설보호대상자 및 자활보호대상자)에 따른 각 그 보호기준에 따라 일정한 생계보호를 받게 된다는 점에서 직접 대외적 효력을 가지며, 공무원의 생계보호급여 지급이라는 집행행위는 위 생계보호기준에 따른 단순한 사실적 집행행위에 불과하므로, 위 생계보호기준은 그 지급대상자인 청구인들에 대하여 직접적인 효력을 갖는 규정이다.[2)]

원천징수하는 소득세에 있어서는 과세관청의 부과처분이 없이 법령이 정하는 바에 따라 그 세액이 자동적으로 확정되고, 원천징수의무자인 금융기관은 이와 같이 자동적으로 확정되는 세액을 수급자로부터 징수하여 과세관청에 납부하여야 할 의무를 부담하고 있다. 따라서 원천징수행위의 특성상, 금융기관이 이자소득세를 원천징수하는 행위나 세무관청이 원천징수된 소득세를 수납하는 행위를 집행행위로 볼 수 없으므로, 원천징수행위를 법률에 근거한 집행행위로 볼 수 없다. 설사 원천징수행위를 구체적인 집행행위로 본다 하더라도 원천징수행위는 법령에 규정된 징수

1) 헌재 1999. 11. 25. 97헌마54, 판례집 11-2, 583, 587.

2) 헌재 1997. 5. 29. 94헌마33, 판례집 9-1, 543, 551.

및 납부의무를 이행하기 위한 것에 불과하여 쟁송의 대상이 될 수 있는 부과처분에 해당하지 않으므로 행정소송을 제기할 수 없다. 따라서 이 사건의 경우는 법률에 근거한 구체적인 집행행위가 존재하지 아니하고, 설사 집행행위가 존재한다 하더라도 그 집행행위를 대상으로 하는 구제절차가 없거나 구제절차가 있다고 하더라도 권리구제의 기대가능성이 없고 다만 기본권침해를 당한 자에게 불필요한 우회절차를 강요하는 것밖에 되지 않는 경우에 해당하므로, 금융실명거래및비밀보장에관한법률 조항을 직접 헌법소원의 대상으로 삼을 수 있다.[1]

한일 양국간에 대한민국과일본국간의어업에관한협정이 새로이 발효됨으로 인하여, 우리나라의 어민들은 종전에 자유로이 어로활동을 영위할 수 있었던 수역에서 더 이상 자유로운 어로활동을 영위할 수 없게 되었고, 이로 인해 이 사건 청구인들이 주장하는 기본권의 침해 가능성이 인정되고, 따라서 이 사건 협정은 법령을 집행하는 행위가 존재하지 아니하고 바로 법령으로 말미암아 직접 기본권이 침해되는 예외적인 경우에 해당한다.[2]

한편 보험료의 산정방법을 규정한 국민건강보험법 제62조 제3항 및 제4항, 제63조, 제64조에 관하여, 청구인들이 주장하는 기본권의 침해가 위 규정들에 의하여 직접 발생하는 것이 아니라, 위 규정들을 근거로 하여 이루어진 별도의 집행행위인 보험료부과처분에 의하여 비로소 현실적으로 나타나는 것이므로, 위 규정들을 직접 심판대상으로 하는 헌법소원은 기본권침해의 직접성요건을 결여하고 있다고 하면서도, 이 사건의 경우 직접성요건을 충족시키는 국민건강보험법 제33조 제2항(재정통합), 제67조(보험료의 부담)와 위 규정들이 그 내용상 서로 내적인 연관관계에 있고, 위 규정들의 내용을 고려하지 않고서는 재정통합의 위헌 여부를 부담평등의 관점에서 판단할 수 없다는 이유로, 위 규정들을 함께 본안판단에 포함시킨 예가 있다.[3]

---

1) 헌재 1999. 11. 25. 98헌마55, 판례집 11-2, 593, 605-606.

2) 헌재 2001. 3. 21. 99헌마139등. 판례집 13-1, 676, 697.

3) 헌재 2000. 6. 29. 99헌마289, 판례집 12-1, 913, 936-937; 헌재 2003. 10. 30. 2000헌

2) 직접성을 부인한 판례

도시계획법 제21조의 규정내용으로 볼 때 건설부장관의 개발제한구역의 지정·고시라는 별도의 구체적인 집행행위에 의하여 비로소 재산권침해의 문제가 발생할 수 있는 것으로 볼 수 있으므로 도시계획법 제21조를 직접 대상으로 하는 헌법소원은 법률에 대한 헌법소원의 요건을 갖추지 못한 부적법한 심판청구이다.[1]

공정거래법 제71조는 공정거래법 위반이라는 범죄행위에 대하여 공정거래법의 집행기관인 공정거래위원회의 고발이 있어야 공소를 제기할 수 있다는 규정, 즉 공정거래법위반죄의 소추요건을 규정하고 있는 것에 불과하므로, 위 조항 자체를 대상으로 하는 헌법소원청구는 직접관련성이 결여된 부적법한 것이다.[2] 그러나 이에 대하여는 공정거래법 제71조가 공정거래위원회의 고발이 있어야 공소를 제기할 수 있다고만 규정하고 있어 비록 국민의 기본권에 대한 침해의 직접성은 인정되지 않는다 하더라도, 같은 법에 일반 피해자가 공정거래위원회의 고발 여부의 결정에 대하여 이의를 제기할 수 있는 방법에 관하여 아무런 규정도 두고 있지 아니하므로, 공정거래법 제71조의 규정은 그 집행행위를 대상으로 하는 구제절차가 없거나 구제절차가 있다 하더라도 권리구제의 기대가능성이 없는 경우로 보아 헌법소원의 직접대상으로 보아야 한다는 반대의견이 있다.[3][4]

의료보험법 제49조 제3항, 시행령 제86조는 조합정관이 정할 보험료액의 산정기준 내지 방법에 관한 규정에 불과하고, 이 조항들에 의한 기본권침해는 이 조항들에 따라 조합정관에서 보험료액이 정해진 다음 보험자의 보험료부과처분이라는 집행행위를 통하여 비로소 현실화되며, 이

마801, 판례집 15-2 하, 106, 131.

1) 헌재 1991. 6. 3. 89헌마46, 판례집 3, 263, 266.

2) 헌재 1995. 7. 21. 94헌마191, 판례집 7-2, 195, 202.

3) 헌재 1995. 7. 21. 94헌마191, 판례집 7-2, 195, 203-204

4) 이 판례의 문제점에 대하여 자세한 것은 정연주, 독점규제및공정거래에관한법률 제71조의 위헌성, 법률행정논총 16집, 1996. 6, 129쪽 이하 참조.

러한 집행행위에 대하여는 법적 구제절차를 밟을 수 있는 길이 따로 열려져 있기 때문에 위 조항들은 기본권침해의 직접성이 없다.[1]

관세법상의 관세율표는 관세의 부과대상이 되는 비료의 종류 및 세율에 관하여 규정하고 있는 것으로서, 이 사건의 경우 구체적인 집행행위인 세관장의 관세부과처분을 거치지 아니하고 위 관세율표에 의하여 곧바로 청구인에 대한 의무의 부과나 권리침해 등의 법률효과가 생기는 것이 아니므로 청구인은 위 관세율표 자체에 의하여 직접적으로 기본권을 침해받았다고 볼 수 없다.[2] 또한 과세관청의 부과처분에 의하여 조세채무가 확정되거나 납세의무자 스스로 조세채무 성립요건의 충족을 확정시키는 방식의 조세법령의 경우에는, 과세처분 또는 경정청구거부처분 등의 구체적인 집행행위를 통하여 비로소 기본권의 침해가 현실화되므로, 조세특례제한법 조항에 의한 기본권침해의 직접성이 없다.[3]

행형법 제18조 제3항 본문은 수용자의 서신수발은 교도관의 검열을 요한다고 규정하고 있으므로, 이 법률조항에 따라 서신검열이나 발송거부라는 구체적인 집행행위가 있을 때 비로소 통신의 자유 등의 기본권침해의 법률효과가 발생하므로 이 법률조항 자체만으로는 헌법소원심판청구의 대상으로서 직접관련성을 결여하고 있다.[4]

공직선거및선거부정방지법 제179조 제3항은 '무효로 하지 아니하는 투표'의 기준을 나열하고 있는데, 이 법률조항 자체로는 국회의원입후보자에게 어떤 자유의 제한이나 의무를 부담하게 하는 것이 아니고, 권리 또는 법적 지위의 장애 내지 박탈의 불이익을 입히는 것도 아니다. 청구인들은 각 선거구의 투표함을 개함하는 개표사무원의 개표와 선거관리위원회위원의 결정에 따라 투표용지에 한 기표의 유효 여부가 가려지게 되

1) 헌재 1998. 2. 27. 96헌마134, 판례집 10-1, 176, 182-183.

2) 헌재 1998. 3. 26. 96헌마166, 판례집 10-1, 285, 294.

3) 헌재 2011. 12. 29. 2011헌마149, 공보 제183호, 238, 240; 헌재 2013. 5. 30. 2011헌마309, 공보 제200호, 690, 692.

4) 헌재 1998. 8. 27. 96헌마398, 판례집 10-2, 416, 426.

고 그 개표결과에 따라 당락이 결정되는 것이므로, 개표사무원이나 선거관리위원회위원의 집행행위가 있을 때 비로소 기본권의 침해라는 문제가 생기므로 청구인들의 이 법률조항에 대한 헌법소원심판청구는 직접성의 요건에 흠이 있는 것이다.[1)]

국민건강보험법 제48조 제3항은 그 자체로 직접 자유의 제한, 의무의 부과 또는 권리나 법적 지위의 박탈을 초래하는 것이 아니고, 국민건강보험공단의 보험급여거부처분이라는 집행행위를 통하여 비로소 기본권에 대한 직접적·현실적 침해가 있게 되므로 위 조항은 기본권 침해의 직접성이 없다.[2)]

청구인들이 주장하는 직업선택의 자유 등의 기본권의 침해는 사법시험의 선발예정인원 결정, 시험의 공고, 합격자 결정방식에 관하여 규정하고 있는 사법시험령 조항들에 의하여 직접 발생하는 것이 아니라, 그 조항들에 의거하여 선발예정인원의 결정과 공고, 합격자 결정 등의 구체적 집행행위가 이루어졌을 때에 비로소 현실적으로 나타나는 것이어서 그 조항들 자체로는 아직 청구인들의 기본권에 무슨 영향을 미치는 것이 아니므로 기본권침해의 직접성이 없다.[3)]

구 계호업무지침 조항은 거실 및 작업장 검사를 할 수 있는 시기와 방법 등을 정해 놓은 것으로서 교도관에게 '가급적' 수용자가 없는 상태에서 거실 또는 작업장 검사를 할 수 있도록 하고 있을 뿐 상황에 따라 수용자가 거실이나 작업장에 있을 때에도 검사할 수 있게 하는 재량의 여지를 주고 있으므로 교도소장이나 교도관의 구체적인 검사행위 없이 이 사건 훈령조항 자체가 바로 청구인의 어떠한 기본권을 직접 제한하고 있다고 보기 어렵다. 따라서 이 사건 훈령조항에 대한 심판청구는 기본권침해의 직접성 요건을 결여하여 부적법하다.[4)]

---

1) 헌재 2000. 6. 29. 2000헌마325, 판례집 12-1, 963, 969-970.
2) 헌재 2001. 8. 30. 2000헌마668, 판례집 13-2, 287, 293.
3) 헌재 2002. 2. 28. 99헌마693, 공보 제66호, 232, 234.
4) 헌재 2011. 10. 25. 2009헌마691, 판례집 23-2 하, 82, 88.

(3) 하위규범과 직접성

법률이 그 규정의 구체화 및 집행을 위하여 하위규범의 시행을 예정하고 있는 경우에는 당해 법률의 직접성을 부인하는 것이 헌법재판소의 입장이다.

'외국인근로자의 고용 등에 관한 법률'조항 및 시행규칙조항은 고용노동부령이나 고용노동부장관의 고시와 같은 구체적인 하위 규범의 시행을 예정하고 있을 뿐 아니라, 외국인 근로자의 고용에 관한 업무를 대행할 수 있는 대행기관의 지정요건을 구체적으로 정하고 있지 않아서 그 자체로 직접 위와 같은 대행 업무를 직업으로 수행 혹은 선택하려고 하는 사람들이나 혹은 이들에게 대행 업무를 위임하려는 사람들의 기본권을 침해하고 있는지 여부를 알 수 없고, 그 위임에 따라 제정된 이 사건 고시조항이 대행기관의 지정요건을 구체적으로 확정함으로써 비로소 위와 같은 요건을 충족하지 못하는 사람들의 기본권이 직접·현실적으로 침해되게 되므로, 이 사건 법률조항 및 이 사건 시행규칙조항에 대하여 기존에 대행 업무를 수행하던 행정사 등인 청구인들 및 대행기관에게 대행업무를 위탁하려는 사업주들의 기본권침해의 직접성을 인정하기 어렵다.[1]

도시정비법 제40조 제1항과 '도시 및 주거환경정비법 시행령' 조항은 청구인들이 다투고자 하는 도시정비법상 사업시행자의 '세입자에 대한 주거이전비 보상기준'의 구체적 내용에 관하여 하위법령의 시행을 예정하고 있으므로, 주택재개발 정비사업조합과 그 조합원에 해당하는 청구인들의 심판청구 중 이 사건 법률조항 및 이 사건 시행령조항에 대한 심판청구 부분은 기본권침해의 직접성이 없어 부적법하다.[2]

주차장법시행령의 관련조항은 부설주차장의 설치기준을 구체적으로 정한 다음, 그 기준의 2분의 1의 범위안에서 조례로 이를 강화하거나 완

1) 헌재 2011. 10. 25. 2010헌마661, 판례집 23-2 하, 101, 116-117.
2) 헌재 2012. 7. 26. 2010헌마7등, 판례집 24-2 상, 191, 209.

화할 수 있도록 규정하고 있고, 그에 따라 서울특별시주차장설치및관리조례가 제정되어 있다면, 청구인에게 부설주차장의 설치기준으로서 직접적으로 적용되는 것은 위 조례가 정한 설치기준이고, 위 조례의 정함에 따라 업무시설로의 용도변경시 추가적인 주차장 설치의 필요성 여부 및 그 증설대수가 판가름나게 된다고 할 것이므로 위 시행령조항은 그 자체로 직접 청구인의 기본권을 침해하고 있지 않으므로 직접성의 요건이 흠결되어 부적법하다.[1]

병역법 시행령조항은 그 구체적인 내용을 병무청장이 정하도록 위임하고 있고 청구인이 문제 삼는 27세를 기준으로 한 거주·이전의 자유 제한 내지 차별도 구체적으로는 이 사건 훈령규정으로 인한 것이므로 이 사건 시행령조항 자체가 직접 청구인이 다투고자 하는 기본권을 침해하는 것으로는 볼 수 없다.[2]

그러나 다른 한편 헌법재판소는 종래의 조합장에 대한 예우 사항을 농업기반공사의 정관에 위임하고 있는 '농업기반공사 및 농지관리기금법'의 관련조항을 직접 대상으로 한 헌법소원에서, 구체적인 정관의 내용 여하에 따라 청구인들의 재임용이 결정되게 되고, 통상 이러한 경우 법률조항 자체가 청구인의 기본권을 침해하는 것으로 볼 수 없어 직접성 요건에 흠결이 있게 된다고 하면서도, 청구인들은 단순히 합당한 예우를 받지 못했다는 것만 다투는 것이 아니라, 위 법률조항이 행정규칙도 아닌 농림부 산하기관에 불과한 농업기반공사의 정관에 위임한 것 자체를 문제 삼고 있고, 정관에 기본권 관련 사항을 위임할 수 있는지는, 일반적 위임입법 문제와는 달리 헌법적 해명이 필요한 특수한 헌법적 성격을 가진다는 이유로 직접성을 인정하였다.[3]

또한 수권조항인 공무원연금법 제23조 제3항이 하위법령인 공무원연금법 시행령 제16조의2와 서로 불가분의 관계를 이루면서 전체적으로 하

1) 헌재 2001. 1. 18. 2000헌마66, 판례집 13-1, 151, 161.
2) 헌재 2013. 6. 27. 2011헌마475, 판례집 25-1, 584, 588.
3) 헌재 2001. 4. 26. 2000헌마122, 판례집 13-1, 962, 969-970.

나의 규율 내용을 형성하고 있는 경우라고 할 수 있어, 수권조항과 시행령조항 모두에 대해 기본권침해의 직접성을 인정할 수 있다 할 것이므로, 공무원연금법 제23조 제3항에 대한 이 사건 심판청구는 직접성 요건을 충족한다고 판시했다.[1]

V. 보충성

1. 의 의

헌법소원은 다른 법률에 구제절차가 있는 경우에는 그 절차를 모두 거친 후에 심판청구를 하여야 한다(법 제68조 제1항 단서). 이를 헌법소원의 보충성 내지 보충성의 원칙이라고 한다. 이는 헌법소원이 그 본질상 헌법상 보장된 기본권침해에 대한 예비적이고 보충적인 최후의 구제수단이므로 공권력작용으로 말미암아 기본권의 침해가 있는 경우에는 먼저 다른 법률이 정한 절차에 따라 침해된 기본권의 구제를 받기 위한 모든 수단을 다하였음에도 불구하고 그 구제를 받지 못한 경우에 비로소 헌법소원심판을 청구할 수 있다는 것을 의미한다.[2] 따라서 보충성의 원칙을 준수하지 아니하고 청구한 헌법소원은 원칙적으로 적법하지 않으므로 각하된다. 다만 먼저 헌법소원을 제기하고 나서 뒤에 종국결정 전에 구제절차를 거쳤을 때에는 사전에 구제절차를 거치지 않은 하자가 치유될 수 있다.[3]

그런데 여기서 말하는 다른 법률의 구제절차는 공권력의 행사 또는 불행사를 직접 대상으로 하여 그 효력을 다툴 수 있는 구제절차를 의미하는 것이지, 사후적·보충적 구제수단인 손해배상청구나 손실보상청구를 의미

1) 헌재 2012. 8. 23. 2010헌마328, 판례집 24-2 상, 624, 633.
2) 헌재 1993. 12. 23. 92헌마247, 판례집 5-2, 682, 696.
3) 헌재 1996. 3. 28. 95헌마211, 판례집 8-1, 273, 278.

하는 것이 아니다.[1] 또한 '다른 법률에 의한 구제절차를 거친 후'란 다른 법률에 의한 구제절차를 적법하게 거친 경우를 말하므로, 예컨대 과세처분의 취소를 구하는 행정소송을 제기하였다가 그 소송을 취하하였거나 취하간주된 경우에 그 과세처분의 취소를 구하는 헌법소원심판청구는 다른 법률에 의한 적법한 구제절차를 거쳤다고 볼 수 없어 부적법하다.[2]

2. 보충성원칙의 기능

보충성의 원칙은 공권력에 의한 기본권침해가 발생했을 때 일반법원 등 본래 그 해당 권리구제를 목적으로 하는 기관이 일차적으로 그 구제절차를 담당하게 함으로써 권리구제의 전문성과 효율성을 증대시키고 헌법재판소의 부담을 경감시키는 기능을 가진다. 왜냐하면 일반법원 등 일차적인 권리구제기관은 바로 그 해당 권리구제를 본래의 업무대상으로 하는 전문기관이고, 헌법적인 판단 뿐 아니라 사실판단과 법률판단 등 다양하고 폭넓은 내용의 심사를 담당하며, 인적·물적 자원의 측면에서도 헌법재판소 보다 풍부하기 때문이다. 사실 헌법재판소는 일반법원과는 달리 본래 헌법수호와 공권력통제, 중요한 헌법적 해명 및 정치적 평화유지 등 객관적 소송을 담당하는 기관이지 단순히 개개의 사건을 해결하고 개인의 권리구제만을 목적으로 하는 주관적 소송을 주로 담당하는 기관이 아니다. 따라서 만일 이러한 보충성의 원칙이 요구되지 않는다면 헌법재판소의 부담은 가중되고 일반법원 본래의 기능이 형해화될 수 있다. 아울러 보충성의 원칙을 통해 업무처리의 효율성의 측면에서 우선 당해 처분기관 자체에서 스스로 시정할 수 있는 기회를 갖도록 하는 데에도 나름대로의 부차적인 의미가 있다고 하겠다.[3]

---

1) 헌재 1989. 4. 17. 88헌마3, 판례집 1, 31, 35.

2) 헌재 1999. 9. 16. 98헌마265, 공보 제38호, 793, 795.

3) 헌재 1992. 10. 1. 91헌마31, 판례집 4, 620, 626-627.

3. 재판소원금지와 보충성의 원칙

보충성의 원칙은 재판에 대한 헌법소원을 금지하는 법 제68조 제1항의 규정과 함께 행정작용에 대한 헌법소원을 크게 제한하는 결과를 초래하여 현행 헌법이 공권력작용으로 인한 기본권침해에 대한 구제절차로서 헌법소원제도를 새로 도입한 의의를 몰각시키고 있다. 왜냐하면 행정소송의 대상에 관하여 개괄주의를 취하는 현행 행정소송법의 체제에 의하면 행정처분에 대하여 이의가 있는 경우에는 거의 대부분 행정소송을 제기할 수 있어 다른 법률에 구제절차가 있는 경우에 해당하므로 이 보충성의 원칙 때문에 바로 헌법소원을 제기할 수 없으며, 이에 따라 행정소송을 제기하였다면 재판소원금지규정 때문에 그 행정재판 및 결과적으로 원행정처분에 대한 헌법소원이 허용되지 않기 때문이다. 따라서 행정작용에 의한 기본권침해를 이유로 헌법소원이 허용되는 경우는 검사의 불기소처분이나 행정입법이 구체적 집행행위를 거치지 않고 기본권을 직접 침해하는 경우, 헌법상 유래하는 작위의무위반의 행정입법부작위 등 원칙적으로 행정소송의 제기가 불가능하거나 판례상 행정소송의 대상이 되지 아니한다고 하여 일반적 구제수단이 없는 경우로 매우 제한될 수밖에 없다.

이처럼 법 제68조 제1항 단서규정이 헌법소원제기를 위하여 다른 법률의 구제절차를 거칠 것 – 보충성의 원칙 – 을 요구하면서 본문규정에서는 법원의 재판을 헌법소원의 대상에서 제외시키고 있는 것은 헌법소원제도를 형해화시키는 결과를 초래할 뿐 아니라, 상호 모순된 내용의 규정을 하나의 법조문에서 결합시킨 것으로서 동 조항은 규범조화적 해석의 한계를 넘어선 규범상의 체계정당성에 반하는 규정이다. 왜냐하면 동 조항의 단서규정에서의 ‘다른 법률의 구제절차’라고 하는 것은 일반적으로 법원의 재판절차를 의미하는데, 이 보충성의 원칙에 따라 막상 다른 법률의 구체절차인 법원의 재판을 거친 후에는 동 조항의 본문규정

– 재판소원금지 – 에 따라 그 법원의 재판 및 기본권침해의 원인인 공권력행사로서의 원행정처분 등에 대하여 헌법소원을 제기할 수 없게 되어, 결국 이 재판소원금지조항은 동 조항 단서규정의 보충성원칙의 이념에 정면으로 반하는 것이기 때문이다. 따라서 법 제68조 제1항의 본문규정과 단서규정은 상호 모순·충돌하는 것으로서 규범조화적 해석의 한계를 일탈했기 때문에 규범상의 체계정당성의 원칙에 반한다고 보지 않을 수 없는 것이다. 그러므로 하루속히 재판소원이 인정되도록 법 제68조 제1항의 본문규정을 개정하든가 이 조항에 대하여 헌법재판소가 위헌결정을 내려야 할 것이다.[1)]

4. 법령에 대한 헌법소원과 보충성의 원칙

(1) 헌법재판소의 입장

법령 자체에 의하여 어떠한 집행행위가 매개됨이 없이 직접 기본권침해가 이루어진 경우에는 그 법령 자체의 효력을 직접 다투는 것을 소송물로 하여 일반 법원에 소송을 제기하는 길이 없어 구제절차가 있는 경우가 아니므로 보충성의 원칙이 적용될 여지가 없고, 따라서 바로 헌법소원을 청구할 수 있다.[2)]

헌법재판소는 법무사법시행규칙이 헌법소원의 대상이 된 사건에서 "헌법재판소법 제68조 제1항이 규정하고 있는 헌법소원심판의 대상으로서의 '공권력'이란 입법·사법·행정 등 모든 공권력을 말하는 것이므로 입법부에서 제정한 법률, 행정부에서 제정한 시행령이나 시행규칙 및 사법부에서 제정한 규칙 등은 그것들이 별도의 집행행위를 기다리지 않고

1) 재판소원금지의 위헌성에 대하여는 정연주, 헌법재판소 직무상의 문제, 헌법학연구 11권 2호, 2005. 6, 49쪽 이하 참조.

2) 헌재 1989. 3. 17. 88헌마1, 판례집 1, 9, 20; 헌재 1990. 10. 15. 89헌마178, 판례집 2, 365, 371; 헌재 1996. 10. 4. 94헌마68등, 공보 제18호, 590, 593.

직접 기본권을 침해하는 것일 때에는 모두 헌법소원심판의 대상이 될 수 있는 것이다."라고 하여 법률은 물론 법규명령 등의 하위규범에 의하여 직접 기본권을 침해한 경우에는 헌법소원의 대상이 된다고 판시했다.[1] 또한 담배자동판매기설치금지조례가 헌법소원의 대상이 된 사건에서 "조례 자체에 의한 직접적인 기본권침해가 문제될 때에는 그 조례 자체의 효력을 직접 다투는 것을 소송물로 하여 일반법원에 구제를 구할 수 있는 절차가 있는 경우가 아니어서 다른 구제절차를 거칠 것 없이 바로 헌법소원심판을 청구할 수 있는 것이므로 이 사건 헌법소원심판청구는 보충성의 원칙에 반하지 아니하는 적법한 소원심판청구라 할 것이다."라고 하여 조례 역시 직접 기본권을 침해한 경우에는 헌법소원의 대상이 된다고 판시했다.[2] 아울러 고시가 헌법소원의 대상이 된 사건에서 "보건복지부장관이 고시한 생활보호사업지침상의 '94년 생계보호기준'은 생활보호법 제5조 제2항의 위임에 따라 보건복지부장관이 보호의 종류별로 정한 보호의 기준으로서 일단 보호대상자로 지정이 되면 그 구분에 따른 각 그 보호기준에 따라 일정한 생계보호를 받게 된다는 점에서 직접 대외적 효력을 가지며, 공무원의 생계보호급여 지급이라는 집행행위는 위 생계보호기준에 따른 단순한 사실적 집행행위에 불과하므로, 위 생계보호기준은 그 지급대상자인 청구인들에 대하여 직접적인 효력을 갖는 규정이며, 이 사건 심판의 대상은 보건복지부장관 또는 그 산하 행정기관의 어떤 구체적인 보호급여처분 그 자체가 아니고 보건복지부장관이 법령의 위임에 따라 정한 그 보호급여의 기준으로서, 현행 행정소송법상 이를 다툴 방법이 있다고 볼 수 없으므로 이 사건은 다른 법적 구제수단이 없는 경우에 해당하여 보충성 요건을 갖춘 것이라 볼 수 있다."라고 하여 고시도 집행행위 없이 직접 대외적 구속력을 가지는 경우에는 헌법소원의 대상이 된다고 판시하고 있다.[3]

---

1) 헌재 1990. 10. 15. 89헌마178, 판례집 2, 365, 370.
2) 헌재 1995. 4. 20. 92헌마264등, 판례집 7-1, 564, 571.
3) 헌재 1997. 5. 29. 94헌마33, 판례집 9-1, 543, 551-552.

결국 법률은 물론 명령, 규칙, 조례, 고시 등 하위규범이 집행행위가 매개됨이 없이 직접 기본권을 침해한 경우에는 일반법원에 항고소송을 제기하는 등의 다른 법률에 구제절차가 있는 경우에 해당하지 아니하므로 보충성원칙이 적용되지 않고 따라서 헌법소원의 대상이 될 수밖에 없다는 것이 헌법재판소의 일관된 판례의 입장이다.

(2) 대법원의 입장

그러나 대법원은 법규명령과 관련하여 "법령의 효력을 가진 명령이라도 그 효력이 다른 행정행위를 기다릴 것 없이 직접적으로 또 현실히 그 자체로서 국민의 권리훼손 기타 이익침해의 효과를 발생케 하는 성질의 것이라면 행정소송법상 처분이라 보아야 할 것이오 따라서 그에 관한 이해관계자는 그 구체적 관계사실과 이유를 주장하여 그 명령의 취소를 법원에 구할 수 있을 것 …"이라고 판시하고 있고,[1] 조례와 관련하여 "조례가 집행행위의 개입 없이도 그 자체로서 직접 국민의 구체적인 권리의무나 법적 이익에 영향을 미치는 등의 법률상 효과를 발생하는 경우 그 조례는 항고소송의 대상이 되는 행정처분에 해당하고,"라고 판시하고 있으며,[2] 고시와 관련하여 "어떠한 고시가 일반적·추상적 성격을 가질 때에는 법규명령 또는 행정규칙에 해당할 것이지만, 다른 집행행위의 매개 없이 그 자체로서 직접 국민의 구체적인 권리의무나 법률관계를 규율하는 성격을 가질 때에는 항고소송의 대상이 되는 행정처분에 해당한다." 라고 판시하고 있다.[3]

결국 대법원의 입장은 법규명령이나 조례 또는 고시 등 법률의 하위규범이 집행행위의 개입 없이 그 자체로서 직접 국민의 구체적인 권리·의무를 침해하는 경우에는 법원의 항고소송의 대상이 된다는 것으로 헌

1) 대판 1954. 8. 19. 4286행상37.

2) 대판 1996. 9. 20. 95누8003.

3) 대결 2003. 10. 9. 2003무23.

법재판소의 입장과 충돌한다.

(3) 결 어

이러한 대법원의 입장은 공권력작용의 절차와 형식보다는 그 실질적 내용과 기능에 따른 논리를 바탕으로 한 것으로서 보충성원칙의 정신에도 부합하는 일리 있는 견해라고 볼 여지도 있다. 그러나 다음과 같은 이유에서 이러한 대법원의 견해에는 동의하기 어렵다.

첫째, 헌법 제107조 제2항이 "명령·규칙 또는 처분이 헌법이나 법률에 위반되는 여부가 재판의 전제가 된 경우에는 대법원은 이를 최종적으로 심사할 권한을 가진다."라고 규정함으로써 먼저 명령과 처분을 절대적으로 구별하고 있고, 명령의 경우에는 그것이 직접적으로 대법원 등 일반 법원의 심사대상이 된다기 보다는 구체적 사안의 해결을 위한 선결문제로서 간접적으로만 심사의 대상이 된다는 것을 전제하고 있음을 시사하고 있다는 점에서, 그리고 이 헌법조항을 구체화하고 있는 행정소송법 제2조 제1항 제1호가 "'처분등'이라 함은 행정청이 행하는 구체적 사실에 관한 법집행으로서의 공권력의 행사 …"라고 규정함으로써 행정소송의 대상이 되는 처분에는 헌법 제107조 제2항에서의 명령은 당연히 제외되고 동 헌법조항에서의 처분에 대해서만 행정소송법에서 구체적으로 정의를 내리고 있다는 점에서, 행정소송의 대상은 실질적 기능 뿐 아니라 그 형식과 절차면에서도 명실상부한 행정처분만을 행정소송의 대상으로 한 것이라고 보아야 할 것이다.

또한 행정소송법 제2조 제1항 제1호에서의 '법집행'에서의 '법'에는 단순히 국회에서 제정된 형식적 의미의 법률 뿐 아니라, 법률보다 상위규범인 헌법과 하위규범인 명령·규칙·조례 등도 포함되는 넓은 의미의 – 행정법의 법원으로서의 – 법규범을 의미하는 것으로 보아야 하므로 행정소송의 대상이 되는 처분에는 그 실질적 내용과 기능에 관계없이 명령은 제외된다고 보아야 할 것이다. 만일 그렇지 아니하고 공권력작용의 실질적인 내용과 기능 및 효과만을 기준으로 한다면 이른바 '처분적 법률'의 경우에도 그 실질적 내용과 효력 등은 행정처분과 동일하므로 당연히 헌법소원 등의 헌법재판이 아닌 행정소송의 대상이 되어야 한다는 불합리한 모순에 빠지게 된다. 왜냐하면 위에서 언급한 바와 같이 행정소송법 제2조 제1항 제1호에서의 '법집행'에서의 '법'에는 광의의 행정법의 법원으로서의 헌법도 포함될 수 있고, 따라서 이러한 헌법집행으로서의 법률도 예외적으로 그 실질적 내용과 효력 등이 처분성을 가지면 당연히 행정처분에 해당되고, 따라서 행정소송의 대상이 되어야 한다고 보는 것이 논리적이기 때문이다. 이처럼 헌법과 법률의 관련규정의 취지에 비추어 볼 때 행정소송의 대상이 되는 처분은 그 실질적 내용과 기능 및 법적 효과 뿐 아니라 그 행위형식과 절차도 아울러 고려한 것으로 보아야 할 것이므로 이른바 '처분적 명령' 등 집행행위가 매개됨이 없이 직접 기본권을 침해하는 법규명령이나 조례 등의 하위규범이 행정소송의 대상이 되어야 한다고 보기는 어렵다.

둘째, 명령 등에 대한 대법원 등 일반법원의 관할을 규정한 헌법 제107조 제2항은 연혁적으로 헌법소원제도가 시행되기 이전부터 규정되고 적용되던 조항이고, 따라서 그와 관련된 법리는 헌법소원에 의한 법규명령 등 하위규범에 대한 심사와 통제를 전혀 예상하지 못한 상태에서 형성되어 온 것이다. 따라서 본래 규범통제기관으로서 법질서의 통일성을 수호하고 – 대법원과는 달리[1] – 법규범을 무효화시킬 수 있는 권한을 가지는 헌법재판소가 헌법소원제도로써 이러한 하위규범도 심사·통제하는

1) 법규명령이 위헌·위법인 것으로 대법원에 의하여 확정되는 경우라도 당해 규정은 당해 사건에서 적용이 배제될 뿐이고, 그것이 공식절차에 의하여 폐지되지 않는 한 이 규정은 형식적으로는 여전히 유효한 것으로 남아 있게 된다. 따라서 위헌·위법인 법규명령이 이후의 다른 사건에서 또 다시 적용될 수 있다는 불합리한 문제가 남게 되므로, 이러한 모순을 제거하기 위하여 당해 규정에 대한 위헌·위법판결을 공시할 필요성이 있고, 이를 위해 행정소송법 제6조는 대법원판결에 의하여 명령·규칙이 헌법 또는 법률에 위반된다는 것이 확정된 경우에는 대법원은 지체 없이 그 사유를 행정자치부장관에게 통보하여야 하고, 이러한 통보를 받은 행정자치부장관은 지체 없이 이를 관보에 게재하도록 하고 있다.

것이 바람직하다.

셋째, 앞서 소개한 바와 같이 대법원은 이미 1954년에 법규명령이라도 그 자체가 직접 국민의 권리·의무를 침해하는 것인 때에는 행정소송의 대상이 될 수 있음을 원칙적으로 인정하였으나, 지금까지 실제로 이를 이유로 사건을 인용하여 법규명령을 취소한 예가 단 한건도 없다는 사실에서 과연 처분적 법규명령 등 하위규범의 경우 행정소송의 대상으로 삼아야 할 것인지에 대하여 의문이 제기된다. 사실 이러한 대법원의 소극적 입장에 비추어 볼 때 기본권을 직접 침해하는 하위규범에 대하여는 이론적으로 헌법소원의 대상이 되는 것인지 행정소송의 대상이 되는 것인지의 여부에 관계없이 현실적으로 후술하는 보충성원칙의 예외에 해당하는 경우로서 – 예컨대 다른 법률에 구제절차가 있는지가 불분명, 즉 그 관할기관이 불분명하다거나 또는 법원에서의 효율적인 통제와 권리구제가 기대가능하지 않다는 이유에서 – 헌법소원심판의 대상이 된다고 보는 것이 신속하고 기대가능하며 효율적인 권리구제의 요청에 부합된다고 하겠다.

결국 위에서 언급한 여러 가지 이유에서 명령·규칙·조례 등 하위규범도 헌법소원의 대상으로 삼는 것이 타당하다고 여겨진다. 이것이 헌법재판소와 대법원간의 불필요한 갈등을 억제하고, 규범통제와 이를 통한 법질서의 통일성유지 및 기본권수호를 위한 기관으로서의 헌법재판소 본래의 기능을 실현시키며, 다른 한편 법원이 법률심 및 사실심을 통한 구체적 사건해결의 기능에 전념할 수 있도록 하는, 따라서 결과적으로 헌법과 헌법재판소법 및 행정소송법의 관련규정 상호간의 규범조화적 해석과 운용에도 부합되는 견해라고 하겠다.[1)]

---

1) 하위규범에 대한 헌법소원의 문제 및 대법원과 헌법재판소간의 관할문제에 대하여는 정연주, 법규명령에 대한 헌법소원, 헌법판례연구[I], 헌법판례연구회편, 1999. 7. 359쪽 이하 참조.

5. 다른 법률의 구제절차

(1) 행정작용에 의한 기본권침해의 경우

1) 일반 행정작용에 의한 경우

위에서 언급한 바와 같이 행정소송법은 소송대상의 개괄주의를 채택하고 있어 대부분의 행정작용이 행정소송의 대상에 포함된다. 따라서 행정소송의 대상이 되는 행정작용으로 인한 기본권침해의 경우에는 행정소송을 먼저 거쳐야 하는데, 행정소송을 거친 후에는 재판소원금지규정 때문에 그에 대한 헌법소원제기는 원칙적으로 불가능하다. 그 결과 행정소송의 대상이 아니거나 행정소송의 제기가 불가능하거나 행정소송의 대상여부가 불명확하거나 행정소송이 효과적인 구제방법이라고 보기 어려운 행정작용의 경우에만 헌법소원청구가 가능하다고 하겠다.

예컨대 헌법재판소는 국가인권위원회의 진정 기각결정이 헌법소원의 대상이 된 사건에서 국가인권위원회법은 국가인권위원회의 진정 각하 또는 기각 결정에 대한 불복수단으로 어떠한 구제절차도 마련해 놓고 있지 않으며, 법원의 확립된 판례에 의하여 국가인권위원회의 진정 각하 또는 기각 결정의 행정처분성이 인정되고 있다고 보기는 어려워 청구인에게 행정심판이나 행정소송 등의 다른 구제절차를 모두 경료할 것을 기대할 수는 없다고 할 것이므로, 이 사건 심판청구는 보충성 요건도 충족한 것이라고 판시했다.[1] 한편 교도소장의 수형자에 대한 서신검열행위가 헌법소원이 대상이 된 사건에서 서신검열행위는 이른바 권력적 사실행위로서 행정심판이나 행정소송의 대상이 되는 행정처분으로 볼 수 있으나, 위 검열행위가 이미 완료되어 행정심판이나 행정소송을 제기하더라도 소의

1) 헌재 2008. 11. 27. 2006헌마440, 공보 제146호, 197, 198; 헌재 2009. 2. 26. 2008헌마275, 판례집 21-1 상, 281, 287.

이익이 부정될 수밖에 없으므로 헌법소원심판을 청구하는 외에 다른 효과적인 구제방법이 있다고 보기 어렵기 때문에 보충성의 원칙에 대한 예외에 해당한다고 보는 것이 상당하다고 판시했다.1)

반면 헌법재판소는 행정소송의 대상이 아니거나 행정소송의 제기가 불가능하거나 행정소송의 대상 여부가 불명확하거나 행정소송이 효과적인 구제방법이라고 보기 어려운 행정작용이 아닌 일반적인 행정작용에 대하여는 대체로 행정쟁송이라는 구제절차가 마련되어 있으므로 헌법소원을 제기할 수 없다고 판시하고 있다.

개발제한구역 지정행위(도시계획결정)에 대하여는 행정심판 및 행정소송 등을 제기할 수 있으므로 청구인으로서는 우선 그러한 구제절차를 거쳐야 함에도 불구하고 그러한 절차를 거치지 아니한 경우의 심판청구는 부적법하다.2)

청구인은 과징금부과처분에 대하여 행정심판을 제기하였을 뿐 그 후 적법한 행정소송을 제기하지 아니한 채 헌법소원심판을 청구하였으므로, 위 과징금부과처분에 대한 심판청구는 다른 법률에 의한 구제절차를 모두 거치지 아니하고 제기한 것으로서 부적법하다.3)

피청구인인 교도소장이 청구인이 발송의뢰한 서신을 발송거부한 행위에 대하여는 행정심판 및 행정소송이 가능할 것이므로 이러한 절차를 거치지 아니한 채 한 헌법소원심판청구 부분은 부적법하다.4)

진정사건기록 열람·등사신청거부처분과 관련하여 검찰보존사무규칙에서 사건관계인 등이 재판확정기록, 불기소사건기록 및 진정·내사사건기록 등에 대하여 일정 범위의 열람·등사를 청구할 수 있도록 규정하고, 위와 같은 청구가 있는 경우 검사는 그 허가 여부를 결정하여 서면으로 통지할 의무를 지도록 규정함으로써, 국민의 열람·등사청구가 있는 경

---

1) 헌재 1998. 8. 27. 96헌마398, 판례집 10-2, 416, 424.

2) 헌재 1991. 6. 3. 89헌마46, 판례집 3, 263, 266.

3) 헌재 1995. 2. 23. 92헌마282, 공보 제9호, 181, 182.

4) 헌재 1995. 7. 21. 92헌마144, 판례집 7-2, 94, 102; 헌재 1998. 8. 27. 96헌마398, 판례집 10-2, 416, 424.

우, 기록보관 검찰청이 일정한 처분을 하여야 한다고 규정한 실정법상의 근거가 명백히 마련되어 국민에게 진정사건기록의 열람·등사를 청구할 권리 내지 법에 정하여진 절차에 따라 그 허부의 처분을 행할 것을 요구할 수 있는 법규상의 지위가 부여되었고, 또한 법원에서도 무혐의처분된 기록에 대한 열람·등사거부처분의 취소를 명하는 재판을 하여 열람·등사거부처분에 대한 취소소송을 인정하기 시작하였기 때문에, 진정사건기록 열람·등사거부처분은 그 취소를 구할 수 있는 항고소송의 대상이 되는 행정처분이라고 보아야 한다.[1]

공공기관의정보공개에관한법률에 의하여 국민에게 불기소사건기록의 열람, 등사를 청구할 권리 내지 법에 정하여진 절차에 따라 그 허가 여부의 처분을 행할 것을 요구할 수 있는 법규상의 지위가 부여되었으므로 경찰서장의 수사기록사본교부거부처분은 행정소송의 대상이 된다 할 것이므로 직접 헌법소원심판의 대상으로 삼을 수 없다.[2]

2) 검사 또는 군검찰관의 불기소처분에 의한 경우

검사의 불기소처분 등 검사의 처분도 성질상 행정작용에 속하지만 준사법작용으로서의 특성을 가지는 독특한 행정작용으로서 일반 행정작용과는 달리 그에 대한 사법적 통제가 제한적이다. 그런데 검찰권행사는 국민의 기본권에 중대한 영향을 미치기 때문에 그에 대한 통제는 매우 중요하다. 더욱이 기소독점주의와 기소편의주의를 고려할 때 검찰권행사의 악용·남용에 대한 통제의 필요성은 아무리 강조해도 지나치지 않을 것이다.

검사의 처분에 대한 통제방법에는 크게 재정신청제도와 헌법소원의 두 가지를 들 수 있다. 그동안 헌법재판소는 검사의 불기소처분이 자의적으로 행해진 경우에는 형사피해자는 헌법 제27조 제5항의 공판절차에서의 진술권과 헌법 제11조의 평등권을 침해당했다는 이유로 검사의 불

1) 헌재 1998. 2. 27. 94헌마77, 판례집 10-1, 163, 173-174.

2) 헌재 2001. 2. 22. 2000헌마620, 공보 제54호, 254, 255.

기소처분이 헌법소원의 대상이 된다고 판시했었다.[1)]

이에 따라 재정신청제도와 관련한 형사소송법 규정이 개정되기 이전인 2007년까지는 혐의없음, 기소중지, 기소유예, 죄가안됨, 공소권없음 등 검사의 불기소처분에 대한 헌법소원을 제기하고자 하는 자는 그 구제절차로서 먼저 검찰청법이 정한 항고 및 재항고절차를 거쳐, 재항고기각결정을 통지받은 날로부터 30일 이내(법 제69조 제1항 단서)에 청구할 수 있었다.[2)] 그리고 검찰항고 또는 재항고가 받아들여져 재기수사명령이 내려졌으나 재기수사결과 다시 불기소처분한 경우에도 보충성원칙의 예외에 해당하지 아니하고 역시 그에 대하여 항고·재항고를 거쳐야 했다.[3)]

군검찰관의 불기소처분에 대하여는 고등군사법원에 대한 재정신청(군사법원법 제301조 이하)과 대법원에 대한 즉시항고(군사법원법 제464조)를 할 수 있다. 이에 따라 헌법재판소는 군검찰관의 불기소처분에 대하여 고등군사법원에 재정신청만을 하고 대법원에 즉시항고를 하지 아니한 채 제기된 헌법소원심판청구는 다른 법률에 의한 구제절차를 다 거치지 아니하고 청구된 것이어서 부적법한 것이라고 판시한 바 있다.[4)]

한편 다른 법률에 의한 구제절차를 거친 경우란 그 구제절차를 적법하게 거친 경우를 말한다. 따라서 헌법재판소는 헌법소원심판청구는 다른 법률에 구제절차가 있는 경우에는 그 절차를 모두 거친 후가 아니면 청구할 수 없고 여기서 그 절차를 거친다 함은 그 절차를 적법하게 거친다는 것을 뜻하므로 그 절차를 이행하는 기간이 결정되어 있는 경우에는 그 기간도 준수하여 그 절차를 이행하여야 하는데 청구인이 항고기각결정통지를 받고 검찰청법 소정의 항고기간 도과 후에 재항고를 제기하였다면 구제절차가 적법하게 경유된 경우라고 할 수 없어 부적법하다고 판시했다.[5)] 그러나 청구인이 검찰청법에 따른 재항고를 제기하고 그 결정

1) 헌재 1989. 4. 17. 88헌마3, 판례집 1, 31, 36.
2) 헌재 1992. 7. 23. 92헌마103, 판례집 4, 554, 558-559 참조.
3) 헌재 1991. 7. 8. 91헌마42, 판례집 3, 380, 383-384 참조.
4) 헌재 1990. 10. 8. 89헌마278, 판례집 2, 353, 355-356.
5) 헌재 1995. 5. 25. 94헌마200, 판례집 7-1, 822, 824-825.

이 있기도 전에 헌법소원심판을 청구하였으나 그 후 대검찰청의 재항고 기각결정이 있은 경우는 심판청구 당시에 존재하던 사전구제절차 미경유의 흠결은 그로써 치유되었다고 보았다.[1)]

그런데 2008년의 개정된 형사소송법 제260조에 따라 재정신청대상이 모든 범죄로 확대되어 고소권자로서 고소를 한 자(형법 제123조부터 제126조까지의 죄에 대하여는 고발을 한 자를 포함)는 검사로부터 공소를 제기하지 아니한다는 통지를 받은 때에 그 검사 소속의 지방검찰청 소재지를 관할하는 관할 고등법원에 재정신청을 해서 구제받을 수 있게 되었다. 이에 따라 검찰의 불기소처분에 의한 기본권침해는 원칙적으로 헌법소원이 아닌 법원의 통제대상이 되었다.

따라서 피의자가 청구하는 불기소처분에 대한 헌법소원의 경우를 제외하고는 대부분의 불기소처분이 헌법소원의 대상에서 제외되게 되었다.[2)] 그러나 재정신청대상에서 제외된 고발사건의 경우 고발인이 헌법이 보장하는 재판절차진술권을 침해받은 형사피해자라면 고발인은 항고·재항고를 거쳐 헌법소원을 제기할 수 있다고 할 것이다. 또한 고소·고발 없이 인지 수사한 사건에 대한 검찰의 불기소처분으로 재판절차진술권을 침해받은 형사피해자 역시 불기소처분에 대해 헌법소원을 제기할 수 있을 것이다.[3)] 이러한 논리는 헌법 제27조 제5항에 의한 형사피해자의 재판절차진술권은 피해자 등에 의한 사인소추를 전면 배제하고 형사소추권을 검사에게 독점시키고 있는 현행 기소독점주의의 형사소송체계 아래에서 형사피해자로 하여금 당해 사건의 형사재판절차에 참여하여 증언하는 이외에 형사사건에 관한 의견진술을 할 수 있는 청문의 기회를 부여함으로써 형사사법의 절차적 적정성을 확보하기 위하여 보장되는 기본권이며, 따라서 헌법 제27조 제5항에 정한 형사피해자의 개념은, 헌법이 위와

---

1) 헌재 1996. 3. 28. 95헌마211, 판례집 8-1, 273, 278.

2) 피의자가 청구인으로 제기한 검사의 기소유예처분에 대한 헌법소원을 인용한 사례로서 헌재 2013. 3. 21. 2012헌마110, 공보 제198호, 500, 503.

3) 헌재 2010. 6. 24. 2008헌마716, 판례집 22-1하, 588, 593 참조. 허영, 전게서, 417쪽.

같이 재판절차진술권을 독립된 기본권으로 인정한 본래의 뜻에 미루어, 반드시 형사실체법상의 보호법익을 기준으로 한 피해자 개념에 한정하여 결정할 것이 아니라 형사실체법상으로는 직접적인 보호법익의 향유주체로 해석되지 않는 자라 하더라도 문제된 범죄행위로 말미암아 법률상 불이익을 받게 되는 자의 뜻으로 풀이하여야 할 것이라고 판시한 헌법재판소의 입장[1]에도 부합된다고 하겠다.

(2) 사법작용에 의한 기본권침해의 경우

사법작용 중 재판작용에 대해서는 다른 법률의 구제절차가 없기 때문에 보충성의 원칙이 적용될 여지가 없고, 또한 재판소원금지규정 때문에 헌법소원의 대상이 될 수도 없다.

재판작용 이외의 기타 사법작용이 기본권을 침해하는 경우에는 법률이 정하는 권리구제절차를 먼저 거친 후에 헌법소원을 제기해야 할 것이다. 이와 관련하여 헌법재판소는 다음과 같이 판시하고 있다.

청구인들 소유가옥에 대해 강제집행하는 집달관의 강제집행 방법이나 집행절차에 관하여 이의가 있는 경우에는 민사소송법 제504조(현행 민사집행법 제16조) 소정의 집행방법에 관한 이의신청을 한 후 집행법원의 재판을 거쳐야 하는 바, 청구인들은 그 절차를 거치지 않았음이 명백하다.[2]

민사소송법 제209조(현행 민사소송법 제223조)는 법원사무관 등의 처분에 대한 이의는 그 소속법원이 결정으로 재판한다고 규정하고 있으므로 청구인으로서는 헌법소원심판을 청구하기에 앞서 위 규정이 정한 바에 따라 위 접수담당자의 소속법원인 대법원에 위 접수처분에 대한 이의신청의 구제절차를 거친 뒤 헌법소원심판을 청구하여야 한다.[3]

정보공개거부처분에 대하여는 공공기관의정보공개에관한법률 제17조,

---

1) 헌재 1993. 3. 11. 92헌마48, 판례집 5-1, 121, 129.
2) 헌재 1989. 10. 13. 89헌마203, 판례집 1, 307, 308.
3) 헌재 1991. 11. 25. 89헌마235, 판례집 1, 593, 597.

제18조에 행정심판 및 행정소송이라는 구제절차가 마련되어 있으므로 그 구제절차를 거친 뒤에 헌법소원심판을 청구하여야 하는데, 청구인은 판결이유 공개거부처분을 받고, 이에 대한 이의 신청절차와 행정심판절차는 경유하였으나 행정소송절차는 경유하지 아니한 채 이 사건 헌법소원심판을 청구하였으므로 사전 구제절차를 모두 거치지 않은 이 사건 헌법소원심판 청구는 부적법하다.[1]

한편 헌법재판소는, 대법원장의 법관에 대한 인사처분에 대하여는 국가공무원법 소정의 절차에 따라 동 인사처분에 대하여 법원행정처 소청심사위원회에 그 구제를 청구할 수 있고, 그 절차에서 구제를 받지 못한 때에는 국가공무원법 제16조, 법원조직법 제70조, 행정소송법 제1조의 규정에 비추어 다시 행정소송을 제기하여 그 구제를 청구할 수 있음에도 불구하고, 그와 같은 구제절차를 거치지 아니한 채 제기한 헌법소원심판 청구는 부적법한 청구라고 하였다.[2] 그러나 이에 대하여는 헌법재판소법 제68조 제1항 단서 소정의 '구제절차'란 그 절차에 의하여 권리구제가 가능할 수 있는 실질적 구제절차를 말하는 것이지 구제가능성을 기대할 수 없는 명목상의 형식적 구제절차를 말하는 것이 아니고, 그 절차에서 구제가 가능하느냐의 여부는 법률상의 문제이기보다는 사실상의 문제로서 결국 이는 상식적이며 보편적인 기준에 따라 역사적 배경과 시대상황 및 국민정서 등을 고려하여 판단하여야 하며, 상식적으로 권리구제에 대하여 기대가능성이 매우 희박한 절차를 거치도록 강요하는 것은 옳지 못하며 효율적인 권리구제를 내용으로 하는 법치주의의 이념에도 반한다 할 것인바, 청구인의 경우에 과거와 현재의 법원의 관행과 분위기와 시대상황 및 국민정서 등을 고려해 볼 때 행정소송으로는 사실상 권리구제의 가능성이 없기 때문에 보충성의 원칙에 대한 예외를 인정하여야 한다는 유력한 반대의견이 있다.[3]

---

1) 헌재 2000. 12. 29. 2000헌마797, 공보 제51호, 52.

2) 헌재 1993. 12. 23. 92헌마247, 판례집 5-2, 682, 692-693.

3) 헌재 1993. 12. 23. 92헌마247, 판례집 5-2, 682, 710-712.

6. 보충성원칙의 예외

이러한 보충성의 원칙은 다른 법률의 구제절차를 거칠 수 있는 정상적인 경우를 전제로 하므로 모든 헌법소원심판청구에 획일적으로 적용할 수는 없다. 그 결과 보충성의 원칙은 공권력에 의한 기본권침해가 있는 경우 가능하거나 기대할 수만 있다면 헌법소원심판을 청구하기 전에 먼저 법원의 재판 등 다른 권리구제수단으로 방어해야 한다는 원칙을 의미한다고 하겠다. 그렇기 때문에 그러한 전제조건이 충족될 수 없는 경우에는 보충성의 원칙에도 불구하고 바로 헌법소원을 제기할 수 있도록 해야 할 필요성이 있다. 보충성의 원칙의 예외를 인정해야 하는 이유이다. 보충성원칙의 예외에 대하여는 헌법재판소법에 명문의 규정이 없고, 헌법재판소가 판례를 통해 다음과 같은 경우에 보충성원칙의 예외를 인정하고 있다.

(1) 사전에 구제절차를 거칠 것을 기대하기가 어려운 경우

헌법재판소는 헌법소원심판청구인이 그의 불이익으로 돌릴 수 없는 정당한 이유 있는 착오로 전심절차를 밟지 않은 경우, 전심절차로 권리가 구제될 가능성이 거의 없거나 권리구제절차가 허용되는지 여부가 객관적으로 불확실하여 전심절차 이행의 기대가능성이 없을 때에는 보충성의 예외로 바로 헌법소원을 제기할 수 있다고 판시하고 있다.[1)]

교도소장의 미결수용자의 서신검열과 서신의 지연발송 및 지연교부행위는 이른바 권력적 사실행위로서 행정심판이나 행정소송의 대상이 된다고 단정하기도 어려울 뿐 아니라 설사 그 대상이 된다고 하더라도 이미 종료된 행위로서 소의 이익이 부정될 가능성이 많아 헌법소원심판을 청구하는 외에 달리 효과적인 구제방법이 있다고 보기 어려우므로 보충성의 원칙에 대한 예외에 해당한다.[2)]

---

1) 헌재 1995. 12. 28. 91헌마80, 판례집 7-2, 851, 865.

2) 헌재 1995. 7. 21. 92헌마144, 판례집 7-2, 94, 102; 헌재 2005. 5. 26. 2001헌마728,

피청구인 국가안전기획부장의 접견거부처분에 대해 법원에 준항고절차까지 밟아 이를 취소하는 결정이 있었음에도 피청구인이 이를 무시한 채 재차 접견거부처분에 이르렀다면, 이제 준항고절차에 의거하여서는 권리구제의 기대가능성이 없는 경우로 되었다 할 것이고, 이와 같은 경우에는 오히려 다른 법률에 의한 구제절차가 없는 경우로서 보충성의 원리의 예외에 해당되어 청구가 허용된다.[1]

감사원의 국민감사청구기각결정의 처분성 인정 여부에 대한 대법원판례는 물론 하급심판례도 아직 없으며, 부패방지법상 구체적인 구제절차가 마련되어 있는 것도 아니므로, 청구인들에게 행정심판이나 행정소송 등의 사전 구제절차를 모두 경료하고 나서 헌법소원을 청구할 것을 기대할 수는 없다고 할 것이므로 청구인들이 행정소송을 거치지 않았다고 하여 보충성 요건에 어긋난다고 볼 수는 없다.[2]

일반적인 행정지도 등 비권력적 사실행위는 행정소송의 대상이 되기 어렵고, 권력적 사실행위의 경우에도 단기간에 종료되므로 소의 이익이 인정되기 어려운 측면이 있다. 따라서 피청구인 방송위원회가 청구인 방송사에게 한 '경고 및 관계자 경고'는 그의 법적 성격을 일종의 권력적 사실행위로 보더라도 전심절차로 권리가 구제될 가능성이 객관적으로 불확실하므로, 이 사건 심판청구는 보충성의 예외에 해당한다.[3]

반면 헌법재판소는 대법원의 확립된 판례에 비추어 패소할 것이 예견된다는 점만으로는 전심절차로 권리가 구제될 가능성이 거의 없어 전심절차이행의 기대가능성이 없는 경우에 해당한다고 볼 수 없으므로, 과세처분에 대하여 국세기본법에 따른 이의신청 등의 구제절차와 행정소송에 의한 구제절차를 거치지 아니하고 곧바로 헌법소원을 청구하는 것은 헌법소원의 보충성의 요건을 갖추지 못하여 부적법하다고 판시했다.[4]

판례집 17-1, 709, 720.

1) 헌재 1991. 7. 8. 89헌마181, 판례집 3, 356, 365-366.

2) 헌재 2006. 2. 23. 2004헌마414, 판례집 18-1 상, 248, 256.

3) 헌재 2007. 11. 29. 2004헌마290, 판례집 19-2, 611, 622.

4) 헌재 1998. 10. 29. 97헌마285, 판례집 10-2, 615, 619.

또한 대법원이 불합격처분에 대한 원심판결을 파기환송함으로써 그 사건이 다시 원심법원에 계속중인 상태에서 헌법소원심판을 청구하였으며, 그 후 환송심에서 청구인의 청구를 기각함에 따라 청구인이 이에 불복하여 현재 상고중인 상태라면, 청구인이 이미 대법원에서 청구인의 청구를 인용한 원심판결을 파기환송 하였으므로 법원의 절차를 통한 권리구제의 가능성은 거의 없다고 주장하나 이러한 사정만으로는 보충성의 예외가 인정되는 경우에 해당한다고 볼 수 없다고 판시했다.[1]

한편 전통사찰보존구역 내 토지소유자 등 이해관계인에게 전통사찰보존구역 지정해제를 구할 신청권이 있는지에 관한 확립된 대법원판례가 있다고 볼 수 없다는 사정만으로는 피청구인 서울특별시장의 전통사찰보존구역 지정해제신청 거부처분에 대하여도 행정쟁송을 통한 권리구제를 받을 가능성이 확정적으로 없어졌다고 단정할 수 없으므로 이 사건 거부처분에 대해 쉽사리 보충성의 예외를 인정하기 어렵다고 판시했다.[2]

(2) 법률상 구제절차가 없는 경우

1) 헌법재판소 판례

헌법재판소는 다음의 사례들을 기본권침해의 원인이 된 공권력작용에 대한 다른 법률의 구제절차가 없는 경우로 보고 이를 보충성원칙의 예외에 해당한다고 하여 해당 공권력작용에 대하여 곧바로 헌법소원을 제기한 것을 적법한 것으로 간주했다.

사법서사법 제4조 제1항 제1호에 의한 청구인의 직업선택의 자유의 침해가 문제된 사건에서, 입법, 즉 법률 자체에 의한 기본권침해가 문제가 될 때에는 일반법원에 법령자체의 효력을 직접 다투는 것을 소송물로 하여 제소하는 길은 없어, 구제절차가 있는 경우가 아니므로, 헌법재판소법 제68조 제1항 단서 소정의 구제절차를 모두 거친 후에 헌법소원을 내

---

1) 헌재 1999. 12. 23. 97헌마136, 판례집 11-2, 764, 768-769.

2) 헌재 2011. 10. 25. 2009헌마647, 판례집 23-2 하, 71, 78.

야하는 제약이 따르지 않는 이른바 보충성의 예외적인 경우이다.[1]

세무대학장의 재임용추천거부행위와 같은 총·학장의 임용제청이나 그 철회는 행정기관 상호간의 내부적인 의사결정과정일 뿐 행정소송의 대상이 되는 행정처분이라고 볼 수 없다는 것이 대법원의 일관된 판례이므로[2] 이 사건의 경우에는 다른 법률에 구제절차가 있는 경우에 해당하지 아니하여 청구인이 행정소송을 거치지 아니하고 바로 헌법소원심판을 청구하였다고 하더라도 소원심판청구의 적법요건인 보충성의 원칙에 반하는 것이라고 볼 수 없다.[3] 그러나 총·학장의 재임용추천철회행위 내지 거부행위의 법적 성격에 대한 대법원의 견해와는 달리 세무대학장의 재임용추천철회행위는 그것이 외형상으로는 내부적인 의사결정과정이지만 실질적으로는 청구인의 권리와 지위에 변동을 초래하는 행정처분에 해당된다고 볼 수 있다. 왜냐하면 비록 철회행위자체가 최종적인 재임용탈락처분은 아니지만, 이로 인해 일련의 재임용을 위한 법정절차는 중단되고 그로써 결국 청구인의 교수로서의 신분을 박탈하는 형성적 효과를 가져오는 것이므로 재임용추천철회행위는 더 이상 별도의 처분을 기다리지 아니하고 바로 청구인의 교수로서의 지위를 상실시키는 법적 효과를 가져오는 것이기 때문에 단순한 행정기관 상호간의 내부적인 의사결정과정의 문제를 떠나 일반 국민의 권리와 지위의 변동을 초래하는 법집행행위에 속하는 것으로서 행정처분의 일종이라고 할 수 있고 따라서 원칙적으로 행정소송의 대상이 되어야 하는 것이다. 다만 총·학장의 임용제청이나 그 철회를 행정소송의 대상이 되는 행정처분이라고 볼 수 없다는 것이 대법원의 일관된 판례라는 점을 고려할 때 청구인에게 행정소송을 제기하는 등 다른 법률의 구제절차를 밟을 것을 요구할 수는 없다고 할 것이다. 왜냐하면 청구인의 입장에서 보면 행정소송의 제기가 권리구제절차로서 허용되는지의 여부가 객관적으로 불확실하여 행정소송제기의

1) 헌재 1989. 3. 17. 88헌마1, 판례집 1, 9, 20.
2) 대판 1989. 6. 27. 88누9640호 등.
3) 헌재 1993. 5. 13. 91헌마190, 판례집 5-1, 312, 321-322.

기대가능성이 없고, 또한 행정소송제기의 기대가능성이 있다 하더라도 이를 통한 권리구제의 가능성이 거의 없다고 볼 수 있기 때문이다. 따라서 이 사건의 경우는 다른 법률의 구제절차가 없기 때문이 아니라, 행정소송제기의 기대가능성이 없거나 행정소송제기를 통한 권리구제의 가능성이 없기 때문에 보충성원칙의 예외에 해당하여 청구인이 곧바로 헌법소원심판을 제기할 수 있는 경우로 보아야 할 것이다.[1)]

공정거래법은 고발에 대한 이해관계인의 신청권을 인정하는 규정을 두고 있지 아니할 뿐만 아니라, 법해석상으로도 공정거래위원회의 고발권행사가 청구인의 신청이나 동의 등의 협력을 요건으로 하는 것이라고 보아야 할 아무런 근거도 없으므로 행정부작위는 행정심판 내지 행정소송의 대상이 되는 부작위로서의 요건을 갖추지 못하였다고 할 것이고, 이러한 경우에도 청구인에게 행정쟁송절차의 사전 경유를 요구한다면 이는 무용한 절차를 강요하는 것으로 되어 부당하다.[2)]

입법부작위에 대한 행정소송의 적법 여부에 관하여 대법원은 "행정소송은 구체적 사건에 대한 법률상 분쟁을 법에 의하여 해결함으로써 법적 안정을 기하자는 것이므로 부작위위법확인소송의 대상이 될 수 있는 것은 구체적 권리의무에 관한 분쟁이어야 하고, 추상적인 법령에 관하여 제정의 여부 등은 그 자체로서 국민의 구체적인 권리의무에 직접적 변동을 초래하는 것이 아니어서 행정소송의 대상이 될 수 없다"고 판시하고 있다(대법원 1992. 5. 8. 선고, 91누11261 판결, 공1992, 1874). 따라서 피청구인 보건복지부장관에 대한 청구 중 보건복지부장관이 의료법과 전문의의수련및자격인정등에관한규정의 위임에 따라 치과전문의자격시험제도를 실시할 수 있는 절차를 마련하지 아니하는 입법부작위는 다른 구제절차가 없는 경우에 해당한다.[3)]

---

1) 이 판례의 문제점에 대하여 자세한 것은 정연주, 교수재임용추천철회와 그 구제에 대한 헌법적 고찰, 현대공법과 개인의 권익보호, 균제 양승두 교수 화갑기념논문집 (I), 1994, 796쪽 이하 참조.

2) 헌재 1995. 7. 21. 94헌마136, 판례집 7-2, 169, 174.

3) 헌재 1998. 7. 16. 96헌마246, 판례집 10-2, 283, 300-301.

청구인이 피의사건의 범죄피해자로서 피청구인 검사의 불기소처분으로 말미암아 헌법상 재판절차진술권과 평등권을 침해받았다고 주장하고 있으며, 청구인이 피의사건에 관하여 고소를 제기한 바 없어 피청구인의 불기소처분에 대하여 헌법소원을 제기하는 수단 이외에 달리 검찰청법에 정한 항고, 재항고의 제기에 의한 구제를 받을 방법도 없다고 한다면, 청구인은 피의사건에 대하여 고소를 제기하든가 피청구인의 불기소처분에 대하여 헌법소원심판을 청구할 수 있다.[1)]

검사의 불기소처분에 대한 검찰청법 소정의 항고 및 재항고는 그 피의사건의 고소인 또는 고발인만이 할 수 있을 뿐, 기소유예처분을 받은 피의자가 범죄혐의를 부인하면서 무고함을 주장하는 경우에는 검찰청법이나 다른 법률에 이에 대한 권리구제절차가 마련되어 있지 아니하므로, 검사의 기소유예처분의 취소를 구하는 헌법소원심판을 청구하는 경우에는 보충성원칙의 예외에 해당한다.[2)]

피청구인 영등포구치소장이 신문기사 중 일부기사를 삭제한 행위에 대해 행형법상의 청원의 대상이 될 수 있음은 명백해 보이나, 그러한 청원제도를 헌법소원에 앞서 필요한 사전권리구제절차라고는 보기 어려울 뿐 아니라, 일반 국민이 위와 같은 기사삭제행위가 행정심판이나 행정소송의 대상이 될 수 있을 것이라고 쉽게 판단하기는 어렵다고 할 것이므로 청구인의 입장에서는 위와 같은 절차 이행의 기대가능성이 없었다고 보아야 할 것이고, 따라서 이 사건 청구 중 위 부분의 경우는 보충성의 예외인 경우로 인정되어 적법하다.[3)]

세법상의 명문규정이 있는 외에는 조리상의 경정청구권을 인정할 수 없으며, 개별세법에 근거하지 아니한 납세의무자의 경정청구를 거절하였다 하여 이를 두고 항고소송의 대상이 되는 거부처분이라 할 수 없다는 것이 법원의 일관된 판례이므로, 이 사건 거부처분에 대하여는 행정쟁송

---

1) 헌재 1992. 1. 28. 90헌마227, 판례집 4, 40, 45.

2) 헌재 2010. 6. 24. 2008헌마716, 판례집 22-1 하, 588, 592.

3) 헌재 1998. 10. 29. 98헌마4, 판례집 10-2, 637, 644.

을 통한 구제의 길이 없고 달리 다른 법률에 구제절차가 있는 것도 아니므로 그에 대하여 바로 헌법소원을 청구하였다고 하여 보충성의 요건에 반한다고 할 수 없다.[1)]

중복처방 시 요양급여의 인정기준을 정한 보건복지부고시는 처분성이 결여된 일반적·추상적 성격을 지닌 행정규칙 형식의 법규명령으로서 법령 자체를 직접 다툴 수 있는 방법이 없어 다른 구제절차를 거치지 아니한 채 이 사건 고시에 대하여 바로 헌법소원심판을 청구할 수 있다.[2)]

2) 평 가

위에서 보충성원칙의 예외의 두 번째 유형으로서 '법률상 구제절차가 없는 경우'에 해당하는 것으로 예를 들은 헌법재판소의 판례들을 살펴보면 크게 두 가지로 나누어 볼 수 있다. 첫째, 실제로 처음부터 다른 법률에 구제절차가 없는 경우이거나, 둘째, 실제로는 다른 법률에 구제절차가 있는지의 여부가 대법원판례 등에 비추어 불명확하거나 다른 법률에 구제절차가 있지만 그러한 절차를 밟는 것이 우회적이거나 기대가능하지 않은 경우 등이다. 따라서 엄밀하게 말하면 전자의 경우에는 애초에 다른 법률에 구제절차가 없는 경우이므로 사실 처음부터 보충성의 원칙이 적용될 여지가 없는 경우이다. 보충성원칙의 예외란 다른 법률에 구제절차가 있지만 그러한 절차를 밟을 것을 요구하는 것이 기대가능하지 않을 경우에 예외적으로 곧바로 헌법소원을 제기할 수 있도록 하는 것을 말하고, 처음부터 다른 법률에 구제절차가 없는 경우에는 보충성의 원칙이 적용될 여지가 처음부터 없는 것이므로 이 경우에는 선택의 여지 없이 헌법소원을 제기할 수밖에 없는 것이다. 따라서 이 경우는 보충성원칙의 '예외'가 아니라 보충성원칙의 '비적용'의 경우라고 해야 할 것이다.

그리고 후자의 경우, 즉 다른 법률에 구제절차가 있는지의 여부가 불명확하거나 또는 그동안의 대법원판례에 비추어 다른 법률에 구제절차가

---

1) 헌재 2000. 2. 24. 97헌마13등, 판례집 12-1, 252, 273.

2) 헌재 2010. 9. 30. 2008헌마758, 판례집 22-2 상, 739, 754.

없다고 볼 수밖에 없거나,[1] 다른 법률의 구제절차가 있지만 우회적이거나 권리구제의 가능성이 적어 그러한 구제절차를 밟을 것을 요구하는 것이 기대가능하지 않은 경우들은 사실 다른 법률에 구제절차는 있거나 있을 수 있지만 사정상 보충성원칙의 예외를 인정받는 경우이지 처음부터 다른 법률에 구제절차가 없는 경우라고 보기는 어렵다.

따라서 명실상부 다른 법률에 구제절차가 없는 경우에는 보충성원칙의 예외가 아니라 보충성원칙의 비적용의 경우로서 처음부터 헌법소원의 제기가 가능하고 또한 그 이외의 선택의 여지가 없는 경우라고 하겠다.

Ⅵ. 청구기간

1. 의 의

헌법소원심판은 법이 정한 청구기간 내에 제기하여야 한다. 청구기간에 관하여 법 제69조는 "① 제68조 제1항에 따른 헌법소원의 심판은 그 사유가 있음을 안 날부터 90일 이내에, 그 사유가 있는 날부터 1년 이내에 청구하여야 한다. 다만, 다른 법률에 따른 구제절차를 거친 헌법소원의 심판은 그 최종결정을 통지받은 날부터 30일 이내에 청구하여야 한다. ② 제68조 제2항에 따른 헌법소원심판은 위헌 여부 심판의 제청신청을 기각하는 결정을 통지받은 날부터 30일 이내에 청구하여야 한다."라고 규정하여 권리구제형 헌법소원(법 제68조 제1항)과 위헌법률심사형 헌

1) 사실 대법원판례가 행정쟁송 등 다른 법률에 구제절차가 없다고 판시하더라도 대법원판례가 잘못된 것일 수도 있고(이점에 대해서는 헌법재판소가 직권으로 다른 판단을 할 수 있다), 대법원판례가 변경될 수도 있기 때문에 이 경우가 반드시 다른 법률에 구제절차가 없는 경우라고 단정할 수 없으며, 다만 이는 그러한 대법원판례에 비추어 일반법원에 소송을 제기해도 구제받을 가능성이 없는 경우에 해당될 수 있으므로, 즉 사전에 다른 법률의 구제절차를 거칠 것을 기대하기가 어려운 경우에 해당되어 곧바로 헌법소원을 제기할 수 있는 보충성원칙의 예외에 해당되는 경우이지 처음부터 다른 법률에 구제절차가 없는 경우에 해당한다고는 할 수 없을 것이다.

법소원(법 제68조 제2항)의 청구기간을 다르게 정하고 있다. 이처럼 법 제69조가 공권력의 작용에 대한 헌법소원심판청구에 관한 청구기간을 정하고 있는 것은 공권력의 행사로 인하여 기본권을 침해받은 경우에 제기하는 헌법소원의 심판에서는, 공권력의 행사로 인한 법률관계가 직접 공익과 밀접하게 관련되어 있어서 이를 오랫동안 불확정상태에 둘 수 없고, 따라서 이로 인한 법률관계를 신속하게 확정함으로써 공익의 실현을 확보하고 법적 안정성을 도모하기 위한 것이다.[1]

헌법소원 제기기간은 헌법이나 법에 특별한 규정이 없는 이상 일반원칙인 도달주의에 따라 헌법재판소에 심판청구서가 접수된 날로부터 기산하여야 하는 것이지 예외적으로 법률에 특별한 규정이 있는 경우에 인정되는 발신주의에 따라 심판청구서의 발송일을 기준으로 하는 것은 아니다.[2] 그런데 헌법재판소가 발족하기 전에 있었던 공권력에 의한 기본권 침해에 대한 헌법소원심판청구기간은 헌법재판소가 구성된 1988. 9. 19.부터 기산하여야 한다.[3]

2. 청구기간의 유형과 관련 헌법재판소 판례

(1) 다른 법률에 의한 구제절차를 거치지 않은 경우

다른 법률에 의한 구제절차가 없거나 보충성원칙에 대한 예외가 인정되어 다른 법률에 의한 구제절차를 거치지 않은 경우에는 그 사유가 있음을 안 날부터 90일 이내에, 그 사유가 있은 날부터 1년 이내에 청구하여야 한다(법 제69조 본문). 그러므로 이 경우에는 헌법소원청구의 사유, 즉 기본권침해가 있음을 안 날부터 90일이 지났거나 또는 그 사유가 있

1) 헌재 2001. 9. 27. 2001헌마152, 판례집 13-2, 447, 455; 헌재 2007. 10. 25. 2006헌마904, 판례집 19-2, 507, 511.

2) 헌재 1990. 5. 21. 90헌마78, 판례집 2, 129, 130-131.

3) 헌재 1991. 9. 16. 89헌마151, 판례집 3, 501, 504; 헌재 1995. 3. 23. 91헌마143, 판례집 7-1, 398, 414.

은 날부터 1년이 지났으면 그 심판청구는 부적법하다. 그리고 헌법소원의 사유가 있음을 안 날부터 90일 이내의 기간과 헌법소원의 사유가 있은 날부터 1년 이내의 기간을 모두 준수하여야 적법한 청구가 되는 것이고 그 중 어느 하나라도 경과하면 부적법한 청구가 된다.[1)]

한편 헌법재판소는 "행정청이 지목변경신청을 거부하는 행위는 행정소송의 대상이 되는 행정처분이 아니라는 것이 법원의 일관된 판례이며, 헌법재판소도 수차에 걸쳐 그러한 점을 선언한 바 있어, 그러한 행위는 법원의 재판관할에 속하지 아니하는 것이 명백하므로, 이에 대하여 행정소송을 제기한 것은 헌법재판소법 제69조 제1항 단서가 말하는 '다른 법률에 의한 구제절차'를 거친 것이라고 보기 어렵고, 청구인이 지목변경거부행위에 대하여 행정소송을 거쳤다고 하더라도 이는 구제절차가 될 수 없는 무익한 절차를 거친 것에 불과하기 때문에 이 경우 청구기간의 산정은 헌법재판소법 제69조 제1항 단서가 아니라 본문의 규정에 의하여야 할 것이다."라고 판시하고 있다.[2)]

1) '사유가 있음을 안 날'의 의미

'사유가 있음을 안 날'은 공권력의 행사에 의한 기본권침해의 사실관계를 특정할 수 있을 정도로 현실적으로 인식하여 심판청구가 가능해진 경우를 뜻하는 것으로,[3)] 여기의 청구기간의 기산점인 안 날이라 함은 법령의 제정 등 공권력의 행사에 의한 기본권침해의 사실관계를 안 날을 뜻하는 것이지, 법률적으로 평가하여 그 위헌성 때문에 헌법소원의 대상이 됨을 안 날을 뜻하는 것은 아니다.[4)]

청구인이 고소인이나 고발인이 아니어서 검사의 불기소처분에 대하여 다른 법률에 구제절차가 인정되어 있지 아니한 경우나, 형사피의자로 입

---

1) 헌재 2004. 4. 29. 2004헌마93등.
2) 헌재 2003. 9. 25. 2002헌마789, 판례집 15-2 상, 492, 497.
3) 헌재 1993. 7. 29. 89헌마31, 판례집 5-2, 87, 109.
4) 헌재 1993. 11. 25. 89헌마36, 판례집 5-2, 418, 425-426.

건되어 기소유예처분이나 공소권없음처분을 받은 자는 법률상 구제절차가 없는 경우이므로, 헌법소원심판청구를 헌법재판소에 직접 제소하려면 그 불기소처분이 있은 사실을 안 날부터 90일 이내에, 늦어도 검사가 불기소처분을 한 날부터 1년 이내에 헌법소원심판을 청구하여야 하며,[1] 기소유예처분의 결과통지를 받아 그 처분이 있은 사실을 알았을 경우에는 그 날부터 90일 이내에 헌법소원심판을 청구하여야 한다.[2]

2) '사유가 있은 날'의 의미

'사유가 있은 날'이라 함은 공권력의 행사에 의해서 기본권침해가 발생한 날을 말한다. 예컨대 법률의 시행과 동시에 기본권침해가 발생한 경우에는 법률이 시행된 날, 법률이 시행된 뒤 비로소 동 법률이 정한 요건을 충족하게 되어 기본권을 침해받게 된 자는 법정요건을 충족하게 된 날, 또는 권력적 사실행위에 의한 기본권침해의 경우에는 기본권을 침해하는 권력적 사실행위가 실제로 행하여 진 날 등을 말한다.[3]

(2) 다른 법률에 의한 구제절차를 거친 경우

다른 법률에 의한 구제절차를 거친 경우에는 헌법소원심판의 청구는 그 최종결정을 통지받은 날부터 30일 이내에 청구하여야 한다(법 제69조 제1항 단서).

헌법재판소는 불기소처분취소 사건에서 "불기소처분은 검사의 수사종결처분으로서 재판이 아니므로, 불복기간이 경과하여 확정되더라도, 확정력이 발생하는 것은 아니므로 형사피해자라고 주장하는 자가 고소를 제기하였다가 혐의없음의 불기소처분이 있은 후에 바로 검찰청법에 의한 항고를 제기하지 아니하고, 그 항고기간이 경과한 후에 다시 고소를 제기하고,

1) 헌재 1998. 8. 27. 97헌마79, 판례집 10-2, 444, 453.
2) 헌재 1993. 7. 29. 92헌마217, 판례집 5-2, 189, 192.
3) 실무제요, 267쪽.

다시 있은 불기소처분을 대상으로 하여 검찰항고를 거쳐 헌법소원심판을 청구하였더라도, 헌법재판소법 제69조에 정한 청구기간 한정의 입법 목적에 반하는 부적법한 심판청구라고 보기는 어렵다."고 판시했다.[1]

(3) 부작위에 대한 헌법소원의 경우

1) 진정부작위의 경우

공권력의 불행사로 인한 기본권침해는 그 불행사가 계속되는 한 기본권침해의 부작위가 계속되므로 공권력의 불행사에 대한 헌법소원심판은 그 불행사가 계속되는 한 기간의 제약 없이 적법하게 청구할 수 있다.[2] 따라서 입법권의 불행사, 즉 진정입법부작위에 대한 헌법소원심판은 그 불행사가 계속되는 한 기간의 제약 없이 적법하게 청구할 수 있고, 이는 진정행정입법부작위의 경우에도 마찬가지이다.[3]

2) 부진정부작위의 경우

그러나 부진정입법부작위 또는 부진정행정입법부작위의 경우, 즉 흠결이 있는 불완전한 입법권의 행사에 대하여 헌법소원을 제기할 경우에는 입법부작위 위헌확인의 심판청구가 아니라 그 불완전한 법규정 자체가 헌법위반이라는 적극적인 헌법소원을 제기하여야 할 것이고, 이 때에는 법 제69조 제1항의 적용을 받는다.[4]

---

1) 헌재 1993. 3. 11. 92헌마142, 판례집 5-1, 151, 155-156.

2) 헌재 1994. 12. 29. 89헌마2, 판례집 6-2, 395, 408.

3) 헌재 1998. 7. 16. 96헌마246, 판례집 10-2, 283, 298-300.

4) 헌재 1996. 10. 31. 94헌마108, 판례집 8-2, 480, 489-490; 헌재 1996. 10. 31. 94헌마204, 공보 제18호, 648, 653.

(4) 법령에 대한 헌법소원심판의 청구기간

1) 헌법재판소의 입장

법령이 구체적인 집행작용을 거치지 않고 직접 기본권을 침해하는 경우에는 다른 법률에 구제절차가 없으므로 곧바로 그 법령에 대하여 헌법소원을 제기할 수밖에 없다. 따라서 이 경우에는 청구기간과 관련하여 법 제69조 제1항 단서는 적용될 여지가 없고, 본문규정이 적용될 수밖에 없을 것이다.

그런데 법령은 일반성과 추상성을 가지고 국민 일반에 대하여 광범위한 효력을 가지며, 한번 제정되어 시행되면 입법자가 스스로 그 법률을 개폐하기 전, 또는 헌법재판소에 의해 그 위헌성이 확인되기 전에는 계속하여 효력을 갖게 된다. 법령이 다른 공권력작용과 구별되는 이러한 특성을 감안할 때 법 제69조 제1항 본문의 청구기간을 법령에 대한 헌법소원에 그대로 적용하는 것은 효율적 권리구제의 측면에서 문제를 야기할 수 있다. 이와 관련하여 헌법재판소는 "법령에 대한 헌법소원의 대상이 되는 공권력행사는 법규정립행위(입법행위)로서 일종의 법률행위이므로 그 행위의 속성상 행위 자체는 한번에 끝나는 것이고 그러한 입법행위의 결과인 권리침해상태가 계속될 수 있을 뿐이므로, 헌법재판소법 제69조 제1항 본문의 청구기간을 법령에 대한 헌법소원에 문자 그대로 적용하는 경우에는 법령으로 인한 기본권침해를 그에 대한 헌법소원을 통하여 구제받을 수 있는 가능성은 현저히 축소되고, 결과적으로 헌법소원을 통한 기본권구제의 실효성이 현저히 저하되게 되므로 헌법재판소는 법령에 대한 헌법소원의 청구기간을 해석을 통해 법령의 시행과 동시에 기본권을 침해받는 경우와 법령이 시행된 뒤 비로소 기본권을 침해받게 된 경우로 나누어 기산함으로써 결과적으로 법령에 대한 헌법소원의 청구기간을 확장하고 있다."라고 판시하면서, 법령에 대한 헌법소원의 청구기간을 법령의 시행과 동시에 기본권을 침해받게 되는 경우와 법령이 시

행된 뒤 비로소 기본권을 침해받게 되는 경우로 나누어 기산함으로써 이 문제를 해결하고 있다.[1)]

이에 따라 법령에 대한 헌법소원의 청구기간은 그 법령의 시행과 동시에 기본권의 침해를 받게 되는 경우에는 그 법령이 시행된 사실을 안 날부터 90일 이내에, 법령이 시행된 날부터 1년 이내에 헌법소원을 청구하여야 하고, 법령이 시행된 뒤에 비로소 그 법령에 해당되는 사유가 발생하여 기본권의 침해를 받게 되는 경우에는 그 사유가 발생하였음을 안 날부터 90일 이내에, 그 사유가 발생한 날부터 1년 이내에 헌법소원을 청구하여야 한다.[2)]

한편 헌법재판소는 '법령에 해당하는 사유가 발생'하여 청구기간의 진행이 개시된 후에 다시 '법령에 해당하는 사유'가 발생한 경우 새로이 청구기간의 진행이 개시되는지 여부와 관련하여 "일단 '법령에 해당하는 사유가 발생'하면 그 때로부터 당해 법령에 대한 헌법소원의 청구기간의 진행이 개시되며, 그 이후에 새로이 '법령에 해당하는 사유가 발생'한다고 하여서 일단 개시된 청구기간의 진행이 정지되고 새로운 청구기간의 진행이 개시된다고 볼 수는 없다. 여기에서 더 나아가 '법령에 해당하는 사유가 발생'한 이후에 당해 법령의 규율을 적용받게 되는 사유가 발생하는 때마다 새로이 청구기간이 진행된다고 본다면 사실상 법령에 대한 헌법소원에 대하여는 청구기간의 제한이 적용되지 아니하는 것으로 보는 결과를 초래하게 될 것이고, 이는 법령소원의 경우에도 헌법재판소법 제69조 제1항의 청구기간요건이 적용되어야 함을 일관되게 판시하고 있는 우리 헌법재판소의 입장에 반한다."라고 판시하여 새로운 청구기간의 진행이 개시된다고 볼 수 없다고 판단하였다.[3)] 그러나 이에 대하여는 기본

1) 헌재 2004. 4. 29. 2003헌마484, 판례집 16-1, 574, 583-584.

2) 헌재 1996. 8. 29. 94헌마113, 판례집 8-2, 141, 152; 헌재 1998. 7. 16. 95헌마19등, 판례집 10-2, 89, 101-102; 헌재 1999. 4. 29. 96헌마352등, 판례집 11-1, 477, 496.

3) 헌재 2004. 4. 29. 2003헌마484, 판례집 16-1, 574, 584; 헌재 2006. 7. 27. 2004헌마655, 판례집 18-2, 242, 248; 헌재 2007. 10. 4. 2006헌마648, 판례집 19-2, 423, 429,

권을 침해하는 원인이 공권력의 불행사나 법규의 내용인 경우와 같이 그로 인한 기본권침해가 계속적인 경우에는 법 제69조 제1항에서 말하는 기본권침해 사유도 계속적으로 생긴다고 보아야 하고 기본권침해사유가 계속적으로 발생하는 동안에는 헌법소원심판을 제기할 수 있는 기간도 끊임없이 새로 진행된다고 보아야 한다는 반대의견이 있다.[1)]

2) 현재성과 청구기간

현재성 요건과 관련하여 헌법재판소는 청구인이 법령에 의하여 아직 구체적으로 기본권을 현실적으로 침해받지 아니하고 기본권침해가 장래에 발생하더라도 그 침해가 틀림없을 것으로 현재 확실히 예측된다면 기본권구제의 실효성을 위하여 침해의 현재성을 미리 앞당겨 인정하고 있다.[2)] 이처럼 아직 구체적인 기본권침해가 없는 경우에도 기본권침해가 장래에 발생할 것이 확실히 예측되어 현재성을 인정하는 경우에는 구체적이고 현실적인 기본권침해를 기산점으로 하는 청구기간의 규정이 적용될 수 없다고 하겠다. 왜냐하면 침해의 현재성을 미리 앞당겨 인정함으로써 현재성 요건을 완화하는 것은 기본권구제의 실효성을 높이겠다는 취지에서 비롯된 것인데, 만일 청구기간의 기산점도 – 구체적이고 현실적인 기본권침해가 이루어진 시점이 아니라 – 침해의 현재성이 앞당겨 인정된 시점, 즉 기본권침해의 상황이 성숙한 시점으로 앞당겨진다면 청구기간의 기산점이 불명확해질 뿐 아니라, 청구기간의 기산점이 앞당겨지므로 청구기간이 부당하게 단축되어 기본권구제의 실효성을 떨어뜨릴 수 있기 때문이다. 따라서 아직 기본권의 침해는 없으나 장래 확실히 기본권침해가 예측되므로 미리 앞당겨 현재성을 인정하는 경우에는 청구기간 도과의 문제가 발생할 여지가 없다.

---

1) 헌재 2006. 7. 27. 2004헌마655, 판례집 18-2, 242, 253-254; 헌재 2007. 10. 4. 2006헌마648, 판례집 19-2, 423, 430.

2) 헌재 1992. 10. 1. 92헌마68등, 판례집 4, 659, 669; 헌재 1996. 8. 29. 95헌마108, 판례집 8-2, 167, 175.

헌법재판소도 “기본권의 침해가 확실히 예상되는 때부터 청구기간을 기산하면 청구기간의 기산점이 불명확할 뿐만 아니라 청구기간을 단축하는 결과가 되어 국민에게 불리하고, 기본권의 침해가 확실히 예상되는 때에는 이미 헌법판단에 적합할 정도의 실체적 요건이 성숙한 것으로 본다는 취지의 이른바 상황성숙성 이론은, 법령에 대한 헌법소원을 기본권 침해를 받은 때를 기다렸다가 청구하라고만 요구한다면 기본권구제의 실효성을 기대할 수 없는 경우가 있으므로, 헌법소원의 적법요건 중 하나인 현재성 요건과 관련하여 구체적인 기본권의 침해가 있기 전이라도 그 침해가 확실히 예상될 때에는 미리 헌법소원을 청구할 수 있도록 하여 국민의 기본권보장의 실효성을 높이자는 것으로서, 법령에 대한 헌법소원의 청구기간의 기산점과 관련하여 이를 적용할 것은 아닌 것이다.”라고 판시하고 있고,[1] 또한 “심판청구 당시 청구인들은 국가공무원 채용시험에 응시하기 위하여 준비하고 있는 단계에 있었으므로 이 사건 심판대상조항으로 인한 기본권침해를 현실적으로 받았던 것은 아니다. 그러나 청구인들은 심판청구 당시 국가공무원 채용시험에 응시하기 위한 준비를 하고 있었고, 이들이 응시할 경우 장차 그 합격여부를 가리는데 있어 가산점제도가 적용될 것임은 심판청구 당시에 이미 확실히 예측되는 것이었다. 따라서 기본권침해의 현재관련성이 인정된다. 이와 같이 장래 확실히 기본권침해가 예측되어 현재관련성을 인정하는 이상 청구기간이 경과하였다고 할 수 없다. 청구기간을 준수하였는지 여부는 이미 기본권침해가 발생한 경우에 비로소 문제될 수 있는 것인데, 이 사건의 경우 아직 기본권침해는 없으나 장래 확실히 기본권침해가 예측되므로 미리 앞당겨 현재의 법적 관련성을 인정하는 것이기 때문이다.”라고 판시하여 이를 확인하고 있다.[2]

1) 헌재 1996. 3. 28. 93헌마198, 판례집 8-1, 241, 250-251.

2) 헌재 1999. 12. 23. 98헌마363, 판례집 11-2, 770, 780-781; 헌재 2001. 2. 22. 2000헌마25, 판례집 13-1, 386, 398.

3) 법령시행에 유예기간을 둔 경우

법령이 시행에 유예기간을 둔 경우에는 청구기간의 기산점이 되는 기본권침해가 발생하는 시점이 법령의 시행일인지 아니면 유예기간이 경과한 때인지가 문제된다. 헌법재판소는 법령의 시행일에 기본권의 현실적·구체적인 침해가 발생하므로 이때를 청구기간의 기산점으로 삼아야 한다는 입장이다.

예컨대 헌법재판소는 학교보건법시행령 부칙 제2항 위헌확인사건에서 "종래 합법적으로 영위하여 오던 직업의 행사를 유예기간 이후 금지하는 법규정의 경우, 이미 이 법규정의 시행에 의하여 청구인의 종래 법적 지위가 유예기간의 종료 후에는 소멸되는 권리로 청구인에게 불리하게 구체적으로 형성되는 것이기 때문에, 유예기간이 경과한 후에 비로소 기본권에 대한 침해가 발생하는 것이 아니라, 이미 법규정의 시행 당시에 청구인의 기본권이 현실적·구체적으로 침해되는 것이다. 경과규정의 경우 이미 법령의 시행 당시 구체적으로 확정된 기본권의 제한을 수규자의 입장에서 완화하고, 수규자에게 변화한 법적 상황에 대처할 수 있는 적절한 기간을 부여하기 위한 것이므로 기본권에 대한 침해가 법령의 시행 당시에 이미 존재하는 것이지 장래에 발생하는 것이 아니다."라고 판시하고 있다.[1)]

그러나 위 법정의견에 대하여는 "청구인은 경과규정이 시행된 이후에도 계속 영업을 할 수 있는 것이고 실제로 영업을 금지당하는 것은 경과규정에 의한 기간이 도과한 이후부터인 것이다. 경과규정이 시행된 시점을 청구기간의 기산점으로 파악한다면, 청구인의 경우 종래와 마찬가지로 계속 영업을 한다는 점에서는 현실적으로 어떠한 변화도 없는 상태에서, 즉 구체적으로 기본권침해가 발생하기 전에 헌법소원을 청구할 것을 요구

---

1) 헌재 2003. 1. 30. 2002헌마516, 판례집 15-1, 161, 169-170. 같은 취지의 판례 헌재 1996. 3. 28. 93헌마198, 판례집 8-1, 241, 251; 헌재 2013. 11. 28. 2011헌마372, 공보 제206호, 1720, 1724.

하게 되는 것이다. 일반국민은 자신과 관련되는 어떠한 법규정이 제정·개정·폐지되는지 사실상 조감하기 어렵고, 대부분의 경우 유예기간이 종료될 무렵에야 관계기관으로부터 통보를 받는 등 자신의 기본권을 제한하는 법규정에 대하여 적시에 대처하기 어렵다는 것이 엄연한 현실이고, 국민의 기본권보장이라는 헌법소원의 본질에 비추어 보더라도, 헌법재판소가 굳이 청구기간의 기산점을 앞당겨서 헌법소원의 청구인으로 하여금 본안판단을 받을 기회를 박탈하기보다는, 법적 안정성을 해하지 않는 범위 내에서 청구기간에 관한 규정을 국민의 기본권보장을 강화하는 방향으로 해석함으로써 본안판단의 기회를 폭넓게 인정하는 것이 보다 바람직하다." 는 반대의견이 있다.[1)]

(5) 정당한 사유와 청구기간의 경과

청구기간이 경과된 후 제기한 헌법소원은 원칙적으로 부적법하다. 그런데 법 제40조 제1항에 따라 행정소송법이 헌법소원심판에 준용되므로, 정당한 사유가 있는 경우 제소기간을 경과한 행정소송을 허용하는 행정소송법 제20조 제2항 단서가 헌법소원심판에도 준용된다고 할 것이고, 따라서 '정당한 사유'가 있는 경우에는 청구기간의 경과에도 불구하고 헌법소원심판청구는 적법하다고 해석하여야 할 것이다.[2)] 정당한 사유의 의미와 관련하여 헌법재판소는 "여기서 정당한 사유라 함은 청구기간 도과의 원인 등 여러 가지 사정을 종합하여 지연된 심판청구를 허용하는 것이 사회통념상으로 보아 상당한 경우를 뜻하는 것으로 민사소송법 제160조(현행 제173조)의 '당사자가 그 책임을 질 수 없는 사유'나 행정심판법 제18조 제2항 소정의 '천재, 지변, 전쟁, 사변 그밖에 불가항력적인 사유'보다는 넓은 개념이라고 할 것이므로 일반적으로 천재 기타 피할 수

1) 헌재 2003. 1. 30. 2002헌마516, 판례집 15-1, 161, 173. 같은 취지의 반대의견 헌재 1996. 3. 28. 93헌마198, 판례집 8-1, 241, 253; 헌재 2013. 11. 28. 2011헌마372, 공보 제206호, 1720, 1724-1725.

2) 헌재 1993. 7. 29. 89헌마31, 판례집 5-2, 87, 111.

없는 사정과 같은 객관적 불능의 사유와 이에 준할 수 있는 사유뿐만 아니라 일반적 주의를 다하여도 그 기간을 준수할 수 없는 사유를 포함한다고 할 것이다."라고 판시함으로써 정당한 사유의 의미를 폭넓게 파악하고 있다.[1]

예컨대 헌법재판소는 국제그룹해체로 야기된 공권력행사로 인한 재산권침해에 대한 헌법소원사건에서 "첫째 공권력이 대통령 – 재무부장관 – 제일은행장의 순으로 극비리에 행사되면서 그 통지의 상대방이 제일은행장만이 되고, 청구인은 공식적 통지를 받지 않은 제3자가 됨으로써 공정한 고지절차가 생략되는 등 적법절차가 무시되고, 오히려 주거래은행이 자율적으로 또는 재무부측과 협의하여 정한 조치인 것이라 하며 해체과정에 있어서의 일방적인 공권력 개입을 부인함으로써 청구인으로 하여금 공권력 상대의 직접적인 재판권의 행사가 사실상 방해되었던 사정이 엿보이고, 둘째 비록 청구인 자신의 자구적인 조사활동과 국회청문회를 통하여 이 사건 공권력의 행사를 알았다 하여도 공권력 자체가 아직까지도 공식적으로 적극적 개입을 자인한 상태가 아니고, 한편 대검찰청이 이미 수사에 착수함으로써 미구에 그 수사의 전모발표를 통하여 일방적 개입여부가 공식적으로 확인될 상황이어서 일응 청구인으로서는 그 때까지 심판청구를 미루어 놓을 사정이 있었던 점, 셋째 원래 헌법소원제도는 우리나라 사법사상 유례가 없었던 것으로 헌법재판이 거의 부재하다 싶은 상황에서 헌법재판소의 출범과 더불어 외국에서 새로 도입하여 생긴 극히 생소한 제도로서 제도 시행이 아직 180일도 안된 당시 사정으로는 이론적으로나 판례상으로도 헌법재판소의 새로운 관할사항인 헌법소원대상이 거의 밝혀지지 아니한 처지였고, 특히 이 사건 공권력행사의 특이성 때문에 헌법소원의 대상적격 여부에 대하여 법률전문가조차 혼선이 생길 수 있었던 점 등 심판청구권 행사의 제반 장애사정을 종합고려할 때, 비록 이 사건 청구인이 청구기간을 8일 도과하여 제기하였다 하여도 제소

1) 헌재 2001. 12. 20. 2001헌마39, 공보 제64호, 79, 81.

를 허용함이 사회통념상 상당할 것이다."라고 판시하여 청구기간의 경과 여부와 관련하여 정당한 사유의 의미와 범위를 폭넓게 파악하고 있다.[1])

반면 헌법재판소는 "피청구인 검사가 청구인에게 형사소송법 제258조 제2항 소정의 통지를 하지 아니하였다 하더라도, 청구인은 스스로 피의자이고 반성문까지 작성제출하였으므로, 심판청구기간내에 기소유예처분이 있은 것을 알았거나 쉽게 알 수 있었다고 할 것이어서 청구기간을 도과한 것에 정당한 사유가 있다고 볼 수 없다."라고 판시하여 정당한 사유의 존재를 부인하였다.[2])

또한 언론통폐합계획에 따라 청구인에게 한 일련의 공권력행사에 대한 심판청구부분이 청구기간을 준수하였는지 여부와 관련하여 "청구인은 대법원의 민사판결에 의한 구제를 신뢰하여 이 부분 헌법소원을 제기하지 않은 것이니 청구기간을 준수하지 못한 데에는 정당한 사유가 있었다고 주장하나, 이러한 사유는 헌법소원을 제기하지 못할 정당한 사유로 보기 어려워, 결국 이 부분청구는 청구기간을 도과하여 부적법하다."라고 판시하여 역시 정당한 사유의 존재를 부인하였다.[3]) 이에 대하여는 "언론통폐합조치에 대한 헌법소원의 청구기간은 비록 도과되었지만 헌법질서를 유지, 수호하는 데 기여하는 헌법소원의 객관적 기능의 관점에서 볼 때 이 문제는 언론의 자유와 직결되므로 반드시 헌법적 해명이 필요하고 따라서 이 소원을 적법한 것으로 받아들여 본안에 대하여 판단해야 한다."는 반대의견이 있다.[4])

(6) 청구취지의 변경과 청구기간

헌법소원심판청구에 대한 청구취지 변경이 이루어 진 경우 청구기간의 준수 여부는 법 제40조 제1항에 의해 준용되는 민사소송법 제265조에

1) 헌재 1993. 7. 29. 89헌마31, 판례집 5-2, 87, 111.
2) 헌재 2000. 11. 30. 2000헌마224, 판례집 12-2, 373, 377.
3) 헌재 2003. 3. 27. 2001헌마116, 판례집 15-1, 298, 307.
4) 헌재 2003. 3. 27. 2001헌마116, 판례집 15-1, 298, 308.

따라 변경 또는 추가된 청구서가 헌법재판소에 제출된 시점을 기준으로 하여 판단하여야 한다.[1])

(7) 국선대리인의 선임신청과 청구기간

헌법소원심판을 청구하려는 자가 변호사를 대리인으로 선임할 자력이 없어 헌법재판소에 국선대리인의 선임신청(법 제70조 제1항 제1문)을 한 경우에는 헌법소원심판청구기간은 국선대리인의 선임신청이 있는 날을 기준으로 정하도록 하고 있다(법 제70조 제1항 제2문).[2]) 만일 헌법재판소가 국선대리인을 선정하지 아니한다는 결정을 하고 그 사실을 신청인에게 통지하는 경우 신청인이 선임신청을 한 날로부터 그 통지를 받은 날까지의 기간은 법 제69조의 규정에 의한 청구기간에 이를 산입하지 아니한다(법 제70조 제4항).

Ⅶ. 권리보호이익과 심판이익

1. 권리보호이익

(1) 의 의

헌법소원심판은 본래 개인의 권리구제를 목적으로 하는 주관적 소송을 본질로 하므로 권리보호이익은 헌법소원의 중요한 요건의 하나이다. 즉 헌법소원은 청구인의 침해된 기본권의 구제를 목적으로 하는 제도이므로 이 제도의 목적상 침해된 권리의 보호이익이 없는 경우에는 그 헌법소원은 원칙적으로 부적법하다.[3]) 권리보호이익 내지 소의 이익은, 국

1) 헌재 1998. 5. 28. 96헌마151, 판례집 10-1, 695, 703.
2) 헌재 1998. 7. 16. 96헌마268, 판례집 10-2, 312, 336.
3) 헌재 1997. 1. 16. 90헌마110, 판례집 9-1, 90, 107.

가적·공익적 입장에서는 무익한 소송제도의 이용을 통제하는 원리이고, 당사자의 입장에서는 소송제도를 이용할 정당한 이익 또는 필요성을 말하는 것으로, '이익 없으면 소 없다'라는 법언이 지적하듯이 소송제도에 필연적으로 내재하는 요청이다.[1]

이처럼 권리보호이익은 소송제도에 필연적으로 내재하는 요청으로 헌법소원제도의 목적상 필수적인 요건이라고 할 것이어서 이로 인하여 본안판단을 받지 못한다고 하여도 재판을 받을 권리의 본질적인 부분에 대한 침해가 있다고 보기 어렵다. 다만 권리보호이익을 지나치게 좁게 인정하면 헌법재판소의 본안판단의 부담을 절감할 수는 있지만, 반면에 재판을 받을 권리를 부당하게 박탈하는 결과에 이르게 될 것이므로 권리보호이익을 판단함에 있어 다른 분쟁의 해결수단, 행정적 구제·입법적 구제의 유무 등을 기준으로 신중히 판단하여야 할 것이다.[2]

(2) 관련 헌법재판소 판례

1) 공소시효와 권리보호이익

불기소처분의 대상이 된 피의사실의 공소시효가 이미 완성되었으면 그에 대한 헌법소원심판청구는 권리보호의 이익이 없다.[3] 헌법소원 제기 후에 그 공소시효가 완성된 경우에도 역시 그 헌법소원은 권리보호의 이익이 없어 부적법하다.[4] 그러나 청구인들이 공소시효제도를 정하고 있는 형사소송법 제249조가 위헌임을 전제로 위 규정에 근거한 '공소권없음'의 불기소처분으로 인하여 헌법상 보장된 기본권을 침해받았다고 주장하고 '공소권없음'의 처분으로 인한 기본권침해 여부를 심판해 달라는 경우에는 단순히 공소시효가 완성되었다는 이유로 권리보호이익이 없다고 하여

1) 헌재 2001. 9. 27. 2001헌마152, 판례집 13-2, 447, 454.
2) 헌재 2001. 9. 27. 2001헌마152, 판례집 13-2, 447, 454.
3) 헌재 1993. 9. 27. 92헌마284, 판례집 5-2, 340, 346.
4) 헌재 1997. 7. 16. 97헌마40, 공보 제23호, 570, 571.

각하할 것이 아니고 위 법률조항의 위헌 여부를 가려 '공소권없음'의 처분으로 인한 기본권침해 여부를 심판하여야 할 권리보호이익이 있다.[1)]

한편 고소한 죄명과 그 고소내용이 서로 다른 경우에는 고소내용에 따른 죄명을 기준으로 공소시효 완성 여부를 판단해야 한다.[2)]

검사로부터 기소유예처분을 받은 피의자가 검사의 피의사실의 인정에 불복하고 자기의 무고함을 주장하여 헌법소원을 제기한 경우 그 피의사실에 대한 공소시효가 완성된 때에는, 헌법재판소가 이를 인용하여 그 처분을 취소하더라도 검사로서는 '공소권없음'의 처분을 할 것으로 보이나, 기소유예처분이 그 피의자에 대하여 피의사실을 인정하는 것과는 달리 '공소권없음'의 처분은 범죄혐의의 유무에 관한 실체적 판단을 하는 것이 아니고 단지 공소권이 없다는 형식적 판단을 하는 것으로서 기소유예처분 보다는 피의자에게 유리한 것이므로, 비록 그 범행에 관한 공소시효가 이미 완성되었다고 하더라도, 그 사실만으로 피의자가 제기한 헌법소원이 권리보호의 이익이 없다고 할 수 없다.[3)]

공정거래위원회의 심사불개시결정이 잘못되었다 하더라도 독점규제및공정거래에관한법률 제49조 제4항이 정한 5년의 공소시효가 경과되어 공정거래위원회가 더 이상 시정조치나 과징금 등을 부과할 수 없게 되었다면 그 부분 심판청구는 권리보호의 이익을 인정할 수 없다.[4)]

2) 사정변경과 권리보호이익

위에서 언급한 바와 같이 헌법소원제도는 주로 국민의 기본권침해를 구제하기 위한 제도이므로 그 제도의 목적에 비추어 권리보호이익이 있는 경우에만 제기할 수 있으며, 헌법소원이 비록 적법하게 제기되었더라

1) 헌재 1995. 7. 21. 95헌마8등, 판례집 7-2, 206, 212.

2) 헌재 1996. 2. 29. 95헌마340, 공보 제14호, 234, 235-236; 헌재 2001. 4. 26. 99헌마671, 공보 제56호, 474, 478.

3) 헌재 1997. 5. 29. 95헌마188, 공보 제22호, 441, 443.

4) 헌재 2004. 3. 25. 2003헌마404, 판례집 16-1, 491, 494-495.

도 권리보호이익은 헌법재판소의 결정 당시에도 존재해야 한다. 그러므로 헌법소원심판청구 당시 권리보호이익이 인정되더라도 심판계속중에 사실관계 또는 법률관계의 변동으로 말미암아 청구인이 주장하는 기본권의 침해가 종료된 경우에는 원칙적으로 권리보호이익이 없으므로 헌법소원이 부적법한 것으로 된다.[1] 예컨대 기본권의 침해를 받은 자가 그 구제를 받기 위한 헌법소원심판을 청구한 뒤에 기본권침해의 원인이 된 공권력의 행사가 취소되거나 새로운 공권력의 행사 등 사정변경으로 말미암아 기본권 침해행위가 이미 배제되어 청구인이 더 이상 기본권을 침해받고 있지 아니하게 된 때에는, 헌법재판소는 원칙적으로 청구인의 기본권침해를 구제하기 위한 헌법소원심판을 할 필요가 없게 된다고 할 것이다. 특별한 사정이 없는 한, 헌법재판소가 다시 기본권침해의 원인이 된 공권력의 행사를 취소하거나 그 불행사가 위헌임을 확인하는 결정을 한다고 하여 그 결정이 청구인의 기본권을 구제하는 데 아무런 도움이 되지 아니할 뿐만 아니라, 특별한 의미도 가질 수 없기 때문이다.[2]

변호인접견실 칸막이설치에 대한 헌법소원은 영등포교도소의 변호인접견실에 변호인석과 재소자석을 차단하는 칸막이를 설치한 권력적 사실행위에 대한 위헌결정을 통하여 이를 제거하고자 하는 것인데, 이 칸막이가 그 후 법무부의 지시에 따라 철거된 이상 청구인이 이 사건 헌법소원을 통하여 달성하고자 하는 주관적 목적은 이미 달성되었으므로 심판대상행위의 위헌 여부를 가릴 실익이 없어져 권리보호이익이 없다.[3]

한글전용 초등국정교과서 편찬지시처분과 관련하여 문교부는 세부추진계획에서 이 사건 심판대상인 집필지침 중 '문장은 한글로 쓰되'라는 부분을 삭제함으로서 문제가 되어온 한글전용의 근거를 없애버렸다. 따라서 청구인들의 심판청구는 권리보호의 이익이 없다.[4]

교육회의 조직을 제한하는 구 교육법시행령은 헌법소원 심판청구 이

1) 헌재 1997. 3. 27. 93헌마251, 판례집 9-1, 366, 370.

2) 헌재 1993. 11. 25. 92헌마169, 판례집 5-2, 489, 493.

3) 헌재 1997. 3. 27. 92헌마273, 판례집 9-1, 337, 342-343.

4) 헌재 1996. 12. 26. 92헌마26, 판례집 8-2, 859, 867.

후 초·중등교육법시행령 부칙 제2조 제1호 및 고등교육법시행령 부칙 제2조 제1호에 의하여 폐지되었고, 새로이 공포·시행된 교원의노동조합설립및운영등에관한법률에 의하여 교원에게 복수 노동조합의 설립을 허용하는 등의 사정변경이 생겼으므로 이 헌법소원심판청구는 부적법하다.[1)]

노동조합의 정치활동을 금지한 구 노동조합법 제12조는 새로 제정된 노동조합및노동관련조정법의 시행으로 이미 폐지되었고, 이에 따라 공직선거및선거부정방지법 제10조 제1항 제2호의 '법령에 의하여 정치활동이 금지된 단체' 및 동법 제81조 제1항 제3호의 '제10조(사회단체등의 공명선거추진활동) 제1항 각호의 1에 규정된 단체'에 노동조합이 해당되지 아니하게 됨으로써 노동조합은 공명선거추진활동과 후보자 등 초청 대담·토론회의 개최의 경우에는 그 제한을 받지 아니하게 되었다. 그렇다면 청구인은 이 사건 심판청구 중 위 법률조항들에 대하여는 법률의 개정으로 이 사건 헌법소원심판청구에서 달성하고자 하는 주관적 목적을 이미 성취하였다 할 것이므로 위 법률조항들의 위헌 여부를 가릴 이익이 없어졌다고 할 것이고, 따라서 이 사건 심판청구 중 위 법률조항들에 대한 부분은 권리보호의 이익이 없어 부적법하다.[2)]

청구인은 국회가 제16대 선거에 관한 사항을 확정하지 않고 제16대 선거제도와 관련하여 울산광역시 북구에 대한 선거구를 확정하지 않은 입법부작위로 인하여 자신의 기본권을 침해받은 것이라고 주장하고 있는데, 국회는 이 사건 헌법소원심판 계속중 제16대 선거에 적용될 공직선거및선거부정방지법 개정안을 입법, 의결하여 그 법이 공포되었고, 같은 법 제25조 제2항 〔별표 1〕에서 울산광역시 북구 선거구를 독립된 지역선거구로 획정하고 있어 더 이상 청구인이 주장하는 기본권의 침해가 없게 되었으므로 이 사건의 주관적인 권리보호이익은 소멸하였다.[3)]

피청구인인 국가보훈처장이 서훈심사기준의 공개를 거부함으로써 청

1) 헌재 1999. 7. 22. 96헌마141, 판례집 11-2, 223, 226.
2) 헌재 1999. 11. 25. 95헌마154, 판례집 11-2, 555, 571-572.
3) 헌재 2000. 3. 30. 99헌마594, 공보 제44호, 350, 353.

구인의 알 권리를 침해하였다고 주장하고 있으나, 헌법소원심판청구 후에 피청구인이 구두설명과 민원회신을 통하여 공적심사위원회가 내부적 심사기준으로 삼고 있는 독립유공자에 대한 공적심사의 구체적 기준을 청구인에게 모두 알려준 이상 청구인이 주장하는 기본권의 침해가 종료됨으로써 청구인이 이 사건 헌법소원을 통하여 달성하고자 하는 주관적 목적은 이미 달성되었으므로 그 침해의 원인이 된 공권력의 행사를 취소할 실익이 없어졌다고 할 것이다.[1)]

심판대상 판결인 대법원판결 중 파기환송부분은 청구인이 헌법소원심판을 청구한 후 그 사건이 원심에 계속중 취하간주됨으로써 실효되었으므로, 그 부분의 취소를 구하는 심판청구는 권리보호의 이익이 없게 되어 부적법하다.[2)]

창원시건축조례규정에 대한 헌법소원심판의 계속중 조례의 개정으로 청구인들이 그 조례규정으로 인한 기본권침해를 받을 여지가 없게 된 경우 권리보호이익이 없다.[3)]

3) 청구인의 사망과 권리보호이익

청구인이 비록 이 사건 심판절차 계속중에 사망하였다고 하더라도 헌법재판소가 이 사건 헌법소원을 인용한다면 그 배우자나 직계친족 등은 확정된 유죄판결에 대하여 위와 같이 재심을 청구할 수 있는 것이므로 권리보호의 이익이 있다고 할 것이어서 동인의 심판청구에 대하여 이를 각하하거나 심판종료선언을 할 것은 아니다.[4)]

4) 기 타

친고죄인 강간미수죄, 강제추행죄에 대하여는 범인을 알게 된 날로부

---

1) 헌재 1997. 4. 24. 92헌마47, 판례집 9-1, 449, 457-458.
2) 헌재 1999. 9. 16. 98헌마265, 공보 제38호, 793, 795.
3) 헌재 2000. 11. 30. 99헌마542, 공보 제51호, 835, 838.
4) 헌재 1997. 1. 16. 89헌마240, 판례집 9-1, 45, 70.

터 6월을 경과하면 고소하지 못하는데(형사소송법 제230조 제1항), 청구인은 마지막 범행일시일부터 6월을 경과한 후 피고소인을 고소하였으므로 피청구인 검사는 피고소인을 기소할 수 없고, 따라서 이 부분에 관한 청구인의 헌법소원심판청구는 권리보호의 이익이 없어 부적법하다.[1)]

기존 농지개량조합들 및 농지개량조합연합회와 농어촌진흥공사를 각 해산하여 신설되는 농업기반공사에 합병시키도록 한 농업기반공사및농지관리기금법 위헌확인 사건과 관련하여 법이 시행되기 이전에 농지개량조합연합회 노동조합은 그 스스로 그 명칭을 '전국농지개량조합노동조합'으로 바꾸고 그 대표자를 변경하였으며, 청구인이 대표로 있었던 농지개량조합 노조는 이에 흡수합병됨으로써 해산된 사실을 인정할 수 있는바, 그렇다면 청구인의 농지개량조합 노동조합 대표로서의 자격은 법의 시행에 앞서 이미 소멸되거나 변경되어 더 이상 유지되지 않고, 따라서 이 사건 법조항들로 인하여 더 이상 그 지위나 직무를 침해당할 여지가 없게 되었다고 할 것이므로 이 부분 권리보호의 이익이 없다.[2)]

2. 심판이익

(1) 의 의

앞서 언급한 바와 같이 헌법소원제도는 본래 주관적 소송으로서의 성질을 가지고 있으므로 헌법소원의 적법요건으로서 권리보호이익이 요구되며, 권리보호이익이 없으면 일반적으로 심판이익도 없고, 따라서 권리보호이익이 없는 경우의 헌법소원심판청구는 부적법 각하된다.

그러나 다른 한편 헌법소원제도는 주관적 권리구제와 객관적 헌법수호의 이중적 기능을 가지고, 따라서 주관적 소송과 객관적 소송의 이중적 성격을 가진다. 이에 따라 주관적 소송의 측면에서는 권리보호이익의

1) 헌재 1998. 5. 28. 98헌마62.

2) 헌재 2000. 11. 30. 99헌마190, 판례집 12-2, 325, 341-342.

유무가 본안전판단의 기준이 되지만, 객관적 소송의 측면에서는 심판이익의 유무가 본안전판단의 중요한 기준이 된다. 따라서 양자는 별도로 검토 되어야 한다. 일반적으로 권리보호이익이 인정되면 심판이익도 인정되지만, 권리보호이익이 없더라도 예외적으로 심판이익이 인정될 수 있기 때문이다. 즉 헌법소원심판이 청구인의 주관적 권리구제에는 도움이 되지 않아도, 헌법질서의 수호·유지를 위해서 필요할 경우 심판이익이 있기 때문에 본안판단을 해야 하는 것이다.

헌법재판소도 "침해행위가 이미 종료하여서 이를 취소할 여지가 없기 때문에 헌법소원이 주관적 권리구제에는 별 도움이 안되는 경우라도 그러한 침해행위가 앞으로도 반복될 위험이 있거나 당해 분쟁의 해결이 헌법질서의 수호·유지를 위하여 긴요한 사항이어서 헌법적으로 그 해명이 중대한 의미를 지니고 있는 경우에는 심판청구의 이익을 인정하여 이미 종료한 침해행위가 위헌이었음을 선언적 의미에서 확인할 필요가 있는 것이다."라고 판시하여 이를 확인하고 있다.[1] 다만 여기에서 말하는 반복적 침해의 위험성이란 단순히 추상적이거나 이론적인 가능성이 아니라 구체적인 것이어야 한다.[2]

(2) 관련 헌법재판소 판례

이처럼 헌법재판소는 두 가지 기준, 즉 기본권침해의 반복위험성과 헌법질서의 수호·유지를 위하여 긴요한 사항에 대한 헌법적 해명의 필요성을 심판이익의 유무에 대한 판단기준으로 제시하고 있다.

피청구인 교도소장의 위 각 행위는 이미 종료되었고 청구인도 출소하였지만 헌법수원의 본질은 개인의 주관적 권리구제 뿐만 아니라 객관적인 헌법질서의 보장도 겸하고 있는 것인데, 위와 같은 미결수용자의 서신에 대한 검열이나 지연발송 및 지연교부행위는 헌법상 보장된 통신의

1) 헌재 1992. 1. 28. 91헌마111, 판례집 4, 51, 56-57; 헌재 1997. 11. 27. 94헌마60, 판례집 9-2, 675, 688.

2) 헌재 1996. 11. 28. 92헌마108, 판례집 8-2, 588, 596.

자유나 비밀을 침해받지 아니할 권리 및 변호인의 조력을 받을 권리와의 관계에서 그 위헌 여부가 해명되어야 할 중요한 문제이고, 그러한 검열 행위는 행형법의 규정에 따라 앞으로도 계속될 것으로 보이며 검열 후 서신의 발송지연·교부지연행위 등의 위헌 여부에 대하여도 논란의 여지가 있으므로, 이 사건 심판청구는 헌법질서의 수호·유지를 위하여 긴요한 사항으로서 그 해명이 중대한 의미를 지니고 있고 동종행위의 반복위험성도 있어 심판청구의 이익이 있다고 할 것이다.[1)]

미결수용자에 대하여 재소자용 의류를 입게 한 행위에 대한 헌법소원 심판 계속중 청구인들이 석방되어 주관적인 권리보호이익이 소멸되었으나, 그러한 기본권 침해행위가 반복될 위험이 있고 그 해명이 헌법질서의 수호·유지를 위하여 긴요한 사항으로서 중대한 의미를 지니고 있으므로 심판청구의 이익이 인정된다.[2)]

교도소장이 수용자가 없는 상태에서 실시한 거실 및 작업장 검사행위는 종료되었으므로 이에 대하여 심판을 구할 청구인의 주관적 권리보호 이익은 이미 소멸되었다. 그러나 헌법소원은 주관적 권리구제 뿐만 아니라 헌법질서 보장의 기능도 겸하고 있고, 이 사건 검사행위는 앞으로도 계속 반복될 것으로 보이며, 헌법질서의 수호·유지를 위하여 그에 대한 헌법적 해명의 필요성이 인정되므로 이 사건 검사행위에 대한 심판청구의 이익을 인정할 수 있다.[3)]

유치인으로 하여금 유치실 내 화장실을 사용하도록 강제한 피청구인 경찰서장의 행위와 관련하여 전국의 다수 유치장 화장실의 구조와 사용실태가 이 사건에서의 그것과 유사하여 청구인들에 대한 이 사건 심판대상행위와 동종의 조치로 인한 기본권침해행위는 여러 사람에 대하여, 그리고 반복하여 일어날 위험이 있다고 보여지므로, 심판청구의 이익이 인정된다.[4)]

---

1) 헌재 1995. 7. 21. 92헌마144, 판례집 7-2, 94, 102-103.
2) 헌재 1999. 5. 27. 97헌마137등, 판례집 11-1, 653, 660-661.
3) 헌재 2011. 10. 25. 2009헌마691, 판례집 23-2 하, 82, 88-89.
4) 헌재 2001. 7. 19. 2000헌마546, 판례집 13-2, 103, 108.

대통령선거에서 기탁금 3억원의 기탁과 득표율에 따른 기탁금의 반환 또는 국고귀속 등을 규정한 이 사건 법률규정의 위헌 여부에 관하여는 아직 그 해명이 이루어진 바 없고, 대선법을 폐지한 공직선거법도 그 제56조, 제57조 등에서 이 사건 법률규정과 같은 액수의 기탁금과 득표율에 따른 기탁금의 반환 또는 국고귀속 등을 규정하여 기탁금제도의 골격을 그대로 유지하고 있어 만약 이 사건 법률규정이 청구인들의 기본권을 침해하는 것이라면 그러한 기본권침해가 공직선거법에 의하여 대통령선거에 입후보하고자 하는 사람들에게도 반복될 것임을 예상할 수 있으므로, 이 사건 법률규정의 위헌 여부에 관한 판단은 위헌적인 법률규정에 의한 기본권침해의 위험을 사전에 제거하는 등 헌법질서의 수호·유지를 위하여 긴요한 사항이라 할 수 있다. 따라서 비록 청구인들이 입후보한 대통령선거가 이미 종료되었고 이 시간 법률규정도 폐지되었지만, 신법인 공직선거법의 시행으로 동종의 기본권침해의 위험이 상존하고 있어 그 위헌 여부에 관한 헌법적 해명이 중대한 의미를 지니고 있는 경우에 해당하므로 이 사건 심판청구는 적법하다고 할 것이다.[1]

청구인들은 실시 예정인 국회의원선거에 선거권을 행사할 목적으로 평등권과 선거권의 기본권 침해를 이유로 헌법소원 심판청구를 하였으나 국회의원선거는 이미 끝났고 이 심판 계속중 청구인들은 모두 20세가 됨으로써 이 사건 법률조항에 의한 주관적인 기본권의 침해상태는 종료되었다. 그러나 이 사건은 선거권연령을 20세 이상의 국민으로 정한 것이 18~19세의 국민들에 대한 평등권과 선거권을 침해하는지 여부를 가리는 헌법적으로 해명할 필요가 있는 중요한 사안으로 우리 재판소로서는 국회의원선거일 이전에 결론을 내리기가 어려운 문제였고 앞으로도 계속 반복될 성질이 있는 것이므로 헌법판단의 적격을 갖춘 것으로 인정하여 본안판단을 하기로 한다.[2]

---

1) 헌재 1995. 5. 25. 92헌마269등, 판례집 7-1, 768, 777.

2) 헌재 1997. 6. 26. 96헌마89, 판례집 9-1, 674, 679; 헌재 2001. 6. 28. 2000 헌마111, 판례집 13-1, 1418, 1425.

공직선거및선거부정방지법에 의해 설립된 대통령선거방송토론위원회가 공영방송 텔레비젼을 이용한 후보자 대담·토론회에 참석할 후보자를 제한하는 선정기준과 관련하여, 토론위원회의 결정에 따른 방송토론회 및 제15대 대통령선거가 이미 종료되었다고 하더라도, 공직선거법 제82조의2가 존속하고 있는 이상, 이후 차기 대통령선거 등에서 유사한 사태나 기본권침해 여부를 둘러싼 헌법적 분쟁이 반복될 것을 예상할 수 있으므로, 이 사건에 대한 헌법적 해명은 헌법질서의 수호·유지를 위하여 긴요하고 따라서 이 사건 헌법소원은 심판청구의 이익이 인정되어 적법하다.[1)]

형사피해자인 청구인과 관련된 형사재판은 이미 확정·종료되었으므로 심판청구의 이익은 부정되는 것이 원칙이지만, 청구인과 같은 처지에 있는 수많은 사건들은 앞으로도 계속 생기고 반복되는 성질의 사안이고, 더욱이 형사피해자 측에서 보면 형사피해자를 제외하고 검사 또는 피고인에게만 상소권을 준 형사소송법 제338조 제1항에 대한 위헌심판청구를 할 수 있는 방법이 없는 등 위헌심판대상조항이 특이한 성질을 갖고 있고 또 그 조항에 대한 헌법적인 해명이 특히 필요한 것으로 인정되는 경우에는 예외적으로 헌법판단의 적격을 갖춘 것으로 보아 본안판단을 하기로 한다.[2)]

제 3 절 청구절차

Ⅰ. 심판청구서의 제출

헌법소원의 심판청구는 청구서를 헌법재판소에 제출하는 방법에 의한다(법 제26조 제1항). 청구서는 우편으로 제출해도 가능하다. 다만 이 경우

1) 헌재 1998. 8. 27. 97헌마372등, 판례집 10-2, 461, 473.
2) 헌재 1998. 10. 29. 97헌마17, 판례집 10-2, 609, 612.

실무상 우체국에 접수된 날짜가 아니라 실제로 헌법재판소에 접수된 날짜를 기준으로 하여 청구기간을 계산한다(도달주의). 청구서는 전자문서로도 제출할 수 있다(법 제76조).

청구서에는 헌법소원을 수행할 대리인의 선임을 증명하는 서류 또는 국선대리인 선임통지서를 첨부하여야 한다(법 제71조 제3항).

Ⅱ. 심판청구서의 기재사항

1. 권리구제형 헌법소원(법 제68조 제1항)의 경우

법 제71조 제1항 및 심판규칙 제68조 제1항에 따라 청구서에는 다음 사항을 기재하여야 한다.

(1) 청구인 및 대리인의 표시

청구인의 표시란 청구인의 성명, 주소, 전화번호 등의 기재를 의미하며, 주소와는 별도로 송달을 받고자 하는 곳이 있으면 이를 기재할 수 있다. 대리인의 표시란 선임된 변호사의 성명, 주소(사무소)의 기재를 의미한다.

(2) 침해된 권리

침해된 권리는 헌법상 보장된 기본권을 의미하므로 청구인은 심판청구취지나 청구이유에서 침해되었다고 주장하는 헌법상의 기본권을 특정하여 한다.

(3) 침해의 원인이 되는 공권력의 행사 또는 불행사

기본권침해의 원인이 되는 공권력의 행사 또는 불행사를 구체적으로 특정하여 기재함으로써 헌법소원심판의 대상을 명확히 한다. 예컨대 침해의 원인인 권력작용이 법률인 경우 법률의 명칭과 조항, 법률의 제정 또는 개정일, 법률번호 등을, 행정처분인 경우 행정청의 명칭과 처분일시 및 처분내용 등을, 행정부작위인 경우 작위의무가 있는 행정청의 명칭, 작위의무의 법적 근거, 부작위의 구체적 내용 등을 기재하여야 한다.[1]

(4) 청구이유

헌법소원을 청구하게 된 경위와 공권력의 행사 또는 불행사가 청구인의 기본권을 침해하거나 위헌인 이유를 자세히 기재한다.

(5) 피청구인

피청구인은 법 제71조 제1항의 기재사항에 포함되어 있지 않다. 그러나 심판규칙 제68조 제1항 제2호가 법령에 대한 헌법소원의 경우를 제외하고는 피청구인을 기재사항으로 정했다.

심판규칙의 제정 이전에는 심판청구서에 피청구인을 기재하여야 하는지에 대하여 논란이 있었고, 헌법재판소는 이를 엄격하게 요구하는 것은 아니었다. 즉 헌법재판소는 "헌법소원심판청구서에 피청구인을 특정하고 있더라도 피청구인의 잘못된 표시는 헌법소원심판청구를 부적법하다고 각하할 사유가 되는 것이 아니며 소원심판대상은 어디까지나 공권력의 행사 또는 불행사인 처분 자체이기 때문에 심판청구서에서 청구인이 피청구인(처분청)이나 청구취지를 잘못 지정한 경우에도 권리구제절차의 적법요건에 흠결이 있는 것이 아니어서 직권으로 불복한 처분(공권력)에 대하여 정당하게 책임져야 할 처분청(피청구인)을 지정하여 정정할 수도 있고 처분청을 기재하지 아니할 수도 있다. 따라서 헌법재판소는 청구인의 심판청구서에 기재된 피청구인이나 청구취지에 구애됨이 없이 청구인의 주장요지를 종합적으로 판단하여야 하며 청구인이 주장하는 침해된 기본권과 침해의 원인이 되는 공권력을 직권으로 조사하여 피청구인과 심판

---

1) 실무제요, 180쪽.

대상을 확정하여 판단하여야 하는 것이다."라고 판시했고,[1] 또한 정당한 피청구인과 아울러 잘못 지정된 피청구인을 함께 공동 피청구인으로 삼은 경우라면 잘못 지정된 피청구인에 대한 심판청구 부분은 부적법하므로 이를 각하한다고 판시한바 있다.[2]

(6) 기타 필요한 사항

청구취지, 다른 법률이 구제절차의 이행 여부(심판규칙 제68조 제1항 제6호), 청구기간의 준수 여부(심판규칙 제68조 제1항 제7호) 등을 기재한다.

2. 위헌법률심사형 헌법소원(법 제68조 제2항)의 경우

법 제71조 제2항은 이 경우에 위헌법률심판사건에서의 법원의 제청서의 기재사항에 관한 규정(법 제43조)을 준용하도록 하고 있다. 따라서 ① 청구인 및 대리인의 표시, ② 사건 및 당사자의 표시, ③ 위헌이라고 해석되는 법률 또는 법률조항, ④ 위헌이라고 해석되는 이유, ⑤ 그밖에 필요한 사항을 기재해야 하는데, 예컨대 법률이나 법률조항의 위헌 여부가 재판의 전제가 되는 이유(심판규칙 제68조 제2항 제5호), 청구기간의 준수에 관한 사항(심판규칙 제68조 제2항 제6호) 등을 기재한다.

한편 이 경우 청구서를 제출할 때 심판규칙 제69조 제2항에 따라 ① 위헌법률심판제청신청서 사본, ② 위헌법률심판제청신청 기각결정서 사본, ③ 위헌법률심판제청신청 기각결정서 송달증명원, ④ 당해 사건의 재판서를 송달받은 경우에는 그 재판서 사본을 함께 제출해야 한다.

---

1) 헌재 1993. 5. 13. 91헌마190, 판례집 5-1, 312, 320.

2) 헌재 1992. 12. 24. 92헌마204, 판례집 4, 973, 978.

제 4 절 심판절차

Ⅰ. 심판청구서의 접수와 배당

심판청구서가 제출되면 헌법재판소는 심판청구서를 접수하고, 사건번호와 사건명을 부여하여 사건을 특정하며, 이를 헌법재판정보시스템에 입력한다. 이 경우 권리구제형 헌법소원은 '헌마', 위헌법률심사형 헌법소원은 '헌바'의 사건부호를 부여한다.

사건이 접수되면 그 사건의 주심재판관을 정하기 위한 사건배당절차가 진행되는데, 사건배당의 공정성과 균등성을 보장하기 위하여 추첨의 방법으로 실시한다. 헌법소원심판사건에 대하여 주심재판관이 정해지면 그 사건은 그 주심재판관이 소속된 지정재판부에 배당된 것으로 보며, 헌법재판심판사건이 법 제72조 제4항에 의하여 전원재판부에 회부된 경우에는 지정재판부의 주심재판관이 전원재판부에서도 계속하여 주심재판관이 된다.[1]

Ⅱ. 사전심사

1. 의 의

법 제72조 제1항은 "헌법재판소장은 헌법재판소에 재판관 3인으로 구성되는 지정재판부를 두어 헌법소원심판의 사전심사를 담당하게 할 수 있다."라고 규정하고 있다. 이에 따라 헌법소원은 권리구제형 헌법소원과 위헌법률심사형 헌법소원 모두 재판관 3인으로 구성되는 지정재판부의 사전심사를 받아야 한다. 법은 "… 담당하게 할 수 있다."라고 규정하여

1) 사건의 접수와 배당에 대하여 자세한 것은 실무제요, 389쪽 이하 참조.

문구상 헌법소원의 사전심사를 헌법재판소장의 재량사항으로 정하고 있지만 재판실무에서는 3개의 지정재판부를 두어 헌법소원심판의 사전심사 절차를 담당하고 있다.

사전심사제도는 헌법소원제도의 효율성과 신속성을 확보하고 헌법재판소의 부담을 경감시키는 기능을 가진다. 즉 헌법재판소에 심판제기건수가 압도적으로 많은 헌법소원의 남발에 대비해서 전원재판부에 회부할 만한 가치가 있는 헌법소원과 그렇지 않은 헌법소원을 구별하여 전자에 해당하는 헌법소원에 전원재판부가 인력과 시간을 들여 집중심리하게 함으로써 헌법재판소의 부담을 경감시키고 헌법소원제도의 실효성을 제고한다는 것이다.

2. 구 성

지정재판부의 구성과 운영에 관하여 필요한 사항은 헌법재판소규칙으로 정하는데(법 제72조 제6항), 헌법재판소는 「지정재판부의 구성과 운영에 관한 규칙」을 제정해 시행하고 있다. 이에 따르면 헌법재판소는 3개의 지정재판부를 두고, 각 지정재판부는 재판관 3인으로 구성한다(동 규칙 제2조).

3. 심 리

지정재판부의 사전심사는 심판청구의 본안사안에 대해서 심리하는 것이 아니라 심판청구의 적법성 심사에 한정된다. 법 제72조 제5항에 따라 지정재판부의 심리에 법 제28조(심판청구의 보정), 법 제31조(증거조사), 법 제32조(자료제출요구 등), 법 제35조(심판의 지휘와 법정경찰권) 등 일반심판절차의 규정들이 준용된다.

4. 결 정

지정재판부는 헌법소원심판청구의 적법성만을 심사하기 때문에 각하 또는 심판회부결정만을 할 수 있다. 따라서 지정재판부는 심리 결과 헌법소원이 청구기간이나 보충성의 원칙 등 적법요건을 준수하지 않았다고 판단하면 심판청구를 각하하고, 적법요건을 구비했다고 판단하면 그 사건을 전원재판부의 심판에 회부하는 결정을 한다.

법 제72조 제3항에 의해서 지정재판부는 다음의 어느 하나에 해당되는 경우에는 지정재판부 재판관 전원의 일치된 의견에 의한 결정으로 헌법소원의 심판청구를 각하한다. 즉 ① 다른 법률에 의한 구제절차가 있는 경우 그 절차를 모두 거치지 아니하거나 또는 법원의 재판에 대하여 헌법소원의 심판이 청구된 경우, ② 법 제69조의 청구기간이 지난 후 헌법소원심판이 청구된 경우, ③ 법 제25조에 따른 대리인의 선임 없이 청구된 경우, ④ 그밖에 헌법소원심판의 청구가 부적법하고 그 흠결을 보정할 수 없는 경우 등이다.

그런데 각하는 지정재판부 재판관 전원의 일치된 의견에 의한 결정으로 이루어지기 때문에, 법 제72조 제4항에 따라 지정재판부는 전원의 일치된 의견으로 제3항의 각하결정을 하지 아니하는 경우에는 결정으로 헌법소원을 재판부의 심판에 회부하여야 한다. 헌법소원심판의 청구 후 30일이 지날 때까지 각하결정이 없는 때에는 심판에 회부하는 결정이 있는 것으로 본다.

한편 헌법재판소는 이 30일의 사전심사기간과 관련하여 법 제24조 제6항은 기피신청에 관하여 민사소송법 제48조의 규정을 준용하도록 하고 있고 민사소송법 제48조는 기피신청이 있을 경우 그 재판이 확정될 때까지 신청절차를 정지하도록 규정하고 있어 위 규정에 의하면 헌법재판소는 기피신청에 대한 결정이 있을 때까지 심판절차를 정지하여야 하므로 그 심판절차가 정지된 기간은 지정재판부의 위 사전심사기간에 이를 산입하지 아니한다고 판시했다.[1]

---

1) 헌재 1993. 10. 29. 93헌마222, 판례집 5-2, 372, 377.

5. 통 지

지정재판부는 헌법소원을 각하하거나 심판회부결정을 한 때에는 그 결정일로부터 14일 이내에 청구인 또는 그 대리인 및 피청구인에게 그 사실을 통지하여야 한다. 헌법소원심판의 청구 후 30일이 경과할 때까지 각하결정이 없어 심판회부로 간주된 경우에도 또한 같다(법 제73조 제1항). 헌법재판소장은 헌법소원이 재판부의 심판에 회부된 때에는 법무부장관과, 법 제68조 제2항에 따른 위헌법률심사형 헌법소원심판에 있어서는 청구인이 아닌 당해 사건의 당사자에 대하여 지체 없이 그 사실을 통지하여야 한다(법 제73조 제2항).

Ⅲ. 심 리

1. 서 설

헌법소원심판이 전원재판부에 회부되면 전원재판부가 심리하며, 전원재판부는 재판관 7인 이상의 출석으로 사건을 심리한다(법 제23조 제1항). 전원재판부는 지정재판부와는 달리 적법요건에 대한 심리와 본안에 대한 심리를 모두 한다. 따라서 지정재판부가 적법성요건에 대한 심리를 한 결과 이를 충족했다고 판단하여 전원재판부에 심판회부결정을 했더라도 전원재판부는 다시 적법성에 대한 심리를 한다.

전원재판부의 심리에는 법상 일반심판절차의 여러 규정들이 준용된다.

2. 직권심리주의

주지하는 바와 같이 헌법소원은 개인의 권리구제의 기능 뿐 아니라 중요한 헌법적 해명, 헌법질서유지, 권력통제 등 객관적·공적 이익추구의 기능도 가지고 있다. 따라서 오늘날 헌법소원제도는 주관적 소송의 성격 뿐 아니라 사실상 객관적 소송의 성격도 아울러 가지게 되었고, 이에 따라 소의 이익과 청구인적격의 범위가 그만큼 확대되고 있다고 볼 수 있다. 따라서 헌법소원심판절차에는 직권심리주의가 강하게 지배한다. 그러므로 헌법재판소는 헌법소원심판절차에 있어서 당사자의 청구취지나 주장과 논거 등에 구속됨이 없이 직권으로 당사자가 주장하지 아니한 제반사항에 대하여 판단할 수 있고, 또한 판단하여야 할 의무를 가진다.

이러한 강력한 직권심리주의는 "재판부는 사건의 심리를 위하여 필요하다고 인정하는 경우에는 당사자의 신청 또는 '직권에 의하여' … 증거조사를 할 수 있다. …"라고 규정하고 있는 법 제31조 및 앞서 언급한 헌법소원제도의 공적 기능과 목적 등으로부터 도출된다고 볼 수 있다. 헌법재판소도 교수재임용추천거부 등에 대한 헌법소원심판사건에서 "헌법재판소법 제25조, 제26조, 제30조, 제31조, 제32조, 제37조, 제68조, 제71조 등에 의하면 헌법소원심판제도는 변호사 강제주의, 서면심리주의, 직권심리주의, 국가비용부담 등의 소송구조로 되어 있어서 민사재판과 같이 대립적 당사자간의 변론주의 구조에 의하여 당사자의 청구취지 및 주장과 답변만을 판단하면 되는 것이 아니고, 헌법상 보장된 기본권을 침해받은 자가 변호사의 필요적 조력을 받아 그 침해된 권리의 구제를 청구하는 것이므로 소송비용과 청구양식에 구애되지 않고 청구인의 침해된 권리와 침해의 원인이 되는 공권력의 행사 또는 불행사에 대하여 직권으로 조사판단하는 것을 원칙으로 하고 있다. 따라서 헌법소원심판은 그 청구서와 결정문에 반드시 피청구인을 특정하거나 청구취지를 기재하여야 할 필요가 없다. 그러므로 헌법소원심판청구서에 피청구인을 특정하고 있더라도 피청구인의 잘못된 표시는 헌법소원심판청구를 부적법하다고 각하할 사유가 되는 것이 아니며 소원심판대상은 어디까지나 공권력의 행사 또는 불행사인 처분 자체이기 때문에 심판청구서에서 청구인이 피청구인(처분청)이나 청구취지를 잘못 지정한 경우에도 권리구제절차의 적법요건에 흠결이 있는 것이 아니어서 직권으로 불복한 처분(공권력)에 대하여 정당하게 책임져야 할 처분청(피청구인)을 지정하여 정정할 수도 있고 처분청을 기재하지 아니할 수도 있다. 따라서 헌법재판소는 청구인의 심판청구서에 기재된 피청구인이나 청구취지에 구애됨이 없이 청구인의 주장요지를 종합적으로 판단하여야 하며 청구인이 주장하는 침해된 기본권과 침해의 원인이 되는 공권력을 직권으로 조사하여 피청구인과 심판대상을 확정하여 판단하여야 하는 것이다."라고 판시함으로써[1] 헌법소원심판절차에서의 강력한 직권심리주의와 그에 대한 헌법재판소의 의무를 강조하고 있다.[2]

3. 심리방식

헌법소원에 관한 심판은 서면심리에 의한다. 다만 재판부는 필요하다고 인정하는 경우에는 변론을 열어 당사자·이해관계인 기타 참고인의 진술을 들을 수 있다(법 제30조 제2항). 재판부가 변론을 열 때에는 기일을 정하고 당사자와 관계인을 소환하여야 한다(법 제30조 제3항). 심판의 변론과 결정의 선고는 공개한다. 다만 서면심리와 평의는 공개하지 아니한다(법 제34조 제1항).

4. 심판기간

헌법재판소는 헌법소원심판사건을 접수한 날로부터 180일 이내에 종국결정의 선고를 하여야 한다. 다만 재판관의 궐위로 7인의 출석이 불가능한 때에는 그 궐위된 기간은 심판기간에 이를 산입하지 아니한다(법 제38조). 또한 재판장이 보정명령을 한 경우 그 보정기간도 심판기간에 산

1) 헌재 1993. 5. 13. 91헌마190, 판례집 5-1, 312, 320.

2) 헌법소원제도의 특성과 직권심리주의에 대하여 자세한 것은 정연주, 헌법소원심판 청구취하의 효과, 공법연구 제28집 제4호 제2권, 2000. 6, 191쪽 이하 참조.

입하지 아니한다(법 제72조 제5항, 법 제28조 제4항).

제 5 절 가처분

가처분은 헌법재판에 있어서 본안사건에 대한 종국결정의 실효성을 확보하기 위하여 잠정적으로 임시의 지위를 정하는 가구제제도이다. 이는 본안결정 이전에 회복할 수 없는 심각한 손해의 발생을 예방하거나 불가피한 공익목적을 달성하기 위하여 종국결정 전에 잠정적으로 행하는 조치이다. 통상적으로 종국결정에 이르기까지 상당히 긴 기간이 소요되는 헌법재판의 경우에 종국결정이 있기 전에 사실관계가 완결되어 종국결정이 선고되어도 그 실효성을 기대할 수 없을 뿐 아니라 청구인이 승소하더라도 소기의 목적을 달성할 수 없는 경우가 발생될 수 있다. 따라서 그러한 위험성을 사전에 예방하기 위해서 종국결정이 있기까지 잠정적으로 임시의 법적 관계를 정하는 가처분이 필요한 것이다.

그런데 법은 모든 헌법재판에서 가처분에 관한 규정을 두고 있지 않고 정당해산심판과 권한쟁의심판의 두 경우에만 가처분에 관한 명문규정을 두고 있다. 그러나 정당해산심판이나 권한쟁의심판의 경우 뿐 아니라 헌법소원심판에 있어서도 종국결정 전에 기본권침해의 원인인 공권력행사의 효력을 임시로 정지시킬 필요성이 존재하고, 따라서 헌법소원심판에서도 가처분의 필요성은 인정된다. 결국 준용규정인 법 제40조에 따라 민사소송법상의 가처분규정인 민사집행법규정(제300조 이하)과 행정소송법상의 집행정지에 관한 규정(제23조와 제24조)은 그 성질에 반하지 않는 한 헌법소원심판에도 준용된다고 보아야 할 것이다. 헌법재판소도 행정소송법과 민사집행법을 준용해 헌법소원심판절차에서 가처분결정을 하고 있다.[1)]

1) 예컨대 헌재 2000. 12. 8. 2000헌사471, 판례집 12-2, 381, 384-385. 이 결정에 대한 평석은 정연주, 헌법소원과 가처분, 고시계, 2001. 3, 4쪽 이하 참조.

제 6 절 종국결정

Ⅰ. 결정서의 작성과 송달 및 공시

재판부가 심리를 마쳤을 때에는 종국결정을 한다(법 제36조 제1항). 종국결정을 할 때에는 결정서를 작성하고 심판에 관여한 재판관 전원이 이에 서명·날인하여야 하는데, 결정서에는 ① 사건번호와 사건명, ② 당사자와 심판수행자 또는 대리인의 표시, ③ 주문, ④ 이유, ⑤ 결정일 등을 기재한다(법 제36조 제2항). 심판에 관여한 재판관은 결정서에 의견을 표시하여야 하는데(법 제36조 제3항), 법정의견, 보충의견, 별개의견, 반대의견 등의 형식으로 의견표시를 한다.

종국결정이 선고되면 서기는 지체 없이 결정서 정본을 작성하여 이를 당사자에게 송달하여야 한다(법 제36조 제4항). 종국결정은 헌법재판소규칙으로 정하는 바에 따라 관보에 게재하거나 그 밖의 방법으로 공시한다(법 제36조 제5항).

Ⅱ. 종국결정의 방법과 정족수

종국결정은 종국심리에 관여한 재판관 과반수의 찬성으로 성립되는데, 다만 헌법소원에 대한 인용결정을 하는 경우와 종전에 헌법재판소가 판시한 헌법 또는 법률의 해석적용에 관한 의견을 변경하는 경우에는 재판관 6인 이상의 찬성이 있어야 한다(법 제23조 제2항).

Ⅲ. 종국결정의 유형

종국결정에는 각하결정, 기각결정, 인용결정, 심판절차종료선언의 4가지가 있다.

1. 각하결정

헌법소원심판청구가 형식적인 적법요건의 흠결로 부적법한 경우 각하결정을 한다.

2. 기각결정

헌법소원심판청구가 형식요건을 충족하여 적법하지만 이유가 없는 경우에는 기각결정을 한다.

그런데 이 경우 결정주문과 관련하여 법 제68조 제1항에 따른 권리구제형 헌법소원에서 법령에 대한 헌법소원이 이유 없는 경우에는 헌법재판소는 "심판청구를 기각한다."라는 주문을 내고 있는데 반하여, 법 제68조 제2항에 따른 위헌법률심사형 헌법소원이 이유 없는 경우 헌법재판소는 당해 법률(조항)에 대하여 "헌법에 위반되지 아니한다."는 합헌임을 선언하는 주문을 내고 있다.[1] 그러나 이에 대하여는 종전에 법 제68조 제2항의 헌법소원에 있어서도 헌법재판소법 제75조 제7항, 제47조 소정의 기속력이 인정되지 아니하는 합헌결정을 굳이 할 필요가 없으며, 이 사건의 경우는 국민이 위헌이라고 주장하여 심판을 청구하는 것이므로 그 뜻을 받아들일 수 없는 결론, 즉 합헌이라면 굳이 아무런 실효도 없이 국민이 청구한 바도 없는 '합헌'임을 주문에 표시할 필요가 없고, "심판

---

1) 예컨대 헌재 1997. 12. 24. 95헌바29등, 판례집 9-2, 780, 782.

청구를 기각한다"로 주문을 표시함이 옳다는 별개의견이 있다.[1)]

한편 헌법재판소는 재판관 5인이 인용(위헌)의견인 경우라 하더라도 나머지 재판관이 기각(합헌) 또는 각하의견을 낸 경우에는 '기각(합헌)'주문을 내야 한다. 왜냐하면 이 경우 인용(위헌)의견을 낸 과반수 재판관은 헌법소원의 적법성을 인정했기 때문이다. 이러한 주문례로는 법 제68조 제1항의 권리구제형 헌법소원의 경우 인용의견 5인, 기각의견 4인인 경우에 기각주문을 낸 것[2)]과 인용의견이 5인이고 각하의견이 4인인 경우에 기각주문을 낸 것[3)]이 있다. 또한 법 제68조 제2항의 위헌법률심사형 헌법소원의 경우 위헌의견 5인, 합헌의견 4인인 경우에 합헌주문을 낸 것이 있다.[4)]

3. 인용결정

(1) 인용결정의 내용

헌법소원심판청구가 적법하고 청구의 이유가 있다고 판단되는 경우에는 인용결정을 한다. 이 경우 재판관 6인 이상의 찬성이 있어야 한다.

법 제68조 제1항의 권리구제형 헌법소원에 대하여 헌법재판소가 인용결정을 하는 때에는 인용결정서의 주문에서 침해된 기본권과 침해의 원인이 된 공권력의 행사 또는 불행사를 특정하여야 한다(법 제75조 제2항). 이 경우 헌법재판소는 기본권침해의 원인이 된 공권력의 행사를 취소하거나 그 불행사가 위헌임을 확인할 수 있다(법 제75조 제3항). 그러나 헌법재판소는 법 제68조 제1항의 권리구제형 헌법소원 중 법령에 대한 헌법

---

1) 헌재 1997. 12. 24. 95헌바29등, 판례집 9-2, 780, 792-793.

2) 헌재 1999. 1. 28. 98헌마85, 판례집 11-1, 73, 74; 헌재 2000. 12. 14. 2000헌마659, 판례집 12-2, 437, 440; 헌재 2003. 3. 27. 2002헌마573, 판례집 15-1, 319, 323.

3) 헌재 2000. 2. 24. 97헌마13등, 판례집 12-1, 252, 259.

4) 헌재 2003. 7. 24. 2001헌바96, 판례집 15-2 상, 58, 69; 헌재 2005. 2. 24. 2001헌바71, 판례집 17-1, 196, 200.

소원을 인용하는 경우에는 주문에 침해된 기본권을 표시하지 않는데, 헌법재판소는 그 이유에 대하여 법령에 대한 헌법소원에 있어서는 청구인의 침해된 기본권을 구제한다는 측면도 있으나 객관적인 헌법질서의 확립이라는 성질이 더 부각되어야 할 것이고, 법 제75조 제2항의 취지가 동조 제3항 내지 제5항과의 관계에서 볼 때 입법권, 즉 법률에 의한 기본권침해의 경우에 부합하는 규정이라고 보여지지 않고, 오히려 동조 제6항이 헌법소원을 인용하여 법률의 위헌을 선고할 경우에는 법 제45조 및 제47조의 규정을 준용하도록 하고 있어서 구태여 주문에 침해된 기본권을 표시할 필요까지는 없다고 해석되기 때문이라고 판시하고 있다.[1]

한편 헌법소원을 인용하는 경우에 공권력의 행사 또는 불행사가 위헌인 법률(조항)에 기인한 것이라고 인정될 때에는 인용결정에서 당해 법률(조항)이 위헌임을 선고할 수 있다(법 제75조 제5항). 예컨대 헌법재판소는 미결수용자가 그의 변호인과 접견할 때 수사관이 참여하여 대화내용을 듣거나 기록한 공권력의 행사가 위헌임을 확인하면서 동 공권력행사의 근거규정인 '행형법 제62조의 준용규정 중 동법 제18조 제3항을 미결수용자의 변호인접견에도 준용하도록 한 부분'이 헌법에 위반된다고 선언했고,[2] 미결수용자와 그의 변호인 사이의 서신을 교도서장이 검열한 행위가 위헌임을 확인하면서 "구 행형법 제62조의 준용규정 중 같은 법 제18조 제3항 및 같은 법 시행령 제62조를, 미결수용자와 그 변호인 또는 변호인이 되려는 자 사이의 서신으로서 그 서신에 마약 등 소지금지품이 포함되어 있거나 그 내용에 도주·증거인멸·수용시설의 규율과 질서의 파괴 기타 형벌법령에 저촉되는 내용이 기재되어 있다고 의심할 만한 합리적인 이유가 없는 경우에도 준용하는 것은 헌법에 위반된다."고 선언한바 있다.[3]

---

1) 헌재 1991. 3. 11. 91헌마21, 판례집 3, 91, 115-116.
2) 헌재 1992. 1. 28. 91헌마111, 판례집 4, 51, 54.
3) 헌재 1995. 7. 21. 92헌마144, 판례집 7-2, 94, 97.

(2) 인용결정의 유형[1)]

1) 법령에 대한 헌법소원의 경우

여기서 법령이라 함은 법률 뿐 아니라 행정입법, 자치입법 등 하위규범을 모두 포함한다. 법 제68조 제1항에 의한 헌법소원 중 법령에 대한 헌법소원 및 법 제68조 제2항에 의한 위헌법률심사형 헌법소원을 인용하는 경우, 그리고 법 제75조 제5항의 규정에 따른 부수적 위헌선고의 경우에는 단순위헌결정 뿐만 아니라 헌법불합치결정, 한정위헌결정, 한정합헌결정 등 다양한 결정유형이 있다.

가. 단순위헌결정

단순위헌결정의 주문례로는 "국가보위입법회의법 부칙 제4항 후단은 헌법에 위반된다.",[2)] "국가보안법 제19조 중 제7조 및 제10조의 죄에 관한 구속기간연장 부분은 헌법에 위반된다.",[3)] "안마사에관한규칙 제3조 제1항 제1호와 제2호 중 각 '앞을 보지 못하는' 부분은 헌법에 위반된다."[4)] 등이 있다.

한편 위헌적인 공권력행사가 위헌법률에 기인한 것이라 인정하여 당해 법률조항에 대하여 법 제75조 제5항의 규정에 따른 부수적 위헌선언을 한 사례로서 "행형법 제62조는 그 중 행형법 제18조 제3항을 미결수용자의 변호인 접견에도 준용하도록 한 부분은 헌법에 위반된다."는 결정이 있다.[5)]

---

1) 실무제요, 305쪽 이하 참조.

2) 헌재 1989. 12. 18. 89헌마32등, 판례집 1, 343, 345.

3) 헌재 1992. 4. 14. 90헌마82, 판례집 4, 194, 199.

4) 헌재 2006. 5. 25. 2003헌마715, 판례집 18-1 하, 112, 116.

5) 헌재 1992. 1. 28. 91헌마111, 판례집 4, 51, 54.

나. 헌법불합치결정

헌법불합치결정의 주문례로는 “지방의회의원선거법 제36조 제1항의 ‘시·도의원 후보자는 700만원의 기탁금’ 부분은 헌법에 합치되지 아니한다. 위 법률조항 부분은 위 법률 시행 후 최초로 실시하는 시·도의회의원 선거일 공고일을 시한으로 입법자가 개정할 때까지 그 효력을 지속한다.”,[1] “토지초과이득세법은 헌법에 합치되지 아니한다.”,[2] “‘경상북도 시·군의회의원 선거구와 선거구별 의원정수에 관한 조례’ 제2조의 [별표] 중 상주시의회의원 지역선거구들 부분, 영천시의회의원 지역선거구들 부분, 김천시의회의원 지역선거구들 부분은 헌법에 합치되지 아니한다. 위 [별표] 중 상주시의회의원 지역선거구들 부분, 영천시의회의원 지역선거구들 부분, 김천시의회의원 지역선거구들 부분은 2009. 12. 31.을 시한으로 입법자가 개정할 때까지 계속 적용된다.”,[3] “형의 집행 및 수용자의 처우에 관한 법률 시행령 제58조 제4항은 헌법에 합치되지 아니한다. 위 조항은 2014. 7. 31.을 시한으로 개정될 때까지 계속 적용된다.”,[4] “형법(1953. 9. 18. 법률 제293호로 제정된 것) 제7조는 헌법에 합치되지 아니한다. 위 법률조항은 2016. 12. 31.을 시한으로 입법자가 개정할 때까지 계속 적용된다.”[5] 등이 있다.

다. 한정위헌결정

한정위헌결정의 주문례로는, “민법 제764조의 ‘명예회복에 적당한 처분’에 사죄광고를 포함시키는 것은 헌법에 위반된다.”,[6] “화재로인한재해보상와보험가입에관한법률 제5조의 ‘특수건물’ 부분에 동법 제2조 제3호

---

1) 헌재 1991. 3. 11. 91헌바21, 판례집 3, 91, 94.
2) 헌재 1994. 7. 29. 92헌바49등, 판례집 6-2, 64, 86.
3) 헌재 2009. 3. 26. 2006헌마67, 판례집 21-1 상, 512, 518.
4) 헌재 2013. 8. 29. 2011헌마122, 공보 제203호, 1179, 1180.
5) 헌재 2015. 5. 28. 2013헌바129.
6) 헌재 1991. 4. 1. 89헌마160, 판례집 3, 149, 150.

가목 소정의 '4층 이상의 건물'을 포함시키는 것은 헌법에 위반된다.",[1] "구 음반에관한법률 제3조 제1항 및 제13조 제1항 제1호는 제3조 제1항 각 호에 규정된 시설을 자기소유이어야 하는 것으로 해석하는 한, 헌법에 위반된다.",[2] "공직선거및선거부정방지법 제146조 제2항 중 '1인 1표로 한다' 부분은 국회의원선거에 있어 지역구국회의원선거와 병행하여 정당명부식 비례대표제를 실시하면서도 별도의 정당투표를 허용하지 않는 범위에서 헌법에 위반된다.",[3] "화물자동차운수사업법시행규칙 제3조 후단 제2호 … 은 2001. 11. 30. 전에 화물자동차운송사업의 등록을 한 6인승 밴형화물자동차운송사업자에게 적용되는 한 헌법에 위반된다."[4] 등이 있다.

라. 한정합헌결정

한정합헌결정의 주문례로는, "상속세법 제32조의2 제1항은, 조세회피의 목적이 없이 실질소유자와 명의자를 다르게 등기 등을 한 경우에는 적용되지 아니하는 것으로 해석하는 한, 헌법에 위반되지 아니한다.",[5] "개정 전 국가보안법 제9조 제2항은 그 소정행위가 국가의 존립·안전을 위태롭게 하거나 자유민주적 기본질서에 위해를 줄 명백한 위험이 있을 경우에 한하여 적용된다고 할 것이므로 이러한 해석하에 헌법에 위배되지 아니한다."[6] 등이 있다.

2) 기타의 공권력작용에 대한 헌법소원의 경우

법령 이외의 공권력작용에 대한 헌법소원의 경우에 그 결정유형으로는 공권력행사 취소결정, 공권력행사 위헌확인결정, 공권력불행사 위헌확인결정 등이 있다.

---

1) 헌재 1991. 6. 3. 89헌마204, 판례집 3, 268, 272.
2) 헌재 1993. 5. 13. 91헌바17, 판례집 5-1, 275, 277.
3) 헌재 2001. 7. 19. 2000헌마91등, 판례집 13-2, 77, 83.
4) 헌재 2004. 12. 16. 2003헌마226등, 판례집 16-2 하, 580, 584.
5) 헌재 1989. 7. 21. 89헌마38, 판례집 1, 131, 133.
6) 헌재 1992. 4. 14. 90헌바23, 판례집 4, 162, 164.

가. 공권력행사 취소결정

헌법재판소가 공권력행사를 취소한 예로는 검사의 처분에 대한 취소결정이 가장 많고,[1] 그밖에 행정작용을 대상으로 한 주문례로는 "피청구인이 청구인의 … 수사기록에 대한 복사신청에 대하여 이를 거부한 행위는 청구인의 '알 권리'를 침해한 것이므로 이를 취소한다.",[2] "피청구인이 … 청구인 주식회사 ㅇㅇ방송에게 한 '경고 및 관계자 경고'는 동 청구인의 방송의 자유를 침해한 것이므로 이를 취소한다.",[3] "피청구인(공정거래위원회)이 … 청구인에 대하여 한 무혐의처분 중 가맹계약해지에 관한 부분은 청구인의 평등권을 침해한 것이므로 이를 취소하고, …"[4] 등의 결정이 있다.

한편 예외적으로 헌법재판소가 위헌으로 결정한 법령을 적용함으로써 국민의 기본권을 침해한 법원판결이 헌법소원의 대상이 되어 법원의 재판을 취소한 주문례로는 "대법원 1996. 4. 9. 선고, 95누11405 판결은 청구인의 재산권을 침해한 것이므로 이를 취소한다."는 결정이 있다.[5]

나. 공권력행사 위헌확인결정

헌법재판소는 청구인의 기본권을 침해한 공권력의 행사를 취소함이 원칙이나 취소되어야 할 권력적 사실행위 등의 공권력행사가 이미 종료된 경우 이를 취소하는 대신 위헌적인 공권력행사가 또 다시 반복될 수 있는 위험성을 제거하기 위하여 또는 헌법질서의 수호·유지를 위하여 긴요한 사항이어서 헌법적으로 그 해명이 중요한 의미를 지니고 있는 경우에는 공권력행사에 대하여 선언적 의미에서 위헌임을 확인하고 있다.

---

1) 예컨대 헌재 1989. 7. 14. 89헌마10, 판례집 1, 121, 122; 헌재 2013. 3. 21. 2012헌마110, 공보 제198호, 500, 503.

2) 헌재 1991. 5. 13. 90헌마133, 판례집 3, 234, 235.

3) 헌재 2007. 11. 29. 2004헌마290, 판례집 19-2, 611, 616.

4) 헌재 2012. 2. 23. 2010헌마750, 판례집 24-1 상, 347, 351.

5) 헌재 1997. 12. 24. 96헌마172등, 판례집 9-2, 842, 849.

이처럼 공권력행사에 대하여 위헌확인 결정을 한 주문례로는 "청구인이 … 국가안전기획부 면회실에서, 그의 변호인과 접견할 때 피청구인 소속직원(수사관)이 참여하여 대화내용을 듣거나 기록한 것은 헌법 제12조 제4항이 규정한 변호인의 조력을 받을 권리를 침해한 것으로서 위헌임을 확인한다.",[1] "피청구인이 대통령에 보고하여 그 지시를 받아 1985. 2. 7. 청구인 경영의 국제그룹을 해체키로 기본방침을 정하고 같은 달 11. 그 인수업체를 정하는 한편, 이의 실행을 위하여 제일은행장 등에 지시하여 같은 달 13.부터 국제그룹계열사에 대한 은행자금관리에 착수하게 하고 청구인으로부터 처분위임장 등으로 계열사의 처분권을 위임받게 하며 피청구인이 만든 보도자료에 의거하여 같은 달 21. 제일은행의 이름으로 해체를 언론에 발표하게 하는 등 국제그룹해체를 위하여 한 일련의 공권력의 행사는 청구인의 기업활동의 자유와 평등권을 침해한 것이므로 위헌임을 확인한다.",[2] "청구인들이 … 영등포경찰서 유치장에 수용되어 있는 동안 차폐시설이 불충분하여 사용과정에서 신체부위가 다른 유치인들 및 경찰관들에게 관찰될 수 있고 냄새가 유출되는 실내화장실을 사용하도록 강제한 피청구인의 행위는 헌법 제10조에 의하여 보장되는 청구인들의 인격권을 침해한 것으로 위헌임을 확인한다.",[3] "피청구인(교도소장)이 출정비용납부거부 또는 상계동의거부를 이유로 청구인의 행정소송 변론기일 … 에 청구인의 출정을 각 제한한 행위는 청구인의 재판청구권을 침해한 것으로서 위헌임을 확인한다."[4] 등이 있다.

다. 공권력불행사 위헌확인결정

여기서 말하는 공권력의 불행사로는 행정부작위, 행정입법부작위, 자치입법부작위, 국회의 입법부작위 등을 예로 들 수 있다. 이 경우 공권력

1) 헌재 1992. 1. 28. 91헌마111, 판례집 4, 51, 54.
2) 헌재 1993. 7. 29. 89헌마31, 판례집 5-2, 87, 91.
3) 헌재 2001. 7. 19. 2000헌마546, 판례집 13-2, 103, 106.
4) 헌재 2012. 3. 29. 2010헌마475, 판례집 24-1 상, 615, 619.

의 불행사가 헌법소원의 대상이 되기 위해서는 공권력주체에게 헌법에서 유래하는 작위의무가 존재해야 한다.

행정부작위가 위헌임을 확인한 주문례로는 "피청구인이 청구인으로부터 … 임야조사서 또는 토지조사부의 열람·복사 신청이 있었음에도 이에 불응한 부작위는 청구인의 '알 권리'를 침해한 것이므로 위헌임을 확인한다.",[1] "청구인들이 일본국에 대하여 가지는 일본군위안부로서의 배상청구권이 '대한민국과 일본국 간의 재산 및 청구권에 관한 문제의 해결과 경제협력에 관한 협정' 제2조 제1항에 의하여 소멸되었는지 여부에 관한 한·일 양국 간 해석상 분쟁을 위 협정 제3조가 정한 절차에 따라 해결하지 아니하고 있는 피청구인의 부작위는 위헌임을 확인한다."[2]는 결정 등이 있다.

행정입법부작위가 위헌임을 확인한 주문례로는 "피청구인 보건복지장관이 의료법과 전문의의수련및자격인정등에관한규정의 위임에 따라 치과전문의자격시험제도를 실시할 수 있는 절차를 마련하지 아니하는 입법부작위는 위헌임을 확인한다."라고 한 결정,[3] "피청구인이 산업재해보상보험법 제4조 제2호 단서와 근로기준법시행령 제4조의 위임에 의하여 평균임금을 정하여 고시하지 아니하는 행정입법부작위는 위헌임을 확인한다."라고 한 결정,[4] "피청구인이 구 군법무관임용법 제5조 제3항 및 군법무관임용등에관한법률 제6조의 위임에 따라 군법무관의 봉급과 그 밖의 보수를 법관 및 검사의 예에 준하여 지급하도록 하는 대통령령을 제정하지 아니하는 입법부작위는 위헌임을 확인한다."라고 한 결정[5] 등이 있다. 자치입법부작위가 위헌임을 확인한 주문례로는 "피청구인들이 지방공무원법 제58조 제2항의 위임에 따라 사실상 노무에 종사하는 공무원의 범위를 정

1) 헌재 1989. 9. 4. 88헌마22, 판례집 1, 176, 179.
2) 헌재 2011. 8. 30. 2006헌마788, 판례집 23-2 상, 366, 370.
3) 헌재 1998. 7. 16. 96헌마246, 판례집 10-2, 283, 288-289.
4) 헌재 2002. 7. 18. 2000헌마707, 판례집 14-2, 65, 67.
5) 헌재 2004. 2. 26. 2001헌마718, 판례집 16-1, 313, 315.

하는 조례를 제정하지 아니한 것은 위헌임을 확인한다."는 결정이 있다.[1]

국회의 입법부작위에 대하여 위헌임을 확인한 주문례로는 "재조선군사령부군정청법령 제75조 조선철도도의통일을 폐지한 조선철도의통일폐지법령이 시행되기 전에 같은 군정청법령 제2조에 의하여 수용된 조선철도주식회사, 경남철도주식회사 및 경춘철도주식회사 재산의 재산관계권리자로서 같은 법령 제3조에 따라 같은 군정청 운수부장에게 보산청구서면을 제출하여 위 수용으로 인한 보상청구권을 포기하지 않은 것으로 확정된 자 또는 그 보상청구권을 승계취득한 자에 대하여 위 수용으로 인한 손실보상금을 지급하는 절차에 관한 법률을 제정하지 아니하는 입법부작위는 위헌임을 확인한다."는 결정이 있다.[2]

(3) 인용결정의 효력

헌법소원의 인용결정은 헌법재판의 종국결정이 가지는 일반적 효력인 불가변력, 불가쟁력, 기판력, 기속력 등을 가진다. 법 제75조 제1항도 "헌법소원의 인용결정은 모든 국가기관과 지방자치단체를 기속한다."고 규정하여 인용결정의 기속력을 확인하고 있다. 이에 따라 헌법재판소가 공권력의 불행사에 대한 헌법소원을 인용하는 결정을 한 때에는 피청구인은 결정취지에 따라 새로운 처분을 하여야 한다(법 제75조 제4항).

한편 법 제68조 제1항에 의한 권리구제형 헌법소원 중 법령에 대한 헌법소원 및 법 제68조 제2항에 의한 위헌법률심사형 헌법소원을 인용하는 경우, 그리고 법 제75조 제5항에 따른 부수적 위헌선고의 경우 당사자는 위헌으로 결정된 법령에 근거한 유죄의 확정판결에 대하여 또는 당해 헌법소원과 관련된 소송사건이 이미 확정된 때에는 재심을 청구할 수 있다(법 제75조 제6항, 제7항). 이 재심절차에서는 형사사건에 대하여는 형

1) 헌재 2009. 7. 30. 2006헌마358, 판례집 21-2 상, 292, 296.

2) 헌재 1994. 12. 29. 89헌마2, 판례집 6-2, 395, 398. 이 판례에 대한 평석은 정연주, 조선철도(주)주식의 보상금청구에 관한 헌법소원, 감정평가, 한국감정평가업협회, 1995 봄호, 30쪽 이하 참조.

사소송법을 준용하고, 그 외의 사건에 대하여는 민사소송법을 준용한다 (법 제75조 제8항).

4. 심판절차종료선언

각하결정, 기각결정, 인용결정 이외에 특별한 결정유형으로 심판절차 종료선언이 있다. 이는 본안판단에 들어가지 않는 점에서는 각하결정과 같지만 심판절차종료선언은 청구인의 사망 또는 심판청구의 취하 등으로 심판절차의 종료 여부가 불분명하게 된 경우에 심판절차의 종료를 명백히 확인하는 의미에서 하는 결정유형이다.

(1) 청구인의 사망

청구인이 사망한 경우에는 원칙적으로 청구인의 기본권능력이 소멸하고 권리보호이익도 소멸하기 때문에 일반적으로 헌법재판소에 계속된 헌법소원은 종료된다고 보아야 할 것이다.

헌법재판소는 고용계약상의 노무공급의무는 일신전속적인 것이고, 노무자가 사망하면 고용관계는 종료될 권리관계라고 할 것인바, 검사의 불기소처분 때문에 침해되었다 할 고용계약상의 지위는 노무자인 청구인의 사망에 의하여 종료되고 상속인에게 승계될 것이 아니므로 그에 관련된 이 사건 심판절차 또한 수계될 성질이 못되고 이 사건은 청구인이 사망함과 동시에 당연히 그 심판절차가 종료되었다고 결정했다.[1)]

또한 무고죄는 국가의 심판기능 또는 국가의 수사권 징계조사권의 적정행사를 주된 보호법익으로, 부당하게 수사 또는 징계조사의 대상이 되지 아니할 개인의 법적 안정감을 부차적인 보호법익으로 삼고 있는 범죄임을 고려할 때, 피무고자인 청구인이 사망한 이상 무고로 인한 법적 불이익은 그로써 종료되고, 청구인의 상속인은 그러한 무고의 고소사실과

---

1) 헌재 1992. 11. 12. 90헌마33, 판례집 4, 782, 785.

아무런 법적 관련성을 갖지 아니하기 때문에 심판절차는 상속인에 의하여 수계되지 아니하고 청구인의 사망과 동시에 종료되었다고 결정했다.[1]

반면 일신전속성이 비교적 약한 기본권의 경우에 청구인의 사망 이후 상속인에 의한 헌법소원심판절차의 수계신청이 있거나, 헌법재판소가 헌법소원을 인용한다면 사망한 청구인의 배우자나 직계친족 등이 확정된 유죄판결에 대하여 재심을 청구할 수 있는 경우 등에는 예외가 인정될 수 있다.

예컨대 헌법재판소는 헌법소원심판을 청구할 당시의 전제되는 재판이 종료된 경우에도 헌법소원이 인용되면 헌법재판소법 제75조 제7항에 의하여 유죄의 확정판결에 대하여 재심을 청구할 수 있으므로 청구인의 사망 후에 재심을 청구할 수 있는 자는 헌법소원심판절차를 수계할 수 있으며, 수계할 당사자가 없거나 수계의사가 없는 경우에는 청구인의 사망에 의하여 헌법소원심판절차는 원칙적으로 종료된다고 할 것이지만 수계의사표시가 없는 경우에도 이미 결정을 할 수 있을 정도로 사건이 성숙되어 있고, 그 결정에 의하여 유죄판결의 흠이 제거될 수 있음이 명백한 경우 등 특별히 유죄판결을 받은 자의 이익을 위하여 결정의 필요성이 있다고 판단되는 때에 한하여 종국결정을 할 수 있다고 판시했고,[2] 또한 청구인이 비록 심판절차 계속중에 사망하였다고 하더라도 헌법재판소가 이 사건 헌법소원을 인용한다면 그 배우자나 직계친족 등은 확정된 유죄판결에 대하여 위와 같이 재심을 청구할 수 있는 것이므로 권리보호의 이익이 있다고 할 것이어서 동인의 심판청구에 대하여 이를 각하하거나 심판종료선언을 할 것은 아니라고 판시한 바 있다.[3]

(2) 심판청구의 취하

헌법재판소는 청구인이 심판청구를 취하하면 심판절차종료선언을 하

1) 헌재 1999. 11. 25. 99헌마431.

2) 헌재 1994. 12. 29. 90헌바13, 판례집 6-2, 351, 353-354 참조.

3) 헌재 1997. 1. 16. 89헌마240, 판례집 9-1, 45, 70.

고 있다. 헌법재판소는 5·18사건과 관련한 고소사건에 대한 불기소처분 취소사건에서 헌법재판소법이나 행정소송법이나 헌법소원심판청구의 취하와 이에 대한 피청구인의 동의나 그 효력에 관하여 특별한 규정이 없으므로, 소의 취하에 관한 민사소송법 제239조(현행 제266조)는 검사가 한 불기소처분의 취소를 구하는 헌법소원심판절차에 준용된다고 보아야 하고, 따라서 청구인들이 헌법소원심판청구를 취하하면 헌법소원심판절차는 종료되며, 헌법재판소로서는 헌법소원심판청구가 적법한 것인지 여부와 이유가 있는 것인지 여부에 대하여 판단할 수 없게 된다고 판시하면서, 헌법소원심판절차는 청구인들의 심판청구의 취하로 종료되었다고 결정했다.[1]

그러나 이에 대하여는 "헌법소원제도는 본질상 청구인 개인의 주관적인 권리구제뿐만 아니라 객관적인 헌법질서를 수호·유지하는 기능도 함께 가지고 있는 것이므로, 헌법소원사건에 대한 심판이 청구인의 권리구제에는 도움이 되지 않는다 하더라도 헌법질서의 수호·유지를 위하여 그 해명이 헌법적으로 특히 중요한 의미가 있는 경우에는 예외적으로 청구인이 심판청구를 취하하여도 심판절차는 종료되지 않는다고 보아야 한다."라는 반대의견이 있다.[2]

반대의견이 타당하다고 하겠다. 주지하는 바와 같이 그리고 그동안 헌법재판소도 강조해 왔듯이 헌법소원제도는 주관적 권리구제 뿐 아니라 객관적 헌법질서의 수호·유지를 동시에 추구하는 이중적 기능을 가진다. 따라서 헌법소원심판청구의 취하가 있더라도 자동적으로 민사소송법의 규정을 준용해서 심판절차종료선언을 할 것이 아니라, 비록 심판청구의 취하로 인해 권리보호이익이 없어지더라도 중요한 헌법적 해명 등의 공익적 이유에서의 심판이익이 있는 경우에는 심판절차종료선언을 할 것이 아니라 본안판단을 해야 할 것이다. 아울러 법 제40조 제1항은 민사소송

1) 헌재 1995. 12. 15. 95헌마221등, 판례집 7-2, 697, 747-748.

2) 헌재 1995. 12. 15. 95헌마221등, 판례집 7-2, 697, 748-749. 같은 취지의 반대의견으로 헌재 2003. 4. 24. 2001헌마386, 판례집 15-1, 443, 455-456.

에 관한 법령의 규정을 준용하는 경우에도 '헌법재판의 성질에 반하지 아니하는 한도내에서' 준용하도록 개정했기 때문에 앞으로는 심판청구의 취하가 있더라도 헌법소원의 특성을 감안하여 민사소송법의 소 취하규정의 준용 여부를 판단해야 할 것이다.[1]

제 7 절 재 심

이미 심판을 거친 동일한 사건이라 하더라도 예외 없이 다시 심판청구 하는 것을 금지하게 되면, 당사자에게 심히 불합리한 결과를 야기할 가능성이 있다. 헌법재판소가 절차상 중대한 위법을 범하거나 그 주문에 영향을 미칠만한 중요부분에 대해 판단을 유탈하는 경우와 같이 그 심판에 있어 현저히 잘못을 범한 경우가 이에 해당할 것이다. 이러한 경우에 이를 시정할 수 있는 기회가 완전히 봉쇄된다면 헌법재판에 대한 국민의 신뢰가 무너져 법치주의의 근간을 흔들게 될 것이다. 따라서 재심의 불허가 극히 부당한 경우에는 예외적으로 다시 심판을 받을 수 있는 기회가 주어지는 것이 필요하다.[2]

그런데 법은 제40조 제1항에서 심판절차에 관하여 헌법재판의 성질에 반하지 아니하는 한도 내에서 민사소송에 관한 법령을 준용하고 하도록 하고 있고, 일정한 경우 형사소송에 관한 법령이나 행정소송법을 준용하도록 하고 있는 이외에, 헌법재판의 재심에 관하여는 별도의 명문규정을 두고 있지 않다. 그러므로 헌법재판소의 결정에 대해 재심이 허용될 수 있는지가 문제되는데, 헌법재판은 심판의 종류에 따라 그 절차의 내용과 결정의 효과가 한결같지 않기 때문에 재심의 허용여부나 허용정도 등은

1) 위 판례에 대한 평석 및 헌법소원심판청구취하의 법적 효과에 대하여 자세한 것은 정연주, 헌법소원심판청구취하의 효과, 공법연구 제28집 제4호 제2권, 2000. 6, 191쪽 이하 참조.

2) 헌재 2005. 12. 22. 2005헌마330.

심판절차의 종류에 따라서 개별적으로 판단될 수밖에 없을 것이다.[1]

헌법재판소는 헌법소원심판에 대한 재심과 관련하여 "헌법재판소법 제68조 제1항에 의한 헌법소원 중 법령에 대한 헌법소원의 경우 헌법재판소의 인용(위헌)결정은 이른바 일반적 기속력과 대세적·법규적 효력을 가지는 것이므로 그 효력 면에서 같은 법 제68조 제2항의 헌법소원과 유사한 성질을 지니고 있다. 그런데 헌법재판소법 제68조 제2항에 의한 헌법소원에 있어서 그 인용결정은 위헌법률심판의 경우와 마찬가지로 일반적 기속력과 대세적·법규적 효력을 가지며, 위헌법률심판을 구하는 헌법소원에 대한 헌법재판소의 결정에 대하여는 재심을 허용하지 아니함으로써 얻을 수 있는 법적 안정성의 이익이 재심을 허용함으로써 얻을 수 있는 구체적 타당성의 이익보다 훨씬 높을 것으로 쉽사리 예상할 수 있으므로 헌법재판소의 이러한 결정에는 재심에 의한 불복방법이 그 성질상 허용될 수 없다고 보는 것이 상당하다. 그렇다면 헌법재판소법 제68조 제1항에 의한 헌법소원 중 법령에 대한 헌법소원은 위 같은 법 제68조 제2항에 의한 헌법소원의 경우와 동일한 근거로써 재심을 허용하지 아니함이 상당하다."라고 판시하고 있는데, 이에 따르면 결국 재심은 권리구제형 헌법소원 중 행정작용에 대한 헌법소원의 경우에만 제한적으로 허용될 수 있다고 하겠다.[2]

앞서 언급한 바와 같이 헌법재판은 그 심판의 종류에 따라 그 절차의 내용과 결정의 효과가 한결같지 아니하기 때문에 재심의 허용여부 내지 허용정도 등은 심판절차의 종류에 따라서 개별적으로 판단될 수밖에 없다. 따라서 재심의 허용여부는 재심대상인 헌법재판소의 결정이 소송당사자에게만 한정하여 그 효력이 미치는지의 여부 등 다양한 사안을 고려하여 결정해야 할 것이고, 결국 재심을 허용하지 아니함으로써 얻을 수 있는 법적 안정성의 이익과 재심을 허용함으로써 얻을 수 있는 구체적 타당성의 이익을 상호 형량하여 결정할 수밖에 없을 것이다.

---

1) 헌재 1995. 1. 20. 93헌아1, 판례집 7-1, 113, 119.

2) 헌재 2006. 9. 26. 2006헌아37, 공보 제120호, 1297, 1298.

한편 재심을 허용하는 사유로서 헌법재판소는 첫째, 재판부의 구성이 위법한 경우 등 절차상 중대하고도 명백한 위법이 있어 재심을 허용하지 아니하면 현저히 정의에 반하는 경우,[1] 둘째, 헌법재판소의 결정에 영향을 미칠 중대한 사항에 관하여 판단을 유탈한 경우[2]를 들고 있다. 그러면서도 헌법재판소는 법 제40조 제1항에 따라 민사소송법의 재심에 관한 규정을 준용하여 재심이 허용되어야 한다고 보는 경우라도 민사소송법상의 재심사유(민사소송법 제451조 제1항 참조)에는 사실인정의 오류(예컨대 불기소처분취소 사건에서 재항고 제기일자에 관한 사실인정의 오류)는 포함되어 있지 아니하므로 이는 재심사유에 해당되지 아니한다고 판시했다.[3]

1) 헌재 1995. 1. 20. 93헌아1, 판례집 7-1, 113, 121.
2) 헌재 2001. 9. 27. 2001헌아3, 판례집 13-2, 457, 460.
3) 헌재 2000. 6. 29. 99헌아18, 판례집 12-1, 972, 977.

부 록

◆ 대한민국헌법

◆ 헌법재판소법

◆ 헌법재판소 심판규칙

대한민국헌법

[시행 1988. 2. 25] [헌법 제10호, 1987. 10. 29, 전부개정]

전 문

유구한 역사와 전통에 빛나는 우리 대한국민은 3·1운동으로 건립된 대한민국임시정부의 법통과 불의에 항거한 4·19민주이념을 계승하고, 조국의 민주개혁과 평화적 통일의 사명에 입각하여 정의·인도와 동포애로써 민족의 단결을 공고히 하고, 모든 사회적 폐습과 불의를 타파하며, 자율과 조화를 바탕으로 자유민주적 기본질서를 더욱 확고히 하여 정치·경제·사회·문화의 모든 영역에 있어서 각인의 기회를 균등히 하고, 능력을 최고도로 발휘하게 하며, 자유와 권리에 따르는 책임과 의무를 완수하게 하여, 안으로는 국민생활의 균등한 향상을 기하고 밖으로는 항구적인 세계평화와 인류공영에 이바지함으로써 우리들과 우리들의 자손의 안전과 자유와 행복을 영원히 확보할 것을 다짐하면서 1948년 7월 12일에 제정되고 8차에 걸쳐 개정된 헌법을 이제 국회의 의결을 거쳐 국민투표에 의하여 개정한다.

제1장 총 강

제1조 ① 대한민국은 민주공화국이다.
② 대한민국의 주권은 국민에게 있고, 모든 권력은 국민으로부터 나온다.

제2조 ① 대한민국의 국민이 되는 요건은 법률로 정한다.
② 국가는 법률이 정하는 바에 의하여 재외국민을 보호할 의무를 진다.

제3조 대한민국의 영토는 한반도와 그 부속도서로 한다.

제4조 대한민국은 통일을 지향하며, 자유민주적 기본질서에 입각한 평화적 통일 정책을 수립하고 이를 추진한다.

제5조 ① 대한민국은 국제평화의 유지에 노력하고 침략적 전쟁을 부인한다.
② 국군은 국가의 안전보장과 국토방위의 신성한 의무를 수행함을 사명으로 하며, 그 정치적 중립성은 준수된다.

제6조 ① 헌법에 의하여 체결·공포된 조약과 일반적으로 승인된 국제법규는 국내법과 같은 효력을 가진다.
② 외국인은 국제법과 조약이 정하는 바에 의하여 그 지위가 보장된다.

제7조 ① 공무원은 국민전체에 대한 봉사자이며, 국민에 대하여 책임을 진다.
② 공무원의 신분과 정치적 중립성은 법률이 정하는 바에 의하여 보장된다.

제8조 ① 정당의 설립은 자유이며, 복수정당제는 보장된다.
② 정당은 그 목적·조직과 활동이 민주적이어야 하며, 국민의 정치적 의사형성에 참여하는데 필요한 조직을 가져야 한다.
③ 정당은 법률이 정하는 바에 의하여 국가의 보호를 받으며, 국가는 법률이 정하는 바에 의하여 정당운영에 필요한 자금을 보조할 수 있다.
④ 정당의 목적이나 활동이 민주적 기본질서에 위배될 때에는 정부는 헌법재판소에 그 해산을 제소할 수 있고, 정당은 헌법재판소의 심판에 의하여 해산된다.

제9조 국가는 전통문화의 계승·발전과 민족문화의 창달에 노력하여야 한다.

제 2 장 국민의 권리와 의무

제10조 모든 국민은 인간으로서의 존엄과 가치를 가지며, 행복을 추구할 권리를 가진다. 국가는 개인이 가지는 불가침의 기본적 인권을 확인하고 이를 보장할 의무를 진다.

제11조 ① 모든 국민은 법 앞에 평등하다. 누구든지 성별·종교 또는 사회적 신분에 의하여 정치적·경제적·사회적·문화적 생활의 모든 영역에 있어서 차별을 받지 아니한다.
② 사회적 특수계급의 제도는 인정되지 아니하며, 어떠한 형태로도 이를 창설할 수 없다.
③ 훈장등의 영전은 이를 받은 자에게만 효력이 있고, 어떠한 특권도 이에 따르지 아니한다.

제12조 ① 모든 국민은 신체의 자유를 가진다. 누구든지 법률에 의하지 아니하고는 체포·구속·압수·수색 또는 심문을 받지 아니하며, 법률과 적법한 절차에 의하지 아니하고는 처벌·보안처분 또는 강제노역을 받지 아니한다.
② 모든 국민은 고문을 받지 아니하며, 형사상 자기에게 불리한 진술을 강요당하지 아니한다.
③ 체포·구속·압수 또는 수색을 할 때에는 적법한 절차에 따라 검사의 신청에 의하여 법관이 발부한 영장을 제시하여야 한다. 다만, 현행범인인 경우와 장기 3년 이상의 형에 해당하는 죄를 범하고 도피 또는 증거인멸의 염려가 있을 때에는 사후에 영장을 청구할 수 있다.
④ 누구든지 체포 또는 구속을 당한 때에는 즉시 변호인의 조력을 받을 권리를 가진다. 다만, 형사피고인이 스스로 변호인을 구할 수 없을 때에는 법률이 정하는 바에 의하여 국가가 변호인을 붙인다.
⑤ 누구든지 체포 또는 구속의 이유와 변호인의 조력을 받을 권리가 있음을 고지받지 아니하고는 체포 또는 구속을 당하지 아니한다. 체포 또는 구속을 당한 자의 가족등 법률이 정하는 자에게는 그 이유와 일시·장소가 지체없이 통지되어야 한다.
⑥ 누구든지 체포 또는 구속을 당한 때에는 적부의 심사를 법원에 청구할 권리를 가진다.
⑦ 피고인의 자백이 고문·폭행·협박·

구속의 부당한 장기화 또는 기망 기타의 방법에 의하여 자의로 진술된 것이 아니라고 인정될 때 또는 정식재판에 있어서 피고인의 자백이 그에게 불리한 유일한 증거일 때에는 이를 유죄의 증거로 삼거나 이를 이유로 처벌할 수 없다.

제13조 ① 모든 국민은 행위시의 법률에 의하여 범죄를 구성하지 아니하는 행위로 소추되지 아니하며, 동일한 범죄에 대하여 거듭 처벌받지 아니한다.

② 모든 국민은 소급입법에 의하여 참정권의 제한을 받거나 재산권을 박탈당하지 아니한다.

③ 모든 국민은 자기의 행위가 아닌 친족의 행위로 인하여 불이익한 처우를 받지 아니한다.

제14조 모든 국민은 거주·이전의 자유를 가진다.

제15조 모든 국민은 직업선택의 자유를 가진다.

제16조 모든 국민은 주거의 자유를 침해받지 아니한다. 주거에 대한 압수나 수색을 할 때에는 검사의 신청에 의하여 법관이 발부한 영장을 제시하여야 한다.

제17조 모든 국민은 사생활의 비밀과 자유를 침해받지 아니한다.

제18조 모든 국민은 통신의 비밀을 침해받지 아니한다.

제19조 모든 국민은 양심의 자유를 가진다.

제20조 ① 모든 국민은 종교의 자유를 가진다.

② 국교는 인정되지 아니하며, 종교와 정치는 분리된다.

제21조 ① 모든 국민은 언론·출판의 자유와 집회·결사의 자유를 가진다.

② 언론·출판에 대한 허가나 검열과 집회·결사에 대한 허가는 인정되지 아니한다.

③ 통신·방송의 시설기준과 신문의 기능을 보장하기 위하여 필요한 사항은 법률로 정한다.

④ 언론·출판은 타인의 명예나 권리 또는 공중도덕이나 사회윤리를 침해하여서는 아니된다. 언론·출판이 타인의 명예나 권리를 침해한 때에는 피해자는 이에 대한 피해의 배상을 청구할 수 있다.

제22조 ① 모든 국민은 학문과 예술의 자유를 가진다.

② 저작자·발명가·과학기술자와 예술가의 권리는 법률로써 보호한다.

제23조 ① 모든 국민의 재산권은 보장된다. 그 내용과 한계는 법률로 정한다.

② 재산권의 행사는 공공복리에 적합하도록 하여야 한다.

③ 공공필요에 의한 재산권의 수용·사용 또는 제한 및 그에 대한 보상은 법률로써 하되, 정당한 보상을 지급하여야 한다.

제24조 모든 국민은 법률이 정하는 바에 의하여 선거권을 가진다.

제25조 모든 국민은 법률이 정하는 바에 의하여 공무담임권을 가진다.

제26조 ① 모든 국민은 법률이 정하는 바에 의하여 국가기관에 문서로 청원할 권리를 가진다.

② 국가는 청원에 대하여 심사할 의

무를 진다.

第27조 ① 모든 국민은 헌법과 법률이 정한 법관에 의하여 법률에 의한 재판을 받을 권리를 가진다.

② 군인 또는 군무원이 아닌 국민은 대한민국의 영역안에서는 중대한 군사상 기밀·초병·초소·유독음식물공급·포로·군용물에 관한 죄중 법률이 정한 경우와 비상계엄이 선포된 경우를 제외하고는 군사법원의 재판을 받지 아니한다.

③ 모든 국민은 신속한 재판을 받을 권리를 가진다. 형사피고인은 상당한 이유가 없는 한 지체없이 공개재판을 받을 권리를 가진다.

④ 형사피고인은 유죄의 판결이 확정될 때까지는 무죄로 추정된다.

⑤ 형사피해자는 법률이 정하는 바에 의하여 당해 사건의 재판절차에서 진술할 수 있다.

第28조 형사피의자 또는 형사피고인으로서 구금되었던 자가 법률이 정하는 불기소처분을 받거나 무죄판결을 받은 때에는 법률이 정하는 바에 의하여 국가에 정당한 보상을 청구할 수 있다.

第29조 ① 공무원의 직무상 불법행위로 손해를 받은 국민은 법률이 정하는 바에 의하여 국가 또는 공공단체에 정당한 배상을 청구할 수 있다. 이 경우 공무원 자신의 책임은 면제되지 아니한다.

② 군인·군무원·경찰공무원 기타 법률이 정하는 자가 전투·훈련등 직무집행과 관련하여 받은 손해에 대하여는 법률이 정하는 보상외에 국가 또는 공공단체에 공무원의 직무상 불법행위로 인한 배상은 청구할 수 없다.

第30조 타인의 범죄행위로 인하여 생명·신체에 대한 피해를 받은 국민은 법률이 정하는 바에 의하여 국가로부터 구조를 받을 수 있다.

第31조 ① 모든 국민은 능력에 따라 균등하게 교육을 받을 권리를 가진다.

② 모든 국민은 그 보호하는 자녀에게 적어도 초등교육과 법률이 정하는 교육을 받게 할 의무를 진다.

③ 의무교육은 무상으로 한다.

④ 교육의 자주성·전문성·정치적 중립성 및 대학의 자율성은 법률이 정하는 바에 의하여 보장된다.

⑤ 국가는 평생교육을 진흥하여야 한다.

⑥ 학교교육 및 평생교육을 포함한 교육제도와 그 운영, 교육재정 및 교원의 지위에 관한 기본적인 사항은 법률로 정한다.

第32조 ① 모든 국민은 근로의 권리를 가진다. 국가는 사회적·경제적 방법으로 근로자의 고용의 증진과 적정임금의 보장에 노력하여야 하며, 법률이 정하는 바에 의하여 최저임금제를 시행하여야 한다.

② 모든 국민은 근로의 의무를 진다. 국가는 근로의 의무의 내용과 조건을 민주주의원칙에 따라 법률로 정한다.

③ 근로조건의 기준은 인간의 존엄성을 보장하도록 법률로 정한다.

④ 여자의 근로는 특별한 보호를 받으며, 고용·임금 및 근로조건에 있어서 부당한 차별을 받지 아니한다.

⑤ 연소자의 근로는 특별한 보호를

받는다.

⑥ 국가유공자·상이군경 및 전몰군경의 유가족은 법률이 정하는 바에 의하여 우선적으로 근로의 기회를 부여받는다.

제33조 ① 근로자는 근로조건의 향상을 위하여 자주적인 단결권·단체교섭권 및 단체행동권을 가진다.

② 공무원인 근로자는 법률이 정하는 자에 한하여 단결권·단체교섭권 및 단체행동권을 가진다.

③ 법률이 정하는 주요방위산업체에 종사하는 근로자의 단체행동권은 법률이 정하는 바에 의하여 이를 제한하거나 인정하지 아니할 수 있다.

제34조 ① 모든 국민은 인간다운 생활을 할 권리를 가진다.

② 국가는 사회보장·사회복지의 증진에 노력할 의무를 진다.

③ 국가는 여자의 복지와 권익의 향상을 위하여 노력하여야 한다.

④ 국가는 노인과 청소년의 복지향상을 위한 정책을 실시할 의무를 진다.

⑤ 신체장애자 및 질병·노령 기타의 사유로 생활능력이 없는 국민은 법률이 정하는 바에 의하여 국가의 보호를 받는다.

⑥ 국가는 재해를 예방하고 그 위험으로부터 국민을 보호하기 위하여 노력하여야 한다.

제35조 ① 모든 국민은 건강하고 쾌적한 환경에서 생활할 권리를 가지며, 국가와 국민은 환경보전을 위하여 노력하여야 한다.

② 환경권의 내용과 행사에 관하여는 법률로 정한다.

③ 국가는 주택개발정책등을 통하여 모든 국민이 쾌적한 주거생활을 할 수 있도록 노력하여야 한다.

제36조 ① 혼인과 가족생활은 개인의 존엄과 양성의 평등을 기초로 성립되고 유지되어야 하며, 국가는 이를 보장한다.

② 국가는 모성의 보호를 위하여 노력하여야 한다.

③ 모든 국민은 보건에 관하여 국가의 보호를 받는다.

제37조 ① 국민의 자유와 권리는 헌법에 열거되지 아니한 이유로 경시되지 아니한다.

② 국민의 모든 자유와 권리는 국가안전보장·질서유지 또는 공공복리를 위하여 필요한 경우에 한하여 법률로써 제한할 수 있으며, 제한하는 경우에도 자유와 권리의 본질적인 내용을 침해할 수 없다.

제38조 모든 국민은 법률이 정하는 바에 의하여 납세의 의무를 진다.

제39조 ① 모든 국민은 법률이 정하는 바에 의하여 국방의 의무를 진다.

② 누구든지 병역의무의 이행으로 인하여 불이익한 처우를 받지 아니한다.

제3장 국 회

제40조 입법권은 국회에 속한다.

제41조 ① 국회는 국민의 보통·평등·직접·비밀선거에 의하여 선출된 국회의원으로 구성한다.

② 국회의원의 수는 법률로 정하되,

200인 이상으로 한다.

③ 국회의원의 선거구와 비례대표제 기타 선거에 관한 사항은 법률로 정한다.

第42조 국회의원의 임기는 4년으로 한다.

第43조 국회의원은 법률이 정하는 직을 겸할 수 없다.

第44조 ① 국회의원은 현행범인인 경우를 제외하고는 회기중 국회의 동의없이 체포 또는 구금되지 아니한다.

② 국회의원이 회기전에 체포 또는 구금된 때에는 현행범인이 아닌 한 국회의 요구가 있으면 회기중 석방된다.

第45조 국회의원은 국회에서 직무상 행한 발언과 표결에 관하여 국회외에서 책임을 지지 아니한다.

第46조 ① 국회의원은 청렴의 의무가 있다.

② 국회의원은 국가이익을 우선하여 양심에 따라 직무를 행한다.

③ 국회의원은 그 지위를 남용하여 국가·공공단체 또는 기업체와의 계약이나 그 처분에 의하여 재산상의 권리·이익 또는 직위를 취득하거나 타인을 위하여 그 취득을 알선할 수 없다.

第47조 ① 국회의 정기회는 법률이 정하는 바에 의하여 매년 1회 집회되며, 국회의 임시회는 대통령 또는 국회재적의원 4분의 1 이상의 요구에 의하여 집회된다.

② 정기회의 회기는 100일을, 임시회의 회기는 30일을 초과할 수 없다.

③ 대통령이 임시회의 집회를 요구할 때에는 기간과 집회요구의 이유를 명시하여야 한다.

第48조 국회는 의장 1인과 부의장 2인을 선출한다.

第49조 국회는 헌법 또는 법률에 특별한 규정이 없는 한 재적의원 과반수의 출석과 출석의원 과반수의 찬성으로 의결한다. 가부동수인 때에는 부결된 것으로 본다.

第50조 ① 국회의 회의는 공개한다. 다만, 출석의원 과반수의 찬성이 있거나 의장이 국가의 안전보장을 위하여 필요하다고 인정할 때에는 공개하지 아니할 수 있다.

② 공개하지 아니한 회의내용의 공표에 관하여는 법률이 정하는 바에 의한다.

第51조 국회에 제출된 법률안 기타의 의안은 회기중에 의결되지 못한 이유로 폐기되지 아니한다. 다만, 국회의원의 임기가 만료된 때에는 그러하지 아니하다.

第52조 국회의원과 정부는 법률안을 제출할 수 있다.

第53조 ① 국회에서 의결된 법률안은 정부에 이송되어 15일 이내에 대통령이 공포한다.

② 법률안에 이의가 있을 때에는 대통령은 제1항의 기간내에 이의서를 붙여 국회로 환부하고, 그 재의를 요구할 수 있다. 국회의 폐회중에도 또한 같다.

③ 대통령은 법률안의 일부에 대하여 또는 법률안을 수정하여 재의를 요구할 수 없다.

④ 재의의 요구가 있을 때에는 국회

는 재의에 붙이고, 재적의원과반수의 출석과 출석의원 3분의 2 이상의 찬성으로 전과 같은 의결을 하면 그 법률안은 법률로서 확정된다.

⑤ 대통령이 제1항의 기간내에 공포나 재의의 요구를 하지 아니한 때에도 그 법률안은 법률로서 확정된다.

⑥ 대통령은 제4항과 제5항의 규정에 의하여 확정된 법률을 지체없이 공포하여야 한다. 제5항에 의하여 법률이 확정된 후 또는 제4항에 의한 확정법률이 정부에 이송된 후 5일 이내에 대통령이 공포하지 아니할 때에는 국회의장이 이를 공포한다.

⑦ 법률은 특별한 규정이 없는 한 공포한 날로부터 20일을 경과함으로써 효력을 발생한다.

第54조 ① 국회는 국가의 예산안을 심의·확정한다.

② 정부는 회계연도마다 예산안을 편성하여 회계연도 개시 90일전까지 국회에 제출하고, 국회는 회계연도 개시 30일전까지 이를 의결하여야 한다.

③ 새로운 회계연도가 개시될 때까지 예산안이 의결되지 못한 때에는 정부는 국회에서 예산안이 의결될 때까지 다음의 목적을 위한 경비는 전년도 예산에 준하여 집행할 수 있다.

1. 헌법이나 법률에 의하여 설치된 기관 또는 시설의 유지·운영
2. 법률상 지출의무의 이행
3. 이미 예산으로 승인된 사업의 계속

第55조 ① 한 회계연도를 넘어 계속하여 지출할 필요가 있을 때에는 정부는 연한을 정하여 계속비로서 국회의 의결을 얻어야 한다.

② 예비비는 총액으로 국회의 의결을 얻어야 한다. 예비비의 지출은 차기국회의 승인을 얻어야 한다.

第56조 정부는 예산에 변경을 가할 필요가 있을 때에는 추가경정예산안을 편성하여 국회에 제출할 수 있다.

第57조 국회는 정부의 동의없이 정부가 제출한 지출예산 각항의 금액을 증가하거나 새 비목을 설치할 수 없다.

第58조 국채를 모집하거나 예산외에 국가의 부담이 될 계약을 체결하려 할 때에는 정부는 미리 국회의 의결을 얻어야 한다.

第59조 조세의 종목과 세율은 법률로 정한다.

第60조 ① 국회는 상호원조 또는 안전보장에 관한 조약, 중요한 국제조직에 관한 조약, 우호통상항해조약, 주권의 제약에 관한 조약, 강화조약, 국가나 국민에게 중대한 재정적 부담을 지우는 조약 또는 입법사항에 관한 조약의 체결·비준에 대한 동의권을 가진다.

② 국회는 선전포고, 국군의 외국에의 파견 또는 외국군대의 대한민국 영역안에서의 주류에 대한 동의권을 가진다.

第61조 ① 국회는 국정을 감사하거나 특정한 국정사안에 대하여 조사할 수 있으며, 이에 필요한 서류의 제출 또는 증인의 출석과 증언이나 의견의 진술을 요구할 수 있다.

② 국정감사 및 조사에 관한 절차 기타 필요한 사항은 법률로 정한다.

第62조 ① 국무총리·국무위원 또는 정부위원은 국회나 그 위원회에 출석하

여 국정처리상황을 보고하거나 의견을 진술하고 질문에 응답할 수 있다.
② 국회나 그 위원회의 요구가 있을 때에는 국무총리·국무위원 또는 정부위원은 출석·답변하여야 하며, 국무총리 또는 국무위원이 출석요구를 받은 때에는 국무위원 또는 정부위원으로 하여금 출석·답변하게 할 수 있다.

第63조 ① 국회는 국무총리 또는 국무위원의 해임을 대통령에게 건의할 수 있다.
② 제1항의 해임건의는 국회재적의원 3분의 1 이상의 발의에 의하여 국회재적의원 과반수의 찬성이 있어야 한다.

第64조 ① 국회는 법률에 저촉되지 아니하는 범위안에서 의사와 내부규율에 관한 규칙을 제정할 수 있다.
② 국회는 의원의 자격을 심사하며, 의원을 징계할 수 있다.
③ 의원을 제명하려면 국회재적의원 3분의 2 이상의 찬성이 있어야 한다.
④ 제2항과 제3항의 처분에 대하여는 법원에 제소할 수 없다.

第65조 ① 대통령·국무총리·국무위원·행정각부의 장·헌법재판소 재판관·법관·중앙선거관리위원회 위원·감사원장·감사위원 기타 법률이 정한 공무원이 그 직무집행에 있어서 헌법이나 법률을 위배한 때에는 국회는 탄핵의 소추를 의결할 수 있다.
② 제1항의 탄핵소추는 국회재적의원 3분의 1 이상의 발의가 있어야 하며, 그 의결은 국회재적의원 과반수의 찬성이 있어야 한다. 다만, 대통령에 대한 탄핵소추는 국회재적의원 과반수의 발의와 국회재적의원 3분의 2 이상의 찬성이 있어야 한다.
③ 탄핵소추의 의결을 받은 자는 탄핵심판이 있을 때까지 그 권한행사가 정지된다.
④ 탄핵결정은 공직으로부터 파면함에 그친다. 그러나, 이에 의하여 민사상이나 형사상의 책임이 면제되지는 아니한다.

제4장 정 부

제1절 대통령

第66조 ① 대통령은 국가의 원수이며, 외국에 대하여 국가를 대표한다.
② 대통령은 국가의 독립·영토의 보전·국가의 계속성과 헌법을 수호할 책무를 진다.
③ 대통령은 조국의 평화적 통일을 위한 성실한 의무를 진다.
④ 행정권은 대통령을 수반으로 하는 정부에 속한다.

第67조 ① 대통령은 국민의 보통·평등·직접·비밀선거에 의하여 선출한다.
② 제1항의 선거에 있어서 최고득표자가 2인 이상인 때에는 국회의 재적의원 과반수가 출석한 공개회의에서 다수표를 얻은 자를 당선자로 한다.
③ 대통령후보자가 1인일 때에는 그 득표수가 선거권자 총수의 3분의 1 이상이 아니면 대통령으로 당선될 수 없다.
④ 대통령으로 선거될 수 있는 자는 국회의원의 피선거권이 있고 선거일 현재 40세에 달하여야 한다.

⑤ 대통령의 선거에 관한 사항은 법률로 정한다.

제68조 ① 대통령의 임기가 만료되는 때에는 임기만료 70일 내지 40일전에 후임자를 선거한다.

② 대통령이 궐위된 때 또는 대통령 당선자가 사망하거나 판결 기타의 사유로 그 자격을 상실한 때에는 60일 이내에 후임자를 선거한다.

제69조 대통령은 취임에 즈음하여 다음의 선서를 한다.

"나는 헌법을 준수하고 국가를 보위하며 조국의 평화적 통일과 국민의 자유와 복리의 증진 및 민족문화의 창달에 노력하여 대통령으로서의 직책을 성실히 수행할 것을 국민 앞에 엄숙히 선서합니다."

제70조 대통령의 임기는 5년으로 하며, 중임할 수 없다.

제71조 대통령이 궐위되거나 사고로 인하여 직무를 수행할 수 없을 때에는 국무총리, 법률이 정한 국무위원의 순서로 그 권한을 대행한다.

제72조 대통령은 필요하다고 인정할 때에는 외교·국방·통일 기타 국가안위에 관한 중요정책을 국민투표에 붙일 수 있다.

제73조 대통령은 조약을 체결·비준하고, 외교사절을 신임·접수 또는 파견하며, 선전포고와 강화를 한다.

제74조 ① 대통령은 헌법과 법률이 정하는 바에 의하여 국군을 통수한다.

② 국군의 조직과 편성은 법률로 정한다.

제75조 대통령은 법률에서 구체적으로 범위를 정하여 위임받은 사항과 법률을 집행하기 위하여 필요한 사항에 관하여 대통령령을 발할 수 있다.

제76조 ① 대통령은 내우·외환·천재·지변 또는 중대한 재정·경제상의 위기에 있어서 국가의 안전보장 또는 공공의 안녕질서를 유지하기 위하여 긴급한 조치가 필요하고 국회의 집회를 기다릴 여유가 없을 때에 한하여 최소한으로 필요한 재정·경제상의 처분을 하거나 이에 관하여 법률의 효력을 가지는 명령을 발할 수 있다.

② 대통령은 국가의 안위에 관계되는 중대한 교전상태에 있어서 국가를 보위하기 위하여 긴급한 조치가 필요하고 국회의 집회가 불가능한 때에 한하여 법률의 효력을 가지는 명령을 발할 수 있다.

③ 대통령은 제1항과 제2항의 처분 또는 명령을 한 때에는 지체없이 국회에 보고하여 그 승인을 얻어야 한다.

④ 제3항의 승인을 얻지 못한 때에는 그 처분 또는 명령은 그때부터 효력을 상실한다. 이 경우 그 명령에 의하여 개정 또는 폐지되었던 법률은 그 명령이 승인을 얻지 못한 때부터 당연히 효력을 회복한다.

⑤ 대통령은 제3항과 제4항의 사유를 지체없이 공포하여야 한다.

제77조 ① 대통령은 전시·사변 또는 이에 준하는 국가비상사태에 있어서 병력으로써 군사상의 필요에 응하거나 공공의 안녕질서를 유지할 필요가 있을 때에는 법률이 정하는 바에 의하여 계엄을 선포할 수 있다.

② 계엄은 비상계엄과 경비계엄으로 한다.

③ 비상계엄이 선포된 때에는 법률이 정하는 바에 의하여 영장제도, 언론·출판·집회·결사의 자유, 정부나 법원의 권한에 관하여 특별한 조치를 할 수 있다.

④ 계엄을 선포한 때에는 대통령은 지체없이 국회에 통고하여야 한다.

⑤ 국회가 재적의원 과반수의 찬성으로 계엄의 해제를 요구한 때에는 대통령은 이를 해제하여야 한다.

제78조 대통령은 헌법과 법률이 정하는 바에 의하여 공무원을 임면한다.

제79조 ① 대통령은 법률이 정하는 바에 의하여 사면·감형 또는 복권을 명할 수 있다.

② 일반사면을 명하려면 국회의 동의를 얻어야 한다.

③ 사면·감형 및 복권에 관한 사항은 법률로 정한다.

제80조 대통령은 법률이 정하는 바에 의하여 훈장 기타의 영전을 수여한다.

제81조 대통령은 국회에 출석하여 발언하거나 서한으로 의견을 표시할 수 있다.

제82조 대통령의 국법상 행위는 문서로써 하며, 이 문서에는 국무총리와 관계 국무위원이 부서한다. 군사에 관한 것도 또한 같다.

제83조 대통령은 국무총리·국무위원·행정각부의 장 기타 법률이 정하는 공사의 직을 겸할 수 없다.

제84조 대통령은 내란 또는 외환의 죄를 범한 경우를 제외하고는 재직중 형사상의 소추를 받지 아니한다.

제85조 전직대통령의 신분과 예우에 관하여는 법률로 정한다.

제 2 절 행정부

제 1 관 국무총리와 국무위원

제86조 ① 국무총리는 국회의 동의를 얻어 대통령이 임명한다.

② 국무총리는 대통령을 보좌하며, 행정에 관하여 대통령의 명을 받아 행정각부를 통할한다.

③ 군인은 현역을 면한 후가 아니면 국무총리로 임명될 수 없다.

제87조 ① 국무위원은 국무총리의 제청으로 대통령이 임명한다.

② 국무위원은 국정에 관하여 대통령을 보좌하며, 국무회의의 구성원으로서 국정을 심의한다.

③ 국무총리는 국무위원의 해임을 대통령에게 건의할 수 있다.

④ 군인은 현역을 면한 후가 아니면 국무위원으로 임명될 수 없다.

제 2 관 국무회의

제88조 ① 국무회의는 정부의 권한에 속하는 중요한 정책을 심의한다.

② 국무회의는 대통령·국무총리와 15인 이상 30인 이하의 국무위원으로 구성한다.

③ 대통령은 국무회의의 의장이 되고, 국무총리는 부의장이 된다.

제89조 다음 사항은 국무회의의 심의를 거쳐야 한다.

1. 국정의 기본계획과 정부의 일반정책
2. 선전·강화 기타 중요한 대외정책

3. 헌법개정안·국민투표안·조약안·법률안 및 대통령령안
4. 예산안·결산·국유재산처분의 기본계획·국가의 부담이 될 계약 기타 재정에 관한 중요사항
5. 대통령의 긴급명령·긴급재정경제처분 및 명령 또는 계엄과 그 해제
6. 군사에 관한 중요사항
7. 국회의 임시회 집회의 요구
8. 영전수여
9. 사면·감형과 복권
10. 행정각부간의 권한의 획정
11. 정부안의 권한의 위임 또는 배정에 관한 기본계획
12. 국정처리상황의 평가·분석
13. 행정각부의 중요한 정책의 수립과 조정
14. 정당해산의 제소
15. 정부에 제출 또는 회부된 정부의 정책에 관계되는 청원의 심사
16. 검찰총장·합동참모의장·각군참모총장·국립대학교총장·대사 기타 법률이 정한 공무원과 국영기업체관리자의 임명
17. 기타 대통령·국무총리 또는 국무위원이 제출한 사항

제90조 ① 국정의 중요한 사항에 관한 대통령의 자문에 응하기 위하여 국가원로로 구성되는 국가원로자문회의를 둘 수 있다.

② 국가원로자문회의의 의장은 직전대통령이 된다. 다만, 직전대통령이 없을 때에는 대통령이 지명한다.

③ 국가원로자문회의의 조직·직무범위 기타 필요한 사항은 법률로 정한다.

제91조 ① 국가안전보장에 관련되는 대외정책·군사정책과 국내정책의 수립에 관하여 국무회의의 심의에 앞서 대통령의 자문에 응하기 위하여 국가안전보장회의를 둔다.

② 국가안전보장회의는 대통령이 주재한다.

③ 국가안전보장회의의 조직·직무범위 기타 필요한 사항은 법률로 정한다.

제92조 ① 평화통일정책의 수립에 관한 대통령의 자문에 응하기 위하여 민주평화통일자문회의를 둘 수 있다.

② 민주평화통일자문회의의 조직·직무범위 기타 필요한 사항은 법률로 정한다.

제93조 ① 국민경제의 발전을 위한 중요정책의 수립에 관하여 대통령의 자문에 응하기 위하여 국민경제자문회의를 둘 수 있다.

② 국민경제자문회의의 조직·직무범위 기타 필요한 사항은 법률로 정한다.

제 3 관 행정각부

제94조 행정각부의 장은 국무위원 중에서 국무총리의 제청으로 대통령이 임명한다.

제95조 국무총리 또는 행정각부의 장은 소관사무에 관하여 법률이나 대통령령의 위임 또는 직권으로 총리령 또는 부령을 발할 수 있다.

제96조 행정각부의 설치·조직과 직무범위는 법률로 정한다.

제 4 관 감사원

제97조 국가의 세입·세출의 결산, 국가

및 법률이 정한 단체의 회계검사와 행정기관 및 공무원의 직무에 관한 감찰을 하기 위하여 대통령 소속하에 감사원을 둔다.

제98조 ① 감사원은 원장을 포함한 5인 이상 11인 이하의 감사위원으로 구성한다.

② 원장은 국회의 동의를 얻어 대통령이 임명하고, 그 임기는 4년으로 하며, 1차에 한하여 중임할 수 있다.

③ 감사위원은 원장의 제청으로 대통령이 임명하고, 그 임기는 4년으로 하며, 1차에 한하여 중임할 수 있다.

제99조 감사원은 세입·세출의 결산을 매년 검사하여 대통령과 차년도국회에 그 결과를 보고하여야 한다.

제100조 감사원의 조직·직무범위·감사위원의 자격·감사대상공무원의 범위 기타 필요한 사항은 법률로 정한다.

제5장 법 원

제101조 ① 사법권은 법관으로 구성된 법원에 속한다.

② 법원은 최고법원인 대법원과 각급법원으로 조직된다.

③ 법관의 자격은 법률로 정한다.

제102조 ① 대법원에 부를 둘 수 있다.

② 대법원에 대법관을 둔다. 다만, 법률이 정하는 바에 의하여 대법관이 아닌 법관을 둘 수 있다.

③ 대법원과 각급법원의 조직은 법률로 정한다.

제103조 법관은 헌법과 법률에 의하여 그 양심에 따라 독립하여 심판한다.

제104조 ① 대법원장은 국회의 동의를 얻어 대통령이 임명한다.

② 대법관은 대법원장의 제청으로 국회의 동의를 얻어 대통령이 임명한다.

③ 대법원장과 대법관이 아닌 법관은 대법관회의의 동의를 얻어 대법원장이 임명한다.

제105조 ① 대법원장의 임기는 6년으로 하며, 중임할 수 없다.

② 대법관의 임기는 6년으로 하며, 법률이 정하는 바에 의하여 연임할 수 있다.

③ 대법원장과 대법관이 아닌 법관의 임기는 10년으로 하며, 법률이 정하는 바에 의하여 연임할 수 있다.

④ 법관의 정년은 법률로 정한다.

제106조 ① 법관은 탄핵 또는 금고 이상의 형의 선고에 의하지 아니하고는 파면되지 아니하며, 징계처분에 의하지 아니하고는 정직·감봉 기타 불리한 처분을 받지 아니한다.

② 법관이 중대한 심신상의 장해로 직무를 수행할 수 없을 때에는 법률이 정하는 바에 의하여 퇴직하게 할 수 있다.

제107조 ① 법률이 헌법에 위반되는 여부가 재판의 전제가 된 경우에는 법원은 헌법재판소에 제청하여 그 심판에 의하여 재판한다.

② 명령·규칙 또는 처분이 헌법이나 법률에 위반되는 여부가 재판의 전제가 된 경우에는 대법원은 이를 최종적으로 심사할 권한을 가진다.

③ 재판의 전심절차로서 행정심판을 할 수 있다. 행정심판의 절차는 법률로

정하되, 사법절차가 준용되어야 한다.

제108조 대법원은 법률에 저촉되지 아니하는 범위안에서 소송에 관한 절차, 법원의 내부규율과 사무처리에 관한 규칙을 제정할 수 있다.

제109조 재판의 심리와 판결은 공개한다. 다만, 심리는 국가의 안전보장 또는 안녕질서를 방해하거나 선량한 풍속을 해할 염려가 있을 때에는 법원의 결정으로 공개하지 아니할 수 있다.

제110조 ① 군사재판을 관할하기 위하여 특별법원으로서 군사법원을 둘 수 있다.

② 군사법원의 상고심은 대법원에서 관할한다.

③ 군사법원의 조직·권한 및 재판관의 자격은 법률로 정한다.

④ 비상계엄하의 군사재판은 군인·군무원의 범죄나 군사에 관한 간첩죄의 경우와 초병·초소·유독음식물공급·포로에 관한 죄중 법률이 정한 경우에 한하여 단심으로 할 수 있다. 다만, 사형을 선고한 경우에는 그러하지 아니하다.

제 6 장 헌법재판소

제111조 ① 헌법재판소는 다음 사항을 관장한다.

1. 법원의 제청에 의한 법률의 위헌여부 심판
2. 탄핵의 심판
3. 정당의 해산 심판
4. 국가기관 상호간, 국가기관과 지방자치단체간 및 지방자치단체 상호간의 권한쟁의에 관한 심판
5. 법률이 정하는 헌법소원에 관한 심판

② 헌법재판소는 법관의 자격을 가진 9인의 재판관으로 구성하며, 재판관은 대통령이 임명한다.

③ 제2항의 재판관중 3인은 국회에서 선출하는 자를, 3인은 대법원장이 지명하는 자를 임명한다.

④ 헌법재판소의 장은 국회의 동의를 얻어 재판관중에서 대통령이 임명한다.

제112조 ① 헌법재판소 재판관의 임기는 6년으로 하며, 법률이 정하는 바에 의하여 연임할 수 있다.

② 헌법재판소 재판관은 정당에 가입하거나 정치에 관여할 수 없다.

③ 헌법재판소 재판관은 탄핵 또는 금고 이상의 형의 선고에 의하지 아니하고는 파면되지 아니한다.

제113조 ① 헌법재판소에서 법률의 위헌결정, 탄핵의 결정, 정당해산의 결정 또는 헌법소원에 관한 인용결정을 할 때에는 재판관 6인 이상의 찬성이 있어야 한다.

② 헌법재판소는 법률에 저촉되지 아니하는 범위안에서 심판에 관한 절차, 내부규율과 사무처리에 관한 규칙을 제정할 수 있다.

③ 헌법재판소의 조직과 운영 기타 필요한 사항은 법률로 정한다.

제 7 장 선거관리

제114조 ① 선거와 국민투표의 공정한 관리 및 정당에 관한 사무를 처리하기 위하여 선거관리위원회를 둔다.

② 중앙선거관리위원회는 대통령이 임명하는 3인, 국회에서 선출하는 3인과 대법원장이 지명하는 3인의 위원으로 구성한다. 위원장은 위원중에서 호선한다.

③ 위원의 임기는 6년으로 한다.

④ 위원은 정당에 가입하거나 정치에 관여할 수 없다.

⑤ 위원은 탄핵 또는 금고 이상의 형의 선고에 의하지 아니하고는 파면되지 아니한다.

⑥ 중앙선거관리위원회는 법령의 범위안에서 선거관리·국민투표관리 또는 정당사무에 관한 규칙을 제정할 수 있으며, 법률에 저촉되지 아니하는 범위안에서 내부규율에 관한 규칙을 제정할 수 있다.

⑦ 각급 선거관리위원회의 조직·직무범위 기타 필요한 사항은 법률로 정한다.

第115조 ① 각급 선거관리위원회는 선거인명부의 작성등 선거사무와 국민투표사무에 관하여 관계 행정기관에 필요한 지시를 할 수 있다.

② 제1항의 지시를 받은 당해 행정기관은 이에 응하여야 한다.

第116조 ① 선거운동은 각급 선거관리위원회의 관리하에 법률이 정하는 범위안에서 하되, 균등한 기회가 보장되어야 한다.

② 선거에 관한 경비는 법률이 정하는 경우를 제외하고는 정당 또는 후보자에게 부담시킬 수 없다.

제8장 지방자치

第117조 ① 지방자치단체는 주민의 복리에 관한 사무를 처리하고 재산을 관리하며, 법령의 범위안에서 자치에 관한 규정을 제정할 수 있다.

② 지방자치단체의 종류는 법률로 정한다.

第118조 ① 지방자치단체에 의회를 둔다.

② 지방의회의 조직·권한·의원선거와 지방자치단체의 장의 선임방법 기타 지방자치단체의 조직과 운영에 관한 사항은 법률로 정한다.

제9장 경 제

第119조 ① 대한민국의 경제질서는 개인과 기업의 경제상의 자유와 창의를 존중함을 기본으로 한다.

② 국가는 균형있는 국민경제의 성장 및 안정과 적정한 소득의 분배를 유지하고, 시장의 지배와 경제력의 남용을 방지하며, 경제주체간의 조화를 통한 경제의 민주화를 위하여 경제에 관한 규제와 조정을 할 수 있다.

第120조 ① 광물 기타 중요한 지하자원·수산자원·수력과 경제상 이용할 수 있는 자연력은 법률이 정하는 바에 의하여 일정한 기간 그 채취·개발 또는 이용을 특허할 수 있다.

② 국토와 자원은 국가의 보호를 받으며, 국가는 그 균형있는 개발과 이용을 위하여 필요한 계획을 수립한다.

第121조 ① 국가는 농지에 관하여 경자

유전의 원칙이 달성될 수 있도록 노력하여야 하며, 농지의 소작제도는 금지된다.
② 농업생산성의 제고와 농지의 합리적인 이용을 위하거나 불가피한 사정으로 발생하는 농지의 임대차와 위탁경영은 법률이 정하는 바에 의하여 인정된다.

제122조 국가는 국민 모두의 생산 및 생활의 기반이 되는 국토의 효율적이고 균형있는 이용·개발과 보전을 위하여 법률이 정하는 바에 의하여 그에 관한 필요한 제한과 의무를 과할 수 있다.

제123조 ① 국가는 농업 및 어업을 보호·육성하기 위하여 농·어촌종합개발과 그 지원등 필요한 계획을 수립·시행하여야 한다.
② 국가는 지역간의 균형있는 발전을 위하여 지역경제를 육성할 의무를 진다.
③ 국가는 중소기업을 보호·육성하여야 한다.
④ 국가는 농수산물의 수급균형과 유통구조의 개선에 노력하여 가격안정을 도모함으로써 농·어민의 이익을 보호한다.
⑤ 국가는 농·어민과 중소기업의 자조조직을 육성하여야 하며, 그 자율적 활동과 발전을 보장한다.

제124조 국가는 건전한 소비행위를 계도하고 생산품의 품질향상을 촉구하기 위한 소비자보호운동을 법률이 정하는 바에 의하여 보장한다.

제125조 국가는 대외무역을 육성하며, 이를 규제·조정할 수 있다.

제126조 국방상 또는 국민경제상 긴절한 필요로 인하여 법률이 정하는 경우를 제외하고는, 사영기업을 국유 또는 공유로 이전하거나 그 경영을 통제 또는 관리할 수 없다.

제127조 ① 국가는 과학기술의 혁신과 정보 및 인력의 개발을 통하여 국민경제의 발전에 노력하여야 한다.
② 국가는 국가표준제도를 확립한다.
③ 대통령은 제1항의 목적을 달성하기 위하여 필요한 자문기구를 둘 수 있다.

제 10 장 헌법개정

제128조 ① 헌법개정은 국회재적의원 과반수 또는 대통령의 발의로 제안된다.
② 대통령의 임기연장 또는 중임변경을 위한 헌법개정은 그 헌법개정 제안 당시의 대통령에 대하여는 효력이 없다.

제129조 제안된 헌법개정안은 대통령이 20일 이상의 기간 이를 공고하여야 한다.

제130조 ① 국회는 헌법개정안이 공고된 날로부터 60일 이내에 의결하여야 하며, 국회의 의결은 재적의원 3분의 2 이상의 찬성을 얻어야 한다.
② 헌법개정안은 국회가 의결한 후 30일 이내에 국민투표에 붙여 국회의원선거권자 과반수의 투표와 투표자 과반수의 찬성을 얻어야 한다.
③ 헌법개정안이 제2항의 찬성을 얻은 때에는 헌법개정은 확정되며, 대통령은 즉시 이를 공포하여야 한다.

부칙<제10호, 1987. 10. 29>

제1조 이 헌법은 1988년 2월 25일부터 시행한다. 다만, 이 헌법을 시행하기 위하여 필요한 법률의 제정·개정과 이 헌법에 의한 대통령 및 국회의원의 선거 기타 이 헌법시행에 관한 준비는 이 헌법시행 전에 할 수 있다.

제2조 ① 이 헌법에 의한 최초의 대통령선거는 이 헌법시행일 40일 전까지 실시한다.

② 이 헌법에 의한 최초의 대통령의 임기는 이 헌법시행일로부터 개시한다.

제3조 ① 이 헌법에 의한 최초의 국회의원선거는 이 헌법공포일로부터 6월 이내에 실시하며, 이 헌법에 의하여 선출된 최초의 국회의원의 임기는 국회의원선거후 이 헌법에 의한 국회의 최초의 집회일로부터 개시한다.

② 이 헌법공포 당시의 국회의원의 임기는 제1항에 의한 국회의 최초의 집회일 전일까지로 한다.

제4조 ① 이 헌법시행 당시의 공무원과 정부가 임명한 기업체의 임원은 이 헌법에 의하여 임명된 것으로 본다. 다만, 이 헌법에 의하여 선임방법이나 임명권자가 변경된 공무원과 대법원장 및 감사원장은 이 헌법에 의하여 후임자가 선임될 때까지 그 직무를 행하며, 이 경우 전임자인 공무원의 임기는 후임자가 선임되는 전일까지로 한다.

② 이 헌법시행 당시의 대법원장과 대법원판사가 아닌 법관은 제1항 단서의 규정에 불구하고 이 헌법에 의하여 임명된 것으로 본다.

③ 이 헌법중 공무원의 임기 또는 중임제한에 관한 규정은 이 헌법에 의하여 그 공무원이 최초로 선출 또는 임명된 때로부터 적용한다.

제5조 이 헌법시행 당시의 법령과 조약은 이 헌법에 위배되지 아니하는 한 그 효력을 지속한다.

제6조 이 헌법시행 당시에 이 헌법에 의하여 새로 설치될 기관의 권한에 속하는 직무를 행하고 있는 기관은 이 헌법에 의하여 새로운 기관이 설치될 때까지 존속하며 그 직무를 행한다.

헌법재판소법

[시행 2018. 3. 20] [법률 제15495호, 2018. 3. 20, 일부개정]

제1장 총 칙 <개정 2011. 4. 5.>

제1조(목적) 이 법은 헌법재판소의 조직 및 운영과 그 심판절차에 관하여 필요한 사항을 정함을 목적으로 한다.
[전문개정 2011. 4. 5.]

제2조(관장사항) 헌법재판소는 다음 각 호의 사항을 관장한다.
1. 법원의 제청(提請)에 의한 법률의 위헌(違憲) 여부 심판
2. 탄핵(彈劾)의 심판
3. 정당의 해산심판
4. 국가기관 상호간, 국가기관과 지방자치단체 간 및 지방자치단체 상호간의 권한쟁의(權限爭議)에 관한 심판
5. 헌법소원(憲法訴願)에 관한 심판

[전문개정 2011. 4. 5.]

제3조(구성) 헌법재판소는 9명의 재판관으로 구성한다.
[전문개정 2011. 4. 5.]

제4조(재판관의 독립) 재판관은 헌법과 법률에 의하여 양심에 따라 독립하여 심판한다.
[전문개정 2011. 4. 5.]

제5조(재판관의 자격) ① 재판관은 다음 각 호의 어느 하나에 해당하는 직(職)에 15년 이상 있던 40세 이상인 사람 중에서 임명한다. 다만, 다음 각 호 중 둘 이상의 직에 있던 사람의 재직기간은 합산한다.
1. 판사, 검사, 변호사
2. 변호사 자격이 있는 사람으로서 국가기관, 국영·공영 기업체, 「공공기관의 운영에 관한 법률」 제4조에 따른 공공기관 또는 그 밖의 법인에서 법률에 관한 사무에 종사한 사람
3. 변호사 자격이 있는 사람으로서 공인된 대학의 법률학 조교수 이상의 직에 있던 사람

② 다음 각 호의 어느 하나에 해당하는 사람은 재판관으로 임명할 수 없다.
1. 다른 법령에 따라 공무원으로 임용하지 못하는 사람
2. 금고 이상의 형을 선고받은 사람
3. 탄핵에 의하여 파면된 후 5년이 지나지 아니한 사람

[전문개정 2011. 4. 5.]

제6조(재판관의 임명) ① 재판관은 대통령이 임명한다. 이 경우 재판관 중 3명은 국회에서 선출하는 사람을, 3명은 대법원장이 지명하는 사람을 임명한다.

② 재판관은 국회의 인사청문을 거쳐 임명·선출 또는 지명하여야 한다. 이 경우 대통령은 재판관(국회에서 선출하거나 대법원장이 지명하는 사람은 제외한다)을 임명하기 전에, 대법원장은 재판관을 지명하기 전에 인사청문을 요청한다.

③ 재판관의 임기가 만료되거나 정년이 도래하는 경우에는 임기만료일 또는 정년도래일까지 후임자를 임명하여야 한다.

④ 임기 중 재판관이 결원된 경우에는 결원된 날부터 30일 이내에 후임자를 임명하여야 한다.

⑤ 제3항 및 제4항에도 불구하고 국회에서 선출한 재판관이 국회의 폐회 또는 휴회 중에 그 임기가 만료되거나 정년이 도래한 경우 또는 결원된 경우에는 국회는 다음 집회가 개시된 후 30일 이내에 후임자를 선출하여야 한다.

[전문개정 2011. 4. 5.]

제7조(재판관의 임기) ① 재판관의 임기는 6년으로 하며, 연임할 수 있다.

② 재판관의 정년은 70세로 한다. <개정 2014. 12. 30.>

[전문개정 2011. 4. 5.]

제8조(재판관의 신분 보장) 재판관은 다음 각 호의 어느 하나에 해당하는 경우가 아니면 그 의사에 반하여 해임되지 아니한다.

1. 탄핵결정이 된 경우
2. 금고 이상의 형을 선고받은 경우

[전문개정 2011. 4. 5.]

제9조(재판관의 정치 관여 금지) 재판관은 정당에 가입하거나 정치에 관여할 수 없다.

[전문개정 2011. 4. 5.]

제10조(규칙 제정권) ① 헌법재판소는 이 법과 다른 법률에 저촉되지 아니하는 범위에서 심판에 관한 절차, 내부 규율과 사무처리에 관한 규칙을 제정할 수 있다.

② 헌법재판소규칙은 관보에 게재하여 공포한다.

[전문개정 2011. 4. 5.]

제10조의2(입법 의견의 제출) 헌법재판소장은 헌법재판소의 조직, 인사, 운영, 심판절차와 그 밖에 헌법재판소의 업무와 관련된 법률의 제정 또는 개정이 필요하다고 인정하는 경우에는 국회에 서면으로 그 의견을 제출할 수 있다.

[전문개정 2011. 4. 5.]

제11조(경비) ① 헌법재판소의 경비는 독립하여 국가의 예산에 계상(計上)하여야 한다.

② 제1항의 경비 중에는 예비금을 둔다.

[전문개정 2011. 4. 5.]

제2장 조 직 <개정 2011. 4. 5.>

제12조(헌법재판소장) ① 헌법재판소에 헌법재판소장을 둔다.

② 헌법재판소장은 국회의 동의를 받아 재판관 중에서 대통령이 임명한다.

③ 헌법재판소장은 헌법재판소를 대표하고, 헌법재판소의 사무를 총괄하

며, 소속 공무원을 지휘·감독한다.

④ 헌법재판소장이 궐위(闕位)되거나 부득이한 사유로 직무를 수행할 수 없을 때에는 다른 재판관이 헌법재판소규칙으로 정하는 순서에 따라 그 권한을 대행한다.

[전문개정 2011. 4. 5.]

제13조 삭제 <1991. 11. 30.>

제14조(재판관의 겸직 금지) 재판관은 다음 각 호의 어느 하나에 해당하는 직을 겸하거나 영리를 목적으로 하는 사업을 할 수 없다.

1. 국회 또는 지방의회의 의원의 직
2. 국회·정부 또는 법원의 공무원의 직
3. 법인·단체 등의 고문·임원 또는 직원의 직

[전문개정 2011. 4. 5.]

제15조(헌법재판소장 등의 대우) 헌법재판소장의 대우와 보수는 대법원장의 예에 따르며, 재판관은 정무직(政務職)으로 하고 그 대우와 보수는 대법관의 예에 따른다.

[전문개정 2011. 4. 5.]

제16조(재판관회의) ① 재판관회의는 재판관 전원으로 구성하며, 헌법재판소장이 의장이 된다.

② 재판관회의는 재판관 7명 이상의 출석과 출석인원 과반수의 찬성으로 의결한다.

③ 의장은 의결에서 표결권을 가진다.

④ 다음 각 호의 사항은 재판관회의의 의결을 거쳐야 한다.

1. 헌법재판소규칙의 제정과 개정, 제10조의2에 따른 입법 의견의 제출에 관한 사항
2. 예산 요구, 예비금 지출과 결산에 관한 사항
3. 사무처장, 사무차장, 헌법재판연구원장, 헌법연구관 및 3급 이상 공무원의 임면(任免)에 관한 사항
4. 특히 중요하다고 인정되는 사항으로서 헌법재판소장이 재판관회의에 부치는 사항

⑤ 재판관회의의 운영에 필요한 사항은 헌법재판소규칙으로 정한다.

[전문개정 2011. 4. 5.]

제17조(사무처) ① 헌법재판소의 행정사무를 처리하기 위하여 헌법재판소에 사무처를 둔다.

② 사무처에 사무처장과 사무차장을 둔다.

③ 사무처장은 헌법재판소장의 지휘를 받아 사무처의 사무를 관장하며, 소속 공무원을 지휘·감독한다.

④ 사무처장은 국회 또는 국무회의에 출석하여 헌법재판소의 행정에 관하여 발언할 수 있다.

⑤ 헌법재판소장이 한 처분에 대한 행정소송의 피고는 헌법재판소 사무처장으로 한다.

⑥ 사무차장은 사무처장을 보좌하며, 사무처장이 부득이한 사유로 직무를 수행할 수 없을 때에는 그 직무를 대행한다.

⑦ 사무처에 실, 국, 과를 둔다.

⑧ 실에는 실장, 국에는 국장, 과에는 과장을 두며, 사무처장·사무차장·실장 또는 국장 밑에 정책의 기획, 계획

의 입안, 연구·조사, 심사·평가 및 홍보업무를 보좌하는 심의관 또는 담당관을 둘 수 있다.

⑨ 이 법에 규정되지 아니한 사항으로서 사무처의 조직, 직무 범위, 사무처에 두는 공무원의 정원, 그 밖에 필요한 사항은 헌법재판소규칙으로 정한다.

[전문개정 2011. 4. 5.]

제18조(사무처 공무원) ① 사무처장은 정무직으로 하고, 보수는 국무위원의 보수와 같은 금액으로 한다.

② 사무차장은 정무직으로 하고, 보수는 차관의 보수와 같은 금액으로 한다.

③ 실장은 1급 또는 2급, 국장은 2급 또는 3급, 심의관 및 담당관은 2급부터 4급까지, 과장은 3급 또는 4급의 일반직국가공무원으로 임명한다. 다만, 담당관 중 1명은 3급 상당 또는 4급 상당의 별정직국가공무원으로 임명할 수 있다.

④ 사무처 공무원은 헌법재판소장이 임면한다. 다만, 3급 이상의 공무원의 경우에는 재판관회의의 의결을 거쳐야 한다.

⑤ 헌법재판소장은 다른 국가기관에 대하여 그 소속 공무원을 사무처 공무원으로 근무하게 하기 위하여 헌법재판소에의 파견근무를 요청할 수 있다.

[전문개정 2011. 4. 5.]

제19조(헌법연구관) ① 헌법재판소에 헌법재판소규칙으로 정하는 수의 헌법연구관을 둔다. <개정 2011. 4. 5.>

② 헌법연구관은 특정직국가공무원으로 한다. <개정 2011. 4. 5.>

③ 헌법연구관은 헌법재판소장의 명을 받아 사건의 심리(審理) 및 심판에 관한 조사·연구에 종사한다. <개정 2011. 4. 5.>

④ 헌법연구관은 다음 각 호의 어느 하나에 해당하는 사람 중에서 헌법재판소장이 재판관회의의 의결을 거쳐 임용한다. <개정 2011. 4. 5.>

1. 판사·검사 또는 변호사의 자격이 있는 사람
2. 공인된 대학의 법률학 조교수 이상의 직에 있던 사람
3. 국회, 정부 또는 법원 등 국가기관에서 4급 이상의 공무원으로서 5년 이상 법률에 관한 사무에 종사한 사람
4. 법률학에 관한 박사학위 소지자로서 국회, 정부, 법원 또는 헌법재판소 등 국가기관에서 5년 이상 법률에 관한 사무에 종사한 사람
5. 법률학에 관한 박사학위 소지자로서 헌법재판소규칙으로 정하는 대학 등 공인된 연구기관에서 5년 이상 법률에 관한 사무에 종사한 사람

⑤ 삭제 <2003. 3. 12.>

⑥ 다음 각 호의 어느 하나에 해당하는 사람은 헌법연구관으로 임용될 수 없다. <개정 2011. 4. 5.>

1. 「국가공무원법」 제33조 각 호의 어느 하나에 해당하는 사람
2. 금고 이상의 형을 선고받은 사람
3. 탄핵결정에 의하여 파면된 후 5년이 지나지 아니한 사람

⑦ 헌법연구관의 임기는 10년으로 하

되, 연임할 수 있고, 정년은 60세로 한다. <개정 2011. 4. 5.>

⑧ 헌법연구관이 제6항 각 호의 어느 하나에 해당할 때에는 당연히 퇴직한다. 다만, 「국가공무원법」 제33조제5호에 해당할 때에는 그러하지 아니하다. <개정 2011. 4. 5.>

⑨ 헌법재판소장은 다른 국가기관에 대하여 그 소속 공무원을 헌법연구관으로 근무하게 하기 위하여 헌법재판소에의 파견근무를 요청할 수 있다. <개정 2011. 4. 5.>

⑩ 사무차장은 헌법연구관의 직을 겸할 수 있다. <개정 2011. 4. 5.>

⑪ 헌법재판소장은 헌법연구관을 사건의 심리 및 심판에 관한 조사·연구업무 외의 직에 임명하거나 그 직을 겸임하게 할 수 있다. 이 경우 헌법연구관의 수는 헌법재판소규칙으로 정하며, 보수는 그 중 고액의 것을 지급한다. <개정 2011. 4. 5., 2014. 12. 30.>

[제목개정 2011. 4. 5.]

제19조의2(헌법연구관보) ① 헌법연구관을 신규임용하는 경우에는 3년간 헌법연구관보(憲法硏究官補)로 임용하여 근무하게 한 후 그 근무성적을 고려하여 헌법연구관으로 임용한다. 다만, 경력 및 업무능력 등을 고려하여 헌법재판소규칙으로 정하는 바에 따라 헌법연구관보 임용을 면제하거나 그 기간을 단축할 수 있다.

② 헌법연구관보는 헌법재판소장이 재판관회의의 의결을 거쳐 임용한다.

③ 헌법연구관보는 별정직국가공무원으로 하고, 그 보수와 승급기준은 헌법연구관의 예에 따른다.

④ 헌법연구관보가 근무성적이 불량한 경우에는 재판관회의의 의결을 거쳐 면직시킬 수 있다.

⑤ 헌법연구관보의 근무기간은 이 법 및 다른 법령에 규정된 헌법연구관의 재직기간에 산입한다.

[전문개정 2011. 4. 5.]

제19조의3(헌법연구위원) ① 헌법재판소에 헌법연구위원을 둘 수 있다. 헌법연구위원은 사건의 심리 및 심판에 관한 전문적인 조사·연구에 종사한다.

② 헌법연구위원은 3년 이내의 범위에서 기간을 정하여 임명한다.

③ 헌법연구위원은 2급 또는 3급 상당의 별정직공무원이나 「국가공무원법」 제26조의5에 따른 임기제공무원으로 하고, 그 직제 및 자격 등에 관하여는 헌법재판소규칙으로 정한다. <개정 2012. 12. 11.>

[본조신설 2007. 12. 21.]

제19조의4(헌법재판연구원) ① 헌법 및 헌법재판 연구와 헌법연구관, 사무처 공무원 등의 교육을 위하여 헌법재판소에 헌법재판연구원을 둔다.

② 헌법재판연구원의 정원은 원장 1명을 포함하여 40명 이내로 하고, 원장 밑에 부장, 팀장, 연구관 및 연구원을 둔다. <개정 2014. 12. 30.>

③ 원장은 헌법재판소장이 재판관회의의 의결을 거쳐 헌법연구관으로 보하거나 1급인 일반직국가공무원으로 임명한다. <신설 2014. 12. 30.>

④ 부장은 헌법연구관이나 2급 또는 3급 일반직공무원으로, 팀장은 헌법연구관이나 3급 또는 4급 일반직공무원으로 임명하고, 연구관 및 연구원은 헌법연구관 또는 일반직공무원으로 임명한다. <개정 2014. 12. 30.>

⑤ 연구관 및 연구원은 다음 각 호의 어느 하나에 해당하는 사람 중에서 헌법재판소장이 보하거나 헌법재판연구원장의 제청을 받아 헌법재판소장이 임명한다. <신설 2014. 12. 30.>

1. 헌법연구관
2. 변호사의 자격이 있는 사람(외국의 변호사 자격을 포함한다)
3. 학사 또는 석사학위를 취득한 사람으로서 헌법재판소규칙으로 정하는 실적 또는 경력이 있는 사람
4. 박사학위를 취득한 사람

⑥ 그 밖에 헌법재판연구원의 조직과 운영에 필요한 사항은 헌법재판소규칙으로 정한다. <신설 2014. 12. 30.>

[전문개정 2011. 4. 5.]

第20條(헌법재판소장 비서실 등) ① 헌법재판소에 헌법재판소장 비서실을 둔다.

② 헌법재판소장 비서실에 비서실장 1명을 두되, 비서실장은 1급 상당의 별정직국가공무원으로 임명하고, 헌법재판소장의 명을 받아 기밀에 관한 사무를 관장한다.

③ 제2항에 규정되지 아니한 사항으로서 헌법재판소장 비서실의 조직과 운영에 필요한 사항은 헌법재판소규칙으로 정한다.

④ 헌법재판소에 재판관 비서관을 둔다.

⑤ 재판관 비서관은 4급의 일반직국가공무원 또는 4급 상당의 별정직국가공무원으로 임명하며, 재판관의 명을 받아 기밀에 관한 사무를 관장한다.

[전문개정 2011. 4. 5.]

第21條(서기 및 정리) ① 헌법재판소에 서기(書記) 및 정리(廷吏)를 둔다.

② 헌법재판소장은 사무처 직원 중에서 서기 및 정리를 지명한다.

③ 서기는 재판장의 명을 받아 사건에 관한 서류의 작성·보관 또는 송달에 관한 사무를 담당한다.

④ 정리는 심판정(審判廷)의 질서유지와 그 밖에 재판장이 명하는 사무를 집행한다.

[전문개정 2011. 4. 5.]

제 3 장 일반심판절차

<개정 2011. 4. 5.>

第22條(재판부) ① 이 법에 특별한 규정이 있는 경우를 제외하고는 헌법재판소의 심판은 재판관 전원으로 구성되는 재판부에서 관장한다.

② 재판부의 재판장은 헌법재판소장이 된다.

[전문개정 2011. 4. 5.]

第23條(심판정족수) ① 재판부는 재판관 7명 이상의 출석으로 사건을 심리한다.

② 재판부는 종국심리(終局審理)에 관여한 재판관 과반수의 찬성으로 사건에 관한 결정을 한다. 다만, 다음 각 호

의 어느 하나에 해당하는 경우에는 재판관 6명 이상의 찬성이 있어야 한다.

1. 법률의 위헌결정, 탄핵의 결정, 정당해산의 결정 또는 헌법소원에 관한 인용결정(認容決定)을 하는 경우
2. 종전에 헌법재판소가 판시한 헌법 또는 법률의 해석 적용에 관한 의견을 변경하는 경우

[전문개정 2011. 4. 5.]

제24조(제척·기피 및 회피) ① 재판관이 다음 각 호의 어느 하나에 해당하는 경우에는 그 직무집행에서 제척(除斥)된다.

1. 재판관이 당사자이거나 당사자의 배우자 또는 배우자였던 경우
2. 재판관과 당사자가 친족관계이거나 친족관계였던 경우
3. 재판관이 사건에 관하여 증언이나 감정(鑑定)을 하는 경우
4. 재판관이 사건에 관하여 당사자의 대리인이 되거나 되었던 경우
5. 그 밖에 재판관이 헌법재판소 외에서 직무상 또는 직업상의 이유로 사건에 관여한 경우

② 재판부는 직권 또는 당사자의 신청에 의하여 제척의 결정을 한다.

③ 재판관에게 공정한 심판을 기대하기 어려운 사정이 있는 경우 당사자는 기피(忌避)신청을 할 수 있다. 다만, 변론기일(辯論期日)에 출석하여 본안(本案)에 관한 진술을 한 때에는 그러하지 아니하다.

④ 당사자는 동일한 사건에 대하여 2명 이상의 재판관을 기피할 수 없다.

⑤ 재판관은 제1항 또는 제3항의 사유가 있는 경우에는 재판장의 허가를 받아 회피(回避)할 수 있다.

⑥ 당사자의 제척 및 기피신청에 관한 심판에는 「민사소송법」 제44조, 제45조, 제46조제1항·제2항 및 제48조를 준용한다.

[전문개정 2011. 4. 5.]

제25조(대표자·대리인) ① 각종 심판절차에서 정부가 당사자(참가인을 포함한다. 이하 같다)인 경우에는 법무부장관이 이를 대표한다.

② 각종 심판절차에서 당사자인 국가기관 또는 지방자치단체는 변호사 또는 변호사의 자격이 있는 소속 직원을 대리인으로 선임하여 심판을 수행하게 할 수 있다.

③ 각종 심판절차에서 당사자인 사인(私人)은 변호사를 대리인으로 선임하지 아니하면 심판청구를 하거나 심판 수행을 하지 못한다. 다만, 그가 변호사의 자격이 있는 경우에는 그러하지 아니하다.

[전문개정 2011. 4. 5.]

제26조(심판청구의 방식) ① 헌법재판소에의 심판청구는 심판절차별로 정하여진 청구서를 헌법재판소에 제출함으로써 한다. 다만, 위헌법률심판에서는 법원의 제청서, 탄핵심판에서는 국회의 소추의결서(訴追議決書)의 정본(正本)으로 청구서를 갈음한다.

② 청구시에는 필요한 증거서류 또는 참고자료를 첨부할 수 있다.

[전문개정 2011. 4. 5.]

제27조(청구서의 송달) ① 헌법재판소가 청구서를 접수한 때에는 지체 없이 그 등본을 피청구기관 또는 피청구인(이하 "피청구인"이라 한다)에게 송달하여야 한다.

② 위헌법률심판의 제청이 있으면 법무부장관 및 당해 소송사건의 당사자에게 그 제청서의 등본을 송달한다.

[전문개정 2011. 4. 5.]

제28조(심판청구의 보정) ① 재판장은 심판청구가 부적법하나 보정(補正)할 수 있다고 인정되는 경우에는 상당한 기간을 정하여 보정을 요구하여야 한다.

② 제1항에 따른 보정 서면에 관하여는 제27조제1항을 준용한다.

③ 제1항에 따른 보정이 있는 경우에는 처음부터 적법한 심판청구가 있은 것으로 본다.

④ 제1항에 따른 보정기간은 제38조의 심판기간에 산입하지 아니한다.

⑤ 재판장은 필요하다고 인정하는 경우에는 재판관 중 1명에게 제1항의 보정요구를 할 수 있는 권한을 부여할 수 있다.

[전문개정 2011. 4. 5.]

제29조(답변서의 제출) ① 청구서 또는 보정 서면을 송달받은 피청구인은 헌법재판소에 답변서를 제출할 수 있다.

② 답변서에는 심판청구의 취지와 이유에 대응하는 답변을 적는다.

[전문개정 2011. 4. 5.]

제30조(심리의 방식) ① 탄핵의 심판, 정당해산의 심판 및 권한쟁의의 심판은 구두변론에 의한다.

② 위헌법률의 심판과 헌법소원에 관한 심판은 서면심리에 의한다. 다만, 재판부는 필요하다고 인정하는 경우에는 변론을 열어 당사자, 이해관계인, 그 밖의 참고인의 진술을 들을 수 있다.

③ 재판부가 변론을 열 때에는 기일을 정하여 당사자와 관계인을 소환하여야 한다.

[전문개정 2011. 4. 5.]

제31조(증거조사) ① 재판부는 사건의 심리를 위하여 필요하다고 인정하는 경우에는 직권 또는 당사자의 신청에 의하여 다음 각 호의 증거조사를 할 수 있다.

1. 당사자 또는 증인을 신문(訊問)하는 일
2. 당사자 또는 관계인이 소지하는 문서·장부·물건 또는 그 밖의 증거자료의 제출을 요구하고 영치(領置)하는 일
3. 특별한 학식과 경험을 가진 자에게 감정을 명하는 일
4. 필요한 물건·사람·장소 또는 그 밖의 사물의 성상(性狀)이나 상황을 검증하는 일

② 재판장은 필요하다고 인정하는 경우에는 재판관 중 1명을 지정하여 제1항의 증거조사를 하게 할 수 있다.

[전문개정 2011. 4. 5.]

제32조(자료제출 요구 등) 재판부는 결정으로 다른 국가기관 또는 공공단체의 기관에 심판에 필요한 사실을 조회하거나, 기록의 송부나 자료의 제출

을 요구할 수 있다. 다만, 재판·소추 또는 범죄수사가 진행 중인 사건의 기록에 대하여는 송부를 요구할 수 없다.

[전문개정 2011. 4. 5.]

제33조(심판의 장소) 심판의 변론과 종국결정의 선고는 심판정에서 한다. 다만, 헌법재판소장이 필요하다고 인정하는 경우에는 심판정 외의 장소에서 변론 또는 종국결정의 선고를 할 수 있다.

[전문개정 2011. 4. 5.]

제34조(심판의 공개) ① 심판의 변론과 결정의 선고는 공개한다. 다만, 서면심리와 평의(評議)는 공개하지 아니한다.

② 헌법재판소의 심판에 관하여는 「법원조직법」 제57조제1항 단서와 같은 조 제2항 및 제3항을 준용한다.

[전문개정 2011. 4. 5.]

제35조(심판의 지휘와 법정경찰권) ① 재판장은 심판정의 질서와 변론의 지휘 및 평의의 정리(整理)를 담당한다.

② 헌법재판소 심판정의 질서유지와 용어의 사용에 관하여는 「법원조직법」 제58조부터 제63조까지의 규정을 준용한다.

[전문개정 2011. 4. 5.]

제36조(종국결정) ① 재판부가 심리를 마쳤을 때에는 종국결정을 한다.

② 종국결정을 할 때에는 다음 각 호의 사항을 적은 결정서를 작성하고 심판에 관여한 재판관 전원이 이에 서명날인하여야 한다.

1. 사건번호와 사건명
2. 당사자와 심판수행자 또는 대리인의 표시
3. 주문(主文)
4. 이유
5. 결정일

③ 심판에 관여한 재판관은 결정서에 의견을 표시하여야 한다.

④ 종국결정이 선고되면 서기는 지체 없이 결정서 정본을 작성하여 당사자에게 송달하여야 한다.

⑤ 종국결정은 헌법재판소규칙으로 정하는 바에 따라 관보에 게재하거나 그 밖의 방법으로 공시한다.

[전문개정 2011. 4. 5.]

제37조(심판비용 등) ① 헌법재판소의 심판비용은 국가부담으로 한다. 다만, 당사자의 신청에 의한 증거조사의 비용은 헌법재판소규칙으로 정하는 바에 따라 그 신청인에게 부담시킬 수 있다.

② 헌법재판소는 헌법소원심판의 청구인에 대하여 헌법재판소규칙으로 정하는 공탁금의 납부를 명할 수 있다.

③ 헌법재판소는 다음 각 호의 어느 하나에 해당하는 경우에는 헌법재판소규칙으로 정하는 바에 따라 공탁금의 전부 또는 일부의 국고 귀속을 명할 수 있다.

1. 헌법소원의 심판청구를 각하하는 경우
2. 헌법소원의 심판청구를 기각하는 경우에 그 심판청구가 권리의 남용이라고 인정되는 경우

[전문개정 2011. 4. 5.]

제38조(심판기간) 헌법재판소는 심판사

건을 접수한 날부터 180일 이내에 종국결정의 선고를 하여야 한다. 다만, 재판관의 궐위로 7명의 출석이 불가능한 경우에는 그 궐위된 기간은 심판기간에 산입하지 아니한다.

[전문개정 2011. 4. 5.]

제39조(일사부재리) 헌법재판소는 이미 심판을 거친 동일한 사건에 대하여는 다시 심판할 수 없다.

[전문개정 2011. 4. 5.]

제39조의2(심판확정기록의 열람·복사) ① 누구든지 권리구제, 학술연구 또는 공익 목적으로 심판이 확정된 사건기록의 열람 또는 복사를 신청할 수 있다. 다만, 헌법재판소장은 다음 각 호의 어느 하나에 해당하는 경우에는 사건기록을 열람하거나 복사하는 것을 제한할 수 있다.

1. 변론이 비공개로 진행된 경우
2. 사건기록의 공개로 인하여 국가의 안전보장, 선량한 풍속, 공공의 질서유지나 공공복리를 현저히 침해할 우려가 있는 경우
3. 사건기록의 공개로 인하여 관계인의 명예, 사생활의 비밀, 영업비밀(「부정경쟁방지 및 영업비밀보호에 관한 법률」 제2조제2호에 규정된 영업비밀을 말한다) 또는 생명·신체의 안전이나 생활의 평온을 현저히 침해할 우려가 있는 경우

② 헌법재판소장은 제1항 단서에 따라 사건기록의 열람 또는 복사를 제한하는 경우에는 신청인에게 그 사유를 명시하여 통지하여야 한다.

③ 제1항에 따른 사건기록의 열람 또는 복사 등에 관하여 필요한 사항은 헌법재판소규칙으로 정한다.

④ 사건기록을 열람하거나 복사한 자는 열람 또는 복사를 통하여 알게 된 사항을 이용하여 공공의 질서 또는 선량한 풍속을 침해하거나 관계인의 명예 또는 생활의 평온을 훼손하는 행위를 하여서는 아니 된다.

[전문개정 2011. 4. 5.]

제40조(준용규정) ① 헌법재판소의 심판절차에 관하여는 이 법에 특별한 규정이 있는 경우를 제외하고는 헌법재판의 성질에 반하지 아니하는 한도에서 민사소송에 관한 법령을 준용한다. 이 경우 탄핵심판의 경우에는 형사소송에 관한 법령을 준용하고, 권한쟁의심판 및 헌법소원심판의 경우에는 「행정소송법」을 함께 준용한다.

② 제1항 후단의 경우에 형사소송에 관한 법령 또는 「행정소송법」이 민사소송에 관한 법령에 저촉될 때에는 민사소송에 관한 법령은 준용하지 아니한다.

[전문개정 2011. 4. 5.]

제 4 장 특별심판절차

<개정 2011. 4. 5.>

제 1 절 위헌법률심판 <개정 2011. 4. 5.>

제41조(위헌 여부 심판의 제청) ① 법률이 헌법에 위반되는지 여부가 재판의 전제가 된 경우에는 당해 사건을 담당하는 법원(군사법원을 포함한다.

이하 같다)은 직권 또는 당사자의 신청에 의한 결정으로 헌법재판소에 위헌 여부 심판을 제청한다.

② 제1항의 당사자의 신청은 제43조 제2호부터 제4호까지의 사항을 적은 서면으로 한다.

③ 제2항의 신청서면의 심사에 관하여는 「민사소송법」 제254조를 준용한다.

④ 위헌 여부 심판의 제청에 관한 결정에 대하여는 항고할 수 없다.

⑤ 대법원 외의 법원이 제1항의 제청을 할 때에는 대법원을 거쳐야 한다.

[전문개정 2011. 4. 5.]

제42조(재판의 정지 등) ① 법원이 법률의 위헌 여부 심판을 헌법재판소에 제청한 때에는 당해 소송사건의 재판은 헌법재판소의 위헌 여부의 결정이 있을 때까지 정지된다. 다만, 법원이 긴급하다고 인정하는 경우에는 종국재판 외의 소송절차를 진행할 수 있다.

② 제1항 본문에 따른 재판정지기간은 「형사소송법」 제92조제1항·제2항 및 「군사법원법」 제132조제1항·제2항의 구속기간과 「민사소송법」 제199조의 판결 선고기간에 산입하지 아니한다.

[전문개정 2011. 4. 5.]

제43조(제청서의 기재사항) 법원이 법률의 위헌 여부 심판을 헌법재판소에 제정할 때에는 제정서에 다음 각 호의 사항을 적어야 한다.

1. 제청법원의 표시
2. 사건 및 당사자의 표시
3. 위헌이라고 해석되는 법률 또는 법률의 조항
4. 위헌이라고 해석되는 이유
5. 그 밖에 필요한 사항

[전문개정 2011. 4. 5.]

제44조(소송사건 당사자 등의 의견) 당해 소송사건의 당사자 및 법무부장관은 헌법재판소에 법률의 위헌 여부에 대한 의견서를 제출할 수 있다.

[전문개정 2011. 4. 5.]

제45조(위헌결정) 헌법재판소는 제청된 법률 또는 법률 조항의 위헌 여부만을 결정한다. 다만, 법률 조항의 위헌결정으로 인하여 해당 법률 전부를 시행할 수 없다고 인정될 때에는 그 전부에 대하여 위헌결정을 할 수 있다.

[전문개정 2011. 4. 5.]

제46조(결정서의 송달) 헌법재판소는 결정일부터 14일 이내에 결정서 정본을 제청한 법원에 송달한다. 이 경우 제청한 법원이 대법원이 아닌 경우에는 대법원을 거쳐야 한다.

[전문개정 2011. 4. 5.]

제47조(위헌결정의 효력) ① 법률의 위헌결정은 법원과 그 밖의 국가기관 및 지방자치단체를 기속(羈束)한다.

② 위헌으로 결정된 법률 또는 법률의 조항은 그 결정이 있는 날부터 효력을 상실한다. <개정 2014. 5. 20.>

③ 제2항에도 불구하고 형벌에 관한 법률 또는 법률의 조항은 소급하여 그 효력을 상실한다. 다만, 해당 법률 또는 법률의 조항에 대하여 종전에 합헌으로 결정한 사건이 있는 경우에는 그 결정이 있는 날의 다음 날로 소급하여 효력을 상실한다. <신설 2014. 5. 20.>

④ 제3항의 경우에 위헌으로 결정된 법률 또는 법률의 조항에 근거한 유죄의 확정판결에 대하여는 재심을 청구할 수 있다. <개정 2014. 5. 20.>
⑤ 제4항의 재심에 대하여는 「형사소송법」을 준용한다. <개정 2014. 5. 20.>
[전문개정 2011. 4. 5.]

제 2 절 탄핵심판 <개정 2011. 4. 5.>

제48조(탄핵소추) 다음 각 호의 어느 하나에 해당하는 공무원이 그 직무집행에서 헌법이나 법률을 위반한 경우에는 국회는 헌법 및 「국회법」에 따라 탄핵의 소추를 의결할 수 있다.
1. 대통령, 국무총리, 국무위원 및 행정각부(行政各部)의 장
2. 헌법재판소 재판관, 법관 및 중앙선거관리위원회 위원
3. 감사원장 및 감사위원
4. 그 밖에 법률에서 정한 공무원

[전문개정 2011. 4. 5.]

제49조(소추위원) ① 탄핵심판에서는 국회 법제사법위원회의 위원장이 소추위원이 된다.
② 소추위원은 헌법재판소에 소추의결서의 정본을 제출하여 탄핵심판을 청구하며, 심판의 변론에서 피청구인을 신문할 수 있다.
[전문개정 2011. 4. 5.]

제50조(권한 행사의 정지) 탄핵소추의 의결을 받은 사람은 헌법재판소의 심판이 있을 때까지 그 권한 행사가 정지된다.
[전문개정 2011. 4. 5.]

제51조(심판절차의 정지) 피청구인에 대한 탄핵심판 청구와 동일한 사유로 형사소송이 진행되고 있는 경우에는 재판부는 심판절차를 정지할 수 있다.
[전문개정 2011. 4. 5.]

제52조(당사자의 불출석) ① 당사자가 변론기일에 출석하지 아니하면 다시 기일을 정하여야 한다.
② 다시 정한 기일에도 당사자가 출석하지 아니하면 그의 출석 없이 심리할 수 있다.
[전문개정 2011. 4. 5.]

제53조(결정의 내용) ① 탄핵심판 청구가 이유 있는 경우에는 헌법재판소는 피청구인을 해당 공직에서 파면하는 결정을 선고한다.
② 피청구인이 결정 선고 전에 해당 공직에서 파면되었을 때에는 헌법재판소는 심판청구를 기각하여야 한다.
[전문개정 2011. 4. 5.]

제54조(결정의 효력) ① 탄핵결정은 피청구인의 민사상 또는 형사상의 책임을 면제하지 아니한다.
② 탄핵결정에 의하여 파면된 사람은 결정 선고가 있은 날부터 5년이 지나지 아니하면 공무원이 될 수 없다.
[전문개정 2011. 4. 5.]

제 3 절 정당해산심판 <개정 2011. 4. 5.>

제55조(정당해산심판의 청구) 정당의 목적이나 활동이 민주적 기본질서에 위배될 때에는 정부는 국무회의의 심의를 거쳐 헌법재판소에 정당해산심판을 청구할 수 있다.

[전문개정 2011. 4. 5.]

제56조(청구서의 기재사항) 정당해산심판의 청구서에는 다음 각 호의 사항을 적어야 한다.

1. 해산을 요구하는 정당의 표시
2. 청구 이유

[전문개정 2011. 4. 5.]

제57조(가처분) 헌법재판소는 정당해산심판의 청구를 받은 때에는 직권 또는 청구인의 신청에 의하여 종국결정의 선고 시까지 피청구인의 활동을 정지하는 결정을 할 수 있다.

[전문개정 2011. 4. 5.]

제58조(청구 등의 통지) ① 헌법재판소장은 정당해산심판의 청구가 있는 때, 가처분결정을 한 때 및 그 심판이 종료한 때에는 그 사실을 국회와 중앙선거관리위원회에 통지하여야 한다.

② 정당해산을 명하는 결정서는 피청구인 외에 국회, 정부 및 중앙선거관리위원회에도 송달하여야 한다.

[전문개정 2011. 4. 5.]

제59조(결정의 효력) 정당의 해산을 명하는 결정이 선고된 때에는 그 정당은 해산된다.

[전문개정 2011. 4. 5.]

제60조(결정의 집행) 정당의 해산을 명하는 헌법재판소의 결정은 중앙선거관리위원회가 「정당법」에 따라 집행한다.

[전문개정 2011. 4. 5.]

제 4 절 권한쟁의심판 <개정 2011. 4. 5.>

제61조(청구 사유) ① 국가기관 상호간, 국가기관과 지방자치단체 간 및 지방자치단체 상호간에 권한의 유무 또는 범위에 관하여 다툼이 있을 때에는 해당 국가기관 또는 지방자치단체는 헌법재판소에 권한쟁의심판을 청구할 수 있다.

② 제1항의 심판청구는 피청구인의 처분 또는 부작위(不作爲)가 헌법 또는 법률에 의하여 부여받은 청구인의 권한을 침해하였거나 침해할 현저한 위험이 있는 경우에만 할 수 있다.

[전문개정 2011. 4. 5.]

제62조(권한쟁의심판의 종류) ① 권한쟁의심판의 종류는 다음 각 호와 같다. <개정 2018. 3. 20.>

1. 국가기관 상호간의 권한쟁의심판
   국회, 정부, 법원 및 중앙선거관리위원회 상호간의 권한쟁의심판
2. 국가기관과 지방자치단체 간의 권한쟁의심판
   가. 정부와 특별시·광역시·특별자치시·도 또는 특별자치도 간의 권한쟁의심판
   나. 정부와 시·군 또는 지방자치단체인 구(이하 "자치구"라 한다) 간의 권한쟁의심판
3. 지방자치단체 상호간의 권한쟁의심판
   가. 특별시·광역시·특별자치시·도 또는 특별자치도 상호간의 권한쟁의심판
   나. 시·군 또는 자치구 상호간의 권한쟁의심판
   다. 특별시·광역시·특별자치시·도

또는 특별자치도와 시·군 또는 자치구 간의 권한쟁의심판

② 권한쟁의가 「지방교육자치에 관한 법률」 제2조에 따른 교육·학예에 관한 지방자치단체의 사무에 관한 것인 경우에는 교육감이 제1항제2호 및 제3호의 당사자가 된다.

[전문개정 2011. 4. 5.]

第63조(청구기간) ① 권한쟁의의 심판은 그 사유가 있음을 안 날부터 60일 이내에, 그 사유가 있은 날부터 180일 이내에 청구하여야 한다.

② 제1항의 기간은 불변기간으로 한다.

[전문개정 2011. 4. 5.]

第64조(청구서의 기재사항) 권한쟁의심판의 청구서에는 다음 각 호의 사항을 적어야 한다.

1. 청구인 또는 청구인이 속한 기관 및 심판수행자 또는 대리인의 표시
2. 피청구인의 표시
3. 심판 대상이 되는 피청구인의 처분 또는 부작위
4. 청구 이유
5. 그 밖에 필요한 사항

[전문개정 2011. 4. 5.]

第65조(가처분) 헌법재판소가 권한쟁의심판의 청구를 받았을 때에는 직권 또는 청구인의 신청에 의하여 종국결정의 선고 시까지 심판 대상이 된 피청구인의 처분의 효력을 정지하는 결정을 할 수 있다.

[전문개정 2011. 4. 5.]

第66조(결정의 내용) ① 헌법재판소는 심판의 대상이 된 국가기관 또는 지방자치단체의 권한의 유무 또는 범위에 관하여 판단한다.

② 제1항의 경우에 헌법재판소는 권한침해의 원인이 된 피청구인의 처분을 취소하거나 그 무효를 확인할 수 있고, 헌법재판소가 부작위에 대한 심판청구를 인용하는 결정을 한 때에는 피청구인은 결정 취지에 따른 처분을 하여야 한다.

[전문개정 2011. 4. 5.]

第67조(결정의 효력) ① 헌법재판소의 권한쟁의심판의 결정은 모든 국가기관과 지방자치단체를 기속한다.

② 국가기관 또는 지방자치단체의 처분을 취소하는 결정은 그 처분의 상대방에 대하여 이미 생긴 효력에 영향을 미치지 아니한다.

[전문개정 2011. 4. 5.]

제 5 절 헌법소원심판 <개정 2011. 4. 5.>

第68조(청구 사유) ① 공권력의 행사 또는 불행사(不行使)로 인하여 헌법상 보장된 기본권을 침해받은 자는 법원의 재판을 제외하고는 헌법재판소에 헌법소원심판을 청구할 수 있다. 다만, 다른 법률에 구제절차가 있는 경우에는 그 절차를 모두 거친 후에 청구할 수 있다.

② 제41조제1항에 따른 법률의 위헌 여부 심판의 제청신청이 기각된 때에는 그 신청을 한 당사자는 헌법재판소에 헌법소원심판을 청구할 수 있다. 이 경우 그 당사자는 당해 사건의 소송절차에서 동일한 사유를 이유로 다

시 위헌 여부 심판의 제청을 신청할 수 없다.
[전문개정 2011. 4. 5.]
[한정위헌, 2016헌마33, 2016. 4. 28., 헌법재판소법(2011. 4. 5. 법률 제10546호로 개정된 것) 제68조 제1항 본문 중 "법원의 재판을 제외하고는" 부분은, 헌법재판소가 위헌으로 결정한 법령을 적용함으로써 국민의 기본권을 침해한 재판이 포함되는 것으로 해석하는 한 헌법에 위반된다.]

제69조(청구기간) ① 제68조제1항에 따른 헌법소원의 심판은 그 사유가 있음을 안 날부터 90일 이내에, 그 사유가 있는 날부터 1년 이내에 청구하여야 한다. 다만, 다른 법률에 따른 구제절차를 거친 헌법소원의 심판은 그 최종결정을 통지받은 날부터 30일 이내에 청구하여야 한다.
② 제68조제2항에 따른 헌법소원심판은 위헌 여부 심판의 제청신청을 기각하는 결정을 통지받은 날부터 30일 이내에 청구하여야 한다.
[전문개정 2011. 4. 5.]

제70조(국선대리인) ① 헌법소원심판을 청구하려는 자가 변호사를 대리인으로 선임할 자력(資力)이 없는 경우에는 헌법재판소에 국선대리인을 선임하여 줄 것을 신청할 수 있다. 이 경우 제69조에 따른 청구기간은 국선대리인의 선임신청이 있는 날을 기준으로 정한다.
② 제1항에도 불구하고 헌법재판소가 공익상 필요하다고 인정할 때에는 국선대리인을 선임할 수 있다.
③ 헌법재판소는 제1항의 신청이 있는 경우 또는 제2항의 경우에는 헌법재판소규칙으로 정하는 바에 따라 변호사 중에서 국선대리인을 선정한다. 다만, 그 심판청구가 명백히 부적법하거나 이유 없는 경우 또는 권리의 남용이라고 인정되는 경우에는 국선대리인을 선정하지 아니할 수 있다.
④ 헌법재판소가 국선대리인을 선정하지 아니한다는 결정을 한 때에는 지체 없이 그 사실을 신청인에게 통지하여야 한다. 이 경우 신청인이 선임신청을 한 날부터 그 통지를 받은 날까지의 기간은 제69조의 청구기간에 산입하지 아니한다.
⑤ 제3항에 따라 선정된 국선대리인은 선정된 날부터 60일 이내에 제71조에 규정된 사항을 적은 심판청구서를 헌법재판소에 제출하여야 한다.
⑥ 제3항에 따라 선정한 국선대리인에게는 헌법재판소규칙으로 정하는 바에 따라 국고에서 그 보수를 지급한다.
[전문개정 2011. 4. 5.]

제71조(청구서의 기재사항) ① 제68조제1항에 따른 헌법소원의 심판청구서에는 다음 각 호의 사항을 적어야 한다.
1. 청구인 및 대리인의 표시
2. 침해된 권리
3. 침해의 원인이 되는 공권력의 행사 또는 불행사
4. 청구 이유
5. 그 밖에 필요한 사항

② 제68조제2항에 따른 헌법소원의

심판청구서의 기재사항에 관하여는 제43조를 준용한다. 이 경우 제43조제1호 중 "제청법원의 표시"는 "청구인 및 대리인의 표시"로 본다.

③ 헌법소원의 심판청구서에는 대리인의 선임을 증명하는 서류 또는 국선대리인 선임통지서를 첨부하여야 한다.

[전문개정 2011. 4. 5.]

제72조(사전심사) ① 헌법재판소장은 헌법재판소에 재판관 3명으로 구성되는 지정재판부를 두어 헌법소원심판의 사전심사를 담당하게 할 수 있다. <개정 2011. 4. 5.>

② 삭제 <1991. 11. 30.>

③ 지정재판부는 다음 각 호의 어느 하나에 해당되는 경우에는 지정재판부 재판관 전원의 일치된 의견에 의한 결정으로 헌법소원의 심판청구를 각하한다. <개정 2011. 4. 5.>

1. 다른 법률에 따른 구제절차가 있는 경우 그 절차를 모두 거치지 아니하거나 또는 법원의 재판에 대하여 헌법소원의 심판이 청구된 경우
2. 제69조의 청구기간이 지난 후 헌법소원심판이 청구된 경우
3. 제25조에 따른 대리인의 선임 없이 청구된 경우
4. 그 밖에 헌법소원심판의 청구가 부적법하고 그 흠결을 보정할 수 없는 경우

④ 지정재판부는 전원의 일치된 의견으로 제3항의 각하결정을 하지 아니하는 경우에는 결정으로 헌법소원을 재판부의 심판에 회부하여야 한다. 헌법소원심판의 청구 후 30일이 지날 때까지 각하결정이 없는 때에는 심판에 회부하는 결정(이하 "심판회부결정"이라 한다)이 있는 것으로 본다. <개정 2011. 4. 5.>

⑤ 지정재판부의 심리에 관하여는 제28조, 제31조, 제32조 및 제35조를 준용한다. <개정 2011. 4. 5.>

⑥ 지정재판부의 구성과 운영에 필요한 사항은 헌법재판소규칙으로 정한다. <개정 2011. 4. 5.>

[제목개정 2011. 4. 5.]

제73조(각하 및 심판회부 결정의 통지) ① 지정재판부는 헌법소원을 각하하거나 심판회부결정을 한 때에는 그 결정일부터 14일 이내에 청구인 또는 그 대리인 및 피청구인에게 그 사실을 통지하여야 한다. 제72조제4항 후단의 경우에도 또한 같다.

② 헌법재판소장은 헌법소원이 제72조제4항에 따라 재판부의 심판에 회부된 때에는 다음 각 호의 자에게 지체 없이 그 사실을 통지하여야 한다.

1. 법무부장관
2. 제68조제2항에 따른 헌법소원심판에서는 청구인이 아닌 당해 사건의 당사자

[전문개정 2011. 4. 5.]

제74조(이해관계기관 등의 의견 제출) ① 헌법소원의 심판에 이해관계가 있는 국가기관 또는 공공단체와 법무부장관은 헌법재판소에 그 심판에 관한 의견서를 제출할 수 있다.

② 제68조제2항에 따른 헌법소원이

재판부에 심판 회부된 경우에는 제27조제2항 및 제44조를 준용한다.
[전문개정 2011. 4. 5.]

제75조(인용결정) ① 헌법소원의 인용결정은 모든 국가기관과 지방자치단체를 기속한다.
② 제68조제1항에 따른 헌법소원을 인용할 때에는 인용결정서의 주문에 침해된 기본권과 침해의 원인이 된 공권력의 행사 또는 불행사를 특정하여야 한다.
③ 제2항의 경우에 헌법재판소는 기본권 침해의 원인이 된 공권력의 행사를 취소하거나 그 불행사가 위헌임을 확인할 수 있다.
④ 헌법재판소가 공권력의 불행사에 대한 헌법소원을 인용하는 결정을 한 때에는 피청구인은 결정 취지에 따라 새로운 처분을 하여야 한다.
⑤ 제2항의 경우에 헌법재판소는 공권력의 행사 또는 불행사가 위헌인 법률 또는 법률의 조항에 기인한 것이라고 인정될 때에는 인용결정에서 해당 법률 또는 법률의 조항이 위헌임을 선고할 수 있다.
⑥ 제5항의 경우 및 제68조제2항에 따른 헌법소원을 인용하는 경우에는 제45조 및 제47조를 준용한다.
⑦ 제68조제2항에 따른 헌법소원이 인용된 경우에 해당 헌법소원과 관련된 소송사건이 이미 확정된 때에는 당사자는 재심을 청구할 수 있다.
⑧ 제7항에 따른 재심에서 형사사건에 대하여는 「형사소송법」을 준용하고, 그 외의 사건에 대하여는 「민사소송법」을 준용한다.
[전문개정 2011. 4. 5.]

제 5 장 전자정보처리조직을 통한 심판절차의 수행 <신설 2009. 12. 29.>

제76조(전자문서의 접수) ① 각종 심판절차의 당사자나 관계인은 청구서 또는 이 법에 따라 제출할 그 밖의 서면을 전자문서(컴퓨터 등 정보처리능력을 갖춘 장치에 의하여 전자적인 형태로 작성되어 송수신되거나 저장된 정보를 말한다. 이하 같다)화하고 이를 정보통신망을 이용하여 헌법재판소에서 지정·운영하는 전자정보처리조직(심판절차에 필요한 전자문서를 작성·제출·송달하는 데에 필요한 정보처리능력을 갖춘 전자적 장치를 말한다. 이하 같다)을 통하여 제출할 수 있다.
② 제1항에 따라 제출된 전자문서는 이 법에 따라 제출된 서면과 같은 효력을 가진다.
③ 전자정보처리조직을 이용하여 제출된 전자문서는 전자정보처리조직에 전자적으로 기록된 때에 접수된 것으로 본다.
④ 제3항에 따라 전자문서가 접수된 경우에 헌법재판소는 헌법재판소규칙으로 정하는 바에 따라 당사자나 관계인에게 전자적 방식으로 그 접수사실을 즉시 알려야 한다.
[전문개정 2011. 4. 5.]

제77조(전자서명 등) ① 당사자나 관계

인은 헌법재판소에 제출하는 전자문서에 헌법재판소규칙으로 정하는 바에 따라 본인임을 확인할 수 있는 전자서명을 하여야 한다.

② 재판관이나 서기는 심판사건에 관한 서류를 전자문서로 작성하는 경우에 「전자정부법」 제2조제6호에 따른 행정전자서명(이하 "행정전자서명"이라 한다)을 하여야 한다.

③ 제1항의 전자서명과 제2항의 행정전자서명은 헌법재판소의 심판절차에 관한 법령에서 정하는 서명·서명날인 또는 기명날인으로 본다.

[본조신설 2009. 12. 29.]

제78조(전자적 송달 등) ① 헌법재판소는 당사자나 관계인에게 전자정보처리조직과 그와 연계된 정보통신망을 이용하여 결정서나 이 법에 따른 각종 서류를 송달할 수 있다. 다만, 당사자나 관계인이 동의하지 아니하는 경우에는 그러하지 아니하다.

② 헌법재판소는 당사자나 관계인에게 송달하여야 할 결정서 등의 서류를 전자정보처리조직에 입력하여 등재한 다음 그 등재 사실을 헌법재판소규칙으로 정하는 바에 따라 전자적 방식으로 알려야 한다.

③ 제1항에 따른 전자정보처리조직을 이용한 서류 송달은 서면으로 한 것과 같은 효력을 가진다.

④ 제2항의 경우 송달받을 자가 등재된 전자문서를 헌법재판소규칙으로 정하는 바에 따라 확인한 때에 송달된 것으로 본다. 다만, 그 등재 사실을 통지한 날부터 2주 이내에 확인하지 아니하였을 때에는 등재 사실을 통지한 날부터 2주가 지난 날에 송달된 것으로 본다.

⑤ 제1항에도 불구하고 전자정보처리조직의 장애로 인하여 전자적 송달이 불가능하거나 그 밖에 헌법재판소규칙으로 정하는 사유가 있는 경우에는 「민사소송법」에 따라 송달할 수 있다.

[전문개정 2011. 4. 5.]

제6장 벌칙 <개정 2011. 4. 5.>

제79조(벌칙) 다음 각 호의 어느 하나에 해당하는 자는 1년 이하의 징역 또는 100만원 이하의 벌금에 처한다.

1. 헌법재판소로부터 증인, 감정인, 통역인 또는 번역인으로서 소환 또는 위촉을 받고 정당한 사유 없이 출석하지 아니한 자
2. 헌법재판소로부터 증거물의 제출요구 또는 제출명령을 받고 정당한 사유 없이 이를 제출하지 아니한 자
3. 헌법재판소의 조사 또는 검사를 정당한 사유 없이 거부·방해 또는 기피한 자

[전문개정 2011. 4. 5.]

부 칙 <제15495호, 2018. 3. 20.>

이 법은 공포한 날부터 시행한다.

헌법재판소 심판규칙

[시행 2018. 6. 15] [헌법재판소규칙 제399호, 2018. 6. 15, 일부개정]

제1장 총 칙

제1조(목적) 이 규칙은 「대한민국헌법」 제113조제2항과 「헌법재판소법」 제10조제1항에 따라 헌법재판소의 심판절차에 관하여 필요한 사항을 규정함을 목적으로 한다.

제2조(헌법재판소에 제출하는 서면 또는 전자문서의 기재사항) ① 헌법재판소에 제출하는 서면 또는 전자문서에는 특별한 규정이 없으면 다음 각 호의 사항을 기재하고 기명날인하거나 서명하여야 한다. <개정 2010. 2. 26.>

1. 사건의 표시
2. 서면을 제출하는 사람의 이름, 주소, 연락처(전화번호, 팩시밀리번호, 전자우편주소 등을 말한다. 다음부터 같다)
3. 덧붙인 서류의 표시
4. 작성한 날짜

② 제출한 서면에 기재한 주소 또는 연락처에 변동사항이 없으면 그 후에 제출하는 서면에는 이를 기재하지 아니하여도 된다.

③ 심판서류는 「헌법재판소 심판절차에서의 전자문서 이용 등에 관한 규칙」에 따라 전자헌법재판시스템을 통하여 전자문서로 제출할 수 있다. <신설 2010. 2. 26.>

[제목개정 2010. 2. 26.]

제2조의2(민감정보 등의 처리) ① 헌법재판소는 심판업무 수행을 위하여 필요한 범위 내에서 「개인정보 보호법」 제23조의 민감정보, 제24조의 고유식별정보 및 그 밖의 개인정보를 처리할 수 있다.

② 헌법재판소는 「헌법재판소법」(다음부터 "법"이라 한다) 제32조에 따라 국가기관 또는 공공단체의 기관에 제1항의 민감정보, 고유식별정보 및 그 밖의 개인정보가 포함된 자료의 제출요구 등을 할 수 있다.

[본조신설 2012. 11. 26.]

제3조(심판서류의 작성방법) ① 심판서류는 간결한 문장으로 분명하게 작성하여야 한다.

② 심판서류의 용지크기는 특별한 사유가 없으면 가로 210mm·세로 297mm(A4 용지)로 한다.

제4조(번역문의 첨부) 외국어나 부호로 작성된 문서에는 국어로 된 번역문을 붙인다.

제5조(심판서류의 접수와 보정권고 등) ① 심판서류를 접수한 공무원은 심판서류를 제출한 사람이 요청하면 바로 접수증을 교부하여야 한다.
② 제1항의 공무원은 제출된 심판서류의 흠결을 보완하기 위하여 필요한 보정을 권고할 수 있다.
③ 헌법재판소는 필요하다고 인정하면 심판서류를 제출한 사람에게 그 문서의 전자파일을 전자우편이나 그 밖에 적당한 방법으로 헌법재판소에 보내도록 요청할 수 있다.

제 2 장 일반심판절차

제 1 절 당사자

제6조(법정대리권 등의 증명) 법정대리권이 있는 사실, 법인이나 법인이 아닌 사단 또는 재단의 대표자나 관리인이라는 사실, 소송행위를 위한 권한을 받은 사실은 서면으로 증명하여야 한다.

제7조(법인이 아닌 사단 또는 재단의 당사자능력을 판단하는 자료의 제출) 헌법재판소는 법인이 아닌 사단 또는 재단이 당사자일 때에는 정관이나 규약, 그 밖에 그 당사자의 당사자능력을 판단하기 위하여 필요한 자료를 제출하게 할 수 있다.

제8조(대표대리인) ① 재판장은 복수의 대리인이 있을 때에는 당사자나 대리인의 신청 또는 재판장의 직권에 의하여 대표대리인을 지정하거나 그 지정을 철회 또는 변경할 수 있다.
② 대표대리인은 3명을 초과할 수 없다.
③ 대표대리인 1명에 대한 통지 또는 서류의 송달은 대리인 전원에 대하여 효력이 있다.

제 2 절 심판의 청구

제9조(심판용 부본의 제출) 법 제26조에 따라 헌법재판소에 청구서를 제출하는 사람은 9통의 심판용 부본을 함께 제출하여야 한다. 이 경우 제23조에 따른 송달용 부본은 따로 제출하여야 한다. <개정 2012. 11. 26.>

제10조(이해관계기관 등의 의견서 제출 등) ① 헌법재판소의 심판에 이해관계가 있는 국가기관 또는 공공단체와 법무부장관은 헌법재판소에 의견서를 제출할 수 있고, 헌법재판소는 이들에게 의견서를 제출할 것을 요청할 수 있다.
② 헌법재판소는 필요하다고 인정하면 당해심판에 이해관계가 있는 사람에게 의견서를 제출할 수 있음을 통지할 수 있다.
③ 헌법재판소는 제1항 후단 및 제2항의 경우에 당해심판의 제청서 또는 청구서의 등본을 송달한다.

제 3 절 변론 및 참고인 진술

제11조(심판준비절차의 실시) ① 헌법재판소는 심판절차를 효율적이고 집중적으로 진행하기 위하여 당사자의 주장과 증거를 정리할 필요가 있을 때에는 심판준비절차를 실시할 수 있다.

② 헌법재판소는 재판부에 속한 재판관을 수명재판관으로 지정하여 심판준비절차를 담당하게 할 수 있다. <개정 2017. 5. 30.>

제11조의2(헌법연구관의 사건의 심리 및 심판에 관한 조사) 헌법연구관은 주장의 정리나 자료의 제출을 요구하거나, 조사기일을 여는 방법 등으로 사건의 심리 및 심판에 관한 조사를 할 수 있다.

[본조신설 2018. 6. 15.]

제12조(구두변론의 방식 등) ① 구두변론은 사전에 제출한 준비서면을 읽는 방식으로 하여서는 아니되고, 쟁점을 요약·정리하고 이를 명확히 하는 것이어야 한다.

② 재판관은 언제든지 당사자에게 질문할 수 있다.

③ 재판장은 필요에 따라 각 당사자의 구두변론시간을 제한할 수 있고, 이 경우에 각 당사자는 그 제한된 시간 내에 구두변론을 마쳐야 한다. 다만, 재판장은 필요하다고 인정하는 경우에 제한한 구두변론시간을 연장할 수 있다.

④ 각 당사자를 위하여 복수의 대리인이 있는 경우에 재판장은 그 중 구두변론을 할 수 있는 대리인의 수를 제한할 수 있다.

⑤ 재판장은 심판절차의 원활한 진행과 적정한 심리를 도모하기 위하여 필요한 한도에서 진행중인 구두변론을 제한할 수 있다.

⑥ 이해관계인이나 참가인이 구두변론을 하는 경우에는 제1항부터 제5항까지의 규정을 준용한다.

⑦ 조서에는 서면, 사진, 속기록, 녹음물, 영상녹화물, 녹취서 등 헌법재판소가 적당하다고 인정한 것을 인용하고 소송기록에 첨부하거나 전자적 형태로 보관하여 조서의 일부로 할 수 있다. <신설 2017. 5. 30.>

⑧ 제7항에 따라 속기록, 녹음물, 영상녹화물, 녹취서를 조서의 일부로 한 경우라도 재판장은 서기로 지명된 서기관, 사무관(다음부터 "사무관등"이라 한다)으로 하여금 당사자, 증인, 그 밖의 심판관계인의 진술 중 중요한 사항을 요약하여 조서의 일부로 기재하게 할 수 있다. <신설 2017. 5. 30.>

제13조(참고인의 지정 등) ① 헌법재판소는 전문적인 지식을 가진 사람을 참고인으로 지정하여 그 진술을 듣거나 의견서를 제출하게 할 수 있다.

② 헌법재판소는 참고인을 지정하기에 앞서 그 지정에 관하여 당사자, 이해관계인 또는 관련 학회나 전문가 단체의 의견을 들을 수 있다.

제14조(지정결정 등본 등의 송달) ① 사무관등은 참고인 지정결정 등본이나 참고인 지정결정이 기재된 변론조서 등본을 참고인과 당사자에게 송달하여야 한다. 다만, 변론기일에서 참고인 지정결정을 고지 받은 당사자에게는 이를 송달하지 아니한다. <개정 2017. 5. 30.>

② 참고인에게는 다음 각 호의 서류가 첨부된 의견요청서를 송달하여야 한다.

1. 위헌법률심판제청서 또는 심판청구서 사본
2. 피청구인의 답변서 사본
3. 이해관계인의 의견서 사본
4. 의견서 작성에 관한 안내문

제15조(참고인 의견서) ① 참고인은 의견요청을 받은 사항에 대하여 재판부가 정한 기한까지 의견서를 제출하여야 한다.

② 사무관등은 제1항의 의견서 사본을 당사자에게 바로 송달하여야 한다.

제16조(참고인 진술) ① 참고인의 의견진술은 사전에 제출한 의견서의 내용을 요약·정리하고 이를 명확히 하는 것이어야 한다.

② 재판장은 참고인 진술시간을 합리적인 범위 내에서 제한할 수 있다.

③ 재판관은 언제든지 참고인에게 질문할 수 있다.

④ 당사자는 참고인의 진술이 끝난 후 그에 관한 의견을 진술할 수 있다.

제17조(헌법재판소의 석명처분) ① 헌법재판소는 심판관계를 분명하게 하기 위하여 다음 각 호의 처분을 할 수 있다.

1. 당사자 본인이나 그 법정대리인에게 출석하도록 명하는 일
2. 심판서류 또는 심판에 인용한 문서, 그 밖의 물건으로서 당사자가 가지고 있는 것을 제출하게 하는 일
3. 당사자 또는 제3자가 제출한 문서, 그 밖의 물건을 헌법재판소에 유치하는 일
4. 검증을 하거나 감정을 명하는 일
5. 필요한 조사를 촉탁하는 일

② 제1항의 검증·감정과 조사의 촉탁에는 법 및 이 규칙, 민사소송법 및 민사소송규칙의 증거조사에 관한 규정을 준용한다.

제18조(통역) ① 심판정에서는 우리말을 사용한다.

② 심판관계인이 우리말을 하지 못하거나 듣거나 말하는 데에 장애가 있으면 통역인으로 하여금 통역하게 하거나 그 밖에 의사소통을 도울 수 있는 방법을 사용하여야 한다.

제19조(녹화 등의 금지) 누구든지 심판정에서는 재판장의 허가 없이 녹화·촬영·중계방송 등의 행위를 하지 못한다.

제19조의2(변론영상 등의 공개) 헌법재판소는 변론 및 선고에 대한 녹음·녹화의 결과물을 홈페이지 등을 통해 공개할 수 있다.

[본조신설 2017. 5. 30.]

제 4 절 기 일

제20조(기일의 지정과 변경) ① 재판장은 재판부의 협의를 거쳐 기일을 지정한다. 다만, 수명재판관이 신문하거나 심문하는 기일은 그 수명재판관이 지정한다.

② 이미 지정된 기일을 변경하는 경우에도 제1항과 같다.

③ 기일을 변경하거나 변론을 연기 또는 속행하는 경우에는 심판절차의 중단 또는 중지, 그 밖에 다른 특별한 사정이 없으면 다음 기일을 바로 지정하여야 한다.

제21조(기일의 통지) ① 기일은 기일통지서 또는 출석요구서를 송달하여 통지한다. 다만, 그 사건으로 출석한 사람에게는 기일을 직접 고지하면 된다.

② 기일의 간이통지는 전화·팩시밀리·보통우편 또는 전자우편으로 하거나 그 밖에 적절하다고 인정되는 방법으로 할 수 있다.

③ 제2항의 규정에 따라 기일을 통지한 때에는 사무관등은 그 방법과 날짜를 심판기록에 표시하여야 한다.

제5절 송 달

제22조(전자헌법재판시스템·전화 등을 이용한 송달) ① 사무관등은「헌법재판소 심판절차에서의 전자문서 이용 등에 관한 규칙」에 따라 전자헌법재판시스템을 이용하여 송달하거나 전화·팩시밀리·전자우편 또는 휴대전화 문자전송을 이용하여 송달할 수 있다. <개정 2010. 2. 26.>

② 양쪽 당사자가 변호사를 대리인으로 선임한 경우에 한쪽 당사자의 대리인인 변호사가 상대방 대리인인 변호사에게 송달될 심판서류의 부본을 교부하거나 팩시밀리 또는 전자우편으로 보내고 그 사실을 헌법재판소에 증명하면 송달의 효력이 있다. 다만, 그 심판서류가 당사자 본인에게 교부되어야 할 경우에는 그러하지 아니하다. <개정 2008. 12. 22., 2010. 2. 26.>

[제목개정 2010. 2. 26.]

제22조의2(공시송달의 방법) 「민사소송법」제194조제1항 및 제3항에 따라 공시송달을 실시하는 경우에는 사무관등은 송달할 서류를 보관하고 다음 각 호 가운데 어느 하나의 방법으로 그 사유를 공시하여야 한다. <개정 2015. 7. 22.>

1. 헌법재판소게시판 게시
2. 헌법재판소홈페이지 전자헌법재판센터의 공시송달란 게시

[본조신설 2010. 2. 26.]

제22조의3(송달기관) 헌법재판소는 우편이나 재판장이 지명하는 사무처 직원에 의하여 심판서류를 송달한다.

[본조신설 2017. 5. 30.]

제23조(부본제출의무) 송달을 하여야 하는 심판서류를 제출할 때에는 특별한 규정이 없으면 송달에 필요한 수만큼 부본을 함께 제출하여야 한다.

제24조(공동대리인에게 할 송달) 「민사소송법」제180조에 따라 송달을 하는 경우에 그 공동대리인들이 송달을 받을 대리인 한 사람을 지정하여 신고한 때에는 지정된 대리인에게 송달하여야 한다.

제6절 증 거

제25조(증거의 신청) 증거를 신청할 때에는 증거와 증명할 사실의 관계를 구체적으로 밝혀야 한다.

제26조(증인신문과 당사자신문의 신청) ① 증인신문은 부득이한 사정이 없으면 일괄하여 신청하여야 한다. 당사자신문을 신청하는 경우에도 마찬가지이다.

② 증인신문을 신청할 때에는 증인의

이름·주소·연락처·직업, 증인과 당사자의 관계, 증인이 사건에 관여하거나 내용을 알게 된 경위를 밝혀야 한다.

제27조(증인신문사항의 제출 등) ① 증인신문을 신청한 당사자는 헌법재판소가 정한 기한까지 상대방의 수에 12를 더한 수의 증인신문사항을 기재한 서면을 함께 제출하여야 한다.

② 사무관등은 제1항의 서면 1통을 증인신문기일 전에 상대방에게 송달하여야 한다.

③ 증인신문사항은 개별적이고 구체적이어야 한다.

제28조(증인 출석요구서의 기재사항 등) ① 증인의 출석요구서에는 다음 각 호의 사항을 기재하고 재판장이 서명 또는 기명날인하여야 한다.

1. 출석일시 및 장소
2. 당사자의 표시
3. 신문사항의 요지
4. 출석하지 아니하는 경우의 법률상 제재
5. 출석하지 아니하는 경우에는 그 사유를 밝혀 신고하여야 한다는 취지
6. 제5호의 신고를 하지 아니하는 경우에는 정당한 사유 없이 출석하지 아니한 것으로 인정되어 법률상 제재를 받을 수 있다는 취지

② 증인에 대한 출석요구서는 늦어도 출석할 날보다 7일 전에 송달되어야 한다. 다만, 부득이한 사정이 있으면 그러하지 아니하다.

제29조(불출석의 신고) 증인이 출석요구를 받고 기일에 출석할 수 없으면 바로 그 사유를 밝혀 신고하여야 한다.

제30조(증인이 출석하지 아니한 경우 등) ① 정당한 사유 없이 출석하지 아니한 증인의 구인에 관하여는 「형사소송규칙」중 구인에 관한 규정을 준용한다.

② 증언거부나 선서거부에 정당한 이유가 없다고 한 결정이 있은 뒤에 증언거부나 선서거부를 한 증인에 대한 과태료재판절차에 관하여는 「비송사건절차법」 제248조, 제250조의 규정(다만, 검사, 항고, 과태료재판절차의 비용에 관한 부분을 제외한다)을 준용한다.

제31조(증인신문의 방법) ① 신문은 개별적이고 구체적으로 하여야 한다.

② 당사자의 신문이 다음 각 호의 어느 하나에 해당하는 때에는 재판장은 직권 또는 당사자의 신청에 따라 이를 제한할 수 있다. 다만, 제2호 내지 제6호에 규정된 신문에 관하여 정당한 사유가 있으면 그러하지 아니하다.

1. 증인을 모욕하거나 증인의 명예를 해치는 내용의 신문
2. 「민사소송규칙」 제91조 내지 제94조의 규정에 어긋나는 신문
3. 이미 한 신문과 중복되는 신문
4. 쟁점과 관계없는 신문
5. 의견의 진술을 구하는 신문
6. 증인이 직접 경험하지 아니한 사항에 관하여 진술을 구하는 신문

제32조(이의신청) ① 증인신문에 관한 재판장의 명령 또는 조치에 대한 이의신청은 그 명령 또는 조치가 있은 후 바로 하여야 하며, 그 이유를 구체

적으로 밝혀야 한다.

② 재판부는 제1항에 따른 이의신청에 대하여 바로 결정하여야 한다.

제33조(증인의 증인신문조서 열람 등) 증인은 자신에 대한 증인신문조서의 열람 또는 복사를 청구할 수 있다.

제34조(서증신청의 방식) 당사자가 서증을 신청하려는 경우에는 문서를 제출하는 방식 또는 문서를 가진 사람에게 그것을 제출하도록 명할 것을 신청하는 방식으로 한다.

제35조(문서를 제출하는 방식에 의한 서증신청) ① 문서를 제출하면서 서증을 신청할 때에는 문서의 제목·작성자 및 작성일을 밝혀야 한다. 다만, 문서의 내용상 명백한 경우에는 그러하지 아니하다.

② 서증을 제출할 때에는 상대방의 수에 1을 더한 수의 사본을 함께 제출하여야 한다. 다만, 상당한 이유가 있으면 헌법재판소는 기간을 정하여 나중에 사본을 제출하게 할 수 있다.

③ 제2항의 사본은 명확한 것이어야 하며 재판장은 사본이 명확하지 아니한 경우에는 사본을 다시 제출하도록 명할 수 있다.

④ 문서의 일부를 증거로 할 때에도 문서의 전부를 제출하여야 한다. 다만, 그 사본은 재판장의 허가를 받아 증거로 원용할 부분의 초본만을 제출할 수 있다.

⑤ 헌법재판소는 서증에 대한 증거조사가 끝난 후에도 서증 원본을 다시 제출할 것을 명할 수 있다.

제36조(증거설명서의 제출 등) ① 재판장은 서증의 내용을 이해하기 어렵거나 서증의 수가 너무 많은 경우 또는 서증의 입증취지가 명확하지 아니한 경우에는 당사자에게 서증과 증명할 사실의 관계를 구체적으로 밝힌 설명서를 제출하도록 명할 수 있다.

② 서증이 국어 아닌 문자 또는 부호로 되어 있으면 그 문서의 번역문을 붙여야 한다. 다만, 문서의 일부를 증거로 할 때에는 재판장의 허가를 받아 그 부분의 번역문만을 붙일 수 있다.

제37조(서증에 대한 증거결정) 당사자가 서증을 신청한 경우에 다음 각 호의 어느 하나에 해당하는 사유가 있으면 헌법재판소는 그 서증을 채택하지 아니하거나 채택결정을 취소할 수 있다.

1. 서증과 증명할 사실 사이에 관련성이 인정되지 아니하는 경우
2. 이미 제출된 증거와 같거나 비슷한 취지의 문서로서 별도의 증거가치가 있음을 당사자가 밝히지 못한 경우
3. 국어 아닌 문자 또는 부호로 되어 있는 문서로서 그 번역문을 붙이지 아니하거나 재판장의 번역문 제출명령에 따르지 아니한 경우
4. 제36조에 따른 재판장의 증거설명서 제출명령에 따르지 아니한 경우
5. 문서의 작성자나 그 작성일이 분명하지 아니하여 이를 명확히 하도록 한 재판장의 명령에 따르지 아니한 경우

제38조(문서제출신청의 방식 등) ① 문서를 가진 사람에게 그것을 제출하도록 명하는 방법으로 서증을 신청하려는 경우에는 다음 각 호의 사항을 기재한 서면으로 하여야 한다.

1. 문서의 표시
2. 문서의 취지
3. 문서를 가진 사람
4. 증명할 사실
5. 문서를 제출하여야 하는 의무의 원인

② 상대방은 제1항의 신청에 관하여 의견이 있으면 의견을 기재한 서면을 헌법재판소에 제출할 수 있다.

제39조(문서송부의 촉탁) ① 서증의 신청은 제34조의 규정에 불구하고 문서를 가지고 있는 사람에게 그 문서를 보내도록 촉탁할 것을 신청하는 방법으로 할 수도 있다. 다만, 당사자가 법령에 따라 문서의 정본이나 등본을 청구할 수 있는 경우에는 그러하지 아니하다. <개정 2017. 5. 30.>

② 헌법재판소는 법 제32조에 따라 기록의 송부나 자료의 제출을 요구하는 경우로서 국가기관 또는 공공단체의 기관이 원본을 제출하기 곤란한 사정이 있는 때에는 그 인증등본을 요구할 수 있다. <신설 2017. 5. 30.>

제40조(기록 가운데 일부문서에 대한 송부촉탁) ① 법원, 검찰청, 그 밖의 공공기관(다음부터 이 조문에서 이 모두를 "법원등"이라 한다)이 보관하고 있는 기록 가운데 불특정한 일부에 대하여도 문서송부의 촉탁을 신청할 수 있다.

② 헌법재판소가 제1항의 신청을 채택한 경우에는 기록을 보관하고 있는 법원등에 대하여 그 기록 가운데 신청인이 지정하는 부분의 인증등본을 보내 줄 것을 촉탁하여야 한다.

③ 제2항에 따른 촉탁을 받은 법원등은 그 문서를 보관하고 있지 아니하거나 그 밖에 송부촉탁에 따를 수 없는 특별한 사정이 없으면 문서송부촉탁 신청인에게 그 기록을 열람하게 하여 필요한 부분을 지정할 수 있도록 하여야 한다.

제41조(문서가 있는 장소에서의 서증조사 등) ① 제3자가 가지고 있는 문서를 문서제출신청 또는 문서송부촉탁의 방법에 따라 서증으로 신청할 수 없거나 신청하기 어려운 사정이 있으면 헌법재판소는 당사자의 신청 또는 직권에 의하여 그 문서가 있는 장소에서 서증조사를 할 수 있다.

② 제1항의 경우 신청인은 서증으로 신청한 문서의 사본을 헌법재판소에 제출하여야 한다.

제42조(협력의무) ① 헌법재판소로부터 문서의 전부 또는 일부의 송부를 촉탁 받은 사람 또는 문서가 있는 장소에서의 서증조사 대상인 문서를 가지고 있는 사람은 정당한 이유 없이 문서의 송부나 서증조사에 대한 협력을 거절하지 못한다.

② 문서의 송부촉탁을 받은 사람이 그 문서를 보관하고 있지 아니하거나 그 밖에 송부촉탁에 따를 수 없는 사정이 있으면 그 사유를 헌법재판소에 통지하여야 한다.

제43조(문서제출방법 등) ① 헌법재판소에 문서를 제출하거나 보낼 때에는 원본, 정본 또는 인증이 있는 등본으로 하여야 한다.

② 헌법재판소는 필요하다고 인정하면 원본을 제출하도록 명하거나 원본을 보내도록 촉탁할 수 있다.

③ 헌법재판소는 당사자로 하여금 그 인용한 문서의 등본 또는 초본을 제출하게 할 수 있다.

④ 헌법재판소는 문서가 증거로 채택되지 아니한 경우에 당사자의 의견을 들어 제출된 문서의 원본·정본·등본·초본 등을 돌려주거나 폐기할 수 있다.

제44조(감정의 신청 등) ① 감정을 신청할 때에는 감정을 구하는 사항을 적은 서면을 함께 제출하여야 한다.

② 제1항의 서면은 상대방에게 송달하여야 한다.

제45조(감정의 촉탁) 헌법재판소는 필요하다고 인정하면 공공기관, 학교, 그 밖에 상당한 설비가 있는 단체 또는 외국의 공공기관에 감정을 촉탁할 수 있다. 이 경우 선서에 관한 규정은 적용하지 아니한다.

제46조(검증의 신청) 당사자가 검증을 신청할 때에는 검증의 목적을 표시하여 신청하여야 한다.

제47조(검증할 때의 감정 등) 수명재판관은 검증에 필요하다고 인정하면 감정을 명하거나 증인을 신문할 수 있다.

제 7 절 그 밖의 절차

제48조(선고의 방식) 결정을 선고할 경우에는 재판장이 결정서 원본에 따라 주문을 읽고 이유의 요지를 설명하되, 필요한 때에는 다른 재판관으로 하여금 이유의 요지를 설명하게 할 수 있다. 다만, 법정의견과 다른 의견이 제출된 경우에는 재판장은 선고 시 이를 공개하고 그 의견을 제출한 재판관으로 하여금 이유의 요지를 설명하게 할 수 있다.

제49조(결정서 등본의 송달) 헌법재판소의 종국 결정이 법률의 제정 또는 개정과 관련이 있으면 그 결정서 등본을 국회 및 이해관계가 있는 국가기관에게 송부하여야 한다.

제49조의2(종국결정의 공시) ① 다음 각 호의 종국결정은 관보에, 그 밖의 종국결정은 헌법재판소의 인터넷 홈페이지에 각 게재함으로써 공시한다.

1. 법률의 위헌결정
2. 탄핵심판에 관한 결정
3. 정당해산심판에 관한 결정
4. 권한쟁의심판에 관한 본안결정
5. 헌법소원의 인용결정
6. 기타 헌법재판소가 필요하다고 인정한 결정

② 관보에 게재함으로써 공시하는 종국결정은 헌법재판소의 인터넷 홈페이지에도 게재한다.

[본조신설 2011. 7. 8.]

제50조(가처분의 신청과 취하) ① 가처분의 신청 및 가처분신청의 취하는 서면으로 하여야 한다. 다만, 변론기일 또는 심문기일에서는 가처분신청의 취하를 말로 할 수 있다.

② 가처분신청서에는 신청의 취지와 이유를 기재하여야 하며, 주장을 소명하기 위한 증거나 자료를 첨부하여야 한다.

③ 가처분의 신청이 있는 때에는 신청서의 등본을 피신청인에게 바로 송달하여야 한다. 다만, 본안사건이 헌법소원심판사건인 경우로서 그 심판청구가 명백히 부적법하거나 권리의 남용이라고 인정되는 경우에는 송달하지 아니할 수 있다. <개정 2014. 6. 9.>

제51조(신청에 대한 결정서 정본의 송달) ① 가처분신청에 대한 결정을 한 때에는 결정서 정본을 신청인에게 바로 송달하여야 한다. 가처분신청에 대하여 답변서를 제출한 피신청인, 의견서를 제출한 이해관계기관이 있을 때에는 이들에게도 결정서 정본을 송달하여야 한다.

② 재판관에 대한 제척 또는 기피의 신청에 대한 결정, 국선대리인 선임신청에 대한 결정을 한 때에는 결정서 정본을 신청인에게 바로 송달하여야 한다. 국선대리인을 선정하는 결정을 한 때에는 국선대리인에게도 결정서 정본을 송달하여야 한다.

제52조(재심의 심판절차) 재심의 심판절차에는 그 성질에 어긋나지 아니하는 범위 내에서 재심 전 심판절차에 관한 규정을 준용한다.

제53조(재심청구서의 기재사항) ① 재심청구서에는 다음 각 호의 사항을 기재하여야 한다.

1. 재심청구인 및 대리인의 표시
2. 재심할 결정의 표시와 그 결정에 대하여 재심을 청구하는 취지
3. 재심의 이유

② 재심청구서에는 재심의 대상이 되는 결정의 사본을 붙여야 한다.

제 3 장　특별심판절차

제 1 절　위헌법률심판

제54조(제청서의 기재사항) 제청서에는 법 제43조의 기재사항 외에 다음 각 호의 사항을 기재하여야 한다.

1. 당해사건이 형사사건인 경우 피고인의 구속여부 및 그 기간
2. 당해사건이 행정사건인 경우 행정처분의 집행정지 여부

제55조(제청법원의 의견서 등 제출) 제청법원은 위헌법률심판을 제청한 후에도 심판에 필요한 의견서나 자료 등을 헌법재판소에 제출할 수 있다.

제56조(당해사건 참가인의 의견서 제출) 당해사건의 참가인은 헌법재판소에 법률이나 법률조항의 위헌 여부에 관한 의견서를 제출할 수 있다.

제 2 절　탄핵심판

제57조(소추위원의 대리인 선임) 소추위원은 변호사를 대리인으로 선임하여 탄핵심판을 수행하게 할 수 있다.

제58조(소추위원의 자격상실과 심판절차의 중지) ① 소추위원인 국회법제사법위원회의 위원장이 그 자격을 잃은 때에는 탄핵심판절차는 중단된다. 이 경우 새로 국회법제사법위원회의 위

원장이 된 사람이 탄핵심판절차를 수계하여야 한다.

② 소추위원의 대리인이 있는 경우에는 탄핵심판절차는 중단되지 아니한다.

제59조(변론기일의 시작) 변론기일은 사건과 당사자의 이름을 부름으로써 시작한다.

제60조(소추의결서의 낭독) ① 소추위원은 먼저 소추의결서를 낭독하여야 한다.

② 제1항의 경우에 재판장은 원활한 심리를 위하여 필요하다고 인정하면 소추사실의 요지만을 진술하게 할 수 있다.

제61조(피청구인의 의견진술) 재판장은 피청구인에게 소추에 대한 의견을 진술할 기회를 주어야 한다.

제62조(증거에 대한 의견진술) 소추위원 또는 피청구인은 증거로 제출된 서류나 물건 등을 증거로 하는 것에 동의하는지 여부에 관한 의견을 진술하여야 한다. <개정 2017. 5. 30.>

[제목개정 2017. 5. 30.]

제62조의2(피청구인에 대한 신문) ① 재판장은 피청구인이 변론기일에 출석한 경우 피청구인을 신문하거나 소추위원과 그 대리인 또는 피청구인의 대리인으로 하여금 신문하게 할 수 있다.

② 피청구인은 진술하지 아니하거나 개개의 질문에 대하여 진술을 거부할 수 있다.

③ 재판장은 피청구인에 대한 신문 전에 피청구인에게 제2항과 같이 진술을 거부할 수 있음을 고지하여야 한다.

④ 제1항에 따른 피청구인에 대한 신문은 소추위원과 피청구인의 최종 의견진술 전에 한다. 다만, 재판장이 필요하다고 인정한 때에는 피청구인의 최종 의견진술 후에도 피청구인을 신문할 수 있다.

[본조신설 2017. 5. 30.]

제63조(최종 의견진술) ① 소추위원은 탄핵소추에 관하여 최종 의견을 진술할 수 있다. 다만, 소추위원이 출석하지 아니한 경우에는 소추의결서 정본의 기재사항에 의하여 의견을 진술한 것으로 본다. <개정 2017. 5. 30.>

② 재판장은 피청구인에게 최종 의견을 진술할 기회를 주어야 한다.

③ 재판장은 심리의 적절한 진행을 위하여 필요한 경우 제1항과 제2항에 따른 의견진술 시간을 제한할 수 있다.

[제목개정 2017. 5. 30.]

제64조(당사자의 불출석과 선고) 당사자가 출석하지 아니한 경우에도 종국결정을 선고할 수 있다.

제 3 절 정당해산심판

제65조(정당해산심판청구서의 첨부서류) ① 정당해산심판의 청구서에는 정당해산의 제소에 관하여 국무회의의 심의를 거쳤음을 증명하는 서류를 붙여야 한다.

② 정당해산심판의 청구서에는 중앙당등록대장등본 등 피청구인이 정당해산심판의 대상이 되는 정당임을 증명할 수 있는 자료를 붙여야 한다.

第66조(청구 등의 통지방법) ① 정당해산심판의 청구 또는 청구의 취하가 있는 때, 가처분결정을 한 때 및 그 심판을 종료한 때에는 헌법재판소장은 국회와 중앙선거관리위원회에 정당해산심판청구서 부본 또는 취하서 부본, 가처분결정서 등본, 종국결정 등본을 붙여 그 사실을 통지하여야 한다.

② 법 제58조제2항에 따라 정당해산을 명하는 결정서를 정부에 송달할 경우에는 법무부장관에게 송달하여야 한다.

제 4 절 권한쟁의심판

第67조(권한쟁의심판청구의 통지) 헌법재판소장은 권한쟁의심판이 청구된 경우에는 다음 각 호의 국가기관 또는 지방자치단체에게 그 사실을 바로 통지하여야 한다. <개정 2011. 7. 8., 2017. 5. 30.>

1. 법무부장관
2. 지방자치단체를 당사자로 하는 권한쟁의심판인 경우에는 행정자치부장관. 다만, 법 제62조제2항에 의한 교육·학예에 관한 지방자치단체의 사무에 관한 것일 때에는 행정자치부장관 및 교육부장관
3. 시·군 또는 지방자치단체인 구를 당사자로 하는 권한쟁의심판인 경우에는 그 지방자치단체가 소속된 특별시·광역시 또는 도
4. 그 밖에 권한쟁의심판에 이해관계가 있다고 인정되는 국가기관 또는 지방자치단체

제 5 절 헌법소원심판

第68조(헌법소원심판청구서의 기재사항) ① 법제68조제1항에 따른 헌법소원심판의 청구서에는 다음 각 호의 사항을 기재하여야 한다.

1. 청구인 및 대리인의 표시
2. 피청구인(다만, 법령에 대한 헌법소원의 경우에는 그러하지 아니하다)
3. 침해된 권리
4. 침해의 원인이 되는 공권력의 행사 또는 불 행사
5. 청구이유
6. 다른 법률에 따른 구제 절차의 경유에 관한 사항
7. 청구기간의 준수에 관한 사항

② 법 제68조제2항에 따른 헌법소원심판의 청구서에는 다음 각 호의 사항을 기재하여야 한다.

1. 청구인 및 대리인의 표시
2. 사건 및 당사자의 표시
3. 위헌이라고 해석되는 법률 또는 법률 조항
4. 위헌이라고 해석되는 이유
5. 법률이나 법률 조항의 위헌 여부가 재판의 전제가 되는 이유
6. 청구기간의 준수에 관한 사항

第69조(헌법소원심판청구서의 첨부서류) ① 헌법소원심판의 청구서에는 대리인의 선임을 증명하는 서류를 붙여야 한다. 다만, 심판청구와 동시에 국선대리인선임신청을 하는 경우에는 그러하지 아니하다.

② 법 제68조제2항에 따른 헌법소원심판의 청구서를 제출할 때에는 다음 각

호의 서류도 함께 제출하여야 한다.

1. 위헌법률심판제청신청서 사본
2. 위헌법률심판제청신청 기각결정서 사본
3. 위헌법률심판제청신청 기각결정서 송달증명원
4. 당해사건의 재판서를 송달받은 경우에는 그 재판서 사본

제70조(보정명령) ① 헌법재판소는 청구서의 필수 기재사항이 누락되거나 명확하지 아니한 경우에 적당한 기간을 정하여 이를 보정하도록 명할 수 있다.

② 제1항에 따른 보정기간까지 보정하지 아니한 경우에는 심판청구를 각하할 수 있다.

부 칙 <제399호, 2018. 6. 15.>

이 규칙은 공포한 날부터 시행한다.

판례색인

【헌법재판소판례】

【대법원판례】

【독일 연방헌법재판소판례】

【미국대법원판례】

사항색인

【ㄴ】

【ㄷ】

【ㅁ】

【ㅂ】

【ㅇ】

【ㅈ】

【ㅊ】

【ㅌ】

[저자 약력]

연세대학교 법대 (법학사)
연세대학교 대학원 법학과 (법학석사)
독일 뮌헨대학교 법대 (법학박사)
미국 University of Washington School of Law, Visiting Scholar
독일 한스자이델재단 초청교수
독일 뮌헨대학교 법대 연구교수
한국공법학회, 한국헌법학회 등 각종 학회 회원
한국공법학회 학술장려상 수상
중구청 규제개혁위원
법제처 법령정비위원회 위원
건설교통부 토지보상제도개선연구 검토위원회 위원
변호사시험, 사법시험, 외무고시, 행정고시, 입법고시 등 각종 국가시험 출제위원
법제처 법령해석심의위원회 위원
국방부 정책심의위원회 위원
법제처 법제자문관
청와대 경호처 외래교수
인사혁신처 자문위원
헌법재판소 연구원
사법연수원 외래교수
전남대학교 법대 교수
동국대학교 법대 교수
현 성신여대 법대 교수

■ 주요 논저

Das deutsche und das koreanische Enteignungsinstitut-insbesondere die Enteignung zugunsten privater Unternehmen nach dem Grundgesetz der Bundesrepublik Deutschland sowie nach der Verfassung der Republik Korea, Verlag V. Florentz, München, Germany, 1991
독일통일의 법적 조명(공저), 박영사, 1994
법치국가의 기초이론(공역), Grundtheorie des Rechtsstaates, 박영사, 1994
독일연방정부론(공저), 백산자료원, 2001
헌법판례연구[I], 박영사, 2002
헌법연구, 법영사, 2014
헌법소송론, 법영사, 2015
헌법연구(1), 법영사, 2019
헌법연구(2), 법영사, 2019
그 외 논문 다수

개정판 **헌법소송론**

2019년 9월 1일 초판인쇄
2019년 9월 10일 초판발행

저 자 정 연 주
발 행 인 고 호 균
발 행 처 **법 영 사**

저자와의 협의하에 인지첩부를 생략함

06302 서울시 강남구 논현로 130
전화 (501)8898(대) Fax (501)8895
등록 1987. 5. 11. 제3-125호(윤)
Homepage : www.bubyoungsa.co.kr
E-mail : bys1986@hanmail.net

※ 파본은 교환해 드립니다. **정가 33,000원**

ISBN 978-89-7032-322-0